Werner Böcking
Die Geschichte der Rheinschiffahrt

Werner Böcking

# Die Geschichte der Rheinschiffahrt

Schiffe auf dem Rhein
in drei Jahrtausenden

Textband

August Steiger Verlag

CIP-Kurztitelaufnahme der Deutschen Bibliothek

**Böcking, Werner:**
Die Geschichte der Rheinschiffahrt: Schiffe auf
d. Rhein in 3 Jahrtausenden / Werner Böcking. —
Moers : Steiger.
    Bildbd. u. d. T.: Böcking, Werner: Schiffe auf
dem Rhein in drei Jahrtausenden.
Textbd. — 1980.
    ISBN 3-921564-39-5


© 1980/81 Steiger Verlag 4130 Moers, Steinstr. 15
Gesamtherstellung: Hain-Druck KG, Meisenheim/Glan
Reproduktionen: Reprotechnik Geldern
Printed in Germany
ISBN 3-921564-39-5

# Meinen Eltern in Dankbarkeit gewidmet

Das Wasser ist die Mutter des Lebens
*(Keltisch)*

An einem Strom geboren zu werden,
im Bannkreis eines großen Flusses aufzuwachsen,
ist ein besonderes Geschenk.
*Carl Zuckmayer*

Jedes Schiff hat sein eigenes Innenleben,
seine Seele, und reagiert mit der Empfindlichkeit
eines Seismographen.
*Werner Böcking*

## Inhaltsverzeichnis

Einleitung .................................................. 10

### I. Vom Einbaum zum breiteren Wasserfahrzeug

Fellboot, Floß und Einbaum als Lebensgrundlage ................... 11
Die Einbäume der Bronze- und vorrömischen Eisenzeit ............... 21
Die keltische Schiffbauweise .................................. 23
Schiffe gallisch-rheinischer Prägung ............................ 26
Schiffe der alpenländisch-rheinischen Bauart ..................... 28
Zusammenfassung des I. Hauptkapitels .......................... 33

### II. Römische Schiffahrt auf Rhein und Mosel

Strom und Handel in der Antike ................................ 39
Römische Kriegsschiffe auf dem Rhein .......................... 47
Welche Schiffe aus der Römerzeit kennen wir? .................... 52
Schiffbau mittelmeerischer Prägung am Rhein .................... 55
Welche Schiffstypen kennen wir aus den antiken Schriften? ......... 62
Antike Inschriften, die Rheinschiffahrt betreffend ................. 65
Zusammenfassung des II. Hauptkapitels ......................... 67

### III. Wikingerschiffe auf dem Rhein

Welche Nachrichten und Urkunden sind belegt? ................... 71
Das Gokstad- und Osebergschiff ............................... 72
Die Schiffsfunde im Roskilde-Fjord ............................. 73
Schiffbaukunst der Wikinger .................................. 74
Zusammenfassung des III. Hauptkapitels ........................ 76

### IV. Mittelalterliche Schiffahrtsentwicklung

Was die Schiffahrt beeinflußte und förderte ...................... 79
Die Schiffahrt zwischen dem 15. und dem 18. Jahrhundert ......... 81
Die Schiffahrt zu Basel ....................................... 84
Die Zunft der Basler Schiffleute ................................ 86
Basler Schiffahrt im Zeitenwandel .............................. 90
Die Basler Schiffahrt des 19. Jahrhunderts ...................... 93
Wie der erste Schleppzug Basel erreichte ........................ 98
Die Rheinhäfen beider Basel heute ............................ 102

**V. Ober- und mittelrheinische Schiffe im Mittelalter**

Die Entwicklung des „Oberländers" .................................... 107
„Ruder-Schelch" und „Streich-Schelch" vom unteren Main ............ 110
Das mittelrheinische „Frankenschiff" ................................ 113
Der mittelrheinische „Bönder" ....................................... 114
Sonstige kleinere Mittelrheinschiffe ................................ 116
Die oberrheinischen Schiffe ......................................... 117
Der oberrheinische „Rheinberger" .................................... 119
Zusammenfassung des V. Hauptkapitels ................................ 120

**VI. Das Niederrheinschiff und seine Entwicklung**

Was wissen wir über das Niederrheinschiff? .......................... 125
„Kölner Aaken" beleben den Niederrhein .............................. 129
Die „Dorsten'sche Aak" .............................................. 131
Die „Samoreuse" als größter Aaktyp am Niederrhein ................... 131
Die Beurtenfahrer „Kaegschuit" und „Schietschuit" ................... 134
Friesische Schiffe als Niederrheinfahrer: ........................... 135
„W i j d" und „S m a l s c h i p"
Der „Damloper" als schmales Schleusenfahrzeug ....................... 136
„Schmacken", „Schuiten" und „Poonen" tauchen auf .................... 137
„Kuff", „Barge", „Rheinklipper"
„Schuit" und „Poon" als „Tjalk"-Vorläufer ........................... 139
„Tjalken" auf dem Niederrhein beleben die Rheinfahrt ................ 141
Die Schiffstypen aus Brabant und den nahegelegenen Flüssen:
„Pleit", „Otter", „Brabanter Schuit", „kurze Pleit",
„Potten", „Pujen", „Sompen", „Peggen", „Beurtsompen",
„Whalemajol", „Whalepont" oder „Maaspont", „Herna",
„Beitelschiff" ...................................................... 144
Zusammenfassung des VI. Hauptkapitels ............................... 148

**VII. Neue Einflüsse verändern das gesamte Schiffahrtswesen**

Die Typen des Ober- und des Niederrheins beginnen sich zu wandeln .... 151
Frankenschiff und Rheinberger leiten die Wende ein .................. 152
Die einsetzende Typenverschiebung am Rhein .......................... 153
Die „Dorstensche Aak" als Schrittmacher rheinauf .................... 154
Das „Dorstener Schiff" .............................................. 155
Auf Steven gebaute Rheinschiffe ..................................... 156
Das Schweberuder beeinflußt talwärts den Niederrhein ................ 158

Zusammenfassung des VII. Hauptkapitels ........................ 160
Die Ruhrschiffahrt und ihre Aaken ............................ 162
Zeittafel über die Ruhrschiffahrt .............................. 163
Duisburg-Ruhrort und die Börtschiffahrt ...................... 168
Ruhrort und Franz Haniel .................................... 172
Ruhrort und die Duisburg-Ruhrorter Häfen .................... 177
Ruhrorter Daten ............................................. 179
Wesel und die Lippeschiffahrt ................................ 180

**VIII. Personendampfer und Schlepper bringen im 19. Jahrhundert den Durchbruch**

Vom hölzernen zum eisernen Frachtkahn (Schleppschiff) ........ 185
Die ersten Personendampfer befahren den Rhein ............... 190
Radschleppdampfer verändern das gesamte Schiffahrtswesen .... 196
Die Tauerei als unrentabler Zwischenakt ...................... 247
Rhein-See-Schiffe und Güterboote bewältigen den Güter-
Stückgutverkehr ............................................. 249
Die Rhein-See-Schiffahrt
Wie es begann .............................................. 252
Die Rhein-See-Schiffahrt vor den beiden Weltkriegen .......... 255
Die Schlepp- und Schraubendampfer zeigen sich entwicklungsfähig ....... 257
Die Schlepper werden auf Dieselmotor und Turbine umgerüstet ........ 259
Versuche mit Sauggasschleppern ............................. 261
Dieselmotorschlepper ....................................... 262
Zusammenfassung des VIII. Hauptkapitels .................... 268

**IX. Vom Trümmerstrom zur Wasserschnellstraße (1945-1980)**

Die Schleppschiffe werden zu Selbstfahrern ................... 271
Vom Schleppen zum Drücken: Schubboote und Schubleichter
erobern den Rhein .......................................... 277
Versuche mit Lastrohrflößen als Zwischenlösung .............. 282
Die Schubschiffahrt der siebziger Jahre ...................... 283
Die gelbe Flotte der Bilgenentölerboote (Bibos) .............. 285
Ein „Bibo" für die Schweiz .................................. 287
Die Küsten-Motor-Schiffe der Nachkriegszeit (Kümos) ........ 290
Die Rhein-See-Schiffe in neuester Zeit ....................... 291
Die Lash-, Seabee-, Bacat- und Barge-Container-Transport-
Systeme .................................................... 296

| | |
|---|---|
| Das Werftwesen des Rheins | 300 |
| Die Werft Jacobi, Haniel & Huyssen | 301 |
| Die Walsumer Werft als Nachfolgerin | 302 |
| Die Meidericher Schiffswerft | 305 |
| Spezialaufgabe: Einfahren von Brückenteilen | 307 |
| Das Werftprogramm der Neuzeit | 309 |
| Die Schiffswerft Germersheim | 310 |
| Die Versuchsanstalt für Binnenschiffbau | 311 |
| Stand der Rheinflotte im Juni 1979 (international) | 312 |
| Die niederländische Binnenschiffahrtsflotte | 313 |
| Das Labor- und Bereisungsschiff „Max Prüss" | 314 |
| Das Chemikalien-Verbrennungsschiff KTMS „Vesta" | 316 |
| Die „Mannheimer Schiffahrtsakte von 1868" und ihre Bedeutung für die heutige Zeit | 318 |
| Rotterdam - Nieuwe Mass - Nieuwe Waterweg - Europoort: das Tor zur Welt | 320 |
| Wie die Rotterdamer Häfen sich ausdehnten | 322 |
| Die Entwicklung der Petroleumhäfen bis Europoort | 324 |
| Rotterdam - das Tor zur Welt | 326 |

## X. Anhang A, B, C, und D: Anker, Floss, Fähre, Schiffsfunde

| | |
|---|---|
| Anhang A: Die Entwicklung des Ankers | 329 |
| Anhang B: Flöße auf dem Rhein | 333 |
| Anhang C: Fähren auf dem Rhein | 336 |
| Anhang D: Schiffsfunde aus dem Rhein vom Bodensee bis nach Holland | 340 |
| Ausklang | 343 |
| Literatur- und Quellenverzeichnis | 344 |
| Bildverzeichnis | 348 |
| Danksagung | 351 |
| Register | 353 |

# Einleitung

Schon in frühester Zeit suchten die Menschen Bäche und Ströme. Sie siedelten in den fruchtbaren Tälern und Niederungen. Um sich auf den Flüssen fortbewegen zu können, bauten sie zunächst leichte Rinden- und Binsenboote. Der plumpe Einbaum dürfte das nächste Wasserfahrzeug gewesen sein. Der Bau des Einbaums setzte brauchbare Werkzeuge voraus. Dieses Fahrzeug ist in die Mittlere Steinzeit einzuordnen, dem Mesolithikum (etwa von 8000 bis 4000 v. Chr. Geb.) Zunächst war der plumpe Einbaum für den Fischfang bestimmt. Mehr und mehr beförderte man mit ihm Lasten von Siedlung zu Siedlung oder nutzte ihn zum Überqueren der Ströme. Durch Erfahrungen wurden die Menschen mutiger. So wie die wichtige Erfindung des Rades auf dem Lande, wurde auch die Kraft des Windes durch Segel genutzt. Ohne Wind und gegen den Strom erreichte man durch Rudern eine völlig neue Art der Fortbewegung.

Will man die Entwicklung der Schiffahrt im eigentlichen Sinne für den Rheinstrom darstellen, so sollte mit der keltischgermanischen und der römischen Zeit begonnen werden. Hier ist Überliefertes vorhanden, von dem wir ausgehen können. Germanische Ruderboote sowie römische Last- und Kriegsschiffe zeugen von lebhaftem Schiffsverkehr auf dem Rhein. Aus diesem Grunde kann man der Schifferzunft getrost eine mehrtausendjährige Tradition zugestehen, denn seither ist das Befahren der Flüsse mit Fahrzeugen aller Art nie mehr unterbrochen worden. Die hohe Kunst des Schiffbaus wird uns in einer Weise demonstriert, die Achtung abverlangt.

Wenn wir heute die gigantischen Schubleistungen der Massengütertransporte vor Augen haben, dann nehmen wir dies als Selbstverständlichkeit hin.

Jeder Gegenstand des täglichen Gebrauchs hat seine Entwicklungszeit gehabt; so auch die Rheinschiffahrt. Aus den Menschen am Strom wurden "Wasserratten", wie der Volksmund sagt. Schon der römische Geschichtsschreiber Tacitus bescheinigt den Germanen, sie seien des Schwimmens sehr kundig und gut darin geübt gewesen. Das deutet bereits auf eine enge Verbundenheit mit dem Strom, an welchem sie ihre Niederlassungen und Siedlungen errichteten. Die Menschen begannen bescheiden und steigerten sich bis in unsere Zeit, in welcher ihnen die Technik vielerlei Möglichkeiten der Entfaltung bietet.

Der Strom wurde schon früh für Transporte von Ort zu Ort und von Ufer zu Ufer genutzt. Lediglich die Strömungsverhältnisse galt es zu bewältigen und in den Griff zu bekommen. Ebenso war es nötig, gegen den Strom anzufahren und hierfür die entsprechende Kraft aufzuwenden. Hier war der Wind ein brauchbarer Verbündeter. Als es dem Menschen gelang, einen Mast zu setzen und aus Fellen Segel zu fertigen, um damit das Fahrzeug im Gleichgewicht zu halten, war ein entscheidender Schritt zum Fortschritt vollzogen. Heck- und Senkruder vervollständigten die zunächst noch primitive Ausrüstung.

Nun wollen wir einen Streifzug unternehmen, um an Hand von Text und Illustration zu erkennen, wie es begann und wohin der Weg führt: von der Frühzeit des Wasserbefahrens bis zum hochmodernen Massengütertransport.

Werner Böcking

# I.
# VOM EINBAUM ZUM BREITEREN WASSERFAHRZEUG

## Fellboot, Floß und Einbaum als Lebensgrundlage

Die älteste und primitivste Art und Weise, sich auf dem Wasser zu bewegen, war bei den Menschen der Vor- und Frühzeit das Zusammenbinden von Baumstämmen, über die man notfalls noch Flechtwerk anbrachte. Es entstand ein plumpes Fahrzeug, das nur gestakt werden konnte. So wurden schon die ersten Lasten befördert. Aus dieser einfachen Art der Fortbewegung entwickelte sich später das Floß. Aber die Menschen strebten von je her nach besseren Möglichkeiten, das Wasser zu bezwingen. Die ersten mühsamen Versuche werden fehlgeschlagen sein, da hier und da halbfertige Einbaumfahrzeuge aufgefunden worden sind.

Aber während der Altsteinzeit, dem Paläolithikum (8000 v. Chr.) haben die Menschen in Nordeuropa bereits den Schiffbau erfolgreich betrieben. Es wurden Felszeichnungen gefunden, die Kunde von diesen frühen Schiffen geben. Die sonderbare Form ihres Aussehens ließ zunächst an Schlitten denken. Dann war man überzeugt, Schiffstypen entdeckt zu haben. Aber auch Flöße wurden darin erkannt. Heute weiß man, daß es seetüchtige Wasserfahrzeuge waren, die den nördlichen Verhältnissen Rechnung trugen. Bei Hjortspring auf Jütland ist ein solches Fahrzeug "in situ", also seit der Aufgabe noch unberührt, ausgegraben worden. Die auffälligen doppelten Steven laufen in einen doppelten Kiel über und bilden so einen Hohlraum und eine Luftkammer, aber auch einen doppelten Boden und zweifach verstärkten Bug. Dies erklären sich die Fachleute, indem sie die im Norden vielfach auftretenden Klippen, scharfe Eisbergsägen dicht unter Wasser und ähnliche Hindernisse einbeziehen. Diese Havarieursachen planten die Menschen bereits ein und bauten ihre teils fellbespannten Schiffe entsprechend.

Diese Schiffe werden nicht gerade klein gewesen sein, wie die eingezeichneten Personen verdeutlichen. Die Schiffe sind als Kult- und Kampfschiffe gezeichnet. In anderen Felszeichnungen sind nach F. Behn " ganze Flotten in Dwarslinie gegeneinander aufgefahren mit den Führerschiffen vor der Front. Diese Fahrzeuge wurden ausschließlich durch Ruder bewegt, das Segel war noch nicht in Gebrauch, und was man zuweilen dafür halten wollte, sind in Wirklichkeit Sonnensymbole auf Kultschiffen. Auch Wagen sind auf den Felsbildern vielfach wiedergegeben, ihre technische Konstruktion steht derjenigen der Schiffe nicht nach."Ein Schiff scheint eine dreifache Sicherheit in Form einer dreifachen Bespannung getragen zu haben. Hingegen erkennen wir bereits die spätere Form der Wikingerboote, die auch schon eine Art Drachenkopf vorwegzunehmen scheint.

Aber auch Rindenboote wurden gefertigt, also Einbäume, die man künstlich erweiterte. Sie waren von Skandinavien bis hin zur Unterelbe verbreitet. Aus Fels- und Rasiermesserzeichnungen der Bronzezeit sind uns diese Modelle bekannt. Auch ein Schiff der vorrömischen Eisenzeit ist bei Hjortspring/Dänemark gefunden worden. Die Rekonstruktion erfolgte nach G. Timmermann, das Modell ist im Kreismuseum Heide/Dithmarschen zu sehen. Die Länge beträgt ca. 15,30 m. Bei diesem Boot wurde anstelle von Baumrinde sehr dünnes Holz für die Außenhaut verwendet. Man kann dieses Fahrzeug als ein germanisches Mannschaftsschiff bezeichnen. Hierzu D. Ellmers:"Die Holzhaut wurde anfangs genauso verarbeitet wie die ursprüngliche Baumrinde. Bald aber lernte man, auf all die Dinge zu verzichten, die zwar für die Rindenausführung nötig, bei der Holzbauweise aber nicht materialgerecht waren: Die Blöcke und vorspringenden Stangen verschwanden, man baute das altgewohnte elastische Schiffsgefäß jetzt aus einem einzigen Baumstamm."

So werden auch die einheimischen Siedler längs der Rheintäler nichts unversucht gelassen haben, das Wasser zu befahren und die hierfür benutzten Fahrzeuge zu verbessern, wann, wie und wo immer es sich ergab. Überlieferung, praktische Erfahrung und der Stand des 'technischen Wissens' der jeweiligen Zeit werden hier den lokalen Ausschlag gegeben haben.

So kennen wir inzwischen eine alpenländisch-rheinische Schiffbautradition, die bis in das 9. Jahrhundert v. Chr. zurückverfolgt werden kann. Beweis ist ein halbfertiger Einbaum, 8 m lang und aus dem Untersberger Moor bei Salzburg stammend. Nach den Schilderungen von D. Ellmers war "der sich konisch zur Spitze hin verjüngende Stamm einer Weißtanne sorgfältig mit einem schmalen Bronzebeil entastet und am oberen Ende abgeschlagen worden. Dagegen hatte man große Teile der Wurzel stehengelassen, was eventuelles Rollen des Stammes bei der Bearbeitung verhinderte."

Mit Hilfe von Feuer hat man versucht, den Stamm weiter auszuhöhlen. Dabei muß die daran befindliche Wurzel Feuer gefangen haben und der Stamm wurde unbrauchbar. Die Außenfront zeigt noch keine Bearbeitungsspuren. Aus diesem Grunde weiß man nicht, ob ein Rund- oder Flachboden vorgesehen war. Aber die Fachleute erkannten in der frühen Arbeit schon das eigentliche Vorhaben der Erbauer, dem Boot einen trapezförmigen Grundriß zu geben, d. h., den Bug zu leichtern und das Heck zu beschweren. Dadurch wäre dem Baumschiff eine Wasserschnittigkeit zugekommen, die bereits die Ansätze einer Tradition erkennen ließ, die sich, wenn man es grob betrachtet, bis in unsere Tage bei den alten Rheinfähren noch nachweisen läßt.

Auch der niederrheinisch-westfälische Raum ist nicht arm an Einbaumfragmenten aus der späten Steinzeit. Im Schiffahrtsmuseum Emmerich sehen wir das Modell eines Einbaumes aus Gartrop-Bühl bei Hünxe an der Lippe. Das Boot ist 15,20 m lang und mißt 0,8 m im Querschnitt. Über die Auffindung hat uns R.

Stampfuß im Bonner Jahrbuch 161/1961 auf Seite 300 einen interessanten Bericht gegeben. Das Lippe-Südufer war durch das Hochwasser des Jahres 1948 geschwächt worden und ein zwei Meter breiter Uferstreifen war fortgespült. Als dann im Herbst 1950 der Wasserstand sank, wurde der Bootsbug freigegeben und ragte aus dem Wasser. Nach vielerlei Bemühungen konnte das Boot aus dem grau-grünen Schlicksand geborgen werden. Von der Böschungsoberkante ergaben sich 3,40 m Deckschichten bis zum Fundobjekt. "Die feintonige Schlickschicht war in ihren oberen Partien durch starke Grundwasserführung vom Ufer aus als Fließsandschicht ständig in Bewegung und machte dadurch die Ausgrabung besonders schwierig", betont R. Stampfuß.

Das Boot mußte in mehreren Etappen geborgen werden, da man sich in der Länge mehrmals verschätzte. Mit 15,20 m ist dieser Bootsfund der bisher längste bei uns gefundene Einbaum. Der Eichenbaumstamm mußte einst aus einem 30 m langen Hauptstück gearbeitet worden sein.

Bug und Heck waren sanft geschweift, der Boden vom Bug an etwas flach behauen und durchweg 6 - 8 cm stark. An den Seiten sind keine Bearbeitungen sichtbar. Die seitlichen Höhen betragen 0,50 m und sind nach innen eingezogen. Der vierkant bearbeitete Bug "hat seitlich ein ovales Loch von 12 cm Durchmesser, das vermutlich der Verankerung diente." Das Heck läuft spitz zu. Interessant sind auch die Verstärkungsrippen, die man beim Aushöhlen spantenartig hat sitzen lassen. Sie sind 12 cm breit und 4 - 6 cm hoch. Dadurch ist eine gewisse Elastizität und Stabilität gegeben. Nach R. Stampfuß ist "das Heck als schwere, massive Sitzbank ausgebildet, wodurch das Boot hier ein besonderes Schwergewicht erhält. Die vorzügliche Bearbeitung des Bootsinneren, das ursprünglich vollkommen glatt gewesen ist, läßt vermuten, daß zum Bau eiserne Geräte Verwendung gefunden haben."

Natürlich ist bei solchen Funden immer wichtig, die Begleitumstände zu erforschen, um eine günstige Datierung zu erlangen. Findet man Scherben im Rumpf, ist das Problem oftmals schnell gelöst. Der Einbaum, im Fließwasser gekentert, und später überlagert und verlandet von allen möglichen Schwemmschichten, bietet eine solche Datierungsmöglichkeit nicht. Die Radiokarbon-Untersuchung war damals noch nicht so weit in unseren Regionen bekannt. Natürlich hat man dem Boot Tonproben entnommen, die F. Overbeck auch analysierte. Aber es war zu wenig, als daß Prof. Overbeck bei seiner Pollenanalyse zu einem brauchbaren Ergebnis gekommen wäre. Auch war eine zeitliche Einordnung nach Art und Weise des Boottyps nicht möglich, "da O. Paret bei der Bearbeitung der zeitlich zum Teil bestimmbaren Einbäume des Federseeriedes und der Zusammenstellung aller im übrigen Europa bisher gefundenen Einbäume zu dem Ergebnis kommt, daß 'eine Entwicklung des Einbaumes von der Endsteinzeit bis zur Gegenwart nicht zu erkennen ist, auch bei einer viel größeren Zahl datierter Einbäume nicht möglich sein wird, weil die Entwicklung in frühere Zeit fällt'." (R. Stampfuß)

So sind wir also bei der Frage, wie wir unseren Lippe-Einbaum einordnen sollen, immer noch auf Spekulationen angewiesen. R. Stampfuß möchte ihn "für frühgeschichtlich halten und annehmen, daß er in der Zeit der Auseinandersetzung zwischen Römern und Germanen am Niederrhein eine Verwendung gefunden hat. Er kann aber auch wesentlich älter sein und noch in vorgeschichtliche Zeiten zurückreichen." Die georteten Hafenanlagen von Haltern und Oberaden weisen darauf hin, daß die Lippe bei römischen Expansionen eine entscheidende Rolle gespielt hat.

Außer diesem jüngsten Einbaumfund hat es im Bereich der Lippe schon in weiter zurückliegender Zeit Fundmeldungen gegeben.

1865: Bei Flußregulierungsarbeiten fand man einen Einbaum bei Rünthe-Werne. Er befindet sich im Landesmuseum Münster. Auch ein weiterer Einbaum-Steven kam ans Licht der Neuzeit.

1919: Schüler fanden unterhalb Krudenberg das Bruchstück eines Einbaumes von mehreren Metern Länge und bargen die Reste aus der Lippe. Während des letzten Krieges verbrannte das Einbaumfragment im Historischen Museum Düsseldorf.

1936: Bei Baggerarbeiten in der Lippe bei Benninghausen, Kr. Lippstadt, konnte ein 7 m langer und 0,80 m breiter Einbaum aus Eiche geborgen werden. Er lag 4 m unter dem Wasserspiegel im Flußsand. Er befindet sich im Museum Hamm.

1940: Als bei Rünthe-Werne die Lippebrücke gebaut wurde, stieß man an der gleichen Stelle wie 1865 im alten Lippebett auf einen Einbaum. Er war 7 m lang und 0,65 m breit. Der Steven fehlte an einem Ende und war "vermutlich bei früheren Arbeiten an der alten Brücke zerstört worden. Im Innern des Einbaumes lag ein langer, an beiden Enden zugespitzter Pfahl und ein weiterer mit gabelförmigem Ende." Zu finden ebenfalls im Museum Hamm. (R. Stampfuß)

1947: Östlich von Hamm, Gemarkung Dollberg bei Lippe-km 48, entdeckte man einen Einbaum. Er kam in das Ruhrtal-Museum in Schwerte.

Wir sehen, wie wichtig oft an irgendwelchen Ufern die Betrachtung von Baumstämmen sein kann und welche Entdeckungen selbst dem Laien hier beschert werden können. Wichtig genug, um aus solchen Nachrichten Aufschluß zu erhalten über schiffsbautechnische Gegebenheiten, die unsere Vorfahren betreffen und uns heute Zeugnis geben von der Art und Weise, wie die Altvorderen sich mühten, die Gewässer zu befahren und welche Mittel sie anwendeten, den Erfordernissen ihrer Zeit gerecht zu werden.

Durch die Einsätze von Großbaggern und Greifern bei heutigen Bauvorhaben konnten wir an sehr vielen Stellen Einblick in das Erdinnere nehmen, auch an Stellen, die einst Wasser führten, dann versumpften und später verlandeten. Hier ist die Suche nach Wasserfahrzeugen der Vorzeit besonders erfolgreich. So konnten noch weitere Einbaumfunde durch die Verschiedenheit der mannigfaltigen

Formen und Verarbeitungsweisen zeigen, in welcher Art und Weise der Bau dieser Einbäume in einer bestimmten Landschaft betrieben wurde. Viele spätere Weiterentwicklungen haben ihren Ursprung im Einbaum, so daß dieser über lange Zeit in der Vorstellungswelt der Menschen als bekanntes und bewährtes Fahrzeug die ständige Ausgangsposition bildete. Selbst als später Plankenschiffe gebaut wurden, existierte der Einbaum noch fort.

So kennen wir seit 1933 einen Einbaum-Fund aus einem Altrheinarm nördlich von Speyer. Erst als uns die Möglichkeit erschlossen wurde, dendrochronologische Untersuchungen vorzunehmen, wurde der Fund von Speyer in den Jahren 1967/68 nachträglich auf das mögliche Alter hin untersucht und auf 600 n. Chr. datiert. Wenn man bedenkt, daß zu dieser Zeit das römische Reich als Kulturträger seine Einflüsse im Schiffbau auch auf den Rhein ausgedehnt hatte, dann ist dieser Einbaum von Speyer ein Beweis dafür, wie stark die einheimische Bevölkerung an dieser primitiv-praktischen Bauweise festhielt. Die aufwendige römische Bauweise mit ihrer Blütezeit auf dem Rhein wurde überlebt und hat die fränkische Epoche beeinflußt.

Das Boot war 11 m lang, doch muß durch das Austrocknen ein Schrumpfmaß einkalkuliert werden. D. Ellmers beschreibt es so:"Der heute bis zu 61 cm breite Boden ist völlig flach und an beiden Enden entsprechend den Kaffen bei vergleichbaren Plankenbooten bis zur Relinghöhe in flacher Krümmung aufgebogen. Die heute noch 40 cm hohen Seitenwände stehen genau senkrecht und nähern sich dem Bug auf 20 cm, am Heck hingegen nur auf 42 cm. Dadurch entsteht am Bug der langgezogene sog. Grans (= Schnabel), der noch für neuzeitliche Kleinboote im Alpenvorland charakteristisch war. Vorne und hinten sind über die ganze Bootsbreite Stege von gut 10 cm Höhe aus dem vollen Holz stehengeblieben. Sie dienten als Querversteifung und Sitze. Da an der Bordwand Spuren einer Ruderhalterung fehlen, müssen die hier sitzenden zwei Mann je ein Paddelruder bedient haben. Die Beruderung entsprach also weitgehend der des Bootes von Dürrnberg. Bei einer Tragfähigkeit von insgesamt 0,5 t konnte dieser Einbaum keine großen Transportaufgaben erfüllen. Er dürfte als Fischerboot für zwei Mann Besatzung oder als Fähre für maximal sieben Personen gedient haben."

Dieser Speyer-Einbaum ist besonders wichtig und aufschlußreich, "weil er zu einer Einbaumgruppe gehört, die sich in bemerkenswerter Parallele zu den alpenländisch-rheinischen Plankenschiffen entwickelte." (D. Ellmers). Überhaupt hat man im ehemals keltischen Gebiet zahlreiche Einbäume gefunden, die den unterschiedlichsten Typen angehören. Sie sind jedoch sehr schwer zu datieren. Lediglich sechs Boote können der Latènezeit (0 - 400 v. Chr.) zugeordnet werden. Aus diesen gefundenen Booten oder deren Fragmenten eine geschlossene Bootsbautradition abzulesen, ist nahezu unmöglich. Hier bildet lediglich das Speyer-Boot eine herausragende Ausnahme.

Ferner sind uns Einbaum-Fragmente eines Lastkahnes bekannt, die in Austruweel bei Antwerpen entdeckt wurden. Der Grundriß war trapezförmig, sich zum Bug hin verjüngend. Die Fragmente werden der vorrömischen Eisenzeit bis Kaiserzeit zugeordnet. Der Querschnitt ist halbrund, was die Kenterneigung fördert. Zwölf Spanten gaben dem Rumpf Halt und Stabilität. Die Art der Vorwärtsbewegung war nicht mehr zu ermitteln. Sicherlich dürfen wir einen Lastkahn vermuten, dessen Bauweise bis in das frühe Mittelalter vorherrschte.

Im Jahre 1942 fand man einen Einbaum im Pfäffikoner See bei Robenhausen mit U-förmigem Querschnitt. Man möchte ihn einer Seeufersiedlung zuordnen, wo er als Fischerboot genutzt wurde. Fischerboot-Einbäume konnten auch 1894 "in der untersten Schicht einer künstlich aufgehöhten Inselsiedlung mit über 60 Häusern der Mittel- und Spätlatènezeit" ausgegraben werden, und zwar bei Glastonburry, Somerset/England, einer als Fragment, der andere fast vollständig erhalten. Ebenfalls freigelegte Netzsenker in Form von Bleiplättchen (3,1 bis 6,7 cm Länge) lassen auf Fischfang mit Einbäumen schließen. Zusätzlich gefundene Wagenräder veranlaßte die Fachwelt, bei den Einbäumen auch an Fährponten zu denken, die man katamaranähnlich mit einem Bohlendeck versah, um Wagen überzusetzen.

Ebenfalls 1894: An der unteren Dijle bei Mechelen-Nekkerspoel, Antwerpen, entdeckte man bei Wasserbauarbeiten eine Inselsiedlung der Frühlatènezeit. Neben Pfostenhäusern konnten die Ausgrabenden einen 8,4 m langen und 1 m breiten Einbaum bergen, der zum Bug hin spitz zulief und schon eine elegante Form zeigte. Der langgezogene, sanft aufwärts schwingende Bug deutet eine Stromlinienführung an. Er konnte gepaddelt oder gestakt werden. Die Fachleute denken an einen Fährkahn oder an ein Fischerboot.

Aber damit nicht genug. Als der Rhein-Marne-Kanal gebaut wurde, fand man bei Chaumont, Dep. Haute-Marne einen etwa 4,5 m langen Einbaum, der zur Sargbestattung diente. Man fand darin einen Krieger der Latènezeit, mit Schwert, Dolch und Lanze bestattet. Der Kahn war flachbodig mit leicht nach außen geneigten Seitenwänden. Ein Steg bis in Relinghöhe unterteilte das Innere in zwei Hälften. Die Enden waren bugartig abgeschrägt. Diese zeigten quadratische Löcher von 14 cm. Über ihre Funktion hat man sich lange Gedanken gemacht. Ein Einbaumfund aus dem Rhein bei Sondernheim aus dem Jahre 1901, 10,9 m lang, undatiert, wurde als Vergleich herangezogen. Auch hier zeigte die massive Bug-Kaffe eine senkrechte Eintiefung. "An dieser Stelle war ein einseitig über die Bordwand hinausreichender Querbalken von erheblicher Stärke eingebaut, zweifellos als Querverbindung zu einem zweiten Einbaum von etwa gleicher Größe und mit ebenso parallel verlaufenden Seitenwänden." (D. Ellmers)

Man glaubt aus der Technik zu erkennen, daß es sich um gekoppelte Einbäume handelt, als Fähren genutzt, um größere Gegenstände, evtl. Wagen, überzusetzen. Wir kennen solche Ponten als Plankenboote in der Weiterentwicklung und als

Fähren der frühen Neuzeit. Über die Querriegelhölzer waren in Längsrichtung der Bootsrümpfe Bretter befestigt. Ein gutes Beispiel der Neuzeit ist die Schiffsfähre Düsseldorf aus dem 18. Jahrhundert, wie das Modell des Schiffahrts-Museums Düsseldorf zeigt.

Neben den Fellbooten und Einbäumen bildeten die Flöße eine dritte Gruppe vorgeschichtlicher Wasserfahrzeuge. Nachweisbar in Mitteleuropa sind sie erst seit der mittleren Bronzezeit (ca. 1300 v. Chr.). Es wird vermutet, daß sie zeitlich neben den Einbäumen einhergehen, da ein kräftiger Waldbestand die Voraussetzung für ihren Bau war. Man konnte Flöße vielfältig einsetzen, zum Fischfang, als Transportmittel für Baumaterial, Nahrungs- und Futtermittel, Heu, Getreide und vieles mehr. Ebenso bei allen Arbeiten, die nur vom Wasser auszuführen sind. Pontonartige Fähren dienten aber vornehmlich dem Übersetzen von einem Ufer zum anderen für Menschen und größerem Hausvieh. Als Weiterentwicklung aus diesen Floßfähren kennen wir die Fähren mit gekoppelten Einbäumen. Ansonsten haben Flöße die mitteleuropäische Schiffbaukunst nicht merklich beeinflußt. Einzelne "Schwimmer" (Einbäume) in ausgehöhltem Zustand sind häufig gefunden worden, aber noch nie die Plattform, die ja in der Regel schneller verrottet.

Das älteste Floß Mitteleuropas, archäologisch nachgewiesen, gehört der mittleren Bronzezeit an (13. Jhdt. v. Chr.). Die Stämme waren an den Enden durchlocht. Dadurch steckte man Äste als Bindung. Weitere Floßbindungen waren: Querrillen in der Oberkante der Stammenden, die man hineinhackte und Querleisten darin einklemmte. Oder: Die Stammenden wurden an den Seiten mit Löchern durchbohrt, durch die man Schnüre fädelte und so die Stämme zusammenband. Die beiden erstgenannten Bindungen wurden von der Bronzezeit bis ins Mittelalter angewendet. Die letzte Bindemöglichkeit benutzten die Römer. Das bezieht sich nicht auf die modernen Bindungen der Langflöße auf dem Rhein. Hingegen wurden auch Floßfesseln aus dem 3. Jahrhundert n. Chr. gefunden. Riß die übliche Taubindung, wurden diese "Notschakel" in die Stämme getrieben, die man dann mittels Knebel am Mittelring der Kette wieder zusammendrücken konnte. Die Originale sind im Landesmuseum Stuttgart zu sehen. Es sind zwei Flöße aus der Römerzeit. Das hintere große diente dem Steintransport, das vordere als Plattform für eine Ramme. Der dreizackige Eisenhaken ist ein Floßstachel aus dem Legionslager Vindonissa, Schweiz, 1.-3. Jahrhundert n. Chr., Museum Bruck. Dieser Stachel, mit einem langen Stock verbunden, diente zum Bewegen der schweren Baumstämme.

Interessant sind in diesem Zusammenhang die Fakten, die D. Ellmers, der Leiter des Deutschen Schiffahrtsmuseums in Bremerhaven, zusammengetragen hat. So schreibt Caesar 58 v. Chr. von den Helvetiern, "...daß sie in der Tat derartige Fähren in der Spätlatènezeit benutzten." Dieser keltische Schiffstyp hat sich sehr lange in der einheimischen Bevölkerung gehalten, wie wir aus den späteren Aufzeichnungen des Gregor von Tours in der 2. Hälfte des 6. Jahrhunderts n. Chr. ersehen können, "...der diese Fährenform 'pons' nennt... Gregor benutzt also für die Kähne dasselbe Wort wie Caesar." D. Ellmers hält dies mit den gegebenen Fundumständen für "gut vereinbar und entspricht genau den bereits genannten neuzeitlichen Fähren, die noch im 19. Jahrhundert am Rhein mit demselben Wortstamm wie bei Gregor als "Ponten" bezeichnet wurden."

Was die Konstruktionsbeständigkeit betrifft, so ist sie von der Mittellatènezeit bis in das 19. Jahrhundert hineingetragen worden und in fast der gleichen Art und Weise erhalten geblieben, wenn es auch geringe Veränderungen in dem Plattformbau gegeben hat. Auch die Bootskörper wurden später aus Planken erbaut. Durch ein galgenartiges Holzgerüst, dem Sprengwerk, wurde quer zu den Bootsrümpfen eine Absteifung und Verstärkung erzielt, die ein Auseinanderdriften verhinterte, falls sich die Plattform einmal durch Wellengang löste.

Wenn wir nach dem ältesten Einbaum fragen, den man gefunden hat, dann kann die Fachwelt auf Pesse in den Niederlanden verweisen. Er wurde dort 1955 ausgegraben, war 3 m lang und 0,45 m breit. Da er nur eine geringe Tragkraft hatte, konnte nur eine Person darin knien oder sitzen. Die Fachleute bringen es mit einem Entenjäger in Verbindung, der sich damit in die schützenden Schilfzonen in Lauerstellung legen konnte. Dieser Einbaum, der 6300 v. Chr. datiert, ist 8300 Jahre alt und gehört damit der Mittelsteinzeit an. Die Ausarbeitung ist noch sehr plump und grob, das Heck breiter als der Bug. Dieser zeigt die ersten bescheidenen Ansätze zum Löffelbug, um ein leichtes Auflaufen bei Heckbelastung zu erreichen. Die Schwierigkeiten bestehen in der Querbehandlung des Stammes, wo das Holz faserig wird und damit wasserdurchlässig. Der dicke Steg am breiten Ende des Hecks wie des Bugs zeigt dies deutlich.

Hierzu D. Ellmers: "Bis zu welchem Stadium man bis zum Ende der Mittelsteinzeit in der Formung der Einbaumenden gelangte, ist aus Mangel an Funden noch nicht zu überblicken."

Mit dem Beginn der Jungsteinzeit, dem Neolithikum, 4000-1800 v. Chr., wurde das Bedürfnis nach Erweiterung der menschlichen Fertigkeiten geweckt, da die Menschen in Sippen seßhaft wurden und Ackerbau und Viehzucht betrieben. Die Ufersiedlungen wurden verstärkt ausgebaut, die einzelnen Sippen vergrößerten sich, die Nahrungsbeschaffung an den Flüssen und Seen wurde vorangetrieben, Jagd und Fischfang mehrten sich, und damit auch der Bau von Wasserfahrzeugen. Notwendigerweise bekamen die Einbäume eine andere Form. Sie wurden länger, erhielten einen Löffelbug und ein Heckschott.

Mit der geschlossenen Siedlung und dem Meiler (Einzelhof) an vielen Stellen des Landes und der Rheinebene wuchs auch der Handel und der Warenaustausch. Hier spielte das Wasserfahrzeug zu allen Zeiten eine entscheidende Rolle. So entstand als besonders typische Einbaumform das stammrunde Boot mit Löffelbug und Heckschott, wie es aus dem Württemberger Federsee mit einer Länge von 10,86 m geborgen wurde. Dieses Boot, als eine lange Röhre gebaut, benötigte

Versteifungen. Aus diesem Grunde ließen die Erbauer in Abständen Stege stehen, die als Spanten dienten und Festigkeit erzielten. Damit war man in der Lage, die Längswandung dünner zu arbeiten, das Boot leichter zu machen und die Belastung zu erhöhen. Gleichzeitig dienten die Stege als Sitzplanken. Hingegen wurden auch rinnenförmige Einbäume angefertigt, also ohne Stege, was eine Durcharbeitung der Längsrinne vereinfachte. Sie wurden erst nachträglich mit Querschotten verbunden und versteift, worunter jedoch die Stabilität litt. Diesen Einbaumtyp nennt die Fachwelt "das erste zusammengesetzte Holzboot Mitteleuropas."

Es war eine Entwicklung vorgezeichnet, die in der Folgezeit eine beständige Verbesserung erfuhr. So fand man auf der dänischen Insel Seeland in Aamose zwei jungsteinzeitliche Einbäume, die in Großsteingräbern eingebettet waren und der Ganggrabzeit, ca. 2600 v. Chr. angehören. Ihr Aussehen: stammrunder Querschnitt, Löffelbug, Querschott am Heck. Die 5,5 m langen Boote haben zahlreiche kleine Löcher in der oberen Bordwand in Längsrichtung. Hier konnte eine zusätzliche Planke befestigt werden, um einen erhöhten Wellengang abzufangen und um das Boot zu stabilisieren.

Bei den Booten, die erst in der fortgeschrittenen Bronzezeit und in der vorrömischen Eisenzeit gebaut wurden, waren verschiedene Techniken zu erkennen, obwohl die Planken untereinander aus Verschnürungen bestanden. Aus diesem Grunde spricht man bei diesen Bootstypen von Schnürtechniken. Da haben wir einmal eine skandinavische Verschnürung, in der eine Klinkertechnik in Art der Wikingerschiffe sichtbar wird. Ferner eine britische Technik, belegt durch die Funde von Brigg und North-Ferriby, die noch keine Parallelen aufweist, und als dritte eine donauländische Schnürtechnik, belegt durch den Schiffsfund von Laibach (Ljubljana/Jugoslawien), sich an den keltischen Schiffbau anlehnend. D. Ellmers schließt nicht aus, daß noch weit mehr Schnürtechniken im Schiffbau bestanden haben. Er schreibt:

"Diese Beobachtungen legen zwei wichtige Schlüsse nahe: 1. Die Vergrößerung der Einbäume zu geplankten Booten geschah relativ unabhängig voneinander an verschiedenen Stellen Europas. 2. In Skandinavien geschah dieser Schritt bereits in der Jungsteinzeit. Wir wissen zwar nicht, ob es auch im übrigen Europa schon zu dieser Zeit geschah, müssen aber feststellen, daß für keine der Schnürtechniken die Kenntnis von Metallwerkzeug und -bauteilen nötig war.

Da bisher weitere Funde aus Planken gebauter Boote der Jungsteinzeit fehlen, sind die Anfänge dieser neuen Bootsbaukunst noch nicht genauer zu beschreiben. Es bleibt nur noch festzuhalten, daß der Neuansatz bereits in einer Phase erfolgte, als die Einbäume noch den stammrunden Querschnitt hatten."

Dieser stammrunde Querschnitt der Einbäume förderte das Kentern und verhinderte schnelleres Fahren. Diese Boote hatten eine starke Rolleigenschaft bei nur geringer Gewichtsverlagerung.

Nun begannen die Bootsbauer, die Einbäume künstlich zu vergrößern. Man nennt diese Boote "gespreizte Einbäume", da man sie von der Rundung fortbrachte und durch zusätzliches Spreizen einmal mehr Raum gewann, zum anderen eine größere Stabilität erzielte. Im Jahre 1935 wurde versucht, ein solches Boot nachzubauen. Durch einen schwachen Glimm- und Glühvorgang wurde der Stamm des schalenartigen Bootes ausgehöhlt, bis er so dünn war, daß er sich wie ein Zigarrenblatt ineinanderrollte. In diesem Zustand ist ein künstliches Spreizen durch eingepreßte Spanten möglich. Wir kennen einen gespreizten Einbaum aus dem Vaaler Moor, Schleswig-Holstein, in der Zeitstellung um Chr. Geb. bis 400 n. Chr. Besatzung: 18 Paddler, 1 Steuermann. Funktion: Personentransport und Kriegskanu. Auf diese Art und Weise entwickelte sich ein Bootsrumpf, der breiter war als der ursprüngliche Baumstamm, aus dem er gefertigt wurde. Zusätzlich angebrachte Setzborde verhinderten die Wasserübernahme. Hieraus entstanden dann die Wikingerboote und ihre Verwandten.

Als die Angelsachsen mit ihren Schiffen im 5. Jahrhundert n. Chr. England eroberten, verwendeten sie Fahrzeuge, die sich aus den germanischen Setzbordschiffen weiterentwickelt hatten. Unter der Typenbezeichnung "Kiel" wurden sie bis zum Ausgang des Mittelalters beibehalten. Spätestens seit dem 8. Jahrhundert trugen sie Segel. Wie bei den Wikingerschiffen waren die bogenförmig aus dem Kiel aufsteigenden Steven ein besonderes Kennzeichen dieser Schiffe. So entdeckte man Veränderungen am Einbaum, welche in der späteren Jungsteinzeit, ca. 3000 Jahre v. Chr., zur Zeit der Großsteingräber von den Bootsbauern erfolgreich praktiziert wurden. Der älteste flachbodige Einbaum Mittel-Europas ist etwa 5000 Jahre alt und wurde bei Hüde am Dümmer/Niedersachsen gefunden. Die Länge beträgt 4,65 m. Dieser Bootstyp lag entschieden ruhiger im Wasser und wurde dadurch kentersicherer. Der Flachboden bildet also die zweite bedeutende Neuerung im Bootsbau der Jungsteinzeit. Die Ausstellungsstücke des Deutschen Schiffahrtsmuseums in Bremerhaven verdeutlichen, daß dieser flache Boden den Schiffbau bis in unsere Zeit mitbestimmte und beeinflußte. Besonders deutlich zeigt dies der Rheinnachen des 20. Jahrhunderts. Der zugespitzte Löffelbug drückt das Wasser unter sich fort und verhilft dem Nachen zum Gleiten. Aber auch die in Bremerhaven ausgestellten Modelle, wie Dreibordnachen vom Neckar, Zuggarnschiff und Eisboot vom Bodensee, Einbaum vom Mondsee und Torfkahn vom Teufelsmoor, zeigen die Vorzüge des flachen Bodens. Sogar der römische Knickspantennachen einer Tonlampe aus dem 2. Jahrhundert n. Chr., gefunden im rätischen Limeskastell Weißenburg in Bayern, 12 cm lang, mit darauf sitzendem Tier, zeigt mit Sicherheit einen Rheinkahn. Die Ähnlichkeit mit unseren heutigen Nachen ist unverkennbar. Hierzu bemerkt D. Ellmers: "Ältere Vorläufer kann ich z. Z. nicht benennen, aber an der einheimischen Bauart ist nicht zu zweifeln. Kleine, oft nur wenige Meter lange Kähne auf Ober- und

Mittelrhein und seinen Nebenflüssen haben heute noch dieselbe Form mit dem "Fünf-Achtel-Querschnitt", wobei auf dem breiten Boden gewöhnlich nur noch zwei Plankengänge aufsitzen, die verhältnismäßig gerade verlaufen."

Um bei den nachenförmigen Einbäumen größere Stabilität zu erzielen, wurden die Seitenwände zusätzlich abgestützt. Ein treffendes Beispiel ist der Einbaum von S t i p e l s e , als Original im Deutschen Schiffahrtsmuseum Bremerhaven. Man suchte sich knieförmige Krummholzstücke, die immer nur eine Seitenwand und den Boden bedeckten. Sie wurden dann wechselseitig angebracht. Erst nach Fertigstellung des Bootes beilte man diese Hölzer dafür zurecht. In vorgebohrten Löchern wurden Holzdübel eingezapft. Aber auch lange Eisennägel fanden Verwendung. Für die Rheinnachen wurden diese knieförmigen Spanten mit der Bandsäge aus breiten Bohlen ausgesägt. Auch die Flußboote von Zwammerdam/ Niederlande aus dem 2. Jahrhundert n. Chr. (nach M. de Weerd) sind mit solchen Krummhölzern versehen.

Dazu D. Ellmers: "Die modernen Boote aus Kunststoff haben gar keine Spanten mehr und sind damit zum Ausgangspunkt der Entwicklung, dem Einbaum, zurückgekehrt. Zu welchem Zeitpunkt zwischen ausgehender Steinzeit und dem Frühlatène (5. Jahrhundert v. Chr.) und unter welchen Bedingungen die knieförmigen Spanten auf den aus Einbäumen weiterentwickelten Booten eingeführt wurden, ist noch unbekannt. Aber für die Entwicklung des Spantgerüsts europäischer Schiffe war nicht nur dieser Ausgangspunkt von Bedeutung, sondern auch der aus gebogenen Haselruten weiterentwickelte Spant skandinavischer Kielboote."

Die späteren Rheinschiffe wurden vorzugsweise mit flachen Böden gebaut. Allein die vielen Untiefen und messerscharfen Felsbarrieren zwangen zu geringem Tiefgang. Die flachbodige Einbaumform bildete den Ausgangspunkt einer intensiv und konsequent weiterentwickelten Bootsbauweise, die stete Steigerungen erfuhr. Dank ihrer großen Anpassungsfähigkeit zeigen sich Nachwirkungen bis in unser technisch-industrielles Zeitalter.

## Die Einbäume der Bronze- und vorrömischen Eisenzeit

Schiffbauentwicklung und Schiffbautechnik nahmen in der Zeitperiode einen völlig anderen Verlauf, als es den Menschen in der B r o n z e z e i t und in der vorrömischen Eisenzeit (etwa 1800 v. Chr. bis Christi Geburt) gelang, das Metall zu gewinnen und nutzbringend zu verarbeiten. Viele Rheintalbewohner wandten sich den neuen Möglichkeiten der Metallverarbeitung zu. Dies beeinflußte zwangsläufig den Handel. Dem mußte auch der Schiffbau Rechnung tragen. Nicht unerheblich werden die mittelmeerischen Einflüsse gewesen sein, die im keltischen Raum die Gründung von größeren Gemeinwesen, den Oppida, ermöglichten; für Handel und Verkehr eine wichtige Voraussetzung.

Die Metallgewinnung und auch die ersten Erfolge ihrer Verschmelzung und Verarbeitung zu handwerklichen Geräten und täglichen Gebrauchsgegenständen leiteten bei den Menschen der Rheinschiene zweifelsohne eine neue technische Epoche ein. Dabei gerieten die primitiven Steinwerkzeuge schnell in Vergessenheit.

So wurde in der Bronzezeit das Steinbeil durch das Bronze- und Eisenbeil ersetzt. Durch den Prozeß der Metallverflüssigung und der anschließenden Erstarrung konnten handwerkliche Geräte hergestellt werden. Dem Schiffbau dienten nun Nagel und Löffelbohrer als technische Hilfsmittel. Dieser ermöglichte den Zimmerleuten, Planken und Spanten zu durchbohren und mittels Holzdübel zu verpflocken, die dann im Wasser quollen und vollkommene Festigkeit garantierten. Und gerade die Dübeltechnik war es dann auch, die in der langen Zeitspanne des hölzernen Schiffbaues dominierte. Sie wurde beibehalten, auch als sich andere Möglichkeiten ergaben, die man hier und da praktizierte. D. Ellmers berichtet von dem ältesten ihm bekannten Löffelbohrer, "dem frühbronzezeitlichen Werkzeugfund von Ferdinandshof, Pommern." Seine Erstbenutzung im Bootsbau war nicht zu ermitteln. Außerhalb des Mittelmeerbereiches sind bis heute erst vier europäische Schiffsfunde bekannt geworden, die der vorchristlichen Zeit zuzurechnen sind.

Von diesen gehören zwei Funde aus England (North-Ferriby und Brigg) der Eisenzeit an. Ein drittes Schiff entstammt der Eisenzeit aus Skandinavien (Hjortspring). Jedes dieser drei Schiffe wurde nach einer anderen Methode gebaut. Allein der vierte Fund aus Laibach (Ljubljana/Jugoslawien) "hat bereits die gebohrten und festgedübelten Spanten." An diesem Schiff sind auch erstmals Nägel festgestellt worden, und zwar sehr lange, "die man durch die zu verbindenden Hölzer hindurchgetrieben und durch doppeltes Umbiegen der Spitze gegen Lockerung gesichert hatte."

In der Wasserburg Buchau im Federsee, die um 1000 v. Chr. bestand, entdeckte man bei Ausgrabungen eine Gußform, "mit der 63 Bronzenägel in einem Arbeitsgang gegossen werden konnten" (D. Ellmers). Ob sie allerdings an dieser Stelle dem Schiffbau dienten, ist nicht nachgewiesen, da nur einige Einbäume entdeckt werden konnten. Der Hafen dieser Siedlung war palisadenumwehrt. So werden die Nägel wohl in erster Linie dem Hausbau und dem Palisadenbau gedient haben. Auch die drei oben angeführten Schiffsfunde aus England und Skandinavien waren ohne Nägel verarbeitet. Trotzdem hat sich nach weiteren Beweisen die Nageltechnik in vielen Bereichen des Bootsbaus durchgesetzt und auch gehalten. Beweise solcher Art sind die keltischen Schiffe der Schweizer Juraseen bis herüber nach England, aber nach D. Ellmers "auch an der Kogge und den mit ihr verwandten Booten, nicht aber im skandinavischen und angelsächsischen Schiffbau."

Wenn diese vier vorchristlichen Bootstypen auch unterschiedlich in der

Methode erbaut waren, so ergab sich doch in auffälliger Weise bei allen eine Gemeinsamkeit: die Planken waren mit faserartigem Material miteinander verbunden. Zwar in unterschiedlicher Art und Weise mit leichten Abweichungen hier und da, jedoch ohne metallene Arbeitsgeräte zu benötigen. Hier bildet das Laibacher Schiff eine Ausnahme, in welches Nägel eingetrieben waren. Diese Schnürtechnik hat sich bis heute bei den Lappen erhalten.

Hören wir hierzu noch einmal den Fachmann D. Ellmers: "Die bisher auswertbaren Befunde sprechen dafür, daß die jungsteinzeitlichen Schnürtechniken auch während der gesamten Bronzezeit und der ersten eisenzeitlichen Jahrhunderte beibehalten und erst allmählich von Süden nach Norden fortschreitend durch die 'Metalltechniken' verdrängt wurden. Neben den gebauten Booten wurden aber weiterhin vor allem als Fischereifahrzeuge und Fähren Einbäume nach steinzeitlichen Methoden gehackt."

Hier wird deutlich, wie über nahezu 3000 Jahre, von der mittleren Jungsteinzeit bis zu den Römern am Rhein, neben der primitiven Bootsbauweise auch schon die fortschrittliche Verarbeitung angewendet wurde. Die Jungsteinzeit schuf den Einbaum und seine ausgereifte Weiterentwicklung zum Plankenboot.

Erst die regen Baggertätigkeiten und Großbauprojekte in vielen Ländern nach dem 2. Weltkrieg führten bis heute zu mehreren Bootsfunden einheimischer Bauweise aus dem 1. und 2. Jahrhundert n. Chr. Diese Funde ermöglichen es heute, die Weiterentwicklung seit der Jungsteinzeit ohne größere Lücken zu verfolgen. Im 1. Jahrhundert n. Chr. kam die nordische Klinkertechnik mit Eisennieten als neue Verarbeitungsmethode im Bootsbau hinzu. Als die Römer in Germanien Fuß faßten und ihre mittelmeerische Schiffbauweise auf den Rhein zu übertragen versuchten, waren nahezu alle bereits bekannten Verarbeitungsmöglichkeiten voll ausgebildet.

**Die keltische Schiffbauweise**

Aber noch sind die Römer nicht am Rhein und die keltische Bauweise der Latènezeit 400 v. Chr.-Chr. Geb. gilt es ein wenig genauer zu beleuchten. Aus den keltischen Niederlassungen, den bereits genannten Oppida, entstanden nach und nach die ersten stadtähnlichen Gebilde nördlich der Alpen. Wirtschaft und Handel erstarkten und verlangten eine Bauweise der Schiffstypen, die geeignet war, größere Lasten über weitere Entfernungen zu transportieren. Besonders die im keltischen Gallien und in Britannien an den Küsten wohnenden Menschen suchten Mittel und Wege, die See zu befahren und Entfernungen zu überwinden.

So entstanden die ersten seetüchtigen Boote, aus der kleinen Flußdimension in einen anderen Maßstab übertragen, mit den gleichen Eigenschaften, nur hochbordiger und flachbodig, mit hochgezogenem Steven und den ersten Überlegungen, den Wind in den Dienst der Schiffahrt zu stellen. Es wurden Ledersegel erfunden, die sich an einem erstellten Mast blähten und einen Eigenantrieb bewirkten. Welch ein gigantischer Fortschritt drückt sich hier bei den Menschen jener Tage aus! Wir erleben die Bauweise in Kraweeltechnik, d. h., die Planken stehen Kante auf Kante. Das Gegenstück dazu ist die Klinkertechnik, wobei sich die Planken dachziegelartig überlappen, wie wir sie bei den Wikingerschiffen kennenlernen. Aber in der Kraweeltechnik entwickelten sich verschiedene Varianten, die nicht immer leicht zu unterscheiden sind.

Ein solches hochseetüchtiges Handelsschiff wurde als Fragment aus dem 2. Jahrhundert n. Chr. in London-Blackfriars ausgegraben. Man kann das im Jahre 1962 von P. Marsden entdeckte Fragment schon als ein keltisches Großschiff bezeichnen. 1958 fand man beim New Guy's House in London das erste Schiff keltischer Bauart. Nun war man in der Lage, etwas Licht in das Dunkel der keltischen Schiffbauweise zu bringen. Der Boden ist flach und ohne Kiel. Die Bordwände sind hochgezogen, die Steven vorn und achtern gleichen den Bordwänden, die Spanten sind fußdick aus Eiche gearbeitet. Das Blackfriars-Schiff besitzt eichene Planken, die untereinander nicht verbunden sind, jedoch an den Spanten mit daumendicken, umgebogenen Eisennägeln befestigt wurden. P. Marsden kommt zu dem Ergebnis, "daß dieses Fahrzeug nicht als der in vor- und frühgeschichtlicher Zeit übliche Schalenbau entstanden ist, sondern in der bisher erst seit dem späten Mittelalter bekannten Skelettbauweise." - Erläuterung: Schalenbauweise = es wird zuerst die Außenhaut errichtet und dann die Spanten eingepaßt. - Skelettbauweise = zuerst wird das Spantengerüst erstellt, dann die Planken aufgesetzt. - Das Schiff war 16 m lang und 6,5 m breit. Der Mast stand sehr weit vorn. Es kann aufgrund der schweren und plumpen Bauart nur knapp 30 t getragen haben. Die letzte Ladung bestand aus Steinen. Diese stammten aus den Brüchen von Maidstone in Kent. Daraus konnten die Wissenschaftler ersehen, daß das Schiff durch den Medway über die Themsemündung nach London gefahren war. Im Holz entdeckte man Gänge von Schiffswürmern, die nur im Salzwasser leben. Das läßt auf ein Fahrzeug schließen, das die Küste befuhr. Dieses Schiff hebt sich in seiner Bauweise entschieden ab von den germanischen und römischen Schiffen mediterraner Prägung.

Das Flußboot von Guy's House, entdeckt von R. Y. Creston, war 15 m lang, 4 m breit und datiert ebenfalls 200 n. Chr. Es wurde nur teilweise ausgegraben. Ein Mastfuß und damit die Möglichkeit einer Besegelung fanden sich nicht. Die Schnitte der Grabung waren auch sehr begrenzt. "Im übrigen", schreibt D. Ellmers, "stimmt das Boot, abgesehen von der leichteren Bauweise, in allen wichtigen Konstruktionsdetails mit dem Küstensegler von Blackfriars völlig überein, kann also über diesen an die gleiche, von Caesar beschriebene keltische Schiffbautradition angeschlossen werden, was bei der Publikation des Flußbootes wegen der leichteren Bauweise noch nicht zu erkennen war."

Experten vermuten, daß es an der Themse erbaut wurde. Auch in der Bretagne erstellte man die gleichen Schiffe. So erwähnt schon Caesar die "engen, z. T. verwandtschaftlichen Beziehungen der Bewohner zu beiden Seiten des Kanals." Man wird weiterhin bei Neufunden auf die "charakteristischen großen Eisennägel mit den umgebogenen Spitzen" zu achten haben, um die Verbreitung dieses Schiffstyps weiter einzugrenzen. Die Verbreitung dieser Zimmermannstechnik geht "über Frankreich bis nach Südengland im Norden und über Teile Süddeutschlands bis nach Manching im Osten."

Die beiden englischen Schiffe zeigten noch eine Besonderheit: Zwischen den Planken waren die Fugen mit Haselzweigen abgedichtet. Dieses Abdichten nennt man auch Kalfatern. Diese Haselzweige waren ohne Pech oder andere Hilfsmittel zwischen die Planken gebracht. Auch in dieser scheinbaren Nebensächlichkeit sieht der Fachmann deutlich den Unterschied zwischen der nordgermanischen und nordwestslawischen und der keltischen Schiffbautradition. Bei den zwei erstgenannten wurden teergetränktes Kuhhaar bzw. Sumpfmoos für die Kalfaterung ermittelt. Auch konnte eine enge Verbindung zwischen der britischen und der belgischen Kalfaterungstechnik nachgewiesen werden. Hierüber berichtet Plinius 77 n. Chr. in seiner Naturalis Historia. Dort erfahren wir, daß die Belgier anstelle der Haselzweige "besonders harte, holzartige ("lignosiore callo") Blütenrispen einer Schilfart verwenden." Aber Plinius sagt gleichzeitig, "daß diese Kalfaterung fester sei, als Leim und Risse zuverlässiger ausfülle als Pech." Daraus darf geschlossen werden, daß Briten und Belgier gleichermaßen ihre Schiffe mit "grobem, zweigartigem Material ohne besondere Kittmasse" kalfaterten. D. Ellmers glaubt, "diese weitgehend gleichartigen Kalfatertechniken lassen sich am besten als lokale Varianten ein und derselben Schiffbautradition interpretieren und belegen einmal mehr die engen Beziehungen im Schiffbau zu beiden Seiten des Kanals."

Sodann entdeckte man noch im Rheindelta bei Kappel-Averzaath das Fragment eines Schiffbodens, das ca. 30 m lang und ein seegehendes Schiff gewesen sein muß. Seine Ladefähigkeit wird 100 t betragen haben. Ähnlich den beiden geschilderten Schiffen, die einmal als Seeschiff und zum anderen als Flußboot gelten können, wird auch dieses dritte während der römischen Zeit im Einsatz gewesen sein. Die Größenordnungen der seegehenden Schiffe haben sich wahrscheinlich mit dem Vorhandensein der Römer und den steigenden Bedürfnissen ihrer Zeit verändert. Schiffsvergrößerungen fanden unter Beibehaltung einheimisch-keltischer Bautradition statt.

Die seegehenden Schiffe mußten gesegelt werden. Segel nachzuweisen war lange Zeit schwer, obwohl sie Caesar nannte und beschrieb. Inzwischen belegen Abbildungen auf Stein- und Mosaikbodenfunden (siehe Römerzeit) anschaulich, daß Segel als Hilfsmittel eingesetzt wurden.

## Schiffe gallisch-rheinischer Prägung

Mit den beiden oben beschriebenen britischen Schiffen sind wir unvermittelt in das 2. Jahrhundert n. Chr. gewechselt. In diese Zeit fällt die Herrschaft der Römer am Rhein und die Blütezeit des Städtebaus und der Schiffahrt römischer Prägung auf dem Rhein. Die Römer versuchten, im Bezug auf den Schiffbau die mittelmeerischen Erfahrungen und Einflüsse auf den Rhein und die Germanen zu übertragen. Aber die Germanen hatten ebenso wie die Briten und die Belgier eine einheimische Schiffbautradition mit ausgeprägten individuellen Zügen, die den Gegebenheiten der Landschaft und den Flußeigenarten angepaßt waren. Flußkähne, Transportflöße und Prahmen wurden weiterhin nach alter Tradition gebaut. Zusätzlich verkehrten die römischen Flußschiffe in einem regen Nebeneinander auf dem Rhein. Die Römer lernten schnell, den Tücken des Rheinstroms zu begegnen, indem sie den Schiffbau der Einheimischen studierten.

Die Römer waren gezwungen, den Bedürfnissen der Städte entsprechend, größere Lasten aller Art zu befördern und nutzten den Tiefgang des Stromes dafür aus. Ihre Schiffe konnten nicht wie die Prahmen am Ufer auflaufen, um entladen zu werden. Deshalb wurden in den Häfen Kaimauern gebaut, um die Ladungen der tiefer gehenden Handelsschiffe ohne Verluste leichtern zu können. So kann der keltische Schiff- und Bootsbau von Gallien bis zum Rhein aus etlichen überlieferten Typen abgelesen und dargestellt werden. Da ist zunächst die Igeler Säule bei Trier. Obwohl stark verwittert, erkennen wir auf dieser Säule ein Lastschiff oder einen größeren Nachen, der mit Ballen beladen ist und eindeutig von mehreren Männern getreidelt wird. In dem hochbordigen Nachen sitzt hinter den Tuchballen der Steuermann. Dahinter sieht der Flußgott bärtig und langhaarig vom Ufer aus dem Treiben zu.

Die Form des Flußnachens ist elegant in der Linienführung und dazu rundlich. Bei der alpenländisch-rheinischen Schiffsgruppe hingegen begegnen uns mehr kantige und kastenförmige Bauweisen. Ein auffallendes Merkmal sind die hochgezogenen und schwungvoll nach innen geformten Steven. Während beispielsweise das noch zu behandelnde Blussus-Schiff mittels einer über das Heck eingetauchten Ruderstange gesteuert wurde, hat der Flußkahn der Igeler Säule ein auf der rechten Seite, also steuerbords, befestigtes Ruder. Aber es waren bei gallischen Booten auch zusätzliche Bug-Steuerruder üblich. Das zeigt beispielsweise das Steinfragment vom Remchinger Hof, Kreis Durlach. Dazu schreibt D. Ellmers: "Es stellt die Vorbeifahrt des Odysseus an den Sirenen dar und wurde bisher nicht als Zeugnis für die Rheinschiffahrt gewertet. Da aber sowohl das zusätzliche Bugsteuer als auch die Schiffsform im Mittelmeergebiet zur römischen Zeit nicht, im Rheingebiet hingegen mehrfach belegt sind, muß man annehmen, daß der an seiner ungelenken Darstellungsweise als provinziell kenntliche Steinmetz den homerischen Helden kurzerhand auf einen Rheinkahn versetzt hat. Ob der Mast, an den Odysseus dabei gebunden war, zum Segeln oder nur zur Befestigung der Treidelleine diente, läßt sich wegen des abgebrochenen Oberteiles nicht mehr erkennen."

Wenn wir hingegen den Schiffsfund von Wanzenau, nördlich Straßburg/Elsaß, ins späte 3. Jahrhundert datierend, betrachten, so erkennen wir nur eine einzige Spante. Diese ist jedoch derart bauchig und stark gebogen, daß man den Fund getrost der Gruppe bauchiger, runder Flußschiffe zuordnen kann, die wir auch in dem Nachen auf der Igeler Säule erkennen. Die Spantenbiegung wurde durch das Anlaschen verschiedener Teile ermöglicht. Eine Klinkerbauweise war mangels Fundmasse nicht zu ermitteln.

Betrachten wir vergleichsweise den Nachen des Reliefs aus dem 2. Jahrhundert aus Cabrières-d'Aigures, Dèp. Vaucluse. Setzen wir voraus, daß dieser Nachen in die gleiche Bootsgruppe gehört, dann ist es Experten möglich, etwas über die Beplankung der Außenhaut zu sagen.

Deutlich sieht man, "daß die Fuge zwischen zwei Plankengängen der Länge nach mit einer schmalen Leiste verkleidet ist. In gleicher Weise aufgenagelte 'Deckleisten' bilden bei Schiffen des 8.-11. Jahrhunderts aus Utrecht und Antwerpen die einzige Verbindung zwischen den sonst nur noch durch wenige Klammern aneinander befestigten Planken, die durch Holzdübel mit den Spanten verbunden waren." Und so ist D. Ellmers der Ansicht, daß die gallischen Stromnachen in keltisch-römischer Zeit "in dieser eigenartigen Variante der Kraweeltechnik gebaut" wurden.

Bei dem Wanzenauboot kamen keine Eisennägel zur Anwendung, sondern Holzdübel. So war es möglich, die Planken aufeinanderzusetzen. Die Wanzenau-Spante war in der Rekonstruktion 2,3 m breit und 1,05 m hoch. Da nicht bekannt ist, um welchen Spant es sich handelt, geht man von der Kraft aus, die ein Mensch benötigt, um Lasten zu ziehen, um über die Länge und Tragfähigkeit der Boote Aussagen machen zu können. So zeigt Abb. 41 des Bildbandes drei Treidelleinen. Also müssen wir uns für diese Art Nachen, wie auch dem der Igeler Säule, drei Knechte auf dem Leinpfad vorstellen. Sie konnten demnach etwa 5 t Last zu Berg ziehen.

Der Wanzenaukahn aus dem 3. Jahrhundert hatte Mühlsteine aus Niedermendiger Basaltlava aus Andernach an Bord genommen. 300 km entfernt ist er gesunken. Die Fachleute glauben, daß er mit einem eisenbeschlagenen Stoßruder zu Berg gestakt wurde. Dazu D. Ellmers: "Stoßruder sind Schiffsstangen zum Staken mit zusätzlichem Ruderblatt, das an tiefen Stellen, wo die einfachen Staken nicht mehr zu gebrauchen sind, zum Rudern benutzt werden kann. Beschläge von Stoßrudern sind mir bisher nur aus römischer und jüngerer Zeit bekannt und müssen wohl als Neuerungen der römischen Periode angesehen werden. Beschläge einfacher Schiffsstangen, die zum Vorwärtsstaken von Booten dienten, wurden dagegen bereits in der Latènezeit benutzt, wie Funde von der namengebenden Seestelle sowie aus dem Bieler See bei Möhringen und aus Manching zeigen." Hingegen konnten die genauen Bootsbauplätze an diesen Orten noch nicht gefunden werden.

## Schiffe der alpenländisch-rheinischen Bauart

Die gallisch-rheinischen Schiffe, Boote und Nachen verfügten, je nach Größe, über einen bauchig-runden Rumpf. Für die alpenländisch-rheinische Bauform trifft das Gegenteil zu. Hier sind die Formen eckiger, flacher, kastenförmiger, so, wie auch später im Mittelalter eine scharfe Trennung zwischen den "Oberländern" und den "Niederländern" bestand. Hier waren wohl von altersher landschaftlich-stromtechnisch gebundene Voraussetzungen zu berücksichtigen, die den Bau der Wasserfahrzeuge bestimmten.

Das goldene, 6,6 cm kleine Votivboot aus dem im Jahre 1959 entdeckten Fürstengrab bei Dürrnberg/Österreich, stammt aus dem 5. Jahrhundert v. Chr. In dieser frühen Grabbeigabe sehen wir den zwingenden Beweis der alpenländisch-rheinischen Bauart, die sich unverändert bis in unsere neuere Zeit erhalten hat. Charakteristisch für diese Bootsart ist die offen gehaltene Bugpforte. Lediglich die Buglinie zeigt einen sanften Aufwärtsschwung, der durch die Hecklastigkeit noch erhöht wird und damit wassergleitend wirkt. Auch ist unverkennbar, daß die Form des Votivbootes einer Nebenlinie des Einbaumes entstammt und so eine Verfeinerung bis in die Früh-Latènezeit erfahren hat.

Zu diesem kleinen Bootsmodell fanden sich ebenfalls die Paddel, welche die genaue zeitliche Bestimmung des Bootes ermöglichen. Wie die Einbäume im behauenen Zustand hat es eine trapezförmige Zuspitzung am Bug. Die Bordwände sind gesteilt und nicht abgespreizt. Das verbreiterte Heck ist an Back- und Steuerbord mit Heven versehen, also auskragende "Lappen", unter die man greifen konnte, um das Boot anzuheben. Der leicht gehobene Bug gestattet ein Hineingleiten ins Wasser, je nach Uferbeschaffenheit. Die Belastung müssen wir uns nach achtern verlagert denken, so daß der Bug sich hebt und kein Fahrwasser schöpft. Da keine Duchten, also Sitzplanken, angedeutet sind, darf ein stehend ausgeführtes Rudern angenommen werden. Hingegen deuten die "Dollen" in Form der beiden eingelassenen Löcher an, daß die Ruder auch sitzend gehandhabt werden konnten. Aber damit würde sich der Nachen nur im Kreis bewegt haben. Im Stehen benutzte Stoßruder sind noch heute auf den Alpenseen in Gebrauch. Auch für die Fortbewegung unseres Dürrnberg-Nachens müssen wir uns stehend gehandhabte Ruder- und Steuerblätter an den Paddeln vorstellen.

Die Bauweise des Votivbootes und besonders der Bugpforte läßt den Schluß zu, daß es für das Rollen von Fässern geeignet war. Man glaubt, daß die Kelten des 5. Jahrhunderts v. Chr. aus einem Dürrnberger Salzbergwerk das Salz in Fässern auf diesen Booten transportiert haben.

Aus einem Einbaum wäre eine derartige Bugpforte nie zu erstellen gewesen. Zwei in Längsrichtung halbierte Einbaumfragmente konnten durch das Zwischenfügen von Bodenbrettern so gestaltet werden, daß für die ersten Boote dieser Art beliebige Breiten zu erreichen waren.

Auch hierzu können die Archäologen einen Nachweis führen: Ein solches trapezförmiges Einbaumfragment mit kastenförmigem Querschnitt fand sich im Hafen der urnenfelderzeitlichen Siedlung von Buchau am Federsee in Württemberg aus dem 8.-7. Jahrhundert v. Chr., das einen Vergleich mit dem Dürrnberg-Boot gestattet.

So haben beispielsweise die Fischernachen auf der Regnitz bei Bamberg noch heute fast die gleiche Form. Ein Frachtkahn, der am 20. Januar 1972 bei der Erweiterung des Krefelder Rheinhafens geborgen wurde, konnte dank der darin entdeckten Tonscherben in das 13. Jahrhundert datiert werden. Hier wird deutlich, wie hartnäckig sich eine bestimmte bewährte Schiffsform über große Zeiträume unverändert erhalten hat.

Der leicht und sanft aufwärtsgeschwungene und langgezogene Bug des Frachtkahns erlaubt ein Hinaufschieben selbst an die unterschiedlichsten Uferzonen, vom Flachen bis zum leichten Ansteilen. Beim Entladen wird das Gewicht auf den Bug übertragen. Ohne besondere Vertauung liegt das Bootsvorderteil deshalb am Ufer fest. Die Ladepforte war 1,50 m breit. Durch sie konnten 6 bis 7 Fässer hintereinander gerollt werden, die je 1000 kg Inhalt hatten, also eine Tonne. Somit waren die Fässer wegen ihrer Rolleigenschaft leicht zu transportieren. Es sind also die Vorläufer unseres jetzigen Containerbetriebes. Sie haben sich als Eisenfässer bis heute im Schiffstransportwesen gehalten.

Die weit vorn angebrachte Spante mit dem ausgesparten Schuh für den Mast besagt, daß der Krefelder Frachtkahn gestakt und getreidelt, oder aber, bei entsprechend hohem Mast, auch gesegelt werden konnte. Um das Mastloch blieb das Holz dicker und höher stehen, um dem Mast Standfestigkeit zu verleihen. Aus dem Mastloch ist die Masthöhe zu errechnen. Für das Beladen des Nachens mußte der Mast herausgenommen werden, da er das Ein- und Ausrollen der Fässer behinderte. Verglichen mit dem kleinen Dürrnberg-Grabmodell, 5. Jahrhundert v. Chr., ist der Krefelder Frachtkahn des 13.-14. Jahrhunderts ein äußerst wichtiges Bindeglied in der Erforschung der Schiffbauweise von der Vorgeschichte bis in unsere Tage. Denn diese Wechselspantenbauform ist als Weiterentwicklung des halbierten Einbaumes anzusehen, um breitere Boote zu erzielen. Diese Eigenschaften zeigt ganz deutlich die letzte Xanten-Bislicher Personen-Rheinfähre aus dem Jahre 1962: Das breitere und durch Motor, Steuerstand und Überdachung belastete Heck, der konisch zulaufende und sanft aufgeschwungene Bug mit der zusätzlich angebrachten Landeklappe, um bei dem Anlaufen schwankende Wasserstände zu überbrücken. Die keltische Bauweise hat sich somit bis in unsere Zeit hinein bewährt.

Auch in dem Frachtkahn-Einbaum von Antwerpen-Austruweel der vorrömischen Eisenzeit oder der frühen Römerzeit können wir einen Vorläufer dieser Schiffbauserie entdecken. Nur waren seine Spanten noch halbrund, was die Wasserlage minderte. Aber wir sehen in dem trapezförmigen Zuschnitt und dem gesteilten, vorgesetzten Achterspiegel wieder die auffällige Angleichung an das Dürrnberg-Boot, wenn auch die Bugkaffe bei dem Antwerpenboot gesteilt und vorgesetzt ist.

Bei der Ausgrabung der frühmittelalterlichen Niederungsburg bei Haus Meer/Büderich-Meerbusch bei Düsseldorf, die W. Janssen leitete, konnten 1972 neben einer Reihe von Holzhäusern auch vier Einbäume mit Wechselspanten aus dem 12. Jahrhundert geborgen werden. Drei dieser Einbäume haben die Maße 6,50 m, 6,35 m und 3,65 m, während das vierte ein 12 m langes prahmartiges Spantenboot ist. Eine Publikation über diese interessanten Bootsfunde wird bald erscheinen. Sie wird die bestehende einheimische Bootsbautradition bis in das Mittelalter hinein erhellen helfen.

Das Boot des keltischen Schiffers Blussus, dargestellt auf dem Mainzer Grabstein aus dem 1. Jahrhundert n. Chr., hat eine auffallend kastenartige Form. Die Kaffen (Bug- und Heckwände) sind schräggestellt und das Heck ist dadurch schwerer. Wir müssen es der keltischen Schiffbautradition zuordnen, wenn auch die Art der Steuerung, auf den Rheinstrom bezogen, entschieden verbessert ist. Steuern und Fortbewegen, wie bei dem Dürrnbergboot, sind beim Blussus-Schiff getrennt. Dies sehen wir aus dem Grabstein-Modell sehr deutlich. Über die Heckkaffe ragt das Ruderblatt an langer Stange, daran senkrecht befestigt vor dem sitzenden Steuermann ist die Ruderpinne. Aber für die Talfahrt war ein Bugsteuer vonnöten, wie wir es noch für das Mittelalter belegt finden. Auch die langen "Lappen" der Flöße sind uns hier noch ein Begriff für die Talfahrt. Selbst der römische Geschichtsschreiber Tacitus beschreibt es uns für den Niederrhein.

Die Bezeichnung "Lappen" für dieses Bugsteuer kennen wir im Rheinland seit dem 10. Jahrhundert n. Chr. Bis ins 19. Jahrhundert wird es noch auf dem Rhein angewendet. Das Blussus-Schiff wurde beidseitig gerudert. Dies ist die Roje-Technik, in der die Ruderknechte mit dem Rücken zum Bug sitzen. Lediglich der Steuermann hat den Blick in Fahrtrichtung. Die römischen Kriegsschiffe wurden ebenso fortbewegt. Aber für den einheimisch-keltischen Bereich liefert uns das Blussus-Boot den ersten stichhaltigen Beweis einer derartigen Fortbewegung auf dem Rhein.

Auf dem Grabsteinrelief ist nur ein kurzer Mast abgebildet. Er diente somit nicht dem Segeln, sondern war dem Befestigen der Treidelleine vorbehalten. Dies konnte die Rudermannschaft zu jeder Zeit besorgen und durchführen.

Wenn wir uns vor Augen halten, daß für Treidelzwecke bis in das 19. Jahrhundert hinein für 15 t Last = 1 Pferd oder 7-8 Treidelknechte benötigt wurden, dann konnte das Blussus-Schiff, von den sichtbaren Ruderern hergeleitet, ca. 7 t Fracht befördern. Die Bootslänge wird demnach etwa 10 m und die Heckbreite mindestens 1,50 m betragen haben, obwohl der Grabstein keine genauen Schlüsse zuläßt. Wir dürfen eine Plankenbauweise annehmen, da das Relief eine glatte Wand zeigt. Die Planken saßen Kante auf Kante und zeigten die bereits beschriebene Karweeltechnik.

Ein Mainzer Bootsfund in einer Baugrube nördlich des Domes im Jahre 1887 läßt weitere Rückschlüsse auf jene Entwicklungsstufe der Schiffsbautechnik zu. Der Fundort lag "inmitten der spätrömischen Stadtummauerung, in einer Schlammschicht... und gehört demnach der älteren Kaiserzeit oder einer früheren Periode an. Leider wurde er nicht aufgehoben oder auch nur im Bild festgehalten, wir haben nur einen kurzen Augenzeugenbericht. Danach war das Boot 'ein Nachen, so wie sie heute sind'." (D. Ellmers)

Diese Aussage ist sehr wichtig und läßt auf eine lange Zeit unveränderter Schiffbauweise schließen. Auch weiß man nach dem heutigen Stand der Wissenschaft, daß gerade in Mainz von der keltischen Zeit an bis ins 19. Jahrhundert Schiffe in einer einheitlichen Bauweise ohne größere Veränderungen gebaut wurden. Zu diesem Wissen hat auch die Inschrift des Blussus-Steines beigetragen.

Es gibt noch zu wenig konkrete Schiffsneufunde, um eine lückenlose Bauweise über die Frankenzeit hinaus belegen zu können. Erst im späten Mittelalter gibt es Schiffsdarstellungen, die als vergleichendes Material Bedeutung erhalten. Der "Oberländer", auch unter dem Namen "Mainzer Lade" bekannt, war ein großräumiges Schiff, das ab Köln rheinauf bis in das 19. Jahrhundert hinein benutzt wurde. Eine enge Anlehnung an das Mainzer Blussus-Schiff ist erkennbar, nur Größe und Steuerung haben sich geändert.

Die Hecksteuerung wurde durch das seitliche Senkruder abgelöst. Hingegen behielt man die am Bug angebrachte "Lappen-Steuerung" bei, die aber jetzt wegen der Schiffsgröße von mehreren Knechten bedient werden mußte. Auch die Ruder (Remen) mußten verstärkt und vermehrt werden, um der modernen Schiffsgröße gerecht zu werden. Aber die soliden Grundprinzipien der althergebrachten keltischen Schiffbauweise wurden gewahrt, was sich selbst in dem kurzen Treidelmast äußerte, den die Oberländer noch besaßen. Aus dieser trapez- und kastenförmigen Bauweise, also aus kleinsten Anfängen heraus, haben sich die späteren mittelalterlichen "Großraumschiffe" des Mittel- und des Oberrheins herauskristallisiert.

In dem gleichen Rheinarm der Antike, in dem für den heutigen modernen Krefeld-Uerdinger Rheinhafen gebaggert wird und in dem man 1972 das Frachtschiff fand, wurde 1937 ein Schiff entdeckt, das heute als Modell im Deutschen Schiffahrts-Museum Bremerhaven zu sehen ist. Es könnte schon als kleiner "Oberländer" gelten, obwohl seine Länge nur 5,90 m und die größte Breite ca. 2 m beträgt. Seine Datierung geht ebenfalls in das 13.-14. Jahrhundert zurück. Nach Abschluß der Konservierung wird man das Original neben der ebenfalls ergrabenen Bremer Hansekogge im Deutschen Schiffahrtsmuseum aufstellen. Der verlängerte Achterspant des kleinen Oberländers trug eine Netzrolle. Dies deutet auf ein Fischereifahrzeug hin. Dazu D. Ellmers: "Daß der bisher einzige originale Oberländer dem Mittelalter angehört, darf nicht darüber hinwegtäuschen, daß die gesamte Technologie dieses Bootsbaues bereits in der vorrömischen Eisenzeit bekannt war."

Das Modell zeigt wiederum Ähnlichkeiten mit dem Blussus-Schiff aus Mainz: die trapezförmige Bauweise, verbreitertes und entsprechend schweres Achterteil, die Bugkaffe leicht geschrägt, die Längsseiten wie bei dem Antwerpenschiff sanft gerundet, die Wechselspantentechnik und der aufgesetzte Plankengang.

Als Vergleich dient uns ein Schlußstein in der Koblenzer Kirche St. Kastor, auf dem ein Oberländer des Jahres 1499 unter Segel in Fahrt abgebildet ist. D. Ellmers kommentiert: "Auf dem Relief sind der halbe Einbaum der Steuerbordseite mit dem aufgesetzten Plankengang und zusätzlichen Dollbord gut zu erkennen. Achtern ist noch eine kleine Hütte aufgesetzt, sonst haben sich gegenüber dem spätkeltischen Boot nur die Beruderung und Besegelung geändert."(Dollbord = Obere Abschlußplanke der Bordwand mit Ausbuchtungen zum Einlegen der Riemen beim Rojen).

Die Bauweise der kastenförmigen Schiffe war sehr einfach und leicht durchführbar. Die Bodenbretter legte man nebeneinander aus und heftete sie nur kurz mit einer Querleiste an. Für den geschwungenen Bug mußten die teils 7 cm dicken Bretter mittels Feuer und Wasser gebogen werden. Durch Dübel konnte man sie dann mit den Bugspanten verbinden. Waren die Seitenplanken erstellt und damit die rohe Außenhaut gegeben, setzte man die Spanten wechselseitig ein. Dadurch erhielt der Boden eine doppelte Bodenversteifung durch die Spanten. Beides wurde wiederum verdübelt. Während der keltische Zimmermann vorrangig nagelte, benutzte der mittelalterliche Schiffbauer Eichenzapfen als Dübel, die sich durch die Quellwirkung dehnten und spannten. Nur an besonders gefährdeten Bruchstellen setzte man lange Eisennägel an, deren Enden wie bei den Kelten umgebogen wurden. Lediglich die Kalfaterklammern, die das in die Plankennähte eingebrachte Moos als Dichtungsmasse am Herausquellen hinderten, gehen auf das Mittelalter zurück.

Das Gegenstück der Wechselspantenbauweise ist diejenige mit knieförmigen Spanten. Dazu benutzten die Bootsbauer naturgewachsenes Krummholz, das so winklig stand, daß eine Seitenspante mit Bodenstück vorgegeben war. Die zweite Seitenspante mußte erst durch das Vorbohren eines Loches zugeschlagen und eingepaßt werden. War die Außenhaut des Bootes erstellt, konnte man die naturgegebenen Krummhölzer als Spanten passend schlagen. Lange Eisennägel oder Holzdübel verschafften Halt und Festigkeit. Natürlich war diese Bauweise etwas mühsamer, da entsprechende Krummhölzer als Spanten in der gewünschten Größe und Länge nur begrenzt zur Verfügung standen.

Bei Alphen aan de Rijn-Zwammerdam, dem römischen Nigrum Pullum, wurde neben den Lagerbauten auch das alte römische Rheinbett ermittelt. Das Kastell liegt unmittelbar an der heutigen Bahnlinie Woerden-Alphen aan de Rijn, westlich von Zwammerdam. Nordöstlich dieses Kastells wurden etwa 500 m der Uferzone untersucht. Dabei konnte eine Kaianlage aus Pfählen zusammen mit Reisholzmatten, Schutt und Kies in einer sich härtenden Mischung aufgedeckt werden. Aus dem römischen Rheinbett selbst kamen sechs Schiffe verschiedener Bautypen ans Tageslicht, die dem letzten Viertel des 2., Anfang des 3. Jahrhunderts n. Chr. zugeordnet wurden. Experten versichern, daß die Schiffe, absichtlich versenkt, für die Kaianlagen eine solide Unterlage bildeten, damit das lose Füllmaterial besser haftete. Heutige niederländische Deichbauarbeiten werden mit modernen Beton-Hohlkörpern, die man versenkt, noch in ähnlicher Weise betrieben, um ein Abschwemmen des losen Schüttmaterials zu verhindern.

Die aufgezeigten Beispiele lassen erkennen, daß selbst unter der römischen Besatzung der einheimische Schiffbau seine vorgegebene Tradition weiterhin pflegte. Aus dem Lasteinbaum entwickelte sich der längsgeteilte Einbaum mit zwischengesetzten Spanten und zusätzlichen Planken, um eine größere Breite zu erzielen. Die trapezförmige Linie wurde beibehalten. Aus diesen Nachen entstanden im Laufe der Zeit Transportkähne in Kastenform, wie das Schiff des Blussus zeigt. Diese Kastenform fand ihren sichtbaren Ausdruck in dem mittelalterlichen kleinen Krefelder Oberländer des 13.-14. Jahrhunderts und den großen Oberländer-Frachtschiffen des 15., 16. und 17. Jahrhunderts sowie in den prahmartigen Kastenbaufähren der Neuzeit als letztes Überbleibsel dieser einstigen Schiffbautradition.

Auch nach dem politischen Ende der Keltenzeit bestand der keltische Schiffbau weiter. Ebenso verhält es sich mit dem Ende der römischen Zeit am Rhein. Der Übergang erfolgte nicht abrupt, sondern mit der fränkischen Landnahme dürfen wir uns noch genügend Menschen einheimisch-römischer Prägung denken, denen der Schiffbau vertraut war und den sie auch über die politischen Wirren hinaus weiter ausübten in der herkömmlich praktizierten Art und Weise.

## Zusammenfassung des I. Hauptkapitels

Die bislang bekannten Ergebnisse über den Schiffbau in den Jahrtausenden v. Chr. Geb. basieren allein auf archäologischen Forschungen. Das heißt, sie sind mit dem Spaten des Ausgräbers an das Licht der Neuzeit gelangt und erbringen damit den greifbaren und sichtbaren Beweis für die Entwicklung des Fellbootes, des Einbaumes und des Floßes zu einem brauchbaren Wasserfahrzeug, aus dem sich die späteren Schiffe weiterentwickelt haben. Das Deutsche Schiffahrtsmuseum Bremerhaven hat eine Vielzahl von Modellen im Maßstab 1:20 nach den Originalfunden anfertigen lassen, die uns diese Bootsentwicklung veranschaulichen helfen.

Altsteinzeit (? bis ca. 8000 v. Chr.)

Aus dieser Epoche sind nur Fellboote, die von den eiszeitlichen Jägernomaden gefertigt und benutzt wurden, bekannt. Bislang noch keine Einzelteile ergraben. Der Bootstyp kann nur aus bildlichen Wiedergaben rekonstruiert werden.

Mittelsteinzeit (ca. 8000-4000 v. Chr.)

Zum Beginn der Mittelsteinzeit bewaldete sich Mitteleuropa. Hier setzt die Einbaum-Existenz ein, die eigentlich nie mehr abriß und sich bis in unsere Tage hinein erhalten hat. Noch 1965/66 wurde am Mondsee in Österreich ein Einbaum angefertigt. Ebenfalls einen selbstgehackten Einbaum besitzen das Kreismuseum in Heide/Dithmarschen sowie das Schleswig-Holsteinische Landesmuseum für Vor- und Frühgeschichte in Schleswig. Dieser sieht wie ein grober Holzschuh aus. Hierzu ein Pressebericht vom 18.6.1977:

"Im Einbaum nach Kiel - ...Ein sehr ungewöhnliches Schiff wird heute erwartet. Es ist ein knapp fünf Meter langer, aus einem Pappelstamm gebauter Einbaum, dessen Besatzung zwei Mitarbeiter des Landesamtes für Vor- und Frühgeschichte sind. Mit ihrer 130 km langen Fahrt, die am vergangenen Sonntag in Schleswig begann, wollen sie beweisen, daß schon Steinzeitmenschen seetüchtige Schiffe zu bauen verstanden."

Der Autor dieses Buches hatte am 8. Mai 1977 Gelegenheit, in dem abgebildeten Einbaum Platz zu nehmen, der nur kniend mit dem Stechpaddel vorwärts zu bewegen ist. Auch müssen sich die beiden Paddler gut aufeinander einspielen, um in dem schmalen Boot das Gleichgewicht halten zu können. Die beiden jungen Techniker lösten dieses Problem, indem sie einen Steuerbord-Ausleger anbrachten und so den Einbaum im Gleichgewicht hielten. Nun erst konnten sie, stilecht auf 'Germanisch getrimmt' selbst mit Pfeil und Bogen ausgerüstet, sitzend die Stechpaddel betätigen.

Harm Paulsen, hinten im Boot sitzend, berichtete dem Verfasser über diese Reise am 4.2.1980:

"Der Einbaum ist 4,78 m lang, 0,63 m breit und etwa 250 kg schwer. Er wurde im Rahmen des Kieler Umschlags in der Dänischen Straße gebaut, um der Kieler Bevölkerung vorgeschichtliche Techniken zu demonstrieren. Das Boot wurde mit Stein-, Bronze- und Eisengeräten gebaut, so daß der Zuschauer die Möglichkeit hatte, diese Geräte zu vergleichen.

Nach fünf Tagen Knochenarbeit war das Boot fertig. Leider konnte es wegen der dicken Eisdecke auf der Kieler Förde nicht getestet werden. Nach zahlreichen Fahrten auf dem Burgsee und im inneren Schleibecken konnte das Boot nun als sehr seetüchtig bezeichnet werden.

Die spektakuläre Fahrt von Schleswig nach Kiel fand im Juni 1977 statt. Die 130 km lange Strecke schaffte das Boot in vier Tagen. Mein Begleiter war Klaus Dieter Asmussen, der vorn im Boot saß und unser kleines Segel bediente. Sonst wurde nur gepaddelt. Die Fahrt ging vom Yachthafen Schleswig durch die Große Breite, Missunder Enge, Schleiab bis Schleimünde. Auf der Ostsee zeigte das Boot trotz hoher Wellen gute Eigenschaften. Die Fahrt an der Küste Schwansens entlang, die Umrundung des Dänischen Wohlds machte keine Schwierigkeiten. So konnten wir zwar müde, aber unbeschadet in Kiel festmachen."

Diese mittelsteinzeitlichen Einbäume behielten ihre untere Baumstammrundung bei. Sie dienten überwiegend der Jagd auf Wasservögel und dem Fischfang.

Jungsteinzeit (4000-1800 v. Chr.)

Mit der Jungsteinzeit begannen Ackerbau und Viehzucht. Die Menschen wurden seßhaft. Ihre Siedlungen lagen vorrangig in der Nähe von Seen, Bächen und Flußläufen. Es wurden Wasserfahrzeuge erforderlich, um Transport und Tauschhandel zu tätigen. Die Einbäume wurden länger in der Form. Sie erhielten dadurch einen schnabelartigen Löffelbug und ein Heckschott, das man künstlich einsetzte. Der stammrunde Querschnitt wurde beibehalten.

3000 v. Chr.: Die ersten Einbäume mit flachem Boden werden gebaut. Sie liegen besser im Wasser als die runden und kentern weniger schnell. Es beginnt damit die Bootsbautradition der flachbodigen Wasserfahrzeuge, die sich bis in unsere moderne Neuzeit gehalten haben.

Spätestens um 2600 v. Chr. begann man damit, beiderseits in Längsrichtung einen Plankengang aufzusetzen und diesen zu verschnüren. Dadurch erreichte man ein höheres Bord, um mehr Ladung zu fassen. Das erste Plankenboot war damit geboren.

Bronzezeit -vorrömische Eisenzeit (1800 v. Chr. - Chr. Geb.)

Die Landwirtschaft wurde zum Hauptbroterwerb des Menschen. Das Metall gewann Bedeutung und belebte neben dem Handel auch den Bau der Wasserfahrzeuge. Mit der Möglichkeit, Metall zu verwenden, entwickelten sich neue Bootsbautechniken. Man konnte nun Löcher bohren, Holzdübel eintreiben und Metallnägel verarbeiten. Der europäische Bootsbau erreichte einen ersten Höhepunkt. Dazu D. Ellmers: "Nahezu alle vorindustriellen Baumethoden und Bootsformen Mitteleuropas wurden in dieser Zeit erfunden und zu ausgereiften Systemen entwickelt. Grundlage war stets der Einbaum, den man erstens durch auf Seitenwände aufgesetzte Planken (Setzbordboote) und zweitens durch Längsteilung und Einsetzen von Bodenplanken zwischen beide Einbaumhälften vergrösserte."

Das künstliche Erhöhen der Bordwände durch Setzborde (Aufsetzen einer Planke an den Längsseiten) führte später ohne merklichen Übergang zum Bau der Wikingerschiffe.

Einen bronzezeitlichen Einbaum fand man 1877 im Kudensee bei dem Dorf Kuden am Nord-Ostsee-Kanal, nördlich von Brunsbüttel im Kreis Dithmarschen gelegen. In dem Einbaum, der im Kreismuseum in Heide als Original zu sehen ist, wurden Bronzereste gefunden. Selbst ein dazugehöriges Paddel ist erhalten.

Während der Bronzezeit baute man in Skandinavien Boote aus Baumrinde. Während der vorrömischen Eisenzeit entwickelten sich stabilere Boote. Die Rindentechnik wurde durch dünne Holzwände abgelöst. Sie waren so dünn gehackt und geschält, daß sie sich durch Behandlung mit wasserfeuchten Rauchschwaden biegen und formen ließen. Sie wurden künstlich in der Mitte auseinandergebogen, indem man Spanten einfügte.

## Die keltische Zeit (Spätzeit, 2.-1. Jhdt. v. Chr.)

In Deutschland bildeten die Kelten die älteste, namentlich bekannte Bevölkerung. Zwischen dem 2. und dem 1. Jahrhundert v. Chr. errichteten sie bereits stadtähnliche Siedlungen, in welchen sie Handel betrieben. Sie bauten die ersten hochbordigen Schiffe mit Ledersegeln. Ausgrabungsergebnisse zeigten die Kelten als Schiffahrttreibende vom Alpennordrand bis zur Rheinmündung. Unsere Rheinnachen in Holzbauweise gehen auf die keltischen Schiffstypen zurück, "die sich über mehr als 2000 Jahre in Form und Bauweise nahezu unverändert erhalten haben."

"Charakteristisch sind", nach D. Ellmers, "der flache, an beiden Enden mit Hilfe von Feuer und Wasser hochgebogene Boden und der Längsknick an den Seitenwänden zwischen der unteren und der oberen Planke. Die ursprünglich aus naturkrummen Hölzern zurechtgeschlagenen Spanten wurden erst nach Fertigstellung der Außenhaut eingesetzt und stützten den Boden und abwechselnd die eine oder andere Seitenwand."

Zu Beginn des Jahres 1979 wurde ein erneuter Einbaumfund aus Mannheim-Lindenhof gemeldet. Bauhandwerker entdeckten ihn bei Ausschachtungsarbeiten. Man schätzt das Alter auf "mehrere hundert Jahre". Aber erst eine spätere dendrochronologische Untersuchung (Baumringdatierung) wird ein genaues Alter ermitteln. Interessant ist in diesem Zusammenhang die Bergungsmethode durch das Mannheimer Reiß-Museum. Bei diesem Verfahren wurden die Zerstörungsrisiken stark eingeengt.

Nach der Freilegung wickelte man den Einbaum in Folie ein. Eine weitere Umhüllung bestand aus einer dicken Schicht Polyurethan-Schaumstoff. Rundherum angebrachte Bretter dienten der zusätzlichen Versteifung und wurden ebenfalls umschäumt. Ein Kran hob dieses mumienartig verschnürte Objekt aus der Originallage ("in situ", also seit der Aufgabe unberührt) und transportierte den Einbaum in das Museum.

Die Nachricht stammt aus "Der Report", Nr. 5, vom 1.2.1979.

## II.
# RÖMISCHE SCHIFFAHRT AUF RHEIN UND MOSEL

### Strom und Handel in der Antike

In diesem Abschnitt soll dargestellt werden, was sich während der römischen Besatzungszeit an und auf dem Rheinstrom abgespielt hat. Hierbei soll die Schiffahrt im Mittelpunkt stehen, wie sie sich nach den kriegerischen Ereignissen entwickelte, als sich eine Verflechtung des Handels mit dem der einheimischen Germanenstämme anbahnte. Durch das Aufblühen der ersten Städte am Rhein wurde der Strom als billiger Transportweg intensiv genutzt, besonders zu Tal. Zunächst jedoch sind es kriegerische Ereignisse, welche die Schiffahrt zur Römerzeit auf dem Rhein charakterisieren.So sehen wir auf der Karte vor Karl dem Großen längs der Rheinschiene des Niederrheins das verwirrende Straßen- und Wegenetz zur Römerzeit, und blaßgedruckt die Namen der römischen Orte in damaliger Zeit. Das Straßennetz dehnte sich lippeaufwärts bis in den westfälischen Raum aus, wodurch der Handel blühen und gedeihen konnte. Es gab streng von Westen nach Osten verlaufende Verbindungen, die von der Maas zum Rhein führten und auch dort endeten.Lediglich über der Ruhr nach Norden wurden auch in lockerer Folge Straßen ins rechtsrheinische Germanien bis nach Münster festgestellt.

Während sich der erste Hauptabschnitt ausnahmslos auf archäologische Funde stützte, um das Vorhandensein von Schiffen nachzuweisen, kann man für den römischen Teil hier und da auf die schriftlichen Zeugnisse der antiken Geschichtsschreiber zurückgreifen.

Trotz dieser schriftlichen Nachrichten ist man bei der lückenlosen Darstellung der für den gesamten Rhein so hochinteressanten Entwicklungsphase in wirtschaftlicher und politischer Hinsicht nach wie vor auf archäologische Ausgrabungsergebnisse angewiesen. Diese erst geben den schriftlichen Überlieferungen die nötige Grundlage.

Julius Caesar erreichte durch sein Vordringen über Gallien in den fünfziger Jahren v. Chr. als erster Heerführer den Rhein, worüber er in seinem Buch "Der gallische Krieg" berichtete. Wir dürfen den Römern zugestehen, daß erst sie den Strom zu einem bedeutenden Handelsweg werden ließen. So haben die bei Köln ansässigen Ubier Caesar für seinen Rheinübergang Schiffe angeboten. Die Ubier verfügten über eine nicht geringe Anzahl brauchbarer Wasserfahrzeuge, mit denen sie Fischfang trieben und einen kleinen Warenverkehr von Stamm zu Stamm abwickelten.

Während der Nydamfund aus dem 3.-4. Jahrhundert ein komfortables Ruderboot zeigt, begnügten sich die einheimischen Stämme längs des Rheins um die

Jahrhundertwende mit weniger aufwendigen Fahrzeugen. Für den gesamten Rhein von den Alpen bis zur Mündung dürfen wir einen einheimischen Handel größeren Stils nicht erwarten. Zwar will man festgestellt haben, daß bereits 500 Jahre vor den Römern am Rhein Basaltlava der Voreifel zu Mühlsteinen verarbeitet, bis nach Lothringen und nach Elsaß zu Wasser transportiert worden sind. Diese Einzelerscheinungen lassen jedoch keine Direktschlüsse über einen umfangreichen Wasserstraßenhandel vor den Römern am Rhein zu. Zudem hinderten die einzelnen Landschaften mit teils waldigen, teils gebirgigen Strecken bis dicht an das Rheinbett heran die durchgängige Nutzung des Flusses als Transportweg. Auch wechselten Felsbarrieren, zahlreiche Sandbänke, verschlammte und sumpfige Ufer in steter Folge. Diesen Urzustand trafen die Römer an und standen selbst als gute Organisatoren den Widrigkeiten zunächst hilflos gegenüber.

Bevor sich der Handel infolge der Vergrößerung der Städte ausweitete, waren die kriegerischen Ereignisse vorherrschend. Wenn von Schiffahrt zur Römerzeit gesprochen werden kann, so zuerst im Hinblick auf die Kriegsflotte, die für Expansionen in das rechtsrheinische Germanien eingesetzt und gleichzeitig als Truppentransporter benutzt wurde. Die in diesem Zusammenhang durchgeführten Kanalarbeiten stellten die ersten künstlichen Eingriffe in die natürlichen Gegebenheiten des Rheins dar.

Darüber berichten die Römischen Autoren von Drusus d. Ä., der 12 v. Chr. die Fossa Drusinae hat anlegen lassen. Über diesen Kanalverlauf sind zur heutigen Zeit mancherlei Überlegungen angestellt worden. Vielleicht oberhalb Arnheim ansetzend, schuf man einen Graben vom Rhein zur heutigen Yssel und weiter zum Flevosee, dem heutigen Ijsselmeer. Oder eine Rheinwasserableitung in das Lippe-Ysselbett. Neuere Forschungen halten den heutigen Krummen Rijn, der von der Lek über Utrecht in die Vecht mündet, für die Fossa Drusinae, den Drususkanal. Die Vecht mündet bei Muiden ins Ijsselmeer, das ja zur Römerzeit nur ein Binnensee namens Flevo war. Von dort hatten die Schiffe weiteren Zugang ins friesische und in die Emsmündung.

Als dann um 100 n. Chr. herum die großen zivilen Städte erbaut wurden, wie Mogontiacum/Mainz, Colonia Claudia Ara Agrippinensium/Köln und die Colonia Ulpia Traiana/Xanten, waren Häfen und Kaianlagen erforderlich, um die Transporte von Steinen, Baumaterial, Holz und Waren aller Art bewältigen zu können. Das geschah entweder auf Flößen oder mit einheimischen hölzernen Kähnen, die ein Mast und ein Segel trugen. Eine starke Flotteneinheit war zusätzlich bei der Alteburg nahe Köln stationiert. Kleinere Häfen kennen wir von Straßburg, am Drachenfels, um die Steine zu verladen, und von Arentsburg am Corbulokanal. Sehr bekannt ist der Werftbetrieb im römischen Mainz, der dem Militär unterstellt war. Die Römer legten erhöhte Uferstraßen an, die gleichzeitig als Deiche dienten. Hieraus haben sich dann für Treidelzwecke die Leinenpfade entwickelt. Da der Rhein als Grenze des römischen Reiches nur mit Brückenköpfen hier und da rechtsrheinisch besetzt war, wurden diese Treidelwege überwiegend linksrheinisch angelegt.

Im 4. Jahrhundert konnte unter Valentinian als besondere strombautechnische Leistung die Neckarmündung umgeleitet werden, da die Gefahr bestand, daß das Wasser das Kastell Altripp unterspülte. Wenn der Rheinstrom auch Reichsgrenze in Nieder- und Obergermanien war, so konnten die Römer das Eindringen von Germanenstämmen nicht verhindern. Falls die Landnahme friedlich erfolgte, sahen es die Römer nicht ungern, da dies ihren Interessen entgegenkam.

Der Limes, die Reichsgrenze, verlief an Mittel-, Ober- und Hochrhein weit innerhalb des germanischen Territoriums. Hier standen strategische Erwägungen im Vordergrund, denn es ging in erster Linie darum, die Rhein-Donau-Grenze zu verkürzen. So begann der obergermanische Limes bei Rheinbrohl und endete bei Lorch. Die Weiterführung sicherte der rätische Limes mit seinem Endpunkt oberhalb Kehlheim an der Donau. Um 260, angesichts der starken Germaneneinfälle, konnte dieser nicht gehalten werden. Der Rhein bildete bis zum Ende des römischen Reiches, etwa bis 450 n. Chr. vom Bodensee bis zur Mündung die römische Reichsgrenze. Sie wurde durch die Kastelle und Lager gesichert. Argentorate/Straßburg, Noviomagus/Speyer, Borbetomagus/Worms, Mogontiacum/Mainz, Confluentes/Koblenz, Bonna/Bonn, CCAA/Köln, Novaesium/Neuß, Vetera/Birten bei Xanten und Ulpia Noviomagus/Nijmegen.

Im Zuge dieser zunächst rein militärischen Maßnahmen wurden jedoch grundlegende Bedingungen am Rhein geschaffen, diesen Strom der Schiffahrt nutzbar zu machen. So wird im 2. Jahrhundert n. Chr. auch die Rheinschiffahrt an Bedeutung zugenommen haben, als sich die Städte entwickelten und der Handel florierte. Wie im Mittelalter die Zünfte, so haben sich auch die Schiffahrttreibenden zu einer Korporation zusmmengefunden. Die Zeiten der Ruhe und des Aufbaues brachten viele Händler und Beamte in das Rheinland. Mittelmeerische Einflüsse traten verstärkt im Rheinland auf, sehr durch die Schiffahrt begünstigt. Der Konsumgüterstrom wurde jetzt entlang der Rheinschiene geleitet, um die einseitige Ernährung der südländischen Soldaten und Zivilisten aufzubessern. Der Rhein als Grenzstrom förderte den Handel mit rechtsrheinisch lebenden Germanen. Mit steigender Bevölkerungsdichte in den Städten (z.B. 20 000 Bewohner in der römischen CUT bei Xanten) verdoppelten sich auch die Bedürfnisse aller Art. Die Verkehrswege wurden beschleunigt ausgebaut und damit auch eine bessere Nutzung des Wasserweges angestrebt.

Durch den verstärkten Ausbau der Städte standen die Steintransporte über lange Zeit im Vordergrund. Es ist bekannt, daß der Niederrhein zwar reiche Tonvorkommen aufwies, dafür aber steinarm war. Bis der Ton gefunden und Ziegelsteine an Ort und Stelle von den Soldaten gebrannt werden konnten, mußten die Bruchsteine vom Mittelrhein, der Eifel, dem Brohltal und dem

Drachenfels herangeschafft werden. Die Steinbrüche waren wichtige Baustofflieferanten; so kamen die Grauwackesteine aus der Eifel, Kalk aus Iversheim und Metz, Tuff aus dem Brohl- und Nettetal, Basalt aus der Voreifel, Trachyt von Berkum bei Oberwinter und vom Drachenfels. Später, nach einer gewissen Sättigung, konnten auch fertig genormte Ziegel aus dem Niederrheingebiet rheinauf geschifft werden. Daneben hat man viel Getreide auf dem Wasserwege befördert und auch Wein, der aus Spanien und Italien importiert wurde.

Auch Güter des täglichen Bedarfs gehörten dazu. So war Köln ein großer Umschlagplatz seiner bekannten und hochgeschätzten Glaserzeugnisse. Aus dem römischen Mainz kennt man den Handel von Mosaiksteinchen für die vielen farbigen Böden; ferner Keramik, Mehl, Stoffe, Wolle, Leder, Glas, dann auch Mohrrüben und Geflügel. Die rheinischen Gänse waren an der Kaisertafel in Rom sehr beliebt. Mainzer Importeure waren an Alpenkäse, Alpenforellen, Kaviar und indischem Pfeffer interessiert. Aber auch der Handel der Germanen konzentrierte sich in Mainz auf Flachs, Bernstein, Fellen und Frauenhaar; Sklaven und das wichtigste Harz und Pech, das man für den Schiffbau benötigte, bildete ein buntes Handelsspektrum des 2. und 3. Jahrhunderts. Buntsandstein kam aus dem Maingebiet, und Mühlsteine aus Basaltlava von der Eifel. Mit Schiffen gelangten die Waren weiter nach Raetien und Schottland.

Mainz konnte sich ferner ausgezeichneter Schiffswerften rühmen, die von den Legionen unterhalten wurden. So ist bekannt, daß der Wertftfeldwebel Lucius Septimus Bellus Jupiter im Jahre 198 n. Chr. einen Altar weihte. Ferner kennt man einen Oberaufseher dieser Werften, Titus Albanius Primanus, signifer der XXII. Legion.

Hingegen war die Kaianlage nördlich des heutigen Xanten schon von den dort siedelnden Cugernern erbaut worden. Als dann nach 100 n. Chr. ihre Siedlung in die sich bildende Colonia Ulpia Traiana (CUT) einbezogen wurde, bauten die Römer diesen Kai als Schiffslände verstärkt aus. Während der Grabungen 1934/35 wurde er zunächst in einer Länge von 45 m wiederentdeckt. Nach dem Stand der heutigen Wissenschaft war die Anlage mindestens 100 bis 120 m lang. Für das Eintreiben der langen, angespitzten Pfähle benutzten die Römer eine Floßramme (Colonia Ulpia Traiana). Bei Straßburg hat man solche Floßreste gefunden. Die Balken trugen Einkerbungen, auf denen mit Sicherheit ein Arbeitsgerät montiert war. Neben dem Floß eingerammte Holzpfähle gehörten wohl zu einer Kaianlage.

Der Dorfkern der einheimischen Cugernersiedlung beim heutigen Xanten bildete später den Altstadtteil der römischen CUT, also die Hafengegend und das Handwerkerviertel. An der Stadt zog zu Wasser der blühende Britannienhandel vorbei; sie war die letzte große Ansiedlung auf dem Festland, bevor die Schiffe in Richtung England ins offene Meer ausliefen. Wasser und Nahrungsvorräte mußten hier neu an Bord genommen und die Sicherheit des Schiffes überprüft werden. So berichtet Ch. B. Rüger: "Jedenfalls gab es eine rheinisch-britische Handelskammer, ein collegium der negotiatores Britanniciani, der Fernkaufleute im

Englandhandel, ebenso wie eine Rhein-Donau-Handelskammer. Es gab Stapelhäuser, portus genannt, die mit Binnenzoll zu tun hatten, denn der gallischgermanische Wirtschaftsraum war durch einen zweieinhalbprozentigen Außenzoll gegen Donau, Italien, Spanien und Britannien abgesichert, ganz abgesehen von den interessanten Außenhandelsgeschäften mit den örtlichen Barbaren, die lippeaufwärts ihren Ausgang von der Colonia Ulpia Traiana her genommen haben können. Mancher Bär mag auf diesem Weg in die Amphitheater des Reiches gelangt sein: wir kennen einen Gefreiten der 30., nahe bei der Colonia gelegenen Legion, der eigens zu diesem Fanggeschäft abgestellt war."

Das alles sind hochinteressante Aspekte, die uns Einblick gewähren in eine voll durchorganisierte Rheinhandelspolitik, die nach Anfangsschwierigkeiten im 2. Jahrhundert n. Chr. eine Stabilität erfuhr, die ihresgleichen suchte. "Wenn also die Töpfereiwaren-Großhändler (negotiatores cretarii)", so berichtet Ch. B. Rüger weiter, " auf ihre Weihesteine im Tempel der großen Nordsee- und Kanalführerin Nehalennia schreiben konnten 'pro navibus' ('damit meinen Schiffen nichts passiert') oder 'pro mercibus conservandes' ('damit du meine Waren beschützt') oder 'ob merces bene conservates' ('zum Dank für den Schutz meines Warentransportes'), dann haben sie keineswegs nur einseitigen Handel getrieben, sondern Warenaustausch."

Die gefundenen Inschriftsteine geben Auskunft über die Waren, die gehandelt wurden. Da steht die Salzgewinnung mit an erster Stelle. Wie bekannt, diente das Dürrnberg-Boot aus Österreich im 5. Jahrhundert v. Chr. dem Transport der Salzfässer. So bauten die Römer Salzlager in Essex ab, und man kennt weiter "einen Verband von Salzproduzenten aus dem Gebiet von Boulognesur-Mer." Aber auch die Salzlager in Lothringen von Vic und Marsal, Kreuznach an der Nahe und Münster am Stein wurden genutzt. In Niedergermanien wird der See-Salzhandel geblüht haben. Zusätzlich wurden Keramik, Glas, Gewürze aller Art in regem Austausch gehandelt.

Auch der Handel mit Fluß- und Seefischen muß berücksichtigt werden. Gefundene Angelhaken und Netzsenker weisen auf den Fischfang in Flüssen und Seen hin. Mit dem Zugnetz (sagena) wird man dem Lachs nachgestellt haben, und wenn wir alle Fischnamen in der "Mosella" des Ausonius nachlesen, dann war die Auswahl reichlich. Man weiß, daß in der Kaiserzeit die Fischerei in der friesischen Nordsee als 'Regal' in Anspruch genommen wurde. Römische Gesellschaften pachteten und befischten große Seegebiete. Natürlich war Fisch aller Art in römischer Zeit noch kein Volksnahrungsmittel; er bereicherte nur den Speisezettel. Erst die Fastenvorschriften des Mittelalters brachten hier eine Wende.

Die römischen Fischsoßen waren bekannt und in den Küchen der römischen Hausfrau für das Würzen unentbehrlich.

Um 160 n. Chr. zerstörte ein Großbrand Anlagen der Colonia Ulpia Traiana. Ein Weihealtar der Rheinflotte aus Drachenfels-Trachyt erwähnt einen Steintransport für den Neubau des Forums der CUT. Übersetzt lautet die Inschrift: "Für das Heil des Imperators Antoninus Augustus Pius, des Glücklichen, des Vaters des Vaterlandes, hat die Arbeitsabteilung der Rheinflotte, der Frommen und Treuen, welche zum Steinbrechen für das Forum der Colonia Ulpia Traiana abgeordnet ist, auf Geheiß des kaiserlichen Statthalters Claudius Iulianus und unter der Aufsicht des Kapitäns Gaius Sunicius Faustus, Sohnes des ..., zur Zeit des Konsulats von Bradua und Varus ihr Gelübde gern nach Gebühr eingelöst."

Der Stein ist aus Siebengebirgs-Trachyt gefertigt und auf das Jahr 160 datiert. So darf angenommen werden, daß die zu befördernde Steinladung ebenfalls in diesen Brüchen gelöst wurde. Die hierfür abgestellten Arbeitseinheiten, vexillationes, wurden vom Heer bereitgestellt, so daß hier ein Arbeitstrupp der römischen Rheinflotte Steine brechen und gleichzeitig befördern mußte. Das als Beweis dafür, wie in den friedlichen Zeiten des Aufbaues auch das Heer in diese Arbeiten eingeschaltet wurde. Der Stein selber konnte 1885 unter dem Bonner Münster geborgen werden. Seine Höhe beträgt 1,88 m. Er ist im Rheinischen Landesmuseum Bonn ausgestellt.

Die Ausgrabungen im Archäologischen Park, dem östlichen Bereich der 73 ha großen Römerstadt bei Xanten schließen auch Forschungsgrabungen im Bereich des ehemaligen Strombettes ein. Dieses ist heute noch in seinem Verlauf durch einen Entwässerungsgraben, der Pistley, gekennzeichnet. Nach 170 n. Chr. verlandete dieser Rheinarm und die Römer waren genötigt, die Landemöglichkeiten weiter nach Nordost, gegen das heutige Dorf Lüttingen zu verlegen.

Vielleicht gelingt es, in diesem alten Flußbett vor den östlichen Toren der CUT noch eine navis oneraria, also ein Handelsschiff aus der römischen Blütezeit dieser Stadt, zu ergraben. Die hierbei zu gewinnenden Erkenntnisse würden dem Handel längs der Rheinschiene zur Zeit der Antike neue Dimensionen verleihen und eine wichtige Lücke schließen helfen.

Disziplin und Organisation, wie wir sie beim Militär kennen, wird sich nach und nach auf die bürgerliche Schiffahrt übertragen haben. Aus Fischern und Fährleuten hat sich später durch den Zusammenschluß zu einer zunftähnlichen Gruppe der Schifferstand herausgebildet. Beispiele hierfür sind überliefert. In Lyon wurden Schiffer aus dem Rheinland bekannt, ein Vangione und ein Treverer. Sie waren geehrte Patrone der Saôneschiffer, nauta Araricus. Von der Rheinzunft kennen wir einen Schiffer aus Ettlingen. Von der Mosel ist ein Freigelassener bekannt, der Schreiber der Moselschiffahrt in Metz war. Für den Neckar gibt es eine Weihung für den Genius nautarum in Marbach. Und für das damalige Flevomeer kennen wir Bürger aus Tongern, die als Schiffer in Vechten stationiert waren. Aber wir wissen auch, daß diese römischen Collegia weit geringere Bedeutung hatten als beispielsweise die Zünfte des Mittelalters.

Aber auch die M o s e l müssen wir in diesen Handelsverkehr mit Schiffen einbeziehen. Wenn für die Jahrhunderte vor der Zeitenwende wenig hiervon überliefert ist, so kann man aber sagen, daß die Kelten, die die Moseltäler bewohnten, sich schon mit kleiner Schiffahrt und mit Fischfang beschäftigten.

Erst das 2.-4. Jahrhundert n. Chr. bezeugt einen lebhaften Schiffsverkehr für die Mosel, der überwiegend den Handelsprodukten diente, wie aus den Darstellungen auf dem berühmten Grabmal der Secundinier (der uns besser bekannten Igeler Säule) zu ersehen ist.

Auf der Mosel wurden die Schiffe von Hand getreidelt, per Hand gestakt oder aber von Pferden und Maultieren gezogen. Die von weither eingeführten Waren wird man per Schiff auf der Mosel nach Trier geschafft haben. Dazu kamen die schwergewichtigen Steintransporte wie Jurakalk und Kalkstein aus Metz, ferner das zum Bau übliche Material wie Holz und Ziegel, und vor allen Dingen Getreide. Hierfür zeugen die aufgedeckten horrea, also Getreidespeicher, die hinter der römischen Stadtmauer dicht an der Mosel auf Steinstelzen standen und so schon dem Hochwasser trotzten. Aber auch vor Ratten und Mäusen sollten die erhöhten Lagerungen schützen. Im römischen Trier des 3. und 4. Jahrhunderts bestand ein großer Warenaustausch, um den Bedürfnissen einer Provinzhauptstadt Rechnung zu tragen.

Es kam hier zur Gründung einer Schiffer-Gilde; für die Gegend um Metz ist eine solche Innung der Moselschiffer aus dem 2. Jahrhundert belegt. Ist der römische Hafen der Augusta Treverorum auch noch nicht entdeckt, so muß man ihn in Nähe der Getreidespeicher vor den Mauern dieser Stadt doch vermuten. Es ist bekannt, daß Kaiser Maximinian hier 289 n. Chr. Kriegsschiffe erbauen ließ, um damit gegen den britannischen Gegenkaiser Cavausius zu segeln. Man hat im Zuge der Moselkanalisierung auch Bleiplomben des römischen Zolls gefunden. Wir kennen M. Publicius Secundanus, der Angehöriger der nautae Mosallici war, eben jener Zunft der Moselschiffer. Dann müssen wir noch die Hafenarbeiter erwähnen, saccarii, die kräftig und gedrungen gewachsenen kleinen Muskelprotze, welche mit hölzernen Kiepen durch die engen Sträßchen des Hafenviertels die entladenen Produkte zu den Händlern der Stadt schaffen konnten.

Augusta Treverorum/Trier, in seiner Blütezeit eine Weltstadt, konnte infolge günstiger Straßen- und Wasserwege Produkte der entferntesten Länder umschlagen. Auf den bekannten Flachreliefs von Trier (Igeler Säule) und von Cabrières-d'Aigures auf der Rhône und durch den Ausonius-Text seiner "Mosella" wird uns die Treideltechnik der Handelsschiffe anschaulich vor Augen geführt. Waren keine Maultiere oder Pferde vorhanden, wird man auch Ochsen vor die Schiffe gespannt haben. So schreibt Charles-Marie Ternes in "Die Römer an Rhein und Mosel": "Nach Philostrat haben die getreidelten Schleppkähne auf dem Tiber pro Tag etwa 11 km zurückgelegt. Wir haben keine ähnlichen Angaben für Rhein und Mosel, aber wegen der Schnelligkeit des Laufs beider Flüsse sollten wir diesen Durchschnittswert erheblich niedriger ansetzen." - An anderer Stelle dieses Buches zitiert er J. Le Gall, der die Aussage jedoch auch für den Tiber macht, die aber für das Flußnetz der ganzen antiken Welt in damaliger Zeit gelten kann: "Die Flußschiffahrt stellt ein ärgerliches Problem dar. Sie hat existiert, und ihre Rolle ist wichtig gewesen, aber wir können sie nirgends genau fassen... Die Flußschiffahrt war eines jener Bestandteile des täglichen Lebens, denen die Zeitgenossen keine Beachtung schenkten..., zum größten Bedauern der Historiker." - Damit ist treffend ausgedrückt, was sich auch auf die Schiffahrt von Rhein und Mosel bezieht: Vieles war vorhanden, aber nur Weniges ist greifbar, weil es zum täglichen Lebensrhythmus gehörte und dem nicht mehr Beachtung geschenkt wurde als den anderen Dingen des täglichen Bedarfs. Auch in unserer heutigen modernen Zeit erleben wir immer wieder, daß uralte Handwerkszweige plötzlich von der Technik überrollt werden, ohne daß man sich die Mühe gemacht haben würde, hierüber besondere Aufzeichnungen zu machen. Man denkt hierbei besonders an das alte Fischerhandwerk auf Rhein und Mosel, das einst blühte und ganzen Dörfern Arbeit und Brot verschaffte. Heute weiß kaum noch jemand, daß Lachs und Stör in Rhein und Mosel zu fangen waren, denn die Aufzeichnungen darüber sind spärlich.

Im Jahre 59 n. Chr. entwickelte der obergermanische Militärbefehlshaber einen Plan, der vorsah, einen Kanal zwischen Mosel und Saône zu graben. Dadurch wäre ein Schiffstransport ohne Unterbrechung von Marseille bis zum Rhein möglich geworden. Die Durchführung dieses Planes ist nicht bekannt. Das blaue Glasschiff aus dem Grab einer vornehmen Frau bei St. Aldegund erinnert uns nachhaltig an die Blütezeit der Moselschiffahrt in der Antike. Ausonius, Dichter der "Mosella", schreibt 370 n Chr.: "Aber der Schiffer - wie lustig! - zählt ruhig die Reben im Wasser/Zu den andern, indes er im Einbaum über die Fläche/Treibt in der Mitte des Stroms..." In dem Teil 'Schiffersport und Wasserspiegelungen' hören wir etwas von Wasserwettkämpfen Jugendlicher auf der Mosel, die mit buntschnäbligen Nachen Seeschlachten nachahmen, und "Wie sie nun weiter geschickt und schnell mit der Rechten und Linken/Rudern und, mit der Last zu wechseln, die Ruder vertauschen..."

Aber auch hier änderte sich dies alles durch ständige Frankeneinfälle und die Zerstörung der Landgüter im ganzen Moselgebiet. Die Straßen verfielen, die Schiffahrt ruhte, Handel und Handwerk veröderten, die große Kaiserresidenz war stark zerstört. Erst das erstarkte Merowingerreich setzte andere Maßstäbe und schuf neue Impulse für den Handel in Trier und an der Mosel.

Mit den Frankeneinfällen um 170 n. Chr. begannen die ersten spürbaren Erschütterungen des römischen Reiches; dies wirkte sich unmittelbar auf den Rhein als Grenzfluß aus. Die Schiffahrt und der Handel wurden empfindlich getroffen. Als Folge zogen sich die Gewerbetreibenden in das Hinterland zurück und viele fabrica (Produktionsstätten) veröderten. Die massiven Vorstöße der Alemannen und Franken um und nach 400 n. Chr. auf die linke Rheinseite brachten so nachhaltige Erschütterungen, daß sich Handel und Gewerbe vorerst nicht mehr erholen konnten. Die Schiffahrt auf dem Rhein kam zum Erliegen, die Kähne verrotteten und faulten, die Schiffbauer zogen sich vom Wasser zurück, die Einrichtungen der Werften wurden zerstört. Die Handelstätigkeit der Eroberer war anders strukturiert und fast nur auf den Eigenbedarf beschränkt. Besonders der Fernhandel, z. B. nach Britannien, war vorerst eingestellt. Dieses änderte sich erst wieder in karolingischer Zeit.

**Römische Kriegsschiffe auf dem Rhein**

Nachdem die Römer Gallien und das Gebiet bis zum Rhein erobert hatten, wandten sie sich verstärkt der Schiffahrt auf den Strömen zu. Das setzte voraus, daß sie befähigte Leute für den Schiffbau bekamen. Da die mittelmeerische Schiffbauweise doch entschieden von derjenigen der Einheimischen längs des Rheins abwich, schickten sie ihre eigenen Schiffbauspezialisten in die eroberten Provinzen. Jene Schiffe einheimischer Bauart wie das des Schiffers Blussus mögen zwar für den Handelsverkehr auf Rhein und Mosel praktisch gewesen sein, waren jedoch für die Römer ungeeignet. Sie versuchten, die traditionelle mittelmeerische Bauweise auch auf den Rhein zu übertragen.

Über die Classis Augusta Germanica, die augustisch-germanische Flotte, haben wir schon etwas erfahren. Es war die militärische Rheinflotte, die gegen die Germanen gerichtet war. Kriegsschiffe nannte man naves longae, also Langschiffe. Sie waren den griechischen Reihenruderern abgesehen und konnten gesegelt werden. Das Hauptschiff war der quinqueremis, der Fünfreiher, und mit 5 m Tiefgang für den Rhein gewiß nicht geeignet. Daneben gab es noch Ein-, Zwei- und Dreireihenschiffe, naves actuariae, biremes und triremes. In der Zeit der Republik war Flottendienst nicht sehr angesehen. Vielmehr wurden Bundesgenossen, socii navales, angeworben. Aber auch Proletarier und Freigelassene waren gut für diesen Dienst. Verbündete Seestaaten, wie Gallien, wurden für diese Dienste gewonnen. Konsuln und Prätoren befehligten die Kriegsflotten.

Als Schiffsoffiziere fungierten zunächst der Kapitän, magister navis, sowie der Steuermann, gubernator. Die nautische Überlegenheit der Phönizier in den Seeschlachten mit den Römern zwang auch diese, Verbesserungen an ihren Schiffen vorzunehmen. Enterhaken und Enterbrücke gehörten dazu. Das Grundbohrmanöver mit dem Rammsporn, lange Zeit in Übung, wich dem Nahkampf der Kampfsoldaten auf diesen Kriegsschiffen. Daneben gab es auch noch Schiffe der Fluß- und Seepolizei, die den Schutz der Handelsschiffe garantierten.

So war in Argentorate, dem römischen Straßburg, die VIII. Legion stationiert, die für die Sicherheit der Rheinschiffahrt zu sorgen hatte. Im alten Straßburger Stadtviertel entdeckte man bei Bauarbeiten im November 1968 einen Altar aus der Zeit um 150 n. Chr., auf dem erstmals nachgewiesen wurde, daß die Römer den Rhein als Gottheit verehrten und ihm den Namen "Vater" gaben. Die Inschrift lautete:

**RHENO PATRI** .................................. Dem Vater Rhein
**OPPIUS SEVERUS** ............................... Oppius Severus
**LEG. AUG.** ..................................... Legat von Augustus
Dieser Altar befindet sich heute im archäologischen Museum Straßburg.

Aber schon 1964 barg man Bootshaken, Anker und Keramik. Nach Guy Trendel entdeckte man "zu gleicher Zeit unter der Knoblauchgasse (Rue de l'Ail - eine zur Ill ziehende Gasse), einen Binnenhafen mit Landungsbrücke für Flachbarken, die zum Transport von Töpferwaren dienten. Diese Töpferwaren wurden in einer benachbarten Werkstatt der VIII. Legion hergestellt. Auf einer der Keramikscherben, die von einer Opferschale herrührt, erkannte man neben den Insignien der Manipel und des Adlers der Legion das Bild Neptuns mit dem Dreizack."

Ab 14. n. Chr. besaß Straßburg ein Legionslager. Seit 80 n. Chr. war dort die VIII. Legion stationiert. Damit begann die Aufgabe dieser Soldaten als Flußpolizei zum Schutz der Handelsflotte. Das sechs Kilometer talwärts von Straßburg bei Wanzenau ausgegrabene Schiff mit Mühlsteinen aus Basaltlava als Ladung gehört dem späten 3. Jahrhundert an und zählt zu dieser Handelsflotte. Ein weiteres Ausgrabungsstück mit wichtigem Hinweis auf den Rheinkult der Römer ist eine bronzene Statue Neptuns, sicherlich der Gott des Rhenus. Er wurde 45 km talwärts von Straßburg, bei Seltz, ausgegraben.

Schon unter Augustus hatten die Römer Holz-Erde-Lager auf dem Fürstenberg bei Xanten. Dort gab es bereits eine Brücke über den Rhein, deren Holzpfähle man bei Niedrigwasser im 17. und 18. Jahrhundert entdeckte. Neben der Brücke, über die man in Richtung Lippe die frühen Feldzüge vorantrieb, in der heutigen Höhe "Schöne Aussicht" an der Bundesstraße 57, sah der Kanoniker Stephan Pighius (1520-1603) noch mit eigenen Augen Reste von Fundamenten und Grundpfeilern aus Stein und Holz. Diese stammten von dem einstigen "Hafen Vetera" und den Schiffswerften. Hier ließ Drusus bereits eine Rheinflotte bauen, mit der er 12. v. Chr. seine Truppen von Vetera aus zur Ems verschiffte.

Diesen Hafen benutzte 15. n. Chr. auch Germanicus für seine Rachefeldzüge. Da die dichten Wälder und Sümpfe den Römern ein lästiges und grausiges Hindernis waren, nahm Drusus lieber den Umweg über Fluß und See in Kauf, als sich der Mückenplage und den vielen Hinterhalten in Germanien auszusetzen. Den Wasserweg hatte auch Germanicus gewählt. Von diesem Feldzug kehrte er unter größten Schwierigkeiten heim, und seine Gattin Agrippina, in Vetera auf ihn wartend, befürchtete schon Schlimmes. In der Tat waren zwei seiner Legionen, die 2. und die 14., die am Ufer den Strom entlang marschierten, von einer Sturmflut bedroht worden. Viele Menschen und große Gepäckmengen waren verlorengegangen.

Aber im Frühjahr 16. n. Chr. war er durch die germanische Belagerung des Lippe-Kastells Aliso erneut gezwungen, einen Feldzug zu unternehmen. Den voraufgegangenen Winter hatten die Römer dazu genutzt, die Verluste auszugleichen und sich neu zu rüsten. Zudem wurde eine Schiffsflotte von nahezu tausend Booten auf der Insel der Bataver (zwischen Lek und Waal im heutigen Holland) gebaut, und alte Boote instandgesetzt. Diesen Entsatz des Lagers Aliso führte er über Land aus. Davon zurückgekehrt, schiffte er sich abermals ein, und zwar mit acht Legionen.

Über den Bau dieser Flotte, der Classis Augusta Germanica, berichtet Tacitus in seinen Annalen, Buch II, Kap. 6: "Den Publius Vitellius und Gajus Antius schickte er (Germanicus, Sohn des Drusus) zwecks Steuererhebung nach Gallien und beauftragte dann Silius, Antejus und Cäcina mit dem Bau einer Flotte von tausend Schiffen. Sie wurde eilends gebaut, die einen kurz (wieder wohl im Gegensatz zu den üblichen Naves longae oder Kriegsschiffen) mit knappem Hinter- und Vorderdecke, aber geräumigem Bauche (das übliche Lastschiff), damit sie sich in den Wogen besser hielten; andere mit flachem Kiele, um ohne Schaden auflaufen zu können; mehrere mit Steuereinrichtungen an beiden Enden (evtl. Liburnen), um bei plötzlich veränderter Fahrtrichtung bald mit dem einen, bald mit dem anderen Ende anlegen zu können; viele mit Verdecken, die zur Aufnahme von Wurfmaschinen oder zum Transporte von Lebensmitteln geeignet waren. Leicht dahinsegelnd und ruderschnell, wuchsen sie zu einer stattlichen, Furcht erregenden Flotte heran. Die Insel der Bataver (das Rheindelta zwischen Lek und Waal) ward zum Sammelplatz bestimmt."

Mit dieser Streitmacht fuhr er durch den Drususkanal und die Nordsee zur Emsmündung, zog von da über die Weser, wo es noch einmal zwischen ihm und Arminius auf dem Felde Idistaviso, wahrscheinlich Eisbergen bei Rinteln, und dem Herkuleswald, in der Nähe des Steinhuder Meeres, zu einer Entscheidungsschlacht kam. An dem gewaltigen Aufwand gemessen, waren die römischen Erfolge gering. Germanicus konnte sich an der Weser nicht lange behaupten. Mit Herbstanbruch ließ er Teile seiner Legionen zu Lande nach Vetera zurückziehen. Mit der Hauptmasse der Truppen bestieg er die in der Nähe der Ems zurückgelassenen Schiffe. Aber er wurde von einem Sturm überrascht, der einen Teil der Schiffe zertrümmerte, andere gegen den Küstenstrand warf. Germanicus entkam dieser Gefahr, aber seine Selbstsicherheit war ins Wanken geraten. Vorerst war es mit der Classis Augusta Germanica, der augustisch-germanischen Flotte, zu Ende.

Nach Durchführung der Vergeltungsaktionen, lesen wir in Kap. 24 der Annalen, Buch II: "Ein Teil der Schiffe ward vom Meere verschlungen, die Mehrzahl strandete an entlegenen Inseln. Da diese unbewohnt und deshalb auch unbebaut waren, ward die Mannschaft bis auf wenige, die ihr Dasein von dort ebenfalls angetriebenen Pferdeleichen fristeten, vom Hunger aufgerieben. An der Küste landete allein der Dreiruder (Triremis) des Germanicus.

All die folgenden Tage und Nächte irrte er auf den Dünen und Landzungen umher, indem er laut sich selbst die Schuld an dem so gräßlichen Unglücke beimaß. Kaum konnte er von seinen Freunden zurückgehalten werden, sich in demselben Meere zu ertränken. Endlich, mit wiederkehrender Flut und bei günstigem Winde, fanden sich auch andere Schiffe, allerdings schwerbeschädigt und mit spärlichem Ruderwerke, ein. An einigen waren Kleider statt der Segel aufgespannt und manche mußten sich von stärkeren schleppen lassen. In aller Eile wurden sie wieder in Stand gesetzt und ausgeschickt, die Inseln abzusuchen. Durch diese Maßregel wurden viele von den Verschlagenen wieder zusammengebracht. Andere gaben die jüngst unterworfenen Angrivarier zurück, nachdem sie diese von den binnenwärts Wohnenden losgekauft hatten. Manche waren nach Britannien verschlagen worden; sie wurden von den Fürsten des Landes wieder heimgesandt. Jeder nun, der aus der Ferne zurückkehrte, wußte Wunderdinge von der Gewalt der Wirbelwinde, von seltsamen Vögeln und von Seeungeheuern, halb Mensch, halb Tier (wohl Seehunde), zu erzählen; Dinge, die sie wirklich gesehen oder in ihrer Angst zu sehen sich eingebildet hatten."

Nach diesen Mißerfolgen der Rachefeldzüge auf dem Wasserwege wurde Germanicus bald von Tiberius abberufen. Damit unterblieben auch weitere Landeroberungen im freien Germanien, und der Rheinstrom wurde fortan römische Reichsgsrenze. Damit erfüllte auch die Rheinflotte der Römer eine völlig andere Aufgabe. Sie war jetzt eine Flotte zum Schutze der Reichsgrenze geworden.

Unter Kaiser Claudius trieb man im Jahre 47 n. Chr. ein weiteres Kanalprojekt voran. Damit wurde der Statthalter Domitius Corbulo beauftragt, der diesen Kanal zwischen Maas und Rhein graben ließ, um in Zukunft die rauhe Nordsee zu umgehen. Diese Fossa Corbulonis ist nach neueren Forschungen heute noch in der Vliet zu erkennen. Sie führte an Rotterdam und am Haag vorbei bis etwa nach Leiden. Der Kanal war bei Vorburg durch eine ansehnliche Flottenstation gesichert. Mit diesem Kanal war es den Römern möglich geworden, hinter den schützenden Dünen vom Hauptmündungsarm des Rhenus in das südliche Delta zu gelangen und dort die einzelnen Inseln besser zu befahren.

Für die beiden geschilderten Kanalbauten waren rein militärische Überlegungen ausschlaggebend. Der Drususplan sah vor, mit den Kriegsschiffen sicherer und schneller in die Emsmündung zu gelangen. Corbulo hingegen dachte an eine sichere Etappenstation auf dem Wege nach Britannien.

Die inneren Unruhen des Vier-Kaiser-Jahres nach Neros Tod 68 n. Chr. führten auch zu bürgerkriegsähnlichen Zuständen in Niedergermanien. Bekannt geworden ist der Bataveraufstand des Civilis im Jahre 69, der unter Ausnutzung der inneren Wirren der Führungsspitzen das römische Joch abschütteln wollte. Auch hier hat uns Tacitus in seinen Historien so manche Angaben überliefert, die sich auf die Flotte beziehen.

Nachdem die Mannschaften die Offiziere getötet hatten, fielen 24 Schiffe kampflos in die Hände der Aufständischen, da die Besatzungen (vorwiegend

Bataver) überliefen. Auch das Admiralschiff wurde zeitweise geentert und erobert, wie auch viele andere Schiffe dem Civilis in die Hände gerieten. In seinen Historien, Buch IV, Kapitel 16, berichtet Tacitus: "Dieselbe Treulosigkeit zeigte sich auch auf den Schiffen. Der aus Batavern bestehende Teil der Ruderknechte hinderte, als wenn es aus Unerfahrenheit geschähe, die Tätigkeit des Schiffsvolkes wie der Schiffssoldaten. Dann arbeiteten sie diesen sogar entgegen und warfen die Hinterdecke nach dem feindlichen Ufer herum. Endlich ermordeten sie, falls sie sich nicht mit ihnen einigten, die Steuerleute und Centurionen, bis die ganze Flotte von 24 Schiffen überging."

An anderer Stelle der Historien, Buch V, Kapitel 23, lesen wir: "Civilis wandelte die Lust an, eine Schlachtordnung von Schiffen zur Schau zu stellen. Er bemannte, was nur an Zweiruderern und Schiffen mit einer Ruderreihe da war. Dazu gesellte er eine ungeheure Menge von Kähnen, welche 300 bis 400 Mann trugen. Die Ausrüstung war die bei den liburnischen Schiffen (Zweiruderer mit großen Segeln und zum Vorwärts- wie Rückwärtsfahren geeignet) übliche, die geruderten Kähne wurden statt der Segel nicht gerade unschön mit verschiedenfarbigen Kriegsmänteln ausgerüstet. Man wählte eine meerähnliche Wasserfläche, wo sich Maas und Rheinarm Lek gemeinsam in den Ozean ergießen. Der Grund zur Aufstellung dieser Flotte war außer der dem Volke angeborenen Eitelkeit, mit dieser Schreckensmacht die aus Gallien kommende Zufuhr abzuschneiden. Cerialis ließ mehr der Merkwürdigkeit halber als aus Furcht seine Flotte darauf laufen, die an Zahl jener nicht gewachsen war, aber vermöge der Übung der Ruderer, der Geschicklichkeit der Steuerleute und an Größe der Schiffe überlegen war. Diese fuhren mit dem Strome, jene mit dem Winde. So segelten sie aneinander vorüber und trennten sich, nachdem sie sich nur mit leichten Geschossen zu bewerfen versucht hatten."

Im Jahre 89 n. Chr., als der Legat Saturninus einen Aufstand inszenierte, hielt die Flottenbesatzung jedoch treu zum Kaiser. Er verlieh ihr hierfür die Ehrenbezeichnung: Classis Germanica pia fidelis Domitiana, also die treu ergebene Domitianische germanische Flotte. Als dann der Tyrann Domitian ermordet wurde, verlor die Flotte im Jahre 96 diesen Zusatz "Domitiana" wieder, weil alle Erinnerungen an ihn getilgt werden mußten.

Dann folgte die große Zeit der äußeren Ruhe, des Bauens und der Geschäftigkeit. Die Handelsflotte überwog. Die Rheinflotte mit ihren Soldaten beschützte sie und die Grenze. Erst um 260, mit den starken Germanenübergriffen, setzten die ersten Erschütterungen des römischen Niedergermanien und seiner Städte ein. Unter der Regierung des Kaisers Probus (276-282) wurde die römische Flotte in Köln von den Germanen verbrannt.

Natürlich haben andere Flottenstationen weiterbestanden. Das entnehmen wir überlieferten Schriften. So berichtet 357 n. Chr. Ammianus Marcellinus im XVII. Buch, Kapitel I,4:

"Sobald der Cäsar (Julian, gen. Apostata) dies deutlich und zuverlässig erfahren hatte, ließ er zur Zeit der ersten Nachtruhe kleine und schnelle Fahrzeuge (navigiis modicis et velocibus) mit 800 Soldaten bemannen, die den Fluß aufwärts rudern sollten."

In Buch XVII, Kapitel II,3 dieses Autors erfahren wir aus der Zeit von 357/358: "Nun befürchtete der sehr einsichtige Cäsar, die Barbaren könnten eine Nacht ohne Mondschein abwarten und über den zugefrorenen Fluß gehen; deshalb ordnete er an, täglich von Sonnenuntergang bis Tagesanbruch sollten die Soldaten auf Kreuzern (Lusoriae naves = spielend hin- und herfahrende Schiffe) auf dem Flusse hin- und herfahren, damit die Eisdecke zerbräche." - Hier wird uns die Tätigkeit des Eisbrechens durch Schiffe schon früh demonstriert.

Für das Jahr 359 berichtet Marcellinus im Buch XVIII, Kapitel II,12: "Aufgeboten wurden sie bei Nacht; man schiffte alle, so viel 40 Kreuzer, die damals allein vorhanden waren, fassen konnten, ein und befahl ihnen, den Fluß hinunter zu fahren, so stille als möglich, daß sogar die Ruder eingezogen wurden, damit die Barbaren nicht das Geplätscher der Wellen aufmerksam mache."

Aus diesen Nachrichten geht hervor, daß die römische Flotte bis Mitte des 4. Jahrhunderts vorhanden war und auch ihren Dienst in allen möglichen Situationen versah. Im Winter mußte das Eis zerscherbelt werden, um den Germanen den Übergang zu verwehren. Im Sommer, bei großer Trockenheit und Niedrigwasser, wurden die seichten Furten bewacht und damit nächtliche Überquerungen des Stromes verhindert.

**Welche Schiffe aus der Römerzeit kennen wir?**

Im Grunde sind uns bis heute nur wenige Schiffe der Römer bekannt. Teils sind sie auf Steinreliefs dargestellt, teils sind es Schiffsreste. Aus ihnen lassen sich einheimische Bauweisen erkennen, die man nicht der mittelmeerisch-römischen Bauform zuordnen kann. Auch müßte in diesem Zusammenhang etwas über die Besegelung der Schiffe gesagt werden.

Natürlich ist dieses Material vergänglich und auch durch Ausgrabungen nicht mehr zu ermitteln. Hier kann uns nur die Vorliebe der Römer, viele Dinge in Stein zu hauen, etwas weiterhelfen. Allein das Blackfriars-Schiff mit 16 m Länge war ein Lastsegler, und der im vorderen Drittel ergrabene Mastschuh-Spant sagt uns, daß hier ein Mast gestanden hat, der auch Segel trug. Das Vorrücken des Mastes trug zu besseren Segeleigenschaften bei. Dagegen war das New Guy's House-Boot mit 15 m Länge ein Strom-Lastschiff, das sicher nur gerudert wurde. Von dem Schiffsboden, der bruchstückhaft im Rhein-Delta bei Kappel-Averzaath freigelegt werden konnte, ist zu sagen, daß er mit 30 m Länge zu einem Seeschiff gehörte, das in römischer Zeit hier verkehrte. Es konnte über 100 t Ladung fassen. Diese Größenordnungen lassen darauf schließen, daß sie von den Einheimischen erst zu einer Zeit gebaut wurden, eben im 2. Jahrhundert, als durch den Städtebau der Handel erblühte und größere Lastmengen auch größere Tonnage im Schiffbau erforderten.

Für die Besegelung der Schiffe zur Römerzeit liegen mehrere Beweise vor. Zunächst einmal wurden von Gaius Julius Cäsar selber Ledersegel genannt. Als dann im Jahre 1966 bei den Ausgrabungen in Bad Kreuznach (Rheinland-Pfalz) ein herrlicher Mosaikboden innerhalb einer römischen Villa aus dem Jahre 250 n. Chr. aufgedeckt wurde, zeigte dieser neben vielen anderen Einzelfiguren auch zwei interessante Schiffe. Der Besitzer dieser komfortablen villa rustica, des Landhauses, stammte gewiß aus dem Mittelmeer-Raum und liebte das Meer, denn viele See- und Wassertiere sind um die Segelschiffe herum angeordnet.

Ist das linke Schiff auch leider zur Hälfte zerstört und somit nur zu rekonstruieren, so genügt der erhaltene Bugteil, darin ein Kriegsschiff zu erkennen. Es hatte Segel und wurde gerudert. Achtern ist noch der erhöhte Aufbau für den Steuermann zu erkennen. Die Riemen sind eingetaucht, und auch die Ruderknechte sitzen mit dem Rücken in Fahrtrichtung; man glaubt zu sehen, wie sie sich in die Riemen legen und eine Rückwärtsbewegung ausführen. Das Segel ist gerefft, also herrscht Windstille. Muskelkraft muß das Schiff weiterbringen.

Am rechten Schiff hingegen fehlt jegliche Rudervorrichtung. Die Striche im Laderaum deuten wohl Amphoren an, also flüssige Fracht. Es muß ein Handelsschiff gewesen sein. Nach D. Ellmers stimmt "trotz der mechanischen Zeichnung die Form des Schiffskörpers in vielen Einzelheiten mit der des Schiffsfundes von Blackfriars überein. Hier wie dort ist der Rumpf vorne etwas bauchiger ("völliger") gebaut als hinten, hat aber im Gegensatz zu den gewöhnlichen mediterranen Handelsschiffen an beiden Schiffsenden in etwa die gleiche Grundform. Der verhältnismäßig dünne Achtersteven endet in Kreuznach in einer lang ausgezogenen Volute. Die Konstruktion des schweren Vorderstevens ist nicht deutlich genug wiedergegeben. In Blackfriars sind nur die unteren Steventeile erhalten, von denen der vordere wesentlich dicker ist als der andere. In beiden Fällen ist auch der Mast weit nach vorne gerückt, was aber auch bei Mittelmeerschiffen durchweg der Fall ist. Auf dem Kreuznacher Mosaik ist der an der Segelleine beschäftigte Mann, der wie alle Personen im Verhältnis zu dem Fahrzeug zu groß wiedergegeben ist, bis zu den Knien sichtbar, so daß für das Schiff wenigstens achtern ein Deck anzunehmen ist."

Ein weiteres Merkmal sind die auf beiden Schiffen sichtbaren Segel. Während das Kriegsschiff ein normales Tuch-Rah-Segel zeigt, das aus einer Fläche bestand, trägt das Frachtschiff lederne geteilte Rahsegel, also Segel mit waagerechten Unterteilungen. Zum einen ist jede Segelfläche in sich geschlossen, was sich bei Reparaturen günstig auswirkt, und zum anderen kann der Wind je nach Stärke einmal mehr oben, in der Mitte oder unten das Segel bauschen und füllen. Damit werden die Segeleigenschaften verbessert.

Der für das lederne Rahsegel sichtbare Beweis ist das Relief eines römischen Grabsteines aus Jünkerath, Kreis Daun in der Eifel. Es zeigt oben den Überlandverkehr mit Pferd und Karre oder Wagen und unten den Frachtverkehr zu Wasser, vielleicht auf der Mosel. Hier sehen wir genau das voll gesetzte, dreiteilige Rahsegel, wie es uns das Mosaikschiff rechts nur an den gewellten Seitenlinien des Segels andeutet.

Die Jünkerath-Rahsegel sind gebläht, wie die Segelrandwölbungen verraten. Die Mastspitze ist sichtbar, und der Schiffer hantiert an den Segeltauen. Vielleicht hat er gerade das Segel gehievt und befestigt nun die Leinen. Das Frachtschiff hat Ballen geladen, evtl. aus der Trierer Tuchindustrie. Sein Begleiter freut sich über den Wind, greift zum Krug und läßt es sich schmecken. Man will in der Geste aber auch einen Signalhornbläser sehen. Dazu würde sich der Schiffer jedoch aufrecht gestellt und die Hände nicht so weit nach vorn gehalten haben. Zudem bläst man in die Richtung, in der man den Hafen anläuft, und nicht nach achtern in die Kiellinie. Also wollen wir dem Begleiter den kühlen Trunk nur gönnen, sofern er keine Havarie verursacht. Beachtenswert ist die Feststellung von D. Ellmers, der im Bezug auf das Jünkerath-Segel sagt: "Dagegen findet man im Mittelmeergebiet unter Tausenden von Segeldarstellungen nicht eine einzige Entsprechung." - Dies sollte Grund genug sein, hierin eine einheimisch-traditionelle Segeleigenschaft zu erkennen, wie sie für den rheinisch-keltischen Raum vorherrschend war und selbst unter der Römerherrschaft weiterhin gepflegt und angewendet wurde. Während die oberste Rahe das gesamte Segel hält, dienen die darunter angebrachten Rahen lediglich der Unterteilung und der besseren Windbeeinflussung. Die zutiefst als Endung dienende Rahe ist durch die Warenballen verdeckt. Und D. Ellmers bringt noch einen wichtigen Hinweis, indem er folgert: "Völlig vertraut mit dieser Segelform scheint der Mosaikmeister dennoch nicht gewesen zu sein, da sein Segel nach den Auszipfelungen am rechten Rand insgesamt fünf, am linken Rand jedoch nur vier Rahen wie auf dem Jünkerather Relief gehabt haben müßte. Gerade diese Unstimmigkeit, die nicht die einzige in dem Bilde ist, weist noch einmal darauf hin, daß der an afrikanischen Vorbildern geschulte Künstler hier ein einheimisches Fahrzeug wiedergab."

Und an anderer Stelle: "Waagerechte Segelstangen in vergleichbarer Größe, Vielzahl und Anordnung kann ich neben diesen beiden Darstellungen nur noch an den ursprünglich aus Bastmatten gebildeten Segeln der Dschunken in chinesischen und benachbarten Gewässern nachweisen. Die Handhabung der steifen Bastmattensegel wurde durch diese Leisten sehr erleichtert. Bei der Einführung von Tuchsegeln auf den Dschunken kamen sie naturgemäß mehr und mehr außer Gebrauch. In Europa fehlt jedes Zeugnis für die Benutzung bei Leinensegeln."

In diesem Zitat liegt denn auch der Grund, warum man bei den beschriebenen Schiffen von Ledersegeln spricht. Es muß sich in jedem Falle um steifes Material gehandelt haben. Und da Gaius Julius Cäsar bei der Nennung der Schiffe der

Veneter von Ledersegeln spricht und sie entschieden von den Leinensegeln der mittelmeerischen Schiffe trennt, sollten wir nicht zögern, in der dreigeteilten Rahbesegelung Ledersegel zu erkennen. Hierzu D. Ellmers: "Das Kreuznacher Mosaik gibt diesen Gegensatz in der Farbe wieder: das Leinensegel ist aus hellgrauen Steinchen gesetzt, das andere aus braunen, also der Farbe von Leder."

Wir sehen, auf wieviele unscheinbare Dinge der Forscher und Archäologe seines jeweiligen Fachgebietes zu achten hat, denn nur aus diesen winzigen unterschiedlichen Gegebenheiten bieten sich Vergleichsmöglichkeiten. Und so sollte hier der Vollständigkeit halber eingeflochten werden, daß der Verfasser 1970 ein solches dschunkenähnliches Segelboot bei Muiden an der Ausfahrt ins Ijsselmeer beobachtete, das diese an sechs Rahstangen verteilten Segel trug, dazu noch mit einem kleineren Heck-Rahsegel. Dies eventuell als eine Bestätigung dafür, daß diese Art der Besegelung hierzulande noch nicht ganz ausgestorben ist und bei unseren niederländischen Segelnachbarn noch gepflegt wird.

Zu der sehr wichtigen Besegelungsfrage soll noch einmal der Schiffshistoriker D. Ellmers gehört werden: "Wie weit diese schweren, wenn auch flachbordigen Seeschiffe mit ihren Ledersegeln rheinaufwärts fuhren, ist schwer abzuschätzen. Wir wissen nur, daß im 2. Jahrhundert n. Chr. ein Trierer Britannienhändler bei einem Aufenthalt in Bordeaux starb. Er ist also mit seinem Schiff nicht nur von Trier zur britischen Insel, sondern auch weiter durch den Kanal und die Biskaya gesegelt. Nach unserer bisherigen Kenntnis dürfte das für all diese Strecken geeignete Schiff der zuletzt behandelten keltischen Bauart angehört haben, denn die am Rhein nach Vorbildern aus dem Mittelmeer gebauten Schiffe dienten vor allem militärischen Zwecken."

Größere Schiffe wie das des Blackfriars-Typs waren flach gebaut und hatten nur geringen Tiefgang. Sie werden den Rhein bei günstigen Wasserständen sehr weit hoch gefahren sein, um für eine Britannienfahrt möglichst wenig Umladestationen in Anspruch zu nehmen. Es ist also durchaus möglich, auf antiken Steinen Reliefs von Schiffsdarstellungen zu sehen, die im Rhein-Mosel-Gebiet fuhren, aber in nordgallischen oder britannischen Häfen ansässig waren. Dort aber sind bis heute sehr wenige, ja fast gar keine Schiffsnachbildungen bekannt geworden. Was entdeckt wurde, war nur bruchstückhaft und zu wenig, um eine Schiffsform genau zu ermitteln.

### Schiffbau mittelmeerischer Prägung am Rhein

Wir haben bereits erfahren, daß die Römer nach Festigung des Weltreiches an der Rheingrenze und mit dem Erblühen der Städte und des regen Handels versuchten, die einheimischen Schiffbauweisen entweder mit der mittelmeerischen zu verflechten oder diese in reiner und ausgeprägter Form am Rhein nachzuvollziehen. Aber die Landschaft und der Stromzustand verlangten ein bestimmtes Eingehen auf diese Naturgegebenheiten. Dazu war vor allen Dingen nötig, daß die Römer ihre eigenen Schiffbaumeister nach hier holten, damit sie ihre Erfahrungen am Rhein wirksam einsetzten und verarbeiteten. Hier dürfen wir an Stromfahrzeuge und an seegehende Schiffe denken, die zunächst den kriegerischen Interessen dienten, dann erst dem Handel.

Ein Originalbeispiel, an das man sich zunächst einmal halten kann, wurde 1892 dicht am Römerlager Vechten bei Utrecht im Rheingebiet entdeckt. Die Fachleute erkennen in seiner Bauweise den mediterranen Einfluß. Aber dieses war während der Entdeckung nicht sogleich möglich, da noch kein Mittelmeerschiff ergraben war, auf das man vergleichsweise hätte zurückgreifen können.

Im Jahre 1939 entdeckte man im Nemisee in den Albaner Bergen zwei größere Schiffe aus der Zeit des Caligula. Sie wurden geborgen und konserviert. Man will erkannt haben, daß sie nie dem eigentlichen Bauzweck entsprechend eingesetzt waren, vielmehr kultischen Schiffsprozessionen dienten und damit der Göttin Diana Nemorensis. Aber in erster Linie boten diese beiden Schiffe eine Menge schiffbautechnischer Details und Gesamt-Konstruktionszusammenhänge der Antike. Die Beplankung der Außenhaut war zum besonderen Schutz noch mit Bleiplatten benagelt. Bei dieser Gelegenheit sei auch das weitere Schicksal der beiden ausgegrabenen Schiffe vermerkt: nachdem sie 1900 Jahre in der Versenkung überlebt hatten, wurden sie bei der amerikanischen Italien-Invasion 1944 durch Artilleriefeuer total vernichtet. Das kürzlich vor der sizilianischen Küste entdeckte Wrack eines Karthager-Schiffes hatte ebenfalls einen bleibeschlagenen Rumpf an der Außenhaut.

An diesen Schiffen war auch die Art der Steuerung gut zu studieren. Je an Back- und Steuerbord war ein Ruder eingelassen. Dieses Ruderblatt konnte durch Drehbewegungen an der dünnen Pinne gehandhabt werden. Durch eine Kombination von Drehung und Schräglage kam der seitliche Wasserdruck zustande, der das Wendemanöver ermöglichte.

Nachdem diese Nemiseeschiffe also entdeckt und unter Einsatz modernster technischer Mittel geborgen waren, hatte man später Gelegenheit, Vergleiche mit dem 1892 aufgefundenen Vechten-Schiff anzustellen. Überhaupt ist die Wissenschaft inzwischen in der Lage, anhand von einzelnen Plankenlagen Vergleiche anzustellen über römisch-mittelmeerische und keltische Zimmermannstechniken. Das Vechten-Boot datiert um Chr. Geb. und ist damit für die Schiffsforschung das Älteste bei uns gefundene. Die keltischen Schiffbauer benutzten lange Nägel, die sie durch die Planken trieben und dann umbogen. Damit waren die einzelnen Planken jedoch nicht untereinander und in sich verbunden.

Das Vechtenboot hingegen zeigt an den Plankenschmalseiten nach D. Ellmers "dicht an dicht sorgfältig eingepaßte Holzzapfen, mit denen diese Planken untereinander zusammengedübelt waren. Ebenso verzapft waren auch die fragmentarischen Nadelholz-Planken eines kleinen Bootes des 2. Jahrhunderts von

Zwammerdam/Niederlande. Die von dem nach innen vorspringenden Kiel jeweils nur nach einer Seite bis zum Dollbord reichenden Halbspanten an dem Boot von Vechten wurden erst nach Fertigstellung der Außenhaut eingesetzt und mit Holzdübeln befestigt."

Man schätzte das Vechtenboot auf etwa 12 m Länge, 3 m Breite und 1,5 m Tiefe. Der Boden war rund und geschwungen. Ergraben wurde nur der Mittelteil mit etwa 9 m Länge. Auf dieser Strecke waren angebrachte Ruderbänke auszumachen. Nach D. Ellmers "handelt es sich also um eines der vielen kleinen Fahrzeuge, wie sie neben großen Kriegsschiffen mit Rammsporn am Bug und auf jeder Seite mit zwei (Biremen) oder drei (Triremen) Reihen von Riemen übereinander zum römischen Flottenverband gehörten."

Da wir erst seit 1536 technische Aufzeichnungen besitzen, die sich mit dem Schiffbau direkt befassen, ist es relativ schwer, genauere Aussagen über die größeren römischen Kriegs- oder Handelsschiffe zu machen. Erst die Nemiseeschiffe aus der Zeit des Caligula (37-41 n. Chr.) in ausgegrabenem Zustand gestatteten einen genaueren Einblick in die Bauweise größerer Schiffstypen.

Überhaupt kam die Schiffbautradition des Mittelmeeres nördlich der Alpen nur während der Römerzeit zur Anwendung. So wurden die Schiffe der Rheinflotte nach dem bewährten klassischen Vorbild mit Rammsporn und Kampfdeck oberhalb des Raumes für die Ruderer gebaut. Aber auch kleine, offene Boote und größere Handelsschiffe dieser Bauart verkehrten auf dem Rhein.

Diese bewährte klassische Bauart haben die Römer schon von den Phöniziern übernommen. Zwischen 1000 und 400 v. Chr. verstand man es, die Ruder (Riemen) zu mehren und damit den Schiffen mehr Antriebskraft zu geben. So baute man Schiffe mit zwei (Bireme), drei (Trireme), vier (Quadrireme), und fünf (Quinquereme) Ruderbänken. Das gängige Standardkriegsschiff der Römer war dann später der Fünfruderer. Diese fünf Ruderknechte ruderten drei Riemen auf drei verschiedenen Ebenen (Höhenunterschiede der Ruderbänke). Es saßen jeweils zwei Männer an jedem der zwei oberen Ruder und ein Knecht an jedem der kürzeren unteren Ruder. Die Ruderer selbst stellten ihre Schilde als Geschoßschutz gegen das Schanzdeck.

Der Gelehrtenstreit, wie eine Trireme (Dreiruderer) eigentlich vorwärtsbewegt wurde, hält noch an. Einigung herrscht darüber, daß je ein Mann ein Ruder bediente, und daß sich die drei Ruderbänke auf verschiedenen Ebenen befanden. Auch ist inzwischen bekannt, daß die Trireme (also der Dreiruderer) 170 Riemen besaß. Um sie zu bewegen, saßen einmal 62 Ruderknechte auf der höchsten Bank, und zweimal je 54 Ruderer auf der mittleren und auf der untersten Ruderbank. In Griechenland hatte man Gelegenheit, Bootsschuppen für Galeeren auszugraben. Dabei zeigte sich, daß die einstigen Hallen sowohl für die Trireme (Dreiruderer) und für die Quinquereme (Fünfruderer) fast gleich groß waren, nämlich ca. 40 m lang und 5 m breit. Auch hat man erfahren, daß die Herstellung eines Bündels

Ruderblätter für einen Fünfruderer weniger kostete als das gleiche Ruderblattbündel für einen Dreiruderer. Daraus ziehen die Fachleute den Schluß, daß ein Fünfruderer weniger Ruderblätter zur Fortbewegung nötig hatte.

In den Schriften des P o l y b i o s (um 200-120 v. Chr.), einem griechischen Historiker, der eine Weltgeschichte in 40 Büchern verfaßt hat, erfahren wir, daß ein Fünfruderer (Quinquereme) mit 300 Seeleuten und 120 "Marine-Infanteristen" besetzt war. Hingegen bestand die Besatzung des Dreiruderers (Trireme) aus 200 Leuten. Davon waren 170 Ruderer. Zieht man hier einen Vergleich, so müßte der Fünfruderer ca. zwischen 260 und 270 Ruderer nötig gehabt haben, um weniger als 170 Riemen zu bedienen. Da die Riemen sehr lang waren, dürfte es schwierig gewesen sein, ein Schiff von mehr als vier Ruderbänken aus taktmäßig voranzutreiben. Polybios beschreibt 16 remes (Riemen) beim Flaggschiff des Perseus. Hierin vermutet man lediglich eine Weiterentwicklung der Trireme, die man einzig auf drei Ebenen ruderte. Folglich darf man davon ausgehen, daß sich die genannte Zahl der Riemen (remes) auf die Reihen der Ruderer bezieht.

Betrachten wir hierzu ein Beispiel aus dem Mittelalter: Im 16. Jahrhundert wurden als Höchstzahl bis zu sieben Knechte auf den Galeeren an einen Riemen gesetzt. Übertragen wir das auf die römischen Schiffe, so hätte man auf drei Ruderetagen verteilt, bis zu zwanzig Riemen rudern können. Das Gesetz der Hebelkraft wurde auch bei den Riemen angewendet. So wurde auf der obersten Ruderbank der Riemenkasten außenbords verlagert und dort die Dollen eingelassen, in denen die Riemen ruhten. Jetzt zog sich das Riemenblatt leichter und gleichmäßiger, da es ja am weitesten draußen im Wasser lag und der Schaft in den Händen der Ruderer sehr kurz gewesen wäre.

Zur Weiterentwicklung der römischen Kriegsschiffe zählt das Anbringen des sogenannten "Raben" (corvus) auf dem Bug. Das war eine aus zwei Stücken bestehende "Enterbrücke" von 4-8 m Länge. Sie hatte kniehohe Seitenwände und die Breite betrug 1,20 m. Diese Brücke war um einen 8 m hohen Mast dreh- und schwenkbar. Man lief längsseits an den Gegner heran, schwenkte die Enterbrücke nach Back- oder Steuerbord, ließ per Seilwinde die Brücke herunter, die sich, am Ende mit einem langen Eisendorn versehen, in die Deckplanken des gegnerischen Schiffes bohrte und damit festsaß.

Über diese Enterbrücke stürmten die Seesoldaten, seitlich und vorn die Schilde schützend haltend, das andere Schiff. Als die Römer diese Technik um 200 v. Chr. erstmals anwendeten, eroberten sie gleich 50 Schiffe. Aber durch das Gewicht der Enterbrücke wurden die Schiffe "topplastig". Das heißt, sie lagen mit dem Bug zu tief im Wasser und ruderten sich schwerer. Man schaffte sie später wieder ab.

Auf den Rhein bezogen, ist es in erster Linie das Neumagener Weinschiff, - ein in Stein gehauenes Bildwerk - das uns wertvolle Hinweise in dieser Richtung liefert. Es war in Neumagen an der Mosel in einem dortigen konstantinischen

Kastell vermauert. Im ersten Moment besticht es durch seine natürliche Art der Darstellung, und wir meinen, uns die römischen Rheinschiffe so und nicht anders vorstellen zu müssen. Aber dieses Weinschiff bedarf einer näheren Betrachtung. Im Rheinischen Landesmuseum Trier zu besichtigen, stellt es noch immer das einzige wichtige Denkmal dar, das den Schiffsverkehr auf Rhein und Mosel anschaulich wiedergibt.

Das Schiff ist in Stein gehauen und gehört zu einem umfangreichen Grabmal aus dem 1. Viertel des 3. Jahrhunderts n. Chr. Obwohl es Wein geladen hat, dürfen wir ein Kriegsschiff darin erblicken, und so wird dieses Grabmal auch einem Weinhändler aus Neumagen an der Mosel erstellt worden sein. Es gehört zu den wenigen weltbekannten Fundobjekten und wurde schon oft als Beweis römischer Schiffstradition herangezogen.

Es gehört zweifelsohne zu jenen schnittigen Biremen und Triremen, die einst den Rhein befuhren. Der deutlich ausgeprägte Rammsporn am Bug weist es als Kriegsschiff aus, das für die Truppe den Wein beförderte. Mit diesem Sporn wurden die feindlichen Schiffe unter der Wasserlinie gerammt und aufgeschlitzt. Das magische Auge sollte die gefährliche Wirkung noch betonen. Ein Boot dieses Typs konnte bislang noch nicht ausgegraben werden. Größere Schiffe dürften Segel gehabt haben. Unser gallo-römisches Neumagen-Schiff zeigt keine solchen Merkmale und wird wohl nur gerudert worden sein.

Selbstverständlich stimmen bei diesem Relief die Proportionen in keiner Weise, und wir sollten in dem Bildhauer eine ausgesprochene "Landratte" vermuten, der sich wohl kaum um schiffs- und rudertechnische Details gekümmert haben dürfte. Länge und Höhe stehen in keinem Verhältnis. Die Ruder sind verkürzt und zu steil eingetaucht wiedergegeben. Wir erkennen an Backbord sechs Ruderer, hingegen sind zweiundzwanzig Riemen angedeutet. Hätten wir eine Trireme, also einen Dreiruderer, vor uns, so würden achtzehn Riemen ausreichen, bei einer Bireme sogar zwölf. Oder müssen wir uns zwei Mal elf Riemen an jeder Seite denken? Dann wiederum stimmt die Rudermannschaft nicht. Oder sind es gar nicht die Ruderknechte, vielmehr die eigentliche Bordbesatzung, die den Weintransport begleitet? Natürlich könnten die Ruderer auch hinter dem gitterförmigen Riemenkasten geschützt und unsichtbar sitzen.

Im Heck unter der Steuermannskajüte sitzt ein wenig verdrossen der Gubernator und handhabt das Steuerruder, das hier allerdings wie ein Enterhaken aussieht und entschieden zu kurz dargestellt ist. Aber sicher setzte gerade an dieser Rundung das Ruderblatt an, wie auf Nachbildungen sichtbar ist. Der Rudermeister im Bug hat alle Mühe, eines der Fässer am Verrutschen zu hindern. Zu all diesen Beobachtungen kommt noch das größte Übel: die Ruderer - immer vorausgesetzt es sind welche - blicken in Fahrtrichtung und könnten auf diese Weise das Schiff niemals vorwärtsbringen. Auch dieser Umstand hat zu Überlegungen geführt, die noch zu behandeln sind. Wenn es ein Kriegsschiff ist, und der

Rammsporn spricht dafür, dann hatte man die Ladung auf dem Kampfdeck verzurrt, und die sechs Männer gehörten zur ständigen Kampfdeckbesatzung. Damit könnte die Blickrichtung der Männer eine plausible Erklärung finden.

Andererseits wäre für den Transport der vier dargestellten Fässer der personelle Aufwand entschieden zu hoch gewesen. Wenn wir uns dagegen einheimische Faßtransporte anschauen, die dazu noch getreidelt werden, dann erkennen wir den großen Widerspruch in der Art der Neumagener Schiffsdarstellung. Auf Abb. 30 des Bildbandes sieht man im Gegensatz zum Neumagener Weintransport, wie acht Fässer auf einem einheimischen Frachtkahn mit hochgeschwungenem Bug und Heck befördert werden. Es handelt sich um ein Relief auf der Vorderseite eines Altars für die Göttin Nehalennia von dem Weinhändler Commodus. Links erkennen wir den Steuermann, rechts, also im Bug, den oder die Ruderer. Aber die seltsame Hochstellung ist nicht typisch für das Rudern. Sollte der Schiffsknecht eher ein Stechpaddel bedienen? Zwischen Bordwandoberkante und den drei sichtbaren Fässern sieht man die leichten Rundungen von fünf weiteren Fässern, die im Schiffsrumpf liegen. Hier wird der Arbeitsaufwand zwischen dem Neumagener Schiff und dem aus Leiden deutlich sichtbar.

Auch ist der Rammsporn beim Neumagener Schiff, glatt und spitz auslaufend, vereinfacht dargestellt. Die inzwischen gefundenen Balkenkopfbeschläge zeigen deutlich das Gegenteil. War das Rammen des Gegners nicht vorgesehen, hätte es keiner aufwendigen Verzierung bedurft. So dürfen wir eher einen Eigenschutz vor Bugschäden annehmen, sei es beim falschen Anlanden an der Kaianlage, sei es bei Schiffszusammenstößen durch falsche Manöver oder umschlagende Winde. Die dargestellten Köpfe waren zumeist Symbolfiguren. So sehen wir auf dem Mainzer Rammspornbeschlag aus Bronze einen Keilerkopf, auf dem von Köln-Deutz einen geflügelten Phallus, und auf dem beim Fischerdorf Lüttingen/Xanten bei Kiesbaggerarbeiten ans Licht gebrachten Kopf die Kampf-Schutzgöttin Minerva mit einem Helm.

Hierzu D. Ellmers: "Am Ende des 3. Jahrhunderts ließ Constantius Chlorus eine ganze Flotte von Kriegsschiffen des Neumagener Typs bauen und zog damit gegen Aufrührer in Britannien. Als 'Wiederbringer des ewigen Lichtes' ließ sich der in London einreitende Sieger durch eine Gedenkmünze feiern, welche die Überfahrt der Truppe auf den an Bug und Heck mit grimmigen Tierköpfen verzierten Schiffen zeigt."

Es ist weiter oben zu Abb. 30 des Bildbandes das Wort Stechpaddel gefallen. So wirft in dem Zusammenhang mit dem Neumagener Weinschiff W. Binsfeld in seinem Aufsatz "Moselschiffe" eine sehr interessante Frage auf, die sich zu betrachten lohnt. Die Frage lautet schlicht: "Wieso schauen die Ruderer der Neumagener Moselschiffe in Fahrtrichtung?" Hierzu ist nötig, zu wissen, daß noch mehrere Fragmente der Gegenseite gefunden wurden, die es erlauben, das Grabmal als Doppelschiff zu rekonstruieren, das in der Mitte mit großen Amphoren beladen ist. W. Binsfeld bezieht sich auf Mosaiken des Forums der Reedereiverbände in Ostia, wo auf allen Schiffsmodellen, ganz gleich, ob Kriegs- oder Handelsschiffe, die Ruderer mit dem Rücken in Fahrtrichtung sitzen. Und wörtlich: "Schließen wir bei den Neumagener Schiffen einen Irrtum der Steinmetzen aus, bleiben zwei Möglichkeiten: Entweder stößt die Besatzung stehend die in Dollen beweglichen Riemen oder sie arbeitet mit Stechpaddeln. Man scheint allgemein die erste Möglichkeit anzunehmen."

Auf der Negativform (Abb. 38 des Bildbandes) aus dunkelrotem Ton, aus dem Töpferviertel Trier-Süd stammend, sehen wir deutlich, wie der faßbeladene Nachen mittels Stakstange oder Stechpaddel vorwärtsbewegt wird. Die Handstellungen, oben und Mitte die Stange gepackt, schließen nur zu deutlich ein Rudern aus.

Des Weiteren ersehen wir auf der Randscherbe einer Sigillata-Reibschüssel aus Trier, dem gleichen Töpferbezirk entstammend, ein längeres Boot mit acht oder neun Paddelblättern. Sie wurde in einem Keller gefunden, den man um 353 verfüllte. Die Fahrt geht, unschwer zu erkennen, nach rechts, und die Matrosen blicken in Fahrtrichtung. Alleine die breiten Paddelblätter schließen schon ein Staken mit langer Stange völlig aus. D. Ellmers bezeichnet das Boot als germanisches Mannschafts- oder Kriegsschiff mit zahlreichen Paddlern und mit Paddelantrieb und möchte darin "zweifellos die Wiedergabe einer kriegerischen Unternehmung der Germanen zur See" sehen.

Eine weitere Scherbe aus Trier, evtl. aus den Kaiserthermen, zeigt uns ein nach links fahrendes Schiff, wie der ausgestreckte Arm des stehenden Kommandogebenden verrät. Aber auch sonst sehen wir es den leicht gekrümmten Rücken und den in ihren Händen befindlichen Paddeln an, daß sie das Wasser nach achtern, also nach rechts wegstoßen. Die Paddel sind weniger scharf ausgeprägt, sondern nur als vorstehende Fingereindrücke angedeutet.

Die beiden Schüsselfragmente liefern den eindeutigen Beweis für die Handhabung von Stechpaddeln. Dabei konnte man, in Fahrtrichtung blickend, entweder stehen, sitzen, oder mit einem angewinkelten Bein auf der Ducht knien, um das Paddel zu stechen. Das hing zumeist von dem Abstand der Bordwandoberkante zur Wasseroberfläche ab. Auch D. Ellmers erbrachte den Nachweis, daß das Paddel den Kelten eine durchaus vertraute Sache war. Auf Abb. 41 des Bildbandes zeigen zwei der drei Ruderer eine eigentümliche Armstellung: den linken Arm weiter vor als den rechten, der auch tiefer liegt. Dazu W. Binsfeld: "Das ist dieselbe Haltung wie die der Paddler auf der Sigillata-Schüssel aus der Töpferei." - Und er wirft zum Schluß die interessante Frage auf, "ob die Neumagener Mosel-Schiffe ebenfalls nach heimischer Art durch Stechen vorwärtsbewegt werden, etwa weil das Strombett zum Rudern zu eng ist?"

### Welche Schiffstypen kennen wir aus den antiken Schriften?

Bisher sind einige römische Schiffstypen genannt worden. Wir wollen versuchen, noch einmal der Reihe nach die gängigen Modelle zu nennen und ihre charakteristischen Eigenschaften aufzuzählen, soweit sie für die römische Rheinflotte zutrafen.

Da haben wir einmal die kleineren Einreiher-Ruderboote, die Moneren, sodann die Zweireiher, die Biremen. Aber auch die Liburne, also der Kreuzer, wurde in den meisten Fällen als Zweireiher gerudert. Es folgt der Dreiruderer, die Trireme. Aber auch die Triere, das Linienschiff, wurde als Dreiruderer verwendet. In vielen antiken Schriften ist von der Triere die Rede. Hingegen wird von der Liburne in den Bürgerkriegsschilderungen des Geschichtsschreibers Tacitus gesprochen. So in seinen "Historien", III. Buch, Kapitel 12, und in seiner "Germania", Kapitel 9.

Demnach war die Triere ca. 38 m lang, 4-5 m breit und hatte 1 m Tiefgang. Sie hatte neben einem großen Hauptsegel zur Fortbewegung drei Ruderreihen an jeder Langseite. Ein kleines Bugsegel unterstützte die Steuertätigkeit. Bug und Heck waren hochgezogen, das Schiff selber flach gehalten. Der Schiffsmittelteil war offen. Am Mittelteil entlang liefen die Riemenkästen als eine Art Galerie. Darauf lagen die langen Riemen. Rammsporn und aufgemalte Augen waren dem Bug vorgesetzt. In Längsrichtung lief ganz außen das Schutzgitter für die Ruderer. Der Mittelteil des Schiffes war als Sturmdeck gearbeitet. So, wie die Kriegsschiffe für die Donau auf der Trajanssäule abgebildet sind, dürften sie auch am Rhein in seinem Mittel- und Unterlauf ausgesehen haben. Hierfür liefert uns das Neumagener Weinschiff den greifbaren Beweis.

Tacitus nennt die T r i e r e des Germanicus, zugleich die Namen von vier Kapitänen solcher Schiffe, Trierarchen genannt. Auch der Flottenpräfekt des römischen Germanien, ebenso Statthalter und Legaten, werden sicherlich auf den repräsentativen Schiffen ihre Reisen unternommen haben.

Hierzu sagt J. Ledroit in seiner Darstellung über die "Römische Schiffahrt im Stromgebiet des Rheines":

"Wenn man dagegen einwendet, die Triere sei für den Rhein und noch mehr für seine Nebenflüsse zu groß gewesen, erinnern wir nochmals an die oben gegebenen Zahlen. Auch haben wir schon darauf aufmerksam gemacht, daß alle rheinischen Schiffsdarstellungen auffallend verkürzt erscheinen, was sich nicht allein aus ästhetisch zeichnerischen Gründen erklärt, sondern auch vielleicht auf eine geringere Länge der Schiffe deutet. Zahlreich allerdings waren die Trieren wohl kaum auf dem Flusse, insbesondere nicht auf dem Oberrheine."

In diesem Zusammenhang ist ein neuerer Schiffsfund interessant, der 1968 bei Kapel-Avezaath, Gem. Zoelen/Gelderland, unter der Leitung von Mijnheer Dr. Louwe-Kooijmans aus Leiden ergraben und vermessen wurde. Es handelte sich um eine Notgrabung, und man stellte fest, daß der Schiffsboden ursprünglich über 30 m lang war. Das Schiff war erbaut aus dicken, 0,80 m breiten Planken, "die untereinander nicht verbunden, sondern mit sehr großen, umgebogenen Nägeln an fußdicken Querhölzern befestigt waren." Nach den Feststellungen D. Ellmers gehörte auch dieses recht lange Schiff "eindeutig der gallisch-britannischen Schiffbautradition an, ist aber etwa doppelt so groß wie deren bisher größer Vertreter, das Schiff von Blackfriars aus London."

Anhand der römischen Keramik konnte eine Zeitbestimmung für den Untergang des Schiffes vorgenommen werden. Die Terra-Sigillata-Scherben gehörten dem frühen 3. Jahrhundert n. Chr. an. Auch die Bauholzuntersuchung durch die moderne C14-Methode ergab einen Wert von 150±35 n. Chr. Damit dürfte als erwiesen gelten, daß dieses Schiff im späten 2. bis zum frühen 3. Jahrhundert benutzt wurde, "und zwar", schreibt D. Ellmers, "wie die Lage der Fundstelle zeigt, innerhalb jenes Verkehrsgebietes, das vor allem nach Schriftquellen und bildlichen Darstellungen umrissen werden konnte. Erstaunlich ist die Größe des Schiffes, für die es unter den bisher ausgegrabenen Wasserfahrzeugen nördlich der Alpen erst wieder seit dem 12. Jahrhundert Gegenbeispiele gibt."

Nach der Länge zu urteilen wird dieses Schiff 100 t getragen haben. Schiffe dieser Größenordnung werden gewiß erst durch die römischen Einflüsse und den sich steigernden Warenaustausch von den einheimischen Kelten gebaut worden sein.

Hingegen ist bei County Hall/London ein anderes Schiff ergraben worden, das 20 m lang, 4,5 m breit und 2 m tief ist. Erbaut wurde es im späten 3. Jahrhundert n. Chr. und war nach seinen ermittelten Eigenschaften als ein Lastensegler mediterraner Bauart anzusprechen. Schiffe dieses Typs wurden schon von G. J. Cäsar für seine Britannienfeldzüge als Transportschiffe eingesetzt. Das untersuchte Eichenholz stammt aus den nördlichen Provinzen des römischen Reiches. Auffallend an der Bauart ist, daß man, obwohl hier bei uns erstellt, keinen einheimischen Einfluß in der Zimmermannstechnik ersieht. Die Plankenverzapfung entsprach der des Vechten-Bootes, "nur", so kommentiert D. Ellmers, "ragte der Kiel bei dem Londoner Schiff nicht nach innen, sondern nach außen. Fahrzeuge dieses Typs wurden an allen wichtigen Wasserstraßen des Römerreiches aus einheimischem Holz nach mediterranem Muster gebaut. Wir wissen allerdings nicht, ob sie lediglich militärischen Zwecken dienten oder auch dem friedlichen Handel privater Unternehmen."

Die Liburne war eine Art Schnellsegler, kurz und hochbordig gebaut, mit Doppelruderreihen versehen. Hierbei war eine Vorwärts- und Rückwärtssteuerung möglich. Auch Bug- und Heck waren sehr hochgezogen und das Hauptsegel sehr groß. So schreibt Tacitus: "Leicht dahinsegelnd sowie ruderschnell." Ammian schreibt: "Kleine und schnelle Fahrzeuge."

Bei der Schilderung des Bataveraufstandes 69/70 n. Chr. unter Civilis spricht Tacitus von Zweireihern, die er, Civilis, den Römern gekapert hatte, was umso leichter gelang, da die Ruderknechte Bataver waren. Die Tonlampendarstellung aus Mainz zeigt mit Sicherheit eine solche Liburne, zweireihig gerudert. Mit der Liburne war den Römern ein in jeder Hinsicht brauchbares Schiff gegeben, das, nicht zu plump, sehr wendig, ohne großen Tiefgang, in beiden Richtungen lenkbar, genau ihren Absichten entsprach und fast überall eingesetzt werden konnte, was ja gerade auf größeren Flüssen besonders wichtig war, wo viele Sandbänke und Untiefen Hindernisse bildeten.

Moneren, also Einreihen-Ruderschiffe, waren sicher sehr zahlreich auf dem Rhein anzutreffen. Im Flottenverband dürften sie als Begleitschiffe Seiten- oder Flankenschutz gewährt haben. Die Trierer Monere auf der Öllampe zeigt die unterschiedliche Bug-Heck-Gestaltung. Moneren werden bei der Flottenparade des Civilis von Tacitus ebenfalls genannt.

Geführt wurden die Flottenverbände von Präfekten. Der für die Rheinflotte zuständige Präfekt ist inschriftlich nachgewiesen. Sein Hauptsitz war in Köln an der Residenz des Statthalters von Niedergermanien. Ihm untergeordnet waren die Kapitäte der Trieren, die Trierarchen. Aber auch Nauarchen sind als Kapitäne genannt. Darunter stand der erste Offizier als Steuermann, der Gubernator. Der zweite Offizier hieß Proreta. Die Flottensoldaten wurden sicherlich von den Centurionen befehligt, wie beim Landheer üblich. Dann gab es noch den Rudermeister, Keleustes. Ihn dürfen wir eventuell im Bug des Neumagener Schiffes erkennen, wenn er dort auch das Faß festhält. Aber der Keleustes ist für den Rhein nicht belegt. Die Ruderer rekrutierten sich zumeist aus Einheimischen und waren den normalen Legionären nicht gleichgesetzt. Sie spielten eine zwar sehr wichtige, aber im Ganzen gesehen nur untergeordnete Rolle. Den wichtigsten und übersichtlichsten Platz hatte im Heck der Steuermann und der Kapitän inne. Ihre Kajüte war überdacht, wie auch auf dem Neumagener Schiff zu sehen ist.

Zusammengefaßt ergeben sich aus den Berichten der antiken Autoren folgende Unterscheidungen der von ihnen benannten Rheinfahrzeuge: Fischerboote = lenunculi; Handelsschiffe = naves mercatoriae; Kriegsschiffe = naves longae; Späherschiffe = naves lusoriae; Kriegsschiffe zum Truppentransport = naves liburnae. Diese waren schnellsegelnde Galeeren mit zwei Ruderreihen. Transportschiffe für Kriegsgerät = naves onerariae; Transportschiffe für Proviant = naves annonariae; Barken = barcae, bauchiger mit größerem Tiefgang. Wohl auch zum Kriegsmaterialtransport verwendet. Nach Cicero wurden Schiffe mit ca. 60 t Tragkraft als 'große Schiffe' bezeichnet. Nach den Angaben Cäsars waren die Hauptbestandteile der römischen Schiffe auf dem Rhein: Vor- und Hintersteven = prora und puppis; Kiel = carina; Rippen = statumina; Mast = malus; Rahen = antennae; Segeln = vela; Takelwerk = rudentes; Seitliche Riemenöffnungen = remi; die inneren Ruderbänke = sedilia; Steuerriemen im Achterteil = gubernaculum; Anker am Vordersteven = ancora (anfangs aus Steinen, mit Blei ausgegossenes Holz, dann aus einer Kombination Holz-Eisen.) Nach Tacitus sodann noch Schiffe mit je einem Steuerriemen als Senkruder achtern und am Bug, um eine schnellere Wendigkeit zu erzielen.

Die Einteilung der römischen Schiffe auf dem Rhein in biremi und triremi ist wissenschaftlich noch nicht ganz gelöst. Etliche Forscher möchten Größenunterschiede hierin ersehen. Andere wieder möchten sich an den Ruderreihen orientieren, da man durchweg die Kriegsfahrzeuge als Triremen bezeichnete. So lesen wir bei Berghaus 1792: "Bireme, ein Schiff vom zweyten Rang, Trireme, ein Schiff vom größten Rang."

## Antike Inschriften, die Rheinschiffahrt betreffend

Neben den spärlichen Ausgrabungsbefunden an Schiffen oder Schiffsfragmenten aus der Römerzeit und den Beschreibungen der Historiker über die Römerzeit am Rhein sind auch die Inschriften auf Ziegeln und Grabsteinen wichtig. Sofern sie sich auf damalige Zeitgenossen beziehen, die mit der Schiffahrt zu tun hatten, sollen sie hier genannt werden.

Der Mühe der Zusammenstellung hat sich 1930 bereits Joh. Ledroit unterzogen, als er seine Studie über "Die römische Schiffahrt im Stromgebiet des Rheins" verfaßte. Sie dürfte noch immer die beste Quelle sein, da gerade über den Schiffahrtsbetrieb in römischer Zeit sehr wenig überliefert wurde. Ledroit hat sich weitgehend auf Alex. Riese, "Das rheinische Germanien in den antiken Inschriften" bezogen. So mögen denn, um den Abschnitt über die römische Schiffahrt auf Rhein und Mosel abzurunden, die wichtigsten dieser Inschriften hier genannt werden.

Sehr zahlreich sind die Ziegelstempel der Classis Germanica, also der römischen Rheinflotte. Sie erscheinen abgekürzt C.A.G. = Classis Augusta Germanica (die Augustäische germanische Flotte). Sie wurden zumeist in Köln-Alteburg gefunden und datieren um Chr. Geb.

Dann gibt es Stempel mit den Zeichen C.G.p.f. = Classis Germanica pia fidelis, die treu ergebene germanische Flotte. Diese Stempel fand man in Köln-Alteburg, Aachen, Xanten, Voorburg, Rumpst, Britten und Weisweiler.

Andere Inschriften beziehen sich auf Offiziere und Mannschaften. Da ist einmal der Flottenpräfekt aus Köln mit Namen M. Aemilius Crescens. - Weiter ein C. Manlius aus Lysimachia in Thrakien. Die Inschrift lautet: praef. class. Pann. et. German. = Präfekt der Donau- und Rheinflotte. Ferner M. Pomponius Vitellianus aus Scherschel in Algier.

Bekannt sind weiter vier Kapitäne von Dreireihern, also Trierarchen. Es sind Rufrus Calenus aus Brohl; L. Domit. Domitianus ex trierarch class. Germ. p. f. aus Arles, und Bio in Vechten, der Jupiter eine Widmung macht. Eine Inschrift aus Münstereifel nennt einen Veterantrierarchus, also einen pensionierten Kapitän. Dann gab es einen Tib. Cl. Albini nauarchi class. Germ. aus Romagnieux bei

Aosta. Nauarchi war die Bezeichnung für einen militärischen Schiffskapitän.

Auch gab es den Plestharchus Dionysius aus Tralles in Kleinasien. Er war Schiffsschreiber oder Zahlmeister. Aus Elaia in Mysien kam der Gubernator, der Steuermann L. Oktavius. Letzterer bekam den Stein von ersterem gesetzt und wurde in Köln gefunden. Dann gibt es den Proreta, den Hochbootsmann H o r u s aus Alexandrien, auch in Köln entdeckt.

Aber auch aus der einfachen Mannschaft sind Namen überliefert: Da wird ein Velarius, ein Segelmacher oder Segler aus Meschenich genannt. Dann ein miles cohortis clas. Germ. piae fid, also ein Flottensoldat aus Arsoli. Aus Holland stammt die Inschrift eines gladiatores c.g.p.f., ein Gladiator der Rheinflotte, "die vielleicht bei den Naumachien, Seegefechten, die in der Arena von Trier aufgeführt wurden, mitwirkten". Ein Schiffszimmermann, Naupegus, ist auf einer Mainzer Inschrift zu finden. Zwei ausgediente Fahnenträger, Signiferi, nennen sich T. Albanius Primanus und L. Septimius Bellus und kommen aus dem römischen Kriegshafen Mainz (heutiger Winterhafen). Dort waren sie als Optio navaliorum tätig, besorgten somit als Beamte des Kriegshafens die Aufsicht über Schuppen, Schiffe und Geräte.

Andererseits erkennt man aus vielen Weihungen und Widmungen für Rettung aus Gefahr oder Schutz vor den Gefahren auf dem stürmischen Wasser die Berufe derjenigen, die solche Steine erstellen ließen. So erfahren wir von einer Flößergilde bei Ettlingen, Contubernium nautarum genannt, mit einer Widmung an Neptun. Eine Inschrift in Vechten ist der Götterdreiheit Neptunus, Ozeanus, Rhenus gewidmet. Im Rheindelta widmet man "gleich eine ganze Zahl der germanischen Flußgöttin Nehalennia, die auf einem Schiffssteven stehend oder auch mit einem Ruder dargestellt ist." Die Dolabrarii, die Spitzhackenschmiede, zur Flotte der cl. aug. p. f. gehörend, oder für diese arbeitend, weihen bei Andernach dieser Flotte einen Altar. Und ein Soldat, miles, der ex classe Germanica p. f. weiht seinen mütterlichen Gottheiten, matribus suis.

In Brohl weihen die Flottenmannschaften zwei Inschriften dem Hercules Saxanus, dem Felsgotte Hercules, "zum Danke für die glückliche Vollendung ihrer Arbeit in den Steinbrüchen der Eifel, von wo sie Tuffsteine nach Vetera (Birten/Xanten) und Köln schafften." Eine kleine Abteilung der Rheinflotte, eine vexillatio classis Germ. p. f., schafft unter dem Befehl ihres Trierarchen G. Sunicius Faustus Steine talwärts zum Bau der Colonia Ulpia Traiana und weiht den Stein Antoninus Pius um 160 n. Chr., wo der Transport nach einem großen Brand für den Aufbau des Forums gebraucht wird (genauer Text siehe weiter vorn).

Andererseits geben die vielen Amphorenstempel Auskunft über den Transport von Wein, Öl, Südfrüchten, Oliven und Fischbrühe aus Spanien zum Rheinland.

Mancherlei Ausgrabungen von vielen befestigten Hafenanlagen bestätigen immer wieder, wie groß die Kriegs- und Handelsflotte gewesen sein muß. Der Schiffsverkehr setzt den Schiffbau voraus, der Schiffbau Werften. Die Werften setzen ausgebildete Schiffbauer und Zimmerleute voraus, die das Fach beherrschen. Eine ganze Zuliefer-Industrie sorgt dafür, daß die Schiffsausrüstungen termingerecht angefertigt und die Holzlieferungen eingehalten werden.

Im 2. und 3. Jahrhundert war die Blütezeit des Handels vom römischen Rheinland bis nach Britannien. Durch die verstärkten Frankeneinfälle wird bald der Handel gefährdet. Die Kriegs- und Flußpolizeischiffe werden verstärkt eingesetzt, um die Handelswege zu schützen. Dann jedoch, mit Aufgabe der rheinischen Provinzen und der fränkischen Eroberung der Rheinschiene, erstarren auch Schiffahrt und Handel zu Wasser. Die Schiffahrt liegt darnieder. Lediglich der kleine Übersetzverkehr mit noch auffindbaren intakten Booten wird weiterbestanden haben. Hierfür genügten flache Ufer oder sandige Buchten, um die flachen Nachen auflaufen zu lassen. Die Germanen befaßten sich wohl wenig mit dem Schiffbau. Gewiß übernahmen sie den einheimischen Bestand an Kleinschiffen, Booten und Nachen, Fähren und Prahmen, soweit sie noch schwimmfähig waren. Großschiffe mittelmeerischer Prägung finden sich nirgendwo mehr am Rhein. Das einst so stolze Bild der geschwellten Römersegel ist verblaßt, als hätte es sie nie gegeben. Lediglich das Rudern und das Treideln werden für den Güterverkehr weiter genutzt.

Die Zeitspanne vom Niedergang des römischen Reiches bis in das frühe Mittelalter ist für den Schiffsverkehr ein unbeschriebenes Blatt, weil diese Zeit des Verfalls auf allen Gebieten eine langanhaltende Talfahrt in der Geschichte des Rheinlandes war, die nur sehr schwache Spuren hinterließ. Erst die niederländischen Ausgrabungen in den trocken zu legenden Ijsselmeer-Poldern zeigen uns Schiffe des 11. Jahrhunderts, wie auch das Flußboot aus Antwerpen aus dem 11. Jahrhundert stammt. In diesen Schiffen drückt sich noch die keltisch-einheimische Bauweise aus, wie sie vor der Römerzeit betrieben wurde. Es waren bescheidene Holzfahrzeuge. Bei dem Ijsselmeerschiff des 11. Jahrhunderts waren die im Wasser liegenden Teile geklinkert, und die über Wasser sichtbaren Passagen in Kraweltechnik ausgeführt. Abgedichtet, kalfatert, war es mit Moos.

Damit schließt sich der Kreis. Das Wissen um die technische Entwicklung jener Zeit ging verloren, was sich auch im Schiffbau ausdrückte. Die nach Abzug der Römer vorgefundene Situation des 5. und 6. Jahrhunderts wurde abermals als Ausgangsbasis benutzt, aus der sich dann nach und nach die früh-mittelalterliche Schiffahrt entwickelte. Und wer seinen an Wasserfahrzeugen geschulten Blick ein wenig schweifen läßt, der erkennt selbst heute noch in diesen oder jenen Nachenformen, besonders bei alten Rheinfähren, daß sich diese einheimisch-keltischen Einflüsse in nur geringen Abwandlungen erhalten haben.

**Zusammenfassung des II. Hauptkapitels**

Keltische Schiffe während der römischen Besatzung am Rhein: (ca. 50 v. Chr. bis 375 n. Chr.)

Keltische Schiffer nahmen die römische Sprache und Zivilisation an. Hingegen blieb ihre einheimische Schiffbaukunst frei von fremden Einflüssen. Als Beispiel dient der Schiffer Blussus aus Mainz und seine Familie. Mit den Städte-Neugründungen wuchs auch der Warenhandel und der Wunsch nach Konsum. Das wiederum erforderte verstärkten Schiffbau. Größere Schiffe verlangten Kaianlagen und Häfen, also ruhige Zonen außerhalb der Strömung. Dazu gehörten Lagerhallen und Bootsschuppen. Das rheinische Schifferhandwerk erlebte eine Blütezeit. Weinanbau an Rhein und Mosel und Weinfernhandel nach England führten per Schiff über den Rhein. Der Neumagener Weingroßhändler, der sich durch sein Schiffsgrabmal verewigte, versorgte die Flotte bei Köln-Alteburg mit Wein. Das Neumagener Weinschiff ist eine Bireme, nach mittelmeerischer Tradition erbaut.

Diese Tradition fußt wiederum auf die phönizische Schiffbaukunst, deren Biremen-Modell wir ebenfalls vorgestellt sehen. Im unteren, verdeckten Raum bewegen zwei Reihen Ruderknechte die 22 Remen an jeder Seite. Bei dem phönizischen Schiff finden wir das höhergelegene Kampfdeck mit den hochstehenden Lanzen der geduckten Krieger. Das Kampfdeck des Neumagener Kriegsschiffes wurde zweckentfremdet und mit Weinfässern beladen, da die Weintransporte der Kriegsflotte dienten. Die zwei Seitenruder achtern wurden von je einem Steuermann bedient.

Im 4. Jahrhundert n. Chr. benutzten die Nordsee-Germanen, uns besser geläufig als Angeln und Sachsen, geruderte Kriegsschiffe, die aber zuerst gepaddelt wurden. Mit großen Flotten ruderten sie gegen England, um dort Fuß zu fassen. Um 410 vertrieb man sie dort. Nordgermanische Schiffe wurden in England fortan nachgebaut. Die Darstellungen auf den Trierer Scherben sagen einiges hierüber aus. Auch das seegehende germanische Ruderboot aus einem Opfermoor bei Nydam/Dänemark aus dem 4. Jahrhundert n. Chr. mit den gebundenen, beweglichen Spanten, die im Wellengang eine ungeheure Elastizität verleihen und das Boot "wellenläufig" halten, geben eine Vorstellung von der Schiffbauweise jener Zeit. In diesen Schiffen erkennt man die Vorläufer der späteren Wikingerschiffe.

### Völkerwanderung: (seit 375 n. Chr.)

Erste Erschütterungen erleben die römischen Städte am Rhein durch die Frankenstürme um 276 n. Chr. Doch erst die einsetzende Völkerwanderung um 375 n. Chr. bringt starke Bewegung in den Raum der Rheinschiene und stürzt die römische Herrschaft. Das morsche System kann dem germanischen Landsucherdruck nicht mehr standhalten und zerfällt. Alles Leben in den Städten erlischt mehr oder weniger. Damit ging auch die Großschiffahrt zugrunde. Die bestehenden Schiffe und Anlagen verrotten und zerfallen. Niemand kümmert sich mehr darum. Da das Leben jedoch weitergehen muß, kommt die einheimische Kleinschiffahrt der Kelten wieder zur Geltung. Da das Wissen um diese Schiffsnachen nie verlorengegangen ist, greifen die seit etlichen Generationen als Römer geltenden keltischen Nachfahren diese Bootsbaukunst wieder auf. Sie treten in die Dienste der germanischen Fürsten und besorgen ihnen den Handel zu Wasser.

### Die Friesen: (8. Jahrhundert n. Chr.)

Erst als die Friesen im 8. Jahrhundert n. Chr. ihre Schiffssteven nach Süden richten und mit Holken den Rhein befahren, bis an den Oberrhein kommen und Niederlassungen gründen, befruchten sie den Schiffbau auch in dieser Region. In Form von Fischernachen haben sie sich in manchen Gegenden bis heute erhalten. Ein Vorzug ist der flache Boden, der die Schiffe befähigt, im Watt bei Ebbe trockenzufallen, um bei Flut wieder flott zu werden. Dabei sorgen die leicht angehobenen und gerundeten Bug- und Heckenden für Auftrieb. Sind die Wikingerschiffe genietet, so sind die Friesenboote mit breiten, schweren Planken in Klinkertechnik (wie Dachziegel überlappend) erbaut. Zusammengehalten sind sie durch Nägel, die man am Ende nach innen zurückbog und die Spitzen ins Holz trieb, um ein Lockern durch die Schiffsbewegungen zu verhindern.

Man nennt ihre Fahrzeuge Holk. Sie werden von den Kaufleuten auf Rhein, Maas und Schelde gefahren. Im Jahre 1930 wird eine solche Holk bei Utrecht/ Niederlande, ausgegraben. Sie hat weder Kiel noch Steven. Quer- und Längsschnitt sind halbkreisförmig. Das Vorende überragt noch das Achterende um ein Stück. Der sanft geschwungene Übergang vom Boden zum Schiffsende ermöglicht ein Heraufschieben auf jeden flachen Strand. Dies lassen auch die Schleifspuren an dem Utrechter Schiff erkennen. An beiden Schiffsenden sind die Rundkaffen das auffallendste Merkmal. Man findet solche Schiffe oft auf Siegeln und Münzen des Mittelalters dargestellt. Sie werden dabei mehrfach als Holk bezeichnet.

Daß die Bezeichnung 'Holk' tatsächlich mit der besonderen Konstruktion der Schiffsenden verknüpft ist, geht nach D. Ellmers "nicht nur aus dem Danziger Siegel von 1400 hervor, sondern auch aus dem altnordischen Adjektiv 'holkastefndr', das ein Schiff bezeichnet, welches im Gegensatz zum Steven der gewöhnlichen nordischen Schiffe den eines Holk, nämlich eine Rundkaffe hat."

Der gefundene karolingische, seegehende Holk wird datiert auf 790 ± 50 n. Chr. Man entdeckt ihn beim Bau des Van-Hoorne-Kais in Utrecht (nach G. Timmermann). Die Länge des Schiffes wird durch drei Wissenschaftler unterschiedlich angegeben: v. d. Wijk: größte Länge etwa 18,60 m, größte Breite 4,20 m, Höhe mittschiffs 1,40 m. Timmermann: größte Länge etwa 17,20 m, größte Breite 3,74 m, Höhe mittschiffs 1,34 m. Philipsen: größte Länge etwa 17,80 m, größte Breite 4,00 m.

Auf den Einbaum ist ein Plankengang in Klinkertechnik aufgesetzt. Es werden Holznägel aus Weide benutzt. Der zweite Plankengang geht bis zum Dollbord. Am Bug werden Eisennägel verwendet. Kalfatert hat man mit Moos. Es waren 38 Spanten vorhanden. Jeder zweite Spant ragt über die Einbaumbreite hinaus. Eine kleine Mastspur zeigt der elfte Spant von vorn. Nach D. Ellmers wurde "knapp 1 m hinter dem Mast ein einziges Ruderpaar in Keipen geführt, und achtern an der Steuerbordseite hat sich ein Holz der Steuerruder-Halterung erhalten."

In Wijk bei Duurstede, an der Gabelung von Lek und Kromme Rijn, südlich von Doorn, liegt der frühmittelalterliche Niederrheinhafen Dorestad (Provinz Utrecht). Zwischen 750 und 880 war hier eine blühende friesische Fernhandelsmetropole. Von hier aus befördern die Holken der friesischen Kaufleute ihre Waren rheinauf und umgekehrt bis nach England. Langjährige Ausgrabungen fördern zu 90 % rheinische Importkeramik ans Tageslicht.   "Unter jenen karolingischen Drehscheibenprodukten rheinischer Töpferei", so berichtet Hermann Jung, "dominiert die im einstigen Töpferzentrum Badorf im Kölnischen Vorgebirge produzierte Ware. Die wertvollsten Stücke darunter sind die sehr seltenen Reliefbandamphoren."

Aus diesen Holken entwickeln sich die seegehenden Friesenkoggen des 12. Jahrhunderts. Solche Koggen kann man als Originalfunde im Deutschen Schiffahrtsmuseum in Bremerhaven sowie im Schiffsmuseum Ketelhaven/ Niederlande besichtigen.

## III.
# WIKINGERSCHIFFE AUF DEM RHEIN

**Welche Nachrichten und Urkunden sind belegt?**

Es ist schwer, über Schiffahrt auf dem Rhein in der nachrömischen Epoche eine brauchbare Aussage zu machen. Nachrichten und Urkunden fließen spärlich, zeichnerische Darstellungen gibt es nicht.

Aus einer Urkunde Karls des Großen vom Dezember 775, worin er Bischof Heddo von Straßburg das Privilegium der Zollfreiheit erteilt, geht hervor, daß Schiffe aus Straßburg bis an die Rheinmündung gelangt sind. Aber auch die Friesen, mit Handelshauptsitz in Duurstede (an der Abzweigung des Lek), betrieben zu Berg die Schiffahrt nach Straßburg. Friesische Kaufleute mit ausgeprägtem Handelssinn folgten bald den Schiffen und richteten 808 in Worms, §886 in Mainz und 893 in Duisburg Handelsstationen ein. Damit setzten sie bereits sehr früh den Grundstein zu einem neuen Rheinhandel, der nach dem römischen Niedergang für eine erste zaghafte Neubelebung des Schiffahrtswesens sorgte.

Das führte bereits soweit, daß Karl der Große im Jahre 793 daranging, ein Kanalvorhaben von der Rezat zur Altmühl zu verwirklichen, um Rhein, Main und Donau verkehrsmäßig zu verbinden. In Ockhart's "Geschichtlicher Darstellung" (Mainz, 1818) ist zu erfahren, daß durch die normannischen Plünderungen längs des Rheins Schutzmaßnahmen erforderlich waren. Hier dürfte Karl dem Großen eine Flotte von vierhundert Galeeren zur Verfügung gestanden haben, die man teils am Niederrhein, teils an der Schelde erbaut hatte. Dieser Theorie trat E. van Konijnenburg entgegen; er versuchte den Nachweis zu führen, es habe sich hierbei um friesische Koggen gehandelt, die nur das Rheindelta befahren haben und nicht als direkte Rheinschiffe anzusprechen seien.

Die Normannenüberfälle waren im 9. Jahrhundert zu einer großen Plage geworden, der man sich kaum zu erwehren vermochte. Da man ihren leichten, schnellen, schnittigen Schiffen nichts Gleichwertiges gegenüberstellen konnte, waren die Städte und Ortschaften diesen segelnden, rudernden und kriegsführenden Nomaden aus dem Norden schutzlos ausgeliefert.

Nachdem diese Wikinger die Küsten und Flußmündungen Westfranziens (Westfrankreich) erobert und besiedelt hatten, war es ihnen ein Leichtes, als seefahrendes Volk weitere Wasserwege zu erforschen und ihren Raubgelüsten zu frönen. Dem Auftauchen ihrer gestreiften Rahsegel gingen Schrecken und Angst voraus. Die Wikinger erstellten regelrechte Piratenflotten, die sie nach Lust und Gewinnversprechen an Land setzten, um andere Gruppen nach erfolgreichen Plünderungen und Brandschatzungen wieder an Bord zu holen. Wenn wir heute alljährlich ein friedliches 'Rhein in Flammen' demonstrieren, dann war dies im 9. Jahrhundert am Rhein blutige Wirklichkeit.

In Xanten war die zweite karolingische Kirche bereits eine Stiftskirche. Noch vor dem Jahre 863 muß ein bedeutend erweiterter Neubau der Kirche vollendet gewesen sein. In diesem Jahr, so berichten die 'Annales Xantenses', brandschatzten die Normannen die Kirche des heiligen Viktor. Noch heute heißt eine Stelle oberhalb Xanten-Beek am Rhein 'Die Normandie'. Hier soll einstens eine große Sandbank gewesen sein, auf der die Normannen mit ihren schnellen Langschiffen aufgelaufen sind, um Kirche und Ortschaft zu plündern. Sie werden mit Sicherheit auch noch die gewaltigen Ruinen der römischen Colonie Ulpia Taiana gesehen und viel Brauchbares von dort mitgenommen haben.

## Das Gokstad- und Osebergschiff

Nach den Gokstad- (1880) und Oseberg-Schiffsfunden (1904), und neuerdings aus der Grabungsinsel im dänischen Roskilde-Fjord, wo Archäologen fünf gut erhaltene Wikingerschiffe durch Abpumpen und Trockenlegen bergen und wieder rekonstruieren konnten, wissen wir entschieden mehr über diese Schiffbautechnik.

Das Osebergschiff ist 22 m lang und aus Eichenholz gebaut. Die Steven und die oberste Beplankung haben eingeschnitzte Dekorationen in Tierornamentik. Der Vordersteven ist oben auswärtsgerollt als Schlangenkopf gestaltet. Er ist bislang der einzige aus der norwegischen Wikingerzeit bekannte "Drachenkopf". Die in dem Schiffsgrab entdeckten anderen Fundgegenstände, besonders Holz, Leder und Textilien, sind in den eintausend Jahren recht gut erhalten geblieben, so daß viele Rückschlüsse gezogen werden konnten.

In dem Gokstadschiff, ebenfalls ein Grab darstellend, fand man noch die Überreste von drei kleineren, fünf bis sechs Meter langen Booten, von denen zwei rekonstruiert werden konnten. In der Bauausführung und Verarbeitung gleichen sie dem großen Hauptfahrzeug. Ihre Schnittigkeit befähigte sie zu schneller Fahrt. Das kleinere der beiden Boote gleicht den modernen westnorwegischen Kleinbooten (Oselvere). Daraus erkennt man, daß die Bootsbautechnik sich in Norwegen von der Wikingerzeit bis heute weitgehend unverändert erhalten hat. Die Boote bestehen aus breitplankiger Klinkerbauweise mit sanft aufwärtsgeschwungenen Steven und einem Senkruder an der Steuerbordseite im Achterteil.

Was die Verzierungen betrifft, so ist das Osebergschiff besser ausgestattet als das Gokstadschiff. Aber die saubere und ansprechende Linienführung in schmalen Planken und Klinkerbauweise ist bereits sehenswert. Das Osebergschiff wurde um 800 n. Chr. erbaut, das Gokstadschiff etwa 750 n. Chr. Zwischen diesen fünfzig Jahren kann man bei beiden Schiffen entschiedene Verbesserungen feststellen, was auf die eingebrachten seetechnischen Erfahrungen der Wikinger zurückzuführen ist. Das Gokstadschiff mit einer Länge von 24 m ist damit das größte der drei norwegischen Schiffe aus der Wikingerzeit. Es führte ein viereckiges Rahsegel am Mast mittschiffs, während bei Windstille 32 Riemen eingesetzt werden konnten. Die absolute Seetüchtigkeit dieses Schiffstyps ist erwiesen. Für die Weltausstellung in Chikago fuhr Kapitän Magnus Andersen 1893 mit einer getreuen Kopie des Gokstadschiffes, der "Viking", über den Atlantik. Dieses nachgebaute Schiff befindet sich noch heute im Lincoln Park zu Chikago.

Was darf man bei diesen flachgebauten Schiffen als besonderes Geheimnis ansehen? Was machte sie so seetüchtig und widerstandsfähig? Sicherlich ist ein Teil der Geheimnisse darin zu suchen, daß die dünnen Bodenbretter nicht an den Spanten angenagelt, sondern verlascht sind. Die Schiffzimmerleute befestigten Klampen an den Planken und dann wurden durch Löcher in Klampen und Spanten Verlaschungen angebracht. Der besondere Effekt war, daß der Schiffsboden eine Elastizität bekam, leichter in den Wellen arbeitete, sich dem unterschiedlichen Wasserdruck anpaßte, und dennoch stark genug war, flachen, kurzen und harten Wellendruck abzufangen. Das vom Kiel sanft bauchig ausladende Bord ließ die Wogen seitlich entgleiten und abrollen. Dadurch wurde die Klinkerbauart entlastet. Trotz des zarten und leichten Baumaterials war eine große elastische Stabilität gegeben, wenn auch das Zuschlagen der einzelnen vielen Klampen sehr mühevoll gewesen sein muß. Wie die Fachleute feststellen konnten, wurde diese Bauweise gegen Ende der Wikingerzeit weniger angewendet.

1867 hat man noch die Fragmente eines dritten Schiffes ausgegraben, und zwar den Gokstad- und Osebergschiffen gegenüber zwischen Frederikstad und Sarpsborg, dem alten Ort Tune. Ursprünglich wohl 20 m lang, hat man seine Reste mit dünnen Eisenblechbändern notdürftig zusammengehalten und das Schiff als Fragment belassen, weil eine genaue Rekonstruktion viele Fehler mit sich bringen würde. In dem Schiffsgrab wurden nur wenige hölzerne Beigaben entdeckt. Der genaue Fundort ist Rolvsoy. Dort waren auch noch andere reichere Gräber aus der Wikingerzeit.

### Die Schiffsfunde im Roskilde-Fjord

Während es sich bei den norwegischen Wikingerschiffen um Gräber handelt, die teils durch Hügel gekennzeichnet waren, ging das dänische Grabungsunternehmen weitaus schwieriger vonstatten. Hier mußten um die Schiffswracks Spuntwände eingerammt und der Innenraum leergepumpt werden, um an die Fragmente heranzukommen. Dann erst war es möglich, auf die im Schlick des Fjords ruhenden Schiffe einen ersten Blick zu werfen. Die Wassertiefe betrug 3 m.

Im Jahre 1957 stellte sich heraus, daß man es mit einem gewaltigen Unterwasser-Steinhügel zu tun hatte. Die Steine waren auf einem Langschiff aufgetürmt, um es an dieser Stelle, der Fahrrinne am engsten Fjordpunkt bei Skuldelev, zu versenken, damit die Einfahrt zur ersten dänischen Hauptstadt um 1400 vor Plünderern und Piraten geschützt war.

Nachdem der Steinwall freigespült und dann die Steinladung mühsam entfernt waren, entdeckte man die Reste von fünf Schiffen, die dieser Sperre gedient hatten. Erst im Sommer 1962 konnte man nach mühsamen Vorbereitungen darangehen, die Schiffe zu bergen. Da es sich um unzählige Einzelfragmente handelt, war es ein großangelegtes Puzzlespiel, 50 000 Wrackteile und Einzelhölzer gewässert in Plastiktüten zu packen, sie mit Polyglykol zu präparieren und zu numerieren. In Verbindung mit den Ausmessungen und den vielen Fotos war dann ein mühsames Rekonstruieren möglich. Zwei der fünf Schiffe sind inzwischen fertig nachgebaut.

Es handelt sich dabei um zwei Kriegsschiffe, zwei Kauffahrer und ein kleines Küstenboot. Das Kriegsfahrzeug mit 28 m Länge übertraf sogar das Gokstadschiff. Seine Breite ist 4,50 m. Fassungsvermögen: 40-50 bewaffnete Männer. Es besaß Mast und Segel und ist als typisch wikingisches 'Langschiff' anzusprechen. - Das andere Kriegsschiff ist abweichend vom ersten nur 18 m lang und 2,60 m breit. Aus Eichenholz gebaut, faßt es 24 Ruderer. Die drei oberen Plankenaufsätze waren aus Eschenholz. Hier mußte also schon eine Reparatur stattgefunden haben.

Von den beiden Frachtschiffen war das eine 16,50 m lang und 4,50 m breit, bei ungefähr 2 m Höhe. Vorn und achtern war ein Halbdeck eingezogen, der mittlere Frachtraum blieb frei. Man vermutet in diesem Schiff einen Seefrachter, der Ware nach England transportiert hat. Der zweite Frachter war 13,30 m lang, 3,30 m breit und 1,60 m hoch. Wahrscheinlich diente er dem Ostseehandel. Besatzung bis zu sechs Personen. Er hatte ebenfalls je ein Halbdeck in Bug und Heck und war geeignet zum Rudern und zum Segeln. An diesem Schiff konnte nachgewiesen werden, daß vom Mast abwärts "Stütztaue nach vorn und nach den Seiten gezogen" werden konnten.

Das fünfte Wrack, das Küstenschiff, war 12 m lang, 2,50 m breit und 1,20 m hoch. Riemenlöcher zum Rudern waren nicht zu sehen, wohl besaß es Mast und Segel. Baumaterial war Eiche, Kiefer und Birke. Man deutet es als Fähre oder Fischerboot. Es wurde herausgefunden, daß die Schiffe allesamt mit der Gesteinsladung zwischen 1000 und 1050 in der Peberrende, Roskilde-Fjord, gut zwanzig Kilometer der Stadt entfernt, auf Grund gesetzt worden waren. Das älteste der drei Totenschiffe Norwegens, das Gokstadschiff gehört noch der Frühzeit des wikingischen Schiffbaues um 750 an. Hingegen kann man die fünf dänischen Wikinger bereits dem Ende dieser Schiffbautradition zurechnen. Trotz der Abwandlungen in etlichen Einzelteilen weisen sie in der Grundkonzeption eine einheitliche Schiffbautradition auf, was die Konstruktion deutlich erkennen läßt.

## Schiffbaukunst der Wikinger

Der wikingische Schiffbau wurde vorwiegend an den Küsten betrieben. Die einzelnen Landstriche längs der Küsten waren in Schiffbaubezirke eingeteilt. In Norwegen war die Lachsgrenze auch die Schiffbaugrenze. Jeder Hundertschaftsbereich hatte ein seetüchtiges Boot zu stellen. Hierbei war eine Länge bis zu dreißig Ruderbänken üblich.

Denn, so zeichnet es R. Pörtner in seiner "Wikinger Saga", "die Schiffbaukunst der Wikinger hatte bereits in karolingischer Zeit einen hohen Reifegrad erreicht. An ihren klinkergebauten, mit Kiel und Mast ausgerüsteten kombinierten Ruder- und Segelbooten, die sich als Luxus-, Kriegs- und Handelsfahrzeuge gleich gut bewährten, war danach kaum noch etwas zu verbessern. In ihrer Weiterentwicklung sind lediglich drei Tendenzen festzustellen: die der ständigen handwerklichen Verbesserung, der Trend zur Größe (der immer dann auftritt, wenn die eigentlichen technischen Probleme gelöst sind), und der Zug zur stärkeren Differenzierung der Typen."

Schwedische Forscher entdeckten jüngst auf Öland eine Werft der Wikingerzeit. In der Regel wurde Eichenholz verwendet. Aber dazwischen taten es auch Buche und Birke, Esche und Espe. Bei der Eiche spielte einmal die besondere Härte und das radiale Spaltungsvermögen eine Rolle. Der die Hauptlast tragende Kiel sollte möglichst aus einem durchgehenden Holz bestehen. Es folgten die zwei- oder dreiteiligen Steven: der mit dem Kiel unmittelbar verbundene Unterwasserteil, der bis über die Wasserlinie reichende Mittelteil, auch bard genannt, den man gelegentlich auch mit eisernen Stacheln beschlug, sowie das hochaufragende Oberteil, "das entweder in eine gebogene Spitze oder ein verziertes Topstück auslief."

Damit waren die Voraussetzungen für den weiteren Schiffbau gegeben. Es wurden die unteren Plankenreihen gesetzt, vernagelt oder vernietet. So die äußere Form erkennend, ging man daran, die einzelnen Spanten zu setzen.

Nach Thorleif Sjovolds "folgte dann die Befestigung am Kiel und danach die Zusammenfügung der Plankengänge untereinander durch Eisenstifte mit rundem Kopf, die von außen durch beide Planken hindurchgeschlagen und dann von innen mittels einer kleinen viereckigen Eisenplatte vernietet wurden."

Aber auch das so wichtige Abdichten oder Kalfatern wird von Th. Sjovolds beschrieben: "Alle Fugen und Verbindungsstellen wurden mit Kuhhaar gedichtet. Das Werg bestand aus losen Fäden, etwa dichtes Wollgarn, das mit Teer getränkt wurde. Dann legte man es in eine Vertiefung an der unteren Kante eines jeden Plankenganges, so daß es fest zusammengepreßt wurde, wenn das Nieten erfolgte."

Natürlich war das Holz in der See und den Wellengängen starken Zerrungen und Bewegungen ausgesetzt. Andererseits zog es sich bei Hitze zusammen, wenn die Schiffe auf Strand gezogen waren. Dadurch drang immer einmal etwas Wasser ein, das dann so wie heute auch, geschöpft werden mußte.

War die zehnte Planke aufgesetzt, wurden die Spanten eingepaßt. Die Abstände betrugen 1 m, "was gerade den notwendigen Platz für die Ruderbewegung je Zwischenraum ergab." Diese waren nicht vernietet, sondern es wurden elastische Kieferwurzelbindungen bevorzugt. Damit erreichte man neben der Gewichtsentlastung eine Elastizität, die im Seegang sehr wichtig war. Spanten und Planken konnten nachgeben, ohne zu reißen.

Die obere, abschließende Bordwand bekam eine breite Leiste aufgesetzt. An der Unterseite erhielt sie Ausschnitte, durch die die Schildbänder gezogen werden konnten. Sie schützten zusätzlich gegen Wellengang und erhöhten so die Bordwand. Dem Durchmesser der runden Schilde entsprechend lagen die Öffnungen für die Riemen tiefer.

Natürlich könnte man noch viel über das nordische Schiffsbauprogramm berichten, wollte man alle Einzelheiten berücksichtigen. Da wir uns aber ausschließlich auf den Rhein zu beschränken haben, und die Schiffe der Normannen nur kurze Zeit auf dem Rhein zu sehen waren, und dies nur der Beutezüge wegen, sollten wir sie nicht als eine einheimische Schiffbautradition ansprechen, sondern es bei den gegebenen Darstellungen bewenden lassen.

### Zusammenfassung des III. Hauptkapitels

Die Wikinger (ca. 800 bis 1066 n. Chr.) gelangten zu einer Zeit in die deutschen Ströme, als die Friesen ihre Handelsfahrzeuge bis nach Skandinavien steuerten. Damit war also eine umgekehrte Bewegung der schiffahrttreibenden Einflüsse in Gang gekommen. Teils waren die Wikinger Seeräuber, die Angst und Schrecken verbreiteten, oder sie kamen als Händler, die gute Absichten verfolgten. Aber wer wollte dies anfangs auseinanderhalten und erkennen?

Als sie mit großer Flotte 1066 nach England segelten und das Land eroberten, hielten sie dieses Unternehmen zur Erinnerung in einem gestickten Wandteppich fest, der sich heute in der Kathedrale von Bayeux in der Normandie befindet. Der Teppich zeigt alle Phasen des Schiffbaues vom Bäumefällen bis zur Ausfahrt der Flotte. Das Deutsche Schiffahrtsmuseum Bremerhaven besitzt in seiner Wikinger-Abteilung eine handgestickte Kopie mit einem wichtigen Ausschnitt hierüber. Das darunter stehende Fischerboot der Färöern, heute noch dort in Gebrauch und auf die wikingische Schiffbauweise hinweisend, ist ein treffendes Beispiel für die Traditionen, die sich lange halten, wenn sie sich einmal bewährt haben.

Diese Schiffbauweise, in Skandinavien entstanden, hat als besonderes Merkmal "einen ausgeprägten Kiel, aus dem sich die Steven in elegantem Bogen erheben. Die Planken sind dünn und schmal und in Klinkertechnik mit Eisennieten, nicht mit Nägeln wie auf dem Kontinent, zusammengefügt. Solchen leichten und schnellen Schiffen hatte man auf dem Kontinent nichts Gleichwertiges entgegenzusetzen." (D. Ellmers)

Der jüngste Fund eines Wikingerschiffes gelang 1979 im Hafen der alten Wikingerstadt Haithabu bei Schleswig. Das 18 m lange Schiff stammt aus dem 11.

Jahrhundert und ist wahrscheinlich brennend gesunken. Die zu erwartenden 25 000 Einzelteile werden in das Schleswig-Holsteinische Landesmuseum, Schloß Gottorp, transportiert, um dort in den kommenden Jahren konserviert zu werden. Ab 1984 möchte man in einer Halle am Fundort, dem Haddebyer Noor, unter Zulassung der Öffentlichkeit mit dem Puzzlespiel des Zusammenbauens beginnen.

Kurt Schietzel, der die Grabungen leitet, spricht von dem bislang besterhaltenen Schiff. An den Bergungsarbeiten beteiligt sich auch Ole Crumlin Pedersen, der Leiter der Wikingerabteilung des Dänischen Nationalmuseums, das ebenso für Roskilde zuständig ist. Das Schiff wird von einem Spundwandkasten umgeben, damit das Wasser herausgepumpt werden kann. Aus Schlick und Schlamm müssen dann die Fundstücke per Hand geborgen werden. Die Spanten des Schiffes sind in Esche gearbeitet, die Planken in Eiche. Es wurden Nägel und eiserne Nieten verarbeitet. Größere Teile werden in Schaumstoffmatten gehüllt und sofort ins Museum transportiert. Das Wrack liegt etwa 45 m vom Ufer entfernt.

## IV.
## MITTELALTERLICHE SCHIFFAHRTS-ENTWICKLUNG

### Was die Schiffahrt beeinflußte und förderte.

Für das frühe Mittelalter ist es nicht einfach, Schwerpunkte zu finden, die den Schiffbau vorangetrieben haben. Die Landstraßen waren durchweg in einem chaotischen Zustand und vor Überfällen nicht sicher. Der Rheinstrom bot sich zum Warentransport geradezu an. Es ist erwiesen, daß im 11. und 12. Jahrhundert Mainz mit seiner Mainmündung Hauptort des Warenumschlages und Warenaustausches bis weit ins Binnenland war.

Da Köln jedoch schon sehr früh, im 9. Jahrhundert, den Handel mit Britannien pflegte, war es bald in der Lage, Mainz den Rang abzulaufen. So entnehmen wir der Koblenzer Zollordnung, daß im Jahre 1209 Schiffe von Rhein und Mosel aus folgenden Bistümern den Mittelrhein befuhren: Mainz, Worms, Speyer, Straßburg, Trier, Bamberg, Regensburg, Basel und Zürich. Für das 10.-12. Jahrhundert ist der Rhein-See-Handel verbürgt, wobei Kölner Schiffe im 12. Jahrhundert die Nordsee befuhren. Da der Salz- und Weinhandel in jenen Zeiten eine wesentliche Rolle spielte, dürfen wir uns diesen, wie schon zu römischen Zeiten, im lebhaften Schifftransportwesen durchaus so vorstellen, wie es uns die Zollurkunden ausweisen.

Aber es waren nicht allein die Städte, die dem Schiffsverkehr fördernde Impulse gaben. Selbst mittelrheinische Klöster drängten sich in den Handel; sie bauten und unterhielten eigene Schiffe. So wissen wir vom Kloster Lorsch in Hessen, daß es um 838 herum eine eigene Schiffahrt betrieb. Auch das Kloster Eberbach im Rheingau baute zu Anfang des 13. Jahrhunderts eigene Schiffe, "nahm Schiffer unter seine Laienbrüder auf und betrieb", nach K. Schwarz, "eigene Schiffahrt mit Wein und Salz bis nach Köln, wo es schon 1162 ein vom Papst Alexander III. bestätigtes Lagerhaus besaß."

Unter Heinrich V. wurde um 1105 schon die rheinische Marktschiffahrt eingeführt und bekannt, und ein solches Marktschiff, von Mainz nach Frankfurt verkehrend, wird urkundlich erwähnt. Aber auch der erste regelmäßige Schiffsverkehr ist verbürgt: Die Mönche des Lorscher Klosters baten Ludwig den Deutschen 858 um die Erlaubnis, ein Schiff zu ihrer eigenen Verwendung nach Worms und zurück in Betrieb zu nehmen.

Es dürfte interessant sein, Näheres über die Ladekapazität der frühen Epoche zu erfahren. Hier fließen die Nachrichten allerdings nur spärlich. Bischof Otto v. Utrecht erteilte 1240 dem Deutschen Orden die Genehmigung, 100 Fuder Wein pro Schiff zollfrei durch sein Bistum zu transportieren. 150 Fuder Wein gestattete 1339 Erzbischof Heinrich III. von Mainz zum Kloster Eberbach zu schaffen. In der Umrechnung sah das so aus: der Deutsche Orden mit dem 100-Fuder-Schiff trug eine Last von 2300 Ztr. = 115 t. Das Eberbach-Schiff mit 150 Fuder trug 3450 Ztr. = 172,5 t. Allerdings glaubt K. Schwarz, "es liegt nahe, hier an eine fehlerhafte Überlieferung zu denken, da ein Schiffahrtsbetrieb auf dem Mittelrhein mit Fahrzeugen dieser Größe im 14. Jahrhundert kaum wahrscheinlich ist."

Auch über die Ausrüstung der Schiffe in dieser frühen Zeit sollten wir etwas zu erfahren trachten. Hier ist uns eine Urkunde über das Schiffsrecht zu Speyer aus dem Jahre 1224 behilflich, die sich auf die Bergfahrt bezieht. Wir finden diese Urkunde im General-Landesarchiv zu Karlsruhe. Dort spricht man von drei Zollklassen bei der Schiffseinteilung. Die Namen lauten "stuindre" (Stein, Stütze, Mastbaum), "nicka" (das alte Lateinsegel, dreieckig, wo die obere Spitze an einer Stange, die untere am Bord befestigt wird), und "sweifrudir" (langer Steuerriemen, vermutlich ein Senkruder). Demnach besaß das letztgenannte Schiff noch keine Takelung. Überhaupt dürfen wir annehmen, daß Rudern und Treideln die vorherrschenden Elemente der Fortbewegung darstellten, da die erprobten Steuervorrichtungen in jener frühen Epoche noch nicht entwickelt waren. Das machte die Schiffahrt auf dem Rhein für größere Schiffstypen gefährlich und konnte auch dem Segeln noch keinen Auftrieb geben. Erst das fest eingebaute und trotzdem bewegliche Steuerruder schuf die Möglichkeit zu mancherlei Spielarten der Fortbewegung. Wie schon bei den Römern, so war das Treideln durch Menschen- und Pferdekraft wesentlich für den Bergtransport. Die Kraft von 7-10 Menschen entsprach einer Pferdekraft, und auf diese rechnete man 10-15 t. Aber wir müssen, wenn wir vom Treideln sprechen, stets die örtlichen und jahreszeitlichen Gegebenheiten berücksichtigen. Hier wurde Mensch und Tier das Äußerste abverlangt.

Fragen wir nach Schiffsdarstellungen aus jener frühen Zeit, so sind sie meist zu ungenau in der Wiedergabe, als daß man sie zu Forschungszwecken hinreichend verwenden könnte. Ein Fresko zu Worms aus dem 13. Jahrhundert an der Nordwand des Chores der St. Paulskirche zeigt ein Schiff mit Mast und Schwertern, das schon ein Senkruder hat. Die Seitenschwerter lassen auf ein Segelschiff schließen, doch ist die Darstellung der Takelung idealisiert und ergibt keinen rechten Sinn. Hingegen zeigt der Schlußstein in der St. Kastor-Kirche zu Koblenz eine weitaus bessere Reliefdarstellung eines "Oberländers" gegen Ende des 15. Jahrhunderts.

Dies wiederum zeigt, wie erst der Beginn des 16. Jahrhunderts dem Forscher die Möglichkeit erschließt, umfassende Darstellungen und genauere Angaben über die Rheinschiffe damaliger Zeit zu erlangen. Die vorhandenen Urkunden und Zollakten sagen zwar einiges über die Schiffahrt aus, geben aber keinerlei brauchbare Hinweise auf die Entwicklung der eigentlichen Schiffstypen. Aber wir dürfen sie uns sicherlich auch nur als Holzprahmen und weniger hochbordig vorstellen, mehr als flache Nachen, wie uns das Krefelder Flußschiff aus dem 13. Jahrhundert gezeigt hat. Auch streng zu trennende Entwicklungstendenzen zwischen Nieder-

und Oberrhein lassen sich für die frühe Zeit nicht nachweisen. Die bewährten und erprobten bodenständigen Typen, wie sie uns die keltische Bauweise überliefert hat, wird auch in dieser Übergangsphase der Rheinschiffahrt dominiert haben, mit Ausnahme des Rhein-See-Handels, da hier mit anderen Maßstäben zu messen war. Wenn man die oberrheinische Lauertanne betrachtet, die noch für das 19. Jahrhundert einen unveränderten Bug-Heck-Ausbau zeigt, so ist eine langanhaltende Tradition ohne größere Veränderungen anzunehmen. So war die Ladefähigkeit der Schiffe dieser frühen Zeit begrenzt, wenn man an die mangelhafte Steuervorrichtung denkt. Selbst die Schiffe im Niederrheinverkehr dürften 80- 100 t Ladung nicht überschritten haben, da sonst die Steuerkontrolle in harten Strömungen große Risiken in sich barg.

Diese Steuervorrichtung bestand allgemein an Nieder- und Oberrhein aus einem Senkruder oder einem Streichruder. Als man im 13. Jahrhundert in Holland das fest eingebaute Hecksteuer erfand, wird es vereinzelt auch bei uns Eingang und Anwendung gefunden haben. Urkundliche Hinweise hier und da um 1400 scheinen dies zu bestätigen. Im 14. Jahrhundert verliert sich das bis dahin übliche Lateinsegel. Es bürgert sich das Rahsegel ein. Eigentlich sollte man sagen "wieder ein", denn wie vorher erwähnt, wurde es schon in der rheinisch-keltischen Schiffahrtszeit (siehe das Jünkerath-Relief) angewandt. Trotzdem wird dieses Segel nicht sehr umfassend angewendet, bleibt örtlichen Gegebenheiten vorbehalten und setzt sich als Fortbewegungsmöglichkeit auf dem Rhein mit seinen vielen Tücken und Gefahrenmomenten noch nicht durch. Wenn Segel eingesetzt wurden, so waren sie noch weitgehend von Senkrudern unterstützt.

## Die Schiffahrt zwischen dem 15. und dem 18. Jahrhundert

Wie schon erwähnt, wurde die Schiffahrt noch bis in das 16. Jahrhundert hinein teilweise von Klöstern in eigener Regie betrieben. Aber auch private Handelsleute und vor allem Fischer übten Schiffahrt aus. Aus diesem Grunde konnte sich ein einheitliches Schiffahrtswesen und ein eigener Berufsstand nur zögernd bilden. Das wirkte sich auch auf die Typenentwicklung der Rheinschiffe aus, die in der Folgezeit unterschiedliche Wege ging. So kann man heute mit Sicherheit von einer oberrheinischen, mittelrheinischen und niederrheinischen Schiffstypenentwicklung sprechen. Dies entsprang wirtschaftlich-strukturellen und landschaftlich gegebenen Ursachen. Um das zu verstehen, muß man sich immer wieder die wilde Ursprungsform des Rheinstromes vor Augen führen, der von Basel bis Rotterdam die gegensätzlichsten Gefahrenmomente aufwies und ungebändigt über Felsenklippen, Untiefen, wandernde Sandbänke und gefährliche Strudel seinen Weg talwärts suchte und den Menschen am Strom das Äußerste an Wagemut abverlangte. Wohl auch deshalb war eine einheitliche und durchlaufende Schiffahrt auf dem Rhein nicht möglich.

Es hatten sich zwangsläufig landschaftlich-ortsgebundene Traditionen herausgebildet, die den natürlichen Gegebenheiten des Stromverlaufes angepaßt waren und auch von den einheimischen Schiffern beherrscht wurden. So mußte die oberrheinisch-mittelrheinische Schiffahrt anders verlaufen als die niederrheinische, die sich durch die Delta-Ausweitung in den Niederlanden und die Seenähe in schwereren und tiefergehenden Schiffstypen äußerte und die Handhabung von größeren Segeln unter voller Windausnutzung gestattete. Auch gab der schon früh zwischen Köln und Britannien einsetzende Rhein-See-Verkehr den Schiffen ein anderes Gepräge. Die oberrheinische Schiffahrt hingegen war infolge zu enger Fahrrinnen (Binger Loch u. a.) und niedrigem Tiefgang auf flachgehende Kähne angewiesen, die, den vollen Schub nutzend, überwiegend für die Talfahrt bedeutsam waren.

So weiß man aus der Baseler Schiffahrt, daß man für die Fahrten zwischen Basel und Straßburg im Mittelalter Schiffe aus roh gezimmerten Balken verwendete, die nur mittels Holzzapfen gedübelt waren. Sie waren nur für die Talfahrt tauglich; in Straßburg wurden sie auseinandergenommen und an Ort und Stelle als Bau- oder Brennholz verkauft. Mit dem Erlös konnte man billiger an ein neues Schiff kommen, als dieses nach der Talfahrt unter Mühen und Beschwerden hochzutrecken. Teils ließ man die Schiffe sogar liegen und verrotten, wenn das Angebot zu groß war und kein Verkauf zustande kam.

Anders hingegen die Schiffahrt oberhalb Basels. Hier gab es die "Glarner-" oder "Wallenstadter Schiffe". Sie mußten wegen der vielen Felsen und Stromschnellen stark und robust gebaut sein, um Aufläufen widerstehen zu können. Sie waren zwischen 70 und 80 Fuß lang, 6 - 8 Fuß breit und nur 5 Fuß tief. Ihre Tragkraft schwankte zwischen 300-500 Ztr. Man sagte auch "einspannige Schiffe" hierzu.

Für die Fahrten zu den Frankfurter Messen gab es noch die "zweispanigen Schiffe". Sie waren 90-100 Fuß lang, 8 - 10 Fuß breit und 6-7 Fuß tief und konnten nahezu 1000 Ztr. transportieren. Als Besatzung hatten sie vier bis sechs Knechte oder Gesellen. Diese "Wallenstadter Schiffe" besaßen eine Standardausrüstung. Neben Rudern und Schalten (Stakruder) mußte ein 50 Klafter langes Seil an Bord sein, um die Schiffe zum "lenden" ans Ufer zu bringen. Dann gab es noch kleinere Schiffe, "Nauen" genannt. Solche von "über zwölf Schuh Weite durften nur leer und unbefrachtet weggeführt werden. Die Zollakten Basels unterschieden die seine Brücke passierenden Fahrzeuge nur nach ihrer Breite in drei Schiffskategorien von acht, zehn und zwölf Fuß Breite". (P. Koelner).

Diese Schiffe dienten ausnahmslos dem Waren- und Personentransport. Sie waren teils offen, teils gedeckt. Aber sie wurden alle nach durchgeführter und überstandener Fahrt an ihrem Ziel in Straßburg, Mainz, Frankfurt als Nutzholz verkauft. Diese Tatsache zeigt uns recht deutlich, wie gefährlich und abenteuerlich damals noch eine Schiffsreise war, denn gerade zwischen Basel und Straßburg war der Strom mit Hindernissen aller Art gespickt, die Ufer ausgefranst, die Strömung gewaltig. Konnte man die Talfahrten als die Regel bezeichnen, waren Bergtouren eine Ausnahme, denn das Einspannen von Pferden oder Menschen verursachte Kosten, die den Verkaufserlös überwogen.

Neben den Lastschiffen gab es noch eine Reihe kleinerer Fahrzeuge, wie einfache Nachen, sogenannte "hornächlin", ferner "esel" und sodann "Weidlinge" oder "Waidlinge" (Waidleute=Fischer, von Waid=Fischwasser), also im eigentlichen Sinne Fischerfahrzeuge. Sie waren für den Transport von 3-4 Personen geeignet. Durch das mitgeführte Reisegepäck nannte man die Nachen auch "Bündelgefährt". Sie wurden von größeren Schiffen, die die Frankfurter Messen besuchten, als Rettungsnachen in Schlepp genommen.

Aus diesen Gegebenheiten ersehen wir schon die 'strukturellen' Unterschiede, die sich in diesen Jahrhunderten ergaben und in den einzelnen Landstrichen auch die Schiffahrt und die Schiffstypen prägten. Hinzu kam noch ein wichtiges Moment, das in der wirtschaftlichen Struktur begründet lag, nämlich das Stapelrecht, das in Mainz und Köln ausgeübt wurde. Köln galt in jener Zeit als der Mittler des Warenverkehrs zwischen dem Nieder- und dem Mittelrhein. Hier wurden die Waren drei Tage "auf Stapel" gehalten, also gelagert und kontrolliert, dann von dem niederrheinischen Schiff in ein oberrheinisches Schiff "umgeschlagen", umgeladen, oder umgekehrt. Das war bei leicht verderblicher Ware dringend nötig und bewahrte den Kaufmannsstand vor Ärger und Verdruß. Es war, in heutige Worte gekleidet, nichts anderes als eine Nahrungsmittelselbstkontrolle. Besonders die Heringsfässer wurden untersucht, da man mitunter in der Mitte des Fasses nicht mehr ganz saubere Ware verpackte.

Wenn wir den Woensamprospekt von 1531 betrachten, dann erkennt man in Höhe der Kirche das abgeschrägte Holzgestell. Dies muß die Abgrenzung gewesen sein, vor der zu Berg die "Oberländer Schiffe" festmachten, dahinter, talwärts, die "Niederländer Schiffe". Natürlich liegen auch unter den Kölner Aaken noch Oberländer. Aber dann sind sie vor einem bestimmten Stadttor vertäut und müssen dort ihre Ladung löschen. Leer hatten sie ihren bestimmten Liegeplatz.

Auch die Kölner Stadtansichten des Arnold Mercator von 1570 sind auf eine scharfe Trennung der Niederrhein- und Oberrheinschiffe ausgerichtet, was an der Formgebung sehr gut zu erkennen ist. Aber Mercator nimmt zusätzlich noch eine deutlich betonte örtliche Trennung vor. Betrachtet man hingegen die Darstellung Kölns von Wenzel Hollar von 1636, dann fallen gar noch schärfere Unterteilungen auf. Allein an der Bauart der Schiffe kann der Fachmann trennen in "Oberländer", "Cöllner", "Niederländer" und in "Holländer".

Das erste Stapelrecht hat Erzbischof Konrad von Hochstaden 1259 den Kölnern erteilt, und Karl der IV. hat es bestätigt. Vor dieser Zeit darf eine durchgehende Schiffahrt nach Mainz angenommen werden. Aber selbst die Rheinschiffahrts-Convention von 1804 drückt sich darüber noch so aus:

Artikel 3: "Es ist ausdrücklich festgelegt, daß die alten Einrichtungen des Umschlages beibehalten werden sollen; dergestalt, daß die Schiffahrt in dem obern, mittlern und untern Theile des Rheins mit denjenigen Fahrzeugen, deren Bau und innerer Raum jedem dieser Theile des Flusses am angemessensten eingerichtet ist und durch diejenigen Schiffer ausgeübt werden soll, welche davon am besten Kenntnis und Erfahrung haben können.

Artikel 4: Kraft dieser Verfügung bleibt die Stadt Cölln auch künftig die Station der Schiffahrt zwischen Holland und Mainz; die großen und kleinen Schiffe und andere Fahrzeuge, welche von einem unterhalb Cölln gelegenen Orte kommen, sind verbunden, in dem Hafen dieser Stadt anzuhalten, daselbst auszuladen und ihre Ladungen in andere Fahrzeuge überzusetzen."

Diese scharfe Trennung in Niederrheiner und Oberrheiner bewirkte, daß sich im 16. Jahrhundert zwei Kölner Schifferverbände gründeten. Sie nannten sich "Oberrheinische Schifferzunft" und "Niederrheinische Schiffergemeinde". Ihre Mitglieder waren längs des Niederrheins ansässig und bis nach Holland hinein beheimatet. Die Mainzer Zunft hingegen hatte mehr städtischen Charakter. Aber es wurde uns auch aufgezeigt, daß durch die Widrigkeiten und Fährnisse der einzelnen Stromstrecken ein Umladen für den Weitertransport unvermeidbar war, und auch daher schon die Gründung verschiedener Schiffergilden an entgegengesetzten Orten notwendig wurde.

## Die Schiffahrt zu Basel

Etwas unterhalb von Basel, bei der späteren Gasfabrik, gab es einen vorrömischen Umschlagplatz. Hier fand man Weinamphoren-Fragmente, aus denen man erkennt, daß südgallischer Wein durch die burgundische Pforte kommend, von hier weiter talwärts transportiert wurde. Ein 32 kg schwerer Bleibarren, 1653 im Garten des Klosters Klingental in Kleinbasel gefunden, dürfte zu einem römischen Schiff gehört haben.

In der Koblenzer Zollordnung von 1209 werden Basler Rheinschiffe erwähnt. An der Schiffslände wurde das Salzhaus errichtet, in dem später Schiffsgüter lagerten und wo man die Zollstelle einrichtete. Mit dem Verkehr und Warenaustausch stieg das Bedürfnis nach Schutz. Es kam zur Gründung des rheinischen Städtebundes von 1254 mit den Städten Straßburg, Speyer, Worms, Mainz, Köln. Das Hauptziel war die Wahrung der gefährdeten Schiffahrtsrechte. Aus diesem Grunde unterhielt der Bund einhundertfünfzig Schiffe, die Armbrustschützen an Bord führten. Darunter waren auch Basler Schiffe. Diese Maßnahmen waren nötig, da das Raubritter-Unwesen in voller Blüte stand, und die Schiffsladungen durchweg gekapert wurden. Die Wurfmaschinen der Burgen zwangen die Schiffe beizudrehen. Fahrgäste und Ruderknechte wurden in Ufernähe durch Lanzenreiter überwältigt und in die Raubnester geführt. Wer Geld genug besaß, konnte sich freikaufen. Die Burg Schwanau am Oberrhein war ein treffendes Beispiel.

Auch die von Basel abwärts herrschenden 40 Zollstationen waren nicht dazu angetan, der Schiffahrt Auftrieb zu verleihen. Doch die schlechten Straßen ließen das Risiko des Wasserweges immer noch geringer erscheinen. Die bestehende Grundruhr, d. i. das Recht des Grundherrn, aus liegengebliebenen oder umgestürzten Wagen die Ware an sich zu nehmen, war auch auf den Strom anwendbar. An Stromhindernissen scheiterten Schiffe nur zu oft. Hierüber führten die Basler Kaufleute Klagen. Im Jahre 1302 lesen wir den Vermerk in den Kolmarer Annalen: "Der Rhein ist geöffnet, die Schiffe können frei talwärts und bergwärts fahren!" - Aber was König Albrecht durchgesetzt, machten ein Jahr später die Landesherren wieder zu Nichte. Kein Kaufmann vertraute seine Ware dem Strom an. 1401 erklärte König Ruprecht von Köln aus, die von König Wenzel oder seinen Vorfahren in den letzten dreißig Jahren verliehenen Zölle "uff des Riins straum von Basill an biz yn die see" seien hiermit aufgehoben.

Aber das waren kraftlose Demonstrationen. Tatsache ist, daß die Rheinzölle bis ins 15. Jahrhundert weiterhin anstiegen. Noch in der zweiten Hälfte des 16. Jahrhunderts zählte der Tuchhändler Andreas Ryff bei seiner Fahrt von Basel nach Köln ganze 31 Zölle. Weder der Westfälische Friede von 1648 noch die Wiener Kongreßakte waren in der Lage, das leidige Übel zu beseitigen. Das blieb erst der internationalen Rheinschiffahrtsordnung von 1831 vorbehalten.

Über den Rhein zu Basel berichtet Felix Fabri, der vor 1477 im Basler Predigerkloster wohnte, im 3. Kapitel seines Werkes "Descriptio Suevia": "Unterhalb Basel verliert der Rhein mehr und mehr seinen wilden Charakter, wird ruhiger und schiffbar. So berichtet auch die Legende, daß die heilige Ursula mit ihren Gefährtinnen zu Schiff von Köln nach Basel gekommen ist. Immerhin unterwühlt er die Ufer, sucht sich stets neue Läufe und führt viel schädliches Material mit sich. So hat er einen Teil der Stadt Neuenburg, die hart am Ufer erbaut war, mit sich fortgerissen, steinerne Häuser, Gemäuer, Türme und Stadtmauer. Indem er durch die Ebene fließt, teilt er sich in viele Arme; erst bei Straßburg sammelt er sich wieder, so daß eine lange Brücke geschlagen werden konnte. Diese letzte feste Rheinbrücke ist ein ungemein kostspieliges Werk, nicht wegen des teuren Materials - sie ist nur aus Holz gebaut - sondern weil sie fast täglich geflickt werden muß; denn der Rhein wechselt, wie gesagt, stets seinen Lauf, weicht von diesem gegen das andere Ufer, so daß auch die Brücke jährlich erneuert werden muß."

Im Spätmittelalter dienten die Rheinschiffe auch der Pilgerbeförderung. Tausende von Einsiedeln-Wallfahrern benutzten jährlich die Rheinschiffe. Am 4. Dezember 1446 bestieg der Basler Bürgermeister Joh. Rudolf Wettstein mit Gefolge ein Schiff, um die äußerst beschwerliche Reise zum Friedenskongreß nach Münster in Westfalen anzutreten. Das war noch ein echtes Abenteuer. Am

13. Dezember erreichte er Köln. Er schreibt hierüber: "Nachdem ich zu Koblenz, Bonn und allhier mich zu erkundigen unterstanden, welchen Weg ich fürbas per Münster am sichersten nehmen könnte, so weiß ich schier so viel als anfangs. Der Postillon sagte, es sei große Gefahr auf dem Wasser wegen den kriegenden Parteien und der Ungestüme des Wassers, bei so geringem Wind ins Schiff schlagen werde, verheißt mich innert drei oder vier Tagen nach Münster zu liefern. Der Schiffmann sagt, es sei nirgends sicherer als auf dem Wasser und sei von Wesel aus gar guter und kurzer Weg; so sagt einer dies, der andere jenes."

Was tat der Bürgermeister? Er entschloß sich für den Wasserweg, entlohnte die Basler Schiffer, die sich seiner Ansicht nach wacker geschlagen hatten auf der Fahrt, und vertraute sich einem neuen Schiffer an. Nach zwei Tagen landete er in Wesel, wo gerade eine niederländische Truppe in Garnison lag.

## Die Zunft der Basler Schiffleute

Das Baseler Fischer- und Schifferhandwerk wurde erst relativ spät anerkannt. Das schließt allerdings nicht aus, daß es schon lange vorher ein durch Satzungen geregeltes Schiffergewerbe auf der Basis eines losen Zusammenschlusses gegeben hat. Aber als gerichtlich und militärisch autonome Korporation mit eigenem Sitz im Rat wurde die Zunft am 15. Februar 1354 "als die zweitjüngste, zunftmäßige Gliederung der baslerischen gewerbetreibenden Stände, in der Zunftgründung der Schiffleute und Fischer durch den Bischof Johann Senn von Münsigen" offiziell bestätigt und anerkannt. Erster Zunftmeister der Schiffsleute war für das Jahr 1358 Dietzschi Weidman, wie das älteste Ratsbuch, auch Rotenbuch genannt, aussagt.

Ein Wappen am Pfeiler der Martinskirche zeigt zwei rote gekreuzte Stachel im weißen Feld. Dies ist ein sehr früher Beweis für das Bestehen einer frühen Schifferzunft vor der eigentlichen verbrieften Anerkennung. Erst danach, mit den Fischern zusammengeschlossen, kam es zu einem neuen Wappen, Fisch und Anker im viergeteilten blau-weißen Feld. Der ausgestellte Zunftbrief beinhaltete die wesentlichen Angelegenheiten dieser Berufsstände, wie die Wahl der Meister und der Sechser und viele Dinge mehr. Ein wichtiger Punkt war der: weder die eigentliche Zunft noch Einzelpersonen durften ein gemeinsames Schiff haben. Warentransporte, von fremden Schiffern nach Basel gebracht, hatten die Basler Schiffleute nicht zu interessieren. Hingegen fehlen über den Personentransport jegliche Hinweise. Die Freiheit der Rheinstraße wurde ausdrücklich betont. 1392 wurde die gegenüberliegende Kleinstadt Großbasel einverleibt. Dadurch bekam der Strom für die Stadt eine noch größere Bedeutung. Aber schon vor diesem Zusammenschluß gab es auf der rechten Rheinseite in Kleinbasel ein den Schiffern vorbehaltenes Quartier. Drei Kleinbasler Schifferleute erwarben sich durch ihre Kriegsteilnahme 1372 Großbasler Bürgerrecht. Überhaupt blieb über all die

Jahrhunderte bis in die Neuzeit die Rheingasse den Schiffleuten vorbehalten. Ein Adreßbuch von 1823 sagt aus, daß von fünf seßhaften Schiffermeistern vier Kleinbasler waren. 1430 drängten die Schiffermeister, die bestehenden Grundrechte ihrer Zunft neu zu überdenken und auszuweiten. Damit vergrößerte sich die Zunft zu einer Betriebsgenossenschaft. Damit alle Schiffer gleichmäßig in Lohn und Brot blieben, wurde eine Dreiteilung vorgenommen, damit auch schwache und kranke Angehörige gleichermaßen ihren Anteil erhielten.

Das sah in der Praxis so aus, daß je eine Gruppe eine Woche lang das "geverte" inne hatte, also befugt war, alle über das Wasser gehende Güter und Personen zu befördern. "Was jede Gesellschaft mit Fahren gewann und eroberte, wurde zu gleichen Teilen unter ihre Mitglieder gegeben. Starb ein Zunftbruder und hinterließ eine Ehefrau, so hatte diese falls sie Witwe blieb, für das laufende Jahr Anteil am Gewinn, als ob ihr Hauswirt am Leben gewesen wäre. Jede Gruppe", so berichtet P. Koelner weiter, "besaß und stellte für das Gefährte gemeinsame Schiffung und blieb während dieser Zeit von den andern zwei Gruppen unbehelligt. Die Schiffleute, denen die Wochenfertigung oblag, hatten ihre Fahrzeuge, jeweils ein großes und ein kleineres, stets gerüstet am Ufer zu halten, zwischen der Badstuben und Scholers Hof."

Der Verladeplatz lag direkt beim Zunfthaus. Die Fischer hantierten mit ihren Nachen und Geräten beim "Rheintörlein", der "Kronen" gegenüber. Die fremden Schiffer hingegen machten beim "Salztörlein" fest. Die eigentliche Strecke, die in der Regel befahren wurde, war Basel-Straßburg. Das war zumeist an einem Tage zu schaffen. Die zwei Gruppen, die nicht gerade mit der Schiffahrt beschäftigt waren, hatten zu fischen oder zu bauen. Im Grunde waren es wasserbauliche Maßnahmen, so das Einrammen von Pfählen als Markierungszeichen für die Schiffahrt, wo Hindernisse unter Wasser diese erschwerten. Des weiteren waren die Schiffleute vertraglich verpflichtet, den Rhein auf ihrer zu befahrenden Strecke zwischen Basel und Breisach zu untersuchen und zu zeichnen. Kam ein Schiffmeister von der Fahrt zurück, war er durch Eid gebunden und verpflichtet, dem Zunftmeister alle beobachteten Gefahrenmomente mitzuteilen und zu beschreiben. Erst wenn diese Berichte nach Breisach gemeldet waren und günstige Berichte vorlagen, konnten andere Schiffer sich ab Basel auf den Weg machen.

Reisen wurden jedoch erst angetreten, wenn genügend Waren an der Lände angehäuft und entsprechend viele Personen bereit waren, eine Reise anzutreten. Eine Fahrt war erst dann rentabel, wenn bis Breisach ein 2-Guldengewinn und bis Straßburg ein 4-Guldengewinn erzielt wurde. Die Schiffer, die gerade ihren Wochenfahrt-Rhythmus zu erledigen hatten, waren durch Eid verpflichtet, die Fahrgäste freundlich und zuvorkommend zu behandeln, denn Schiffer waren ein rauhes und oftmals ungehobeltes Völkchen, was sich aus der Härte ihres Berufes erklärt. Standen die Frankfurter Fasten- und Herbstmessen bevor, so konnte sich jede Schicht mit einem Fahrzeug beteiligen. Der Gewinn hingegen wurde unter allen drei "Gesellschaften" in gleicher Weise geteilt. Das Gesetz sah aber auch Ausnahmen vor.

Zur Zeit der großen jährlichen Pilgerreisen, also zu Ostern, Pfingsten und in der Heiligkreuzwoche des Herbstes, dann gehörten diese drei Wochen allen drei Gesellschaften gesondert damit sie miteinander "dester früntlicher gesin und by friden und gemach" bleiben sollten. Das gab für Meister und Rügeknechte eine Menge Arbeit, da an einem Tage ein gutes Dutzend vollbeladener Pilgerschiffe eintrafen. 1430 wurde selbst den Fischern sofern sie rheinkundig waren, das Recht zugestanden, Bruderfahrten mit zu übernehmen, wenn die Einsiedler Engelwoche von den Schiffleuten nicht zu bewältigen war. Sie durften fünf Pilgerschiffe fertigen, sofern sie ausgebildete Schiffer als Steuerleute an Bord nahmen. Dafür hatten sie diesen bis Straßburg vier Schillinge Entlohnung zu zahlen. Überhaupt muß es zwischen Schiffern und Fischern wegen der ausgehandelten Zuständigkeit ofmals Händel gegeben haben. 1494 empfahl der Rat den Fischern, mehr ihren Beruf des Fischefangens auszuüben, als Waren zu transportieren. Die Schiffer wurden aufgefordert, den Fischern künftig für die ihnen entgehenden Pilgerfahrten im Jahr 15 Gulden Entschädigung zu zahlen.

Aber auch die Schiffer versuchten an ihren transportfreien Tagen zu fischen, was die Fischer zu Protesten veranlaßte. Schon 1487 wurde ihnen das Fischen nur in zwei Nächten der Woche erlaubt.Einmal jährlich durften sie für die gesamte Zunft fischen, um damit im Zunfthaus ein gemeinsames freundschaftliches Essen abzuhalten. Frachttaxen und Personenfahrpreise wurden wegen der Übergriffe 1430 erneut geregelt und festgesetzt.

Aus der Zunftordnung von 1509 ist zu ersehen, daß zur Ausbildung eines Schiffmannes eine lange Lehrzeit erforderlich war. Wer dieses Ziel anstrebte, hatte erst zwei Jahre an Bord als Rügeknecht zu arbeiten. Dann trat der Lehrknecht vor den Zunftmeister mit der Bitte, als Steuermann in die Gilde aufgenommen zu werden. "War er im Fahren noch 'unverfänglich', so hatte er ferner als Knecht Arbeit zu tun." Wurde die betreffende Person gut eingestuft und seine Leistung honoriert, was die Meister unter Eid taten, so durfte der neuernannte Steuermann baslerische und fremde Schiffe talwärts und bergwärts fahren. Nach weiteren zwei Jahren Steuermannstätigkeit hatte der Fahrensmann wiederum Grund, vor den Meistern um Aufnahme in die Zunft zu bitten. Wurde er günstig beurteilt, wurde er als Meister und Zunftbruder in die Gemeinschaft aufgenommen.

Nach P. Koelner: ("Die Basler Rheinschiffahrt vom Mittelalter zur Neuzeit") waren im 15. Jahrhundert den Basler Schiffern die Fachausdrücke Backbord und Steuerbord bereits bekannt. 1428 war unterhalb Rheinweiler ein Basler Schiff verunglückt. In den Aussagen war von 'papport' und 'stierport' die Rede. Eine besondere Funktion kam den amtlich bestellten "Fertigern" zu. Mangelhaft ausgerüstete Schiffe hatten sie an der Abfahrt zu hindern. Ein nicht von ihnen freigegebenes Schiff mußte an Land gezogen und zerschlagen werden. Wurde die Fahrt freigegeben, übernahm der Steuermann jegliche Verantwortung gegenüber den Befrachtern (Kaufleuten). Wurden Menschen und Güter leichtfertig einer Gefahr ausgesetzt, mußten die Steuerleute mit strengsten Strafen rechnen. Zeitlebens konnte ihnen Stadt und Rhein verschlossen bleiben. Im Ratsbuch wurde unter dem Datum des 19. Juli 1438 diese Fahrlässigkeitsstrafe festgelegt. Konnte der Meister oder Schiffsführer durch Zeugen nachweisen, daß er das Beste zur Errettung von Schiff, Waren und Passagieren getan hatte und seinen Posten am "Lappen", also am Ruder nicht verließ, wurde er weder bestraft noch zu Schadenersatz verpflichtet. Solche Schiffsunglücke, die unverschuldet zustande kamen, trug man im 17. Jahrhundert in ein sogenanntes "leidiges Unglücksbuch" ein, das die Schiffleutezunft führte. Farbige Zeichnungen gaben eine Darstellung des Herganges. Nach zehn Jahren der Dreiteilung der Zunft wurde diese 1441 durch den Rat wieder aufgehoben. Damit sollte, auf Straßburg zielend, die Schiffahrt aktiviert werden.

Über die S c h i f f e  d e s  B a s l e r  R a u m e s selbst haben wir weiter vorn schon einiges gehört. Durch den steten Verkauf der Schiffe nach einer Talfahrt können wir uns vorstellen, daß der Bedarf an Fahrzeugen immer stärker wuchs. Neben dem Schiffsverkauf zu Bau- und Brennholz kam dem eigentlichen Schiffneuerwerb eine noch größere Bedeutung zu. Das mußte zwangsläufig zu einer Holzverknappung führen. Hier waren recht bald schon Überlegungen nötig, um Mittel und Wege zu finden, die Schiffe der Talfahrten auch wieder heimzubringen, um sie weiterhin verwenden zu könnnen. Da der Schiffbau in Basel keine Tradition besaß und auch keine Werften mit ausgebildeten Zimmerleuten, hielt man sich gut mit den Zünften der oberländischen Berufsgenossen in Freiburg i. Ü., Bern, Solothurn, Zürich, Luzern, Schaffhausen und Laufenburg. Von den Schiffern dieser Städte kauften die Basler gewöhnlich ihre Schiffe. Schiffmacher und Weidlingsbauer treten später nur ganz vereinzelt im Basler Raum auf.

"Der älteste urkundlich nachweisbare Weidlingmacher - Haneman Zörnli - verdiente sich", so nach P. Koelner , "1374 das Basler Bürgerrecht auf dem Kriegszuge nach Bure. Diese 'Weidlinger', wie sie in der Zunftsprache auch genannt werden, figurieren gleich den Schiffleuten, die auch Holzhandel trieben, in der Gruppe der zu Spinnwettern zünftigen 'Holzleute'."

Mit "Niederwasserschiffern", so bezeichneten die oberhalb Basel gelegenen Orte die Basler Schiffer, wurden oftmals Lieferverträge abgeschlossen. Oft wurden für die "acht Schuh weiten Seenauen" 5 Gulden verlangt. Kamen sie beschädigt in Basel an, wurden neue Preise festgesetzt. Das waren dann die "bösen" Schiffe, die 10 - 12 Schillinge kosteten. Wurde an der Basler Lände ein fremdes Schiff zum Verkauf angeboten, so hatte der zuerst hinzutretende Basler Meister das Vorkaufsrecht. Waren mehrere Interessenten anwesend, entschied das Los.

Insgesamt gesehen brachte das 15. Jahrhundert in der Schiffahrt starke Veränderungen. Gewisse Monopolbestrebungen setzten ein. Das Steuermannsrecht rückte stark in den Vordergrund, ebenso das Lotsenrecht, denn es war im 14. Jahrhundert schon Mode geworden, ortsansässige Lotsen für gefährliche Gewässerstrecken zeitweise an Bord zu nehmen. Die oberländischen Schiffer hielten das Ruder bis Laufenburg und nahmen entweder dort oder in Säckingen Lotsen bis nach Basel zu sich. Von dort lotste ein baslerischer Steuermann bis Breisach oder Staßburg. "wo der Ankerzunft zugehörige Steuerleute die Führung bis Mainz oder Köln übernahmen".

Aus diesem einst freiwilligen Lotsennehmen entwickelte sich später das förmliche Recht. Hierauf achteten die Basler: Sie stoppten die oberländischen Schiffe und leiteten sie mit eigenen Lotsen weiter. Lediglich der Laufenburger Schifferschaft wurde seitens der Basler Vergünstigungen eingeräumt. "Einmal, weil man dringend der 'Laufenknechte' beim Durchseilen eigener von oben kommender Transporte durch die Stromschnellen bedurfte, und zum andern, weil die Laufenburger den Baslern als Schiffslieferanten unentbehrlich waren". Dieses gute Verhältnis wurde oftmals erneuert und hielt sich bis 1621.

Dennoch blieb die Schiffahrt zwischen Basel und Straßburg nicht frei von Querelen und Gerangel. So beanspruchte Straßburg in Basel volle Ladefreiheit. Die Basler Schiffe, durchweg breit gebaut, waren nur für die Talfahrt geeignet. Die Straßburger hingegen, mit ihren sogenannten "Spitzschiffen", konnten diese für die Berg- und für die Talfahrt einsetzen. Die Basler beharrten auf ihrem Laderecht, die Straßburger auf der Rheinsperre für Basler Schiffe. Das war um 1666. Aber inzwischen wurden auch die Straßenverhältnisse besser und immer mehr Waren wurden über Land weitergebracht, um den Schwierigkeiten auf dem Wasser auszuweichen. Die Wasserstraße verlor an Attraktivität. So schreibt P. Koelner:"Noch ein Menschenalter krankten die verkehrspolitischen Beziehungen der beiden Rheinstädte an dieser latenten Krisis des Sichnichtverstehens. Dem französischen Straßburg blieb vorbehalten, was die Reichsstadt nicht hatte bewerkstelligen können: eine dauernde Einigung." Als man sich 1711 vertraglich einigte, geschah dies vielleicht in dem Erkennen, der Wasserstraße gegenüber dem Landweg wieder verstärkte Aufmerksamkeit zu schenken. Nahezu dreihundert Jahre Zank und Ärger um die leidigen Kompetenzen auf dem Wasser sollten damit ein Ende finden.

**Basler Schiffahrt im Zeitenwandel**

Als zu Beginn des 16. Jahrhunderts Antwerpen eine zentrale Stellung als Handelsmetropole einzunehmen begann, wirkte sich dies auch auf die Basler Schiffahrt aus. Der Welthandel weitete sich aus, der Transitverkehr Basel-Straßburg war rückläufig.

Überhaupt begann nun die Schiffahrt mehr und mehr von den Niederlanden und dem Niederrhein aufwärts den Handel verstärkt zu betreiben, um die mittelrheinischen Stapelplätze zu beliefern. Auf der Breisacher Konferenz 1535, von den oberrheinischen Uferherren ausgetragen, wurden diese Erkenntnisse behandelt. Eine Rheinzollminderung auf ein Drittel wurde angeregt, der man der Basler Schiffahrt zuliebe zustimmte. Zwei Jahre zuvor war den Basler Schiffern auch das Zunfthaus niedergebrannt und an dieser Last trugen sie nebenher noch sehr schwer.

Als in der zweiten Hälfte des 16. Jahrhunderts, bedingt durch die italienische Gegenreformation, Glaubensflüchtlinge nach Basel kamen und sich verstärkt im Handel betätigten, bekam das Schiffergewerbe wieder etwas Auftrieb. Aber es dauerte nicht lange, da gerieten die Schiffer in Streit mit den reichen Handelsherren, ihren Auftraggebern. Zucht und Ordnung innerhalb der Zunft hatten gelitten. Die Fahrzeuge waren vernachlässigt; es wurden Hilfskräfte angeheuert, die sich mit Wasser und Schiffen in keiner Weise auskannten. Die Folgen waren verheerend. Es kam zu offenen Anklagen der Handelsherren gegen die Schiffleute vor dem Rat. Die Schiffleute rechtfertigten die erhöhten Ausgaben auf ihren Reisen. Zoll- und Weggebühren seien gestiegen, zu Paß- und Schmiergeldern sei man verpflichtet, wolle man zügig weiterkommen. Auch sei es schwer, die Schiffe nach der Reise zu verhandeln, „lägen doch dreißig ihrer Fahrzeuge im Wert von fünfzehnhundert Gulden an Straßburgs Lände, dem Verfall preisgegeben." Denn auch sie, die Kaufleute, würden ihre Waren höher veranschlagen, und sie begründeten dies mit den Kriegsgeschehnissen und der Unsicherheit der Wege zu Lande und zu Wasser. Auch die Haftbarkeit der Schiffleute war ein wunder Punkt. Sie wollten die Haftung für einen günstigen Warentransport nicht allein übernehmen. Es sei überlieferter Brauch der Vorfahren, die Ware "mit der hilf gottes" zu transportieren. Der Rhein sei nach wie vor gefährlich, er wechsele seinen Lauf fast täglich, und kein "Schiffmann könne wider Gottes Gewalt, Wasser und Windes Ungestüm etwas ausrichten. Wie ein wackerer Schiffer", so berichtet P. Koelner, "Leib und Leben, Schiff und Geschirr auf das Wasser wage, so solle auch ein Handelsmann auf Gottes Gnade und Glück vertrauen."

Sie verwiesen weiter auf die niederländischen und die oberländischen Schiffer, die nicht verpflichtet seien, für die Warenladung voll zu haften, es sei denn, man habe selber zum Schaden beigetragen und keine Sorgfalt walten lassen.

Auch die lange Dienstzeit der Knechte und Steuerleute war ein Grund zum Aufbegehren. Unter vielerlei Einwendungen würde ihnen der Eintritt in die Zunft verwehrt. So könne der Schifferstand sich nicht entwickeln. Wenn einer fleißig und treu seine Lehrjahre abgedient habe, dauere es noch 10 - 12 Jahre, bis er in die Zunft aufgenommen werde. Das führe dazu, daß sich kaum noch jemand dafür interessiere, der Zunft zu dienen und als Schiffer zu fahren. Natürlich waren die Meister der Zunft bestrebt, die guten und verdienstvollen Reisen zu Tal nur wenigen zukommen zu lassen. Futter- und Brotneid spielten hier eine vorherrschende Rolle, wie so oft im Leben.

Knechten oder "Dörplern" war die Übernahme von Hauptreisen nicht gestattet. Nahmen sie an sogenannten 'großen Fahrten' teil, so waren sie unterbezahlte Kräfte, denen der Gewinnanteil verwehrt war. So blieb es nicht aus, daß erfahrene und kräftige Burschen, des Wartens und der ständigen Benachteiligung müde, den erlernten Beruf aufgaben und sich als Söldner verdingten. Mit dem baslerischen Fähnlein zogen sie lieber als freie Menschen in die Hugenottenkriege.

Diesen wunden Punkt erkannten Rat und Zunft in gleicher Weise. Ständige und lange Verhandlungen führten 1598 zu einer 'reformierten' Ordnung des Wassergewerbes. Sie enthielt als Grundkern die Hauptbestimmungen von 1509. Damit kehrte man zur alten Gemeinschaft zurück, "bei der jeder Meister seine an ihn kommende Kehr abfuhr, mit gleichmäßiger Verteilung des Reingewinns an sämtliche Zunftangehörige." Der Zunftbestand wurde neu festgesetzt auf acht Meister, zwei Steuerleute und vier Knechte. Meistersöhne konnten die Zunft nicht mehr erben. Vielmehr waren sie gehalten, sich ihre Rechte als Knechte und Steuermänner selbst zu erwerben. Der Schiffahrtsbetrieb war und blieb allein das Recht der Zunft.

In der neuen Zunftordnung von 1598 wurde auch erstmals das Postwesen erwähnt. Die erste wöchentliche Briefpost Basel-Straßburg wurde 1569 eingerichtet. Sie war die Vorläuferin der Wasser-Diligencen, wie wir sie aus dem 18. und 19. Jahrhundert kennen. Durch den dreißigjährigen Krieg begannen sich die Schwierigkeiten auch für die Schiffahrt zu häufen. Am Mittel- und Niederrhein war der Basler Wimpel nur noch ausnahmsweise zu sehen. Die großen Gefährte gerieten mit Ausnahme der periodischen Meßfahrten immer mehr in Abnahme. Von den obern Wassern kamen fast nur noch die Glarner Händler als regelmäßige Gäste, um auf ihren platten Lauertannen Schiefertafeln, Käse, Tee und verschiedene Holzsorten nach Holland befördern zu lassen. " Im übrigen", so bemerkt P. Koelner, "beschränkte sich die Schiffahrt fast ausschließlich auf Weidlingsfahrten, indem auch die Warentransporte nach Straßburg zum großen Teil in Weidlingen vonstatten gingen."

In einem Abkommen zwischen Kaufleuten und Schiffern versicherte man 1664, stets mit guten Weidlingen versorgt zu sein. Aber es war trotz allem schwer, durch solche Weidlingsfahrten die Familien zu ernähren. Es kam zu Erwerbsausfällen und zudem noch zu starken Auseinandersetzungen zwischen den Schiffern und verschiedenen Rheinstädten. Neben dem Straßburger Streit, der schon fast zur Tradition gehörte, kamen noch Zollschwierigkeiten mit dem österreichischen Neuenburg und der Markgrafschaft. Zollrückstände von 1642 in Höhe von 12000 Gulden wurden 1666 von der Basler Regierung angemeldet. Diese Zollrückstände seien von den Schiffleuten verursacht worden. Krieg und Seuchen beeinträchtigten das Schiffsgewerbe und behinderten einen Verkehrsfluß bald vollends. So ruhte die Basler Schiffahrt in den Jahren 1668 und 1669 völlig.

Mit Sorgen und Hindernissen ging die Basler Schiffahrt auch in das 18.

Jahrhundert hinein. Als der spanische Erbfolgekrieg ausbrach, verbot der Rat den Schiffleuten und Fischern, und dies bei "höchster Ungnade der Obern, Schiffe und Weidlinge über das baslerische Territorium hinauszuführen und Waren und Personen der kriegsführenden Mächte abwärts zu befördern." Auch der Verkauf von Schiffen an Fremde war untersagt. Dann sperrten die Kaiserlichen den Strom. Man bat den kommandierenden Feldherrn, Ludwig Wilhelm von Baden, Pässe auszustellen, damit Kaufmannsgüter wieder rheinab gelangen könnten. Aber auch hier gab es Querelen und Spannungen, weil die Basler nachts Schiffe talwärts treiben ließen, um die Besatzer zu ärgern. Die Folgen waren für den Schifferstand beängstigend.

So kam es, daß die damals vierzehn Schifferfamilien kümmerlich lebten und sich nur mangelhaft mit Steintransporten durchschlugen und mit 40 Pfund jährlich auszukommen hatten. In der Zeit von 1747 bis 1754 wurden jährlich im Durchschnitt nicht mehr als sieben Schiffe auf die Reise gebracht. Das kann man natürlich kaum noch als 'Schiffahrt' im üblichen Sinne bezeichnen. Hier bilden Fahrten von mehreren hundert bernischen Karlina-Auswanderern eine Ausnahme. Als dann 1750 zweimal in der Woche mit Personen gut besetzte Ordinaria-Diligencen über die Straße nach Straßburg fuhren, erregte dies die Mißbilligung der Schifferleute. Aber der Rat wagte es nicht, ein Diligencen-Verbot anzuordnen, da sie mit dem Wissen des französischen Intendanten verkehrten.

1764 versuchten die Schiffer zu Basel, Schiffe, die österreichisches für den Breisgau bestimmtes Salz geladen hatten, an der Durchfahrt zu hindern. Die Transporte kamen aus dem Inntal, führten über den Bodensee und weiter den Rhein hinab. Die Basler wollten durchsetzen, das Salz müsse an ihrer Schiffslände umgeladen werden, damit der Weitertransport ihren Schiffleuten zugestanden würde. Aber das Zolltraktat von 1733, auf das sich die vorderösterreichische Regierung stützte, besagte, daß das Salz als Kammergut "volle Zoll- und Durchfuhrfreiheit" genieße. Da mußten die Basler Schiffer abermals zurückstecken.

Durch solche und viele andere Mißgünste gerieten die Schiffleute zu Basel immer tiefer in Not und Abhängigkeit. Sie wandten sich an den Rat um Hilfe. Gutachten ergaben und besagten, "es sei ein ganz neuer Vorgang, daß ein ganzes Handwerk aufhöre, Verdienst zu finden und genötigt sei, von seiner Obrigkeit Brot zu begehren." Der Rat versuchte, Härtefälle zu mildern, konnte aber entscheidende Schritte zur Belebung der Basler Schiffahrt nicht durchführen. Selbst um die Jahrhundertwende vom 18. zum 19. Jahrhundert blieben die Schiffleute ein aussterbendes Handwerk mit wenig Aussicht ihre Lage zu verbessern.

### Die Basler Schiffahrt des 19. Jahrhunderts

Seit dem westfälischen Frieden von 1648 hatte man viel über Zollfreiheit und andere Erleichterungen für die Rheinschiffahrt geredet, aber entscheidende Wandlungen wurden nicht vollzogen. Erst im Kongreß zu Rastatt im Oktober 1800 gab der französische Gesandte die ersten Anregungen zu einer völlig freien und unbelasteten Rheinschiffahrt. Der Düsseldorfer Handlungsvorsteher J. A. Böcker, mit den Rheinverhältnissen bestens vertraut, zeigte in einem Memorial entscheidende Möglichkeiten zur Änderung der bestehenden Schwierigkeiten auf. Auch die Basler Regierung wurde mit diesen Akten bekannt gemacht. Darin kam zum Ausdruck, daß die Stadt Düsseldorf einen durchgehenden Warenverkehr bis nach Basel begrüßen würde. Aber auch hier war eine praktische Ausführung schwieriger als zunächst gedacht.

1803 erfolgte ein Reichsdeputationshauptschluß. 1804 trat auf Veranlassung Napoleons die französisch-deutsche Rheinkonvention in Kraft. Darin kam zum Ausdruck, daß der Strom von Straßburg bis zur holländischen Grenze, also der sogenannte "konventionelle Rhein", von allen Zöllen zu befreien, dafür jedoch mit einem gemeinschaftlichen Oktroi zu belegen sei. Hierbei wurden "Köln und Mainz als Stationshäfen mit Umschlagsrecht fernerhin anerkannt." Die Schiffahrt selbst wurde einer Gliederung unterzogen.

Da gab es einmal die große Schiffahrt. Das war die Fahrt durch die konventionelle Rheinstrecke Straßburg bis zur holländischen Grenze, die alle Schiffer, die an dieser Strecke wohnten, durchführen konnten. Die bestehende Stapelgerechtigkeit durfte jedoch nicht umfahren werden. Sodann gab es die kleine Schiffahrt, die sich von einem beliebigen Zwischenhafen nach Köln oder Mainz bewegte. Eine Rückladung durfte dort jedoch nicht aufgenommen werden. Die große Schiffahrt war ausschließlich Sache einer bestehenden Schiffergilde. Die kleine Schiffahrt konnten alle ausüben, die einen Erlaubnisschein ihrer Regierung nachweisen konnten.

In diese bestehende Konvention wurde 1807 noch eine Verordnung aufgenommen. Sie genehmigte den Schiffergilden, daß aufnahmewillige Schiffer sich in Mainz einschreiben könnten. Diese Gildeverordnung stand gar bald nicht mehr alleine. Schiffleute schlossen unter sich Verträge ab und teilten sich so in Direkt- und in Intermediär-Schiffer. Die erstgenannten befuhren den ganzen konventionellen Rhein, die anderen beschränkten sich von ihrem jeweiligen Ausgangshafen bis zu den Stationshäfen Köln und Mainz. Diese Konvention von 1804 war an Basel spurlos vorübergegangen. Aber Basel bemühte sich auch nicht ernstlich, Anschluß an diese Änderungen zu gewinnen. Selbst die Schiffleute zeigten keinen Drang, in die allgemeinen Gilden aufgenommen zu werden. Damit ging ihnen das Recht verloren, in Mainz oder Köln Rückladung aufnehmen zu können.

Die Lauertannen, die sie nach Straßburg, Frankfurt und Mainz talwärts brachten, waren für eine Bergfahrt nicht geeignet. Auch ihre weiteren Talfahrten waren dürftig. 1806 gingen nicht mehr als drei Schiffe nach Frankfurt und Mainz. Wurden einmal zwei- bis dreitausend Zentner bergwärts gebracht, so nur bis

Straßburg und zum badischen Hafen Freistett. Hingegen bewegten sich Bergfahrten von Straßburg nach Basel nur auf kleinen Schiffen mit einer Ladefähigkeit von 250 bis 300 Zentnern.

In dieser Situation kamen Basler Kaufleute auf die Idee, eigene Schiffe auszurüsten und durch fremde Besatzung auf den Weg zu schicken. Andere Händler heuerten badische Schiffer an. Die Beschwerden der Schiffleute hatten Erfolg. Der Rat anerkannte den Meistern der Schiffleutezunft am 22.4.1809, "daß bis auf weitere Verfügung nach dem alten Stapelrecht keinerlei Gut auf dem Rhein abgeladen und abgeführt werden dürfe, als durch die Angehörigen der Schiffleutezunft."

Damit war den Schiffern das Monopolrecht erneut gesichert. Hier und da wurden Neuerungen und Verbesserungen eingeführt, die aber nicht zur vollen Zufriedenheit aller funktionierten. In Verbindung damit mag ein Urteil der Neuenburger Schifferinnung von 1812 interessieren, das diese Situation anschaulich beleuchtet:"...daß die ganze Schiffmeisterschaft von Basel zusammengenommen, ohne Hilfe eines Fremden nicht imstande sei, auch nur ein einziges Schiff bis Neuenburg nach Schiffergrundsätzen und Zunftgesetzen, geschweige denn noch weiter rheinabwärts zu steuern, da dieselbe durchgängig aus Leuten bestehe, welche wohl ein paar Jährchen in Fischerkähnen Spazierfahrten versucht, nie aber die gefährlichen Punkte des Rheinstromes gesehen, geschweige kennen und ihnen begegnen und entgehen gelernt haben."

Es gründete sich ein Handlungs-Komitee, welches diesen Ratsbeschluß von 1809 durchbrechen wollte. Man solle ausländischen Schiffern gegen eine geringe Gebühr Ladung und Abfuhr von der Basler Lände gestatten. Zwanzig Fabrikanten und Geschäftshäuser Basels unterstützten die Forderungen. Diese lauteten auf eine sichere Lände und mehrere Schiffe gleichzeitig, eine Waage an der Lände für ankommende und abgehende Waren, "eine auf strenge Ökonomie berechnete Wassertransitordnung und Festsetzung billiger Frachten", eine festgesetzte, periodische Abfahrt mit festem Zeitplan, genaue Rechtsfestsetzung der Schiffer. Die Zunft möge wenigstens sechs "währschafte" Schiffer stellen, "von denen jeder drei Schiffe besitzen und imstande sein müsse, der Regierung zweihundert Louisdor Kaution zu stellen."

Man führte der Zunft diese Punkte sehr eindringlich vor Augen. Würden sie nicht befriedigend durchgesetzt, sei die Monopolstellung der Zunft in Zukunft nichts mehr wert, vielmehr seien sie, die Schiffleute, auf dem besten Wege, sich den eigenen Berufsstand zu ruinieren. Der Rat befürwortete diese Anregungen seitens der Kaufmannschaft.

Natürlich, und das war allen klar, hatten die ständigen Kriegsereignisse der Revolutionszeit und die Jahre der Herrschaft Napoleons I. den Basler Schiffleuten schwer zugesetzt und ihnen den Auftrieb verwehrt. Die französischen Douanegesetze waren hart und das gesamte linke Rheinufer unterhalb Basel bis an die niederländische Grenze war dieser Härte in wirtschaftlicher Hinsicht voll unterworfen.

1816 baute Basels letzter Schiffermeister Jakob Hindenlang "ein Schiff von zwei Etagen", um damit Übersee-Auswanderer nach Amsterdam zu bringen. Das Oberdeck sollte den 30 - 40 Fahrgästen einen angenehmen Aufenthalt gewähren. Eine solches Unternehmen erweckte Argwohn. Die Behörden ließen das Schiff 'abnehmen'. Der Schiffleutenzunftmeister fand die Konstruktion ungenügend und beantragte Fahrverbot. Erst als der Schiffer das obere Stockwerk hatte abreißen lassen, gestattete man die Abreise. Fahrtberichte von 1823 lassen die Schrecken einer solchen Tour erkennen.

Im übrigen gingen die Querelen mit der Basler Kaufmannschaft weiter. Sie bediente sich nach wie vor badischer Schiffer, um ihre Waren zu transportieren. Das badische Dörfchen Märkt wurde Hauptlagerplatz der Basler Kaufleute. So umgingen sie ihren eigenen Zoll. Im Jahre 1818 wurden nicht weniger als 6000 Zentner Ware an fremde Verfrachter dorthin geschafft. Und da in Basel der Handel 'großgeschrieben' wurde, wollte selbst der Rat den Kaufleuten nicht ans Leder, weil die Zeiten ohnehin hart genug waren und der Handel sehr gelitten hatte. Das Handlungs-Komitee stellte sich dazu noch gegen den Rat und auf die Seite der Kaufleute und Händler. 1818 genehmigte der Kantonsrat die Vorschläge der vom Kaufhaus festgesetzten Frachtbestimmungen. Daraufhin schickte die Handlungskammer einen Sekretär als Abgeordneten zu den bekanntesten Rheinplätzen, um Erkundigungen einzuholen und Verhandlungen anzubahnen.

Die in Mainz tagende Rheinschiffahrtszentralkommission betrachtete man damals als die Stelle, die die Rheinverhältnisse auf eine völlig neue Grundlage zu stellen versuchte. Hier wollten die Basler Fühlung aufnehmen und sich orientieren. Der Ausschuß bestand aus sämtlichen Rheinanliegerstaaten, die Schweiz ausgenommen. Der Auftrag bestand darin, "die durch die Kongreßmächte zu Wien ausgesprochene Stromfreiheit in allen ihren Beziehungen in Ausübung zu bringen und in einer definitiven Konvention niederzulegen." - Diese Tagungen fanden seit 1816 statt. Aber in den weiteren zwei Jahren war man über die ersten Stationen grundlegender Neuorientierung nicht hinausgekommen, da ein jeder Staat Sonderinteressen beanspruchte und diese auch durchgesetzt sehen wollte.

Das Ersuchen des Basler Gesandten, in Mainz Zulassung zu bewirken, erfüllte sich nicht. Da versuchte es der Vertreter über einzelne Mitglieder des Ausschusses, wo er auch Gehör fand. So war es der holländische Gesandte, der dem Basler zusicherte, alles zu versuchen, der Schweiz eine freie Schiffahrt zu sichern. Auch Bayern und Nassau sprachen zu Basels Gunsten, während Baden abweisend blieb, Frankreich verhielt sich passiv. Der Gesandte Friedrich Wilhelms III. reagierte ablehnend. Und der Basler Sekretär His schrieb an seine Auftraggeber:"Preussen spielt bei den Verhandlungen der Zentralkommission die fatalste Rolle, indem dieser Staat sozusagen allein und dies wegen dem Lokalinteresse von Köln die Anwendung der Wiener Akte hemmt."

Der Niederländer verschaffte His Protokollabschriften. So konnte sich Basel einen genauen Einblick in die Vorgänge verschaffen. Nicht zuletzt waren es zwei Punkte, an denen Basel scheiterte: 1. Die Zentralkommission hatte bereits früher beschlossen, keine Schiffer mehr in die Gilde aufzunehmen, da eine Größenordnung erreicht war, die man für ausreichend hielt. 2. Preußen hielt an der Auffassung fest, "die Wiener Akte könne nur gleichzeitig in allen Teilen angewendet werden." Aber man empfahl den Baslern, wenigstens fremde Schiffer zuzulassen, damit ihnen weitere Verhandlungen offen blieben.

Mit diesen Erkundungen und Erfahrungen heimgekehrt, wertete die Kaufhauskommission diese sogleich zu ihren Gunsten aus. 1819 trat das neue Reglement in Kraft, sehr zur Mißbilligung der Zunftmeister. Es beinhaltete, daß jeder fremde Schiffer, der Ware nach Basel brachte, und solche als Rückladung verlangte, sich beim Kaufhausschreiber melden und einschreiben lassen mußte. Er hatte bis Breisach einen Basler Steuermann zu nehmen und diesem 24 Franken zu zahlen. Bis zu 400 Zentnern war eine Kaution von 1000 Franken nötig, bei überschweren Ladungen 2000 Franken. Das Lademaximum waren 800 Zentner. Hierzu schreibt P. Koelner:

„Es war eine gewaltige Wassermacht, welche sich in der Kauffahrteiflotte der vier Basler Schiffergeschäfte um 1820 verkörperte. Neben sieben eichenen Spitzschiffen, deren schön gewählte Benennungen wie 'der kleine Amor', 'die gute Hoffnung', 'die Veränderung' ect. über die Dürftigkeit des Betriebes nicht hinwegtäuschen konnten, beherbergte die Schifflände gegen ein Dutzend namenloser Lauertannen von dreihundert bis achthundert Zentnern Tragfähigkeit."

Daraus ersehen wir nur zu gut, wie es um die Basler Schifferzunft jener Zeit bestellt war, und welch geringe Rolle sie in einer Zeit spielte, die starken Veränderungen ausgesetzt war. Eingaben an die Zentralkommission blieben unbeantwortet. Eine Verschärfung der Sachlage trat ein, als Frankreich und Baden 1821 eine Oktroikonvention abschlossen. Dadurch wurden die Waren Basel-Straßburg einer höheren Zollerhebung unterworfen. Das war im Grunde gegen die Wiener Akte, die eine freie Schiffahrt auf dem Rhein proklamierte. Basel wandte sich hilfesuchend an die eidgenössische Behörde. Damit wurde die Basler Angelegenheit eine schweizerische. In Zürich reagierte man kühl. Man dachte nicht daran, "die Rheinschiffahrt zu einer allgemeinen schweizerischen Angelegenheit zu stempeln."

Auch Frankreich reagierte auf eine diesbezügliche Note kühl. Die Mainzer erklärten, die Basler Schiffleute "seien keine Rangschiffer und ständen außer dem von der Zentralkommission festgesetzten Zulassungrecht." Auch Baden reagierte nicht anders. Die Folge war, daß die Basler Schiffahrt den Rest ihrer Eigenständigkeit einbüßte und daß Fremde sich mehr und mehr in das Gewerbe drängten. 1824 waren es vierzehn eingeschriebene Fremde, 1827 schon zweiundzwanzig, und 1831 gar zweiundvierzig. Die Schiffleutezunft war damit fast ausgeschaltet und mehr ein Hindernis auf dem Wege nach vorn.

Am 17. Juli 1831, also nach fünfzehn Jahren, konnte die internationale Zentralkommission zu Mainz ihr Werk als gelungen vorstellen. Damit trat das von ihr erarbeitete Rheinschiffahrts-Reglement in Kraft.

Die wichtigsten Bestimmungen waren diese: "Aufhebung der Umschlagsrechte in Köln und Mainz; die Errichtung von Freihäfen längs des Rheinufers seitens der beteiligten Regierungen, freie Schiffahrt auf- und abwärts auf dem Strom, von da an, wo er schiffbar wird bis in die See, für alle nach Vorschrift patentierten Schiffer der Uferstaaten des Rheins und der sich in ihn ergießenden Nebenflüsse."

Auch dieses Mal unterzeichnete die Schweiz nicht. 1832 reichte ein Handlungs-Komitee dem Kleinen Rat ein Konzept ein, um in die Abkommen einbezogen zu werden. Aber die inneren Schwierigkeiten der Basler häuften sich. Der 1835 in Betrieb genommene "Canal Monsieur" ließ neue Veränderungen eintreten. Schon 1839 transportierte man auf dem Hüninger Kanal 234500 Zentner Waren aller Art oder 39% der Gesamteinfuhr. Hingegen waren es auf dem Rhein nur 355 Zentner zu Berg. Damit war die Bergfahrt nach Basel so gut wie tot. Die badischen Schiffer beschränkten sich auf die Strecke Straßburg-Mannheim. Dort richteten sie eine "Beurtfahrt" ein. Die Basler verkauften wie in früheren Zeiten ihre Spitzschiffe nach der Talfahrt. 1839 ließ man die hinderliche Rangordnung fallen. Damit war die letzte Zunftschranke des Basler Rheinverkehrs beseitigt. Die Waren konnten frei versandt werden. Die Kaufmannschaft schloß mit den Schiffern Verträge ab.

Jetzt wurden größere Schiffe notwendig. Man versuchte, eichene französische Spitzschiffe anzukaufen. So wurden zwei ältere Modelle von je 800 Zentnern Laderaum erworben. 3000 Franken mußten hierfür aufgebracht werden. Ein drittes Schiff, 1500 Zentner tragend, wurde bei einer Hüninger Werft in Auftrag gegeben. Aber dies alles geschah zu einer Zeit, da die Dampfkraft an Bedeutung gewann und ein neues Zeitalter der Schiffahrt einleitete.

## Wie der erste Schleppzug Basel erreichte

Es sollte danach noch fünfundsechzig Jahre dauern, bis die Schiffahrt nach Basel den Durchbruch erzielte.

Ausschlaggebend hierfür waren die gewaltigen Veränderungen, die durch das in England einsetzende Industriezeitalter im 19. Jahrhundert eingetreten waren. Die vermehrten Kohleförderungen an Rhein und Ruhr, der Bau von dampfgetriebenen Schiffen und die Verträge von Wien 1815, Mainz 1831 und Mannheim 1868, deren Inhalt sich für eine ungehinderte Schiffahrt auf dem gesamten Rheinstrom aussprachen, schufen nun erst eine halbwegs solide Grundlage, auch die Schiffahrt bis nach Basel in die Planungen einzubeziehen.

Bereits am 28. Juli 1832 traf das erste Personendampfschiff, die "Stadt Frankfurt", in Basel ein. Damit war ein Schritt nach vorn getan, der große Hoffnungen weckte, der einseitigen Basler Schiffahrt doch noch eine Zukunft zu verheißen. Danach erhielten 1837 die Gebrüder Oswald die Genehmigung, eine Dampfschiffahrtslinie zwischen Strasbourg und Basel zu betreiben. Hier, so warb man, hätten alle anfallenden Waren direkten Anschluß nach Rotterdam und London. Im Jahre 1840 betrieb auch der "Adler des Oberrheins" regelmäßige Fahrten zwischen Basel und Strasbourg. Dieses Dampfschiff gehörte mehreren Kaufleuten. Beide Linien mußten bereits nach etlichen Jahren durch die Konkurrenz der Eisenbahn ihren Betrieb als unrentabel einstellen. Noch nahezu sechzig Jahre mußten die Menschen warten, bis sie einem sehnlichst erwarteten Ereignis beiwohnen konnten: der Ankunft des ersten Schleppzuges mit Fracht nach Basel.

In diesem Zusammenhang sollte eines Mannes gedacht werden, der auf diesem Wege Pionierleistungen vollbracht hat: Rudolf Gelpke (1873-1940). Der junge Ingenieur, Sohn eines Basler Kaufmanns, machte sich zeitlebens Gedanken darüber, wie die Schweiz Anschluß an die Großschiffahrt der neuen Zeit finden könnte. 1895 taucht die Frage nach der Fortführung des Hüninger Kanals bis auf das Basler Gebiet, angeregt duch die Strasbourger Behörden, auf. Gelpke war kein Befürworter dieses Projektes, obwohl die Schweizer Bundesversammlung 1896 zustimmte und 1 Million Franken bereitstellen wollte. Aber die preußischen Behörden zogen nicht mit, und so wurde dieses Projekt 1902 fallen gelassen. Erst nach dem Ersten Weltkrieg konnte dieser Hüninger Kanal zum Kleinhüninger Rheinhafen hin geöffnet werden.

Als im Jahre 1902 Gelpke's Publikation unter dem Titel "Die Ausdehnung der Großschiffahrt auf dem Rhein von Strasbourg nach Basel, eine technische und wirtschaftliche Studie zur Förderung der Binnenschiffahrts-Bestrebungen in der Schweiz" herauskam, schien die Zeit reif, einen neuen Vorstoß in dieser Richtung zu wagen. Die Oberrheinischen Handelskammern argumentierten, eine Großschiffahrt über Mannheim hinaus sei nie und nimmer möglich. Man möge sie vergessen. Hierzu muß man wissen, daß um die Jahrhundertwende der Rhein nach Basel nur zwischen Mai und September schiffbar war. Erst müßten, so glaubte man, bessere Fahrwasserverhältnisse geschaffen werden, bevor man an einen Aufstieg Basels in schiffahrtstechnischer Hinsicht denken könne. Die Vorbilder Köln, Mainz und Mannheim waren auf Basel lange Zeit nicht anwendbar.

Nachdem Gelpke's Schrift die nötige Beachtung in Fachkreisen gefunden hatte, setzte sich dieser mit Johann Welker in Verbindung, um eine erste Versuchsfahrt in die Wege zu leiten. Der Mainzer Schleppdampfer "Justitia" gehörte den Gebrüdern Bossmann. Diese erklärten sich für eine solche Versuchsfahrt bereit.

"Am 24. August 1903", schreibt Albin Breitenmoser, "traf die 'Justitia' unter dem Jubel der Bevölkerung in Basel ein. Gelpke hatte während der Fahrt eine vorzügliche Fahrwasserkarte erstellt."

Die zweite von Gelpke verfaßte Schrift erschien 1904. Sie trug den Titel: "Zur Kritik der oberrheinischen Binnenschiffahrtsprojekte unter besonderer Berücksichtigung der Ausbildung der Rheinstromstraße zwischen Basel und Mannheim". Darin schrieb er: " Mit dem Jahre 1903 beginnt für die Schweiz eine neue Aera in der Entwicklung der Verkehrstechnik. Zum ersten Male hat in den Tagen vom 22.-26. August des betreffenden Jahres ein Dampfer die korrigierte Oberrheinstraße zwischen Strasbourg und Basel befahren. Damit erhielt die Schweiz direkte Fühlung auf dem Wasserweg mit dem Meere."

Es ging ihm darum, den Beweis zu erbringen, "daß bei einer weitsichtigen, nicht durch lokale oder politische Erwägungen eingeschränkten Beurteilung des Oberrheins als Großwasserstraße die Schiffahrtsverhältnisse des Stromes mit geringen Mitteln in vorzüglicher Weise verbessert werden können, sobald die hydrographische Einheit des Stromgebietes als Grundlage dienen kann."

Was der Schlepper 'Justitia' ein Jahr zuvor mit 180 PS alleinfahrend einleitete und was als Versuchsfahrt der Vorbereitung diente, sollte im Frühsommer 1904 als ein Ereignis ersten Ranges gewertet werden, welches Basel den Anschluß an die Großschiffahrt brachte. Auch hier war Gelpke der Initiator. Durch die Vermittlung Emil Ziegler's kaufte die Basler Gasanstalt 300 t Kohle im Ruhrgebiet. Eine Auflage besagte, diese seien als Schiffsladung nach Basel zu transportieren. Der Schraubendampfer 'Knipscheer IX' der AG für Transporte und Schleppschiffahrt wurde hierfür vorgesehen. Aber wer stellte das Schiff? Hier war guter Rat teuer, denn die Gefahrenquellen waren allgemein bekannt, dazu die Strecke gefährlich und wild. An der Ruhrorter Schifferbörse gewann man endlich den 32jährigen Schiffer Johann Kirchgässer aus Oberwesel, der sich bereit erklärte, mit seinem Kahn 'Christine' die Reise anzutreten.

Der Schleppzug lichtete in Duisburg-Ruhrort am 24. Mai 1904 die Anker. Als man Strasbourg erreichte, nahm Schiffer Kirchgässer den Lotsen Müssig aus Mannheim und den Hilfsmann Wilhelm Bender aus Strasbourg an Bord. Zuvor hatte man für die Weiterfahrt die Genehmigung beim Strasbourger Rheinschiffahrts-Inspektor einzuholen. Am 31. Mai konnte die Fahrt fortgesetzt werden. Aber die Situation wurde kritisch: der Pegel zeigte 2 m Wasser, die 'Christine' hingegen war 1,40 m tief abgeladen. Gleich oberhalb der Kehler Brücken erreichte der Schleppzug eine erste größere Gefahrenstelle. Auf der Fahrt durch die reißende Strömung sah sich der Kapitän genötigt, so dicht wie möglich das Ufer und die vorgelagerten Sandbänke anzulaufen, weil dort die Strömung abgeschwächt und der Schleppzug weniger gefährdet war.

Dann aber bildeten die Neuenburger Brücken eine neue Gefahrenquelle. Hier ging es so dramatisch zu, daß man den Originaltext einer Schilderung lesen sollte, die wir dem "Schaffenden Rhein" des Koblenzer Rheinmuseums entnehmen: "Der Kapitän war gezwungen, durch eine sogenannte Binnenkehl zu fahren. Mit unerhörter Geschwindigkeit brauste der Strom zwischen den Pfeilern der Brücke hindurch. Im Maschinen- und Kesselraum des Dampfers wurden alle Register gezogen. Die Schrauben liefen auf höchsten Touren und entgegen allen Vorschriften zitterte der Zeiger des Manometers weit über dem roten Strich. Der Schiffsleib des Schleppers bebte unter den Stößen der mit äußerster Kraft arbeitenden Maschinen, aber der Schleppzug ging keinen Zentimeter mehr voraus.

An dieser Lage wurde auch nichts geändert, als die am Ufer stehenden 50 bis 60 Bauern sich vor ein Drahtseil spannten und ihre Muskelkraft einsetzten, um dem Schleppzug über diese starke Stromschnelle hinwegzuhelfen. Man versuchte ein letztes. Eine Schlepptrosse wurde am Ufer stromaufwärts an einem starken Baum befestigt und mit dem Ankerspill hereingedreht. Außerdem brachte man zur Entlastung des Schleppzuges den Nachen des Dampfers an Land. Langsam, Zoll für Zoll, brachte man nun Schlepper und Kahn vorwärts. Auf dem Kahn 'Christine' stieg das Stauwasser vor dem Bug über die Schiffsplanken auf das Verdeck, und die Befürchtungen des Schiffers in diesen Augenblicken, daß sein Kahn unter Umständen unter Wasser gezogen werden könnte, waren nicht so ganz abwegig."

Nachdem auch das letzte Hindernis, die Isteiner Stromschwelle, geschafft war, konnten Kapitän und Schiffsführer aufatmen. Der 2. Juni 1904 war ein Donnerstag, als abends um 18.55 Uhr der Schleppzug mit seinen 300 t Ruhrkohle in Basel-St. Johann eintraf. Dies war ein historischer Moment. Böller wurden geschossen, alle Glocken läuteten, ein gewaltiges Fahnenmeer war aufgeboten, um der besonderen Freude Ausdruck zu geben.

Die von Gelpke vorausgesehene Möglichkeit, der Schweizer Großschiffahrt zum Durchbruch zu verhelfen, hatte sich erfüllt. Was sich dann nachträglich mit diesem Schleppzug ereignete, sollte in keiner Weise das Verdienst dieser Männer schmälern, die alles gegeben hatten, um ihr Ziel zu erreichen.

Als am 13. Juni die Talfahrt beginnen sollte, nachdem am 'Basler Totentanz' eine neue Ladung Naturasphalt gebunkert war, fiel der Schleppzug bei dem Wendemanöver einer Havarie zum Opfer. Schiffer Kirchgässer, seine Frau Christine und die Lotsen Jean Ringel und Wilhelm Bender konnten rechtzeitig abspringen. Kleider und Wertpapiere hatte der Schiffer vorsorglich in einem Koffer verpackt.

Zunächst stieß der Schlepper unterhalb der Johanniterbrücke beim Wenden gegen die Uferböschung auf der rechten Uferseite. Dabei brach die 32 mm starke Schlepptrosse. Die 'Christine' trieb führerlos talwärts. Die vielerlei Versuche, eine Trosse anzubringen, schlugen fehl. Der Kleinhüninger Schiffer Wüsler und die Gebr. Bürgin kamen mit einem Weidling der bedrohten Schiffsbesatzung zu Hilfe und nahmen sie an Bord. Nachdem Johann Kirchgässer als letzter abgesprungen war, trieb die 'Christine' auf die hölzernen Eisbrecher zu, die kurz danach zusammenbrachen. Die Asphalterde aus dem bernischen Jura versank mit dem Schiff.

Zu allem Elend zitierte man Johann Kirchgässer vor das Lörracher Rheinschiffahrtsgericht. Dort stellte man fest, daß er ohne Patent nach Basel gefahren war. Um jedoch seine Pioniertat nicht zu schmälern, verurteilte man ihn zu einer Mindeststrafe von 20 Mark, die er, wie man munkelte, nie gezahlt hat.

In einem vierseitigen Brief vom 10. April 1953 nahm Johann Kirchgässer noch einmal zu den damaligen Ereignissen Stellung. Da lesen wir auf Seite 4: "Ein

Versuch, einen Strang an Land zu bringen, ist mißlungen. Mein Schiff schwoite ein, ich ließ sofort Buganker folgen. Da das Flußbett dort voller Felsen ist, zerriß die Ankerkette. Dem Notanker, der sofort gesetzt wurde, erging es ebenso. Wir holten den Heckanker nach vorn, versehen mit einem starken Drahtseil und warfen denselben ebenfalls über Bord. Somit waren meine drei Anker verloren. Hilflos trieben wir auf deutsches Gebiet. Wir versuchten nochmals einen Strang an Land zu bringen, obwohl etwas Geeignetes zum Festmachen nicht in Sicht war. Auch dieser letzte Versuch scheiterte.

Somit war unser Schicksal besiegelt. Mein Schiff 'Christine' trieb gegen die Eisbrecher der Hüninger Schiffbrücke und zerschellte. Mit knapper Not hatten wir unser Leben gerettet.

Bei dieser Pionierarbeit hatte ich mein Hab und Gut verloren. Zum Dank dafür wurde ich vom Rheinschiffahrtsgericht in Lörrach noch bestraft, weil ich ohne Schifferpatent bis Basel gefahren bin.

Ich frage jeden vernünftigen Menschen, wer hat Kolumbus bestraft, weil er ohne Patent als erster nach Amerika gefahren ist? Undank ist der Welt Lohn.

Johann Kirchgässer
Oberwesel
Langgasse 5."

Für Rudolf Gelpke war dieser Durchbruch ein Anlaß, den "Verein für die Schiffahrt auf dem Oberrhein" zu gründen.

Danach folgten in gewissen Abständen weitere Fahrten mit Personenschiffen sowie mit Schleppzügen. "Bis zum ersten Weltkrieg", schreibt Albin Breitenmoser in 'Strom und See', "nahm die Basler Regierung die Gelegenheit wahr, im Benehmen mit der AG für Transporte und Schleppschiffahrt vorm. Joh. Knipscheer sowie mit der Reederei Fendel den Beweis für die Wirtschaftlichkeit der Rheinschiffahrt zu erbringen.

Seit dem 2. Juni 1904 bis Ende 1963 sind in den Rheinhäfen beider Basel insgesamt über 110 Millionen t Güter umgeschlagen worden. Ein Rückblick auf 60 Jahre Rheinschiffahrt nach Basel kann uns darum nur mit großer Genugtuung erfüllen."

## Die Rheinhäfen beider Basel heute

Vor dieser geschilderten Probefahrt eines ersten Schleppzuges war der gesamte Oberrhein lange Zeit praktisch unbefahren und ungenutzt geblieben. Die letzten Schiffe verfielen, die Schiffer hatten den Mut verloren und wagten nicht mehr zu investieren, die 'Schiffleutenzunft' hatte das einst so schmucke Zunfthaus 1838 für 15000 Franken dem Staat auf Abbruch verkauft, da die Zufahrt zur Rheinbrücke einer Erweiterung bedurfte. Dabei mußte auch das alte Rheintor daran glauben.

Im Jahre 1839 wurde dann das Zunfthaus abgerissen, sehr zum Mißfallen der

Bürger, die die alten Traditionen dahinschwinden sahen. Das Aufkommen der Eisenbahn war erstes Alarmsignal bevorstehender Wandlungen. Linksrheinisch war es die Strasbourger Bahn, und auf der anderen Rheinseite die badische Bahn, mit deren Bau begonnen wurde.

Wenn auch die Ankunft des ersten Dampfschiffes in Basel am 28. Juli 1832 für einen ersten neuen Auftakt gesorgt hatte, und im Sommer 1838 auf dem Rhein-Rhone-Kanal ein Basler Dampfer von Pferden zu Berg getreidelt wurde, und um 1840 die Dampfer des "Service général de Navigation" eine Personenschiffahrt einzurichten gedachten, ein Plan der an vielerlei Schwierigkeiten scheiterte, so waren diese Anzeichen einer Wandlung jedoch kurzlebig und konnten die Basler Schiffahrt in keiner Weise beleben.

Erst als der junge Ingenieur Rudolf Gelpke seine Stimme erhob und durch seinen nimmermüden Einsatz und die Verbreitung seiner Fachschriften die Dinge wieder in Fluß brachte, kam es zu jener 'durchbruchverheißenden' Fahrt des ersten Schleppzuges im Jahre 1904. Selbst die Havarie beim Wendemanöver konnte die Entwicklung nicht aufhalten. Es kam am 3. Dezember 1904 zur Gründung des „Vereins für die Schiffahrt auf dem Oberrhein", von Gelpke tatkräftig unterstützt.

So lesen wir in der Basler Wochenschrift "Der Samstag" unter dem 4. Februar 1905: "Die kulturgeographische Bedeutung Basels. - Am Fuße des Basler Münsters liegt der Scheitelpunkt der schönsten Stromkurve, welche die Natur je gebildet hat. Sie vermittelt den Übergang der großen Weltstraßen von Osten nach Westen, vom Schwarzen Meer nach dem Atlantischen Ozean, und von Süden nach Norden, vom Mittelländischen Meer nach der Nordsee. Und die ehrwürdige Kathedrale selbst verkörpert gleichsam den Schnittpunkt und ihre schlanken roten Türme bilden die Wegweiser der hier sich kreuzenden Verkehrsstraßen. Merkwürdigerweise hat die Natur gerade das stille beschauliche Basel zum wichtigsten Verkehrszentrum Mitteleuropas auserkoren. Es ist nicht der kosmopolitische Geist der Stadt, sondern ihre unvergleichliche Lage, die wie ein Magnet anziehend wirkt auf die vom Atlantischen Ozean, von der Nordsee, vom Schwarzen Meer und vom Mittelmeer her nach dem Innern des Kontinents sich hinziehenden Verkehrsstraßen."

Das war für die damalige Zeit und die oberrheinische Schiffahrts-Situation äußerst mutig und weitblickend. Der Nationalrat Paul Speiser, erster Präsident des neu gegründeten Vereins, schrieb 1935 in seinen "Erinnerungen" über den Pionier Rudolf Gelpke: "Wenn große Aufgaben verwirklicht werden sollen, so muß ein Mann dabei sein, der von Anfang an nach den letzten Zielen drängt. Nur so bleiben sich alle Mitarbeiter der Größe der Aufgabe bewußt und beruhigen sich nicht bei kleinen Erfolgen. Ich denke mir immer, daß Kolumbus Gelpkes Art gehabt habe."

Im gleichen Jahre 1935 schrieb Gelpke selber jene Gedanken nieder, die, fünf

Jahre vor seinem Tode, so weittragend und dankerfüllt klingen, daß sie hier noch einmal in Erinnerung gerufen werden sollen. "Strom und See" druckte sie schon einmal 1964 zur Feier der "60 Jahre Großschiffahrt nach Basel" auf das Titelblatt der Gedenkschrift:

"Die Jahre wechseln und mit ihnen die Aspekte und Aufgaben. Der Ausgangspunkt für die Sammlung der Schiffahrtsfreunde in einer geschlossenen Organisation war die Katastrophe des ersten Talschleppzuges vom 13. Juni 1904. Damals schien alles verloren. Doch die Not jener verzweifelten Tage steigerte auch den Willen zur Tat. Beträchtlich ist die Zahl der Pioniere der Tat, welche den wilden Strom mit kräftigen Schleppern und Personenbooten bis nach Basel stromaufwärts durchfurchten.

Von den Mühsalen, welche - ganz abgesehen von einigen auf den Stromverkehr nicht eingestellten Fähren, beweglichen und festen Brücken - die zerfaserte, fortwährend ihre Laufrichtung wechselnde Talrinne mit den Untiefen und lokalen Gefallabstürzen den Schiffern in früheren Jahren bereitete, sind nur noch Wenige in der Lage, aus eigenen Erlebnissen zu berichten. So mußten kleinere und größere Unfälle in großer Zahl, verursacht teils durch Aufgrundgeraten in seichten Übergängen - wobei es vorkam, daß die Anhangschiffe den Dampfer rammten und in ein halbes Wrack verwandelten -, teils durch Anprall an die Eisbrecher oder Hängseile der Schiffbrücken und Fähren - wo bisweilen die Schornsteine der Boote durchschnitten wurden und die auf dem Steuerstuhl weilenden Kapitäne, Lotsen und Steuerleute in die höchste Gefahr gerieten, erschlagen zu werden -, als unvermeidliche Schicksalsschläge hingenommen werden.

Das Gefühl der Bewunderung und Hochachtung für diese inzwischen größtenteils verstorbenen Helden des Alltags, welche im Kampfe mit den entfesselten Elementen ihre Pflicht bis zum Äußersten erfüllten, ist im Schreibenden als ehemals aktiv Mitbeteiligten bis auf den heutigen Tag lebendig geblieben. Möge der Blick ins Weite und der traditionelle Geist wechselseitigen Verbundenseins mit der Verknüpfung anstatt der Spaltung der Interessen sich durchsetzen und segensreich auswirken."

Die lange gespaltenen Interessen haben sich dank der gewaltigen Vorarbeit Rudolf Gelpke's vereinigen lassen. Leider war es ihm nicht vergönnt, die Ernte seiner ausgeworfenen Saat noch zu erleben. Wenn auch der bevorstehende Krieg vorerst eine Stagnierung brachte, so ging es danach um so zügiger voran. Die heute ganzjährig betriebene Großschiffahrt nach Basel wurde so erst in unserem Jahrhundert verwirklicht. Alles hat Zeit und Reife nötig, und so sind die Stromregulierungen und der Ausbau des Fahrwassers erste Grundvoraussetzungen hierfür gewesen. Recht bald schon nach Eintreffen des ersten Ruhrkohle-Schleppzuges ging man daran, Hafenanlagen zu errichten, die ein geordnetes Liegen, Be- und Entladen ermöglichten.

So kam es im Kanton Basel-Stadt 1906-1911 zum Bau des linksrheinischen Hafens St. Johann: Eben an jener Stelle, wo 1904 der erste Schleppzug landete und entladen wurde. Gegenüber St. Johann, vom Klybeck- und Rheinquai bis zur Landesgrenze baute man von 1919-1926 die gewaltigen Hafenanlagen von Kleinhüningen sowie das Hafenbecken I. Das Hafenbecken II baute man von 1936 -1942. Die Bauetappen der Häfen im Kanton Basel-Landschaft fallen in die Jahre 1937-1940: Birsfelden und Au auf der linken Rheinseite. Eine Erweiterung erfolgte nach 1950. Während im Jahre 1930 erstmals eine Million Jahrestonnage umgeschlagen werden konnte, waren es 1950 bereits 3 Millionen Tonnen.

Die gewaltigen Zerstörungen des zweiten Weltkrieges bei der Flotte selbst, bei Brücken, Hafen- und Verladeanlagen legten die gesamte Rheinschiffahrt lahm. Davon war selbst die neutrale Schweiz betroffen. Die Bombardierung des Stauwehrs von Kembs in der Nacht vom 6. auf den 7. Oktober 1944 ließ durch den plötzlichen Wasserabfluß die Basler Rheinhäfen 'trocken fallen'. Man war gerade mit der Rheinregulierung zwischen Strasbourg und Istein beschäftigt, woran auch die Schweiz beteiligt war, als diese Bombardierung ein großes Werk vernichtete.

Aber bereits gegen Jahresende 1945 wurde die Schiffahrt wieder langsam in Gang gebracht, und als ein weiterer Markstein ist der 29. April 1946 zu werten: an diesem Tage traf das erste Schiff wieder in Basel ein. Immer scheinen es für Basel Erstbefahrungen zu sein, die im Gedächtnis haften bleiben; immer sind es Nieder- und Rückschläge, die es zu meistern gilt, und immer wieder sind es Pioniertaten, die den Verkehr zu Wasser nach Basel vorantreiben.

Die Rheinzentralkommission tagte erstmals wieder am 5. November 1945 mit den Außenministern von Großbritannien, Frankreich, der USA, der Niederlande und Belgien in London. Noch fehlte die Schweiz. Bereits am 20. November des gleichen Jahres in Strasbourg jedoch war sie gleichberechtigtes Mitglied. Die Schweiz bemühte sich, auch Deutschland wieder in diese Rheinzentralkommission aufzunehmen. Schon am 11. Juli 1950 wurde erstmals seit 1936 wieder eine deutsche Delegation eingeladen. Aber bereits vorher, am 10. Dezember 1949, durften deutsche Schiffe wieder die deutsche Flagge hissen. Die Freiheit der Rheinschiffahrt wurde somit erneut sichergestellt. Damit war die alte Mannheimer Schiffahrtsakte von 1868, von den Führern des 'Dritten Reiches' am 14. November 1936 für ungültig erklärt, wieder mit Leben erfüllt. Die Schweiz öffnete ihre Hafenanlagen den Schiffen aller Nationen, und am 30. September 1948 erreichte bereits das erste deutsche Rheinschiff seit der Beendigung der Kriegshandlungen die Stadt Basel.

Die Hafenanlagen zu Basel sind eine betriebliche Einheit und laufen unter der Bezeichnung "Rheinhäfen beider Basel". Verwaltet werden sie vom Rheinschiffahrtsamt Basel. Auch die schiffahrtspolizeilichen Vorschriften für die Großschiffahrt auf dem Rhein zwischen Basel und Rheinfelden werden von diesem Amt wahrgenommen. Diese "Rheinhäfen beider Basel" stellen aber keine Zollfreihäfen dar, "... sondern Binnenhäfen mit Möglichkeiten zollfreier Güterlagerung", wie ein Hafenprospekt bescheinigt.

So sind seit dem Anlaufen des ersten Schleppzuges am 2. Juni 1904 mit den ersten 300 t Ruhrkohle, bis Ende 1966 in den Rheinhäfen beider Basel insgesamt 8 Millionen t Güter umgeschlagen worden. Heute sind die Rheinregulierungen soweit vorangetrieben worden, daß große Selbstfahrer und Schubeinheiten nach Basel fahren, als sei es nie anders gewesen. Die Umschlagsziffern stiegen bis 1974 auf 9 Millionen Tonnen. Jährlich fahren nahezu 12000 Schiffseinheiten in die Basler Häfen.

Im Kampf mit den Naturgewalten des Stromes wie mit den Widrigkeiten, wie sie Menschen nun einmal untereinander schaffen, haben die führenden Köpfe des Schiffahrtsgedankens einen Weg geebnet, der Basel heute eine führende Stellung im internationalen Verkehr allgemein einräumt. Man nannte Basel die "Wasserstadt am Dreiländereck". Es wurde daraus das "goldene Tor der Schweiz".

Wenn Basel heute in Kleinhüningen, St. Johann, Birsfelden und Au im Kanton Basel-Landschaft über modernste Hafenanlagen verfügt, so ging jedoch alles von der Basler Schifflände und dem Zunfthaus und der alten Brücke von 1226 aus. Hier nahm die Basler Schiffahrt ihren Anfang, die heute eine Ausstrahlung internationaler Prägung hat.

# V.
# OBER- UND MITTELRHEINISCHE SCHIFFE IM MITTELALTER

## Die Entwicklung des "Oberländers"

Die Schiffe des Ober- und Mittelrheins zeigen bei näherer Betrachtung eine sich ergänzende Verwandtschaft. Wenn auch rein äußerlich verschieden gezimmert, so ist doch durch wirtschaftliche und strukturelle Erwerbsbedingungen eine gewisse Gemeinsamkeit vorgezeichnet. Durch den Waldreichtum des Neckartales und des Oberrheines war die Voraussetzung für ständigen Schiffsneubau gegeben, denn die Schiffe wurden nach der Talfahrt zumeist verkauft. Auch war Holland immer an gutem Bauholz für seine gewaltige Flotte interessiert, und so hatte die heimische Holzindustrie stets einen florierenden Absatz, denn rheinisches Schiffbauholz war sehr begehrt.

Beeinflußt wurde dieser Verkehr zu Wasser durch die drei wichtigsten Schifferzusammenschlüsse, nämlich Strasbourg, Mainz und Köln, die sich vorbehielten, die sogenannten "großen Fahrten" zu regeln und aufzuteilen. Strasbourg dürfte die älteste Schiffleutzunft besessen haben. Sie bestand 1331 als Handwerkerzunft und besaß seit 1350 eine eigene Verfassung. Die Mainzer Schiffergilde wurde erstmals 1332 erwähnt. 1462 aufgehoben, fand schon 1468 eine Neugründung statt. Berthold v. Henneberg gab ihnen 1476 die Benennung "Bruderschaft Ordenung und geselschaft ihrer hantierunge und hantwerken berurende".

Für Mainz gilt neben dem Schifferhandwerk auch die Tatsache, daß Vilzbach als Mainzer Vorstadt seit der römischen Zeit eine bedeutende Schiffbautradition hatte. So schlossen sich hier im 15. Jahrhundert die Zimmerleute zu einer Zunft zusammen, zu der ihnen Kurfürst Wolfgang im 16. Jahrhundert den Statutentext verlieh, der den Titel trug: "Ordenung der Schiffbauern zu Vilzbach". Des weiteren legten Lohrer Schiffbauer den Grundstein zu der Schiffswerft in Speyer. Diese beiden Werften zählten zu den ältesten des Mittelrheins und haben die Schiffstypenentwicklung dieses Raumes in vielen praktischen Gesichtspunkten beeinflußt.

In Köln teilte sich, wie weiter vorn bereits angedeutet, die niederrheinische Schiffergemeinde und die oberrheinische Schifferzunft. Der Zusammenschluß zu einer eigenen Gemeinschaft blieb den Kölner Schiffern bis 1504 verboten.

Das praktischste Fahrzeug für den Warentransport war vom Ende des 15. Jahrhunderts bis in das 18. Jahrhundert der "Oberländer", der sich eigentlich aus dem Einbaum weiterentwickelt hatte. Der Lastkahn von Austruweel bei Antwerpen mit dem trapezförmigen Grundriß und der Schiffsfund von Krefeld-Uerdingen aus dem 13./14. Jahrhundert in der Form des "kleinen Oberländers", möglicherweise als Fischernachen, zeigen uns die frühe Entwicklung dieses Fahrzeuges zu einem brauchbaren Schiff.

Der spätere Oberländer hatte drei Entwicklungsphasen. Da war einmal die Grundform, die bis Ende des 16. Jahrhunderts reichte. Dann die Übergangsform, bezeugt für das erste Viertel des 17. Jahrhunderts und die Endform, um 1640 beginnend. In diesen späteren Typen waren die ausgeprägten Merkmale der frühen Grundform kaum noch zu entdecken.

Von der Grundform ausgehend, ist festzustellen, daß das auffälligste Merkmal einmal der trapezartige Grundriß war, sodann das sonderbar hochgezogene Heck ohne Sicht nach achtern. Der Boden hatte die größte Breite, erweiterte sich vom Bug zum Heck und war völlig flach. Die Kajüte achtern nannte man "Kaffe". Dort stieg das Schiff bis zu 7 m an. Aus der so speziell geformten Bauweise und deren Abwandlungen war dann in der Folge die zeitliche Einordnung des Oberländers möglich. Die Grundform besaß weder Boden- noch Decksprung. Das ebene Deck fiel zum Bug stark ab. So möchte man im Moment glauben, das Fahrzeug sei "kopflastig" gebaut. Das Gegenteil war der Fall. Deckebene und Boden bildeten vielmehr einen Winkel, der etwa 10° betrug.

Auf dem Woensamprospekt von 1531 sehen wir eine Sandinsel vor Köln, auf der Oberländer gebaut und repariert wurden. Dabei zeigt das auf Helling liegende Schiff recht deutlich, daß keine Kopflastigkeit vorliegt. Der vordere Steven ist stark schräg gearbeitet, die Bauweise flach. Das Ganze macht den Eindruck eines groben Holzschuhes. Dies alles geschah nicht ohne Grund. Bis ins 17. Jahrhundert hinein hatte man über diese Bauweise eine bestimmte Auffassung. Man war überzeugt, daß das Wasser unter dem Schiff entlang gedrückt würde, und nicht seitlich herum striche. War ersteres der Fall, so wurde der Treidelwiderstand geringer. Die Hütte war dem Schiffsbaas vorbehalten, während eine Mannschaftsunterkunft nicht gegeben war. Die Hütte konnte abgenommen werden. Das ganze untere Schiff war Laderaum. Da es hinten am breitesten war, konnte dort auch die meiste Ladung gestaut werden, so daß der Heckteil tiefer eintauchte und so ein Ausgleich nach vorn zustande kam. Der Oberländer wurde auch "Lade" genannt.

Wenn die Oberländer auch in der Größenordnung schwankten, so wurde die Grundform immer beibehalten. Die Länge betrug bis zu 25 m, die größte Heckbreite 6,50 m. Der Bug war 3,50 m breit und im Heck bis zum Hüttenfirst waren es bis zu 8 m. Bugbreite und Deckbreite waren vorn gleich. Dieses Maß wurde bis zur Hütte beibehalten. Dadurch kam die Trapezform des Hinterschiffquerschnitts zustande. Die Oberländer waren in Klinkerbauweise errichtet. Dies änderte sich in keiner Entwicklungsphase und wurde bis zum Ende der Oberländerzeit beibehalten.

Die Oberländer fuhren talwärts bis Köln und wurden gerudert. Eine zusätzliche Steuerung besorgte der "Lappen" am Bug. Der Oberländer des Woensamprospektes von 1531 zeigt uns diese Situation sehr anschaulich. Der weit nach vorn gesetzte kurze Mast war bis zu 7 m hoch und bei der Oberländer-Grundform zunächst für die Treidelleine vorgesehen. Hierbei war der Mast jedoch nur Ausgangspunkt. Vielmehr lief die Leine von der Mastspitze über einen Block, den man "Hundskopp" nannte, nach unten. Dieser war an einem Treidelpoller befestigt, so daß der Zug der Treidelleine gleichermaßen auf den Masttopp und das Schiffsdeck verteilt wurde. Nach achtern reichende Toppleinen gaben dem Mast den nötigen Rückhalt. Die unterschiedlichen Größen dieses Schiffes ersehen wir ebenfalls aus einem Ausschnitt des Woensam-Prospektes von 1531 vor Köln. Auch der talwärts kommende und geruderte Oberländer vor der Kölner Stadtkulisse in Verbindung mit den am Kai liegenden Fahrzeugen des gleichen Typs wirkt recht beeindruckend.

Die Grundform des Oberländers hatte zunächst noch keine Segelvorrichtung. Zwar erkennen wir rechts im Woensam-Prospekt einen talwärts segelnden Oberländer mit Sprietsegel und höherem Mast. Dies ist jedoch eine Einzelerscheinung in der Frühzeit, die vielleicht durch Woensam falsch gesehen wurde, da die anderen Schiffe um den Oberländer herum auch Segel tragen. Eine Takelung mit Rahsegel war beim Oberländer erst in der späteren Phase, Ende des 16. und Anfang des 17. Jahrhunderts festzustellen.

Das Deck war glatt, ohne eigentliches Gangbord. 100 bis 120 t Ladung dürften das Maximum gewesen sein. Da die Luke gerundet war, hätten die Ruderer nicht stehen können. Diese Möglichkeit durch drei Plankengänge lang über die Luke erkennen wir aus der Draufsicht. Zwei Holztreppen führten herauf. An dem mittleren und obersten Plankengang war ein Dollbord aufgesetzt. Der kurze Raum zwischen Hütte und Luke war dem Steuermann zugedacht, der das Senkruder bediente. In der äußeren Form sehr einfach angebracht, waren doch komplizierte Details vorhanden. K. Schwarz versuchte, dies darzustellen.

Die eigentlichen Werften für den Oberländerbau waren in Beuel bei Bonn. Aber auch in Vilzbach bei Mainz wurden sie gebaut, wenn auch nicht in so starkem Maße, da diese Werft mehr den Bau von Main-Schelchen betrieb. Blieb noch die kleine Helling auf der Kölner Rheinau-Insel, die der Woensam-Prospekt zeigt. Diese Werft befand sich etliche Jahrhunderte im Besitz der Kölner Schiffbaufamilien Pohl, Korn, Strooth und anderen. Um 1890, als der Kölner Rheinauhafen gebaut wurde, hörte sie auf zu bestehen. Hier hat man aber nur kleinere Schiffe im Neubau errichtet und viele Ausbesserungen vorgenommen, was für die Rückreise der Schiffe nach beschwerlicher und gefährlicher Reise sehr wichtig war.

Forschen wir nach sehr frühen Darstellungen für den Oberländer, so finden wir sie zunächst in dem Schlußstein der Koblenzer St. Kastorkirche aus dem Jahre 1498. Zwar ist die Kirche seit 1208 bezeugt, aber ihre Einwölbung wurde erst 1498 beendet, so daß wir diesen Schlußstein auch für dieses Jahr nennen dürfen. Nach K. Schwarz "handelt es sich trotz des Segels und der abgerundeten Form des Heckaufbaues um die Grundform des Typs, da die Hütte eine eigene Wegerung zeigt, die die Übergangsform nicht mehr besitzt."

Die Grundform ist auch zu ersehen aus der "Ansicht von Speyer 1520" im Rheinmuseum Koblenz. Ferner auf einem von A. Woensam gemalten Fresko der Stadt "Cobolentz" 1525 in der Oberweseler Frauenkirche. Aber sein Panorama der Kölner Rheinfront von 1531 bleibt nach wie vor das beste Studienobjekt für die Schiffe des 16. Jahrhunderts.

Für die Erkennung der Übergangsform sind besondere Merkmale gegeben. Einmal schwindet die gar zu plumpe Bauweise, zum anderen ist eine Takelage für Besegelung vorherrschend. Um 1574 und gegen Ende des 16. Jahrhunderts werden diese Übergangsformen der Oberländer sichtbar. So ist der Heckaufbau niedriger gehalten, die Rundung tritt deutlicher hervor, der mehr ansteilende Vorderheven wandelt sich zur Löffelform. Für die Bergfahrten kommen um 1600 Rahsegel zur Anwendung. Das Wissen um diese Erkenntnisse lieferten zu Beginn des 16. Jahrhunderts einmal Georg Braun und Franz Hogenberg mit ihren Stichen von Mainz, Koblenz, Bonn und Köln. Auch die Meriandarstellungen zeigen diese Übergangsform des Oberländers.

Etwa um 1640 tritt die Bauweise des Oberländers in eine Endphase, mit der sie ihre Wandlung einstellt. K. Schwarz beschreibt es: "Es entsteht so eine schmale, lanzettartige Grundrißgestaltung, deren größte Breite sich zwischen Mast und Ladeluke befindet, wodurch der vordere Ablauf etwas größer wird als der hintere. Der Heckaufbau ist nunmehr völlig weggefallen und nur noch in dem starken Decksprung des Hinterschiffes zu erkennen, sowie in der hohen, gegen den Mast abgebogenen Kaffe des Hecks. Aus dem Wegfall des Heckaufbaues ergibt sich gleichzeitig eine Horizontallegung des Decks. Der prahmartige Bug ist bei der Endform nunmehr ebenfalls einer nach hinten abgebogenen ("hochgebeihten") Kaffe gewichen."

Die Ladeluke hat sich verflacht, hingegen ist in den Abmessungen und in der Ladefähigkeit keine wesentliche Änderung eingetreten. In den "Rheinansichten von Straßburg bis Niederland" des Wenzel Hollar, 1624-1644, in vereinzelten Kölner Stichen von 1636, Rüdesheim und Bacharach, zu sehen im Rheinmuseum Koblenz und im Historischen Museum Köln, erkennt man diese Übergangsform des Oberländers sehr deutlich. "Sie sind" nach K. Schwarz "unmittelbar nach der Natur gezeichnet und an Gewissenhaftigkeit der Darstellungsweise allen früheren Wiedergaben überlegen."

Damit dürfte das Wesentlichste über das bedeutendste Frachtschiff jener Zeit auf dem Rhein gesagt sein.

## "Ruder-Schelch" und "Streich-Schelch" vom unteren Main

Neben dem Oberländer war in damaliger Zeit das wichtigste Frachtschiff der "Schelch". Er wurde gegen Ende des 15. Jahrhunderts am unteren Main entwickelt und diente etwa bis 1800 auf Main und Rhein für die Fahrten zwischen

Mainz und Köln als wichtigstes Transportmittel. Wie viele alte Bootstypen des Rheins war der Schelch flachbodig. Während der eigentliche Laderaum offen war, wurden Bug und Heck abgedeckt. Ansonsten wirkte der Querschnitt stark abgerundet, wobei die größte Breite beim Schandeck zu finden war. Auf dem überdachten Achterdeck stand der Steuermann. Auf Hollars Köln-Stich von 1636 sieht man die scharfe Trennung zwischen den Oberländischen, den Kölnischen, den Niederländischen und den Holländischen Schiffen. Die Oberländischen bestehen überwiegend aus Schelchen.

Der Name "Schelch" oder "Schellig" kann mit Schalke oder Schale übersetzt werden. Damit meint man ein flaches Fahrzeug. Bei J. Kehrein (Volkssprache in Nassau, Bonn 1872) wird Schelch vom mittelhochdeutschen scheldech, schalten, althochdeutsch scaltan, also ein Schiff führen, abgeleitet. Um 1750 verlor der Schelch seine führende Position auf dem Rhein, wo er vom Frankenschiff abgelöst wurde. Auf dem Main fuhr der Schelch weiterhin.

Beim Schelch gibt es zwei Typen, den Streichschelch und den Ruderschelch. Beginnen wir mit dem kleineren Fahrzeug, dem Streichschelch. Er wurde von einem Streichruder gesteuert, das über dem Heck angebracht war. Dabei ruhte die Gabel auf dem Dach des Hecks. Dieses Streichruder führte man um 1800 durch eine Öffnung der Hinterkaffe hindurch. Die Streichschelche wurden 10 bis 12 m lang gebaut, die größte Breite betrug 3 m, und geladen werden konnten im 16. Jahrhundert 8 bis 10 t.

Der Ruderschelch hingegen besaß ein seitlich angebrachtes Senkruder, so, wie es der Oberländer auch hatte. Während des 16. Jahrhunderts baute man sie 20 m lang bei 4 m Breite und mit 20 t Tragkraft. In der Bauweise glichen sich beide Typen. Besondere Merkmale waren nach K. Schwarz "Bug und Heck als breite Kaffe ausgebildet, der Querschnitt in der Kimm außerordentlich abgerundet und das Schandeck besonders im Hinterschiff stark angehoben. Der Ablauf ist nach hinten etwas stärker als nach vorn."

Der Schelch war, wie bei allen oberrheinischen Schiffen, klinkergebaut. Ein Teil seiner Baueigenschaften hat sich bis in unsere Zeit erhalten. Vor den Heckraum baute man Ende des 18. Jahrhunderts bei den Streichschelchen ein Roef (sprich Ruff). Es kommt aus dem holländischen und bezeichnet eine Unterkajüte, also die Wohnung des Schiffsführers auf Lastkähnen, meist am Heck angebracht. Der anfangs abgerundete Querschnitt wurde später gradlinig, die obersten Plankengänge standen senkrecht. Noch zu Beginn des 20. Jahrhunderts hatte der Schelch einen sechseckigen Querschnitt. Im 18. Jahrhundert verstärkte man die Kimm, also die Bodenkante durch Eiswangen.

Im vorderen Drittel saß der Mast, durch eine Mastbank verstärkt. Zunächst diente er dem Treideln. Um 1600 jedoch erhielt der Schelch ein Rahsegel. Gebaut wurde der Schelch an verschiedenen Plätzen, so in Aschaffenburg, Wörth, Wertheim, Sendelbach und Lohr. Berühmte Schiffbaumeister aus Speyer und Lohr berief man um 1770 nach Wien und Prag, um für Moldau und Donau Schiffsbauten zu verwirklichen. Die Schiffbauer aus Lohr waren es auch, die die altbekannten Werften in Mainz-Vilzbach und Caub aufbauten.

Als spezielles Mainschiff hat sich der Schelch in seinem Grundtyp bis heute erhalten. Aber seine Namen wechselten sehr oft, obwohl stets ein und dasselbe Fahrzeug gemeint war. So kennen wir für das 15. und 16. Jahrhundert Namen wie Große Schiffe, Nachen von 10 Schuh, Driporte, Zwiporte, Hümpelschelche, Fünfbändige Achen, Waidschelche. Damit waren jedoch Größenunterschiede ausgedrückt. Im 16. Jahrhundert kannte man Talfahrt, Frankfurter Schiff, Ganzes und Halbes Rotauge und Dolphe.

Eine Überwinterungsliste der Mainzer Schifferzunft von 1780 im Hafen nennt folgende Typenordnung: Ganz großes Schiff, Frankensau, Mittleres Schiff, Ordinäres Frankenschiff, Frankenschelch, Große Jagd, Kleine Jagd, Sprengnachen. Große und Kleine Jagd waren aber Personenfahrzeuge. 1818 kam die Benennung "Ruderschelch" und "Streichschelch" auf. Sie trugen 50 und 20 t. Dann kannte man noch den "Doppelschelch" mit 45 t und den "Fahrschelch" mit 10 t. Dazu kam noch der "Keilschelch" mit 18 bis 36 t Tragfähigkeit, und der "Wernerschelch" mit 10 bis 16 t Ladekapazität.

Der Wernerschelch war mehr auf dem Obermain zu Hause. Vorder- und Hinterschiff hatten die gleiche Form und verliefen schräg zum Wasserspiegel. Das Hinterschiff besaß keinen senkrechten Rudersteven, so, wie ihn die anderen Schelche hatten.

Das Ruder nannte man "Wernerruder". Es hatte ein langes, schmales Blatt, dessen Vorderende unter dem schrägen Hinterschiff spitz zulief und sich so dessen Form anpaßte. Vom Hinterende des Ruderblattes führte, nach oben gebogen, der hölzerne Ruderhebel über den Rand des Hinterschiffes. Dort war der Ruderhebel durch einen senkrecht durch das Hinterschiff gehenden Schaft (Ruderschaft) mit dem Ruderblatt verbunden.

Erst um 1820 trat eine wesentliche Vereinfachung in der Benennung der Typen ein. Da waren: Großes Frankenschiff mit 100 t; Ruderschelch mit 50 t; Streichschelch mit 20 t; Humpelnachen mit 15 t Tragkraft.

Bis 1750 waren Schelche die großen Fahrzeuge und Humpelnachen die kleineren. Um diese Zeit tauchte ein neuer Schiffstyp auf, der als Rhein-Main-Schiff unter dem Namen "Frankenschiff" in Erscheinung trat. Dieses Frankenschiff gehörte aber nicht zu den Schelchen. Zur gleichen Zeit entstand am Oberrhein der "Rheinberger"-Schiffstyp. K. Schwarz sieht in diesen Typen "eine Folge des Übergreifens niederrheinischer Einflüsse auf Mittel- und Oberrhein."

## Das mittelrheinische "Frankenschiff"

Zu Beginn des 18. Jahrhunderts erleben wir erstmals, daß die bislang streng auf die einheimischen Gegebenheiten abgestimmte Art des Boots- und Schiffsbaus sich zu wandeln beginnt. Es werden zunehmend bei den mittel- und oberrheinischen Typen niederrheinische Einflüsse spürbar. Sind anfangs noch Abstufungen bei den einzelnen Fahrzeugen sichtbar, findet nach und nach doch eine Verschmelzung statt, die das Hinwenden nach einem gängigen Gesamtschiffstyp für das Befahren der ganzen Rheinstrecke erkennen läßt. Ein Schiff dieser mittelrheinischen Übergangsform war das Frankenschiff.

Das Frankenschiff löste Anfang des 18. Jahrhunderts den Oberländer und den Schelch ab. Die Heimat des Frankenschiffes ist, wie der Schelch auch, der untere Main. Zeitlich gesehen muß man auch hier zwei Typen in der Entwicklung voneinander trennen. Dies vollzog sich um 1750.

In der bauchigen Form des Hinterschiffs waren friesische Einflüsse erkennbar. Dies zeigte sich besonders beim Hintersteven. Er war beim Frankenschiff des Mittelrheins erstmals ausgeprägt vertreten. Zu Beginn noch ohne Deck, wie auch der Schelch, gab es nur eine gewölbte Lukensicherung zwischen Mast und Heck. Steuerung und auch Takelung waren noch frei von anderen Einflüssen. Der Hintersteven war geschwungen und nicht überstehend. Gesteuert wurde mit einem seitlichen Senkruder unter Anwendung des mittelrheinischen Rahsegels, wie man es aus dem Mainzer Stich von J. F. Probst erkennt. Dieses Rahsegel wurde um 1750 durch das niederrheinische Sprietsegel ersetzt. Dabei blieb das Schiff offen. Hiermit war die Überleitung zu der zweiten Ausbaustufe dieses Schiffstyps gegeben.

Bei einem Frankenschiff um 1800 fällt auf, daß auf ihm ein hochkragendes Hecksteuerruder angebracht ist. Dieses in Holland erfundene Ruder sollte eine der wichtigsten Neuerungen in der Schiffahrt überhaupt werden. Dadurch erhielten die Schiffe in den unterschiedlichen Strömungen eine bessere Manövrierfähigkeit, die zur Sicherheit beitrug. Auch bekam das Frankenschiff jetzt ein festes Deck und achtern ein Roef. Der sprietgetakelte Hauptmast erhielt, wie auch bei den Samoreusen üblich, noch einen kleineren Besansmast. Die Ladeluke lag jetzt vor dem Hauptmast. Die Bugkaffe, anfangs noch stumpfnasig, bekam einen starken und spitzeren Vordersteven. Noch besaß diese Endform keinen Bugspriet und kein Klüffock. Beide Typen waren klinkergebaut, d. h. die Spanten überlappten sich. Vor- und Hinterschiff zeigten leichte Aufwärtsschwingungen.

Auf der Bacharacher Zollkonferenz vom 20. November 1717 bestimmte man, "...die großen Schiffe in 10 Jahren abkommen zu lassen, damit die Schiffer nicht so lange in Ladung liegen bleiben sollten". Die Schiffe wurden nämlich zu groß gebaut, und sie büßten daher an Wirtschaftlichkeit ein. Man legte den Laderaum auf 100 t fest. 1765 überprüfte man jedes neu gebaute Schiff auf den vorgeschrie-

benen Laderaum. Auf obiger Zollkonferenz wurden die Maße genau festgesetzt:
"Einspännige" Schiffe von 25 t: Länge 25 m, Breite 1,90 m;
"Zweispännige" Schiffe von 50 t: Länge 29,50 m, Breite 2,50 m;
"Vierspännige" Schiffe von 100 t: Länge 34 m, Breite 3,10m.

Bei K. Schwarz heißt es: „Weder die Tragfähigkeit noch die Abmessungen des Frankenschiffs haben im Laufe seiner Entwicklung nenenswerte Änderungen erfahren. Nach Bollers Aufzeichnungen ("Kurze Darstellung des Mainstromes", 1818) waren die Hauptmaße eines Fahrzeuges von 100 t Tragfähigkeit um 1800: Länge ü.A. (über Alles) 34,70 m, größte Breite 5,30 m, Breite im Boden 2,50 m, Leertiefgang 0,35 m, sowie der Tiefgang bei einer Ladung von 8 t 0,40 m, von 24 t 0,65 m, von 60 t 1,00 m und von 100 t 1,30 m."

Trotz seiner geringen Größe war das Frankenschiff von einiger Bedeutung gewesen. Als erstes Mittelrheinschiff, mit einem Hintersteven versehen, war es befähigt, das feste holländische Heckruder zu gebrauchen. Ferner war es das erste Zweimastschiff neben dem Bönder auf dem Mittelrhein, das das niederrheinische Sprietsegel den Rhein heraufbrachte. "Hierin", so K. Schwarz, „liegt die besondere Stellung dieses Typs in der Entwicklung des Rheinschiffs."

## Der mittelrheinische "Bönder"

Wenn wir uns dem "B ö n d e r" zuwenden, so haben wir hier keinen direkt eigenständigen Schiffstyp vor uns, vielmehr ist er eine Sonderform der niederrheinischen Samoreusen. Die wesentlichen Werften für diesen Typ lagen in Druten, Millingen, Leemoen, sowie an den Flüssen Noord und Ijssel. Diese Samoreusen unterschieden sich wiederum in Amsterdamer und Rotterdamer Typen, die aber im wesentlichen der Niederrheinfahrt vorbehalten blieben. Erst um 1730 fand sich ein Sondertyp der Samoreusen am Mittelrhein. Dafür gab es mehrere Gründe.

Einmal waren es holländische Schiffbauer, die den Rhein herauf zogen und sich an der Siegmündung niederließen, wo dann diese Böndertypen bei Mondorf und Schwarz-Rheindorf in der Hauptsache gebaut wurden. Zum anderen war der Oberländer als Frachttyp abgewirtschaftet und den moderneren Anforderungen nicht mehr gewachsen.

Da die Bauplätze nahe Bonn lagen, war man geneigt, den Namen Bönder von Bonn abzuleiten. Dem widerspricht K. Schwarz ("Die Typenentwicklung des Rheinschiffes bis zum 19. Jahrhundert", Köln 1928):

"Es mag sich hier vielmehr um eine Heimatbezeichnung handeln, etwa wie bei den von Herman erwähnten "Clever" und "Düsseldorfer" (Böndern). Dies geht auch aus dem... Entwurfsplan des Kölner Hafens von 1810 hervor, der ja n e b e n den Böndern die weitaus kleineren "Bonner" getrennt anführt.

Das Hauptmoment, das gegen die obige Erklärung spricht, liegt jedoch darin, daß ja die ursprünglichen Bauplätze des Bönders keineswegs schon in der Bonner Gegend, sondern in Holland lagen. Hier war die Schreibweise "bunder", die somit die älteste sein dürfte. Eine etymologische Erklärung wird daher entgegen der Tuttschen Annahme nicht auf "Bönder", sondern dem holländischen "bunder" zu fußen haben. Unter den deutschen Schreibarten dürfte dagegen "Bünder" die ältere sein.

In der holländischen Etymologie wird "bunder" durchweg nur als mittelniederländisches Flächenmaß angeben.

Weit wahrscheinlicher erscheint ein Zusammenhang mit dem holländischen "bun" ("beun"), womit der Fischbehälter der Fischereifahrzeuge bezeichnet wurde. Der entsprechende deutsche Ausdruck ist "bünne", der heute noch am Niederrhein gebräuchlich ist. Es ist hier dieselbe sprachliche Umformung zu beobachten, wie von bunder in bünder. Eine genetische Erklärung in dieser Richtung dürfte wohl die glaubhafteste sein, um so mehr, als auf "bun" ohnehin Typenbezeichnungen friesischer Fahrzeuge zurückgehen, wie die Bunschuit und der Böhn."

Besondere Merkmale des Bönders waren einmal die auffallende Bugausführung und die Kürze gegenüber den Samoreusen. Die Bugkaffe war sehr schmal. Das Vorschiff war sehr weit vorgezogen und hatte einen stärkeren Decksprung. Dadurch enstand die typische "stark gewölbte und schräg gegen den Wasserspiegel liegende Vorderkaffe".

Zwischen den Samoreusentypen und dem Bönder gab es verschiedene Breiten. Der Rotterdamer hatte einen stumpfen, steilen Bug. Der Bönder hingegen besaß einen schlank hochgezogenen Vordersteven. Dazwischen lag der Amsterdamer. Im 18. Jahrhundert legte man das Bönder-Gangbord außenbords. Es gab einmastige Bönder, aber nicht sehr viele. Die meisten hatten den kleineren Besansmast. Anhand der Modelle in den Schiffahrtsmuseen Koblenz, Duisburg und Emmerich sehen wir die Besegelung sehr deutlich. Beide Masten waren sprietgetakelt, besonders im 18. Jahrhundert. Erst in späterer Zeit erhielt der Besansmast noch ein Gaffelsegel. Das Spriet im Hauptmast ersetzte man im 19. Jahrhundert durch Gaffel und Giegbaum. "Der Bönder zeigt in der Takelung somit dieselbe Entwicklung wie die schweren Samoreusen, nur um einige Jahrzehnte versetzt, entsprechend seinem gegen den Mittelrhein vorgeschobenen Wirkungsbereich." (K. Schwarz)

Dies ist der Grund, daß um 1800 die Bönder fast nur noch an beiden Masten die Spriettakelung trugen. Die restliche Takelung war die gleiche wie bei den großen Samoreusen. Auf der Bergfahrt war das Hauptsegel das "Schobersegel" (Hauptsprietsegel), und auf der Talfahrt das "Fahrsegel" (also die große Rah am Hauptmast).

Die Bönderlängen erreichten 36 m, die Breiten 6,40 m, und die Ladefähigkeit 400 t. Der Bönder war, wie andere Schiffe auch, Wandlungen unterworfen, die in der Zeit begründet lagen, in der er gefahren wurde. Da er bis Ende des 19. Jahrhunderts den Rhein beherrschte, nachdem Amsterdamer und Rotterdamer schon nicht mehr zu sehen waren, konnte man den Bönder als einzigen Samoreusentyp bezeichnen. Und was das Erstaunliche ist, er wurde auch "als einziger und letzter Typ dieser Gruppe vom Eisenschiffbau übernommen."

## Sonstige kleinere Mittelrheinschiffe

H u m p e l n a c h e n : Der Humpelnachen war am Main zu Hause. Seit 1464 wurde er auch auf dem Mittelrhein eingesetzt. Für das 16. Jahrhundert fand man ihn auf dem Neckar, wo er mit 60 t Ladung bis etwa 1850 seine Aufgabe erfüllte. Auf Mittelrhein und Main trugen die Humpelnachen um 1800 etwa 20 t. Flach gebaut, paßten sie sich jedem Wasserstand an. Bug und Heck waren leicht geschwungen, dazu trugen sie einen kastenförmigen Seitenaufbau; aber weder Mast noch sonstige Auf- oder Deckbauten waren vorhanden.

W a i d l i n g : Der Waidling oder das Waitschiff wurde zunächst als Fischernachen verwendet. Danach transportierte man Steine. Sie waren mit den Humpelnachen altersgleich. Der Waidling wurde an Mittel- und Oberrhein eingesetzt. Am Main nannte man ihn auch im 18. Jahrhundert Waidschelch. Der Waidling stammte aus der Markgrafschaft Baden. Erstmals wurde er 1442 in der Auenheimer Fischerordnung erwähnt. 1493 in den Hallstadter Zollrollen. Bug und Heck waren prahmartig gebaut, die Länge betrug 21 m, die größte Breite 2,50 m und die Bodenbreite 1,90 m, die kleinste Seitenhöhe 0,95 m. Er trug im 19. Jahrhundert 20 t Ladung. Ein langes Streichruder diente zur Steuerung.

T r a u b e r t : Der Traubert war für kleinere Ladungen gedacht. Er war bis zum Ende des 18. Jahrhunderts im Gebrauch, konnte 30 t tragen und glich dem Waidling. Nur Bug und Heck waren schmaler. Ein Senkruder steuerte das Fahrzeug. Nach K. Schwarz reichte "auch dieses Fahrzeug tief in das Mittelalter zurück. Sein Name ist aus dem alten Dreibord, drubbert, drobbert (niederrheinisch druvert) entstanden. In Wesel wurden 1597 'üverlendische Druverte' erwähnt."

L a h n s c h n e c k e : Die Lahnschnecke hatte ihren Fahrtenbereich zwischen Koblenz und Caub auf dem Rhein. Um 1800 trug sie zwischen 15 und 30 t und besaß eine Lappensteuerung. Erst im 19. Jahrhundert stellte man auf Schweberuder um. Das Schiff bekam dann den gängigen Namen Lahnaak oder Löhner Aak.

S i e g s c h n e c k e : Die Siegschnecke glich in ihrer ganzen Bauart der Lahnschnecke. Sie konnte jedoch nur 10 t Ladung fassen. Zudem gebrauchte man sie, um die Siegburger Pfeifenerde nach Köln zu schaffen.

M e t z e r  N a c h e n : Die Metzer Nachen gelangten von der Mosel an den Mittelrhein und ähnelten der Lauertanne. Sie dienten wie diese der Talfahrt und wurden am Bestimmungsort als Brenn- oder Nutzholz verkauft. Hatte die Lauertanne Streichruder, so fuhr der Metzer Nachen mit "Lappen".

M o s e l k a i n : Der Moselkain hieß in der Schiffersprache Müseler Aak. Das Schiff war offen und hatte hochgezogene Vor- und Hinterkaffen. Dieser Typ brachte gegen Ende des 18. Jahrhunderts das Schweberuder an den Rhein. Der bekannte Maas-Schiffstyp, die H e r n a , beeinflußte mit dem Schweberuder den Moselkain und das Saarschiff. Der Moselkain war flach gebaut und wegen des felsigen Untergrundes mit einem gesohlten Boden ausgestattet.

## Die oberrheinischen Schiffe

Bei der Abhandlung der Basler Schiffahrt haben wir zu diesem Thema bereits einiges erfahren. Durch die naturbedingten Hindernisse war es schwer, die Schiffahrt am Oberrhein recht in Gang zu bringen. Dazu fehlten die ausgebauten Leinpfade, um die Schiffe kostengünstig wieder hochzutreideln. So blieb es denn überwiegend bei der Talfahrt, die bis in das 17. Jahrhundert hinein Gültigkeit behielt. Die wichtigsten Schiffstypen waren Lauertanne und Schnieke. Beginnen wir mit der wohl bekanntesten, der
L a u e r t a n n e : In der Lauertanne haben wir ein typisches Beispiel dafür, wie lange sich ein Fahrzeug gehalten hat, das mit ziemlicher Sicherheit vom vorgeschichtlichen Einbaum abzuleiten ist. Diese jahrhundertealte Bauweise hat sich lange nicht verändert. Der oberrheinische Waidling hatte bis in das 19. Jahrhundert hinein diese Form. Die Heimat der Lauertanne war Basel.

Nach den Forschungen von K. Schwarz "fand sich als älteste Erwähnung der Lauertanne eine solche aus dem Jahre 1431 in der Chronik der Kölner Jahrbücher: "do quam... in einre lordanne", sodann 1475 in den Kölner Stadtrechnungen als "luyrdannen". In der Folgezeit häufen sich die urkundlichen Belegstellen. 1580 erwähnt das Buch Weinsberg Band III Nr. 200, S. 62 "Laurdannen" vor Köln, ebenso im Jahre 1583 und 1588. Tatsächlich zeigt der Woensam-Prospekt von 1531 auf der rechten Bildseite zwei Lauertannen talwärts segelnd. Hingegen taucht die Bezeichnung Lauertanne am Oberrhein erst anfang des 17. Jahrhunderts auf. Dies steht im Widerspruch zu der Tatsache, daß die Lauertanne gerade hier am längsten verwendet und gefahren wurde. So ist anzunehmen, daß die tannenen "Tolken", die schon im 2. Stadtrecht Strasbourgs genannt werden, mit den Lauertannen identisch sind. In Strasbourg wurden die Lauertannen "Dahnen" genannt, oder "dennen schiffen", mit denen man 1464 den Elsässer Wein transportierte. Auch war der Name "dännen Dahlschiff", also Talschiff aus Tannenholz, geläufig. Ab dem 17. Jahrhundert hießen sie dann lordanen, lourdanen, lawrtahnen u. ä.

Das Tannenholz als Baumaterial wurde mit Holznägeln zusammengefügt. So konnte es am Zielort leichter wieder zerlegt werden. Da es nur der Talfahrt diente, war es vom Mainzer und Kölner Stapel befreit. Die Fahrten gingen gelegentlich sogar nach Holland, weil dort Bauholz immer gefragt war. Ein Straßburger

Bergfahrt-Verbot von 1350 wurde auch in späteren Zeiten von der dortigen Schifferzunft streng überwacht und eingehalten; einmal aus Sicherheitsgründen, und sodann der Kosten wegen, die den Verkauf überstiegen.

So schreibt K. Schwarz: "Bei der Talfahrt nach Köln oder Holland waren Lauertannen von Anfang an frei vom Umschlag. Dieses Vorrecht wurde noch 1809 durch einen Beschluß des Generaldirektors des Brücken- und Straßenbaues erneut festgelegt. Doch schon 1818 lassen sich zu Mainz wieder Streitigkeiten wegen Lauertannen nachweisen, da es nach Ansicht der Provinzialregierung 'nicht ratsam sei, mit einer gebrechlichen, bloß mit hölzernen Nägeln zusammengefügten Lauertanne weite unbekannte Strecken eines großen Stromes zu befahren'. Im selben Jahre wurde die Streitfrage aber wieder zugunsten der Lauertanne entschieden."

Auch war dieses Fahrzeug von Frachttaxen befreit. Der Transport von Waren aller Art war "nach altem Herkommen jedesmal ein freyer Verding."

Die Bauweise war einfach: rechteckig, flach, offen. Bug und Heck waren ebenfalls eckig und hochgezogen, so daß das Fahrzeug stets einem Prahm glich. Im Heck war ein Streichruder angebracht, "das zumeist durch ein Gat im hinteren Heven hindurchgeführt wurde". Am Niederrhein setzten sie ein Sprietsegel, wie es auf dem Woensam-Holzschnitt zu sehen ist. Mußte gerudert werden, setzte man ein zusätzliches Dollbord auf. Die Länge der Lauertannen schwankte zwischen 12 bis 15 m, Laderaum war für 30-40 t vorhanden, während größere Lauertannen zu Beginn des 19. Jahrhunderts schon 60 t Ladung nehmen konnten.

In der Straßburger Schifferzunftordnung von 1717 und 1751 gab es eine Verordnung, die den Bau der Lauertannen einzuschränken suchte. Mehr und mehr trat jetzt der aus Eichenholz gebaute "Rheinberger" auf den Plan und verdrängte die gar zu leichten Lauertannen und auch die Schnieken.

Neben der Lauertanne war es vor allem die Schnieke, die den Oberrhein mit beherrschte. Sie war zwischen Germersheim und Strasbourg zu Hause, wurde aber bis Köln gefahren. Da sie nur in Mainz stapelfrei war, wird sie den Niederrhein nicht befahren haben. Gebaut war sie als langer, schmaler Grundriß, wobei Vor- und Hinterschiff stark aufgebogen und auch hochgezogen waren. Die Kaffen liefen in einer spitzen Nase zusammen und verstärkten so noch die Zuspitzung. Besondere Formen wies auch das Deck auf. Es nahm die hintere Hälfte ein und lag hoch. Hingegen war der Vorderteil dachartig gestaltet, schützte so die Ladung und ragte oftmals hoch über das Hinterschiff hinaus.

K. Schwarz sah es so: "Vom Ende dieser Abdeckung läuft die Deckwegerung unter gleichzeitiger seitlicher Zusammenziehung schräg nach unten und endet in einer Spitze im Heck etwa auf der Höhe der obersten Bordplanke des Mittelschiffs. Hierdurch entsteht die prismatische Deckform, die für alle Schnieken und Illernachen bezeichnend ist. Auffallend ist hier, daß bei der Schnieke der Querschnitt des Schiffskörpers im Mittelschiff ganz unvermittelt wechselt. Hier findet sich häufig eine fast senkrechte Außenwegerung".

Der Größe nach dürften sie den Schelchen vergleichbar sein. So waren sie im 18. Jahrhundert bis 20 m lang, größte Breite 3-3,50 m, Tragkraft 15-20 t. Aber auch im 19. Jahrhundert wurden sie etwa 25 m lang gebaut, waren 4 m breit und luden 40 t. Wie die Ruder-Schelche auf dem Main, so wurden auch die Schnieken mit einem Senkruder gesteuert.

Eine kleinere Ausgabe der Schnieken waren die Illernachen. Sie verkehrten auf der Ill und auf der Breusch, jedoch auch auf dem Oberrhein. Dort setzte man ihnen in Heckmitte ein Streichruder. Ihnen fehlten die hochgezogenen Kaffen und die spitze Hütte. Dafür hatten sie eine Planenüberdachung als Wetterschutz. In der Mitte des 17. Jahrhunderts waren sie 12,50 m lang, 3,10 m breit und besaßen einen Tiefgang von 0,85 m - 1,25 m. Sie trugen 13-15 t. Bereits um 1630 waren Schnieken auf dem Oberrhein zu sehen. 1629 wurden sie aus Eiche gebaut, worin sie sich von den Lauertannen unterschieden. Wollte man ihre Größe nennen, so nahm man die Zahl der sichtbaren Bordplanken als Maßstab. Man nannte sie "Dreybott oder Vierbott Schiff". Als die kleineren Illernachen auf dem Oberrhein überhand nahmen, versuchte die Strasbourger Zunft sie um 1717 zu verdrängen.

**Der oberrheinische "Rheinberger"**

Wir haben soeben einiges über die Strasbourger Schnieken erfahren. Sie erfüllten im Laufe der Zeit ihre Aufgaben nicht mehr zufriedenstellend. Aus diesem Grunde entwickelte sich der "Rheinberger", der zu Beginn des 17. Jahrhunderts etwas völlig neues am Oberrhein war und ziemlich robust gebaut wurde, nämlich aus Eichenholz.

Die eigentliche Formgebung war auch beim Rheinberger auf Niederrheineinflüsse zurückzuführen. Der Boden war flach. Ähnlich dem Bönder lief die Nase zu einer schmalen Kaffe aus. Das Heck trug einen starken Heven und Kielholz. Der Rumpf war klinkergebaut. Er zeigte einen Decksprung und ein geringes Abfallen zum Heck. Die Ladefläche war offen, bekam aber um 1800 eine Überdachung mit einem erhöhten Roef (Wohnung). Eine Segelplane schützte die Ladung. Der gewöhnlich große Rheinberger war mit einem Mast ausgestattet. Nur die größeren Typen besaßen zwei Maste. Die Takelung bestand aus einem Rahsegel. Hierbei darf vermutet werden, daß ähnlich der Oberländer-Entwicklung der Mast anfangs dem Treideln diente, und erst später zum Segeln verlängert wurde.

Was den Rheinberger an die Schiffstypen des Niederrheins erinnerte, war das trapezförmige breite Ruder, das man ihm Mitte des 18. Jahrhunderts hinzufügte. Es war das erste Auftreten des festen Heckruders auf dem Oberrhein. Dieser Vorgang ist vergleichbar dem der Einführung des Heckruders auf dem Frankenschiff um 1750 und zeigt, wie sich diese revolutionierende Neuerung der Schiffssteuerung den Rhein hinaufbewegt hatte. Die anfänglichen Vorbehalte bezüglich der Schiffsgröße ließen sich mit der Verbesserung der Wirtschaft nicht mehr halten. Größere und stabilere Schiffe wurden allenthalben gefordert und entgegen dem Ratsbeschluß auch gebaut. Die 120-Schuh-Länge des Jahres 1619 war überholt. So konnten die Rheinberger im 17. Jahrhundert 50 bis 75 t tragen. Die Straßburger Zunftordnungen von 1717 nennen 40 t talwärts und 60 t für die Bergfahrt.

Zu dem Ruder bringt K. Schwarz eine interessante Fußnote: "Wie aus einer Reihe von Stichen hervorgeht, zeigt das Steuerruder des Rheinbergers Ende des 18. Jahrhunderts ebenfalls die den niederrheinischen Rudern eigene sägeblattartige Abtreppung. Zu erwähnen wäre als Eigenart des Rheinberger-Ruders außerdem die auffallende starke Aufwärtsbiegung der Pinne. In der trapezförmigen breiten Gestalt weist das Ruder starke Anklänge an jenes der flämischen Penische auf, doch besaß das Rheinberger-Ruder keine Vorrichtung zum Zusammenlegen des Blattes, da ja kaum Schleusen zu passieren waren. Immerhin dürfte der Rheinberger in häufige Berührung mit den auf den elsässischen Kanälen verkehrenden Penischen gekommen sein."

Die Zunftstatuten des Jahres 1751 zeigen uns noch weitere Rheinberger-Größen: Die Länge wurde 34 m, die Bodenbreiten vorn 1,95 m, Mitte 2,50 m und achtern 1,75 m. Die Hepphöhe (Hepp=Heven), also der höchste Punkt des Rumpfes, betrug 3,60 m. Es gab zwei verschiedene Typen: einmal den Rheinberger nach der Strasbourger Bauart um 1800, sodann nach Freistädter Bauart, ebenfalls um 1800. Die erkennbaren Unterschiede liegen im wesentlichen im abgerundeten Bug, dem steiler gesetzten Bugspriet und der aufgesetzten Schifferwohnung. Bis zum Beginn des 19. Jahrhunderts hielt sich der Rheinberger mit leicht abgewandelten Details, "wo er in den Typ des gedeckten Oberrheinschiffes überging."

## Zusammenfassung des V. Hauptkapitels

Die Schiffe des Mittel- und Oberrheins haben eines gemeinsam: sie waren bodenständige Typen, die bis zur Mitte des 18. Jahrhunderts keine besondere Wandlung erfuhren, sondern ihre einmal vorgegebenen Eigenarten bewahrten. Die Schiffsgrößen unterlagen ständigen Kontrollen des Zolls und der Zünfte. War eine Typentrennung zu erkennen, so lag das an lokalen wirtschaftlichen Gegebenheiten. Das berühmt-berüchtigte Binger Loch mit seinen Untiefen und Hungersteinen hatte hierauf einen gewissen Einfluß, war aber nicht entscheidend für die Trennung der Typen und ihrer Bauweise.

Die meistgefahrenen Mittelrheintypen waren Oberländer und Schelch, die des Oberrheins die Lauertanne und die Schnieke.

Oberländer: Typ der Kölner "Oberrheinischen Schifferzunft". Zeigte drei Entwicklungsstufen: die Grundform bis 1600, die Übergangsform von 1600-1625, sodann die Endform seit 1625.

Schelch: Typ der Mainzer Zünfte, vom Untermain stammend. Vertreten in zwei Formen: größerer Ruderschelch und kleinerer Streichschelch. Unterscheidungsmerkmale: verschiedene Größen und das Steuerruder. "Der Oberländer wie der Ruderschelch sind Träger des mittelrheinischen Senkruders. Diese Ruderart haben sie bis ins 18. Jahrhundert beibehalten."

Lauertanne: gebaut für einmalige Talfahrt. War vom Stapelzwang befreit. Führte auf dem Oberrhein keine Takelung.

Schnieke: Hauptfahrzeug der Strasbourger Schiffer bis zur Mitte des 17. Jahrhunderts bis nach Strasbourg und Mainz. Übereinstimmung mit den Strasbourger Illnachen. Strasbourger Zünfte betrieben um 1650 ihre Verdrängung vom Rhein. Führte auf dem Oberrhein keine Takelung.

Zu Anfang des 18. Jahrhunderts spürbare Durchdringung der "bisherigen getrennten Typenentwicklung" durch niederrheinische Einflüsse auf Mittel- und Oberrhein. Es traten am Mittelrhein der Bönder und das Frankenschiff, am Oberrhein der Rheinberger auf.

Frankenschiff: erster Mittelrheintyp mit Steven und festem Hecksteuerruder. Es trug die niederrheinische Spriettakelung als erstes Mittelrheinschiff.

Bönder: um 1775 auf dem Mittelrhein. Die Werften lagen an der Siegmündung und gingen auf holländische Einflüsse zurück. Nachbauten aus dem Samoreusentyp.

Rheinberger: Ersterwähnung 1619 und 1667. Ersetzten die Schnieken zu Anfang des 17. Jahrhunderts. Bauweise aus Eichenholz. Besondere Stevenform, niederrheinisches Heckruder.

"Bönder, Frankenschiff und Rheinberger bilden" nach K. Schwarz "die Zwischenstufe, die von der strengen Typentrennung zur Angleichung der Schiffsformen des Nieder-, Mittel- und Oberrheins hinüberleiteten." (Typenbeschreibung nach K. Schwarz)

## Über das Binger Loch

Die gefährlichste, klippen- und felsenreichste Stromstrecke war seit jeher zwischen Bingen und St. Goar. Hierbei hatte man das Binger Loch als das größte Hindernis zu betrachten. Eine Quarzitrippe durchzieht an dieser Stelle den Rhein. Es sind dies die sogenannten Lochsteine. Da sie bei höheren Wasserständen überflutet sind, bergen sie umso größere Gefahren. Bei Niedrigwasser werden sie sichtbar. Der Nahegrund als vorgeschobener Schuttkegel bildet ein Stauwehr. Dadurch schießt das Wasser auf der rechten Seite, einen Abfluß suchend, mit großer Geschwindigkeit talwärts.

Seit der Römerzeit war die Beseitigung der Hindernisse für die Schiffahrttreibenden akut. Im 11. Jahrhundert versuchte Bischof Siegfried von Mainz Arbeiten durchzuführen, aber das Binger Loch blieb bis zum 13. Jahrhundert für größere

Fahrzeuge unpassierbar. Im 17. Jahrhundert hat das Frankfurter Handelshaus von Stockum Versuche eingeleitet, eine Durchfahrt zu bewirken.

Erst als im Jahre 1814 der Rhein unter preußischer Verwaltung stand, konnte an Maßnahmen für die Hindernisbeseitigung im Binger Loch gedacht werden. Noch im Jahre 1830 war die Durchfahrt nur 7 bis 9 m breit. Man sprengte bis 1832 auf 23 m Erweiterung und auf -0,20 m Binger Pegel. Dies entsprach einer Fahrwassertiefe von 1,44 m "entsprechend einem gemittelten Niedrigwasserstand von 1,24 m Binger Pegel" (P. Gelinsky).

Um die schwierige Arbeit der Fahrwasserverbreiterung dem Gedächtnis der Menschen zu bewahren, findet der Reisende linksrheinisch in Höhe des Binger Loches folgende Inschrift: "An dieser Stelle des Rheins verengte ein Felsenriff die Durchfahrt. Vielen Schiffen ward es verderblich. Unter der Regierung Friedrich Wilhelms des III., Königs von Preußen, ist die Durchfahrt nach dreijähriger Arbeit auf 210 Fuß, das Zehnfache der früheren verbreitert. Auf gesprengtem Gestein ist dieses Denkmal errichtet. - 1832 -"

Gleichzeitig ging man zwischen 1860 bis 1870 daran, das zweite Fahrwasser (linke Rheinseite) auszubauen. Dazu wurde ein rund einen Kilometer langer Trenndamm geschüttet, der unterhalb der Mäuseturminsel beginnt. So wurde ein Fahrwasser von 94 m Breite erzielt.

In den Jahren 1893/94 erweiterte man das Fahrwasser der rechten Seite bereits auf 30 m bei einer Fahrwassertiefe von 2,06 m. Dies war ein Fortschritt, aber noch keine endgültige Lösung. Darum ließ die preußische Wasserbauverwaltung Verbesserungsvorschläge erarbeiten. Der erste Entwurf von 1908 sah den Bau einer Schleppzugschleuse vor. Der zweite Entwurf von 1914 basiert auf einer Denkschrift: "Offener Kanal zur Verbesserung des Schiffahrtsweges im Binger Loch". Hierzu P. Gelinsky:

"Dieser Entwurf sah unter Belassung des II. Fahrwassers eine Verbreiterung des Binger Loches auf 110 m Breite und eine Vertiefung auf 2,80 m vor, um mit Sicherheit eine Wassertiefe von 2,50 m bei Gl. W. (Gefälle-Wechsel) zu erreichen. Das Sohlengefälle war auf 1:1340 vorgesehen."

Beide Entwürfe hatten jedoch das Endergebnis, "daß weder eine Schleuse noch ein offener Kanal die geeigneten Mittel seien, die Schiffahrtsverhältnisse im Binger Loch zu verbessern."

Erst nach 1918 wurden die Probleme erneut diskutiert. Im Jahre 1925 begannen die weiteren Ausbauarbeiten, die im September 1931 als beendet angesehen wurden. So konnte das II. Fahrwasser zu Beginn des Jahres 1932 für die Schiffahrt freigegeben werden. Hierzu noch einmal P. Gelinsky: "Nach dem Ausbau war bezüglich der Wassertiefe das II. Fahrwasser dem Binger Loch gleichwertig; verschieden blieben nur die Strömungsverhältnisse. Während im Binger Loch bei Wasserständen unter M.W. (Mittel-Wasser) auf eine kurze Strecke ein sehr starkes Gefälle herrscht, verteilt sich dieser Höhenunterschied auf die ganze 1 km lange Strecke des II. Fahrwassers. Das bedeutet für die Bergschiffahrt, daß im Binger Loch nur jeweils ein Fahrzeug den harten Strom von etwa 3 m/sek. Geschwindigkeit zu überwinden hat, während der Schlepper und die übrigen Anhänge sich entweder schon im ruhigen Stauwasser oberhalb der Felsen oder noch im stillen Unterwasser befinden, daß dagegen im II. Fahrwasser der Bergzug in seiner ganzen Länge den Strom von 2,30 m/sek. zu überwinden hat.

Demzufolge benutzt die Bergfahrt in der Regel das Binger Loch, die Talfahrt und auch Einzelfahrer zu Berg das II. Fahrwasser. Die hierdurch erreichte Entlastung des Binger Loches ist wesentlich und trägt, besonders bei starkem Schiffsandrang, zur Abkürzung der Fahrtdauer bei.

Vor dem zweiten Weltkrieg, in einer Zeit sehr starken Oberrheinverkehrs, gab es Tage, wo 145 Bergkähne oder 45 Bergschleppzüge das Binger Loch durchfuhren. Da ein Schleppzug 15 bis 20 Minuten zur Durchfahrt braucht, war es durch die Bergfahrt pausenlos besetzt.

Ein weiterer Vorteil des Ausbaues des II. Fahrwassers ist der, daß bei Sperrung des Binger Loches durch eine Havarie, die bei der schwierigen Navigation leider nicht zu den Seltenheiten gehört, die Schiffahrt, ohne vorher zu leichtern, das II. Fahrwasser benutzen kann. Auf jeden Fall bedeutet der Ausbau des II. Fahrwassers auf 2 m Tiefe unter Gl.W. (Gefälle-Wechsel) eine wesentliche Verbesserung der Schiffahrtsverhältnisse auf dieser Strecke."

Eine solche Groß-Havarie der Neuzeit gab es noch am 8. November 1956 am frühen Nachmittag. Eine plötzlich aus der Nahemündung kommende Nebelwand nahm den zu Berg fahrenden Schiffen in zwei bis drei Minuten Schnelle jegliches Orientierungsvermögen. Hierzu W. Panzel: "Das belgische Motorgüterschiff 'La Paix', das deutsche Motorgüterschiff 'Oscar Wankel 43', das holländische Motorgüterboot 'Rijswijk', der holländische Tankkahn 'Franconia' und der deutsche Schleppkahn 'Käthe', die soeben die gefährliche Binger-Loch-Strecke glücklich passiert hatten, strandeten kurz oberhalb vom Binger Loch teils am rechten Ufer, teils an der Mäuseturminsel."

Damit sind die Schwierigkeiten angedeutet, die das Gebirge des Mittelrheins den Schiffern zu allen Zeiten bereitet hat und die auch der heutigen modernen Schiffahrt das Äußerste an Wachsamkeit abverlangen.

# VI.
# DAS NIEDERRHEINSCHIFF UND SEINE ENT-WICKLUNG

## Was wissen wir über das Niederrheinschiff?

Vom 16. bis zum 18. Jahrhundert hatte Holland die Vormachtstellung im Schiffbau. So blieb es nicht aus, daß die Merkmale des Seeschiffbaues in den holländischen Werften sich auch auf die Schiffe des Deltas und des Niederrheins übertrugen. Viele Typen übernahmen bis in das 19. Jahrhundert hinein bautechnische Details. So ist es auch zu verstehen, daß manche praktische Neuerung in den Schiffbau des Niederrheins Eingang fand, lange bevor man hiervon am Mittel- und Oberrhein profitierte. Herausstechende Merkmale waren das feste Hecksteuerruder, die verbesserte Takelung, die Anwendung der Seitenschwerter beim Segeln und der Karvehlbau.

Wenn in frühen Zeichnungen und Stichen oftmals Koggen auf dem Rhein gezeigt werden, so ist das eine Irreführung. Das, was man eine Rhein-See-Schiffahrt nennen könnte, hat bis Köln vielleicht bis zum Beginn des 13. Jahrhunderts bestanden. Zu dieser Zeit gab es die Kogge, das Nef und den Hulk. Aber mit nahezu 3,50 m Tiefgang war es damit nicht möglich, den Niederrhein zu befahren.

Auch der holländische "Binnenkoggen" des 16. Jahrhunderts war in dem Sinne kein Rheinschiff. Das Kauffahrteiflottenregister von 1514 in Amsterdam spricht von Coggescepen und von Rijnscepen. Nach 1550 wurden die Koggen kleiner; sie verloren ihre Eigenart und formten sich zu ostfriesischen Küstenfahrzeugen.

Wie der Name schon sagt, war das Niederrheinschiff eben für die Fahrt auf dem unteren Rhein mit allen dazu erforderlichen Eigenschaften erbaut worden. Ein weiterer Typ befuhr in der Regel das Mündungsdelta bis zur Küste. Natürlich zeigten sie sich je nach günstigem Wasserstand auch schon mal auf dem Niederrhein. Sie stammten überwiegend aus den holländischen Provinzen Groningen, Zeeland, Friesland, Brabant und Oberijssel.

Als die Grundform des Niederrheinschiffes ist die Aak anzusehen. Sicherlich sehr viel älter, können wir sie jedoch erst nachweisen, seit es Schiffsdarstellungen gibt, nämlich zu Beginn des 16. Jahrhunderts. Als sehr wandlungsfähiger Typ war die Aak Vorbild für die Entwicklungsstufen anderer Schiffe. Wenn wir nach den Bauplätzen suchen, so wird man erstaunt feststellen, daß die Aak bei Dorsten an der Lippe und in Asberg (Moers) auf Helling gelegt wurde. Der Name Asberg kommt vom römischen Asciburgium. Hier hat es ein römisches Lager gegeben. Für den Namen Aak finden sich im 16. und 17. Jahrhundert Bezeichnungen aus dem Holländischen, wie âk, aek und achen, aacken, acken. Das althochdeutsche nâho oder nahho bedeutet Nachen. "Von hier erst", schreibt K. Schwarz, "wurde das Wort auf das Friesische übertragen, um sodann in der friesischen Bildung âk und aek zurückzukommen".

Werfen wir, bevor wir uns den Niederrheintypen zuwenden, einen Blick auf die Haupteigenschaften. Das wird uns helfen, die einzelnen Unterschiede schneller herauszufinden und die Bauweise besser zu verstehen. Da ist einmal das Heckruder, das nach 1240 in Erscheinung trat. Das Lübecker Siegel von 1230 zeigt noch ein Senkruder. Das Siegel von Elbing von 1242 zeigt ein festes Steuerruder, ferner das Siegel von Wismar 1256, sodann das erste englische Siegel von Poole 1325. Natürlich war auch das Heckruder Wandlungen und Verbesserungen unterworfen. So unterscheidet man 1275 in Holland noch das Kuelroeder, das Sleeproeder, das pendulum gubernaculum und manuale.

Hierüber schreibt K. Schwarz: "Leider gibt es für diese Ausdrücke keine authentische Erklärung. Das 'Kuelroeder' scheint jedoch dem 'Hangroeder' des Kampener Zolltarifs von 1340 zu entsprechen und somit dem heutigen Heckruder, da Schiffe mit 'Kuelroeder' und 'Hangroeder' dem Zoll nach die größten waren. - Die ältere Schiffbauliteratur Hollands liefert uns keinerlei Hinweise auf den Übergang zum festen Ruder, lediglich van Yk erwähnt kurz das alte Senkruder."

Zum Ende des 14. Jahrhunderts dürfen wir die Einführung des Heckruders für den Niederrhein annehmen. Der Metallschnitt 'Der heilige Christopherus' aus dem Jahre 1406 im Kölner Wallraf-Richartz-Museum zeigt uns die erste Darstellung eines Rheinschiffes mit festem Heckruder. Von diesem Jahr an nehmen alle anderen Schiffsdarstellungen hierauf Bezug und zeigen ebenfalls feste Heckruder. Anders an Mittel- und Oberrhein. Hier dominierte das altbewährte Senkruder bis in das 18. Jahrhundert hinein. Die Gründe sind einleuchtend: einmal wurde den Rhein herauf wenig oder fast nicht gesegelt. Zum anderen war durch den steinigen Stromuntergrund bei Niedrigwasser die Gefahr des Ruderabrisses gegeben.

Das Senkruder paßte sich jedem Wasserstand an und war eben beweglicher durch Heben und Senken. Betrachtet man das Oberländer-Senkruder genau, so wird die Handhabung in jeder Wassersituation verständlich. Auf dem Niederrhein hingegen bei zum Teil sandigen oder kiesigen Stromsohlen konnte mit dem festen Heckruder so schnell nichts passieren, zumal es hier durch die vielen Stromwindungen immer eine breiter und tiefer ausgewaschene und ausgespülte Fahrrinne gab.

Werfen wir einen Blick auf die Takelung, die ja für das Ausnutzen der Windkraft und den Einsatz der Segel sehr wichtig war. Um 1450 wurde erstmals von niederländischen Überwattfahrern, den Bojern, ein Segel benutzt, das eigenartig wirkte. Ehemals nannte man es Schmacksegel, heute heißt es Sprietsegel. Es wird vorzugsweise von den Friesenschiffen benutzt. Lassen wir es den Fachmann K. Schwarz beschreiben: "Es hat rechteckige Gestalt, ist mit einer Langseite mittels Bändern am Mast befestigt und führt in der Diagonalen einen Baum, das Spriet. Regiert wird es durch eine Geer am Sprietende und eine Schot. Ein Stag und ein Backstag sowie einige Wanten dienen zur Stütze des Mastes. Mit diesem

Segel sowie dem dreieckigen mit der Langseite am Stag befestigten Focksegel, dessen Heimat wohl ebenfalls in Holland zu suchen ist, sehen wir im 16. Jahrhundert, wo das Abbildungsmaterial dank der großen Kupferstichwerke reicher wird, alle kleineren Fahrzeuge der deutsch-niederländischen Küste ausgerüstet."

Die Bojer, die dieses Sprietsegel erstmals benutzten, waren niederländische Küstenfahrer. Durch diese wurde die Verwendung des Sprietsegels auf dem Niederrhein begünstigt. Mit dem Ende des 15. Jahrhunderts begegnen wir diesen Segeln auf vielen Darstellungen des Niederrheins, so auf dem Woensam-Holzschnitt von 1531. Hier insbesondere auf der rechten Hälfte an der Kölner Aak. Überhaupt war Köln auch in dieser Beziehung eine Grenze, an der die Einflüsse der See- und Küstenschiffahrt zunächst endeten. So wurde das Sprietsegel erst gegen Ende des 18. Jahrhunderts an Mittel- und Oberrhein angewendet, zu einer Zeit also, als am Niederrhein schon das Gaffelsegel heimisch und voll in Gebrauch war.

Natürlich waren diese ersten Segel noch verhältnismäßig leicht und einfach zu handhaben. Aber die Schiffe wurden größer, lagen tiefer im Wasser, und so mußten auch die Segelflächen zwangsläufig vergrößert werden. Die Folge war, daß die Handhabung komplizierter wurde. Man suchte nach neuen Möglichkeiten, sie zu vereinfachen. Damit parallel lief die Entwicklung von Blöcken und Flaschenzügen, die Erleichterung beim Reffen und Setzen der Segel schafften. So schreibt K. Schwarz: "Statt z. B. eine Brasse am Nock der Rah zu befestigen, brachte man dort einen Block an, eine in einem Gehäuse rotierende Scheibe, und ließ die Brasse darüberlaufen, man 'schor sie durch einen Block'. Aus dem einfachen wurde ein doppelfahrendes Tau und die Verlängerung des Weges gestattete eine entsprechende Verminderung der zur Regierung des Segels anzuwendenden Kraft. Witsen erwähnt bereits die Vorzüge der Blöcke. Gleichzeitig dürften Reefe und Halsen und Bulienen für das Segeln beim Winde eingeführt worden sein."

Auf der Kölner Aak des Woensam-Prospektes, rechte Hälfte, wird bereits 1531 die Verwendung von Block und Flaschenzug erkennbar. Hingegen zeigt uns das erste Sprietsegel mit Reefen 1580 der Nijmegenplan von Braun-Hogenberg.

Ein weiteres auffallendes Merkmal an niederrheinischen Schiffen waren die Schwerter an den Längsseiten. Sie sollten ein wichtiger Stabilisierungsfaktor werden, auf den man lange Zeit nicht verzichtete, und zwar überall da, wo Schiffe gesegelt wurden. Wenn die Winde von vorn oder von der Seite in die Segel fielen, sollten die Seitenschwerter ein Wegdrücken aus der Fahrtrichtung verhindern. Da die Niederrheinschiffe flachbödig, also ohne ausgezogenen Kiel waren, wurden die Schwerter ein wichtiges Hilfsmittel. Auf dem Woensam-Prospekt sind sie noch nicht zu entdecken. Hingegen zeigt uns der Merianstich von 1642 vor Wesel ein sprietgetakeltes Schiff mit Schwert an der Steuerbordseite in hochgezogenem Zustand.

Der genaue Einführungszeitpunkt der Schwerter läßt sich nicht ermitteln. Darstellungen finden sich zunächst vereinzelt. Selbst im 17. Jahrhundert sind sie noch spärlich. Erst die niederländischen Städtepläne der Stecher Braun und Hogenberg zeigen zwischen 1572 und 1618 vereinzelte Schuiten (sprich:Scheuten) mit Schwertern. Als dann 1655 Reinier Zeemans seine bekannten Schiffsstiche anfertigte, erkannte man, daß nahezu alle flachbodigen Binnenschiffe diese zusätzliche Ausrüstung mit Schwertern besaßen. Aus diesem Grunde ist es gerechtfertigt, das Aufkommen und die Haupteinführung der Schwerter in die 1. Hälfte des 17. Jahrhunderts zu datieren, denn, so berichtet K. Schwarz, "sowohl Witsen (1671) als auch van Yk (1697) waren sie bekannt. Van Yk widmet ihnen eine längere Besprechung und stellt Faustregeln für ihre Abmessungen auf."

Zwischen 1620 und 1650 wurden die Schwerter auf dem Niederrhein immer häufiger angetroffen, so auf Wenzel Hollars Ansicht von Ruhrort von 1632. Als der Stecher Toussin-Altzenbach 1660 ein erneutes Köln-Panorama schuf, hat er kurzerhand die Schiffe von Woensam übernommen. Hierbei aber, und das ist besonders interessant, sind den Niederrhein-Schiffen allesamt Schwerter beigegeben. Mit diesem Datum dürfte dann die eigentliche Anwendung der Schwerter an den Niederrhein-Schiffen als gesichert gelten. Nach 1850 waren die Schwerter an Mittel- und Oberrhein nur noch recht selten zu finden, da in diesen Regionen kaum gesegelt wurde.

Als eine weitere Neuerung des niederrheinischen Schiffbaus wurde vorher auf den Karvehlbau hingewiesen. Der Ausgangspunkt für diese Bauweise war die Seeschiffahrt. Als im 15. Jahrhundert die Schiffe größer gebaut wurden, erkannte man damit gleichzeitig auch die Schwierigkeiten, die sich bei der überlappenden Klinkerbauweise ergaben.

Um 1450 herum wurde diese neue Bauweise im Schiffbau erstmals in Westfrankreich angewendet. Als Erfinder dieses Karvehlbaus nennt man einen bretonischen Schiffbauer, der in Zierikzee, also in Holland, tätig war. War bislang die Hauptlast den elastischen Klinkerplanken zugefallen, so wurden jetzt die eingesetzten Spanten die eigentlichen Gerüstträger. Die Bohlen und Schiffsplanken selbst legte man in einer Ebene aus und setzte sie aufeinander. Dadurch konnte man die Plankendicke verschieden wählen, besonders an Stellen, die hart strapaziert wurden, wie Bug und Längsseiten. Aber der Karvehlbau war nicht nur die neue Art des Bauens, vielmehr wurde gleichzeitig damit ein neuer mittelgroßer Schiffstyp geboren, nämlich das Karvehl. Das Entstehungsdatum ist 1459, nach der Chronik von Zeeland von Johann Reyersberg. In Hoorn baute man 1460 Karvehl. Auch van Yk unterscheidet sehr wohl "Kerveel-werk" von "Klinkwerk". Der erste Karvehltyp war durch mancherlei Verbesserungen schnell überholt, und die neue Bauweise festigte sich nun in den Typen Schmacken, Sloepen, Damlooper, Bojer und manchen anderen. Beide Bauarten liefen noch längere Zeit parallel und ergänzten sich in vielerlei Dingen.

K. Schwarz ist der Ansicht, daß speziell auf den Niederrhein bezogen, die Klinkerbautechnik nebenher weiterbetrieben wurde. Als Beispiel führt er van Yk an: dieser spricht bei dem Typ 'Damlooper' von der Kerveelbauweise, und bei einem Schmalschiff von der Klinkerbauweise, "trotzdem beide einem Typ angehören, nämlich dem der späteren Schmacken, den Vorläufern der Tjalk." - Erst zwischen 1850 und 1900 tritt auf dem Niederrhein die Karvehlbauweise verstärkt hervor. Aus den klinkergebauten Potten und Pujen haben sich die Sompen und Peggen der Oberijssel entwickelt. Letztere waren immer schon in Karvehlbauweise errichtet. So kam diese Bauart an den Niederrhein. Neben der größeren Stabilität entdeckte man auch am Niederrhein mit seiner harten Strömung einen weniger starken Schleppwiderstand, den man sich mit der Karvehlbauweise auch erhofft hatte.

Hecksteuerruder, verbesserte Takelung, Seitenschwerter und Karvehlbau gaben den niederrheinischen Schiffen jetzt einen neuen Charakter. Um zu verstehen, an welchen Besonderheiten man die Oberrhein-Mittelrheinschiffe und die Niederrheinschiffe erkennt, werden sie im folgenden Abschnitt näher erläutert.

## "Kölner Aaken" beleben den Niederrhein

Wenden wir uns der Grundform der niederrheinischen Frachtschiffe zu, die an der Lippe und am Niederrhein gebaut wurden. Wollen wir erfahren, wann die "Keulsze Aek" erstmals bekannt wurde, so können wir auch hier auf den Woensam-Holzschnitt von 1531 verweisen, auf dem die Aaken exakt gezeigt werden. Auch auf anderen Plänen sind sie zu erkennen. Braun und Hogenberg zeigen Kölner Aaken auf ihrem Nijmegen-Plan von 1590. Dort sieht man im Gegensatz zu der Kölner Darstellung von 1531 neben den Sprietsegeln schon Reffe. Auch die Ansichten von M. L. Birboum und P. Kaerius zeigen 1613 diese Ausführungen der Kölner Aaken.

Toussin-Altzenbach zeichnete 1660 Schwerter dazu, während der Decksprung größer geworden ist. Die Stiche von Wenzel Hollar von 1640 von Ruhrort und sein Kölner Stich von 1636 lassen erkennen, daß die Aaken Veränderungen durchgemacht haben: Der Rumpf ist bauchiger geworden und zeigt starke Berghölzer, die den gebrochenen Bug ersetzen. Auch das Deck ist 'durchgehend' geworden, der Decksprung größer, die Längsseiten tragen Schwerter, die Spriettakelung ist geblieben.

Neben dem "Dortschen Koolhaelder" gilt die "Keulsze Aek" als eine der ältesten Aaktypen. Aus ihnen haben sich später weitere 'Niederrheintypen' entwickelt. Der Woensam-Prospekt zeigt sie auf der rechten Planseite in reicher Zahl. Köln war für diesen Schiffstyp Endstation. Die Aaken besorgten die Fahrten zwischen Köln und den Niederlanden.

Witsen schreibt über dieses Schiff: "Aeken, die Wijn van Keulen halen, zijn lang en hoog, met breede uitgezette buiken, zy voeren zeer breede roers". - Aaken, die Wein in Köln holen, sind lang und hoch, mit breit ausgesetzten Bäuchen, sie führen sehr breite Ruder. - Diese breiten Ruder sind bei Woensam (1531) sehr gut zu erkennen. Ebenso die Kaffenform des Vor- und Hinterschiffs. Die Aaken wurden klinkergebaut, die Planken überlappten sich. Bis in das 18. Jahrhundert war der Bug gebrochen. Die Kaffe reichte nur bis zur halben Höhe. Ab hier sprang das Vorschiff weit zurück "und zeigt in seiner Neigung auf die Backen am Mast, so daß das Vorderstagtau angenähert die Verlängerung der oberen Buglinie bildet (ähnlich wie beim Nasholz der Poon)."

Die Luken waren rund. Dadurch bedingt, mußte man Laufplanken für die Ruderer anbringen. Das erinnerte an den Oberländer des 16. Jahrhunderts. Bei scharfen Wendungen benötigte man die Ruder, und die Riemen wurden außenbords abgelegt. Der Mast stand vor der Luke, wurde aber auch durch die Luke geführt. Bis um 1650 wurden keine Schwerter verwendet. Als Takelung diente ein schmales Spriet- und ein Focksegel. Auch waren die Kölner Aaken mit einem Dreh-über-Bord ausgestattet.

Darüber schreibt Witsen 1671: "De Roerpen legt boven 't Kajuits wulfje, zoo dat men hem over boort kan douen; waer van deze vaertuigen de naem van Draeioverboort hebben bekomen." - Der Ruderpinn liegt über der Kajüte, so daß man ihn über Bord drücken kann, woher sich der Name Dreh-über-Bord erklärt. Die Länge der Kölner Aaken betrug zwischen 20 und 25 m, die Breite bis zu 4 m. Die Ladekapazität lag zwischen 40 und 60 t, die Höchstgrenze bei 80 t.

Die Takelung wurde im 18. Jahrhundert wesentlich verbessert. Flaschenzüge und Blöcke setzten sich durch. "Das Spriet erhält erst jetzt einen Stangenrepper mit Blöcken", berichtet K. Schwarz. "Vielfach tritt jetzt noch ein drittes Segel als Topsegel hinzu, meistens in Form einer Raa. Der Schiffskörper selbst ist breit und stark ausgebaucht, die Berghölzer treten weit vor."

S. V. Meulen und van den Laan zeigen in ihrem bekannten Kupferstich "Groote Visserij" gegen Ende des 18. Jahrhunderts neben Fischereifahrzeugen auch eine "Keulszen Reyn Aak", also eine kölnische Rhein-Aak. Das Original befindet sich im 'Nederlandsch Historisch Scheepvaart-Museum' zu Amsterdam.

Dazu noch einmal K. Schwarz: "Die bauchigen Formen und die bis zum Bergholz reichende Kaffe des Hinterschiffs erinnern hier schon stark an die spätere Aaktjalk. - Ein Vergleich dieses vorzüglichen Stiches mit dem Holzschnitt Woensams aus dem Jahre 1531 zeigt am besten den Entwicklungsgang, den dieses Niederrheinfahrzeug genommen hat."

## Die "Dorsten'sche Aak"

Dieser Aaktyp, mit der Kölschen Aak gleichzeitig genannt, ist aus dem Schiffbau an der Lippe hervorgegangen. Man nannte ihn auch "Dortsche Koolhaelder". Wie der Name sagt, wurde auf ihm die westfälische Kohle nach Holland befördert. Anfangs war die Ladefläche offen, im 18. und 19. Jahrhundert erhielt sie Luken. Diese Aak war eine verschmelzende Schiffsform der Samoreusentypen. Ihre Form hatte Ähnlichkeit mit der Ruhr-Aak, die auch dem Kohlentransport diente.

Als Takelung besaß die Dortensche Aak einmal Jager, Klüver und Fock vor dem Hauptmast, Großsegel und darüber Topsegel und am weit hinten angebrachten zweiten Mast noch ein Besansegel. Das ergab etwa 95 qm Segelfläche. An Vor- und Hinterschiff waren, im Gegensatz zur Kölner Aak, die Kaffen stark ausgeprägt. Der Bug zeigte eine sanft aufgerundete Kaffe, der Rumpf hatte Klinkerbauweise. Die Schifferwohnung stand in der hinteren Hälfte, noch vor dem Besanmast. Das Heckruder war breit und groß, die Schiffslänge etwa 39 m, die Breite 5,80 m, und die Tragkraft ca. 350 t.

## Die "Samoreuse" als größter Aaktyp am Niederrhein

Auf der Suche nach weitern Aaktypen stoßen wir auch auf die Samoreuse. Im 17. und 18. Jahrhundert war sie der größte und auch wichtigste Frachtschifftyp auf den niederrheinischen Gewässern. In Holland nannte man sie "Keulenaar". Die Samoreuse diente neben der Fracht auch schon der Personenbeförderung, wozu ihr achtern eine lange Kajüte aufgesetzt war. Es gab Samoreusen nach Amsterdamer und solche nach Rotterdamer Bauart. Sie führten bereits Beurtfahrten aus (nach dem niederländischen Wort "beurt" = Reihe), also regelmäßige Fahrten nach bestimmten Orten. Man sagte auch "große Niederrheinfahrten" zu diesen festen Reisen. Sie bewegten sich zwischen Amsterdam, Rotterdam, Dordrecht und Köln. Aber auch Küstenfahrten und Ijsselmeer-Reisen konnten ihr zugemutet werden. Neben der Schifferfamilie waren noch 7 bis 10 Knechte als Besatzung an Bord. Daran erkannte man schon die Größe des Schiffes und die Vielfalt der zu verrichtenden Arbeiten und Handgriffe, dieses Schiff in Fahrt zu bringen.

Die Weseler Schiffergildenrolle von 1634 nennt die Samoreuse erstmals in einem Nachtrag von 1641. In dem Gildenzoll heißt es: "Für ein Sameroes...", "Für ein Beyer- oder Schmalschiff...", "Für ein Kaegschuit...". In der Weseler Hafenordnung von 1681, in der die niederrheinischen Schiffstypen des 17. Jahrhunderts aufgeführt werden, wird die "Samerös" als größtes Schiff genannt. Spätere Bezeichnungen lauten "Sammereus", "Samoreuze" und "Keulenaar".

Die Trennung der Samoreusen in Amsterdamer und Rotterdamer Typen lag nur in den Abmessungen begründet. Auch war der Rotterdamer Typ eigentlich nie als Samoreuse bezeichnet worden, obwohl er die gleichen baulichen Eigenschaften besaß. Die verschiedenen Abmessungen, besonders in der Breite, lagen in den Schleusenunterschieden Hollands begründet. So waren für die Samoreusen 6,20 m ü. A. (über Alles) gerade noch vertretbar in der romantischen Vecht (Utrecht nach Muiden/Ijsselmeer) und dem Kanal vom Lek bei Vreeswijk nach Utrecht die "Vaart". Die Amsterdamer Samoreusen waren also entschieden schlanker im Rumpf als die bauchigen und fülligeren Rotterdamer Samoreusen. Der Bug der Amsterdamer Samoreuse hatte eine gewölbtere und gestrecktere Kaffe; beim Rotterdamer war die Bugkaffe sehr steil gesetzt.

Da diese Schiffe bereits einen gehörigen Tiefgang hatten, war für die Reiseroute der jeweilige Wasserstand entscheidend. Bei hohem Wasserstand befuhr man ab Amsterdam die Vecht, dann den Kromme Rijn. Kamen sie von Rotterdam, so fuhren sie den Lek, den Nederrijn, entlang den Orten Wijk by Duurstede, Rhenen, Wageningen, Arnhem, am "Pannerden'schen Gat" bis nach Lobith, Emmerich und herauf nach Köln. War der Wasserstand unzureichend, ging die Fahrt von Amsterdam bei Muiden in die Vecht, über Weesp nach Utrecht und Vianen, den Zederikschen Kanal entlang in die Waal, über Bommel, Thiel, Nijmegen, Millingen und den Rhein herauf nach Köln.

Diese Börtfahrten begannen 1674, als die Stadt Duisburg mit dem Weseler Schiffer Gisbert Kochs einen Vertrag schloß über einen regelmäßigen Schiffsverkehr zwischen Duisburg und Nijmegen. Diese ersten Fahrten nannte man Bört- oder Rangfahrt. Eine Direktverbindung nach Amsterdam wurde 1717 eingerichtet. Es folgten Fahrten nach Arnhem und Wageningen.

Durch diese Börtfahrten (auch Beurtfahrten) wurde Duisburg zu einem Hauptumschlagplatz für Eisen- und Stahlwaren aus dem Bergischen und Märkischen Land. Die Niederländer schickten überwiegend Kolonialwaren. Trugen die Samoreusen im 17. Jahrhundert zunächst 150 t, so steigerte sich die Tragkraft bis zum Beginn des 19. Jahrhunderts auf über 600 t. Gegen 1850 endeten diese Börtfahrten. Die Beurtschiffe um 1600 waren 33 m lang, 4,4 m breit und trugen 3000 Ztr. Gegen 1800 erreichte die Länge 44 m, die Breite 6,6 m und die Tragkraft 10 000 Ztr. Im 18. Jahrhundert hatten in Emmerich acht Schiffer das Recht der Beurtfahrt. Das Modell "Beurtfahrt 1 - Emmerich" wurde mit Jager, Klüver, Stakfocksegel, Top-, Schober-, Spriet- und Besansegel getakelt. Das Schiff hatte etwa 90 qm Segelfläche. Die am Spriet angebrachten Rollen wurden zum Lastenheben benutzt. Das Schiff war eine Amsterdamer Samoreuse. Die Masthöhe einschließlich "gelaschter Stenge" reichte von 31 bis 40 m.

Die Abmessungen des Rotterdamers und die Einzelheiten der Bauweise, wie sie Hermans 1820 aufgezeichnet hat, werden 1928 von K. Schwarz so beschrieben:

"Der Hauptboden besteht aus 6-6,5 cm starken Dielen, die ihrerseits durch eine 3,5-4 cm starke Schutzsohle gedeckt werden. Hierfür, ebenso wie für die Eiswangen, die die unter der Leerladelinie befindliche Außenwegerung zu schützen hatten, wurde zumeist das weichere Tannenholz benutzt. Der 'Kürzing' (die alte rheinische Bezeichnung für das Kielschwein) besitzt die Stärke von 18-21/63 cm und wird 'zur Einlegung der Kurben' 5-13 cm eingeschnitten. Die Bordplanken der Außenwegerung besitzen eine Länge von 7,85-9,40 m. Sie erhalten eine Breite (ohne die Klinkerung) von 40-52 cm mit Ausnahme der beiden ersten Borde über der Eiswange, die die beträchtliche Breite von 78,5 cm aufweisen. Die Plankenstärke ist durchweg etwa 5 cm.

Besondere Aufmerksamkeit mußte naturgemäß hinsichtlich der Stärke den besonders beanspruchten Kaffen und den anschließenden 'Gespannborden' zugewendet werden.

Die vorderen Hauptrangen, die die Poller tragen, erhalten eine Stärke von 52-65 cm, die etwas weniger beanspruchten Rangen an der Vorderkaffe eine solche von 31-40 cm. Die Hinterrangen, die das 'Gewinde' tragen, das der Befestigung des 'Gezehes' diente, waren von gleicher Abmessung. Zum Vorder- und Hintersteven dienten Kielstücke ('Brions') von einer Länge von etwa 5 1/2 m und einer Stärke von 26/36-31/42 cm, im Boden werden sie 'auf dem Fuß 6-7 Zoll (etwa 16-18 cm) gekrümmt'.

Zu erwähnen wäre noch, daß zur Festigung des Baues eine Innenwegerung hinzukommt aus 47-63 cm langen und 5-6,5 cm starken Planken. Herman gebraucht hierfür bereits die spätere Bezeichnung 'Remmen'."

Die Samoreusen jener Zeit führten erst einen hohen Mast. Im 18. Jahrhundert wurde der kleinere Besansmast dazugesetzt. Die 1655 noch sehr schräg stehende Vorderkaffe erhielt später eine weniger starke Neigung, hingegen eine kräftigere Biegung. Auch fehlten 1655 noch Klüver und Bugspriet, die erst im 18. Jahrhundert hinzukamen. Das frühe, noch schmale Ruder ähnelte den Seeschiffen, doch erkennt man schon die lange Pinne und das Prinzip 'Dreh-über-Bord', also den Schwenkungsbereich über Back- und Steuerbord hinaus. Runde Ladeluke und anschließendes Roef (Wohnung) haben sich gehalten, während man die Takelung über die lange Zeitspanne verbessert hatte.

1655 hat die Samoreuse ein großes Schober- oder Rahsegel, also das eigentliche Hauptsegel, und ein Stakfock, hingegen noch kein Sprietsegel, das wir erst für das 18. Jahrhundert erwarten dürfen. Hinzu kamen sodann vor dem Stakfock ein Klüffock, über dem Rahsegel ein Topsegel, sodann achtern der Besansmast mit dem Besansegel nebst Gaffel und Giegbaum und Achterfock.

"Das Sprietsegel der Samoreuse war", nach K. Schwarz, "fast immer als Ferrysegel ('Ferrytuig') ausgebildet, d. h. der Stangenrepper des nicht übermäßig langen Spriets griff an dessen Ende an (im Gegensatz zur ursprünglichen von der Schmack herrührenden Spriettakelung ('Smack'sches Zeil'), die überdies ein wesentlich längeres Spriet zeigt. Zu Tal wurde zumeist das Besansegel, das 'Fahrsegel' und Focksegel gesetzt, für die Bergfahrt kam das 'Schobersegel', Topsegel, Besansegel und Filter in Betracht." - 'Fahrsegel' ist die alte rheinische Bezeichnung für das Sprietsegel ('Ferrytuig') am Hauptmast, ebenso wie 'Schober'- oder 'Schubersegel' für das Hauptrahsegel.

Die runde Luke war 1,60 bis 1,90 m hoch über Schandeck. Die Abdeckung war lose und wurde 'Den' genannt. In 'Den' dürfen wir die ersten Anzeichen für Denneboom, Tennebaum, Tannenholz sehen. Zwischen Luke und Besansmast war das Roef, die Wohnung der Schifferfamilie.

## Die Beurtenfahrer "Kaegschuit" und „Schietschuit"

Es gilt hier noch zwei Schiffstypen vorzustellen, die im eigentlichen Sinne weder als Niederrheinschiffe noch als friesische Typen anzusehen sind. Trotzdem haben sie auf dem Niederrhein Beurtfahrten durchgeführt, hier vor allem in der Amsterdam-Weseler Beurt und sie traten im 17. Jahrhundert neben den Samoreusen stärker in Erscheinung.

Sie waren um Amsterdam, nördlich Aalsmeer-Muiden, nördlich von Leiden und längs der Haarlemermeeres beheimatet und heißen K a a g, Amsterdamsche Kaag oder auch K a e g s c h u i t. Im Emmericher Schiffahrts-Museum sehen wir einen solchen Typ aus dem 17. Jahrhundert im Modell (Maßstab 1 : 30). Dazu der Text: „Verbreiteter niederländischer Schiffstyp, vielfach auf dem Niederrhein. U.a. auch in Gelderland gebaut, ca. 60 t, Flieger-, Fock- und Sprietsegel. Ca 38 qm Segelfläche."

In der "Amsterdamschen Börtordnungh" (mit Wesel) aus dem Jahre 1613 und 1614 ist zu lesen: "Item ... dat in't regart, dat dese Vaert altyd by Kaeghschippers ist gebruyckt gewest, die meest in de steden omtrend den Rhynstrom gelegen plachten te woonen".

Aber auch in der Weseler Schiffergildenrolle von 1641 und in der Weseler Hafenordnung 1681 sind diese beiden Schiffstypen sehr oft genannt, so daß ihre Verbreitung auf dem Niederrhein als sicher gelten kann. Natürlich hat es auch kleinere Fahrzeuge des Typs Kaag gegeben, die nur 30 bis 44 t trugen. Der Stich des Nicolas Witsen von 1671 zeigt einen Typ mit stark geneigtem und geraden Vordersteven, der stark an Fischereifahrzeuge erinnert und etwas von dem Emmericher Modell abweicht. Aber Reinier Zeeman stellte 1655 eine "Gelderse Kaegh" und eine „Vriessche Kaegh" dar. Da sie ja auch in Gelderland gebaut wurden, könnte es sich bei dem Emmericher Modell um einen Gelderschen Typ handeln. Die Aalschokker aus Vollenhove/Zuidersee von 1856 erinnern stark an die Kaagschuit.

Vom 18. Jahrhundert an fuhr die Kaegschuit nicht mehr auf dem Niederrhein. Sie wurde von den friesischen Typen verdrängt.

Die S c h i e t s c h u i t wirkte wesentlich einfacher und plumper, auch entschieden kleiner als die Kaegschuit. Das waagerechte Deck zeigte keinen Sprung. Der Vordersteven war oben gebrochen. Beide Typen, Kaegschuit und Schietschuit, besaßen ein „Statie". Damit bezeichnete man den Teil des Heckbordes, der oberhalb der Ruderpinne lag. Die Ruderpinne lief hiernach durch eine Öffnung im Hinterschiff, so daß das Steuerruder nicht ganz umgelegt werden konnte. Das Statie bildete den Gegensatz zum "Draai-over-boord".

Es sei hier noch einmal die Weseler Hafenordnung von 1681 angeführt, die im Staatsarchiv Düsseldorf (Weseler Magistr.-Repertorien, Caps. 101)zu finden ist. Dort werden eine Reihe von Schiffsnamen angegeben, die als zeitgenössische Niederrheintypen hier genannt sein sollen: „Ein Samerös solle auf 4 Pferde; ein Beyerschiff so über 30 Last groß auf 3 Pferde; ein Kaagschuit auf 1 1/2 Pferde; ein Drobbert auf 1 Pferd; ein Schnick auf 1 Pferd; ein Pont auf 1 Pferd; ein Ruhrack auf 1 Pferd; ein Lippack auf 1 Pferd; ein Ventjäger auf 1 Pferd; ein Oberländischer Achen auf die Halbscheidt angeschlagen werden."

## Friesische Schiffe als Niederrheinfahrer

Wenn wir uns vor Augen halten, wieviele Schiffstypen im 17. und 18 Jahrhundert das Rhein-Mündungsgebiet befahren haben, die großen wie die kleinen, dann ist es schwer, auseinanderzuhalten, was direkte Niederrheinfahrer waren und welche nicht. Dieses Auseinanderhalten hat schon Witsen 1671 und van Yk 1699 Sorge bereitet, und wenn man entsprechende Abbildungen des 18. und 19. Jahrhunderts vergleicht, dann erkennt man, daß die Formen und das Aussehen gar nicht einmal so sehr wechselten, vielmehr nur die Bezeichnungen und die Namen. Diese Verschiebungen aufgrund geringer baulicher Veränderungen hatten wahrscheinlich rein örtliche Bedeutung. Es waren und blieben eigentlich nur wenige Grundformen, die am Niederrhein und an der Rheinmündung stets wiederkehrten. Beginnen wir aus diesem Grunde zunächst mit den friesischen Schiffen, die von La Comte als "nationale Beinnenvaartuigen" bezeichnet wurden, und die zumeist das Rhein-Mündungsgebiet befuhren. Ihre Heimat waren die Provinzen Groningen und Friesland, wo sie in großer Anzahl gebaut wurden und schon bald ihren Weg längs der Küste, der Zuidersee (Ijsselmeer) und weiter nach Südholland nahmen. Die Bezeichnungen "Friesische" und seit dem 19. Jahrhundert "Groninger Tjalk" haben sich bis in unsere Tage erhalten.

Hingegen war die eigentliche Form dieses Schiffstyps sehr alt, so daß wir hier bereits ein Beispiel haben, wie der Typ geblieben, der Name hingegen geändert worden ist, denn die Tjalk ist bis weit in das 17. Jahrhundert zurückzuverfolgen. Hier wurde sie von den Kupferstechern van Yk und Witsen als "Wijd- oder Smalschip" und als "Damlooper" bezeichnet. Was die Fahrten der friesischen Schiffe nach Südholland angeht, so wurden sie zu Beginn des 19. Jahrhunderts östlich der Linie Leiden-Rotterdam von Aaktypen verdrängt.

Da haben wir einmal W i j d- und S m a l s c h i p, die wir als Vorläufer der Schmack ansehen dürfen; dies aufgrund einer Bemerkung von Witsen, der zur Beziehung zwischen Wijdschip und Schmack die Bezeichnung "Schmack of Wijdschip" gebrauchte.Er machte 1671 über das Wijdschip folgende Angaben: Länge ü.A. 22,60 m, Breite ü.d. Schwerter 7,50 m, Höhe 3,10 m. Höhe des Vorderstevens 5,25 m und des Achterstevens 5,00 m.

Nun die Maßangaben nach van Yk aus dem Jahre 1699: Länge ü. A. 22 m. Breite ü. d. Schwerter 6,80 m, Höhe 2,60 m. Höhe des Vorderstevens 5,30 m, und des Achterstevens 3,95 m.

Für das Smalschip nennt Witsen 1671 diese Maße: Länge ü.A. 18,80 m, Breite ü. d. Schwerter 5 m, Höhe 2,20 m.

Maße nach van Yk 1699: Länge ü.A. 18,20 m, Breite ü. d. Schwerter 4,95 m, Höhe 2 m.

Beide Autoren haben die Maße in "Rijnlandsche Voeten", also in Rheinländischem Fuß angegeben. Die Umrechnung besorgte K. Schwarz. Beide Schiffstypen hatten die gleiche Bauart. Im 17. Jahrhundert waren Vor- und Hinterschiff noch etwas schlanker im Vergleich zum bauchigen Rumpf. Im Laufe des 17. Jahrhunderts wurden Bug und Heck ebenfalls bauchiger, eigentlich stumpf-rund. Beide Schiffe hatten den Vorder- und Hintersteven stark hochgezogen, der Decksprung war groß, beide besaßen ein Statie. Bei niedriger Luke waren die seitlichen Schwerter auffallend breit, ein Merkmal, das nahezu alle Binnenfahrer auszeichnete.

Was die Bauweise betrifft, so hatten Karvehl und Klinker nebeneinander existiert. Die Aufrisse von Witsen 1671 zeigen beim Wijdschip Karvehlbauweise. Hingegen sehen wir schon 1699 bei van Yk "das Smalschip noch mit Überlappung, den zur selben Gruppe gehörigen Damlooper jedoch karvehl. - Wie fast alle Vertreter der friesischen Grundform führen auch diese Typen nur einen Mast auf etwa 1/3 der Schiffslänge. Die Takelung besteht aus einer fast durchweg als 'Ferrytuig' ausgebildeten Spriettakelung, mit einem Stagfock, Klüffock und einem Topsegel, meist einer kleinen Rah."

Einen solchen Schiffstyp erkennen wir auf dem Merianstich von Wesel aus dem Jahre 1642.

## Der "Damlooper" als schmales Schleusenfahrzeug

Der "Damlooper" oder Dammläufer gehörte eigentlich zur Klasse der Wijd- oder Smalschiffe, er war nur schmaler und schlanker gebaut. Er war speziell dazu ausersehen gewesen, die Schleuse des Dammes bei Leiden zu passieren. Die Breite dazu maß 11 Fuß 1 Zoll (es handelte sich um rheinische Fuß von 0,314 m). Van Yk hat über dieses Fahrzeug entsprechende Angaben hinterlassen. So war der Damlooper 17,60 m lang, die größte Breite maß 3,48 m, während die Ladung ähnlich dem Wijd- und Smalschip zwischen 25 und 35 t betrug.

Das Schiff wurde in Karvehlbauweise errichtet. Auffallend war das lange Spriet bei der Takelung, "in dessen Mitte der Stangenrepper angreift im Gegensatz zur Ferrytakelung des Wijd- und Smalschips. Demzufolge hat auch das Sprietsegel größere Abmessungen. Die übrige Takelung deckt sich mit der der obigen Schiffstypen", schreibt K. Schwarz.

Seit der Mitte des 18. Jahrhunderts wurde die Bezeichnung Damlooper nicht mehr verwendet. Danach nämlich waren, bedingt durch die Schleusenneubauten, die Abmessungen den modernen Erfordernissen angepaßt worden.

## "Schmacken", "Schuiten" und "Poonen" tauchen auf

Aus den Formen des Wijd- und Smalschips des 17. Jahrhunderts hatten sich im 18. Jahrhundert die friesischen Typen Schmack und Kuff entwickelt, die wiederum der Tjalk zum Leben verhalfen. Die Kuff war für die Küstenfahrten gebaut, während kleinerere Vertreter dieses Typs und auch die Schmack den Niederrhein bis Köln befuhren. Auch Schuit und Poon waren Vorläufer der späteren Tjalk. Schuit und Poon sahen sich ähnlich. Die Poon war in Seeland zu Hause, die Schuit in Südholland. Aus beiden Typen entstand zu Beginn des 19. Jahrhunderts die Form der Tjalk.

Die S c h m a c k war mit der Kuff verwandt. Le Comte nannte die Schmack die Schwester der Kuff. Die Länge ü.A. betrug 25 m, die größte Breite 6,80 m, der Tiefgang 2,50 m. Die Ladung lag zwischen 70 und 140 t. Das bauchige Vor- und Hinterschiff ähnelte dem Wijd- und Smalschip. Der Rumpf war sanft geschwungen, der Decksprung groß; das Schiff hatte starke Berghölzer, eine geringe Lehnung und eine runde Kimm. Das Ruder war in den meisten Fällen auf Statie montiert, in einzelnen Fällen auch als Draai-over-boord, also über Back- und Steuerbord hinaus schwenkbar. Dazu führte die Schmack Schwerter. Ihre stabilere Bauweise gegenüber Wijd- und Smalschip befähigte die Schmack auch zu Küstenfahrten nach Groningen, Ostfriesland und Friesland.

Der kleinere Besanmast stand am Ende des länglich gebauten Roefs, was für den Steuermann nicht gerade vorteilhaft war. Daneben zeigte die Takelung die gleichen Merkmale, wie die gleichzeitig auf dem Niederrhein segelnden Samoreusen. Die Luke lag leicht gewölbt hinter dem Großmast und dem Roef, das keine Fenster, vielmehr Bullaugen besaß, was bei Küstenfahrten sicher auch angebracht war. Die geschwungene Bauweise ließ das überkommende Wasser leichter zur Mitte hin ablaufen. Die Speigatts lagen hinter den Schwertern verdeckt.

Wenn wir uns nun die K u f f betrachten - und hier ist die holländisch-friesische Kuff gemeint-, dann sind die Unterschiede gegenüber der Schmack nicht wesentlich. Uns fällt im ersten Vergleich nur die längere Luke und die kleinere Roef

(Wohnung) auf und der fehlende zweite Mast. Dafür war das Großsegel weiter nach achtern gezogen und die Blöcke an der Ruderpinne befestigt. Sodann waren die Abmessungen größer und die Ausstattung war noch mehr den rauhen Seeverhältnissen angepaßt. Das flache Deck zeigte nur wenig Sprung, der Hauptmast ging durch den Laderaum. Nur kleinere Kufftypen waren mit Schwertern ausgerüstet. Die Takelung glich fast der Schmack. Hinzu kamen lediglich ein zweites Toppsegel am verlängerten Mast sowie ein Mittelstagfock. K. Schwarz schreibt auch von einem Besansmast hinter dem Roef. Die Abb. 23 (S. 112) des Bildbandes zeigt ein friesisches Frachtschiff für die kleine Küsten- und die untere Stromfahrt. Es stellt eine Mischform von Kuff und Tjalk dar. Der Rumpf war breit und flach, und gebaut wurden diese Typen fast ausschließlich im Bezirk Aurich/Oldenburg. Sie trugen zwischen 28 und 62 t. Hingegen zeigt die Radierung des 18. Jahrhunderts auf S. 110 des Bildbandes diesen Kufftyp ("een Kof-schip") mit Besansmast unter voller Besegelung in Fahrt.

Den Niederrhein befuhr dieses Schiff nur vereinzelt und es war als Schwesterschiff der Schmack anzusehen. Noch in den zwanziger Jahren dieses Jahrhunderts wurden ähnliche holländische Frachtschiffe segelnd auf dem Niederrhein gesehen, und wir erkennen in Abb. 20 (S. 108) des Bildbandes hinter dem Roef, also der Schifferwohnung, das mächtige Draai-over-boord-Ruder, wobei der Steuermann gerade noch über das Roefdach hinwegsehen kann. Das Schiff ist bis zum Eichstrich beladen und das Wasser spült über das Gangbord. Ein letztes Stück Romantik auf dem Niederrhein spricht aus diesem Bild.

Gleichzeitig erkennen wir in Abb. 24 (S. 112) des Bildbandes, wie auch um 1930 noch auf dem Niederrhein die kleinen holländischen Frachtschiffe zu Berg segelten. Wir blicken von Reeser Schanz auf Rees, sehen im Vordergrund rechts noch einen alten Holznachen und einen modernen Eisennachen, und den kleinen Frachter, wohl ein Partikulier, der leer bergwärts fährt.

Der Steuermann steht ungeschützt am Ruder, und wir erkennen weiß das niedrige Roef, das in das Schiff versenkt eingebaut wurde, um die Sicht nach vorn nicht zu behindern. Man nennt diese tiefliegenden Wohnungen "achterronder", also hintenherunter. Das Schiff trug etwa 300 t. Auch die Schwerter waren noch beibehalten, ebenso das Bugspriet, um weitere Segel setzen zu können. Hier nannten sich die Schiffe jedoch bereits Klipper und ähneln den Ewern der Ems.

Das Gegenstück zur friesischen Kuff bildete die B a r g e, am Niederrhein auch "englische K u f f " genannt. Es handelt sich hierbei um ein englisches Frachtschiff aus dem 19. Jahrhundert, eingerichtet und ausgerüstet für die Fahrten durch den Nordseekanal, die Küsten entlang und den Niederrhein aufwärts bis Mainz. Bis 1904 transportierte die englische Kuff überwiegend Portlandzement zu verschiedenen Rheinhäfen. Auf der Rückfahrt wurden Flaschen der Gerresheimer Glashütte geladen.

Im Gegensatz zu den Küsten- und Flußschiffen war die Barge auf Kiel gebaut, hatte eine hohe Reling und trug zwei Masten mit Sprietbesegelung.

Anders dagegen die Rhein-See-Barg "Fortschritt" von 1848, die als Drei-Mast-Bark länger gebaut war und sicher nicht sehr weit den Rhein hinaufgelangte. Ein Modell ist im Rhein-Museum Koblenz zu sehen.

Hingegen zeigt uns das Schiffahrts-Museum Emmerich einen R h e i n k l i p p e r gegen Ende des 19. Jahrhunderts als letztes und schnellstes Rheinschiff unter Segeln. Maßstab 1 : 50, Ladefähigkeit 300 t, ebenfalls ein Zweimaster. Diesen Klipper sehen wir im Original vor 1910 beim Ruhrorter Hebeturm liegen, und nochmals als Zeichnung unter vollen Segeln. Da erkennen wir am Vordermast I = Mittelfock, II = Stagfock, III = Groß- oder Besansegel, IV = Kleines Besan- oder Hintersegel am Hintermast.

## "Schuit" und "Poon" als "Tajlk"-Vorläufer

Betrachten wir uns nun die beiden Tjalkvorläufer "Schuit" und "Poon". Während die Poon in Seeland zuhause war, wurde die Schuit in der Provinz Südholland heimisch.

Die "S c h u i t" (holl., sprich scheut = Schute) erkannte man gegenüber der Poon an dem geraderen Deck nach K. Schwarz "etwa in dem Maße wie die kleinen Kuffs im Verhältnis zur Schmack". Der Steven war sehr hoch geführt, einen Decksprung erkennen wir am Vorder- und Hinterschiff. Der Vordersteven zeigte das typische "Nasholz", "das wie bei der Poon meist zurückgebogen ist und gegen die Backen am Mast zeigt. Diese Erscheinung findet sich bei den Brabanter Typen wieder. Das Ruder ist breiter als bei der Schmack und schon ganz von der Form des Tjalkruders, jedoch besitzt die Schuit meist eine Statie, seltener einen Draaiover-boord", skizziert K. Schwarz.

Der Schiffsrumpf war mit starken Scheuerleisten versehen. Der Rumpf, bauchig und gerundet, hatte sich gegenüber Wijdschip und Smalschip kaum gewandelt. Der eine Mast stand weit vorn, etwa auf dem ersten Drittel der Gesamtlänge des Rumpfes. Die erste Takelung war ein Sprietsegel, später ging man zur Gaffeltakelung über, dazu ein Besansegel, wobei, wie in Holland üblich, die Gaffel geschwungen war; dazu ein Stagfock und ein Mittelfock. Die Tragkraft schwankte zwischen 40 bis 80 t. Für das Jahr 1817 machen Reinhold und Ottmans für die Schuit folgende Angaben:

| Tragkraft in t | Länge zw.d. Loten in m | Größte Breite in m | Seitenhöhe in m | Tiefgang leer in m | Tiefgang belad. in m | Besatzung |
|---|---|---|---|---|---|---|
| 40 | 15,50 | 4,35 | 1,65 | 0,63 | 1,25 | 3 |
| 60 | 20,10 | 4,65 | 1,90 | 0,68 | 1,55 | 2 |
| 80 | 22,00 | 5,00 | 2,35 | 0,83 | 2,05 | 3-4 |

Die Schuit hatte keine hochgelegene Wohnung, also kein Roef, sondern hinten ein sogenanntes "achterronder", ein hintenherunter, eine Wohnung oder Kajüte unter Deck. Stellt man noch einen Vergleich an zwischen Schuit und Statie-Tjalk, so ist eine fast völlige Verschmelzung zu erkennen.

Was die Schuit in der Provinz Südholland, das war die "P o o n" in Seeland. Auf dem Niederrhein waren die Poonen recht häufig zu sehen, und von allen Tjalkvorläufern haben sie sich dort am längsten durchgesetzt. Bei K. Schwarz ist zu lesen: "Noch 1829 finden wir die Poon "De jonge Hubertus", die zwischen Dordrecht und Köln fuhr, auf dem Niederrhein erwähnt und dargestellt. Ein Modell dieser Poon befindet sich im Rhein-Museum zu Koblenz, ein zweites besseres jedoch im Maritim-Museum 'Prinz Hendrik' zu Rotterdam." Diese Äußerungen bezogen sich auf 1928. Im 2. Weltkrieg wurde Rotterdam zerstört und auch die meisten Museumsstücke waren vernichtet. Auch in Koblenz konnte der Verfasser diese Poon nicht mehr finden. Ein einziges Modell sah man 1977 in Duisburg auf der großen Rheinschiffahrts-Ausstellung anläßlich der 100-Jahrfeier des Vereins zur Wahrung der Rheinschiffahrtsinteressen e. V. Des Weiteren fand der Autor eine gute Radierung einer Poon des 18. Jahrhunderts im Küstenmuseum der Nordseeinsel Juist.

Erbaut wurde die Poon auf den Werften Dordrecht, Isselmonde, Willemstad, Aalblasserdam und Boskoop. An der Bauart des Hinterstevens erkennen wir drei verschiedene Varianten: da waren einmal Poonen mit dem so typischen Ruder "Draai-over-boord", Poonen mit dem "Statie"-Ruder, und sodann Poonen mit "Statiepaviljoen". Das Wort "Paviljoen" bedeutet eine bei gebrochenem Deck ausgeführte Erhöhung des Statie über den Bord; hierdurch wird der Paviljoen, also die Erhöhung tatsächlich zum höchsten Punkt des Schiffskörpers. Die Poonen mit dieser letztgenannten Ausstattung waren jedoch dem Personenverkehr vorbehalten. Ansonsten ist der größere Decksprung gegenüber der Schuit auffallend.

Hierzu K. Schwarz: "Auch ist bei der Poon der Breitenunterschied auf Deckhöhe und auf Höhe der Leerladelinie noch stärker ausgeprägt. Die Ursache dieser stark ausspringenden Formen liegt in der Art der damaligen Schiffseichung." Und Witsen sagt dazu, frei übersetzt: "Das Ausbrechen der Schiffe vorn und hinten brachte hier dem Schiffer Profit ein, da er viele Güter mehr stauen konnte, als das Maß der Schiffe hielt."

Die Wohnung lag unter Deck, also ein "achterronder". Die Luke war niedrig und flach gewölbt, der Mast stand davor. Getakelt war die Poon wie die Schuit. Nach der Spriettakelung folgte die Gaffeltakelung. Das Gaffelholz war geschwungen, das Segel reichte bis an das Heck. Dazu die Bemerkung von K. Schwarz: "Das aus dem Anfang des 18. Jahrhunderts stammende Modell der Poon 'Sophie Johanna' im Maritim-Museum Rotterdam zeigt noch Spriettakelung, dagegen das ebenfalls dort befindliche der Beurtpoon von 1750 bereits Gaffelsegel."

Alte niederrheinische Poonen sind mit folgenden Daten angegeben:

| Gattung | Tragfähigkeit in t | Länge ü.A. in m | Größte Breite in m | Tiefgang leer in m | Tiefgang beladen in m |
|---|---|---|---|---|---|
| Draaioverboordpoon | 40 | 14,50 | 4,20 | 0,70 | 1,65 |
| Statiepoon | 55 | 17,25 | 5,08 | 0,85 | 2,00 |
| Statiepaviljoenpoon | 60 | 20,70 | 5,00 | 0,90 | 2,10 |

## "Tjalken" auf dem Niederrhein beleben die Rheinfahrt

Wenn wir uns zunächst die Modelle betrachten, die heute in verschiedenen Ausführungen in den einschlägigen Museen zu finden sind, dann stellen wir doch bei der "T j a l k" Unterschiede fest, die es nach K. Schwarz in der Bauweise tatsächlich auch gegeben hat. Da kennen wir einmal die "K o f f t j a l k", in der Form die normale Tjalk, nur in den Maßen größer, nämlich Länge ü. A. 25,83 m, Breite ü. A. 5,75 m, Leertiefgang 0,75 m, Ladetiefgang 2,20 m. Diese führten gelegentlich einen zweiten kleinen Mast in der Statie wie die Schmack.

Ferner gab es die "A a k t j a l k", die, im Verhältnis zur Breite, entschieden länger gezogen wirkte, sodann den markanten Vordersteven vermissen ließ und einen sehr niedrigen Leertiefgang auswies. Der Bug war wie eine Kaffe gearbeitet, so, wie wir es von den Aaken allgemein kannten. Hier die Maße: Länge ü. A. 22 m, Breite ü. A. 4,30 m, Leertiefgang 0,43 m, Ladetiefgang 1,45 m. Die Groninger Typen hatten ein Draai-over-boord, die Friesentypen ein Statie.

Auf der Duisburger Schiffahrts-Ausstellung Januar/Februar 1977 wurde auch eine Groninger Tjalk in Karvehlbauweise, also glattwandig im Maßstab 1 : 50 gezeigt. Im zugehörigen Text war zu erfahren: "Als Entstehungsgebiet werden die Provinzen Friesland und Groningen genannt. Zur Familie der Tjalken gehören aber auch Typen anderer Provinzen und solche mit den Bezeichnungen Gaffelaar, Schuit, Pleit, Otter, Lichter oder Damloper. Ihre besonderen Merkmale sind: Langer, flacher Schiffskörper mit stärker zu den Steven aufgezogenen Sprung, flacher Boden, runde Kimm, senkrechte Spanten mittschiffs. Vorder- und Achterkajüte für die Besatzung sind sehr klein, um einen möglichst großen Laderaum zu erhalten. Getakelt waren die Tjalken, anfangs wie ursprünglich alle Binnenschiffstypen, mit einer 'Spriettakelage'. In den letzten Jahrhunderten führen sie aber auch immer einen Besan mit krummer Gaffel. Im Gegensatz zu anderen Binnenschiffstypen konnte der Mast fast immer umgelegt werden." - Auf dem Namensschild der Tjalk "Heidi" lesen wir 'Enkhuizen/Ijsselmeer' als Heimatort.

Die Vorderkajüte für die Mannschaft, versenkt unter Deck, nannte man „vorronder", und die Achterkajüte, die Wohnung des Schiffers, hieß "achterronder", während oben auf Deck ein kleines Roef erbaut war. Eine kleinere Luke lag vor dem Mast. Man nannte die Tjalken mit fast geradem Deck auch "Friesischer Praam".

Anders die Modelle aus Düsseldorf und aus Emmerich. Beide sind klinkergebaut und sogenannte "Gaffeltjalken", so genannt nach dem geraden Gaffelbaum. Die Modelle sind als Tjalk des 19. Jahrhunderts benannt und faßten 200 t Ladung. Tjalken befuhren 1935 noch den Rhein. Sie wurden überwiegend in Südholland gebaut. Hingegen zeigt das Düsseldorfer Modell wieder eine leicht geschwungende Gaffel. Der Gaffelbaum konnte mit dem Segel heruntergelassen werden. Auch die Schwerter waren um 1920 noch vorhanden, wie sich ja der Tjalktyp in der Eisenbauweise bis in unser Jahrhundert hinein gehalten hat.

Die Tjalken waren sehr wendig, befuhren die Küsten Hollands und Deutschlands und transportierten auf dem Rhein überwiegend Ölsaat aus Antwerpen und Rotterdam zu den verschiedensten Niederrheinhäfen bis nach Köln. Im 19. Jahrhundert waren sie am Niederrhein der meistgefahrene Schiffstyp.

Man sah sie zu Berg segelnd in der Höhe von Xanten vor 1928, und gemächlich dahintreibend in Dreierformation auf dem Verbindungsarm 'De Noord' zwischen Wal und Lek vor 1924. Wir erlebten sie im alten Hafen zu Ruhrort liegend um 1925, und dem Verfasser ist noch der Mastenwald in Erinnerung, den er von der Rheinbrücke Homberg-Ruhrort herunter als kleiner Stropp um 1936 erblickte, wo die kleinen holländischen Frachten-Segler als letzte Tjalk-Typen dicht gedrängt und sich wie gegenseitig beschützend versuchten, sich gegen die moderner werdende Schiffahrt zu behaupten. Aber damals waren ihre Tage schon gezählt, und nach dem 2. Weltkrieg gehörten sie der Vergangenheit an.

Blickte man von der Ruhrorter Schifferbörse nach Norden, so sah man sie noch dicht vor der Brücke an ihren Stammplätzen liegen. Es waren überwiegend Partikuliere, also Eigenschiffer, die keiner Firma angehörten und auf eigene Rechnung fuhren.

Auch das Duisburger Modell "Dorothea" als Holländer-Frachtschiff in Eisenbau, mit Gaffel, Schwertern und abgestumpftem Aakbug ist im Grunde noch eine Anlehnung an die alten Tjalkformen der Friesen. Wenn auch alles einem Wandel unterworfen ist, so sind die Grundansätze, auf denen immer wieder aufgebaut wird, einer bestimmten Entwicklung doch recht lange anzusehen. Besonders dann, wenn sie sich, wie in diesem Falle die Tjalken, über lange Zeit auf den Niederrheinfahrten bestens bewährt hatten.

Die Ladefähigkeit der Tjalken betrug um 1830 ca. 80 t. Die Schiffbauer steigerten die Tonnage im Laufe der Zeit und brachten es zum Ende des 19. Jahrhunderts selbst bei den Fahrzeugen in Holzbauweise auf 250 t. Eine Tabelle von K. Schwarz gibt uns einen Überblick der kleineren Typen:

| Tragfähigkeit in t | Länge zw. den Loten in m | Größte Breite | Seitenhöhe in m | Tiefgang leer in m | Tiefgang beladen in m |
|---|---|---|---|---|---|
| 32 | 14,60 | 4,30 | 2,65 | 0,63 | 1,55 |
| 46 | 15,13 | 4,52 | 2,72 | 0,70 | 1,45 |
| 48 | 16,36 | 4,60 | 3,36 | 0,54 | 1,59 |
| 66 | 15,15 | 4,55 | 3,33 | 0,76 | 1,59 |
| 68 | 16,98 | 4,62 | 3,71 | 0,59 | 1,71 |
| 80 | 17,70 | 5,10 | 3,82 | 0,78 | 1,70 |

So lesen wir schon 1820 bei van Loon: "Het is alleen de Tjalk, welke op een diepte van 5 voeten water veertig Roggelasten (= 80 t) overbrengt". - Übersetzt: Es ist alleine die Tjalk, welche bei einer Tiefe von 5 Fuß Wasser vierzig Roggenlasten herüberbringt.

### Übersicht über die Entwicklungsstufen der den Niederrhein befahrenden friesischen Typen.

| Zeitpunkt | Typen-Bezeichnung | Unterscheidung der gleichzeitigen Typen | | Heckausbildung | Grundform d. Takelung |
|---|---|---|---|---|---|
| | | allgemein | im besonderen | | |
| 17. Jahrh. | a) Wijdschip. b) Smalschip. c) Damlooper. | dimensional (Breite) | a) — b) Schleusen zu Gouda c) Schleuse zu Leyden | a) b) Statie c) | Spriet- (Ferrysegel) Takelung |
| 18. Jahrh. | a) Kuff. b) Schmack | baulich | a) gerad. Deck. b) stark. Decksprung, Besanmast in Statie | a) Draai-over-boord b) Statie | |
| Ende des 18. Jahrh. | a) Schuit. b) Poon. | baulich und örtlich | a) gerad. Deck, Südholland b) starker Decksprung, Seeland | a) Statie b) 1. Statie 2. Statie-paviljoen 3. Draai-over-boord. | Gaffel- (Besansegel) Takelung*) |
| 19. Jahrh. | Tjalk. | — | | 1. Statie 2. Draai-over-boord. | |

*) Anmerkung: Schuit, Poon und Tjalk führen bei ihrem Aufkommen anfänglich noch Sprietsegel.

### Die Schiffstypen aus Brabant und den nahegelegenen Flüssen.

Neben den vielen Niederrheinfahrern findet man die Brabanter Typen, die in ihrer Grundform den friesischen Schiffen sehr ähnlich sind.

Da gibt es die P l e i t , die Witsen bereits 1671 als "Vlaemsche Pleiten", bezeichnete. Diese wurde gegen Ende des 18. Jahrhunderts von der O t t e r abgelöst. Gegenüber der Pleit hatte die Otter einen sehr großen Decksprung, also lange, gewölbte Luken und war kürzer gebaut. Wir sehen sie mit zwei Masten, Schwertern, rundem Bug und vorspringendem Steven, und am Heck mit einem Statie ausgerüstet (Ruder mit begrenztem Schwenkungsbereich). Wir erkennen deutlich den durch das hochgeführte Heck hindurchreichenden Ruderbaum. Ein Roef gab es nicht. Die Otter zeigte starke Anlehnung an die holländische Tjalk. Während die Pleit lang und gerade erbaut war, ist die Otter gewölbt. Dies entsprach der holländischen Entwicklung von der gradlinigen Schuit zur gewölbten Tjalk.

Bei der Pleit erlebten wir eine zunehmende Länge zum Anfang des 19. Jahrhunderts, und es kam der Name "B r a b a n t e r  S c h u i t" auf. "Diese ist", so argumentiert K. Schwarz, "nichts weiter als eine k u r z e  P l e i t und entspricht der holländischen Schuit".

Überhaupt hat sich K. Schwarz die Mühe gemacht, auch jene der Brabanter Zone benachbarten Schiffe, die in der älteren Literatur genannt wurden, aufzugreifen und festzuhalten. Obwohl sie ebenfalls den Niederrhein befuhren, kann man sie doch nicht direkt den Niederrheintypen zuordnen.

Da sind einmal Typen der Oberijssel zu nennen, die im Zuge der Ijsselfahrt auch den Niederrhein erreichten. Wie die friesischen Modelle sind sie ebenfalls sehr alt, haben sich jedoch eigenständig entwickelt. Ihre eigentliche Heimat war der Süden der Provinz Drenthe, sowie die Provinz Oberijssel, die etwa so abzugrenzen waren: Linie Meppel-Zwolle-Deventer-Dalen-Oranjekanal-Drentsche Hoofdvaart. Im Laufe der Zeit waren die Namen geändert worden, hingegen hat sich an den Fahrzeugen nichts Wesentliches gewandelt.

Die Oberijsseltypen des 17. Jahrhunderts P o t t e n und P u j e n waren mit schlankem Vor- und schlankem Hinterschiff ausgestattet. Das war das auffallendste Unterscheidungsmerkmal zu Smal- und Wijdschip. Reinier Zeeman brachte 1655 noch eine Darstellung dieses Fahrzeugtyps, eines "Overijsselschen Potten groot omtrent 36 Last (= 72 t)". Darauf waren die spitze Rumpfform und der große Decksprung zu erkennen. Potten und Pujen waren mit Statie ausgerüstet, hatten runde Luken und trugen einen Mast mit Spriettakelung.

Zum Ende des 18. Jahrhunderts wurden die Namen geändert in S o m p e n und P e g g e n. Das äußere Aussehen der Fahrzeuge blieb erhalten. Das Statie war ausgewechselt gegen das Draai-over-boord, der Klinkerbau wich dem Karvehlbau. Auch der Decksprung wich einem geraden Deck. Erst Anfang des 19.

Jahrhunderts baute man die B e u r t s o m p e n etwas bauchiger und mit geringerem Decksprung.

Wenden wir uns der Maas zu. Auch hier fanden sich Typen, die den Niederrhein befuhren. Da war einmal der W h a l e m a j o l (Mijole). Auf der Untermaas zu Hause, kann er als der älteste Typ dieses Stromgebietes angesehen werden. Vor- und Hinterschiff waren spitz und schlank, "der Hauptspant fällt durch seine Trapezform auf". Nach holländischem Muster besaß er ein "Draai-over-boord"-Steuerruder, und zwar bis zur Mitte des 18. Jahrhunderts. Als dann die H e r n a als typisches Maasschiff auftauchte, wurde das Schweberuder ein charakteristisches Merkmal. Als man auch den Whalemajoltyp damit umrüstete, bekam dieses Schiff nun die Bezeichnung W h a l e p o n t oder auch M a a s p o n t.

Die H e r n a war demnach ein belgisches Maasschiff, das auch den Niederrhein befuhr: sie war ein langer und schmaler, für das Durchfahren enger Schleusen geeigneter Typ. Die Länge betrug 35 m, die Breite 5 m, die Tragfähigkeit ca 200 t. Sie hatte einen kurzen Mast, hauptsächlich für das Befestigen der Treidelleine, manchmal auch für ein kleines Rahsegel. Die Roef, also die Schifferwohnung, lag mittschiffs. Das besondere Merkmal war das Gabelruder oder Schweberuder. Bei hoher Ladung, beispielsweise Torf, wurde mit der oberen, sonst mit der unteren Ruderpinne gesteuert.

Bis zum Ende des 19. Jahrhunderts blieb die Herna der bekannteste Schiffstyp auf der Maas. Nach K. Schwarz stammt eine der besten alten Herna-Darstellungen aus dem Jahr 1820 von van Gijn aus Dordrecht. Aber auch das Emmericher Schiffahrts-Museum besitzt ein gutes Herna-Modell aus dem 18. Jahrhundert, es konnte 200 t Ladung aufnehmen. Wir erkennen an ihm deutlich das charakteristische Gabel- oder Schweberuder mit dem auffallend langen und schlanken Ruderblatt.

Am Niederrhein wurde im 17. Jahrhundert noch das B e i t e l s c h i f f gefahren. Es war so benannt, weil der Bug einem Beitel, also einem Stemmeisen ähnelte. Um 1670 besaß der Schiffer Peter Schüler aus Emmerich ein solches Schiff. Es hatte Schwerter und ein Draai-over-boord-Steuerruder.In der Steinstraße in Emmerich nannte man ein Haus "das Beitelschiff". Unter dem Modell im Schiffahrts-Museum Emmerich sieht man den Gildenstab der 1627 gegründeten Emmericher Schiffergilde; er ist aus Buchsbaum gefertigt und mit reichen Schnitzereien versehen.

Bei dieser Gelegenheit sollte auch das frühe Werftwesen nicht vergessen werden. Ein Modell einer solchen frühen Werft zeigt das Schiffahrts-Museum Emmerich im Maßstab 1 : 50 nach einem Plan von H. Reimann, ausgeführt von K. Marquardt.

Es handelt sich um die Schiffswerft Heinrich P r e n g e r, der ursprünglich in Dorsten baute und die Werft 1858 von Dorsten nach Emmerich verlegte. Die Werft hatte eine Querhelling für Holzschiffbau und hatte ca. acht Beschäftigte.

Als starke Sandanschwemmungen und der aufkommende Eisenschiffbau die Arbeit in Emmerich zu sehr behinderten, verlegte Prenger die Werft 1887 nach Ruhrort, wo er bessere Möglichkeiten sah.

Das Modell zeigt den Bau eines "Dorstener Schiffes" für 340 t; rechts davon Mast und Podest für die Schiffssegnung beim Stapellauf. Vorne liegt eine ausgebesserte Fähre mit Nachen, links davor ein "Hagenar" zur Reparatur, im Hintergrund links der Dämpfofen zum Biegen der Planken. Hinter dem Dorstener Schiff sieht man den Turm der alten Emmericher Stadtbefestigung. Links vom Segler, dem "Hagenar", liegen Rinnenhölzer zur Ergänzung der Schlittenanlage für den Stapellauf.

Dort, wo wir die Helling unterbrochen sehen, läuft quer durch die Werft und durch das Bild ein Kiesweg, hinter der Hagenar vorbei. Das ist der alte Rheinuferweg, die heutige Emmericher Rheinpromenade. Das Schiffahrtsmuseum in Emmerich ist der Bewahrer dieser Zeugen der einstigen Rheinschiffahrt.

Als ein wichtiger niederrheinischer Aaktyp sollte noch der Kohlenkahn aus Ruhrort genannt werden, der auch als R u h r a a k bekannt war. Er wurde im 19. Jahrhundert gefahren und diente überwiegend dem Transport der Ruhrkohle. Dieses flachbödige, etwa 15 m lange, offene Lastschiff mit zwei Masten hatte Flachruder und Schwerter; es war mit Ladebaum, Wasserpumpe und einer Schifferhütte ausgestattet, die, wie bei den Herna-Typen, in der Schiffsmitte stand und nur eben mit dem Dach über Bord ragte.

In einer anderen Ausführung zeigt sich das Düsseldorfer Modell aus dem Stadtmuseum: Offene Aak oder Kohlenaak aus dem 18./19. Jahrhundert. Auch dieses Modell beförderte die Ruhrkohle nach vielen Rheinhäfen. Der Rumpf war flach, der Laderaum offen; es trug zwei Masten und Schwerter und war mit einem Flachruder ausgerüstet. Die Wohnung befand sich im ersten vorderen Drittel vor dem Hauptmast. Diese Aak wurde bis 25 m Länge gebaut und konnte 300 bis 400 t tragen. Dieses Modell ist auch im Schiffahrts-Museum Emmerich zu sehen: Ruhr-Aak um 1800, Kohlenschiff, ca. 150 t, Stagfock, Groß- und Besansegel, ca. 46 qm Segelfläche. Auch bei diesem Ruhr-Aak-Modell liegt die Schifferwohnung sehr weit vorn, fast im Bug.

Ein weiteres schönes Modell zeigte die Duisburger Schiffahrts-Ausstellung im Januar 1977: Die Ruhr-Aak "Gute Hoffnung" mit 32 m Länge, 5 m Breite aus dem Jahre 1817. Der Maßstab ist 1 : 75, und gebaut wurde das Schiff auf der Werft Haniel-Huyssen in Ruhrort. Dieses Aak-Modell hatte keine Schifferwohnung, wohl weil es noch aus der frühen Zeit stammt, und führte am Hauptmast Spriettakelung.

Als letztes sei noch, der Vollständigkeit halber, ein A u s l i e g e r vorgestellt. Es handelt sich um ein holländisches Rhein-Kriegsschiff mit 16 Kanonen aus dem 17. Jahrhundert. Maßstab 1 : 30.

In den spanisch-niederländischen Kämpfen des 16. und 17. Jahrhunderts beherrschten die Niederlande mit zu Kriegszwecken umgebauten Schiffen den unteren Niederrhein. In ihrem Bereich war noch ein reger Rheinhandel möglich, weitere Handelsfahrt jedoch unterbunden. Das Modell ist im Schiffahrts-Museum Emmerich zu sehen.

Des weiteren sollte die Leibjacht des Kurfürsten Johann Wilhelm von der Pfalz aus dem Jahre 1703 erwähnt werden. Zu dem Modell (gebaut von Hans Koenen, Düsseldorf) im stadtgeschichtlichen Museum Düsseldorf, heißt es: "1701 bestellte Kurfürst Johann Wilhelm von der Pfalz (1658 -1716) in Amsterdam eine Leibjacht, die 1703 fertiggestellt wurde. Die holländischen Werften waren im Bau sogenannter Staatsjachten wohlerfahren. Das einer S c h m a c k ähnliche Schiff mit Segelmast und Schwertern erhielt den Ansprüchen des fürstlichen Besitzers gemäß reiche Verzierung und komfortable Ausstattung.

Das breite Achterschiff, auf dem die geräumige Wohnkajüte aufgebaut ist, Steuer, Vordersteven und Reling zeigen üppiges, vergoldetes, ornamentales Schnitzwerk. Die fürstlichen Aufenthaltsräume, die durch große Fenster helles Licht erhielten, waren mit kostbaren Tapeten und Möbeln eingerichtet. Das etwa 26 m lange Schiff wurde für die Rheinfahrten des Kurfürsten und seines Gefolges, aber auch zur Beförderung von Frachten für die Hofhaltung benutzt. Es hatte eine ausgesuchte Besatzung unter einem Kommandeur im Range eines Admirals. Über den Verbleib des Fahrzeuges nach dem Tod des Kurfürsten ist nichts Bestimmtes bekannt. Das Original-Modell befindet sich heute im Niederländischen Historischen Schiffahrtsmuseum Amsterdam."

Soweit der Katalogtext von 1965.

Ebenso prunkvoll ausgestattet war die Leibjacht des Kurfürsten Clemens Wenzeslaus von Trier aus dem Jahre 1772. Dieses Schiff mit Hauptmast und Spriet verrät ebenfalls holländische Schiffbau-Einflüsse. Der Mast war 17 m hoch, die Jacht 30 m lang und 7 m breit. Das Wohndeck lief fast über die ganze Schiffslänge. Das Innere war geräumig, "erhellt durch eine lange Reihe von 23 Fenstern auf jeder Seite und zwei großen Fenstern im Heckaufbau, bot dem Kurfürsten auf seinen Rheinfahrten eine repräsentative und komfortable Unterkunft mit Vorzimmer, Kabinetten, Schlafzimmern und einem 15 m langen Saal. Alle Aufbauten sind reich geschmückt mit vergoldeten Schnitzereien im Zeitstil. Außen- und Innenausstattung waren aus kostbarem Material und entsprachen der Einrichtung fürstlicher Wohnungen der Zeit", wie es im Katalogtext von 1965 heißt. Heimathafen dieses Schiffes war Koblenz. Im Jahre 1814 schossen die Franzosen dieses schöne Schiff in Brand und vernichteten es.

Ferner gab es um 1800 Wasser-Diligencen. Sie fuhren bis ins 19. Jahrhundert als Personen- und Postschiffe auf dem Rhein. Das Wort "Diligence" "bedeutet wie bei Landfahrzeugen, daß die Schiffe für den planmäßigen Reiseverkehr bestimmt waren."

Diese Diligencen waren etwa 30 m lang, sehr schlank, besaßen zwei Masten, Hauptmast und Besanmast und wurden sprietgesegelt. Zwischen den Masten lag die Kajüte mit normalen kleinen Fenstern und Blendladen; darüber befand sich ein Aussichtsdeck für die Reisenden. Die Aufenthaltsräume waren sauber ausgestattet und konnten geheizt werden. Es gab gesonderte Schlafkabinen und eine Bordküche, um die Gäste zu bewirten. Das Steuerruder achtern war als Draai-over-boord gearbeitet, der Bug erinnerte an eine der zahlreichen Aaktypen. Die Schwerter fehlten. Zu Berg mußte das Schiff getreidelt werden. Das Modell ist ebenfalls im stadtgeschichtlichen Museum Düsseldorf zu besichtigen.

Das Gegenstück dazu für den Mittelrhein war das 25 m lange Marktschiff "Stadt Coblenz", das bis etwa 1840 fuhr. Ein Modell steht im Rhein-Museum zu Koblenz. Im Gegensatz zu der Wasser-Diligence trug dieses Marktschiff nur einen Hauptmast mit Spriettakelung und Stagfock. Über der Mittschiffs angebrachten langen Kajüte, auch mit kleinen viereckigen Fenstern ausgestattet, lag ein Passagierdeck. Das Steuerruder war ein Draai-over-boord, das Schiff hatte Schwerter, der Bug und das Heck liefen spitz zu. Auch dies ein treffendes Beispiel für die fortschreitende Verbesserung in der Schiffsausstattung und in der Beförderung von Personen. Dieses Schiff mußte zu Berg getreidelt werden. Marktschiffe hat es auch bei Köln und Düsseldorf gegeben.

Beispiele für das Treideln zeigen uns verschiedene Abbildungen. Auf der niederländischen Stromstrecke im flachen Überschwemmungsgebiet konnten keine Leinpfade angelegt werden. Hier waren die Schiffer ganz auf günstigen Segelwind angewiesen. Von Gorcum an wurden die Schiffe von 8 bis 14 Pferden gezogen. Längs des Rheins gab es viele hundert Pferdehalter, am Niederrhein Peerdsburen, am Mittelrhein Halfen genannt, die mit ihren Knechten die Gespanne stellten und ihre festen Abschnitte schleppten. Um diese Leinenpfade zu unterhalten, die immer wieder von den Tieren bei nassem Wetter und nach Überschwemmungen zertreten wurden, mußten enorme Summen eingesetzt werden. Die heute noch bekannten Bilder geben eine kleine Vorstellung von diesem rauhen Handwerk, wobei die Pferde oft arg geschunden wurden. Da die Pferde meist schief laufen mußten, bekamen sie vor das linke Auge, also nach der Rheinseite, eine Scheuklappe. Daher nennt man heute noch die rechte Rheinseite die "schäl Sick", die schäle Seite.

Da wir uns in dieser Darstellung jedoch auf die Schiffstypen beschränken wollen, soll dieses Handwerk, das nur indirekt mit der Schiffahrt zu tun hatte, nicht ausführlich abgehandelt werden.

## Zusammenfassung des VI. Hauptkapitels

Wir haben gesehen, daß die Entwicklung der Niederrheinschiffe gegenüber Mittel- und Hochrhein völlig andere Wege ging und fast eine in sich geschlossene Einheit bildet. Bedingt durch die Küstennähe und dem breitausladenden Strom, der ein besseres Segeln erlaubte, wurden anders geartete Typen geschaffen, die weitgehend durch die holländische Schiffbaukunst beeinflußt wurden und sich auch am Niederrhein bestens bewährten.

So kam es zu einer annähernden Verschmelzung von Küsten- und Binnenfahrzeug. Hinderlich für die Erforschung der Niederrheinfahrzeuge ist die Tatsache, daß es in sehr früher Zeit keine Aufrisse und überlieferten Baupläne gab. Da lesen wir 1791 bei Du Hamel du Monceau: "Jeder Schiffszimmermann bewahrte diese Regeln (der Schiffbaukunst) für seine Familie als ein Geheimnis." Aber auch in der Schiffbau-Literatur werden die Niederrheinschiffe kaum genannt. Erschwerend kommt noch hinzu, daß die einzelnen Typen oft andere Namen erhielten.

Trotz allem hat das Niederrheinfahrzeug der Schiffahrt insgesamt bis zum Mittel- und Hochrhein neue Impulse gegeben, eben wegen seiner besonderen Mittlerrolle zwischen Küsten- und Flußfahrzeug. Hier haben wir die vier besonderen Neuerungen angeführt, die der Schiffahrt zur Wende verhalfen und sie belebten:

Da war einmal das feste Heckruder als Steuerung im Jahre 1242 bekannt geworden, auf dem Niederrhein erstmalig 1406 nachweisbar.

Das bislang übliche Rahsegel wurde durch die Spriettakelung ersetzt. In der Küstenschiffahrt schon um 1450. So kam sie schnell an den Niederrhein und war 1531 allgemein in Gebrauch, wie uns der Woensam-Prospekt zeigt.

Die Schwerter an den Längsseiten der flachbodigen Schiffe gingen bei der Küstenschiffahrt auf das Ende des 16. Jahrhunderts zurück. Um 1620 traten sie auch auf dem Niederrhein in Erscheinung.

Im Jahre 1459 wurde im Seeschiffbau erstmals in Karvehl gebaut. Im 18. Jahrhundert wandte man sie bei Niederrheinschiffen auch an. Aber die bewährte Klinkerbauweise hatte sich bis zum Aufkommen der ersten eisernen Kähne halten können.

Um die Mitte des 17. Jahrhunderts wurden die Niederrheinfahrzeuge, der höheren Tragfähigkeit wegen, fülliger und bauchiger. Mitte des 18. Jahrhunderts änderte sich bei den friesischen Typen die Takelung. Das Gaffelsegel herrschte vor, während die Aaktypen die Spriettakelung beibehielten.

Die Aak war der eigentliche Grundtyp am Niederrhein. Als die älteste Form ist die Keulsze Aek (Kölner Aak) anzusehen, die 1531 auftrat. Der Dortsche Koolhaelder, der zur gleichen Zeit gebaut wurde, war eine Aak ohne Abdeckung. Die im 17. Jahrhundert als größter Aaktyp hervortretende Samoreuse befuhr die Strecke von den Mündungshäfen bis Köln und umgekehrt.

Für den Niederrhein waren lange Zeit die friesischen Schiffe wichtig. Von ihren Ursprungsorten, Friesland und Groningen, wurden sie nach Befahren der Küsten auch in den Mündungen und auf dem Niederrhein ein vertrautes Bild. Nach mancherlei Wandlungen kannten wir im 19. Jahrhundert bei uns noch als letzte Form die Tjalk, die zumeist von holländischen Partikulieren gefahren wurde und die Duisburg-Ruhrorter Häfen anlief.

Aber daneben befuhren auch andere Typen den Rheinstrom. Da fanden sich die Oberijsselschen und die Brabanter Typen, sowie die der unteren Maas.

# VII.
# NEUE EINFLÜSSE VERÄNDERN DAS GESAMTE SCHIFFAHRTSWESEN

## Die Typen des Ober- und des Niederrheins beginnen sich zu wandeln

Im 18. Jahrhundert fand ein Wandel größten Ausmaßes im Schiffahrtswesen statt. Nachdem wir die Schiffstypen kennengelernt haben, wollen wir einen Einblick in die damaligen Verhältnisse geben, damit dieser Wandel in der Typenbewegung verständlich wird.

Bekanntlich entsprachen die Schiffe des Ober-, Mittel- und des Niederrheins über etliche Jahrhunderte starren Normen und waren auf die jeweiligen Bedürfnisse der einzelnen Landstriche, die Wasserverhältnisse und die Stromstrecken zugeschnitten. Diese Typentrennung war somit durch überregionale Einflüsse gleichsam vorprogrammiert. Das starre Schema konnte nicht ohne äußere Einflüsse durchbrochen und aufgelockert werden. Altes hatte sich bewährt, und so wurde es als kostbares Erbe weitergereicht. Dies galt in vielen Handwerken der damaligen Zeit, und ganz besonders in der Schiffszimmermannskunst. Das Wissen um den Bau eines brauchbaren Fahrzeuges wurde streng gehütet, Aufzeichnungen und Aufrisse kamen selten zustande.

So begann etwa um 1750 eine Typenverschmelzung in der Rheinschiffahrt, die sich anfangs noch nicht besonders auswirkte. Und doch sollte dieser Annäherungsprozeß der Schiffsformen entscheidend werden für das 19. Jahrhundert. Dabei verlor Köln seine einst traditionelle Scheidegrenze für Ober- und Niederländerschiffe. Die Oberrheinischen fuhren weiter herunter und die Niederrheiner weiter den Strom hinauf. Dieses Sich-näher-kommen bewirkte, daß die erkannten Vorteile der einen Schiffsform auf Fahrzeuge mit weniger guten Eigenschaften übertragen wurden, daß bewährte Konstruktionspraktiken hier und da einen Durchbruch bewirkten und die einst starren Traditionen sprengten. Zudem brach im 19. Jahrhundert das technische Zeitalter an. Die führende Rolle spielt hier bald England. Der Schiffahrtsbetrieb wurde nahezu revolutioniert. Die Schleppschiffahrt und damit der Bau von eisernen Kähnen und Dampfern begann.

Im Jahre 1831 fiel das Stapelrecht fort. Damit war eine Barriere beiseite geräumt, die für die damalige Zeit ihre Berechtigung haben mochte, inzwischen aber als ein Hemmschuh wirkte. Mit dem 31. März 1831 hatte die Rheinschiffahrt einen wesentlichen Durchbruch erzielt, und die so lange umstrittenen Grundrechte im Wasser-Warenverkehr konnten nun zügig verwirklicht werden. Zu dieser Zeit hatten die Schiffstypen schon eine enorme Angleichung und Übereinstimmung erzielt, so daß viele Fragen besser gelöst und der gesamte Schiffahrtsprozeß großzügiger abgewickelt werden konnte. So wurden die zunächst schwach erkennbaren Anzeichen einer Gleichschaltung um die Mitte des 18. Jahrhunderts erst im 19. Jahrhundert voll erkennbar; dies zu einer Zeit, als noch keine industriellen Einflüsse als "Motor" dienten.

## Frankenschiff und Rheinberger leiten die Wende ein

Wie sahen diese frühen Anzeichen eines "Sich-näher-kommens" aus? Woran erkennen wir die Einflüsse, die zu einer Typenverschmelzung führten? Welche Voraussetzungen waren gegeben? - Versuchen wir, die Linien nachzuvollziehen, die die Aufwärtsbewegung einleiteten.

Wenn wir uns die beiden Schiffstypen, einmal das Frankenschiff und sodann den Rheinberger besehen, dann ist es nicht sonderlich schwer, niederrheinische Einflüsse darin zu erkennen. Das zeigt schon die Takelung und das Draai-overboord-Steuerruder. Das übliche Wandern der Schiffszimmerer aus den Niederlanden den Rhein herauf hat dazu beigetragen, daß diese Kunst schnell Verbreitung fand. Diese schiffbaulichen Beziehungen sind seit Beginn des 18. Jahrhunderts nachzuweisen. Dazu K. Schwarz: "Sie dürfen als Bestätigung der niederrheinischen Einflüsse auf die Typenbildung in der ersten Hälfte des 18. Jahrhunderts sowie als Vorbereitung der gegen Ende dieses Jahrhunderts einsetzenden Typenbewegung gelten."

Als die Mannheimer Schiffbauer Gelegenheit hatten, die großen Niederrheinwerften kennenzulernen, machten sie beim Kurfürsten im Jahre 1701 ihre Wünsche geltend. Sie baten um die "Errichtung einer Schiffbauerey zu Mannheimb". Durch solche und ähnliche Maßnahmen wurden viele Handwerker zum Wandern veranlaßt und zogen, von guten Angeboten gelockt, den Rhein herauf, um ihre Fachkenntnisse in den Dienst des Schiffbaus zu stellen. Auch wurden die Fahrzeuge oftmals ausgetauscht, wenn sie für besser oder schlechter befunden wurden. Hier waren es auffallend viele Neckarschiffe mit größerer Tonnage, die in den Unkosten die Einkünfte überstiegen und zum Niederrhein verkauft oder gegen kleinere Niederrheiner eingetauscht wurden. Die Akten aus dem Jahre 1771 im Generallandesarchiv zu Karlsruhe geben mancherlei Auskunft hierüber.

Seit 1750 nahm die Personenbeförderung auf dem Rhein zu. Eine größere Reisefreudigkeit ging mit der Verbesserung der Verkehrsverhältnisse einher. Die Menschen drängten aus ihrer heimatlichen Enge heraus und suchten nach neuen Horizonten. Da die Personenbeförderung noch überwiegend eine Angelegenheit der Talfahrt war, kamen viele ober- und mittelrheinische Schiffer an den Niederrhein und nach Holland. Die so aufgenommenen Eindrücke wurden in der Heimat ausgewertet. Hier waren es besonders die vielen Auswanderer, die zu dieser Zeit auf dem Wasserwege nach Amsterdam gelangten, um die Seeschiffe zu erreichen. Für 1754 gibt es einen Vertrag nebst Tarif "einer direkten Personenbeförderung nach Rotterdam, während sich schon 1717 eine 'direkte Farth nach Düsseldorf mit freyem Guth' feststellen läßt." - Aber erst die eigentliche verstärkt einsetzende Typenverschiebung vollzog eine sichtbare Wandlung im Schiffahrtswesen des Gesamtrheines.

## Die einsetzende Typenverschiebung am Rhein

Während Frankenschiff, Rheinberger und Bönder die ersten Typenverschiebungen bewirkten, so waren es im 19. Jahrhundert die Niederrheintypen, die sich den Rhein hinauf wagten und eine neue Phase "ersegelten", soweit es die Stromstrecken erlaubten. Das hatte zur Folge, daß die zu der Zeit noch einheimischen kleineren Typen nach und nach verdrängt wurden.

Man wird fragen, warum diese Einflußnahme sich nicht umgekehrt abgespielt hat. Die Antwort ist einfach, wenn man bedenkt, daß die Schiffahrt des Mittel- und Oberrheins nie die führende Rolle im Gesamtschiffahrtswesen gespielt hat. Die holländischen See-Einflüsse auf den Schiffbau der Binnenfahrzeuge war stets dominierend und konnte aus dieser Sicht nur folgerichtig den Weg rheinauf nehmen, und nicht umgekehrt. Das schloß natürlich in keiner Weise aus, daß brauchbare Elemente der Oberrheinschiffahrt in jeder Phase auch Eingang bei den Niederrheinschiffen fanden, die sich später auf die Fahrten rheinauf spezialisierten und auch dort mit den stromtechnischen Schwierigkeiten des Gebirges zu rechnen hatten. Hier sei das Lotsenwesen als ein wichtiger Nebenzweig der Schiffahrt nur kurz angeführt.

Durch die Berührung mit der Bauweise der Küstenfahrzeuge aus Holland erreichte der Niederrheinschiffbau eine Blüte, die ihm einen enormen Vorsprung sicherte. Wenn wir uns als Vergleich die vielen Querelen innerhalb der vorher behandelten Basler Schiffahrt noch einmal vor Augen führen, dann leuchtet ein, daß die Basler Schiffahrt lange Zeit stagnierte, und wie schwer es für sie war, aus dieser Isolation herauszufinden. Die Strombreite des Niederrheins trug dazu bei, daß die Schiffbauer hier unter dem Einfluß der holländischen Schiffbaukunst schneller zum Ziel gelangten.

Hinzu kam noch, daß die Nebenflüsse des Rheins oftmals mit gut funktionierenden Werften bestückt waren. Hier soll stellvertretend die Lippe genannt werden, die schon den römischen Schiffen als "Lastenträger" diente und sie dort Schiffe bauen ließ. Als sich die Tonnage verdoppelte und gar verdreifachte, und die Schiffe zwangsläufig größer angelegt wurden, konnten die kleinen Flußwerften nicht mehr lebensfähig bleiben. Das galt auch für Ober- und Mittelrhein. So konzentrierten sich die Werften gar bald schon am eigentlichen Hauptstrom und zogen viele Fachkräfte nach. Als Beispiel haben wir von der Werft Heinrich Prenger gehört, der in Dorsten baute und 1858 die Werft nach Emmerich verlegte. Durch den Eisenschiffbau wurde er dann 1887 genötigt, sich im Zentrum des Eisenschiffbaus anzusiedeln, nämlich in Ruhrort.

Die Zeiten hatten sich eben so gewandelt, daß lokale Einflüsse nicht mehr solche blieben, sondern Verflechtungen zustande kamen, die wie heute auch, ihre Aus- und Nachwirkungen auf breiter Basis anzeigten.

Auf dieser Grundlage des gut florierenden niederrheinischen Schiffbauhandwerks aufbauend, konnte eine Verschiebung den Rhein hinauf naturgemäß nicht ausbleiben. Obwohl im 19. Jahrhundert das oberrheinische Schweberuder am

Niederrhein angewendet wurde, waren die Gegensätze in der Verschiebung vom Niederrhein zu Berg doch gravierender als umgekehrt.

## Die "Dorstensche Aak" als Schrittmacher rheinauf

Das niederrheinische Schiffbauhandwerk hatte im 18. Jahrhundert seine zentralen Standorte zwischen der Lippe und der Ruhr. Hierbei spielte Dorsten eine bedeutende Rolle. Dazu die Aussage einer Fußnote bei K. Schwarz: "Wenn hier auch erst verhältnismäßig spät die Bildung einer eigenen Schiffbauergilde erfolgte - die Schiffbauer trennten sich in Dorsten erst 1748 von den Zimmerleuten -, so deuten doch die Dorstener Familiennamen auf das Alter dieses bodenständigen Handwerks hin. 1479 findet sich Joh. Scepmecker, 1605 Jan Schepmeeker, 1621 Ambros. Schiffmächer. Aus dem Jahre 1794 erfahren wir, daß um diese Zeit bereits 80 selbständige Schiffbaumeister in Dorsten tätig waren." - Und wenn wir von einer Typenverschiebung sprechen, so dürfen wir annehmen, daß ihr Ausgangspunkt Dorsten gewesen ist.

Aber auch Dorsten hatte Vorbilder und Anreger, die wir im benachbarten Holland suchen dürfen. Zu diesem Punkt vermutet K. Schwarz: "Ein interessanter Beleg hierfür ist uns in dem Brief des Oberpräsidenten v. Vincke erhalten, in dem er dem Dorstener Schiffbau erneut die holländische Schule empfiehlt. Er schreibt an den Dorstener Bürgermeister: 'Mehr Rücksicht und Aufmerksamkeit verdiente wohl ..., daß junge Leute sich auf in- und ausländischen Schiffbauplätzen, insbesondere in Holland, zu vervollkommnen suchten und daher nur aufzumuntern seien, dort Arbeit zu suchen. Ich empfehle diesen Gegenstand Ihrer besonderen Aufmerksamkeit ...'".

So war es nicht verwunderlich, daß gutausgebildete Schiffszimmer-Gesellen an den Niederrhein gelangten, die ihre solide Grundausbildung auf holländischen Werften erhalten hatten und diese Erfahrungen zwischen Lippe und Ruhr anwandten. Aber auch holländische Schiffbauer drängten rheinauf und wurden zunächst am Niederrhein ansässig. In diesem Zusammenhang muß Wesel genannt werden.

Einen absoluten Höhepunkt der Schiffszimmermannskunst erreichte Dorsten zwischen 1825 und 1840. Die beiden Schwerpunktschiffe, die von hier ausgehend Mittel- und Oberrhein befuhren, waren einmal ein leichterer Aakentyp und sodann die schwerfällige Samoreuse. Was im 17. Jahrhundert die Bedeutung der Kölner Aaken ausmachte, übertrug sich jetzt auf die Dorstensche Aak. In ihr dürfen wir ein auffallendes Ineinanderübergehen der einstigen alten Lippekähne, auch Lippaaken genannt, sehen, sowie der Kölner Aaken in der späteren Weiterentwicklung, wie sie uns B. C. Koekkoek (1803-1862) als "Keulschen Aak" überliefert hat. Die Dorstenschen Aaken traten gegen 1790-1800 erstmals in Erscheinung. Sie waren alle auf Steven erbaut. P.J.V.M. Sopers ist der Ansicht, daß die Vorgänger der Dorstener Aaken die "beitelaken" waren. Verschiedene dieser Schiffe waren vorn und hinten mit einem Heven ausgestattet. Wieder andere endeten achtern in einem Steven. Von diesen Typen möchte Sopers glauben, daß sie in die Dorstener Aaken übergegangen sind. E. van Konijnenburg gibt die Maße der Dorstener Aak in einer Abbildung an: Länge 39 m, Breite 5,80 m, Tiefe 1,80 m. Dazu Sopers: „Beim Beginn des Bogens vorne und hinten lag die Breite bei respektive 5,60 m und 5,20 m. Die größte Breite lag bei 15 m von vorne. Die Enden des Schiffes waren noch schmaler als die des Kahns, nämlich plm. 6 m. Das Schiff hatte an seiner Halbbreite und am Decksplan einen schönen Verlauf. In seiner Art war es zweifellos ein hübsches Schiff."

## Das "Dorstener Schiff"

Wenn wir die Dorstener Aak als ein etwas langgezogenes, schmales und schlankes Fahrzeug kennengelernt haben, so müssen wir dem Dorstener Schiffbau eine Variationsbreite zusprechen, die nicht auf einen Standardtyp festgelegt war.

Das eigentliche Dorstener Frachtschiff war gegenüber der Aak kürzer und gedrungener und mit einem Mast ausgestattet. Auch in der geklinkerten Bordwand war es höher. Die Maße waren: Länge 24 m, Breite 5,10 m, Tiefe 2,10 m. Um diese gedrungene Form zu erreichen, baute man nach Sopers "den Übergang mit einem kräftigen Knick. Auch der Übergang vom Heven zum Seitenbord war ein wenig eckig. Alles zusammengenommen, werden dies möglicherweise Reste einer jahrhundertelangen Tradition sein.

Der Kopf, und besonders das altmodische davon, war das wenigst gelungene Teil des Schiffes. Das Hinterschiff war viel besser und hatte an seinen Enden sogar S-förmige Krummhölzer. Sie ergaben eine schöne Rundung. Das Flach des Schiffes am vordersten Teil war über die Rundung etwas abgeneigt, wodurch der Heven in der Mitte tiefer lag als an der Ecke in der Kimm. Manche Dorstener Schiffe waren vor dem Luvrahmen von einer mit Bolzen angesetzten Klampe versehen."

Dieses Dorstener Schiff wurde auch als Zweimaster für die Rheinfahrt gebaut. Nach Hermann Lieven waren die Maße: Länge 32 m, bei 250 t Ladekapazität. Das größte Schiff dieser Art war die "Justitia" mit 650 t, die "La Belgique" mit 500 t und "Vader Rijn" mit 220 Last = 440 t. Gegen Ende des 19. Jahrhunderts wurden sie aus Eisen gebaut und befuhren als Zweimast-Klipper weiterhin den Rhein. Sopers kannte persönlich noch ein solches Schiff von 320 t.

Hierzu wieder Sopers: "Man denkt sich an Bord eines Schiffes rechts, segelnd mit Wind, fröhlicher als dwars. Der Gegenlieger ist ein Kollege "Dorstenaar", welcher folglich geräumiger war, da er mit der Brefock ausgestattet war. Schiffen von 100 Tonnen gab man allen zwei Masten. Bei den großen Exemplaren war die Takelage sehr schwer. Man dachte an die Takelage von Seeschiffen, so war z. B. der Violblock von dem Backstag des "Vader Rijn" 90 cm lang!"

Um eine Vorstellung davon zu bekommen, wie die Segel genutzt und bedient werden mußten, sei noch einmal auf eine Schilderung von Sopers hingewiesen. In seiner Publikation "Schepen die verdwijnen", also "Schiffe die verschwinden",

Amsterdam, 1947, schildert Sopers das so: "Das Brefock wurde gesetzt an dem gewöhnlichen Fockfall. Mit einer Kette war die Gaffel (Rahe), lang plm. 12 m, an dem Mast aufgehangen, und zwar an einer Öse. Das Segel war versehen mit Geitau und Brasseleinen, die vom Nock zu dem Bugspriet liefen, um bei etwas schralem Wind das Segel mehr oder weniger querschiffs zu setzen. Der Hals stand auf dem Vorpolder, die Schote stand durch einen Block bewegbar fest auf einer 'Leiter', die längsbord lief, ungefähr vor dem Kopf des Schwertes, bis halbwegs zu den zwei Masten und auf Fröschen (kikkers) gegen die Tanne belegt war.

Auf diese Weise konnte man den untersten Teil der Brefock nach dem Wind setzen. Fuhr man direkt vor dem Wind, dann wurde das Giepen mit der Brefock zu einem ganzen Unternehmen. Der jüngste Matrose mußte erst kniehalsen und die Leiter auffieren, dann im Trab zurück zum Mast, um das Großsegel zu katten und die 'Piek' zu streichen. Der Schiffer setzte die Frau an das Ruder, um das Großsegel überzubringen. War das geschehen, dann wurde dieses wieder beigesetzt und danach auch die Brefock wieder passend gesetzt."

Sopers ging auch der Frage nach, ob Rheinschiffe auf niederländischen Werften erbaut wurden. Die Antworten, die er bei Schiffern und Werftbesitzern erhielt, waren verblüffend: Es stellte sich heraus, daß die Rümpfe in Deutschland erbaut wurden, da man dort billiger arbeitete. Die Steilen vor dem Mastkoker gab man lose mit. Die Fertigstellung erfolgte dann in den Niederlanden. Darunter fielen "Roof, Wegeringen gegen die Krummhölzer, Scheerbäume, Merkelingen, Luken, Masten, Takelage usw.".

Sopers nennt seinen Gewährsmann Hermann Lieven, der ihm versicherte, daß auch auf niederländischen Werften komplette Rheinschiffe erbaut wurden. Da war einmal die Werft Koers in Arnheim. Diese Werft baute Dorstener Schiffe von 250 t bei einem größten Tiefgang von 2,20 m. Durch einige Veränderungen, so durch überhöhtes Gangbord, entstand auf diese Weise die "Holländische Aak". Ihr Großsegel hatte 50-52 Fuß, also 14,15 bis 14,60 m gehißt. Auf dieser Werft wurden auch Schiffe vom Typ "Hagenaar" gebaut. Weiterhin baute Dorstener Schiffe Jacob van Lier in Millingen (an der deutschen Grenze). Berendsen in Nijmegen baute Rheinschiffe, Hendrik de Goede in Duisburg war auf Spitzschiffe spezialisiert, "schön vom Modell und auch glattbordig". In Papendrecht war es die Werft Arie Verheul, die Tjalken und kleinere Schiffe baute, sich also mehr auf die direkten holländischen Typen eingestellt hatte. Die deutschen, also Dorstener Modelle, wurden in Holland auch glattbordig gebaut, also ungeklinkert.

## Auf Steven gebaute Rheinschiffe

Sopers erinnert sich auch an Rheinschiffe, die vorn und achtern auf Steven errichtet waren. Sie kamen aber nur in begrenzter Anzahl in Betrieb. In seiner Jugend, um 1890 herum, lief ein klinkergebautes Zweimast-Stevenschiff regelmäßig Den Bosch an. "Der Kopf, auf dem Vorsteven gebaut, hatte damals schon meine ganze Andacht. Vor- und Achterschiff waren mittelmäßig scharf. Die

Kluisgat lief dwars durch den Steven. Aus der Erinnerung abgegeben, bilde ich das hiermit ab."

Ein solches glattbordiges Stevenschiff mit Berghölzern und rund in den Bügen beschreibt auch E. van Konijnenburg. Er gibt die Maße mit Länge 31,85 m, Breite 5,80 m und Tiefe 1,90 m an. Auch Sopers sah ein solches Schiff in Amsterdam liegen, allerdings schon abgetakelt. Er schildert die Formen viel runder. Die "glattbordige Bauordnung scheint bereits unmittelbar Anlaß gewesen zu sein für die runde Bauordnung, und sie näherte sich mehr und mehr an die holländischen Schiffsmodelle an."

Hieraus, so folgert Sopers, habe sich dann unzweifelhaft das eiserne Stevenschiff herausgebildet. Diese ersten eisernen Ein- und Zweimastschiffe auf dem Rhein waren noch voll auf das Segeln ausgerichtet. Daraus wurden später die Schleppschiffe. Anfangs war die Takelage bei diesen eisernen Schiffen, "Iserne Kast" (Eiserner Kasten), noch genau wie bei den Dorstener Aaken angebracht, also mit Brefock. Dann folgte die Vereinfachung.

Sopers sagt darüber: "Der Vorsteven war auf zwei Hucklinien gebaut, die unten auseinanderliefen und gegen die auslaufende Kielplatte geschlagen waren. Gegen das Schiff unten wurde er also dicker, mehr vorne lief er auf gewohnte Dicke aus und es war dort ein Luvrahmen angebracht. Alles noch nachgeahmt von dem Tjalksteven. Die Schiffe wurden zu Beginn wohl einmal ganz braunrot geschildert (bemalt), die Fläche, die in dem Holzbau weiß gescharbt und geharpüset waren, wurden als Reminiszenz gelb gestrichen und als Eichenholzimitation behandelt."

Viele dieser Schiffe blieben bei fallendem Wasser 'im Hell' stecken. Sie fielen trocken und saugten sich mit dem Steven in den Sand ein. Lief später wieder Wasser auf, hatte das beladene Schiff nicht genügend Auftriebskraft. Es saß festgesaugt und wurde überflutet. So ging manches dieser Schiffe, auf Steven gebaut, verloren.

Von solchem Verlust betroffene Schiffer ließen sich dann zumeist in Alphen aan de Rijn auf der Werft van Boot ein neues Schiff bauen, und zwar ein eisernes Stevenschiff. Alles noch abmontierbare Gut des verlorenen Schiffes, wie Masten und Tauwerk, wurden geborgen und dem neuen Schiff mitgegeben. Diese eisernen Stevenschiffe erfuhren nach und nach eine Verlängerung, um die Ladekapazität zu erhöhen.

Für das einsetzende 19. Jahrhundert wurde die Dorstener Aak einer der wichtigsten Schiffstypen einmal am Niederrhein und sodann weiter herauf bis Koblenz. Die Dorstensche Aak war lang und schlank. Sie hatte nichts mehr mit der Kölner Aak des 16. Jahrhunderts gemeinsam, die ja kurzgedrungen und plump war. Aber die Keulsen Aak hatte bis in das 19. Jahrhundert ebenfalls eine Wandlung durchlaufen, indem sie schlanker und leichter und mit Schweberuder ausgestattet wurde. Und wenn wir jetzt vor dem Wandel stehen, bei dem das hölzerne Schiff durch Eisen abgelöst wird, dann haben wir in dieser Dorstenschen Aak den letzten Vertreter der hölzernen Schiffbauweise. Nach 1880 wurde daraus der "Eiserne Kasten" mit 37 m Länge.

Dem Eisenschiffbau bot dieser Typ "nach Fortfall der Vorderkaffe auf dem Umweg über das Stevenschip die Anregung zum Segelkast (Zeilkast)." Und, so berichtet K. Schwarz ferner, "die Dorstensche Aak ist, außer, daß sie die Gaffeltakelung an den Mittelrhein gebracht hat, vor allem dadurch bedeutungsvoll, daß sie die eigentliche Ursprungsform fast aller neu entstehenden Aaktypen bildet, wie der Aak von s'Grevenmoer, der holländischen Aak, der Schlechtaak, des Turfijkers u. a. - Zu der stromaufwärts gerichteten Typenbewegung hat die Dorstensche Aak jedoch den stärksten Beitrag geliefert in der Bildung der Neckaraak."

Wenn wir uns die Dorstensche Aak etwas kürzer und mit nur einem Mast denken, dann haben wir den Neckaraak. Er ist im Grunde keine Weiterentwicklung der Dorstenschen Aak, "sondern", wie K. Schwarz es formuliert, "lediglich ein Ausfluß der Typenverschiebung stromaufwärts, hier allerdings in besonders auffallender Weise unter Überspringung des Mittelrheins. Dieses völlig unvermittelte Auftauchen der Dorstenschen Aak am Neckar gegen die Mitte des 19. Jahrhunderts dürfte die bemerkenswerteste Erscheinung der stromaufwärts gerichteten Typenbewegung sein."

Die Ausdehnung der Samoreuse zum Mittelrhein war durch das vorausgegangene Auftreten des Bönders eingeleitet worden, der als Wegbereiter diente. Aus ihm entwickelte sich etwa um 1800 das "Mittelrheinschiff niederrheinischer Bauart" für die großen Fahrten Mainz-Köln. In ihm erkennen wir eine "Zwischenform zwischen Bönder und Frankenschiff". Es vereinigte eine Fülle von Einflüssen des Nieder- und des Oberrheins mit wenig Eigenständigkeit. Nach Herman hat sich das "große Mittelrheinschiff" nicht lange gehalten. Es wurde vom oberrheinischen Holzschiff des 19. Jahrhunderts übernommen und verschwand damit.

## Das Schweberuder beeinflußt talwärts den Niederrhein

Wir haben bislang nur von Einflüssen gehört, die sich flußaufwärts bewegten, müssen aber vermerken, daß es ebenso talwärts gerichtete Bestrebungen gab, die einen Einfluß auf die Bauweise der Niederrheinschiffe nahmen. Zwar hatten die oberrheinischen Schiffbauer keinen Mangel an gutem Holz, aber die technischen Hilfsmittel für größere Projekte fehlten ihnen doch. So sahen wir den Schiffbau des Mittel- und Oberrheins, noch stark am Überlieferten hängend, in einer gewissen Stagnation, aus der er auch zum Ende des 18. Jahrhunderts nicht herausfand.

Als entgegengesetzter Einfluß setzte sich hier nicht ein Schiffstyp durch, vielmehr einzig und alleine ein Ruderblatt, das den Niederrhein stark beeinflußte und in verschiedene Aaktypen eingebaut wurde. Es war das Schweberuder, das die Holländer "Klapphekken" nannten. Wir haben im Hauptkapitel VI von den "Herna"-Kähnen gehört, die auf der Maas gefahren wurden. Die Herna trug bereits gegen Ende des 17. Jahrhunderts dieses Ruder, "das hier allerdings die für die Herna allein charakteristische besondere Form besitzt, dessen Grundgedanke und Wirkungsweise jedoch die gleiche ist. Von der Herna hatte an der oberen Maas zunächst die 'Bovenmaas'sche' Baggeraak das Schweberuder übernommen," wie K. Schwarz berichtet.

Von der oberen Maas dürfte dieses Ruder den Weg zu Saar und Mosel gefunden haben. Moselkaine und auch größere Saarfahrzeuge trugen um 1800 dieses Schweberuder. Ein solcher Aaktyp kleinerer Form, mit dem Schweberuder ausgestattet, war ein Frachtkahn mit Pfahlmast zum Treideln von der Mosel. Es handelte sich um ein sogenanntes "Porzellanschiff", das Töpferwaren von der Mosel und dem Kannebäckerländchen zu den Niederrheinhäfen beförderte. Es fuhr zu Beginn des 19. Jahrhunderts. Ganz aus Holz gebaut, wurde es nur zu Tal gefahren und am Endhafen als Nutzholz verkauft, ähnlich der Lauertanne. Da diese kleineren Fahrzeuge in der Regel keinen Hintersteven besaßen, wurde ihnen das Fahren auf den kleineren Flüssen durch das Schweberuder erleichtert.

K. Schwarz erklärt das Schweberuder so: "Das Schweberuder beruht auf dem Gedanken, durch Anordnung eines Teils des Blattes vor dem Ruderschaft die Handhabung zu erleichtern. Die hier auf beide Flächenteile des Blattes wirkenden Kräfte gleichen sich bei der Drehung des Ruders zum Teil aus und verringern so die zur Regierung erforderliche Kraft".

Auch K. Schwarz kommt zu der Auffassung, daß sich, ausgehend von den Maas- und Moselschiffen, diese Ruderanlage auf die "Ruhraak" ebenfalls um 1800 übertragen hatte. Diese Aak, auch als Ruhrkohlenschiff bekannt, nannte man dazu noch "Mulmsche Aak", also Mülheimer Aak, von Mülheim an der Ruhr abgeleitet, wo diese Schiffe ihre Liegeplätze hatten. Bereits vor 1800 waren diese Ruhraaken, da sie Stagfock, Großsegel und Besansegel trugen, auf dem Mittelrhein, vornehmlich bei Koblenz und Mainz, anzutreffen.

Es hat Bestrebungen gegeben, dieses Schweberuder auch in Holland anzuwenden. Die Aak von s'Gravenmoer benutzte es im Biesbosch während des 19. Jahrhunderts. Dazu K. Schwarz: "Der Biesbosch (=Binsenbusch) ist ein neuerdings (1928) eingedeichtes von der Nieuwe Merwede durchflossenes Inselland südlich von Sliedrecht, welches wie das Holandsch Diep 1421 infolge einer Sturmflut entstanden war." - Um 1800 war das Schweberuder an Mittel- und Oberrhein noch nicht verbreitet, obwohl es danach von einer Anzahl Schiffstypen übernommen worden ist. Verstärkt benutzt wurde dieses Ruder in der Zeit von 1820-50. Hier sahen wir es an der Lahnaak, am Wernerschelch und der Keenaak montiert.

Diese Verschmelzung von Bau und Ausstattung beschränkte sich um 1800 nur auf die größeren Typen der einzelnen Stromabschnitte. Die kleineren Schiffe existierten weiterhin in der althergebrachten Tradition. Auf allen drei Hauptstromabschnitten, Ober-, Mittel- und Niederrhein, trugen jetzt die größeren Schiffe das einheitliche Heckruder. Die kleineren Schiffe bevorzugten nach wie vor das Streich- und das Senkruder.

Auch in der Besegelung erkennen wir den Wechsel: Die Spriettakelung, ursprünglich am Niederrhein angewandt, gelangte um 1750 an Mittel- und Oberrrhein. Die Niederrheiner ergänzten sie durch die Gaffeltakelung, die dann auch nur am Niederrhein heimisch blieb, und zwar bis etwa 1850. Eine Übersichtstabelle macht dies deutlich:

|  | Niederrh. | Mittelrh. | Oberrhein |
|---|---|---|---|
| 15. Jahrhundert | Rahsegeltakelung | Rahsegeltakelung | Rahsegeltakelung |
| 15. Jahrhundert bis Mitte 18. Jahrhundert | Spiettakelung | Rahsegeltakelung | Rahsegeltakelung |
| Mitte des 18. Jahrhunderts bis Beginn des 19. Jahrhunderts | Gaffeltakelung | Spriettakelung | Spriettakelung |

"Hiernach", so schreibt K. Schwarz, "ist der Niederrhein den übrigen Stromstrecken bezüglich der Takelungsweise jeweils um eine Stufe in der Entwicklung voraus, wobei sich auch hier eine stromaufwärtsgerichtete Bewegung z. B. der Spriettakelung, ergibt."

**Zusammenfassung des VII. Hauptkapitels**

Erst ab dem 15. Jahrhundert war es möglich, anhand von Aufzeichnungen und Plänen die Entwicklung der Schiffstypen nachzuvollziehen. Der Güter- und Personentransport mußten gemeinsam durchgeführt werden und nicht wie heute getrennt. Die Annahme, daß auch Koggen den Niederrhein befahren haben, ist auszuschließen. Schiffahrtstechnisch wie auch stapelpolitisch waren diesen dickbauchigen, tiefgehenden Fahrzeugen Grenzen gesetzt.
Nach K. Schwarz teilte sich "die Typenbildung seit dem Ausgang des Mittelalters dem Entwicklungsprinzip nach in:
1. Die nach Stromabschnitten getrennte Entwicklung bis 1750
   a) Die Bildung selbständiger örtlicher Grundformen bis 1700
   Zwischenstufe b) Die ersten niederrheinischen Einflüsse auf
   Mittel- und Oberrhein 1700 bis 1750
2. Die beginnende Verschmelzung seit 1750
   Die absolute Trennung der Typenentwicklung wird bedingt durch:
   1. natürliche d. h. hydrographische
   2. wirtschaftliche Gegebenheiten
      a) stapelpolitische
      b) zunftpolitische"
Die natürlichen Ursachen: die drei Hauptstromstrecken Ober-, Mittel- und Niederrhein unterscheiden sich durch individuelle Gegebenheiten, die den Schiff-

bau zwangen, die Fahrzeuge dem jeweiligen Wasser und seinem Lauf anzupassen.

Die wirtschaftlichen Bedingungen: Straßburg, Mainz und Köln als Hauptstapelplätze übten Umschlagzwang aus. Die Schiffahrt war dadurch zwangsläufig in Streckenabschnitte unterteilt, die keine Gesamtentfaltung zuließen. Hierhinein spielten auch die vielen Querelen der Schifferzünfte, die wachsam ihren Operationsbereich abschirmten. Auch hieraus ergaben sich schiffbautechnische Eigenarten, die dem engen Wirkungsbereich vorbehalten blieben und streng gehütet wurden.

Aber Mitte des 17. Jahrhunderts ergaben sich Bewegungen wirtschaftlicher Art, die zur Sprengung der Hindernisse beigetragen haben und die Schiffahrt forcierten und voranbrachten. Die oft als Grund angeführte Binger-Loch-Stromverengung dürfte hier weniger hemmend in der Schiffsentwicklung gewesen sein.

So denn spricht man bei der Erforschung der Schiffstypen von "örtlich begrenzten Grundformen". Sie ergaben sich aus der lange anhaltenden Zurückhaltung der einzelnen Stromstrecken und deren Abkapselung durch Zoll, Stapelrecht und Zunft. Der Niederrhein hingegen fand Anlehnung an den weltbekannten holländischen Schiffbau und gewann Ausblick über das Delta hinaus auf die offene See, wo die besten praktischen Boots- und Segelerfahrungen gemacht wurden. Form und Ausrüstung der Niederrheinschiffe glichen den holländischen Fahrzeugen. Die Küstenfahrzeuge befuhren den Niederrhein und umgekehrt. Die Englandfahrer brachten ja reiche Erfahrungen mit, wie sie seit der Römerzeit nie mehr in dem Maße gemacht worden sind.

Der so gewonnene Vorsprung des Niederrheins im Schiffbau durchbrach um 1700 zwangsläufig die starren regionalen Grenzen der Schiffahrt und drängte zügig rheinauf. Ihre Einflüsse machten sich zu Berg geltend und trugen dazu bei, die Grenzen in der starren Typenherstellung zu verwischen. 1750 war die Zeit, in der die Verschmelzung sich vollzogen hatte und eine rationelle und weittragende Schiffahrt ihren Ausgangspunkt fand. So wurde das Niederrheinschiff ein Mittler zu Mittel- und Oberrhein.

Durch das Rheinaufwandern von gut ausgebildeten Schiffbauern wurden gegen Ende des 18. Jahrhunderts die Schiffahrtsbeziehungen enger und weitläufiger. Nieder- und Oberrhein kamen sich näher, und die Handelsbeziehungen vertieften sich. Parallel dazu kam es zu Schiffstypenverschiebungen. Die zu Berg gerichteten, also vom Niederrhein ausgehenden Bestrebungen überwogen. Die Gegenbewegung äußerte sich nicht in ganzen Schiffstypen, sondern in Details, wie uns das Schweberuder gezeigt hat.

Typenverschmelzungsstand um 1800: die einzelnen Fahrzeuge, wenigstens die größten und bekanntesten unter ihnen, neutralisierten und vereinheitlichten sich in ihrer Bauweise. Unterschiede äußerten sich nur noch in Einzelheiten. Alle drei Hauptstromstrecken betrieben zuletzt eine durchgehende Schiffahrt. Niederrheinische Schwerpunkteinflüsse waren jedoch immer noch vorherrschend, durch die Schiffbauführung Hollands begünstigt. Als 1831 die hemmenden Stapel fortfielen, war die Schiffahrtsentwicklung den ökonomischen Tendenzen schon weit vorausgeeilt und konnte gut auf die veralteten Stapelmethoden verzichten.

## Die Ruhrschiffahrt und ihre Aaken

Um das Aufkommen der Ruhraaken verstehen zu können, sollten wir die Ruhr-Schiffahrt in kurzen Zügen skizzieren. Erstmals wurde sie 1033 erwähnt. Die Abtei Werden erhielt von Konrad II. das Recht zugestanden, die freie Schiffahrt bis zur Mündung in den Rhein auszuüben. Feste Wehre im Fluß, die sogenannten Schlagden, bereiteten dabei Schwierigkeiten. Erst 1870 war dann die Ruhrregulierung weitgehend abgeschlossen. Nur oberhalb Mülheims gab es kein Durchkommen. Infolgedessen konnte Mülheim an der Ruhr gut einhundert Jahre lang eine gewisse Monopolstellung im Kohlenhandel einnehmen und auch behalten.

Ein Erlaß Friedrich des Großen vom 26.2.1774 ordnete an, die Ruhr durch Kanalisierung schiffbar zu machen. Oberlauf und Mündung unterstanden dem König als Herzog von der Mark und Kleve. "Zwischen den beiden Herzogtümern", so berichtet G. Knapp, "lagen die reichsfreien Abteien Essen und Werden, der Kurfürst von der Pfalz als Herzog von Berg und der Landgraf von Hessen-Darmstadt als Besitzer der Herrschaft Broich in Mülheim (Ruhr). Friedrich erließ vor Aufnahme der Schiffahrt die 'Königl.-Preuß. Wasser- und Uferordnung für den Ruhrstrom in der Grafschaft Mark'. Er hatte durch seine Tatkraft nicht allein die Schiffahrt, sondern vor allem den Bergbau gefördert."

Dieser Bergbau setzte bei Mülheim/Ruhr bereits im 15. Jahrhundert ein. Um 1780 betrug die Jahresförderung an der Ruhr schon 100.000 t. Im Jahre 1867 förderten die preußischen Zechen 17 Millionen t. Selbst als die Ruhr reguliert war, blieb Mülheim Hauptumschlagplatz dieser Kohle. Erst um 1815 wurde Süddeutschland Hauptabnehmer der Ruhrkohle, nachdem Holland als solcher ausfiel. Denn als zu Gunsten der Lütticher Gruben Schutzzölle erhoben wurden, war der Absatz dorthin rückläufig.

Nach 1801 wurde Witten der Endpunkt der Ruhrschiffahrt. Die Strecke Ruhrort-Witten betrug 75 km. Bei normalem Wasser war ein Gefälle von 54 m zu überwinden. "Bis Witten gab es 16 und bis Blankenstein 10 Schleusen und 25 Zechen", berichtet G. Knapp. "Abgesehen von Mülheim mit einem Hafenbecken waren an den Zechen nur Einbuchtungen geschaffen, worin einige Aakes liegen konnten." So passierten 1858 die Mülheimer Schleuse 9239 beladene Schiffe. Bereits 1808 gründete Mathias Stinnes in Mülheim-Ruhr ein Schiffahrts- und Kohlenhandelsgeschäft. 1810 wurde das erste Binnenschiff, eine Ruhraak, erworben. Schon zehn Jahre später stieg Mathias Stinnes mit 66 Binnenschiffen zum bedeutendsten Rheinreeder auf. Die Ruhrflotte bestand 1823 aus 225 Aaken und hatte im Jahre 1840 bereits 377 Aaken. Im Dienste dieser Ruhr-Schiffahrt standen 1508 Schiffer sowie Knechte nebst 250 Peerdsburen und Treiberknechten. Zu

Berg wurde getreidelt, talwärts treibend gesegelt. 1892 wurde die Firma Hugo Stinnes gegründet. Aber die spätere Konkurrenz der ebenfalls aufblühenden Eisenbahn und "die Verlagerung des Bergbaues in nördlicher Richtung führte 1890 zum Erliegen der alten Ruhrschiffahrt", lesen wir bei G. Knapp.

Über die Ruhraaken erfahren wir bei der Firma Stinnes-Reederei AG. in Duisburg-Ruhrort Einzelheiten: Um 1840 hatten die Ruhraaken fast ohne Ausnahme gleiche Größe und Einrichtung. Die Abmessungen waren: Länge (ohne Ruder) 33,50 m, Breite 5 m, Seitenhöhe 1 m bis 1,15 m, Tiefgang leer 0,22 m, beladen rund 0,80 m (Höchsttiefgang laut Polizeivorschrift), Tragfähigkeit ca. 90 t.

Die Durchschnittsladung betrug um 1815 = 20-40 t, und um 1840 = 75 t. Der Schiffsrumpf bestand aus deutscher Eiche, Kajüte und Schwerter aus Tannenholz, die Masten aus Pitchpine. Die Segel wurden aus aneinandergenähten Einzelbahnen gefertigt. Sie hatten von Bug bis Heck folgende Bezeichnungen:

|  |  | nach damaliger Mülheimer Schiffersprache |
|---|---|---|
| Mittelfock | = | - - - |
| Stagfock | = | de Fock |
| Groß-Besan-Segel | = | groate Sseeil |
| Klein-Besan-Segel | = | de „Achter-Person" (von 'achtern') |

Die Anschaffungskosten einer Ruhraak betrugen um 1840 = 1.425 Taler. Die Bemannung bestand aus vier Personen: 1 Steuermann und 3 Knechte.

Mathias Stinnes besaß um 1820 bereits 66 Kohlenschiffe auf Ruhr und Rhein. 1845 war die Flotte erneuert und die Kohlenkähne größer als früher, insgesamt 22 Ruhraaken und 38 Rheinkohlenschiffe, letztere bis 260 t groß. Die letzten 5 Rheinaaken von Mathias Stinnes kamen um die Jahrhundertwende aus der Fahrt. Im Jahre 1934 wurden dann die Binnenschiffahrtsbereiche beider Firmen, also Mathias und Hugo Stinnes, zu den "Vereinigte Stinnes-Rheinreedereien GmbH" mit Sitz in Duisburg-Ruhrort zusammengeschlossen.

## Zeittafel über die Ruhrschiffahrt

1712 Errichtung der ersten Helling in Ruhrort

1715 Bau eines 5000 qm großen Hafenbeckens als Winterquartier für die Ruhrschiffe in Ruhrort

1735/36 Bergmeister Heinrich Decker aus Wettin bereiste im Auftrage des preußischen Königs die Mark und empfahl in einem Gutachten die Schiffbarmachung der Ruhr

1748 Anlage des ersten Ruhrorter Kohlenmagazins durch Derk Lohmann im alten Stadtgraben vor dem Kasteeltor. Hier wurde die Fracht aus den Ruhrschiffen in Rheinkähne umgeladen

1753 Einteilung der Grafschaft Mark in vier Landkreise: Altena, Hamm, Hoerde und Wetter

1754 Die Berliner Regierung erteilte für 24 Jahre eine Konzession zur Befahrung der Ruhr. Die Anliegerstaaten Essen, Werden und Berg lehnten ab, so daß eine durchgehende Schiffahrt nicht zustande kam

1766 Die preußische Regierung übernahm die Verwaltung des Ruhrorter Hafens

1766/69 Ein Publikandum verbot die Einfuhr fremder Kohlen in die westlichen Provinzen Preußens, Festungshaft für die Schiffer, Beschlagnahme der Ladung und Schiffe wurden bei Zuwiderhandlungen angedroht

1767 lehnte Bilgen als Sachverständiger der Klevischen Kammer den Bau von Schleusen an der Ruhr ab. Gründe: zu hohe Baukosten und nicht absehbare Folgekosten

1769 Der Tuchfabrikant Engels aus Kettwig legte dem Abt von Werden Pläne einer Gesellschaft vor, um durch die Ruhrschiffahrt den Absatz der Bergwerke zu fördern. Ein Jahr später trat der Abt der gegründeten Gesellschaft "St. Ludger u. Comp." bei. In Kettwig wurde ein Magazin angelegt.

1770 Befahrung der Ruhr durch den Finanzrat Ernst und den Bergrat Gerhard der Bergbehörde. "Der Ruhrkohlenschiffahrt stehen keine ernsthaften Bedenken im Wege." 120000 Gang Kohlen sollten jährlich flußabwärts zu den Ruhrorter Kohlenmagazinen gebracht werden. Testfahrt des Schiffers Brockhoff mit einem Nachen ruhrabwärts, um das Verhalten der Anliegerstaaten Essen, Werden und Kettwig im Auftrage der Gesellschaft Elsbruch zu prüfen. Er wurde in Kettwig auf Anordnung des Geheimen Rats in Düsseldorf festgehalten und an Land gebracht.

1771 Freigabe des Kohlennachen und Duldung der Schiffahrt auf der Ruhr durch den Kurfürsten aus Mannheim.

1770/73 Verhandlungen über Schiffbarmachung der Ruhr und Schiffahrtsfreiheit auf dem Fluß zwischen den Anliegerstaaten. Das Herzogtum Berg machte Schwierigkeiten. Man befürchtete eine Schädigung des Mülheimer Handels und Nachteile für die Fischerei und Wassermühlen

1770 Die Firma Elsbruch und Co. schloß mit dem märkischen Bergamt einen 20Jahresvertrag ab, der ihr das alleinige Recht, "märkische Kohlen" nach Ruhrort zu verschiffen, zusicherte

1771 erwirtschaftete die königliche Niederlage in Ruhrort einen Gewinn von 1000 Talern

1772 Cornelius Borgemeister transportierte mit einem seiner Kohlenschiffe Glas und Kalk ruhrabwärts und holländischen Stockfisch flußauf

1773 erteilten das Stift Essen und die Abtei Werden der Gesellschaft van Elsbruch und Co. die Genehmigung zum Bau von Schleusen

1776/78 Bau weiterer Schleusen und Anlage eines gepflasterten Leinpfades entlang des Flusses für den Pferdezug

1780 Reise von Heinitz und Stein nach Holland, um den Absatz märkischer Kohlen zu prüfen und die Konkurrenzfähigkeit mit den englischen, lütticher und flandrischen Revieren festzustellen

1780 Die preußische Regierung empfahl die Kohlenwege von den Zechen zur Ruhr mit Steinen zu pflastern

1781 Königlich Preußische Wasser- und Ufer-Ordnung für den Ruhrstrom in der Grafschaft Mark

1781 Verkauf von 6600 Ringeln Kohle der Zechen Hasewinkel und Glocke nach Holland. Einen Anteil von 4000 Ringeln transportierte Elsbruchs Gesellschaft von Ruhrort nach Holland. Wegen des geringen Wasserstandes konnte man nicht mehr als 70 Ringel je Schiff laden

1784 Anlage eines Kohlendepots am Brandenberg bei Sterkrade

1796/01 Während des angegebenen Zeitraumes kamen jährlich 1433 Schiffe mit 597000 Gang Kohlen nach Ruhrort. (365000 Gang wurden nach Holland, 11680 Gang rheinabwärts und 187000 Gang nach Kleve und Moers verkauft)

1797 Folgende Speditionsfirmen waren in Ruhrort ansässig: Berger u. Co., C. Borgemeister, Peter von der Emster, Haarbeck u. Genossen, Conrad Lohmann, Peter Lohmann, Hermann Neinhaus, Friedrich Ruthnick, Westphal senior

1797 Gründung der Schiffsbau-Societät durch die Ruhrorter Kaufmannschaft, 1801 waren die Anteile der Gesellschaft wie folgt verteilt:

Oberinspektor Friedrich
Jakob Westphal 2/8
Sohn Friedrich Johann
Westphal 1/8
Cornelius Borgemeister 1/8
Wilhelm Borgemeister 1/8
Conrad Lohmann 1/8
Peter Lohmann 1/8
Kaufmann Berger aus
Bommern 1/8
1804 beschäftigte sie 31 Arbeiter. Nach 1810 erfolgte Einstellung des Betriebes

1798 lebten im Kreis Hamm 1 Schiffer, im Kreis Hörde 1 Schiffer, im Kreis Wetter 1 Schiffer und 119 Kohlentreiber

1799 Franz und Gerhard Haniel begannen mit dem Kohlenhandel. - 1806 pachtete Franz Haniel einen Kohlenlagerplatz auf der "Kleinen Weide" an der Ruhr

1800 ernährten sich 70 Familien in Beeck, Meiderich und Ruhrort vom Schiffbau
1801 Einstellung des Schiffsverkehrs oberhalb von Witten
1803 kamen Essen und Werden zu Preußen
Festlegung der Abgaben für die Ruhrschiffahrtskasse Stromregulierungsarbeiten zwischen Essen und Werden
1804 waren auf der Schiffsbauwerft von Neinhaus in Ruhrort 50 Arbeiter beschäftigt, die in Ruhrort, Meiderich und Beeck zu Hause waren
1806 Die Ruhr unter großherzoglicher-Bergischer Herrschaft
1808 Zerstörung der Herbeder Schleuse durch Hochwasser
1810 besaß Diedrich Stapelmann in Meiderich am Krabbenkamp einen Schiffszimmerplatz

1813 Ludwig von Vincke Zivilgouverneur von Westfalen
1814 Die Ruhr wieder unter preußischer Herrschaft, Verbesserung der allgemeinen technischen Anlagen
1815/16 Strombau und Schiffahrtsdirection wurden dem Oberpräsidenten von Westfalen unterstellt
1816 Ludwig von Vincke Oberpräsident der Provinz Westfalen und Direktor der Ruhrschiffahrtsverwaltung
1818 97980 t Kohlen wurden auf der Ruhr befördert
1819 Kohlengroßhändler in Ruhrort waren:
H. Borgemeister, G. von Eicken, Franz und Gerhard Haniel, F. W. Liebrecht, Gustav Georg Stinnes, Klingholz und Zöller
1820/25 Auf dem Ruhrorter Gelände der Erben Weide wurde unter der Leitung des Regierungsbaubeamten Neuenborn und Schauß der spätere "Alte Hafen" mit einer Sohlenbreite von 27 m und einer Länge von 400 m errichtet
1820 3490 Schiffe verkehrten auf der Ruhr, 300 Schiffe liefen den Ruhrorter Hafen an. Die Lagerfläche der Magazine betrug 5000 qm
1822/23 war die Ruhr von Witten bis Mülheim durchschnittlich an 219 Tagen im Jahr befahrbar
1823 225 Schiffe gehörten 85 Schiffern
1824/25 Abschluß der Bauarbeiten im alten Ruhrorter Hafen
1827 Anlage eines 1 500 m langen Schienenweges von der Zeche Carl Friedrich Erbstollen, nördlich von Blankenstein, zur Ruhr
1828/31 Bau des Rheinkanals in Duisburg
1829 Außergewöhnliches Hochwasser führte zum Baustopp an der Herbeder Schleuse.- 6 Scheffel, 7 - 8 Zentner, faßte ein Wagen der Muttentalbahn. Ein Zug bestand in der Regel aus 4 Wagen, die von einem Pferd gezogen wurden. Um den Maschinenabsatz der Gutehoffnungshütte zu heben, errichtete Franz Haniel in Ruhrort eine Werft.
Im gleichen Jahr lief der erste aus Holz gebaute Raddampfer

"Stadt Mainz" vom Stapel
1830 5133 Schiffe fuhren auf der Ruhr
1831 231 Schiffe gehörten 85 Schiffern.
Beseitigte die Ruhrschiffahrtsakte die Vorrechte der einzelnen Schiffergilden.
Beheimatet Ruhrort 80 Rhein- und 94 Ruhrschiffe, 1836 waren es 111 und 139
1835 Bau des Schleusenwärterhauses an der Herbeder Schleuse
Bau der Nachtigallbrücke über die Ruhr
1837/42 Erweiterung des Ruhrorter Hafens um den 11 700 qm großen Schleusenhafen
1838 legten 5458 Rheinschiffe und 6885 Ruhrschiffe, sogenannte Rüderchen, im Ruhrorter Hafen an und ab
1838/40 377 Schiffe gehörten 85 Schiffseigentümern. Dazu kamen 1508 Schiffer und Knechte, sowie 500 Pferde und 250 Treiber, 300 Austräger und 6 Lotsen
1839 Einführung des Ruhrschiffahrtsgefälles
1839 ist die Horster und Kettwiger Schleuse zur Hälfte umgebaut worden, wobei bemerkt wurde, daß während der Schleusensperre im Mai, Juni und Juli nur wenige Tage mittleres Fahrwasser, die übrige Zeit der Sperre sehr niedriges Wasser gewesen ist. *gez. Neuenborn*
1840 Längs der schiffbaren Ruhr waren 85 Kohlenniederlagen in Betrieb. Auf den Landkarten mit KM bezeichnet. Ist die Horster auch die Kettwicher Schleuse in den Oberhäuptern erneuert worden. Der günstige Wasserstand gestattete das Ueberladen bei der Kettwicher Schleuse. Bei Horst ist dies aber nicht geschehen, weil die Kohlen dadurch sehr verteuert worden wären. *gez. Neuenborn*
8633 Schiffe verkehrten auf der Ruhr
1840/44 Gründung des Ruhrkanalaktienvereins und Bau eines 800 m langen Hafenbeckens, das mit der Ruhr durch einen 1000 m langen Kanal verbunden wurde. Dadurch Verbindung von Rhein und Ruhr
1842 gab es in Ruhrort 32 und in Duisburg 5 Kohlenhändler
1843 Bei der Menge von Kohlen, die im Auslande und in den Kohlenmagazinen zu Mülheim und Ruhrort lagerten, ist das gute Fahrwasser nicht gehörig benutzt worden. Es hätten täglich 1/4 mehr Kohlen abgefahren werden können, wenn eine größere Nachfrage und Aussicht auf Verkauf gewesen wäre.
*Neuenborn*
1845 Bau von Hafenbecken in Duisburg und Meiderich für eine Fährverbindung über den Rhein der Köln-Mindener Eisenbahngesellschaft. 1856 wurden zwei Hebetürme für das Beladen der Trajektschiffe "Rhein" und "Ruhr" auf beiden Seiten des Rheins gebaut. Von drei neben-

einanderliegenden Gleisen konnten die Schiffe je Fahrt 12 Waggons aufnehmen. Tagesleistung 360 Güter- oder Personenwagen. Gleichzeitig stand der Fährdampfer "Vincke" zur Verfügung

1850 Gründung einer Dampfschiffahrtsgesellschaft in Mülheim
1852 Neubau der Herbeder Schleuse
1853 Beseitigung des Steinhauser Wehres und der Schleuse
1854 Beseitigung des Kemnader Wehres und der Schleuse. Jungfernfahrt des Schiffes "Stadt Mühlheim" bis Blankenstein
1855 entfielen auf zwei Schiffseigner 58 Schiffsgemeinschaften = 1/6 der gesamten Ruhrschiffe.
1857 In der Gemeinde Stiepel waren 468 Einwohner im Bergbau beschäftigt
1858 Kohlentransporte auf der Landstraße nach Ruhrort werden zugunsten der Schiffahrt eingestellt
1859 Beseitigung des Baldeneyer Wehres
1860 Höhepunkt der Ruhrschiffahrt. 940 000 t Kohlen und andere Güter werden auf der Ruhr transportiert
Beseitigung der Baldeneyer Schleuse

1861 wurden mehr Steinkohlen auf der Eisenbahn transportiert
1866/67 lag die Herbeder Schleuse 62 Wochen still
1867 im Januar 10 Tage Hochwasser, im Juli 5
1868 Aufhebung der Schleusengelder. An 131 Tagen ruhte der Schiffsverkehr. 6 Feiertage, 79 Hochwasser, an 17 Tagen wurden gesunkene Nachen gehoben und die Stromrinne ausgebaggert. Die Reparaturarbeiten an den Schleusen in Kettwig, Werden und Duisburg/Ruhrort erforderten 29 Tage
1873 Ein Schiff fuhr durch die Herbeder Schleuse
1876 Gründung einer Dampfschiffahrtsgesellschaft für Personenverkehr auf der Ruhr, jedoch ohne Erfolg
1883 benutzten noch zwei Kohlenschiffe die Hattinger Schleuse
1888 Ein Schiff passiert die Herbeder Schleuse
1890 Ende der Ruhrschiffahrt auf der Ruhr oberhalb von Mülheim

(Entnommen mit freundlicher Genehmigung des Verfassers, Gustav Adolf Wüstenfeld, in "Die Ruhr-Schiffahrt von 1780-1890")

Die Bedeutung der heute weltbekannten Duisburg-Ruhrorter Binnenhäfen nahm eigentlich erst um 1828 ihren Anfang. Was hat dem Ort früher eine so magische Anziehungskraft gegeben? Erstmals erwähnt wird Duisburg in Verbindung mit den Normannen, den Nordmännern, oder uns geläufiger als Wikinger, die mit ihren schnellen Schiffen den Rhein herauf segelten und ruderten und sich 883/84 in Duisburg für den Winter einrichteten. Zu der Zeit floß der Rhein hart an Duisburg vorbei, und zwar am Burgberg, so wie auch noch im Frühmittelalter.

Um 893 war erstmals die Rede von Schiffsverkehr. In der Abtei Prüm in der Eifel liest man eine Notiz über Güterlieferungen nach St. Goar. Eine Zollbefreiung für Duisburger Schiffer und Kaufleute sprach 1166 Kaiser Barbarossa aus. Um 1275 erfolgte eine natürliche Rheinverlagerung, wie sie im Niederrheindelta immer wieder vorkam, ohne daß der Mensch eingegriffen hätte. Dies geschah zumeist durch Hochwasser und Eisgang. Jetzt lag Duisburg plötzlich 3 km vom Rhein entfernt, so daß schlagartig eine Benachteiligung auf allen Gebieten als Folge eintrat.

Aber die Schiffahrt wurde weiterhin betrieben, denn 241 Duisburger Schiffe passierten 1306/07 die Zollstelle Lobith an der niederländischen Grenze. Hier wurde seltsamerweise noch überwiegend Wein transportiert. Um 1556 gab es 25 Duisburger Kaufleute, die Schiffstransporte mit holländischen Kollegen durchführten. In diesem Jahr wird auch eine Umschlagstelle an der Ruhrmündung genannt. 1407 sind Duisburg und Wesel in den Kreis der Hanse aufgenommen worden. Aber der Handelsweg zu Wasser brachte Duisburg wenig Erfolg. Bereits um 1574 führte jedoch Wesel geregelte Schiffsfahrten zu holländischen Städten durch. Duisburg folgte um 1674, also gut einhundert Jahre später, dafür aber zuverlässig und nach einem festen Plan.

"Jeden Donnerstagmorgen fuhr ein Schiff vom Ladeplatz in Duisburg ab", berichtet G. Knapp, "so daß es zum Montagsmarkt in Nijmegen löschbereit lag. Das Gegenschiff ging montags von Nijmegen ab und war samstags in Duisburg."

Diese sogenannte Bört- oder Beurt-Schiffahrt wurde auch als Rang- oder Reihen-Schiffahrt bezeichnet. Das Wort kommt aus dem Niederländischen "et gebeurt" (Schreibweise) und "et chebört" (Sprechweise), ins Deutsche übersetzt = es geschieht, es passiert, es ereignet sich, es trägt sich zu. Also fuhren die Schiffer nach einem festen Rang, einer festen Zeitordnung.

H. Averdunk erklärt: „Das niederländische Wort Bört hängt zwar mit dem Wort Bürde zusammen, und so könnte Börtschiff gleich Frachtschiff sein; aber in der Bedeutung Bürde ist das Wort in den Niederlanden früh, schon vor dem 15. Jahrhundert, verlorengegangen; dagegen heißt es schon im 15. Jahrhundert in dem Stadtrecht von Brielle: Wat korver ten Briel an den Markt kommet ende siin boerte is te vercopen, die (der) sal alle siin harinck vercopen, 't een achter't ander, eer yemant anders versoopt; also mit ungefähr derselben Übertragung, wie im Deutschen 'Gebühren'; und so ist Rang- oder Reihenschiffahrt wirklich die angemessene Übersetzung für Börtschiffahrt. In den holländischen Akten des 17. und 18. Jahrhunderts wird meist von Fähr und Fährschiff gesprochen." -

Die Ladekapazität der Börtschiffe steigerte sich von 40 auf 200 Lasten, wobei 1 Last = 2000 kg betrug. Die Notierungen an der Ruhrorter Schifferbörse benutzten diesen Ausdruck Last noch bis etwa 1930. Die Börtschiffe beförderten neben Lasten aller Art auch Personen. Die Ausdehnung dieser Fahrten ging später bis nach Amsterdam und Rotterdam.

So vollzog sich die Duisburg-Nijmeger Börtschiffahrt von 1674 bis 1717. Die Düsseldorfer Bört-Konkurrenz wurde 1676 mit Hilfe der Klevischen Regierung unterdrückt. Diese starteten 1696 einen neuen Versuch. Auch gab es die Duisburg-Arnheimer (Amsterdamer) Bört von 1717 bis zum Siebenjährigen Krieg (1756-1763). Seit 1717 bestand eine direkte Verbindung Duisburg-Amsterdam. In Arnheim wurde umgeladen. Seit 1730 wurden die gegenseitigen Frachtlisten neu geordnet. 1783 machte Wesel einen Antrag, um eine Bört Köln-Wesel zu erreichen. 1790 kam die Köln-Amsterdamer Bört zustande. Durch die Ruhrregulierung 1776-1780 blühte Mülheim an der Ruhr auf; es kam zu einer Mülheimer und Düsseldorfer Bört.

In den Jahren 1794 bis 1797 erlebte die Börtschiffahrt noch einmal einen Höhepunkt. Während der Franzosenzeit, 1806 bis 1814 und der in dieser Zeit geführten Kriege verzeichnete die Bört einen merklichen Rückgang. Als dann der rechtsrheinische Klever Gebietsteil an Frankreich abgetreten worden war, erlebte die Duisburger Wirtschaft einen schweren Rückschlag. Hier noch einmal H. Averdunk: "Ob nun 1846 oder 1847 oder noch etwas später der letzte Börtvertrag abgeschlossen ist, ist nicht zu ermitteln. Aber 1850 schloß die Kaufmannschaft mit der Niederrheinischen Dampfschleppschiffahrtsgesellschaft zu Düsseldorf einen Vertrag über die Beförderung der Güter von Rotterdam (Dortrecht) und Amsterdam nach Duisburg (von der Niederfahrt ist garnicht die Rede); damals also standen keine Börtschiffer mehr im Dienste der Stadt. So ist die Börtschiffahrt im Dunkel allmählich verschwunden, wie sie im Dunkel und allmählich aufgestiegen war.

Das Wort freilich ist erhalten, und zwar dadurch, daß später Spediteure oder Reeder auf eigene Gefahr und Rechnung ohne Vertrag mit der Gesamtheit der Kaufmannschaft es übernommen haben, Börtgüter zu verfrachten; aber während früher, alles was zur Bört herangebracht wurde, Börtgut war, ist der Begriff jetzt auf Stückgut beschränkt."

Zur Erinnerung an diese Zeit heißt die linke Uferanlage der Ruhrmündung heute noch "Am Bört". Um zu ermessen, mit welchen Schwierigkeiten damals ein Börtschiffer zu kämpfen hatte, sei ein Bericht wiedergegeben, den wir ebenfalls H. Averdunk verdanken:

"Der Schiffer Arera kam mit 84 Last von Amsterdam im Oktober 1838. Abfahrt am 20. Oktober mit 3 vorgelegten Pferden bis zu Neuschleuß,
21. desgl. von Neuschleuß bis Utrecht,
22. desgl. von Utrecht bis Breeswyk.
23. Zu Breeswyk mußte ich wegen des niedrigen Wasserstandes liegen bleiben; denn der Wasserstand betrug nur 5 1/2 Fuß; mein Schiff aber ging 6 1/4 Fuß tief;

es hätten daher auch mehr Pferde dasselbe nicht befördern können. Das Wasser wuchs um 3 Zoll, was noch nicht hinreichte. In Hoffnung ferneren Wachstums wartete ich es ab; allein schon Mittags stand das Wasser wieder still.

Am 24. war das Wasser um Mittag schon wieder um 5 Zoll gefallen, wie auch wohl der hiesige Pegel angezeigt haben wird. Ich sah mich daher genötigt, zu lichten; wozu ich das Schiff des Jüres benutzte (Attest vom 24. liegt bei).

Am 25. wurde Morgens die Lichtung fortgesetzt, Mittags aber die Fahrt mit 7 Pferden angetreten und bis zum Kuilenberg gemacht. Die 7 Pferde habe ich bis Arnheim behalten.

Am 26. bei Südwind und Regen bis Deuhnen gefahren.

Am 27. bis Wagningen, wobei ich am 'Spes' sehr viel Mühe und Aufenthalt zu bestehen hatte, um über die dortigen Untiefen zu kommen.

Am 28. trat Südwestwind ein, bei dem ich es vorziehen mußte zu segeln, obgleich ich die Pferde bis Arnheim genommen hatte. Nun hatte ich aber das Unglück, daß mir auf der Fahrt durch den sich erhebenden harten Sturm unerwartet Rae und Regel zerrissen. Mit Mühe und mit Hilfe anderer Schiffer wurde mein Schiff ans Ufer gebracht und das Segelwerk notdürftig wieder instand gesetzt; so daß ich

am 29. bis Malburg gelangen konnte, wo das Wasser nur 5 Fuß tief war; deshalb sah ich mich wieder genötigt, bei dem Schiffer Wens zu lichten (Attest vom 1. d.M. und amtliche Bescheinigung vom 29. und 30. v.M. liegt bei).

Am 30. Oktober fuhr ich mit 7 Pferden bei Südwestwind über viele seichte Stellen weiter; durch den starken Wind aber hatte sich der Sand so aufgeworfen, daß nur 4 Fuß 5 Zoll Wasser geblieben war, und ich aller Mühe ungeachtet nur wenig gewinnen konnte, so daß mein Schiff Abends auf dem Grunde sitzen blieb. Ich lichtete daher

am 31. nochmals in das Schiff von Wens, und erst am Mittag gelang es mir flott zu werden.

Am 1. November legte ich noch ein Pferd vor und fuhr bei Sturmwind mit 8 Pferden bis Panderen.

Am 2. fuhr ich mit Segel bis Lobith, wo ich die Lichtergüter laut beiliegendem Attest vom 2. November des Nachts hindurch beim Mondschein wieder in mein Schiff überlud.

Am 3. mit 8 Pferden bei Südwestwind nach Emmerich, wo ich am 4. weil es Sonntag war, still liegen mußte und

am 5. abgefertigt wurde und zwar gegen Abend.

Am 6. mit 7 Pferden bei Südwestwind nach Xanten.

Am 7. bei Südostwind desgl. nach Mumm (Wirtshaus, gegenüber Wesel). (Wohl 'Haus an der Momm' bei Wallach, Verf.)

Am 8. desgl. bei Südwind bis Woltershof (Strom-km 789, Verf.) und am 9. bei starkem Südostwind bis Duisburg.

In demselben Jahre 1838 führte die Handelskammer in ihrem Jahresberichte darüber Klage, daß die holländischen Schleppkähne so klein und schwach wären, daß sie nur 1-2 Schiffe schleppen könnten; auch führen sie von Rotterdam höchstens bis Gorkum, wo auf ein anderes gewartet werden müsse; so dauere die Fahrt bis Lobith 4-6, wohl auch acht Tage. Da nun Holland die Verpflichtung übernommen habe, wegen des mangelnden Leinpfades für Regelmäßigkeit des Schleppdienstes zu sorgen, so möge das Ministerium auf Abhülfe dringen; aber dieselbe Beschwerde wurde auch 1842 noch vorgebracht."

Das alles sind interessante Aspekte, die uns zeigen, wie mühsam damals die Schiffahrt betrieben wurde, wobei Wind, Tiefgang und Vorspannpferde eine entscheidende Rolle spielten.

## Ruhrort und Franz Haniel

Sicherlich ist die Niederrheinschiffahrt ohne die Duisburg-Ruhrorter Häfen und ohne die Initiative des Unternehmers Franz Haniel nicht denkbar. Da es vordergründige Aufgabe dieses Buches ist, die Entwicklung der Schiffstypen herauszustellen, erscheint es notwendig, die Entwicklungsphase in Ruhrort und an Rhein und Ruhr kurz zu skizzieren, um den Aufschwung verständlich zu machen, den die Schiffahrt hier am unteren Niederrhein genommen hat.

Die Ruhr hat einst einer noch heute bodenständigen Kohlen- und Schwerindustrie den Namen gegeben. Diese Industrie an Rhein und Ruhr fand in der ganzen Welt Anerkennung und Ruhrort, der Ort an der Ruhr, war der Ausgangspunkt eines Großunternehmens, das Geschichte machte.

Friedrich der Große unterzeichnete am 10. Februar 1756 eine heute noch erhaltene Urkunde. Sie gestattete dem Großvater Franz Haniels, Jan Willem Noot, auf dem Gelände des ehemaligen Ruhrorter Castells ein Packhaus zu errichten. Es war das erste Gebäude, das außerhalb der Festungsmauern Ruhrorts gebaut werden durfte, und ein für die damalige Zeit ungewöhnliches Vorgehen. In diesem sogenannten Pack- oder Lagerhaus begann Franz Haniel im Jahre 1800 eine Steinkohlenhandlung und ein Schiffahrtsgeschäft. Eine Erweiterung dieser Position erfolgte 1809 durch die Übernahme des Speditions- und Handelsgeschäftes seiner Großeltern. Noch heute steht in Ruhrort dieses Stammhaus und dient als firmeneigenes Haniel-Museum.

Gleichzeitig entstanden im heutigen Raume Oberhausen drei dicht zusammenliegende Eisenwerke, die für den Namen Haniel wichtig werden sollten. Da war einmal ab 1754 die St.-Antony-Hütte im Vest Recklinghausen, die Gute Hoffnung 1781 im Herzogtum Cleve, Königreich Preußen, sowie Neu-Essen seit 1790 im Stift Essen, reichsunmittelbares Stift. Ein Reisender des Jahrs 1794 beschrieb die Landschaft dort noch so: "In der Gegend von Starkrat fangen die großen, wüsten Haiden an, welche bis eine Stunde vor Wesel fortlaufen, und nicht den mindesten Menschenfleiß zu ihrer Verbesserung anzeigen. - Gleich einer Wüste Arabiens, allwo die nach Mekka wallfahrende muhamedanische Karavane nichts, als unbebaute wüste Blößen antrifft, so trifft man in dieser Gegend äußerst selten etwas anderes als Reisende.

Der schlechte Sandgrund dürfte wohl bisher einen jeden abgehalten haben, eine vernünftige, zweckmäßige Verbesserung in der Benutzung zu befangen."

Welcher Unterschied zwischen damals und heute!

Begonnen hatte es 1741, als Franz Ferdinand Freiherr von der Wenge zu Dieck, Domkapitular zu Münster, an den Erzbischof von Köln die Eingabe richtete, im Gebiet zwischen Osterfeld und Buer nach Raseneisenerz graben zu dürfen. Im Jahre 1858 konnte bei Osterfeld die 'St.-Antony-Hütte' als erstes Hüttenwerk des 'Ruhrgebietes' den Betrieb aufnehmen. 1782 wurde in Sterkrade die Hütte 'Gute Hoffnung' in Betrieb genommen. Dieses Sterkrader Werk lieferte bereits 1787 Schienen für den Rauendahler Kohlenweg, der ersten Pferdeeisenbahn in Deutschland. Damit gilt dieses Werk auch als erstes Eisenbahnschienen-Herstellerwerk Deutschlands. Die Fürstäbtissin des Reichsstiftes Essen, Maria Cunegunda, erteilte 1791 die Genehmigung, in der Bauernschaft Lirig, die später zur Gemeinde Oberhausen gehörte, die Hütte 'Neu-Essen' zu errichten, die noch im gleichen Jahre den Betrieb aufnahm.

Schon 1803 stellte die St.-Antony-Hütte die ersten Gußstücke für Dampfmaschinen her. Im gleichen Jahre wurde auch die Hütte Neu-Essen wieder stillgelegt. Hingegen stellte das Sterkrader Werk 1806 die ersten Maschinenteile her.

In dem für die Geschichte Haniels denkwürdigen Jahr 1808 schließen Gottlob Jacobi, Gerhard und Franz Haniel sowie Heinrich Huyssen alle drei Hütten zur "Hüttengewerkschaft und Handlung Jacobi, Haniel & Huyssen" zusammen. Diese Firma war die unmittelbare Rechtsvorgängerin der heutigen Gutehoffnungshütte Aktienverein (GHH-Konzern) und des ältesten Montanwerkes des Ruhrgebietes (Oberhausen: 'Wiege der Ruhrindustrie').

Das Ruhrorter Geschäft wurde von Franz Haniel weiter ausgebaut. Nach den Napoleonkriegen ließ er Ruhrkohle nach Holland verfrachten, bis die Zölle zu hoch wurden. Nach der Gründung des Zollvereins 1828 zwischen Preußen und Hessen-Darmstadt dehnte er den Kohlenhandel bis nach Basel aus.

Die Gewinne, die er durch den Betrieb einer Ölmühle sowie Holzhandel mit England erzielt hatte, legte er nach 1815 in Zechenbeteiligungen an. Sein erster Koksofen an der Ruhr (1821 Zeche Sälzer & Neuack) verdrängte nach und nach die alten Koksmeiler. 1841 baute er den größten Doppelkoksofen. Bis Ende 1842 waren dort 184 Arbeiter mit der Kokserzeugung beschäftigt. Als Techniker standen Gottlob Jacobi und danach Wilhelm Lueg (1792-1864) zur Verfügung. Das Werk in Sterkrade baute 1814 die erste vollständige Dampfmaschine, die aber nicht die allererste in Deutschland erstellte war.

In dieser Zeit beginnen die ersten Versuche der Dampfschiffahrt auf dem

Rhein. Der schottische Kapitän William Wagner steuerte das erste Dampfschiff "The Defiance", gegen den Strom und erregte großes Aufsehen. Franz Haniel bekundete daran großes Interesse. Er ahnte wohl, daß mit der Einführung der Dampfmaschine auch die Lastenbeförderung eine neue Dimension erreichen könnte.

Im Jahre 1817 entwarf Haniel eigene Pläne für ein Rhein-Segelschiff. Diese Rhein-Aak hieß "Gute Hoffnung", hatte ein Schweberuder, Haupt- und Besanmast und konnte gesegelt werden. Erbaut wurde es von dem Ruhrorter Schiffszimmermann Dehnen.

Als Franz Haniel 1817 den Engländer James Watt Jr. (1769-1848) kennenlernte, da er an seinem Dampfschiff "Caledonia" eine Havarie beheben mußte, die die Hüttengewerkschaft durchführte, schien der Bann gebrochen: im Jahre 1829 nahm die Hüttengewerkschaft in Ruhrort eine Schiffswerft in Betrieb, und so kann die GHH heute für sich in Anspruch nehmen, "auf die längsten Erfahrungen im Rhein-See-Schiffbau zurückblicken zu können." Die Werft der Hüttengewerkschaft und Handlung Jacobi, Haniel & Huyssen war somit eine Betriebsabteilung dieses Unternehmens.

Auf dieser Werft wurde der erste deutsche Passagier- und Frachtdampfer, die "Stadt Mainz" gebaut, die nach neunmonatiger Bauzeit am 7. Mai 1830 vom Stapel lief. Im Oktober 1830 war sie zur Probefahrt bereit. Über das erste Erscheinen des Schiffes vor Düsseldorf berichtete die Kölnische Zeitung am 19. Oktober 1830:

"Düsseldorf, den 14. Oktober. Gestern, Nachmittags 3 Uhr, ging das schöne, für die Preußisch-Rheinische Dampfschiffs-Gesellschaft zu Ruhrort durch die Werkstätte der Guten Hoffnungshütte erbaute Dampfschiff, nach einer dem Vernehmen nach ganz befriedigenden Probe-Reise, hier vor Anker. Heute Morgens bestiegen dasselbe Seine Köngliche Hoheit der Prinz Friedrich von Preußen, unser Regierungs-Chef-Präsident Herr von Pestel und mehrere andere hohe Personen, welche einer kurzen Probefahrt stromauf- und abwärts beizuwohnen und dem vortrefflichen Gange des Schiffes sowohl als der äußerst reichen und eleganten Bauart und herrlichen inneren Einrichtung ihren vollen Beifall zu zollen geruhten. Das Schiff fuhr alsdann Abends um 5 Uhr wieder zurück nach Ruhrort, wo die letzte Hand zur gänzlichen Vollendung an dasselbe gelegt werden wird, um binnen 8 bis 10 Tagen an seine Bestimmung auf den Mittelrhein abgehen zu können."

Seit April 1829 war der aus Holland abgeworbene Engländer Nicholas Oliver Harvey (1801-1861) der erste Leiter der GHH-Werft in Ruhrort. Hierzu Bodo Herzog: "Die Früchte einer von Wilhelm Lueg und Harvey im Jahre 1829 durchgeführten England-Reise wurden bald auch bei der Werft sichtbar. Im Jahre 1832 kehrt Harvey nach Hayle Foundry in Cornwall zurück. Wenn auch die Werftgründung ein Verdienst von Lueg war, so müssen wir jedoch feststellen, daß die Gebrüder Haniel einen Verkauf zu einem späteren Zeitpunkt verhindern konnten. Die Werft setzte in den folgenden Jahren einige schiffbautechnisch interessante Akzente."

Sodann gibt es heute noch im Haniel-Museum die 'Acta Ruhrschiffahrts Angelegenheiten 1833-1848'. Neben Franz Haniel unterschrieben 48 weitere Kaufleute die "Übereinkunft der Kohlenkaufmannschaft betreffend die Knechte- und Pferdelöhne". In dem noch erhaltenen Original-Briefwechsel kann man lesen, daß Haniel 1828/29 in Übereinkunft mit dem Freiherrn von Vincke auf der damaligen "Insel im Ruhrorter Hafen" eine große Schiffsbauhalle mit Werkstätten und einer soliden Schiffshelling erbaute.

Als im September 1835 die "Kronprinz von Preußen" vom Stapel lief, war sie der erste mit einer Verbundexpansionsmaschine ausgestattete Rheindampfer. Es folgte 1836 die "Prinz Wilhelm von Preußen", "...der erste mit einer Verbundexpansionsmaschine und zwei oszillierenden (schwingenden) Zylindern ausgerüstete deutsche Rheindampfer."

Am 11. August 1837 lief die "Großherzog Leopold" als erster mit eisernem Gerippe versehener Rheindampfer vom Stapel. Bereits ganz aus Eisen war die 1838 erbaute "Graf von Paris". Der erste auf einer deutschen Werft erbaute Radschleppdampfer aus Eisen, "Die Ruhr" mit 62,20 m Länge, 6,70 m Breite und einer Maschinenstärke von 180 PSi, folgte 1845. Als erster eiserner Rheinkahn auf einer deutschen Werft lief 1843 der Kahn "Rheinpreußen" von Helling. Er trug 437,9 t. 1850 wurde der Radschlepper "Friedrich der Große" erbaut.

Alles in allem baute man auf der GHH-Werft in Ruhrort von 1825 bis 1899 insgesamt 202 Rhein- und Seeschiffe. Das älteste vorliegende Schifferpatent bei Haniel wurde von der Königlich-Preußischen Regierung, Abteilung des Innern, am 15. Juli 1854 ausgestellt.

Bei der GHH-Werft Jacobi, Haniel & Huyssen lief 1844/45 die Brigg "Gute Hoffnung" von Stapel. Sie war das erste auf einer deutschen Werft erbaute stählerne Rhein-See-Schiff; sie trug 340 t und hatte zwei ausfahrbare Schwerter im Kiel. Sie konnten im flacheren Rheinwasser eingezogen werden, denn der Tiefgang des Frachtseglers betrug 2,10 m.

"Unbestreitbar sind", nach Bodo Herzog, "die Verdienste von Franz Haniel um diese Schiffswerft. Für ihn gab es kein Festhalten an alten traditionellen Schiffstypen, wie bei jenen, die in der Verwendung des Dampfschiffes den Untergang der Schiffahrt sahen - hier galt es, die technischen Fortschritte, die aus England und den Niederlanden kamen, auch in seinem Betriebe, der Kohleschiffahrt, nutzbar zu machen. Eine Aufgabe, um deren Lösung Franz Haniel in den folgenden Jahren sich mit restlosem Eifer bemühte. Nachdem die Hüttengewerkschaft (GHH) sich grundsätzlich entschlossen hatte, den Dampfschiffbau aufzunehmen, war es Franz Haniel, der in richtiger Erkenntnis der Wichtigkeit der Dampfschiffahrt auf dem Rhein für die heimische Industrie der Förderung der Werft sein besonderes Interesse entgegenbrachte und durch Verhandlungen mit maßgebenden Persönlichkeiten in Köln schließlich die Erteilung von Reparatur- und Bauaufträgen seitens der Preußisch-Rheinischen Dampfschiffahrtsgesellschaft erreichte."

Die holländische Konkurrenz war wegen ihrer Kapitalkraft groß. Auch die eigentliche Initiative der Dampfschiffahrt nahm in Holland ihren Anfang. Die Werft der Hüttengewerkschaft (GHH) konnte sich durch gute Leistungen durchsetzen. Der Aufbau einer transportfähigen Flotte am preußischen Niederrhein geht zum größten Teil auf diese Werft zurück. Die vielen Versuche mit der Dampfschleppschiffahrt zogen sich fast zwanzig Jahre hin, ehe sie brauchbar waren. Jetzt wirkte sich der Bau der Dampfmaschine im Schleppdienst sehr positiv aus. So kam es 1841 durch Ludolf Camphausen (1803-1890) zur Gründung der Kölnischen Dampfschleppschiffahrtsgesellschaft. Neue Unternehmen in Frankfurt/Main, Mannheim, Mainz und Düsseldorf folgten. Alle transportierten sie Frachten auf dem Rhein und konkurrierten miteinander. Die Schiffe wurden größer gebaut, um mehr Massengüter laden zu können. Das notwendige Kapital wurde zumeist durch Gründung von Aktiengesellschaften aufgebracht. Allein die beiden Kohle-Reedereien Franz Haniel und Mathias Stinnes finanzierten sich aus eigenen Mitteln. Da sie ihren Reedereien Zechen angliederten, hielten sie eine AG nicht für notwendig. So bleib für diese beiden Firmen die Lieferung billiger Kohle gewährleistet. "Durch die Unabhängigkeit von der schwankenden Belieferung fremder Zechen", so Bodo Herzog, " war den beiden Kohlereedereien jedes Risiko genommen, so daß die erheblichen Gewinne den Unternehmern zur Vergrößerung der Flotte ausreichten. - Die Beteiligung als Gewerke an eigenen Gruben war der erste Beweis für das lebhafte Interesse, das Franz Haniel bereits in den zwanziger Jahren des vorigen Jahrhunderts dem Ruhrkohlebergbau entgegenbrachte."

Der verstärkte Ausbau der Ruhrorter Häfen im Jahre 1820 geht auf Haniels Initiative zurück. Durch den Bau der ersten Eisenbrücke über die Ruhr verband er Ruhrort mit Duisburg und förderte damit den Schiff-Land-Handel. Diese Brücke wurde auf 'Gute Hoffnung' gebaut, jener Hütte, die sich seit 1850 mit dem Bau eiserner Brücken befaßte. Auch dem Eisenbahnbau stand er aufgeschlossen gegenüber. Die erste Eisenbahnstrecke von Ruhrort nach Oberhausen ist seiner Initiative zu danken. Der Untertagebau und der Kohlenabbau im Ruhr-Revier wurden ebenfalls von Haniel forciert und vorangetrieben. 1832 schuf er die technischen Voraussetzungen für die Anlage von Schächten in die tieferen, reicheren Kohlengebirge.

Auch das Ruhrorter Werk Franz Haniels entwickelte sich weiter. Um Schiffahrt und Kohlenhandel miteinander gleichgut zu betreiben, "suchte (die Firma) auf der anderen Seite ihre Verkaufsbeteiligung durch Angliederung von Kohlenhandelsunternehmungen zu erhöhen, um das Verhältnis zwischen ihren beiden Geschäftszweigen Handel und Schiffahrt harmonisch zu gestalten und somit zu ergänzen." (B. Herzog)

Es kam zur Verbindung mit den Vereinigten Frankfurter Reedereien. Hinzu kam 1913 die Gutehoffnungshütte Aktienverein für Bergbau und Hüttenbetriebe (GHH) als weiterer Gesellschafter. Später erwarb die GHH die Mehrheit der Anteile der Vereinigten Frankfurter Reedereien "und vereinigte schließlich im Juli 1917 die damit erworbenen Betriebe mit der Firma Franz Haniel & Cie., deren Flotte, Kohlemagazine und Handelsbeteiligung dadurch einen erheblichen Zuwachs erhielten. Die beiden vereinigten Gesellschaften wurden unter dem 1. Juli 1917 unter der neuen Firmenbezeichnung Franz Haniel & Cie. GmbH in das Handelsregister eingetragen. Der Gegenstand des neuen Unternehmens war die Gewinnung und Verarbeitung von Bergwerks- und Hüttenerzeugnissen, der Handel damit, sowie der Schiffahrts- und Speditionsbetrieb." (B. Herzog)

Langjähriger Generaldirektor der Firma Franz Haniel war Johann Wilhelm Welker (1870-1962), "der mit der Geschichte der deutschen Binnenschiffahrt sowie mit der dynamischen Entwicklung der altehrwürdigen und traditionsreichen Firma Franz Haniel untrennbar verbunden bleiben wird. Die dazu parallel laufende Entwicklungsgeschichte des GHH-Konzerns unter Kommerzienrat Paul Reusch (1868-1956) wurde vor einigen Jahren in einer verdienstvollen Arbeit von Professor Dr. Erich Maschke nachgezeichnet." (Bodo Herzog)

Noch vor Haniels Tod kam es 1860 zur Gründung der Oldenburg-Portugiesischen Dampfschiffahrts-Reederei. Als Franz Haniel 1868 starb, war eine solide Grundlage geschaffen, sein Unternehmen nach allen Richtungen und über andere Handelssparten hinaus auszuweiten. Heute hat die Franz Haniel & Cie GmbH mehr als 5000 Mitarbeiter, einen Umsatz von 1,3 Milliarden Deutsche Mark und zählt zu den führenden Handels- und Verkehrsunternehmen der Bundesrepublik Deutschland.

## Ruhrort und die Duisburg-Ruhrorter Häfen

Nicht nur durch den im Jahre 1828 begonnenen Rheinkanal, der 1832 fertiggestellt werden konnte (an der Stelle des heutigen Außenhafens) sondern durch den Ruhrkanal (1844) fand das 3 km vom Wasser entfernte Duisburg wieder Anschluß an die sich langsam abzeichnende Großschiffahrt auf dem Rhein. Diesen Ruhrkanal hat man später wieder zugeschüttet, um den Bau der Hafeneisenbahn betreiben zu können. Als dritten Abschnitt der städtischen Häfen Duisburgs baute man 1895 bis 1898 den Parallelhafen.

In Ruhrort selbst, 1371 gegründet, hatte man am Zusammenfluß von Rhein und Ruhr um 1392 einen kleineren Hafen eingerichtet. Seit 1563 wurden hier Kohlen ausgeladen. Eine dringend notwendige Erweiterung konnte erst 1716 durchgeführt werden. Jetzt, da die Ruhr schiffbar war, nahmen auch die Kohlentransporte zu. Das wiederum führte zu Überlegungen mit dem damaligen Direktor der Ruhrschiffahrt, Freiherr Ludwig v. Vincke, welchen Ausbau man vornehmen könne, um den steigenden Umschlagziffern zu begegnen.

Zwischen 1820 und 1825 erfuhr dieser sogenannte "Alte Ruhrorter Hafen" bauliche Veränderungen. Als die Wassertransporte auf der Ruhr nachließen, setzte man verstärkt die Eisenbahn ein. Aber bereits 1842 wurden Hafenerweiterungen notwendig. Schon zwischen 1860 bis 1868 kam es zu einem erneuten Hafenausbau mit Gleisanschluß. Der Kohlenumschlag "aus dem Ruhrorter Hafen stieg von 430.000 t im Jahre 1850 auf 1 350.000 t im Jahre 1877", berichtet G. Knapp. "In der gleichen Zeit konnte sich die Kohlenabfuhr aus dem Duisburger Hafen nur von 372 000 t auf 413 000 t heben. 1900 betrug die Kohlenabfuhr aus dem Ruhrorter Hafen 4,8 Mill. t und die des Duisburger Hafens 3,3 Mill. t. Neben Kohlen waren Getreide, Erze, Holz sowie Speditionsgüter im Ruhrorter Hafen dominierend. Bei dieser Entwicklung des Verkehrs ist der Wettbewerb im Hafenbau der beiden Städte verständlich."

Es kam in der Folgezeit zu einer Interessen- und Betriebsgemeinschaft "und im Zusammenhang damit die Vereinigung der Städte Duisburg und Ruhrort sowie Meiderich, denn auf dem Meidericher Gebiet befanden sich zum großen Teil die drei großen Hafenbecken, die unter der Bezeichnung A, B und C bekanntgeworden sind und die in den Jahren 1905 bis 1908 gebaut wurden."

1912 übernahm die Verwaltung der Duisburg-Ruhrorter Häfen die drei Hafenbecken des als Industriehafen angelegten Hochfelder Hafens. Ihr Umschlag betrug 1925 trotz der schweren Nachkriegsjahre schon 1.161 104 t Güter aller Art. Auch der Ruhrorter Eisenbahnhafen wurde 1912 übernommen. Der seit 1903 entstandene Thyssenhafen Schwelgern, seit 1926 im Besitz der Vereinigten Stahlwerke, sowie der 1922-1926 im Süden gebaute Mannesmann-Hafen gelangten 1929 in den Besitz der Duisburg-Ruhrorter Häfen. "Als weitere private Verladeanlagen bzw. Umschlagplätze von nicht unerheblicher Bedeutung sind" nach G. v. Roden "auf Altduisburger Gebiet die von Berzelius, der Niederrheinischen Hütte (Thyssen-Niederrhein) und der Kupferhütte zu nennen. Seit 1975 kommen die Walsumer Hafenanlagen, speziell der Gutehoffnungshütte, und die verschiedenen Häfen und Verladeanlagen von Rheinhausen (bes. Fried. Krupp Hüttenwerke) und von Homberger Firmen hinzu."

Diese gewaltigen Anlagen sind heute bekannt unter dem Namen Duisburg-Ruhrorter Häfen. Es gäbe in der wechselvollen Geschichte dieser Hafenanlagen noch vieles zu berichten. Aber die Zahlen und Statistiken sind heute jeder Tabelle zu entnehmen. Auch spricht man seit 1905 über "den größten Binnenhafenverkehr der Welt". Nach dem Ersten Weltkrieg sprach man vom "größten Binnenhafen", weil in den Notjahren der Umsatz stark rückläufig war.

Dann kam nach dem Aufschwung ab 1949 das Schlagwort "größter Binnenhafen Europas" auf. "Dennoch", so stellt G. v. Roden treffsicher fest, "muß man wohl auf Grund neuerer Ermittlungen sagen, daß die Duisburger Häfen bis 1959 der größte Binnenhafen Europas und der zweitgrößte der Welt waren. Bis dahin hatte ohne Einschränkungen die Stadt Duluth im Staate Minnesota (USA) in der Westbucht des Oberen Sees den größten Binnenhafen. Seitdem aber Duluth 1959 durch den Ausbau des St.-Lorenz-Stromes zum Seeweg die Qualität eines Seehafens für Seeschiffe aller Art erhielt, gilt Duisburg als der größte Binnenhafen der Welt, der auch von Küstenmotorschiffen angelaufen werden kann."

## Ruhrorter Daten

1371 Kaiser Karl IV. gestattet dem Grafen von Moers, auf dem Homberger Werth eine Zollstätte zu errichten,
1473 Ruhrort wird zum erstenmal als Stadt bezeichnet,
1587 Erstürmung Ruhrorts durch die Spanier,
1609/14 Ruhrort kommt mit dem Herzogtum Kleve an das Kurfürstentum Brandenburg,
1665 Gründung der Schiffergilde,
1712 Die erste Schiffswerft wird errichtet,
1715/16 Der Magistrat beschließt, die Ruhrschlenke vom Kasteeltor bis zum Ruhrtor zum Hafen auszubauen,
1748 Errichtung der ersten Kohlenniederlage,
1756 Jan Willem Noot, der Großvater Franz Haniels, baut das erste Haus außerhalb der Stadtmauer,
1779 Franz Haniel wird in Ruhrort geboren († 1868),
1825 Der Inselhafen ist fertiggestellt,
1830 Als erstes Dampfschiff läuft die "Stadt Mainz" vom Stapel der Haniel-Werft,
1837/45 Bau des Schleusenhafens,
1847 Einweihung des Vincke-Denkmals. Freiherr von Vincke (1774-1844) hatte sich um Stadt und Hafen große Verdienste erworben,
1854/55 Einzug der Schwerindustrie: erster Phönix-Hochofen und Zeche "Ruhr und Rhein",
1860/68 Bau des Nord- und Südhafens,
1854/56 Errichtung einer Eisenbahnfähre zwischen Ruhrort und Homberg,
1872/90 Bau des Kaiserhafens,
1901 Gründung der Schifferbörse,
1903/08 Bau der Hafenbecken A, B und C,
1904/07 Bau der Rheinbrücke zwischen Homberg und Ruhrort,
1905 Vereinigung Ruhrorts mit Duisburg und Meiderich,
1926 Gründung der Duisburg-Ruhrorter Häfen AG,
1945, März, Sprengung der Rheinbrücke durch deutsche Soldaten,

1945 Die Schifferbörse wird durch Feuer vernichtet,
1951/54 Bau der Friedrich-Ebert-Brücke,
1952 Die neue Schifferbörse wird gebaut,
1968 zum 100. Todestag Franz Haniels erste Ausstellung im alten Packhaus. Daraus sich weiterentwickelnd das heutige firmeneigene Haniel-Museum,
1976 Die "Gesellschaft zur Förderung des Museums der Deutschen Binnenschiffahrt Duisburg-Ruhrort e.V." wird gegründet,
1977 13. Juni, Der Rat der Stadt Duisburg beschließt die Gründung des 'Museums der Deutschen Binnenschiffahrt' Duisburg-Ruhrort im ehemaligen Ruhrorter Rathaus. Ihm angegliedert ist das Museumsschiff, der ehemalige Raddampfer 'Oscar Huber'.

**Wesel und die Lippeschiffahrt**

Die Schiffahrt auf der Lippe geht bereit s bis in die Römerzeit zurück. Von ihrem Lager Vetera bei Xanten, dem gegenüber damals die Lippe mündete, marschierten oder fuhren sie lippeaufwärts. Eine römische Hafenanlage und ein römischer Anker, die bei Haltern gefunden wurden, bestätigen dies.

Erst das 13. Jahrhundert gibt weitere Auskunft über die Lippeschiffahrt, denn zu dieser Zeit wurden Steine talwärts nach Wesel gebracht, die man bei Norken und in den Baumbergen brach. Das Holz der Lippewälder war in Holland für den Schiffbau begehrt. Es wurde auf Flößen talwärts transportiert. 1362 hat man bei Wesel die Lippe eingetieft, um dort Hafenanlagen zu bauen. Für 1523 ist ein Kranschiff bei Wesel nachgewiesen. Aus den Umschlagberichten, die man danach führte, kann man heute jene Güter benennen, die auf der Lippe befördert wurden. Demnach kann die Schifferstadt Wesel in jener Zeit als Mittler zwischen Lippe und Rhein bezeichnet werden. So sind große Holzmengen, Getreide, Holzkohle, Lohe und märkisches Eisen als Transportgut vermerkt. Wesel entwickelte sich zum zentralen Umschlagplatz der Niederrhein-Hollandschiffahrt und umgekehrt. Zur Weiterbeförderung ins Hinterland diente die Lippe gleichermaßen mit kleineren Holzschiffen.

Die Umschlaglisten von 1586 und 1589 räumen dem Hollandhandel einen bedeutenden Frachtumsatz ein. Darunter waren Heringe, Bücklinge, Schollen und Stockfische; Nüsse, Hanf, Torf, Öl und Felle, Branntwein, Essig und Joppenbier, Käse, Seife, Lakenpacken, Papierballen, Leder und Teer aufgeführt. Weitere ausländische Güter waren Getreide, Franzwein, 'Romeneys' (Romanyer Wein), Blei, Kupfer, Zucker, Reis und Wolle. Für all diese Güter darf Wesel als Hauptumschlagplatz angesehen werden.

"Alte Weseler Schiffer", so berichtet Hans-Bernd Rühling, "geben 1585 an, daß sie schon 50 Jahre lang mit ihren Schiffen oder Flößen die Lippe befahren hätten. Außer dem Holz waren noch das Salz aus den Salinen von Salzuflen, Sassendorf und Werl und das Mehl aus den Hammer Mühlen Massengüter, die auf der Lippe hinabkamen."

Aus Urkunden geht hervor, daß 1597 auf einem Schiff Ziegelsteine von Wesel nach Haltern getreidelt wurden. Dort blieb das Schiff acht Tage zum Leichtern. Ein Hafen in Haltern ist zwar anzunehmen, jedoch nicht nachgewiesen.

In Wesel blühte zu Anfang des 17. Jahrhunderts der Holzhandel; es soll bis zu zwanzig Händler dort gegeben haben. Die beiden um 1630 in Wesel bestehenden Schiffergilden, die große wie die kleine, teilten sich den Rhein wie die Lippe für die Frachtbeförderung. Als die Wirren des dreißigjährigen Krieges (1618-1648) vorüber waren, plante man in Wesel Fahrten mit Marktschiffen. Die zahlreichen Hindernisse jener Zeit ließen die Burtschiffahrt nicht recht zum Tragen kommen: die Abgabestellen waren zu zahlreich, wie beispielsweise „bei Wesel, an der Mühle bei Krudenberg und am Barnum zwischen Gahlen und Gartrop. Bei Krudenberg stand eine Flußmühle mit Durchlaß. Wollte ein Schiffer oder Flößer die Mühle passieren, so mußte er beim Müller eine Gebühr entrichten."

Erst als im 18. Jahrhundert die preußische Verwaltung auch diese Dinge besser regelte, kam die Lippeschiffahrt besser in Fluß. "Der Schiffer Christoph Klumbt aus Ahsen verpflichtet sich, soviel Salz als möglich von Forck nach Wesel zu bringen." Die Schiffe des genannten Eigners Klumbt hatten eine Länge von 95-110 Fuß = ca. 33 m, sodann 16-17 Fuß = ca. 5 m unten breit und ein Fassungsvermögen von 80 000 bis 100 000 Pfund. Jedoch eine regelmäßige Marktschiffahrt litt abermals unter den Schikanen der Anlieger, als da waren das Fürstentum Münster, die Grafschaft Mark, die Grafschaft Dortmund, das Erzstift Köln und das Königreich Preußen. Auch die zahlreichen Lippemühlen sorgten weiterhin für Behinderungen aller Art, so daß kein rechter Schwung in die Schiffahrt kam. Ebenso wurde eine Kanalisierung der Lippe erforderlich, wenn man die Schiffahrt überhaupt gewinnbringend betreiben wollte.

Hier waren die Weseler Schiffer wieder die treibenden Kräfte. Sie setzten 1816 alles daran, eine Rang-, Reihen- oder Burtschiffahrt einzurichten. Diese ging zunächst bis Forck, konnte jedoch 1818 bis Lünen ausgedehnt werden. 1819 reichte sie den Mühlenhindernissen zum Trotz bis Lippstadt. Da die Mühlenstandorte sich für die Durchfahrt als zu eng erwiesen, mußten die Waren umgeladen werden. "Bekannt sind aus dieser Zeit der Marktschiffahrt", nach H.B. Rühling, "die Schiffer Th. Timmermann aus Wesel, die Gebrüder Arntzen aus Dorsten und Carl Beste aus Vogelsang. Sie fuhren mit ihren Schiffen an den im Fahrplan für das ganze Jahr festgelegten Tagen. So standen 1817 = 24 Fahrten lippeauf und lippeab auf der 'Tourliste'. 1819 und später fanden monatlich drei Fahrten statt. Die Monate Dezember, Januar und Februar waren ausgenommen. Die Fahrt von Wesel bis Dorsten dauerte sieben, umgekehrt fünf bis sechs Tage."

Talwärts Richtung Wesel wurden in jenen Jahren befördert: Salz, Holz, Wolle, Pottasche, Getreide, Branntwein, Glaswaren, Hanf, Zwetschgen, Driburger Wasser, Wacholderbeeren, Leinwand, Speck, Schinken, Holzwaren, Eisenwaren, Kupfer, Dachschiefer und Steinkohlen.

Umgekehrt wurden zu Berg (nach H.B. Rühling laut einer Denkschrift) verladen: Wein, Mühlsteine, Tannenbretter, irdene Geschirre, böhmisches Glas, Material- und Farbwaren, Mineralwasser, Porzellan, Nägel, Eisen, Eisenwaren, Kolonialwaren, holländische Produkte, Lein- und Hanfsamen, Fische, Teer, Tran, Öl, französische Weine, bergische und märkische Fabrikate und Steinkohlen aus dem Dortmunder Revier über Lünen nach Lippstadt und Paderborn.

Diese Denkschrift wurde dem König von Preußen unterbreitet. Dieser bewilligte für die Schiffbarmachung der Lippe 217879 Reichstaler. So konnten im Jahre 1823 die ersten fertigen Schleusen bei Horst und Dahl übergeben werden. Auch galt es viele Sandbänke und Steinklippen abzubauen, um eine zügige Schiffahrt zu gewährleisten. Als dann zu Beginn des 19. Jahrhunderts die gesamte Lippe preußisch verwaltet wurde, konnten die Arbeiten konzentrierter vorangetrieben werden. Zwischen 1824 und 1830 wurden weitere Schleusenkammern fertiggestellt, und zwar bei Beckinghausen, Werne, Stockum, Hamm, Heeßen, Vogelsang, Üntrop, Kesseler, Benninghausen und Lippstadt. Häfen zur Überwinterung baute man bei Krudenberg, Heeßen und Fusternberg. Hinzu kamen noch zwanzig künstliche Durchstiche zur Abkürzung der vielen Windungen.

Nach 1830 war die Lippe ab Lippstadt bis Neuhaus schiffbar. Da die holländischen Fischereiflotten auf dem Ijsselmeer und seewärts viel Holz benötigten, bezogen sie es neben dem Schwarzwald (500 m lange 'Holländerflöße') auch aus den Lippewäldern. Auch das westfälische Salinensalz war für die Heringskonservierung in Holland sehr begehrt. So hat man "allein im Jahre 1826 über Wesel 84000 Kubikmeter Eichenholz, das in Wesels Sägewerken zugeschnitten wurde, nach Holland verfrachtet." Die Gerbereien Hollands erhielten Eichenlohe und die Schidamer Brennereien Wacholderbeeren aus Westfalen. Über Wesel als Umschlagplatz liefen gleichzeitig Sauerlandbruchsteine, Weizen aus der Soester Börde und märkische Kleineisenwaren für die holländischen Kolonien rheinabwärts.

Nach der Lipperegulierung konnte das Holz verstärkt geflößt werden. So sind folgende Zahlen bekannt: 1829=400000 Zentner; 1826=591064 Zentner; 1840=1032151 Zentner. Die Flöße wurden jetzt immer umfangreicher und länger. So registrierte man in den Jahren 1825=125 Flöße, 1827=307 Flöße, 1832=271 Flöße und 1840 bereits 1305 Flöße. Und wenn man bedenkt, daß es sich um Eichenholz handelte, das ein langes Wachstum benötigt, dann kann man die Kahlschläge ermessen, die in kurzer Zeit entstanden und nicht so schnell nachgeforstet werden konnten.

Auch anhand der Schiffsstückzahlen läßt sich der Aufwärtstrend der Lippeschiffahrt ablesen: 1815 gab es 11 Kähne, 1830 bereits 54, und 1850 sogar 108. Sie hatten eine Tragfähigkeit zwischen 70 und 150 Tonnen. Die Gründe für diesen

Aufschwung nennt H.B. Rühling: "Noch wichtiger als der Holztransport war die Salzfracht für die Schiffahrt, weil das Salz den bergfahrenden Schiffern eine Rückfracht sicherte. Seit 1832 war der Kölner Firma Seidlitz und Merkens der Salztransport vom Staat übertragen worden. 1852 wurden 211 968 Ztr. Salz auf der Lippe zu Tal gebracht. Den stärksten Gesamtverkehr und damit den Höhepunkt der Lippeschiffahrt brachte das Jahr 1840. In diesem Jahr wurden 1 643 560 Ztr. auf der Lippe befördert. Im gleichen Jahr gelangten 1 295 788 Ztr. auf der Talfahrt nach Wesel. Dadurch wird verständlich, daß die Weseler ein sehr großes Interesse an der Lippeschiffahrt hatten."

Hinzu kamen die Kohlentransporte, die eine ständige Steigerung erfuhren. So wurden im Jahre 1844 Höchstmengen von 80 000 Zentnern transportiert. Da die Ruhrfrachtsätze jedoch als niedrig zu bezeichnen waren, die Lippeschiffer aber unter immer noch hohen Abgaben litten, war auch hier ein Niedergang zu verzeichnen. Ein Beispiel: die Ruhr hatte zwölf Schleusen, und die Abgabe pro Zentner Kohle betrug 4-5 Pfennige. Hingegen sah es auf der Lippe nach H.B. Rühling so aus: ein vollbeladenes 1600 Ztr.-Schiff mußte folgende Abgaben aufbringen: "Abgaben, bestehend aus Schiffahrtszoll, Schleusen- und Zettelgeld, von Lünen bis Wesel pro Ztr. 8 Pfg. Wenn bei seichtem Wasser dasselbe Schiff aber nur 400 Ztr. laden konnte, entfielen auf den Zentner 16 Pfg. Von 16 Zentnern Kohlen zahlte man allein an Schiffahrtszoll auf der Lippe von Lünen nach Wesel 80, auf der Ruhr von Witten nach Ruhrort 8 Pfennig."

Durch diesen hohen Aufwand konnte man auf Dauer die Lippeschiffahrt nicht voranbringen. Hinzu kam ab 1847 die erste Eisenbahn Duisburg-Hamm der Köln-Mindener Eisenbahn. Der Ausbau Oberhausen-Holland folgte. Dazu kam die Erweiterung der Duisburg-Ruhrorter Häfen. Diese Gesamtumstände ließen die Lippeschiffahrt ab 1847 rückläufig werden, zumal man erst im Jahre 1866 die Zölle aufhob. Hiervon wurden die Weseler Kaufleute und der Gesamthandel des Weseler Raumes auf das stärkste getroffen, und man stellte Versuche an, noch einmal etwas zur Belebung beizutragen.

Da die Zeit der Dampfschiffe begonnen hatte, kam man auf die Idee, die Lippe ebenfalls mit dampfgetriebenen Schiffen zu befahren. Für 2000 Taler kaufte H. Hermann den auf der Ruhr ausrangierten Dampfer "Mülheim". Am 27. August 1853 traf das Schiff auf der Lippe ein. Die von H. Hermann gegründete "Rhein- und Lippe-Schleppschiffahrtsgesellschaft" kaufte noch zwei weitere Dampfer, die man für die Lippe umbaute. So erfahren wir aus dem Bericht der Weseler Handelskammer des Jahres 1854, daß "die Dampfschleppschiffahrt nicht besonders lebhaft war, indem dieselbe in diesem Jahre in der Bergfahrt 45, in der Talfahrt 44 mal Dorsten passiert habe."

Schon 1856 gab die Gesellschaft mit einem Verlust von 65 000 Talern auf, zumal auch der Wasserstand mehr und mehr fiel, was den Flußregulierungen und dem totalen Abholzen der Eichenwälder zuzuschreiben war. Das Wasser konnte zu schnell abfließen, was früher durch die vielen Windungen verhindert wurde. So betrug denn der niedrigste Wasserstand im Jahre 1857 = 18 Zoll, das sind 45 cm. Hinzu kam die totale Verlandung der Lippemündung bei Wesel durch Sandabtrieb, als man 1784 den sogenannten Büdericher Kanal künstlich anlegte. Daraufhin verlegte man nach heftigen Streitigkeiten 1858 die Lippemündung, aber sie war um 1865 wieder verlandet.

Waren um 1850 noch 108 Schiffe im Einsatz, so waren es 1878 nur noch 14. Der Pegel betrug 1841 nur noch ganze 60 cm, was gerade für kleine Nachen ausreichte. Im Jahre 1868 war nur noch ein Schiff auf dem Weg von Wesel nach Lippstadt mit Kaufmannsgütern. Drei weitere transportierten Ziegel, Basalt und Kalksteine. 1876 berichtet die Handelskammer vom totalen Brachliegen des Lippeverkehrs zu Schiff. Schiffer, Bootsbauer, Peerdsburen, Kaufleute, Händler, alle litten unter dem Verfall der Lippeschiffahrt.

Hiervon wurde besonders der Zweig der Schiffbauer betroffen, da ja gerade die Lippeaaken einen guten Ruf genossen. Die Schiffbauer versuchten sich umzustellen, indem sie ihre Gesellen nach Holland schickten, um den extrem flachen Schiffbau, also den Plattboden-Schiffbau, zu studieren. So lesen wir unter dem 8. Februar 1859 bei der Handelskammer: "Die Schiffbaukunst zu Dorsten tat in dem Kampfe zwischen der Lippe und der Eisenbahn für die Erhaltung des Verkehrs auf dem Flusse ihr Bestes und machte derartige Fortschritte, daß bei gleicher Länge und einigen Zoll mehr Breite die Schiffe das Doppelte der Tragkraft jener in den zwanziger Jahren gebauten, bei geringerem Tiefgang erreichen."

Die Dorstener Schiffe waren jedoch ein Begriff und sie fuhren gleichermaßen auf der Ruhr, dem Rhein und in Holland. In Dorsten baute man 1825 ganze 592 Schiffe. Die größte Ladefähigkeit betrug 1856 = 2600 Ztr. Ebenso wurden in Krudenberg 1840-44 Schiffe gebaut. Aber die Verlandungen schritten fort und nahmen den Schiffen den Lebensraum.

Später hatte man abermals verschiedene Ideen aufgegriffen, um der Lippeschiffahrt Auftrieb zu geben. 1882 legte die Stadt Wesel einen Plan vor, nicht die Emscher, sondern die Lippe für die Schiffahrt auszubauen. Mit der Stadt Hamm gründete man 1885 einen Verein zur Schiffbarmachung der Lippe. Wasserbauinspektor Roeder verfaßte 1889 hierzu eine Denkschrift, zumal sich der Bergbau weiter entwickelte. Nach langem Gerangel "bestimmte der Landtag 1905 durch Gesetz die Kanalisierung der Lippe oder die Anlage von Lippeseitenkanälen. Durch den Bau des Wesel-Datteln-Kanals, der 1930 in Betrieb genommen wurde, ist die Ost-West-Verbindung geschaffen."

Damit hatte die Lippe ihre Bedeutung als Schiffahrtsstraße endgültig verloren. (Nach Hans-Bernd Rühling)

# VIII.
# DAMPFER UND SCHLEPPER BRINGEN IM 19. JAHRHUNDERT DEN DURCHBRUCH

## Vom hölzernen zum eisernen Frachtkahn (Schleppschiff)

Der Holzschiffbau wurde bis zum Jahre 1840 betrieben. Verschiedene Radierungen aus dem frühen 19. Jahrhundert geben hierüber Auskunft. An vielen dieser Holzschiffe erkennen wir das Schweberuder.

Mit der verstärkten Industrialisierung, besonders der Hüttenindustrie, stellte man Überlegungen an, den Schiffbau zu verändern. Der Schiffbauer Röntgen war es, der den eisernen Kahn vorschlug. Natürlich wurde er ausgelacht, da man es für unmöglich hielt, eiserne Schiffe schwimmfähig zu halten. Und doch kam es zu ersten Versuchen. Schon im Jahr 1841 fuhr der erste eiserne Kahn auf dem Rhein, der 250 t trug. Bald folgten weitere Kähne. Sie konnten bei entsprechender Pflege noch zu Beginn des 20. Jahrhunderts gefahren werden, sofern man den Boden mehrmals erneuerte. Diese Eisenböden hielten bei Kohlenschiffen etwa dreißig Jahre.

Hatte man den hölzernen Schiffbau ohne Zeichnungen ausgeführt und dabei dem Zimmermannsgeschick vertraut, so war dies jetzt nicht mehr möglich. Die Eisenkonstruktion verlangte eine ausgereifte Planung: Aufrisse und Zeichnungen, die maßstabgerecht waren, und nach denen die Werftleute bauen konnten. Natürlich waren die Formen noch der Holzbauweise entlehnt. Aber die sich im Raume Duisburg und anderswo entwickelnde Industrie zwang auch den Schiffbau schnell zu Konzessionen, die sich in vielen Kleinigkeiten auszudrücken begannen und den Schiffen nach und nach eine Norm aufzwang. Die anfänglichen Fehler und Kinderkrankheiten beim eisernen Schiffbau konnten nach und nach ausgemerzt werden.

So blieben die Böden völlig flach. Vorn und achtern ging der Boden in einen scharfen Kiel über. Die zugespitzten Enden sollten "ein günstiges, möglichst widerstandsloses Zerschneiden und wirbelfreies Ablaufen des Wassers" ermöglichen, wie Oberingenieur R. Zilcher es 1927 ausdrückte. Das Spantengerippe quer zum Schiffsrumpf ausgelegt und verteilt, bildete, wie in der Holzverarbeitung auch, die Grundlage für die Stabilität des Fahrzeuges. Man verzichtete auf doppelte Böden, um bei Havarien auf Sicherheit zu gehen, da sich Havarien zumeist dicht unter der Wasserlinie auswirkten. Dafür unterteilte man das Schiff in Kammern mit wasserdichten Schottwänden, um ein Wassereindringen in den gesamten Rumpf zu vermeiden.

Natürlich war der eiserne Schiffbau anfangs noch vom Holz beeinflußt und teilweise auch abhängig. Es wurde in Holz-Eisen-Kombination gebaut. Hiervon löste man sich jedoch sehr schnell. Die Schiffsböden erhielten 7 mm dicke Eisenplatten. "Der Übergang vom Boden zu den Seitenwänden", so schildert es R. Zilcher, „'Kimme' genannt, ist nach einem Radius gebogen und bis 8 mm stark gehalten. Die Seitenwände sind 2 bis 2,5 m hoch und bestehen aus Platten von 6 bis 8 mm Stärke. Seitlich an Deck befindet sich ein Laufgang von 0,4 bis 0,8 m Breite, der aber bei vollem Tiefgang während des Schleppens häufig überflutet wird. Die Abdichtung der Ladung gegen das Flutwasser bewirkt eine an Deck ringsum laufende, mit Winkeln garnierte hohe eiserne Wand, 'Dennebaum' genannt. Auf dieser ruht ein abnehmbares Holzdach. Auch auf die Flur legt man Holz, die sogenannten 'Straudielen', die meist aus 50 mm starken Pitchpinebrettern bestehen. Wichtig ist die Einteilung eines Kahnes in eine genügende Anzahl wasserdichter Räume, um ihn dadurch schwimmend zu erhalten, wenn einige Abteile leckspringen."

Ein solcher 100-t-Kahn konnte in zweieinhalb Monaten gebaut werden: etwa 100 000 Nieten wurden verwendet.

Der Schiffbau beginnt mit dem Zusammenheften der Bodenplatten. Darauf stellt man die Querspanten und befestigt die Seitenwände. Der Grundbau wird auf "quer zum Wasser liegenden Hölzern errichtet." Diese Anlage, deren Gleitschienen in Schräglage zum Wasserbecken führen, nennt man Schiffshelling. Nach Entfernen der Blockhölzer geschieht der Stapellauf eines fertigen Schiffsrumpfes im Freilauf. Danach erst wird das Schiff bis in alle Einzelheiten fertiggestellt. Während dieser Zeit können richtige Lage, Schwimmfähigkeit und Wasserdichte unter extremen Bedingungen überprüft werden. Eine andere Art des Stapellaufs ist der mit Gleiswagen, auf dem das Schiff erbaut ist. Der Wagen in Schiffslänge läuft auf Gleisen, die schräg ins Wasser führen. Mittels Winden wird der Wagen mit dem Schiff langsam zu Wasser gelassen.

Die Tabelle gibt einen aufschlußreichen Überblick über die Entwicklung der Schiffsgrößen von 1840 bis 1925:

| Baujahr | Tragfähigkeit | Länge | Breite | Tiefgang |
| --- | --- | --- | --- | --- |
| 1840-1850 | 400 t | 60 m | 6,5 m | 1,75 m |
| 1850-1860 | 500 t | 60 m | 7,5 m | 1,90 m |
| 1860-1880 | 600 t | 63 m | 8,0 m | 2,00 m |
| 1880-1885 | 1000 t | 75 m | 8,5 m | 2,30 |
| 1885-1890 | 1200 t | 80 m | 9,5 m | 2,50 m |
| 1890-1900 | 1500 t | 83 m | 10,0 m | 2,55 m |
| 1900-1905 | 1600 t | 86 m | 10,0 m | 2,60 m |
| 1905-1910 | 1800 t | 87 m | 11,0 m | 2,65 m |
| 1910-1915 | 2000 t | 90 m | 11,5 m | 2,75 m |
| 1915-1920 | 2500 t | 105 m | 12,0 m | 2,85 m |
| 1920-1925 | 3000 t | 110 m | 13,0 m | 3,00 m |
| 1925 | 4000 t | 115 m | 14,0 m | 3,00 m |

Für die Kanäle hat man besondere Typen entwickelt. Ihre Länge und Breite war den Schleusen und den Brücken angepaßt. Kanalschiffe, welche die holländischen, belgischen, französischen und elsaß-lothringischen Kanäle befahren, erscheinen auch auf dem Rhein. Sie waren im 19. Jahrhundert zumeist kastenartige, vorn und achtern plattgebaute, kleine Lastkähne aus Holz oder Eisen. Wenn auch zum Segeln gebaut, wurden sie auf manchen Kanälen noch getreidelt. Deshalb war an Bord ein Stall eingerichtet, um Pferde mitzuführen und stets bei der Hand zu haben, wenn sie benötigt wurden. Auch als Selbstfahrer waren sie gebaut. Auf den oben angeführten Kanälen wurden folgende Typen unterschieden:
1. Aak, Aakschip, Hevelaak.
2. Boeieraak: kleines, schnellfahrendes Segelschiff in den Abwässerungskanälen bei Amsterdam, etwa 50 t tragend.
3. Klipper(zeil)aak, Klipperschiff.
4. Spitz, Maasspitz, Walenspitz: scharf (spitz) gebautes belgisches Kanalschiff aus Eisen, mit etwa 250 t Tragkraft.
5. Walenschip (holl.), Wallone (fr.) Bacquet (fr.): vollgebautes, kastenartiges, meist hölzernes Schiff auf der belgischen Maas, den belgischen und französischen Kanälen, mit etwa 250 bis 300 t Tragkraft.
6. Bolander, Bilander (holl.), Balandre (fr.): kastenartig gebaute Schiffe, wie die Wallonen, auf den französischen und elsaß-lothringischen Kanälen.
7. Maasponte: kleines, hölzernes, offenes Schiff mit der Roef (Schifferwohnung) in der Mitte. Auf der holländischen Maas nur noch selten.
8. Kempisches Schiff (Kempenaar (holl.): Schleppkahn, hauptsächlich auf dem Kempenkanal, bis 50 m Länge und 550 t Tragfähigkeit.
9. Penische (fr. péniche): flämischer Lastkahn von 250-350 t, auf elsaß-lothringischen, französischen und belgischen Kanälen.
10. Haagenaar (holl.): kleine Aak für die Fahrt nach dem Haag, früher in Holzbauweise, danach in Eisen, bis zu 100 t tragend.
(Aufstellung 1 bis 10 nach Karl Dunkelberg)
Später gab es dann noch den Rhein-Herne-Kanal-Kahn und den Dortmund-Ems-Kanal-Kahn. Von der wirtschaftlichen Seite her gesehen waren die Kanalschiffe in den zwanziger Jahren unseres Jahrhunderts noch umstritten. Die Tragfähigkeit betrug etwa 1350 t. Um 1910 bezeichnete man einen 1800-t-Kahn als wirtschaftlich und rantabel. Erreichten sie schon 2500 t Ladekapazität, so war ihr Einsatz zum Oberrhein umstritten, da sie meist nie richtig zur Talfahrt ausgelastet werden konnten. Hier waren die Wasserstände während des Sommers oft so niedrig und ungünstig, daß viel Laderaum ungenutzt bleiben mußte. Die kleineren niederländischen Partikuliere genossen hier Vorteile. Die großen Kähne brauchten tiefes Wasser, wie es der Niederrhein das ganze Jahr über hatte, und so waren Erztransporte von Rotterdam zur Ruhr gerade das richtige für diese Schiffsgrößen.

Bei der Gelegenheit sollten auch die kleineren Schiffe der Nebenflüsse des Rheins und andere Wasserstrecken aus neuerer Zeit vorgestellt werden, damit wir sehen, welche Wandlungen die Schiffstypen durchlaufen haben und wie sie für die Bedürfnisse der einzelnen Ströme und Flußläufe und Kanäle zugeschnitten und gebaut waren:

Tjalk, 140 t, Länge 25 m, Breite 5 m, Tiefgang 1,80 m.
Harener Pünte, 180 t, Länge 26 m, Breite 5,70 m, Tiefgang 1,75 m.
Lahnschiff, 220 t, Länge 54 m, Breite 5,20 m, Tiefgang 1,90 m.
Finow-Maß-Kahn, 240 t, Länge 40 m, Breite 4,60 m, Tiefgang 1,75 m.
Groß-Finow-Maß-Kahn, 270 t, Länge 41 m, Breite 5,10 m, T 1,75 m.
Berliner-Maß-Kahn, 350 t, Länge 46 m, Breite 6,60 m, T 1,75 m.
Maasspitz, 360 t, Länge 46,50 m, Breite 5,05 m, T 2,20 m.
Peniche, 360 t, Länge 58,50 m, Breite 5,05 m, T 2,30 m.
Neckarschiff, 360 t, Länge 45 m, Breite 7 m, T 1,65 m.
Saale-Maß-Kahn, 380 t, Länge 51 m, Breite 6 m, T 1,75 m.
Mainschiff, 420 t, Länge 50 m, Breite 7,50 m, T 1,65 m.
Groß-Saale-Maß-Kahn, 450 t, L 52 m, Breite 6,35 m, T 2 m.
Breslauer-Maß-Kahn, 620 t, Länge 55 m, Breite 8 m, T 2 m.
Kempenaar, 620 t, Länge 50 m, Breite 6,60 m, T 2,50 m.
Weser-Kahn, 650 t, Länge 60,50 m, Breite 8,80 m, T 1,90 m.
Plauer-Maß-Kahn, 745 t, Länge 65 m, Breite 8 m, T 2 m.
Dortmund-Ems-Kanal-Kahn, 770 t, L 67 m, B 8,20 m, T 2 m.
Rhein-Herne-Kanal-Kahn, 1350 t, L 80 m, B 9,50 m, T 2,50 m.

Natürlich hatte die fortschreitende Technik auch hier mancherlei Bequemlichkeiten gebracht. So wurde das mühsame Ankeraufwinden per Hand durch den Ankerwindenmotor abgelöst. Um den Bug- und Stockanker zu tragen, war immer noch ein Bugspriet nötig. Auch waren in den frühen zwanziger Jahren die Masten geblieben, um zusätzlich die Segel benutzen zu können. Aber auch Ladebäume waren am Hauptmast befestigt, um Arbeitserleichterung zu schaffen. Der Ruderstuhl war jetzt hinter der Wohnung, dem Roef, erhöht aufgesetzt und verschaffte dem Schiffer einen weiten Blick voraus. In die engen Hafenbecken mußten sie hinein- und hinausbugsiert werden. Dies geschah mittels kleiner Bugsierboote. Ansonsten waren die ersten eisernen Schleppkähne und deren spätere Weiterentwicklung sehr nüchtern und ganz auf wirtschaftliche Zweckmäßigkeit hin gebaut. Das Gemütliche und Atmosphärische eines Holzschiffes war verloren gegangen.

Zur Führung eines Schleppkahnes mußten die Schiffer eine Prüfung ablegen. Der Verfasser ist noch im glücklichen Besitz des Patentes seines Vaters aus dem Jahre 1908. Der Text lautet:

"Rheinschiffer - Patent - Nachdem der Schiffer Georg Albert Böcking, 23 Jahre alt, Sohn des Schiffsbesitzers Georg Böcking zu St. Goar im Regierungsbezirk Coblenz wohnhaft, nachgewiesen hat, daß er die erforderliche Befähigung zum

Betriebe der Rheinschiffahrt besitzt, wird ihm hierdurch die Befugnis zur Führung eines Segelschiffes auf dem schiffbaren Rhein für die Strecken Straßburg bis zum Meer, auf dem Main und der Mosel erteilt. - Gegeben Coblenz, 4ten November 1908 - Der königlich-preußische Regierungspräsident. In Vertretung - Unterschrift" - Unten links befindet sich die eigenhändige Unterschrift des Patentinhabers: Albert Böcking. Dazu das Signalement des Patent-Inhabers, also die Angaben zur Person.

Interessant ist die Tatsache, daß man ein Schleppschiff nach der Jahrhundertwende noch als Segelschiff bezeichnete. Um Zutritt zur Schifferbörse zu erhalten, wo die Ladungen vergeben wurden, mußten die Partikuliere, also die Eigenschiffer, einen Ausweis haben. Damit war man Mitglied der Schifferbörse zu Duisburg-Ruhrort. Auch diese Karte seines Vaters hat der Verfasser noch im Besitz.

Natürlich waren solche langen Kähne nicht leicht zu steuern. Besonders die Gebirgsfahrten brachten oftmals Angst und Schrecken. Das gefürchtete Binger Loch ließ manchen Lastkahn quer schlagen. Auf dem Ruderstuhl wurde die liegende Haspel eingeführt, um durch Rundlauf mit kleiner Übersetzung das Ruderblatt zu bewegen. Der Einsatz und das Gegenstemmen von vier Männern waren dafür oftmals erforderlich. Später erfand man eine größere Übersetzung, die es ermöglichte, die Ruderhaspel in stehender Anwendung zu gebrauchen. Hier war weniger Druck erforderlich. Nur die Umlaufgeschwindigkeiten waren schneller und die Arme mußten flinker nachgreifen. Beide Ruderarten hatten ihre Vor- und Nachteile, wobei es ganz auf das jeweilige Wasser ankam. Erst die Erfindung eines Mannes namens Flettner hat ein Rudersystem geschaffen, "die Steuerung des Schiffes im engsten Fahrwasser durch einen einzigen Mann bewerkstelligen zu lassen", wie R. Zilcher schreibt. Vor 1925 baute die Meidericher Schiffswerft Kähne nach der Längsspantenbauart, wodurch eine größere Steifigkeit erreicht wurde. "Sie ist auch" nach R. Zilcher "von dem bisher üblichen liegenden Ruderhaspel abgegangen, das schwer zu handhaben ist, weil es eine sehr kleine Übersetzung hat, und ist zum stehenden Steuerrad mit großer Übersetzung und Kugellagern übergegangen. Zur Steuerung genügt im Gebirge dadurch die Kraft von zwei Männern, gegenüber vier Männern beim liegenden Haspel. Das Flettnerruder wird bekanntlich von einem Manne spielend bedient."

Diese Verbesserung funktionierte allerdings nur im offenen Wasser und im Strom. Aber das Flettner-Ruder war wandlungsfähig. Wirbel und kleines Wasser ließen es auch zur Anwendung gelangen, indem man Haupt- und Hilfsruder in Kürze koppelte und so ein Normalruder daraus werden ließ. Von dem Ruder hing eben sehr viel ab und man versuchte in den zwanziger Jahren allenthalben, gerade auf diesem Gebiet neue Erkenntnisse zu gewinnen.

Aber auch die Wirtschaftlichkeit eines Frachtkahnes ist ein Problem, dem man seit eh und je große Beachtung schenkte. Aus diesen Erkenntnissen heraus wurde der Schiffbau nach und nach auf neue Grundlagen gestellt und dem neuesten Stand der technischen Entwicklung angepaßt. Hierzu R. Zilcher: "Der Fortfall des Sprunges - das ist die über das ganze Schiff bogenförmig verlaufende obere Profillinie, welche dem Fahrzeug die Starrheit nimmt und wesentlich zu einer gewissen Gefälligkeit der Form beiträgt - ermöglicht es, das Mittelschiff billiger herzustellen."

So entstanden serienmäßig hergestellte Einheitstypen, die nicht mehr schön, sondern reiner Zweckmäßigkeit entsprachen. Von diesen ersten Schiffen ließen die einzelnen Werften Modelle anfertigen, an denen in Versuchsanstalten Widerstandsmessungen durchgeführt wurden. Daraus kann man auf die günstigste Form des Schleppens schließen. Hierbei spielt das Schiffsheck eine besondere Rolle, weil an ihm "das Wasser sanft abgleiten soll. Das Vorderschiff kann etwas stumpf ausfallen, da der Kahn sich dadurch ruhiger steuert und weniger giert." (Zilcher). Um den Schleppzügen im Gebirge Sicherheit zu bieten, sind Wahrschaustationen an den Stromkrümmungen eingerichtet, die durch bestimmte Flaggensignale Weisungen erteilen. Die Versorgung der im Schlepp fahrenden Schiffe geschah und geschieht auch heute noch von sogenannten Proviantbooten aus, die die Kolonialwaren und Getränke an die fahrenden Schiffe bringen und so die Schifferfrauen und Matrosen mit dem Notwendigen des täglichen Bedarfs versorgen.

Die Schleppschiffe dienten der Massengüterbeförderung und dem Stückguttransport; einst bildeten sie das Hauptkontingent der Schiffe auf dem Strom. Die Mehrzahl war im Besitz größerer Firmen, und ihre Schiffer nannten sich Setzschiffer. Die kleinere Flotte war im Privatbesitz und ihre Schiffer nannten sich Partikuliere, Eigenschiffer. Sie fuhren auf eigene Rechnung und waren selbständig. Sie hatten es in Krisenzeiten besonders schwer. Heute sind sie in Genossenschaften organisiert oder fahren als Hauspartikuliere bestimmter Reedereien.

### Die ersten Personendampfer befahren den Rhein

Bevor das erste Dampfschiff den Rhein herauffuhr, waren auf vielen anderen Strömen in der Welt schon Dampfschiffe eingesetzt. Die ersten Versuche waren vielversprechend und so drängte sich die Frage auf, warum der Rhein noch nicht von solch einem 'Höllenschiff' befahren wurde. Wie alles Neue Aufsehen und Staunen erregt, so natürlich auch das Auftauchen des ersten Dampfschiffes auf dem Rhein im Jahre 1816, sein Name war "Prinz von Oranien".

Es fuhr am 8. Juni in Rotterdam ab und erreichte am 12. Juni Köln. Dieses englische Dampfboot war in London gebaut worden. Es gehörte dem Engländer Wagner; gebaut hatte es die Firma Benitheversen & Bell. Von Köln sollte das Schiff nach Frankfurt weiterreisen. Von Pferden weitergezogen, gelangte der Dampfer bis nach Koblenz.

Im Jahr darauf, 1817, kam die "Caledonia" mit Dampfkraft zu Berg. Ebenfalls von England kommend, fungierte als Kapitän kein anderer als James Watt jr., der Sohn des Dampfmaschinenerfinders. Die 50 PS-Maschinen übertrugen ihre Kraft auf die Schaufelräder, die beidseits angebracht waren, und ließen das Schiff mühelos gegen die starke Strömung fahren. Und doch wollte es die Ungunst der Stunde, daß für das letzte Stück Wegs bis Koblenz noch Pferde vorgespannt werden mußten, aller Technik zum Trotz.

Um diese Zeit hatte es auf dem Rhein bereits Wasser-Diligencen (coches d'eau) gegeben, die während der Sommerzeit regelmäßige Fahrten für Personen veranstalteten. Sie wurden von einer Rheinschiffahrtsgesellschaft unterhalten, die in Köln, Koblenz und Mainz ihren Sitz hatte und die Fahrten auch von Mainz nach Köln und umgekehrt durchführte. Talwärts reiste man zwei Tage, zu Berg deren drei. Die Reisekosten betrugen zwei französische Taler.

Lastschiffe hingegen brauchten von Mainz bis Köln drei Tage. Die Rückfahrt zu Berg dauerte neun bis fünfzehn Tage. Manchmal gar achtzehn Tage, wenn das Wasser reißend war und Stürme zu längerem Aufenthalt zwangen. Zu dieser Zeit waren die Landstraßen auch noch in sehr schlechtem Zustand, und wer nicht im Schmutz stecken bleiben wollte, der bevorzugte doch den Strom ab Koblenz talwärts. In seiner Schilderung "Reise auf dem Rhein von Mainz bis Düsseldorf" schildert Josef Gregor Lang 1818, daß man von Andernach bis Bonn fast immer für das zu erlegende Weggeld die Hand im Sacke haben muß "und mehr als einige Gulden für Straßen bezahlen, die noch nicht allenthalben gemacht, oder wo sie gemacht sind, so durch die schneidenden Räder der mit Frachtgütern belasteten Wagen und jener der welschen Fuhren vernichtet sind, daß fast gar nicht durchzukommen ist."

Diese Darstellung der Wegeverhältnisse klingt in keiner Weise verlockend, und wir können uns sehr gut vorstellen, daß eine Reise mit der Wasser-Deligence demgegenüber ein lustvolles Erlebnis gewesen sein muß. Das geht ebenfalls aus der Lang'schen Darstellung hervor, wenn er schreibt:

"Die Deligences par eau sind sehr gemächliche Jachten, wie man sie auf dem Rhein gewöhnlich zu brauchen pflegt, die in der späteren Jahreszeit auch mit einem Ofen versehen sind. Wer diese bezaubernde Gegend zu Lande bereisen will, hat sich des nämlichen Genusses der Ansichten, wie zu Wasser, zu erfreuen; indem der Präfekt des Donnersberg-Departements und ehemaliger Regierungskommissar über die vier Departements am linken Rheinufer, Jeabon St. André, unmittelbar am Ufer dieses bedeutenden Flusses die schöne Landstraße hat anlegen lassen, die von Bingen nach Coblenz, in einer Strecke von 15 Stunden, sich munter und lebhaft hinzieht."

Oberhalb Koblenz waren die Straßen demnach bereits besser ausgebaut. Aber wir sehen, wie beliebt diese Personenfahrten auf dem Strom bereits waren, und wie die Zeit geradezu danach drängte, diese Art der Personenbeförderung auch weiter auszubauen. Dies konnte allerdings erst geschehen, als die Dampfschiffahrt die Geburtswehen überstanden hatte und weitere Fortschritte machte. Aber selbst nach dem Auftauchen der beiden ersten Dampfschiffe 1816 und 1817 sollte es noch ein ganzes Jahrzehnt dauern, bis eine regelmäßige Rheinbefahrung mit Dampfschiffen zustande kam. Hier war es auch die Handelskammer zu Mainz, die sich gegen die Dampfschiffahrt aussprach. Man vertrat die Ansicht, daß diese Dampfschiffahrt für den Güterverkehr "überhaupt keine und für den Personenverkehr nur eine beschränkte Bedeutung habe", wie G. Hölscher 1925 schrieb. Wegen der starken Rauchentwicklung hatte man den ersten Dampfern schon sehr hohe Schornsteine aufgebaut.

Als dann die "Nederlandsche Stoomboot-Maatschappij" in Rotterdam am 26.10.1824 als erstes ihrer Schiffe das hölzerne Dampfschiff "de Zeeuw" (übersetzt "der Seeländer") auf die Reise Richtung Köln schickte, schien ein neues Zeitalter anzubrechen. Diese Probefahrten hatten die Kölner vorgeschlagen und durch das Zeichnen von Actien auch unterstützt. Am 29. Oktober 1824 erreichte das 120 Personen fassende Dampfschiff Köln. Am 3. November schaffte es Caub. Über diese Reise sind mehrere Darstellungen erhalten. Ein unmittelbarer Teilnehmer der Fahrt, Sulpiz Boisserée, berichtete seinem Bruder Melchior darüber: "Überall kamen die Einwohner, jung und alt, ans Ufer und staunten das wunderbar einherrauschende Mühlenschiff an, welches bei einer der größten Überschwemmungen, wo kein Schiff mit Pferden gezogen werden kann, seinen Weg durch die mächtigen Wasserwogen ruhig fortsetzte. Weil gerade Festtag war, so befanden sich die Leute ohnehin alle auf der Straße, aus der Kirche kommend oder dahin gehend; dazu kündigten wir unsere Ankunft bei jedem etwas bedeutenderen Ort mit einigen Kanonenschüssen an, hatten unsere Flaggen und Wimpel aufgezogen und hielten uns trotz unaufhörlichem Regenwetter immer auf dem Verdeck... Alte Weiber schlugen die Hände über dem Kopf zusammen, andere legten sie wie zum Gebet ineinander, Kinder jauchzten, Männer schwenkten die Mützen und Hüte, und oft brach die ganze Volksmasse in ein lautes Hurra aus, welches von der Schiffsgesellschaft erwidert wurde. Der Steuermann, ein tüchtiger Kerl, Urban von Köln, setzte was darein, so nah als möglich am Ufer zu fahren, und weil der Fluß überall ausgetreten war, so kamen wir ganz dicht bei den Häusern und Gartenmauern vorbei und konnten den Menschen genauer ins Gesicht sehen als sonst jemals; hierbei hatte ich nun die Freude zu bemerken, daß auch keiner von den Schiffern, die hier (in St. Goar) wohnen, ein verdrießliches Gesicht machte."

Durch allerlei Veränderungen, die der Kapitän Roentgen an den Schaufeln und an den Ventilen vornahm, konnte das Schiff seine Probefahrt bis Bacharach durchführen. Zuvor hatte man bei Köln einen Schleppversuch demonstriert, der ebenfalls gelang und den staunenden Menschen am Ufer die Bedeutung der Dampfkraft vor Augen führte. Wie alles Neue, was auf die Menschen zukommt, war man zunächst mißtrauisch, und es bedurfte schon solch überzeugender Auftritte wie desjenigen der "de Zeeuw", um zu bestehen, denn eben diese Fahrt sollte der Dampfschiffahrt auf dem Rheinstrom zum Durchbruch verhelfen. Es war sogar eine Belastungsfahrt unter extrem schwierigen Bedingungen, weil das Wasser zu dieser Zeit sehr hoch stand. Man wählte diesen Zeitpunkt aber, um ein mögliches Auflaufen an irgend einer Unterwasserklippe oder Sandbank zu verhindern, was einen großen Rückschlag zur Folge gehabt hätte. So folgte denn 1825 bereits das holländische Dampfschiff "Der Rhein", das seine Reise bis Straßburg fortsetzte.

Jetzt setzten die Kölner alles daran, die Dampfschiffahrt auszubauen und so den Warenverkehr zu fördern, da verderbliche Waren oftmals allzulange unterwegs waren. Die Kölner Handelskammer entsandte Heinrich Merkens und Bernhard Boisserée nach Rotterdam. So kam zwischen Rotterdam und Köln ein Vertrag zustande. Demnach sollten drei Schwerpunkte gebildet werden. Die Gesellschaft der Fahrt Rotterdam-Köln mit Sitz in Köln. Von Köln nach Mainz mit Sitz in Mainz, und von Mainz nach Straßburg mit Sitz daselbst. So kam es in Köln zur Bildung der Preußisch-Rheinischen-Dampfschiffahrtsgesellschaft. In einer Kabinettsorder vom 11. Juni 1827 wurden die Beschwerden der nieder- und mittelrheinischen Schiffergilden zurückgewiesen. "Am 1. Mai 1827", so schreibt Georg Hölscher, "nahm die Gesellschaft, die über ein Kapital von 485000 Mk. verfügte, mit dem Boot "Concordia" den Dienst zwischen Köln und Mainz auf. Als Mainz sich außerstande zeigte, die Kompagnie, die ihm zugeschrieben war, in die Höhe zu bringen, übernahm Köln 1832 auch die Fahrt bis Mannheim, dann bis Straßburg. Der erste, für die Rheindampfschiffahrt in Deutschland gebaute Dampfer war die "Stadt Mainz", die am 7. Mai 1830 in Ruhrort vom Stapel lief."

Das Modell von Hans Koenen, Düsseldorf, zeigt uns den noch aus Holz konstruierten Raddampfer mit einem Segelmast auf dem Vorderschiff. Das Fahrzeug wurde auf der Werft von Jacobi, Haniel und Huyssen in Ruhrort im Auftrag der Preußisch-Rheinischen-Dampfschiffahrts-Gesellschaft gebaut. Der Umbau in Eisen erfolgte zehn Jahre später. Der Dampfer war 45 m lang und 5,70 m breit.

So zeigen uns auch die alten Stiche immer wieder das Nebeneinanderhergehen von Segelschiffen und Dampfschiffen um die Mitte des 19. Jahrhunderts. Auf dem Rohbock/Kolb-Stich des Jahres 1855 von Ruhrort sehen wir das Schleppen von Segelschiffen sehr deutlich. Ebenso auf dem Püttner-Stich vor 1876 bei der Festung Rheinfels/St. Goar. In den kleinen, gemütlichen Schifferkneipen wurden diese Umwälzungen und Neuerungen sehr lebhaft diskutiert und begossen. Auf der Düsseldorfer Reede sieht man vor 1876 auf dem Th. Weber-Stich bereits drei Dampfschiffe, und nur ein Schweberuder-Schiff vor Anker liegen. Nur am Moselufer geht es noch gemächlich zu, wie uns R. Püttner vor 1876 zeigt. Auch in Köln-Deutz war eine Anlegestelle, wo die Personendampfer der Frühzeit anlegen konnten, ebenfalls von R. Püttner festgehalten.

So war die "Prinz Carl", erbaut 1834/35, das erste in Deutschland fertiggestellte eiserne Dampfschiff. Der Dampfer "Zeeland", 1845, war ein niederländischer Raddampfer für Personen- und Gütertransport auf dem Rhein. Das ganz aus Eisen konstruierte Schiff war etwa 40 m lang und mit Kajüte, Kabinen, Küche und Aussichtsdecks ausgestattet. Es führte noch zwei Segelmasten.

Natürlich ist es nicht Sinn dieser Arbeit, alle Raddampfer aufzuführen, die der Reihe nach in den einzelnen Jahren der ersten Hälfte des 19. Jahrhunderts den Rhein befahren haben. Es soll die Entwicklung nur anhand von Einzelbeispielen dargestellt und nachgezeichnet werden. Gerade das 19. Jahrhundert hat einen gewaltigen Einschnitt in die alten Traditionen bewirkt und einen Umbruch vollzogen, der etwa demjenigen entspricht, den wir heutzutage mit dem Eintritt in das Atomzeitalter vollziehen und auch zu bewältigen haben.

Es war jedoch so, daß Köln die rheinische Dampfschiffahrt jener Tage beherrschte. Aber schon um 1836 wurden an mehreren anderen Orten Gesellschaften gegründet. So in Mainz, Düsseldorf und Elberfeld. Sie alle standen mit Köln in heftiger Konkurrenz. Diese neuen Kompagnien nannten sich fortan "Dampfschiffahrtsgesellschaft für den Nieder- und Mittelrhein". Ihre Schiffe verkehrten zwischen Düsseldorf und Mainz, später zwischen Rotterdam und Mannheim. Es war die Zeit der Reisefreudigkeit, wo viele Engländer den Rhein für sich entdeckten. Große englische Maler schufen berühmte Rheinmotive und viel gutes englisches Geld kam in das Land und unter die Leute. Als Folge davon schossen plötzlich überall längs des Rheins Hotels aus dem Boden, um den Fremden Gastlichkeit zu bieten. So berichtet Georg Hölscher in seinem "Buch vom Rhein", 1925, daß das Hotel Disch in Köln stets einen hauseigenen Portier zur Anlegestelle entsandte, um Gepäck ins Hotel zu transportieren. Das erregte Staunen und fand schnell Nachahmer. Die Bordküche der Personendampfer wurde immer besser und genoß gar bald einen ausgezeichneten Ruf.

Im Jahre 1853 kam es dann doch unter Voranstellung eines gemeinsamen Zieles zum Zusammenschluß der Kölner und der Düsseldorfer Gesellschaft. Gemeinsam befuhr man jetzt die Strecke Rotterdam-Mannheim und umgekehrt.

Wir werden bei der Darstellung der ersten Fahrten dieser dampfgetriebenen Schiffe bemerkt haben, daß stets vom Nieder- und Mittelrhein die Rede war. In der Tat hat sich die Dampfschiffahrt schwer getan, die gefährlichen Strecken weiter rheinauf zu bewältigen. Aber alles in allem konnte diese günstige Entwicklung nicht mehr gestoppt und aufgehalten werden. Die Leistungen der Maschinen wurden immer besser, die Umdrehungszahlen sorgten für eine größere Beschleunigung, und so kam die Dampfschiffahrt auch auf dem Oberrhein langsam zum Zuge.

So schreibt Georg Hölscher: "In Basel landete das erste Dampfschiff, die "Stadt Frankfurt" der "Gesellschaft vom Rhein und Main" am 28. Juli 1832. Aber erst der "Service général de Navigation" in Straßburg, St. Ludwig und Hünningen brachte 1838 mit zwei in Ruhrort gekauften Dampfern, die in "Stadt Basel" und "Stadt Straßburg" umgetauft worden waren, einen einigermaßen regelmäßigen Schiffsdienst. Auch die Schiffahrtsgesellschaft "Der Adler des Oberrheins" in Basel hatte als Wettbewerbsunternehmen des "Service général" 1841 keinen guten Erfolg, mußte in der Mitte der 1840er Jahre den Betrieb einstellen und ihre drei Dampfer verkaufen. Die Eisenbahnen machten der Schiffahrt auf dem Oberrhein vollends den Garaus. Erst zu Anfang des 20. Jahrhunderts kam sie wieder langsam zum Leben".

Auch die zwei niederrheinischen Gesellschaften, Köln und Düsseldorf, hatten unter der Entwicklung der Eisenbahn zu leiden. Sie beantworteten die Konkurrenz mit dem Bau von besonders guten und auch schönen Schiffen nach amerikanischem Vorbild. So waren es vornehmlich Halbsalondampfer, die 1866 in Auftrag gegeben wurden, und zwar die "Humboldt" und "Friede". Es folgten 1872 "Deutscher Kaiser", "Wilhelm, Kaiser und König".

Sodann baute man 1899 die Salonschiffe "Borussia" und "Kaiserin Auguste Viktoria", ferner die Schnelldampfer "Parsifal" und "Rheingold". Die Erstgenannten waren 83 m lang, 8,2 m breit über die Spanten und 15,32 m breit über die Radkästen. Die anderen Schiffe waren noch größer, faßten je 2000 Personen, hatten 1,30 m Tiefgang "und entwickeln mit 1250 indizierten Pferdekräften eine Ufergeschwindigkeit von 15 km zu Berg, während zu Tal mit 22 km in der Stunde gefahren wird", berichtet R. Zilcher. "Schiffbautechnisch mustergültig sind die in den letzten Jahren in Dienst gestellten (vor 1927) Salonboote "Blücher", "Kaiser Wilhelm II", "Barbarossa", "Bismarck", "Vaterland" und "Rheinland" mit einer Tragfähigkeit von je 2000 bis 2500 Personen. Sie sind ausgerüstet mit Zweizylindermaschinen, deren Leistung in Stromschnellen sich um mehr als 25 % steigern läßt, während die Dreizylindermaschine höchstens 15 % Mehrleistung entwickelt. Ebenso steht es mit der Leistungsfähigkeit der sonst in der Rheinschiffahrt nirgends vertretenen Wasserrohrkessel mit Heißdampfanlagen, die auf diesen Personenschiffen mit Vorteil angewendet werden. Im gemischten Betrieb fahren die Dampfer "Deutschland", "Stolzenfels", "Elberfeld", "Neptun", "Arnold Waldpod", "Moltke", "Freiherr von Stein" und "Schiller", die regelmäßig zwischen Mannheim und Rotterdam verkehren. Fortschrittlicher Geist und Wagemut haben diese Köln-Düsseldorfer Schiffahrtsvereinigung stets beseelt. Veraltetes Material wird planmäßig ausgeschaltet."

Nach der Ventilmaschine wurden die Personendampfer nach der Jahrhundertwende mit Dieselmotoren ausgestattet. Dies brachte Platzersparnis, keine Rauchentwicklung und keine Kesselwartung mehr. Die Motoren konnten abgeschaltet oder in Gang gesetzt werden, ganz nach Belieben. Auch die Manövrierfähigkeit und laufende Änderung der Umdrehungen waren mit Dieselmotoren bestens zu regulieren.

1927 stellte die Gesellschaft zwei Doppelschrauben-Motorschiffe in Dienst, die je 600 Personen befördern konnten. Ausgerüstet waren sie nach R. Zilcher mit "zwei direkt umsteuerbaren, sechszylindrigen kompressorlosen Dieselmotoren von zusammen 500 PS bei 275 minutlichen Umdrehungen". Das Promenadendeck war durchgehend. Vorder- und Hinterschiff besaßen je einen Salon.

Das älteste Unternehmen zur Personenbeförderung war die 1822 in Rotterdam gegründete Niederländische Dampfschiff-Reederei. Sie befuhr lange Zeit die feste Strecke Rotterdam-Mannheim, und zwar mit neun Raddampfern, die 600 bis 1800 Fahrgäste beförderten. Diese Schiffe übernahmen auch den Eilgüterverkehr neben der Personenbeförderung, um leicht verderbliche Ware schnellstens in die Städte zu bringen. Schnellboote bestimmten im Sommer den Reiseverkehr mit Schlafkabinen zwischen Köln, Koblenz und Mainz. Kleinere "Plaisierbötchen" fuhren bereits vor 1902 den Rhein herauf bis Bonn. Sank im Frühjahr nach dem Eisgang das Wasser zu plötzlich, kam es zu Schiffsstrandungen.

Damit hatten sich die Dampfer in knapp einhundert Jahren ihren Weg erobert und der Rheinschiffahrt zum entscheidenden Durchbruch verholfen. Nun konnte mit fortschreitender Technik die weitere Entwicklung nicht mehr aufgehalten werden. Während der Niederrhein im Jahre 1962 noch mit älteren Modellen bis nach Nijmegen und Arnheim befahren wurde, so sind inzwischen modernste Kabinen-Schnelldampfer von Rotterdam bis Basel unterwegs, um den Reisenden die Schönheiten der Landschaft am Strom nahe zu bringen.

Die Köln-Düsseldorfer Deutsche Rheinschiffahrt A.G. in Köln unterhält zur Zeit 26 Schiffe. Darunter befinden sich noch die Schaufelraddampfer "Rüdesheim", "Mainz" und "Goethe". Sie wurden in den zwanziger Jahren erbaut, sind inzwischen modernisiert, versehen aber immer noch als "Oldtimer" treu ihren Dienst, und sie sind natürlich im Zeitalter der Nostalgie sogar sehr gefragt.

Die ganz modernen Kabinen-Luxus-Schiffe sind inzwischen auf acht Stück angewachsen und werden von reisenden Ausländern aus Übersee bevorzugt. Im Jahre 1977 hat man die beiden neuen Schiffe für die weiten Strecken, MS "Italia" und MS "Austria" in Dienst gestellt. Bei 370 Abfahrten wurden für 1977 = 74000 Kabinenplätze angeboten. 18 Schiffe der Kölner Flotte starten die Saison über zu Tagesfahrten zwischen Köln und Mainz, sowie an die Mosel.

Die Niederrheinfahrten nach Nijmegen und Arnheim besorgt die Firma Gebrüder Luwen in Duisburg. Aber auch kleinere niederländische Reedereien sind stark an der Personenbeförderung rheinauf, zumeist bis St. Goar, beteiligt.

**Rad-Schleppdampfer verändern das gesamte Schiffahrtswesen**

Das seit Jahrhunderten geltende Vorrecht der Peerdsburen am Niederrhein und der Halfen am Mittelrhein, die Schiffe rheinauf mittels Pferdevorspann und am Oberrhein auch durch menschliche Muskelkraft zu bewegen, begann in dem

△ 1 130 km lange Fahrt im selbstgefertigten Einbaum von Schleswig nach Kiel, Juni 1977. Techniker Klaus Dieter Asmussen (vorn) und Harm Paulsen (hinten).

▽ 2 Wikinger-Rasiermesser mit Schiffsdarstellung (9. Jh.). Museum Schloß Gottorp in Schleswig.

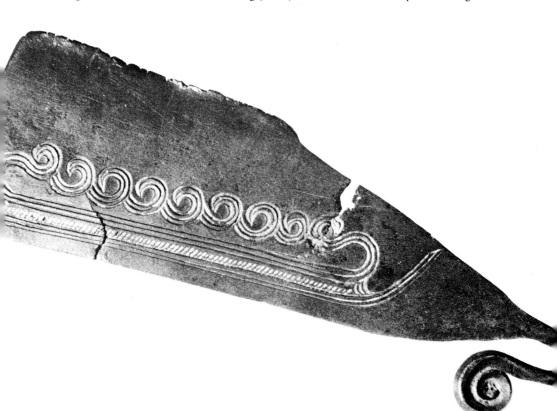

△ 3 Samoreusen, Mitte des 17. Jh. Stich von Reinier Zeemann, 1655.
▽ 4 Samoreuse um 1830.

△ 5 Juni 1904: Nach Löschung der Kohlenladung am St.-Johannhafen fuhr der Schleppzug an den Totentanz, wo die Ladung von Naturasphalt aus dem Travers-Tal für den ersten Taltransport erfolgte. Seit seiner Ankunft in Basel am 2. Juni bis zur Rückfahrt am unglückseligen 13. Juni war der Schleppzug Besichtigungsobjekt.

▽ 6 Basel: Rheinhafen Kleinhüningen, Becken 1.

△ 7 Basel: Basellandschaftliche Hafenanlagen. Hafen Birsfelden, Auhafen.

▽ 8 Das Binger Loch war bis zum 13. Jh. durch eine gefährliche Felsbarre für größere Fahrzeuge unpassierbar. Nach einer Darstellung, die während des letzten Krieges im Koblenzer Rheinmuseum verbrannte.

△ 9 Kahn ,,Gottvertrauen", quergeschlagen im Binger Loch. Februar 1916.

▽ 10 Radarbild vom Binger Loch, übertragen in eine Landkarte im Jahre 1962 an Bord der ,,Fritz Horn".

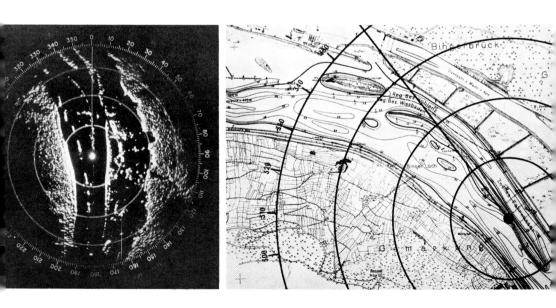

△ 11 Le Coy, 1812, erste topographische Karte von Westfalen. Wir sehen, wie Duisburg sich nahezu 3 km vom Rhein entfernt hat.

▽ 12 Talwärts segelnde Aake auf der Ruhr bei Saarn, um 1800. Original im Städt. Museum Mülheim/Ruhr.

△ 13 Raddampfer „Oscar Huber" der Raab Karcher-Reederei 1964 mit 6 Kähnen im Schlepp zu Berg bei Köln.

▽ 14 Radschleppdampfer „Oscar Huber", Raab Karcher XIV, 1964, stromaufwärts bei Köln, mit Schiffen im Schlepp.

△ 15 Räderboot „Braunkohle XV", 1921 unter Baunummer 817 bei Sachsenberg, Rosslau/Elbe, erbaut. 78×22 m, 1600 PS. 1945 in Hattenheim versenkt, gehoben, repariert und bis 1962 in Fahrt. 1965 in Ruhrort verschrottet.

▽ 16 Zwei Rheintauer, sogen. Hexen, am Mittelrhein vor Anker. 1873–1905.

△ 17 Hinterradschlepper „Braunkohle XIV", 1921/22. Leistung 650 PS. Wegen seines niedrigen Tiefgangs auf dem Oberrhein eingesetzt.

▽ 18 Schlepper „Wilhelm" der Reederei Joseph Schürmann, Duisburg, 1963 bei Bonn.

△ 19 Schlepper ,,Valentin'' der Reederei ,,Braunkohle'' GmbH., Köln, 1963.
▽ 20 Der Schlepper ,,Raab Karcher VIII'' 1963 bei Bonn.

△ 21 Der Dieselmotorschlepper „Rudolf Gelpcke" der Lloyd-AG., Basel, 1969.

▽ 22 Dieselschlepper „Alexander von Engelbert", Damco 21, 1964 vor Köln.

△ 23 Dieselmotorschlepper Schwyz/Schweiz in den sechziger Jahren vor Köln-Mülheim.

▽ 24 Taucherglockenschiff „Krokodil" 1978 bei Osterspai.

△ 25 MS „Judas Thaddeus", Nijmegen, bringt Edelhölzer von Rotterdam zu Berg. In den sechziger Jahren bei Köln.

▽ 26 Bagger der Firma Gebr. Meyer, Köln-Mülheim, 1977.

△ 27 MS „Anna". Wohl ehem. Ewer oder Küstenseglertyp. Man beachte den starken Decksprung (geschwungene Linienführung), 1967 bei Köln.

▽ 28 Hafenbugsier-Schubboot „Gertges I", 1972, Ruhrort.

△ 29 ,,Harpen 1", Schubboot auf der Mosel, 1979.
▽ 30 Holl. Partikulier, 1977 bei Leverkusen.

△ 31 MS „Musigny", Frankreich, 1963 mit Kohlen zu Berg.

▽ 32 MS „Franziska", ex „Barbara Krüger" der achtteiligen Fernsehserie von 1977. Inzwischen nach Havarie auf dem Main wie im Film abgewrackt.

△ 33 Schubverband „Gefo-Hamburg", Dbg.-Ruhrort mit Tank- und Erzleichtern zu Berg bei Rees. Erbaut auf der Rheinwerft Walsum der GHH.

▽ 34 Kümo „Spree" der Schepers Rhein-See-Linie, Duisburg, 1963 in Ruhrort.

△ 35 Kümo „Spree" der Schepers Rhein-See-Linie, Duisburg, 1963 in Ruhrort.

▽ 36 Kümo „Paloma" der Norge-Rhin-Linjen/Holland (wahrscheinlich Gebr. Westers, Groningen, erbaut 1955 in Hoogezand), 1963.

△ 37 Rhein-See-Schiff „Schelde", erbaut 1967, der Schepers Rhein-See-Linie, Duisburg, 1969 bei Porz.

▽ 38 Rhein-See-Schiff „Neckar" der Schepers Rhein-See-Linie, Duisburg, 380 BRT, 232 NRT, erbaut 1955 auf der Rheinwerft Walsum der GHH. Juni 1969 bei Köln.

△ 39 Der Rhein-See-Tanker „Tarpenbek", 1000 t auf dem Slip in Köln-Mülheim (Nähe der früheren Kölner Werft) zur Reparatur.

▽ 40 Bergungs-Hilfsschiff der Hamburger Firma Harmstorf mit umgelegtem Hebebock. 1977 auf dem Rhein bei Leverkusen-Rheindorf.

△ 41 Schubschiff „Etna" mit gekoppeltem Tankleichter „Chemgas 3" 1977 bei Leverkusen.
▽ 42 Tankmotorschiff „Aventurin", Schweiz, 1977 bei Leverkusen.

△ 43 Das noch im Schlepp befindliche Tankschiff „Padella", Schweiz, 1963 auf Bergfahrt.

▽ 44 M/S „Cargo-Liner IV", Typ: Volldecker mit versenkbarer Back. Erbaut 1974. L = 80 m, B = 8,96 m, T = 3,18 m, Tragfähigkeit 1470 t. Besatzung: 7 Mann.

△ 45 M/S ,,Navigare", Typ: Freidecker. Probefahrt: 1975. L = 75 m, B = 10,20 m, Tiefgang 3,30 m, Tragfähigkeit ca. 1300 t.

▽ 46 M/S ,,Hansa", Typ: Freidecker. Probefahrt: 1975. L = 75 m, B = 10,20 m, Tiefgang 3,50 m, Tragfähigkeit ca. 1300 t.

△ 47 M/S ,,Echo'', Typ: Freidecker. Probefahrt: 1971. L = 71,88 m, B = 10,20 m, Tiefgang 3,31 m, Tragfähigkeit 1225 t. Vertrauensmakler: Rhein-Maas- u. See-Schiffartskontor GmbH., Duisburg.

▽ 48 M/S ,,Stella Maris'', Typ: Shelterdecker. Probefahrt: 1967. L = 62,50 m, B = 9,80 m, Tiefgang 3,06 m, Tragfähigkeit 760 t. Korrespondentmakler: Rhein-Maas- u. See-Schiffahrtskontor GmbH., Duisburg.

△ 49 M/S ,,Stephan J.", Typ: Freidecker, Probefahrt: 1971. L = 62,46 m, B = 9,80 m, Tiefgang 3,32 m, Tragfähigkeit 888 t. Foto: Rhein-Maas- u. See-Schiffahrtskontor GmbH., Duisburg.

▽ 50 M/S ,,Kanso" der Norge-Rhein-Linie für den Fluß-See-Betrieb. Nähere Angaben fehlen.

51 Fluß-See-Schiff, Typ: Rhone-Liner, nähere Angaben fehlen, in einer Schleusenkammer.

52 Helling der Schiffswerft Germersheim GmbH., in Germersheim am Rhein, bestehend seit 1835.

△ 53 Baunummer 695: Motorgüterschiff „Kaiserdom". L = 85 m, B = 9,50 m, Tiefgang 3 m, Tragfähigkeit 1600 t, Motor 1050 PS. Bauwerft: Germersheim GmbH., Germersheim.

▽ 54 Feuerlöschboot I in voller Löschaktion vor dem Kölner Messegelände. 1970. Standort Köln.

△ 55 Modell-Gelenk-Verband in einer Kanalkrümmung, freifahrend.

▽ 56 Schiffsmodellversuche mit dem großen Schleppwagen in der Versuchsanstalt für Binnenschiffbau e. V. in Duisburg.

△ 57 Fahrgastschiff im Modell. Es handelt sich um das spätere schnelle Fahrgastschiff „Rhein". Hier im Propulsionsversuch mit seitlich angeordneten Voith-Schneider-Propellern.

▽ 58 Kabinen-Luxus-Liner der Köln-Düsseldorfer Deutsche Rheinschiffahrt AG., Köln.

△ 59 Die Ruhrorter Werft der Hüttengewerkschaft und Handlung Jacobi, Haniel & Huyssen (GHH), 1828 im „Alten Hafen", wo heute das 1000-Fensterhaus steht.

▽ 60 Rheinwerft Walsum der GHH Sterkrade ab 1921 als Nachfolgerin der bis 1899 bestehenden Ruhrorter Werft, heute mit modernsten Einrichtungen versehen.

61 Baunummer 203: Kahn ,,Oberhausen" als erstes 1350-t-Typschiff, dem eine ganze Serie folgen sollte. Erbaut auf der neuen Rheinwerft Walsum der GHH Sterkrade im Jahre 1921/22.

62 Luftaufnahme der Hafengruppe Ruhrort der Duisburg-Ruhrorter Häfen. Auf der rechten Bildseite die Ruhrmündung. Freigeg. Reg.-Präs. Dsdf. 19/H 253.

△ 63 Massengut-Umschlagplatz am Hafenmund in Duisburg-Ruhrort. Hier Erzverladung Schiff/Waggon mit Abtransport in Ganzzügen.

▽ 64 Blick auf die Schrottinsel mit Shredderanlage am Hafenbecken B in Duisburg-Ruhrort.

△ 65 Umschlagstelle für Eisen- und Stahlprodukte im Ruhrorter Nordhafen. In Bildmitte Rhein-See-Schiff „Hippo" der Norge-Rhin-Linjen.

▽ 66 Wasserseitiges Ladeband der Kohlenmisch- und Verladeanlage am Hafenbecken B in Duisburg-Ruhrort.

△ 67 Erbaut auf Rheinwerft Walsum: Eimerketten-Kiessortierbagger für 14 m Baggertiefe. L = 39,46 m, B = 11,40 m, Länge der gekuppelten Einheiten = 75,94 m, 48 Eimer, 400 Liter Eimerinhalt. Eigner: Lehnkering AG Duisburg.

▽ 68 Rheinwerft Walsum: Selbstfahrender M.A.N.-Schwimmkran. Tragkraft 200/125 t, L = 51,60 m, B = 24 m, Tiefe = 2,40 m.

△ 69 Rheinwerft Walsum: Rammponton als Dampframme. Rammbärgewicht 15 t; Seilbaggerkran. L = 40 m, B = 17 m, Seitenhöhe 3,30 m.

▽ 70 Rheinwerft Walsum: Spezialschiff für Chemikalientransport, 1250 tdw., L = 67,50 m, B = 11,50 m, Seitenhöhe 3,60/5,50 m, Tiefgang 3,57 m, Name „Rose-Marie S.".

71 KTMS „Vesta", Verbrennungsschiff betreibt Umweltschutz durch Verbrennung auf See. Eigner: Lehnkering AG., Duisburg. Indienststellung: 21. 5. 1979. Bauwerft: Rheinwerft Walsum, 999 t, L = 72 m, B = 11 m, Höhe 5,25 m, Antrieb 1200 PS, Tanks bis zu 1400 t flüssige Chemieabfälle.

72 KTMS ,,Vesta", Verbrennungsschiff der Firma Lehnkering AG., Duisburg. Blick über Laufgang, Tanks und Verbrennungsofen achtern. Bauwerft: Rheinwerft Walsum der GHH.

△ 73 Labor- und Bereisungsschiff „Max Prüss", Neubau-Nr. 178 der Rheinwerft Mainz-Mombach, 1964. – Übernahme 1969 durch die Landesanstalt für Gewässerkunde und Gewässerschutz.

▽ 74 Steuerstand des Labor- und Bereisungsschiffes „Max Prüss" unter Schiffsführer Alfred Oehmig.

△ 75 Blick in das Labor des Labor- und Bereisungsschiffes „Max Prüss".

▽ 76 Lagekarte der Rotterdamer Häfen.

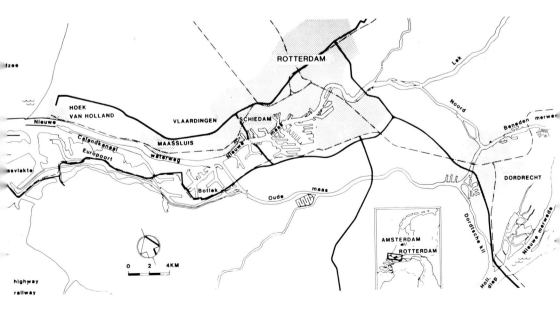

77 Rheinschiff vor einem asiatischen Überseefrachter im Hafen Rotterdam.

78 Hafen Rotterdam: Erzumschlag im St. Laurenshafen (Botlek). Im Hintergrund: Schwefelbehälter. Vordergrund: GEM Botlek: Getreide-Terminal.

△ 79 Seehafen Rotterdam: Binnenschiffe und Seeschiffe im Maashafen.

▽ 80 Seehafen Rotterdam: Container-Umschlag in Binnenschiff.

△ 81 Seehafen Rotterdam: Kohlenverladung vom Binnenschiff in ein Seeschiff.

▽ 82 Rotterdam: Schubverband der Europese Waterweg Transporten BV Rotterdam mit 4 leeren Leichtern.

83 Seehafen Rotterdam: 5. Petroleumhafen von Nordwesten aus gesehen. Blick auf Öltanks und beladenem Tanker, der von 4 Schleppern an den Terminal bugsiert wird. Im Hintergrund das

△ 84 Seehafen Rotterdam: Schwimm-Container (Barges), zu einem Schubverband zusammengestellt. Rechts: Trägerschiff mit einem zu Wasser gelassenen Container (siehe Lash-Schiffahrt).

▽ 85 Europoort-Rotterdam: Rechts: Hoek van Holland/Nieuwe Waterweg; Mitte: Caland-Kanaal; oben links: 8. Petroleumhafen; darunter: Europoort CV., Erzumschlag. Unten: Scheurhafen für Schlepper mit Trennungsdamm.

86 Rotterdam von Ost nach West, 1975 mit Nieuwe Maas und Nieuwe Waterweg.

Moment ein Streitpunkt zu werden, als die ersten Dampfschiffe den Rheinstrom zu Berg bewältigen konnten. Als dann später noch die ersten Versuche angestellt wurden, Segelschiffe in beladenem Zustand in Schlepp zu nehmen, um so die Lasten und Güter schneller bergwärts zu bringen, da entbrannte ein heftiger Streit. Dies wird verständlich, wenn man bedenkt, daß über eine so lange Zeitspanne ein ganzer Berufszweig entstanden war, der jetzt seine Existenz gefährdet sah.

Über die ersten Schleppversuche war man lange nicht hinausgekommen, da sich die ersten Raddampfer immer mehr für den reinen Personenverkehr entwickelten. So beruhigte man sich später wieder und gab diesen "Höllenmaschinen" keine lange Lebensdauer auf dem Strom. Aber es sollte anders kommen.

Der große Güterbedarf in den sich entwickelnden Rheinstädten und Ballungszentren zwang auch zu besonderen Maßnahmen auf dem Sektor der Kolonialwarenversorgung. Zwar gab es bereits vereinzelte kombinierte Personen-Güterboote, die leicht verderbliche Fracht als Stückgut mitnahmen, aber das reichte bei weitem nicht aus. Zwar bemühten sich die Schifferinnungen, der Dampfschiffahrt keinen Vorschub zu leisten und die erregten Gemüter zu beruhigen, aber ohne großen Erfolg.

Bereits 1821 stand der Schleppdampfer "Hercules" im Dienst, den uns ein Modell von Hans Koenen in Düsseldorf zeigt. Das Schiff war in Holland gebaut und gehörte der "Nederlandsche Stoomboot-Maatschappij" in Rotterdam. Als eines der ersten Dampfschiffe, die mit Schleppversuchen betraut wurden, war es eisenkonstruiert und besaß hölzerne Aufbauten, sowie zwei Segelmasten. Die eingebaute 200 PS-Dampfmaschine, gleichzeitig die erste verwendbare "Verbundmaschine", war vom Direktor dieser Gesellschaft, Gerhard Moritz Roentgen, erfunden worden. Die Schiffslänge betrug 53,40 m, die Breite 6,50 m. Das Schleppschiff konnte 2000 Zentner tragen und dazu gleichzeitig vier bis sechs Segelschiffe schleppen. Seit 1829 wurde die "Hercules" zum regelmäßigen Güterverkehr zwischen Rotterdam und Köln, später auch bis nach Mainz, eingesetzt. Bis 1872 versah sie diesen Dienst.

Natürlich waren bei diesem ersten Schleppversuch enorm hohe Unkosten entstanden, so daß die Entwicklung zunächst wieder einmal stagnierte. Hierzu R. Zilcher: "Die Ursache lag in der Bauart der Schaufelräder, deren Wirkungsgrad beim Schleppen durch zu großen Slip erheblich herunterging, und weiterhin in den Holzböden der Kähne, welche dem Fortgang einen unverhältnismäßig großen Widerstand entgegensetzten. Der Bau von eisernen Kähnen löste jedoch das Problem mit einem Schlage. Ein Dampfer von 400 PS, der nicht in der Lage war, acht hölzerne Segelschiffe von zusammen 1000 t Ladung zu ziehen, schleppte spielend zwei Eisenkähne von gleicher Ladefähigkeit."

Für große Schleppfahrten wurden nun Dampfer mit sehr großer Maschinenkraft gebaut, deren Räder große Schaufelflächen besaßen und deren Umdrehungszahl gering war. Als 1841 die Kölnische Dampfschleppschiffahrts-Gesellschaft gegründet war, begann man den Schiffbau verstärkt zu betreiben. Innerhalb weniger Jahre kam es zum Bau von 5 Radschleppern und 32 Güterkähnen aus Eisen. Die Gesellschaft betrieb nun als erste einen Großschleppbetrieb. Aber andere Unternehmen zogen nach: es kam im Jahre 1842 zur Gründung der "Alte Mannheimer Beurt". Zu dieser Gesellschaft schlossen sich dreißig Nachenbesitzer als Aktionäre zusammen. Auch sie übten lange die Dampfschleppschiffahrt aus. Aber es kam noch ständig zu Reibereien mit den übrigen Kahnbesitzern.

Am Niederrhein waren Franz Haniel & Cie in Ruhrort und Math. Stinnes in Mülheim/Ruhr im Schleppbetrieb führend. Haniel war bereits an einer Werftgründung beteiligt, deren Zusammenschluß sich Firma Jacobi, Haniel & Huyssen in Ruhrort nannte. Auf dieser Werft baute man 1842 den Radschlepper "Die Ruhr". Mit einer 500 PS Dampfmaschine ausgestattet, schleppte sie vier hölzerne Kähne mit zusammen 600 t Ladung. Von Ruhrort bis Köln benötigte sie dazu 40 Stunden.

Hierzu wieder der Fachmann R. Zilcher: "Als Antrieb diente vorerst noch das Schaufelrad von sehr großem Durchmesser mit feststehenden Schaufeln, ohne die jetzt gebräuchliche Steuerung der Schaufeln durch Exenter. Man nannte diesen Typ Remorkör. Die Schraube wurde erst später erfunden. Die Dampfmaschine trieb die Radwelle nicht unmittelbar an, sondern bediente sich zur Kraftübertragung der Seitenhebel (Balanciers). Diese Balanciers waren unten auf den Maschinenfundamenten gelagert, im Gegensatz zur amerikanischen Bauart, bei welcher die riesigen Hebel über Deck angeordnet wurden."

Viele 'Kinderkrankheiten' waren in der zweiten Hälfte des 19. Jahrhunderts zu überwinden, bis diese Raddampfer einwandfrei arbeiteten und schleppten. Durch die sogenannten Niederdruckkessel war der Kohleverbrauch enorm hoch. Nach einer fünfzig-Stunden-Fahrt waren die Kohlebunker leer. Nun mußte der Radschlepper an einem der mitgeschleppten Kohleschiffe längsgehen, um Bunkerkohle zu übernehmen. Oft wurden auf diese Weise in der Nacht 100 t Kohle übergetrimmt, eine sehr anstrengende Arbeit für die Fahrensleute. Der Maschinist nutzte diesen Stop, seine Kolben und Ventile an der Dampfmaschine zu überprüfen. Viel Kopfzerbrechen machten die Kolben, die oft undicht wurden. Mit Hanf wurden sie gegen die Zylinderwand hin abgedichtet. Die Kolben selber mußten mit eingefetteter Hanfliderung stets gut verpackt und umwickelt werden. Die Maschinisten mußten erst mit der neuen Technik vertraut werden.

Es kam die Zeit, da man die ausländischen Einflüsse durch viel Eigeninitiative abschütteln konnte und durch den verstärkten Eigenbau auch besser mit den technischen Details vertraut wurde. "Sie waren bald in der Lage", schreibt R. Zilcher, "die Maschinenkräfte rechnerisch zu ermitteln und die Gestängeabmessungen in das richtige Verhältnis zu bringen, so daß Betriebsstörungen seltener vorkamen. Die siebziger Jahre brachten bedeutende Fortschritte in der Leistungssteigerung der Maschinen und der Verminderung des Kohlenverbrauchs. Mit der Einführung höheren Dampfdrucks in Rundkesseln und der Erfindung der zweizylindrigen Compoundmaschine sank der Kohlenverbrauch auf 1,1 kg je PSi, und damit hörte unterwegs das wiederholte, lästige Übertrimmen von Kohlen auf. Die früher vorgenommene Überhitzung des Dampfes ließ sich zwar nicht durchhalten, dafür bediente man sich aber des geheizten Dampfmantels, der Kondensation, des künstlichen Unterwindes und der Vorwärmung der Verbrennungsluft."

Aus diesen fachlichen Details erkennt man die Schwierigkeiten all dessen, was uns heute als durchaus geläufig und selbstverständlich erscheint. In der Pionierzeit der Dampfmaschine waren das alles noch Probleme, die gemeistert werden mußten. Später wurde auch der Antrieb verbessert. Die Raddampfer "erhielten exzentrisch gesteuerte, nach einem Radius gebogene Eisenschaufeln, wodurch Stöße und Reibungen im Wasser sich minderten."

Gar bald setzten sich neue Möglichkeiten durch, und so wurden in den fünfziger Jahren bereits die ersten Schraubenschlepper gebaut. Dies besorgte die Kölnische Dampf-Schleppschiffahrts-Gesellschaft. Die Firma H.A. Disch baute 1880 in Mainz den ersten Doppelschraubendampfer, der auf dem Oberrhein fuhr und gute Proben seines Könnens lieferte.

### Die Tauerei als unrentabler Zwischenakt

In diese Periode gehört eine Einrichtung der Dampfschleppschiffahrt, von der man sich anfangs eine Menge versprach, dies jedoch nicht halten konnte: die T a u e r e i , auch Hexen genannt.

Die "Central-Aktien-Gesellschaft für Tauerei und Schleppschiffahrt" wurde 1871 in Ruhrort gegründet. Sie begann 1873 damit, den Schleppbetrieb mittels eines langen Drahtseiles am Ufer entlang zu betreiben. Der erste Abschnitt ging von der holländischen Grenze bis Ruhrort, später dann bis Bingen. Das Drahtseil lag dabei auf der Stromsohle. Für dieses Vorhaben wurden besondere Schleppdampfer gebaut, die an Backbord mit Spezial-Seilscheiben ausgerüstet waren. Nach den theoretischen Berechnungen sah dies nach R. Zilcher so aus: "Ein gut konstruierter Radschlepper, der auf einem Strom von 5 km stündlicher Wassergeschwindigkeit einen Anhang von vier Kähnen mit 3000 t Gesamtladung stündlich 5 km gegen das Ufer zu Berg ziehen soll, muß mit seiner Maschine 800 PS indizieren. Zieht er sich aber mit demselben Anhang an einer Kette oder einem Seil entlang, so genügen 200 PS. Der Kohlenverbrauch vermindert sich also um 75 %. Die Tauerschlepper erhielten seitlich drei bis vier große Seilscheiben, in welche das Drahtseil von 43 mm Stärke gelegt wurde. Um eine gewisse Bewegungsfreiheit zu bewahren, wurden sie außer mit der Hauptmaschine zum Antrieb dieser Seilscheiben noch mit zwei kleineren stehenden Maschinen zum Antrieb von Schiffsschrauben (in Art einer Doppelschraube) ausgerüstet, mit denen sie frei, also ohne Seil, zu Tal fuhren oder sie bei der Bergfahrt ausnahmsweise benutzten, um ihre Lage und die des Seiles zu dirigieren. Sie konnten sich also immer während des Schiffaufnehmens oder bei Strangbruch helfen."

Diese Seilrisse kamen sehr oft vor, und das Spleißen nahm viel kostbare Zeit in Anspruch. Zudem entstanden hohe Unkosten, wenn man die Wartezeiten der Ladungen bedachte, die ja teils verderblich waren oder dringend benötigt wurden. Zudem müssen wir bedenken, daß die Arbeit der vielen Zugnetzfischereien mit den 200 m langen Netzen gestört wurde, wenn die wertvollen Salme (Lachse) oder Maifischschwärme hochzogen, die die Haupterwerbsquelle unserer Fischer längs des Stromes waren.

Ab 1900 kamen noch die vielen holländischen Aalschokker hinzu, die bis zum Mittelrhein herauf an guten Aalfangplätzen vor Anker lagen und ein kompliziertes Verankerungssystem hatten, um in Fangstellung gehen zu können. Zudem waren die Tauer- oder Drahtschiffe, auch Hexen genannt, in ihrer Bewegungsfreiheit sehr eingeschränkt. Wir erkennen auf diesen Schiffen vorn ein Ruder, welches nötig war, um einen steten Uferabstand zu halten, da das Seil Neigung zeigte, den Dampfer immer wieder an den Wall zu drücken.

Auch zwischen Rüngsdorf bei Godesberg und St. Goar am Lurleifelsen war ein 90 km langes Drahtseil gelegt; ein weiteres mit 77 km Länge von der Lurlei (Loreley) nach Bingen. Das eigentliche Zugseil (das Tau = Tauerei) lief über das Führungsrad an der Backbordseite, drehte sich um ein zweites Führungsrad, wand sich sodann um das Zug- oder Klappenrad (Klappentrommel), welches stabiler und auch höher angeracht war, führte wieder herunter über ein drittes Führungsrad und sodann in den Strom. Die Tauer-Dampfmaschinen waren Zwillingsmaschinen. Das 42 mm dicke Seil bestand aus 49 je 4,6 - 5,1 mm starken Drähten. Gegenüber den Radschleppern wurden beträchtlich Kohlen eingespart, auch der Stromwiderstand war wesentlich niedriger. Die Geschwindigkeit betrug 1,3 bis 1,5 m in der Sekunde. Aber dieser Vorteil ging in der Praxis oft durch Seilbruch und Havarie wieder verloren. Georg Hölscher berichtet darüber: " Die Rheinschiffer nannten die Tauereischiffe Hexen; in der Hexenburg bei St. Goar, dem ersten Haus beim Beginn des Werlauer Weges hatte die Leitung des St. Goarer Betriebes der Gesellschaft ihren Sitz." - Die Seile für die zu ziehenden Schiffe liefen an Winden befestigt und achtern über Bogenholme gelegt über das ganze Schleppschiff nach achtern. Sie lagen so hoch, daß die Matrosen darunter hinweglaufen konnten.

Um 1925 wurde die Tauerei noch auf dem Main von der Mündung bis nach Bamberg, und auf dem Neckar bis Lauffen betrieben. Auf dem Rhein kam die Tauerei schon im Jahre 1905 zum Erliegen. Sie war einfach unrentabel geworden und brachte der Schleppschiffahrt keine echte Bereicherung. Hier waren die sich frei in der breiten Niederrheinfahrrinne bewegenden Kohlenschleppdampfer weitaus überlegen, wenn auch der Kohleverbrauch höher lag. Das jedoch machte der reibungslosere Schleppablauf wett.

## Rhein-See-Schiffe und Güterboote bewältigen den Güter-Stückgutverkehr

Noch sehe ich diese gewaltigen großen Rhein-See-Schiffe in den dreißiger Jahren an der Essenberger Sachtleben-Reede gegenüber Duisburg liegen, die mir, als ich ein Junge war, noch wuchtiger und gewaltiger vorkamen. Sie brachten einen Hauch von Ferne und weiter Welt an den Rhein. So stand ich da mit meinem Angelstock in der Hand und sah dem Verladen der vielen Kisten und Fässer zu, die mit dem Ladebaum wie von Geisterhand bewegt aus den Laderäumen hochgehievt wurden. Auch sie bilden heute ein Stück Geschichte der Rheinschiffahrt.

### Das Doppelschrauben-Güterboot

Das Güterboot war ein Binnenschiff und fuhr nicht nur entlang der Küste. Sein Bau wurde notwendig, da die anwachsenden Städte immer mehr Waren, wie Kohle, Nahrungsmittel, Baustoffe benötigten und die Personendampfer diese Lasten nicht mehr befördern konnten. So wurden in Deutschland 1902 die beiden ersten Gütermotorschiffe gebaut. Der Schiffer Lorenz Kloos aus Trechtlingshausen ließ in Frankfurt am Main das Schiff "Eugen Lorenz" bauen. Es war mit 55 t nicht sehr groß und bekam einen Motor von 23 PS. Die "Eugen Lorenz" wurde zunächst für Steintransporte eingesetzt. Die gefahrvolle Binger Loch-Durchfahrt wurde mit nur einem Pferd als Vorspann bewältigt.

Das zweite Güterschiff ließ der Schiffer Hammerstein aus Linzhausen bauen. Es war bereits ein Rhein-See-Schiff und als Segler ausgerüstet. Die "Lirra" trug 192 t und besaß einen Petroleummotor von 50 PS. Dieser sollte auf See als Hilfsantrieb benutzt werden. Die erste Ladung bestand aus feuerfesten Steinen und führte die "Lirra" von Hamburg nach St. Petersburg, dem heutigen Leningrad.

Nach diesen bescheidenen Anfängen waren Ende des Jahres 1912 auf dem Rhein schon 32 Gütermotorschiffe in Fahrt. Sie wurden von insgesamt 787 PS vorangetrieben und hatten rund 4 220 t Tragfähigkeit. Das war im Durchschnitt 25 PS bei 130 t Laderaum. Das nahm sich bescheiden aus, war aber ein echter Fortschritt. Auch die Schiffswerft Schaubach & Graemer in Koblenz-Lützel baute 1913 Gütermotorschiffe. Ein 250-t-Schiff war mit 33000 Mark veranschlagt. Diese Schiffe wurden nur für den Stückgutverkehr eingesetzt und transportierten keine losen Ladungen. Auch mußten durch den Versailler Vertrag viele wertvolle Schiffe an die Siegermächte abgegeben werden.

Im Jahre 1923 erreichte die Inflation in Deutschland ihren Höhepunkt. An Schiffsneubauten war kaum noch zu denken. Erst als die Rentenmark eingeführt wurde, stabilisierte sich das Wirtschaftsleben, und es wurden neue Überlegungen ins Spiel gebracht. Ein Jahr vorher, am 13. Oktober 1922, konnte der Diesel-Motor-Schlepper "Haniel XXVIII" bei der Rheinwerft Walsum zu Wasser gebracht und als unternehmerische Großtat der Nachkriegszeit gefeiert werden. Doch davon später.

Die Rheinwerft Walsum der Gutehoffnungshütte (GHH) baute dann Gütermotorschiffe. Die Firma Fendel-Schiffahrts-AG., Mannheim, gab 1924 der Walsumer Werft sechs neue Gütermotorschiffe in Auftrag, die nach H. Weber "an Größe, Aufmachung, Ausstattung und Geschwindigkeit alles bisherige in der motorisierten Güterschiffahrt bei weitem übertrafen. Es war die Götterklasse 'Jupiter', 'Mars', 'Pluto', 'Poseidon', 'Merkur' und 'Apollo'. Der eine oder andere von ihnen ist heute noch, nach Flaggenwechsel, in Fahrt."

Diese 'Götterklasse-Typen' waren 67,30 m lang, 8,70 m breit, besaßen einen beladenen Tiefgang von 2,30 m und eine Ladekapazität von 700 t; sie waren mit Doppelschrauben ausgestattet und wurden von je zwei MAN-Dieselmotoren von je 250 PS bei 250 U/Min. angetrieben. Modernes Ladegeschirr vorne und achtern und komfortable Wohnräume vervollständigten die (damalige) Bestausstattung.

Diese Eilgüterboote, alle mit eigenen Laderäumen versehen, waren mit Doppelschrauben ausgerüstet und konnten in den einzelnen Klassen zwischen 500 bis 1300 t Ladung aufnehmen. Sie verkehrten zwischen Rotterdam, Amsterdam, Antwerpen bis zum Oberrhein. Angetrieben wurden sie von Naßdampf-Dreizylindermaschinen; Bauart Ruthof, Heißdampf-Zweizylindermaschinen, Bauart Berninghaus, oder Verbundmaschinen mit Überhitzung von 300 bis 700 PSi. Hier haben die Niederländer erneut die Gunst der Stunde erkannt und Schiffe gebaut, deren größte in ihrer Zeit die "Karlsruhe" Nr. 8-11 und die "Prinz Berthold" waren. Die Länge dieser Boote betrug 83 m, die Breite 10 m und der Tiefgang 2,77 m. Die niederländischen Reedereien N. V. Reederij vh. I.H. Koenigsfeld in Rotterdam, sowie Nieuwe Rijnvaart Maatschappij in Amsterdam hatten diese Doppelschrauben-Eil- und Güterboote gebaut. Ihre Flotten in dieser Klasse waren am meisten auf dem Rhein vertreten. Das brauchbarste Schiff trug 700 t und entwickelte mit 450 PS = 10-12 km/h Berggeschwindigkeit. Aber auch Berninghaus in Köln-Mülheim und die Werft Christof Ruthof in Mainz-Kastel, wo bereits die alten Römer Schiffe auf Kiel legten, bauten diese Güterboote.

Im Jahre 1925 ließ die Reederei I.H. Koenigsfeld zwei weitere moderne Gütermotorschiffe, die "Helvetia" und die "Westfalia" bei der Werft Christof Ruthof in Mainz-Kastel auf Helling legen. Sie erhielten je einen kompressorlosen Deutz-Viertaktmotor von 400 PS und Wendegetriebe. Wo noch einzelne Dampf-Güterboote vorhanden waren, wie bei der Rhein- und Seeschiffahrtsgesellschaft in Köln, wurden diese ebenfalls umgerüstet und modernisiert, z. B. 1927 die "Industrie 1" und "Industrie 5".

"Für die firmeneigene GHH Oberhausen AG in Sterkrade baute ebenfalls die Rheinwerft Walsum 1926 ein Gütermotorschiff von 165 t und 80 PS mit dem

Namen 'Hoffnung III'," berichtet H. Weber. "Ins Jahr 1926 fielen auch die unermüdlichen Bestrebungen und Versuche des Moselschiffers Karl Josef Walter aus Traben-Trarbach mit der Motorisierung seines Schleppkahns 'Mein Bestreben', eines Schiffes von 277 t, das 1911 in Ramsdonkveer gebaut worden war. Nach erzielten Erfolgen ließ Walter in Hardinxveld (Holland) 1926 ein neues Gütermotorschiff 'Mein Bestreben II' von 452 t und 300 PS als Doppelschraubenschiff bauen, mit dem er viele Jahre Stückgutdienst auf der Mosel und manche andere Reise auf Rhein und Mosel ausführte."

So entwickelte sich in den zwanziger Jahren ein im Grundprinzip einheitlicher Schiffstyp, der den Bedürfnissen der Stückgutbeförderung weitgehend entgegenkam und sich auch über lange Zeit bewährte. Die kräftigen Decksluken waren relativ schmal. Dadurch blieb genügend Raum, auch Lasten an Deck zu stauen. Um die unteren Laderäume voll nutzen zu können, wurden die Kajüten für das Personal über Deck gebaut. Das ehemals in Erwägung gezogene Seitenrad wurde schnell verworfen, da das Boot nach dem völligen Abladen zu sehr eintauchte, leer entsprechend flach im Wasser lag, so daß das Rad nicht wirksam hätte arbeiten können. Auch hätten die seitlichen Radkästen ein dichtes Beiholen an den Ladekai verhindert. Die rheinischen Güterboote waren somit als reine Schraubenboote erbaut worden. Maschine und Kessel mußten wegen der Trimmung weiter zur Mitte verlegt werden. Auch der hintere Raum wurde noch als Stau- und Laderaum aufgestellt. Die Roef des Schiffsführers lag achtern.

War voll abgeladen und lag das Boot entsprechend tief, konnten die Maschinen "durchgehen", also ungenau arbeiten. Dies zu verhindern, "wird die Wasserwelle", so R. Zilcher, "oft mit zwei Schrauben, d.h. außer der Hauptschraube mit einer kleineren zweiteiligen Vorschraube versehen."

Zu Berg schafften diese Güterboote 10-12 km Ufergeschwindigkeit in der Stunde. Sie verkehrten durchweg zwischen Rotterdam und Mannheim. Die ersten, dampfgetriebenen Güter- und Eilboote mußten, selbst an den einzelnen Liegeplätzen, stets unter Dampf gehalten werden, also auch nachts. Dadurch war der Kohlenverbrauch groß.

Als dann die Diesel-Motoren eingeführt wurden, baute man diese ein. So konnten an den sechs Schiffen der 'Götterklasse' nach zwei Jahren Einsatz noch keinerlei Mängel festgestellt werden. Die Reedereien Koenigsfeld in Rotterdam sowie die Kölner Rhein- und Seeschiffahrts-Gesellschaft ließen danach ebenfalls entsprechende Typen bauen. Als durch den Einbau von Motoren die Kesselanlage überflüssig wurde, kam dies dem Laderaum zugute. Auch die Heizer wurden nun eingespart. Die Motoren wurden an den Liegeplätzen abgestellt und dadurch Brennstoff eingespart. Dem Transport von Massengütern in Stückgutform und Fässern war der Weg zum schnellen Versand vom Hersteller zum Verbraucher geebnet.

## Der Beginn der Rhein-See-Schiffahrt

Die Rhein-See-Dampfer gehören einer besonderen Schiffsklasse an, da sie die Küsten befahren und die Überseegüter bis weit in das Binnenland befördern können, ohne diese Güter in größeren Seehäfen umschlagen zu müssen.

Für den Rhein-See-Verkehr müssen wir nochmals Franz Haniel nennen, der auf diesem Gebiet sehr früh die Initiative ergriffen hat. Dies war zur Zeit der großen Umwälzung, die die Erfindung der Dampfmaschinen mit sich gebracht hatte. Nachdem die Dampfschiffahrt erste Proben ihres Könnens auf dem 'preußischen' Rhein gezeigt hatte, richtete die niederländische Regierung einen regelmäßigen Personen- und Güterverkehr zwischen Rotterdam und Köln ein. Hierzu schickten die Herren Jacobi, Haniel & Huyssen ein Gesuch an die Niederlande, die Dampfboote in der Preußischen Rheinprovinz bauen zu lassen. Auch sollten "an den zwischen Köln und Rotterdam gelegenen Orten Personen und Güter an Bord" genommen werden dürfen, was bis dahin verboten war.

Am 29. April 1836 wurde die Urkunde hierzu vom König der Niederlande ausgestellt. Damit war eine wichtige Voraussetzung für die Weiterentwicklung der Schiffahrt geschaffen.

Weiterhin war Haniel bestrebt, die Schiffahrt auf dem Rhein und seinen Nebenflüssen zu verbessern und die Kapazitäten zu erhöhen. Im September 1837 reiste er mit der "Stadt Straßburg" und der "Stadt Basel" zuerst nach Straßburg, um Schleusenanlagen zu studieren. Beide Dampfschiffe waren übrigens auf seiner Ruhrorter Werft erbaut worden. Auftraggeber war die Straßburg-Basler Dampfschiffahrts-Gesellschaft.

Als er im Mai 1838 zur Lahn fuhr, hörte er von einer Kanalbauanlage bei Limburg. Auch hier wandte er sich sogleich an den nassauischen Minister Graf von Woltersdorf mit der Bitte, "die mittelrheinischen und niederrheinischen Nebenflüsse für die deutsche Binnenschiffahrt günstiger einzurichten."

1848 trat Haniel für vermehrten Ausbau der Sicherheitshäfen ein; er vermittelte in Kohlenhändlerklagen, sorgte für Aufstellung von Schiffsbaken an den Ufern des Stromes und strebte an, einen einheitlichen Pegel einzuführen. Auch sollten alljährlich Strombefahrungen vorgenommen werden, um die erforderlichen Strombaumaßnahmen nach den gewonnenen Erkenntnissen auszurichten und voranzutreiben, um so der Schiffahrt einen reibungslosen Ablauf zu sichern. Die Rheinzölle seien zu ermäßigen, und die Erlöse sollten auch dem weiteren Stromausbau zugute kommen, "die Besteuerung der Frachtschiffe bei Transporten vom Inland nach dem Ausland und umgekehrt und ebenso auch bei den Fahrten aufzuheben, bei denen die holländische Flagge steuerfrei sei, um mit ihr konkurrieren zu können."

Das war ein wichtiges Anliegen, denn seit 1826 fuhren Dampfschleppschiffe auf dem Rhein, und das erste dieser Art war die 200 PS starke holländische "Hercules", von den Treidelschiffern anfangs noch belacht und nicht ernst genommen. Sie treidelten bei günstigem Wetter und gutem Wasser weiter über den Leinpfad.

Erst 1840 machte sich Franz Haniel ebenfalls daran, Schleppdampfer zu bauen; dies zu einer Zeit, als die ersten eisernen Schleppkähne auf Helling gelegt wurden, eine Sensation ersten Ranges für die damalige Zeit. Sein Gedanke war, in den Niederlanden ein solch eisernes Dampfschleppschiff, einen Typ 'Remorqueur', bauen zu lassen, der die Strecke Rotterdam-Köln befahren könne. Das Schiff sollte 150 000 Taler kosten, 200 Fuß lang, 30 Fuß breit im Rumpf und 60 Fuß breit über die Wasserräder sein, und die benötigte Eisenmenge sollte 600 000 Pfund betragen. Aber aus diesem Schiffbau wurde in den nachfolgenden Jahren nichts. Erst im Februar 1844 fesselte Haniel dieser Gedanke erneut, und dieses Mal wollte er das Schiff auf der Ruhrorter Werft bauen lassen.

"Da das ausländische Eisen", wie Hans Spethmann berichtet, "besonders das bereits verarbeitete, bei seiner Einfuhr nach Preußen noch nicht hoch genug verzollt werde, so sei auch auf der Ruhrorter Werft die Arbeitslosigkeit eingezogen. 1842 habe sie 300 Arbeiter beschäftigt, Ende 1843 aber nur ihrer 80. Um den 220 Entlassenen, die fast alle verheiratet waren, eine Verdienstmöglichkeit zu bieten, habe auf sein Drängen hin die Hüttengewerkschaft Jacobi, Haniel & Huyssen der Ruhrorter Werft auf gut Glück ein großes eisernes Dampfschleppschiff von 20 PS und zwei eiserne Güterschiffe von denen jedes 7000 bis 8000 Zentner laden könne, in Auftrag gegeben, dazu noch ein eisernes Dampfschiff."

Dieses Dampfschleppschiff war "Die Ruhr", und es war das erste aus Eisen gebaute Schiff, an das sich die Ruhrorter Inselwerft heranwagte, denn ein Wagnis war es auf alle Fälle, zumal wenn man 'auf gut Glück' baute. Haniel war stolz auf dieses Ergebnis und die Resonanz blieb nicht aus.

Nach diesen erfolgreichen Vorarbeiten war sein weiteres Bestreben, die Rheinschiffahrt auf die See auszudehnen, um den Güteraustausch über größere Distanzen hinweg noch zu beschleunigen. Zwischen Preußen und Holland wurde 1837 ein neuer Schiffahrtsvertrag unterzeichnet. Danach durften Dampfschiffe vom deutschen Rhein auf die offene See fahren. Es wurden die ersten Rhein-See-Schiffe gebaut. Friedrich Harkort war es, der die Schnellbriggs "Rhein" und "Verein" von je 100 t Last Tragfähigkeit auf Kiel legen ließ. Franz Haniel unterstützte ihn hierbei. Dann baute Harkort als dritte Brigg die "Kronprinz". Hier gingen ihm jedoch die finanziellen Mittel aus und die daran beteiligten Aktionäre lösten das Schiff ein.

Die ersten verheißungsvollen Anfänge ließen noch keine umfangreiche Rhein-See-Schiffahrt aufkommen, denn der Vertrag von 1837 gab den Holländern das Recht, "von allen durchfahrenden Gütern den vollen Octroi zu erheben." Das wurde zu einer erheblichen Belastung, der die gerade aufkommende Schiffahrt nicht gewachsen war. Es kam auch bald darauf zum Verkauf dieser beiden Briggs "Rhein" und "Verein". Sie gingen nach England und Amerika.

Aber schon 1838 zeichnete Friedrich Kesten, leitender Ingenieur der Sterkrader Hüttengewerkschaft, Baupläne für einen eisernen Rheindamper. Er lief als "Graf von Paris" von Helling und zeigte sich als außerordentlich leistungsfähig, "so daß er in den Strömungen des Oberrheins mit Leichtigkeit alle Hindernisse überwand."

Jetzt wurde Franz Haniel wieder aktiv und suchte nach einer neuen Möglichkeit, den Rhein-See-Verkehr anzukurbeln. Im Jahre 1844 hörte er, daß die Kölner Dampf-Schiffahrtsgesellschaft weitere Schiffe bauen und einsetzen wollte. Er verhandelte und erhielt den Auftrag für die Brigg "Hoffnung". Sie "sollte nunmehr das erste in Deutschland gebaute eiserne Schiff werden, das vom Rhein her die See befuhr, ja, überhaupt das erste in Deutschland gebaute eiserne Schiff, das sich auf das freie Meer hinauswagte."

Die Konstruktion mußte, um seetüchtig zu sein, höher und gedrungener werden. Sie wurde als Zweimast-Schonerbrigg getakelt. Sie ragte rund 4 m über die Wasserlinie empor. Die Länge betrug 29,60 m, die Breite 7,90 m, der Tiefgang 2,10 m und die Tragfähigkeit 340 t. Ihre Eisenplatten waren doppelt vernietet, der Boden 1/2 Zoll dick, und die Bordwände 1/4 Zoll dick "und an den Bordwänden über Wasser 'möglichst leicht'". Gleich hinter den beiden Masten war je ein bewegliches Schwert eingebaut, das auf See als Stabilisator wirkte und im flacheren Rheinwasser eingezogen werden konnte. 1845 wurde die Brigg "Hoffnung" in Dienst gestellt. Sie kostete voll ausgerüstet 23800 Thaler. Ihr folgte bald die "Fortschritt". Beide befuhren die Ostsee, das Mittelmeer und segelten sogar über den Atlantik nach Südamerika. Aber sie rentierten sich nicht. Als sich die Wirtschaftslage verschlechterte, wurden sie verkauft. Die "Fortschritt" wurde während des Krimkrieges (1853-1856) im Schwarzen Meer eingesetzt, und die "Hoffnung" wurde ein englisches Kohlenschiff.

Doch war Franz Haniel von dem Gedanken einer Rhein-See-Schiffahrt nicht mehr abzubringen, weil er weit vorausdachte. Als 1847 König Friedrich Wilhelm IV von Preußen im Schloß Brühl bei Bonn weilte, lud ihn Haniel nach Ruhrort ein, um das Vincke-Denkmal einzuweihen. In Duisburg an der Werthauser Fähre holte Haniel ihn mit dem Dampfschiff "Franz Haniel" ab. Im Gefolge waren ferner General von der Groeben und der Prinz von Bayern. Auf dieser Fahrt trug Haniel dem König seine Absicht vor, eine "Rheinische-See-Reederei-Gesellschaft" zu gründen.

Am 15. Dezember 1847 "reichte er mit seinen 'Genossen', den Vertretern der Städte Ruhrort, Duisburg, Düsseldorf, Krefeld, Viersen, Gladbach, Rheydt und Wesel" einen Bericht und einen Prospekt nach Berlin. Das Ziel der 'Genossenschaft' war "die Herstellung einer direkten Verbindung zwischen den Häfen des preußischen Niederrheins und den transatlantischen Ländern hin und bat um 'gütige Teilnahme und Unterstützung'."

Eine solche Reederei bedürfe eines besonderen Schutzes wie ihn alle seefahrenden Nationen seit altersher gewährt bekämen und "deshalb stelle er den Antrag, daß die Hauptartikel, wie Kaffee, Zucker, Tabak, Reis und Tran, die die 'Rheinische-See-Reederei-Gesellschaft' auf eigenen Schiffen aus den transatlantischen Erzeugungsländern einführe, einen Rabatt von 20 % des Eingangszolles erhalten und von der Zahlung der holländischen Rheinabgabe befreit sind. Die preußische Regierung habe schon früher in gleicher Absicht anderen Reedereien Bauprämien und Fahrprämien, freie Traneinfuhr sowie Nachlaß bei den Abgaben bewilligt."

Der König leitete dieses Gesuch an seinen Finanzminister. Dieser lehnte das Gesuch ab. Damit war auch dieses Projekt vorerst gescheitert. Haniel wandte sich nun dem verstärkten Ausbau der Rheinschiffahrt zu und leistete hier Mustergültiges.

Die alte Ruhrorter Werft, 1829 gegründet, so erfolgreich im Schiffbau, konnte sich noch bis 1899 halten. Danach war sie dem Wettbewerb nicht mehr gewachsen. Erst nach dem ersten Weltkrieg, also nach 1918 wurde sie weiter rheinab, bei Walsum von der Gutehoffnungshütte neu gegründet und entwickelte sich zu einer der größten und modernsten Binnenschiffswerften.

Im Jahre 1880 beteiligte sich Haniel jedoch an der "Parten-Reederei des D. Oldenburg" und der 1882 gegründeten "Oldenburg-Portugiesische Dampfschiffs-Reederei AG.", die heute als Kommanditgesellschaft geführt wird.

## Die Rhein-See-Schiffahrt vor den beiden Weltkriegen

Der Rhein-See-Verkehr erreichte 1913 erstmals eine Beförderungsmenge von 515 000 t. Diese steigerte sich bis 1936 auf ca. 1.390 000 t. In eben diesem Jahre 1936 wurden von der Firma Franz Haniel die beiden Rheinseemotorschiffe "Duisburg" und "Ruhrort" in Auftrag gegeben. Und genau vor hundert Jahren war es, 1836, als Franz Haniel bereits versuchte, so etwas wie eine Rhein-See-Schiffahrt zu gründen.

Am 15. Dezember 1936 liefen die beiden stolzen Neubauten vom Stapel. Dr. Welker hielt die Taufrede. Er ließ darin die frühen Bestrebungen Haniels noch einmal Revue passieren. Danach legten die Holländer die Bestimmungen des Pariser Friedensvertrages und der Wiener Kongreß-Akte von 1815 über die Freiheit der Schiffahrt des Rheinstromes bis zum Meer ganz auf ihre Weise aus. Hier legten sie Wert auf die Freigabe bis *an* das Meer und nicht bis *in* das Meer. "Durch Erschwerung des Grenzüberganges, durch Zölle und Gebühren legten sie der deutschen Rhein-See-Schiffahrt", so betonte Welker, "die schon im 13. bis 15. Jahrhundert zur Hansezeit in hoher Blüte stand, wo Kölns Bedeutung durch die Ernennung zur Quartierstadt des Hansebundes für Kleve, Mark und Westfalen gewürdigt wurde, die größten Hindernisse in den Weg". - Schwierigkeiten, die auch Franz Haniel bei seinen Import- und Exportgeschäften über die Rheinwasserstraße, insbesondere von und nach England und den Ostseehäfen, stark behinderten. So schrieb er beispielsweise im Jahr 1817 an die Regierung folgendes: "Im Frühjahr, wo ich viel Getreide aus den Ostseehäfen bezog, berechnete ich am Preise der englischen Kohlen nach Königsberg, daß ich ohne Nachteil Ruhrkohlen von hier würde liefern können. Ich war im Begriff, eine Ladung zum Versuch dahin zu senden und nur durch die entstehenden vielen Kosten beim Transit von Holland unterblieb es, denn die niederländische Regierung bürdet täglich einen holländischen Zollaufseher von der Einfuhr bis zur Ausfuhr den Schiffern auf, dem 1 fl. für Kost und 1 1/2 fl. für Lohn vom Schiffer täglich gezahlt werden müssen. Solch schwere Kosten kann ein Produkt wie Steinkohle nicht leiden."

Dr. Welker vollzog in seinen weiteren Ausführungen den Weg nach, den Franz Haniel in seinen Entscheidungen, Erfolgen und Rückschlägen gegangen ist. Er erinnerte an das erste eiserne Rheinseeschiff, das Haniel auf seiner Ruhrorter Werft baute. Und nun stand man vor der Taufe der beiden hochmodernen Rhein-See-Schiffe "Ruhrort" und "Duisburg", erbaut auf der Werft der Gutehoffnungshütte als der erfolgreichen Nachfolgerin der 1829 gegründeten Ruhrorter Werft Jacobi, Haniel & Huyssen.

Die beiden Rhein-See-Schiffe waren als Doppelschrauben-Motorschiffe geplant. Sie sollten den Rhein herauf bis Mannheim fahren können, andererseits über Rotterdam hinaus auch die Küsten 'bestreichen'. Ihre Bauhöhe wurde durch die vorhandenen Brücken bestimmt, die zu durchfahren waren. So baute man die Doppelschraubenschiffe mit versenkter Poop und Back und richtete sie für Massengütertransport ein. Acht Laderäume mit sieben wasserdichten Schotten waren vorgesehen. Vor- und Hinterpiek waren als Ballasträume gedacht, wie auch mittschiffs ein größerer Ballastraum vorgesehen war, der notfalls ebenso als Stauraum diente. Ohne Ladung konnten die Schiffe je 600 t Ballast nehmen. Erbaut wurden sie unter Aufsicht des 'Germanischen Lloyd' und nach der höchsten Klasse für große Küstenschiffahrt mit Freibord, Eisverstärkung sowie für die Erzfahrt eingerichtet. Die Abmessungen waren: Länge über alles 73,50 m, Länge zwischen den Loten 70 m, Breite auf Spanten 10,60 m und die Seitenhöhe betrug 4,25 m. Die Freibordhöhe war 1,05 m bei 3,20 m Tiefgang für die Seefahrt und einer Ladung von 1335 t. Bei 2,85 m Tiefgang war die Ladekapazität 1100 t.

Die beiden Schiffe waren mit eigenem Ladegeschirr ausgestattet. Hinter der Back und vor der Poop war je ein eiserner, umlegbarer Mast errichtet mit je zwei eisernen Ladebäumen für 3 bzw. 5 t Tragkraft. Für die vorderen Ladeluken gab es noch zwei Ladepfosten mit je zwei eisernen Bäumen für je 3 t Tragkraft. Ladewinden mit elektrischem Antrieb und verschiedenen Hubgeschwindigkeiten versorgten die eigentlichen Ladebäume.

Um auch Langgüter laden zu können, war die vordere Luke 16,80 m lang, die hintere 19,40 m. Die anderen Ladeluken betrugen 10,60 m. Zwei elektrisch getriebene Ankerwinden versorgten die beiden Hallanker, ebenfalls ein solches Ankerspill auf dem Poopdeck für den Heckanker.

Für die schwer befahrbaren Rheingebirgsstrecken baute man ein Dreiflächenruder von Hitzler ein. Die Kommandobrücke stand mittschiffs, von Bord zu Bord reichend. Im Hinblick auf die Brücken war sie abnehmbar gearbeitet. Unter der Kommandobrücke gab es eine Lotsen- und Lampenkammer, ein Kartenhaus und eine F.T.-Anlage. Dort wurde auch eine Radio-Empfangsanlage erstellt. Lautsprecheranlagen führten nach überall hin.

Unter dem Backdeck waren für sechs Matrosen Räume eingerichtet. Neben den beiden Wohn- und Schlafräumen gab es eine Messe, ein WC, einen Waschraum und ein Wannenbad. Im Vorraum der Messe stand der Zentralheizungsofen. Für warmes Wasser und elektrisches Licht war gesorgt.

Die Räume der Kapitäne, der Offiziere, der Ingenieure, Assistenten, der Köche und der Stewarts (immer auf die beiden Schiffe gleicher Ausstattung bezogen) lagen in der Poop. Dort waren auch Salon, Messe und Hospital. Dort gab es noch zwei Bäder mit WC, Küchen und Vorratsräume mit elektrisch betriebenen Kühlschränken. Alle Räume besaßen Warmwasserheizung und elektrisches Licht. Damit waren die beiden Schiffe im Jahre 1936 nach modernsten Grundsätzen gebaut und ausgestattet.

Angetrieben wurden sie mit zwei direkt umsteuerbaren, kompressorlosen Vierzylinder-Dieselmotoren der Maschinenfabrik Augsburg-Nürnberg (MAN), die im einfachwirkenden Zweitakt arbeiteten. Jeder dieser Motoren leistete 400 PSe bei 350 Umdr./Min. Dabei fuhren die Schiffe etwa 11 Knoten. Anlassen und Umsteuern erfolgten durch Preßluft. So entsprach die gesamte Ausrüstung dieser beiden Rhein-See-Dampfer modernster Bauart den Vorschriften des Germanischen Lloyd sowie der See-Berufsgenossenschaft.

Der Zweite Weltkrieg machte dem Rhein-See-Verkehr zunächst ein Ende.

## Die Schlepp- und Schraubendampfer zeigen sich entwicklungsfähig

Wir haben weiter vorn schon einiges über die Radschlepper gehört, zum anderen über Schraubenboote, die bereits den Güterverkehr bewältigten. Das erste Viertel des 20. Jahrhunderts galt jetzt den Planungen und Überlegungen, weitere Schleppertypen zu entwickeln, um der Schleppschiffahrt eine solide Grundlage zu geben. So erlebten unsere Väter neben dem Seitenradantrieb auch den Heckradantrieb, wie auch den geschilderten Seil- oder Kettenradantrieb, eben die Tauer oder Hexen. Dann kamen die Turbinenpropeller und danach die Tunnelschrauben. Alsbald erschien als neuestes Modell der Lloydschlepper. Dieses Lloyd-Propulsionssystem sah statt der Vergrößerung des Raddurchmessers die Verbreiterung der Schaufeln vor. Das aber hätte eine unnatürliche Schiffsbreite zur Folge gehabt und sich hinderlich ausgewirkt. Aus diesem Grunde setzte man die Räder an das Schiffsheck. So konnte das hinter dem Schiff wieder zusammenströmende Wasser erfaßt und von den Radschaufeln voll genutzt werden. Eine 10 %ige Geschwindigkeitssteigerung war die Folge.

Das Schraubenboot war zwar billiger im Unterhalt, aber die Radschlepper wurden wegen ihres geringen Tiefganges dennoch bevorzugt. Hierzu der Fachmann R. Zilcher: "Die Mannheimer Schiffs- und Maschinenbauanstalt ging daher 1905 an den Bau von flottgehenden Tunnelschrauben heran, um das Räderboot aus dem Felde zu schlagen. Sie baute die Schlepper "Liselotte" und "Lippe", dann "Fendel XVII" und "Page X" als Doppelschraubendampfer von nur 1,50 m Tiefgang mit je 800 PS, gegenüber 2,30 m Tiefgang bisher gebauter Schlepper gleicher Stärke. Die Schrauben hatten 1,90 m Durchmesser und zogen 50 000 Zentner in zwei Kähnen oder 45 000 Zentner in drei Kähnen. Die Zugkraft im Strang stellte sich auf 6,25 kg für die PSi gegenüber 7,5 kg bei normal gebauten Schraubendampfern. Die Schrauben lagen in einem Tunnel Thornykroftscher Bauart, d. h. der Tunnel wurde hinter der Schraube bis unter die Wasserlinie hinuntergezogen. Die an diese Schlepper geknüpften Erwartungen haben sich nicht erfüllt."

Aber Franz Haniel hatte bereits 1882 auf der Werft Jacobi, Haniel & Huyssen in Ruhrort für die Reederei Franz Haniel & Cie den ersten Doppelschrauben-Schleppdampfer "Franz Haniel II" erbaut. Der Schlepper hatte eine für seine Zeit elegante Linienführung und war 46,45 m lang, 7,30 m breit und besaß einen Tiefgang von 2,20 m. Er war ausgerüstet mit einer Verbund-Dampfmaschine, die 700 PSi Leistung brachte. Der Schlepper gehörte zu den wirtschaftlichsten seiner Zeit. Eingesetzt wurde er auf dem Niederrhein zwischen Ruhrort und Rotterdam. Erst 1953 wurde er stillgelegt.

Überhaupt war die volle Ausnutzung des Dampfes immer noch oberstes Gebot. Der in den neunziger Jahren des 19. Jahrhunderts erfundene Schmidt'sche Heißdampfüberhitzer, der auf Erfahrungen der fünfziger Jahre (Überhitzung der Niederdruckspannung) aufbaute, führte nun zu durchschlagenden Weiterentwicklungen. Die Schlepper behielten lange Zeit eine schwache Stelle, nämlich den ungenügenden Kesselzug. Dies lag an den Schornsteinen, die man wegen der Brücken niedrig halten mußte. So wurde der künstliche Zug eingeführt.

Durch die vielen Verbesserungen etlicher Jahrzehnte und unter voller Ausnutzung des Dampfes konnte die dreifache Expansionsmaschine auf einen Höhepunkt geführt werden. Und da der Motor seit 1885 als Konkurrent immer mehr auf den Plan trat, versuchten die Maschinenbauer, der althergebrachten Dampfmaschine durch etliche Umbauten einen neuen Gebrauchswert zu geben

Die entsprechenden Versuche 1926 an der Elbe waren günstig ausgefallen. Der Kohleverbrauch konnte erheblich gesenkt werden. Auch die Kessel wurden laufend verbessert, um Kohlenstaub in der Feuerung verwenden zu können. Dann wurde die automatische Feuerung eingeführt. Haniel in Ruhrort und Fendel in Mannheim stellten Versuche mit Steinkohle an. Hingegen 'stochte' die Vereinigungsgesellschaft rheinischer Braunkohlenbergwerke in Köln ihr Boot XVI mit

Braunkohlenbriketts. Den Doppelschraubendampfer "Franz Haniel II" ließ man in Hamburg mit einer Axer-Wurffeuerung ausrüsten. Die Erfolge waren ausgezeichnet.

Besonders leistungsstark gebaut waren die Schlepper der Vereinigungsgesellschaft Rheinischer Braunkohlenbergwerke in Köln. Ihr Radschlepper "Königin Wilhelmine", erbaut 1925 in Roßlau, war 80 m lang, 22,64 m über die Radkästen breit, und konnte 140 000 Zentner in Schlepp nehmen. 'Gestocht' wurde mit Braunkohlenbriketts. Die stärksten Schraubenschlepper am Niederrhein mit einer Leistung von 1800 PS zogen eine Ladung von 120 000 Zentnern.

Die von R. Zilcher aufgestellte Tabelle zeigt die interessante Entwicklung der Raddampfer im Bezug auf Größe, Maschine und Schleppleistung:

| Baujahr | Abmessungen | Indiz. Leistung | Schleppleistung |
|---|---|---|---|
| 1850 bis 1860 | 58 x 7,0 x 15 m | Niederdr. 400 PSi | 1000 t |
| 1860 bis 1870 | 62 x 7,3 x 16 m | Niederdr. 600 PSi | 1500 t |
| 1870 bis 1880 | 65 x 7,5 x 16,5 m | Komp. 700 PSi | 2500 t |
| 1880 bis 1890 | 68 x 7,8 x 17 m | Komp. 800 PSi | 2750 t |
| 1890 bis 1900 | 70 x 8,2 x 19 m | 3 Zyl. 1000 PSi | 3500 t |
| 1900 bis 1910 | 71 x 8,5 x 19,5 m | 3 Zyl. 1300 PSi | 4500 t |
| 1910 bis 1920 | 75 x 8,8 x 21 m | 3 Zyl. 1600 PSi | 5500 t |
| ab 1920 | 80 x 10,6 x 23 m | 3 Zyl. 2000 PSi | 7000 t |

## Die Schlepper werden auf Dieselmotor und Turbine umgerüstet

Auf Dauer gesehen war der Einsatz gewaltiger Radschaufeln oder einer Schraube mittels Kolbenmaschine noch keine Lösung. Bessere Ergebnisse brachte die Dampfturbine. Bei ihr waren die Massen ausgewogen. Sie hätte eine ideale Antriebskraft werden können. Aber sie war der Kolbenmaschine erst dann überlegen, als sie hohe Umdrehungszahlen erreichte. Eine Direktwirkung auf eine langsamer sich drehende Schraube war nicht möglich; es bedurfte einer Zwischenschaltung, nämlich eines Rädergetriebes.

Diese technischen Neuerungen einem Schleppschiff einzubauen, galt in den zwanziger Jahren als ein Wagnis. Die Firma Escher, Wyß & Cie. baute 1923 den ersten Radschlepper für die Schweizer Schleppschiffahrtsgenossenschaft in Basel. 1925 folgte die Firma Brown, Boveri & Cie. A.-G. in Mannheim, die den noch größeren Radschlepper "Dordrecht" für die Rheinschiffahrt A.-G. vorm. Fendel baute. Die Länge betrug 75 m, Breite über die Spanten 9,5 m und über die Radkästen 22 m. Mit 150 t Kohlen an Bord war der Tiefgang 1,43 m.

Dazu R. Zilcher: "Seine Hoch- und Niederdruckturbine mit Überdruckbeschaufelung entwickelt bei 3600 minutlichen Umdrehungen normal 1575 Wellenpferde oder 1700 indizierte Pferdestärken. Seine Schleppleistung ist 6500 t in sechs Kähnen, wobei sich der Kohlenverbrauch einschließlich Abstochen, Aufstochen und Feuerabdecken auf 0,6 kg für die PSi und Stunde stellt. Die hohe Drehzahl wird durch ein doppeltes Kruppsches Pfeilrädergetriebe von 3600 auf 40 herabgesetzt. Zur Milderung der Radstöße ist eine elastische Kupplung zwischen Rädern und Getriebe eingeschaltet. Die bisher zweijährige Betriebsdauer ohne jegliche Getriebstörung hat den Beweis der Lebensfähigkeit und Wirtschaftlichkeit dieses Typs erbracht."

Es zeigte sich also, daß eine Turbinenanlage, erreichten die Aggregate mehr als 1500 PSi, einer Kolbenmaschine überlegen sein konnte. Dazu mußte die Erhitzung auf 400 Grad gebracht werden und die Turbinen hochbelastet arbeiten. Als dann ab 1912 die Dieselmotoren ihren Siegeszug antraten, wurden sie auch in der Schiffahrt eingesetzt. Der Motor brachte hier den ungeheuren Vorteil, daß die Wartepausen bei den Schleppern durch das Abstellen des Motors wegfielen. Die Kessel hingegen hatten ständig unter Dampf zu sein. Auch wurde bei Fortfall der großen Kesselanlage viel Platz gewonnen. Jetzt konnte der eigentliche Schlepperrumpf kleiner und damit kostensparender gebaut werden. Bei den Brennkosten war das Verhältnis schwankend. Der Motor der Anfangszeit war vom ausländischen Gasöl abhängig. Da standen sich ein Gasölpreis von 120 Mark pro Tonne einem Bunkersteinkohlepreis von 22 Mark pro Tonne gegenüber. Auch die seit 1905 unternommenen Versuche mit Sauggas-Schleppern brachten nicht die erwünschten Dauererfolge.

Aber ein positives Moment war die Tatsache, daß eine Motorschraube entschieden mehr ziehen konnte als eine Dampfmaschinenschraube. Dazu nochmals R. Zilcher: "Ein Motorpferd zieht zu Berg mehr als 5 t im Anhang. Ein effektives Dampfpferd bringt es nicht so hoch. Der unruhigere Gang des Propellers eines Dampfers und das häufige Sinken des Dampfdruckes sind zum größten Teil die Ursachen dieser Unterlegenheit. Ein Motorschlepper macht erwiesenermaßen schnellere Reisen als ein gleichstarker Dampfschlepper. Die scheinbare Überlegenheit des Dampfers um 29 % in den Brennstoffkosten wird also stark eingeschränkt."

Natürlich fielen die Heizer fort, so daß die Betriebskosten gesenkt werden konnten. Dazu kam man schneller voran, die Betriebsbereitschaft war günstiger. Die kürzere Zeit der Brennstoffübernahme fiel ins Gewicht. Natürlich, so sagten die Fachleute, konnten Dampfmaschine und Motor in gleichwertigen Leistungen gebaut werden. Aber es blieb bei der Dampfmaschine immer die lästige Kesselanlage, die ständig Reparaturen aufkommen ließ und in der Unterhaltung teuer war. Ständig traten Spannungsrisse, Anfressungen, Stehbolzenbrüche, Kesselsteinansatz, Isolierungsschäden auf, was zeitraubende und kostspielige Reparaturen zur Folge hatte.

**Versuche mit Sauggasschleppern**

Dem Motor stand man in der Anfangszeit seiner Entwicklung naturgemäß mißtrauisch gegenüber. Altes, also die Dampfmaschine, hatte sich bewährt und war ausbaufähig. Aber die Motorschiffahrt, erstmals 1885 von Wilhelm Maybach auf dem Main betrieben, entwickelte sich schnell weiter.
Das erste motorgetriebene Schleppboot auf dem Rhein sah man im Jahre 1905. Es war der "Gasschlepper 1" des Eigners Emil Capitaine aus Düsseldorf-Reisholz, und es war ein Sauggasschlepper. Capitaine baute selber im eigenen Betrieb Gasmaschinen und so hatte sein Boot eine Maschinenleistung von 80 PS.
Im Jahre 1907 hieß die Firma Schiffsgasmaschinenfabrik Düsseldorf-Reisholz. Eine Fabrik in Köln-Ehrenfeld baute 1912 einen 130-PS-Schlepper. So kann man im Kölner Adreßbuch von 1905 lesen: "Gasmotorenfabrik Actien-Gesellschaft, Cöln-Ehrenfeld (Vorm. Carl Schnitz). Maschinenfabrik und Eisengießerei, Spezialität: Otto-Motore für Leuchtgas, Benzin, Benzol und in Verbindung mit Saug-Generatorgas-Anlagen."
Und ein Inserat vom 2. Mai 1907 spricht von Schiffs-Sauggas-Maschinen mit einfacher Bedienung, einfachster Reinigung, einfachste und billigste Betriebskraft, 50 % Brennkostenersparnis gegenüber Dampfmaschinen, geringstes Gewicht, kleinster Raumbedarf, größte Betriebssicherheit, schnellste Betriebsbereitschaft.
Der 130-PS-Schlepper, den Oskar Teubert 1912 in seinem Buch "Die Binnenschiffahrt" erwähnte, und der eine Gasanlage besaß, wurde mit Anthrazit geheizt. Das Schleppboot war 19,4 m lang und 4,25 m breit.
Heinz Weber, Verfasser der Broschüre "Die Anfänge der Motorschiffahrt im Rheingebiet" ist der Ansicht, daß es sich bei diesem Schlepper um die "Wilhelm" gehandelt haben könne, "von der unterm 25. April 1907 folgendes mitgeteilt wurde: 'Versuche, die Sauggasmaschinen ihrer, bei stationären Maschinen nachgewiesenen Kohlenersparnis halber im Schiffahrtsbetrieb einzuführen, sind schon wiederholt mit mehr oder weniger Erfolg gemacht worden. Jedoch hatte man bis jetzt noch nicht versucht, diese Betriebskraft auch für Schleppboote verwendbar zu machen'."
Eine mit der „Wilhelm" am 22. April 1907 unternommene Probefahrt verlief zufriedenstellend. Die Gasmaschine vom System Emil Capitaine leistete 150 Bremspferdestärken. Geschleppt wurde ab Ruhrorter Rheinbrücke der Kahn "Aquina" mit 640 t Ladung. Der Schleppzug benötigte bis zur Ürdinger Fähre 2 Stunden und 50 Minuten. Pro Fahrtstunde wurden 54 kg Anthrazitkohle verbraucht. "Die Frage der Betriebssicherheit und der Manövrierfähigkeit kann als vollkommen gelöst betrachtet werden", schrieb C. Teubert.
Auch die Gasmotorenfabrik Deutz setzte alles daran, nicht der Konkurrenz zu erliegen. Sie nahm Verbindung mit der Reederei Johann Knipscheer in Ruhrort

auf. Denn gerade diese Reederei war es, die im Jahre 1904 mit ihrem Schraubendampfschlepper "Joh. Knipscheer 3" erstmals einen Schleppkahn bis nach Basel brachte (siehe Hauptkapitel IV). Knipscheer hatte die Absicht, den Dampfschlepper "Johann Knipscheer 2" (ex "August"), erbaut 1895 in Sklikkerveer/Holland, zu einem Sauggasschlepper umzubauen. Im Jahre 1909 wurde die erste Fahrt unternommen. "Es hatte", nach H. Weber, "als Doppelschrauber zwei vierzylindrige Deutz-Sauggasmaschinen à 200 PS, die durch Braunkohlebriketts getrieben wurden. Nach erfolgter Verlängerung war der Schlepper 34 m lang, 6,3 m breit und hatte mit 3 t Briketts einen Tiefgang von 1,75 m. Die Zahl der Umdrehungen pro Minute betrug 220. 'Joh. Knipscheer 2' zog bei normalem Wasser 1600 t zu Berg und 800 t durchs Binger Loch ohne Vorspann."

Aber das Unternehmen blieb nicht stabil; nach fünfmonatiger Tätigkeit stellte die Reederei Knipscheer das Boot der Deutzer Gasmotorenfabrik zur Verfügung, die es in "Deutz" umtaufte und 1910 neu klassifizierte.

Nach diesem Zwischenspiel der Sauggasmotoren zeigten sich die Dieselmaschinen nach vielen ebensolchen Anfangsversuchen erfolgreicher und begannen sich durchzusetzen.

Die Meidericher Schiffswerft experimentierte weiter an diesen Gaskraftanlagen, um die heimischen Brennstoffe Koks und Kohle verwenden zu können. Dort entwickelte und baute man Gasgeneratorenschlepper noch zu einer Zeit, als die Dieselmotoren bereits auf dem Vormarsch waren. "Harpen I" war der erste Gasgeneratorenschlepper, der auf Kiel gelegt und 1935 fertiggestellt wurde. Bis 1938 waren es auf der Meidericher Werft schon 12 Gasschiffe mit insgesamt 4800 PSe, die entweder fertiggestellt waren oder sich noch im Bau befanden.

## Dieselmotorschlepper

Wir haben aus den technischen Details erfahren, daß die Dieselmotoren in wirtschaftlicher Hinsicht den bisherigen Antriebsmöglichkeiten überlegen waren. So blieb es nicht aus, daß diese neue Möglichkeit der Fortbewegung in der Schleppschiffahrt genutzt wurde. Auch die kleineren Bugsierunternehmen, die in den Kanälen, Häfen und auf kurzen Schleppstrecken Vorspanndienste leisteten, stellten sich gegen Ende der zwanziger Jahre und zu Beginn der dreißiger Jahre auf Dieselmotoren um.

Eigentlich wurden die ersten Eil-Güterboote ja bereits 1924 mit Dieselmotoren der Maschinenfabrik Augsburg-Nürnberg ausgerüstet. Neben 30 t Treiböl beförderten diese Güterboote noch 700 t Fracht. "Die Motoren entwickeln bei 250 minutlichen Umdrehungen insgesamt 400 PS und lassen sich auf 500 PSe steigern. Die Auspuffwärme wird zur Heizung verwendet." Auch die holländische Reederei Koenigsfeld ließ 1925 in Mainz-Kastel Eilfrachter bauen. Diese wurden mit Deutzer kompressorlosen Viertaktmotoren von 400 PSe ausgerüstet, die sogar

Wendegetriebe besaßen. Die dampfgetriebenen Güterboote verschiedener Firmen wurden nach und nach auf Motoren umgerüstet. Auch in die Personenschiffahrt fand der Dieselmotor Eingang.

Anders lautet die Frage bei den Schleppern der langen Strecken. Hier baute die Reederei Franz Haniel auf der Walsumer Rheinwerft 1922 einen schweren Doppelschrauben-Streckenschlepper, die "Franz Haniel XXVIII". Die garantierte Schleppleistung lag bei 110 000 Zentner. Die M.A.N.-Motoren besaßen je sechs Zylinder nebst einem Kompressor und indizierten zusammen normal 1600 PS.

Im Jahre 1929 sorgte die Firma Franz Haniel abermals für eine echte Sensation. Schlagzeilen wie folgende waren in vielen Zeitungen zu lesen: "Probefahrt des ersten Dieselschaufelschleppers auf dem Rhein" - "Der Dieselmotor in der Rheinschleppfahrt" - "Raddiesel auf dem Rhein. 'Haniel I', der erste Radschlepper mit Dieselmotor" - "Sensation in Europas Binnenschiffahrt: 'Haniel I', der Schaufelradschlepper ohne Schornstein" - "Wie die 'Großmutter' wieder zur 'Jungfrau' wurde" - "Die Vorteile des neuen Schiffstyps" - "Haniel I fuhr Probe" - "Der neue Dieselmotorschlepper machte ausgezeichnete Fahrt" - "Beinahe soviel Raum wie auf einem Vergnügungsdampfer" - "Erinnerungen an Haniels ersten Dampfer" - "Nach 45 Jahren umgebaut. Von der Kolbenmaschine zum Dieselmotor" - "Haniel I das modernste Schiff der Rheinflotte" - "Dieselmotoren als Antrieb eines Radschleppers" - "Ein geglückter Versuch der Gutehoffnungshütte" - "Haniel I auf der Jungfernfahrt" - "Motorschlepper 'Haniel I': Der erste Raddampfer mit Motorbetrieb auf dem Rhein" - "Franz Haniel I, erbaut von der Gutehoffnungshütte Oberhausen AG., Rheinwerft Walsum".

In diesen Schlagzeilen zeigt sich die Begeisterungs-Skala der Menschen des Jahres 1929. Wer hätte je geglaubt, daß es so etwas geben könnte: einen dampfgetriebenen Radschlepper, der, mit den modernen neuen Dieselmotoren ausgerüstet, nun plötzlich keine Schornsteine mehr benötigte! Hinzu kamen die Auswirkungen der Wirtschaftskrise und die Folgen der Reparationen in Form von Schiffstonnage. Und so bemerkte die 'Schiffahrt-Zeitung' vom 31.8.1929 auch ganz richtig:

"Den Kampf, den die gesamte deutsche Binnenschiffahrt und hier wiederum vor allen Dingen die Rheinschiffahrt wegen der ausländischen Konkurrenz um ihre Existenz zu führen hat, kennt man zur Genüge. Die Schiffahrtsgesellschaften suchen ständig neue Mittel und Wege, die zur Hebung der Wirtschaftlichkeit des Betriebes dienen. Da sind z. B. schneller Umlauf der Kähne und Dampfer, volle Ausnutzung der Schleppkraft des Dampfers bzw. der Ladefähigkeit des Kahns. Aber auch die Schiffswerften betrachten es als eine nationale Pflicht, neue Mittel und Wege zu finden, die dem Fortschritt dienen. Es gibt heute in Reedereien wohl niemand mehr, der die von den Werften im Hinblick auf den Bau von hochwertigen Schleppern erreichten Fortschritt leugnen wollte. Dabei ist vornehmlich auf die Einführung von Dieselmotoren in der Binnenschiffahrt hinzuweisen, die sich in letzter Zeit immer mehr Eingang verschafft haben, und zwar auch bei den Reedereien, die sich anfänglich durchaus ablehnend verhalten haben."

Und weiter: „Es ist das unbestrittene Verdienst der Gutehoffnungshütte AG., Oberhausen, Abteilung Rheinwerft Walsum, im Jahre 1922 zum ersten Male einen größeren Dieselmotorschlepper für den Rheindienst geschaffen zu haben, und zwar den Doppelschrauben-Schlepper "Franz Haniel XXVIII", der somit der Pionier der Dieselschleppboote geworden ist. Die Ansicht einzelner, der Radschlepper würde mit der Zeit durch flottgehende Schraubenschlepper verdrängt werden, ist irrig, denn der Radschlepper bleibt stets hinsichtlich seines geringen Tiefgangs den flottgehendsten Schraubenbooten überlegen, denn selbst wenn letztere, je nach dem Gebirgspegel, nur noch kleine Einheiten schleppen können, so behält das Räderboot seine volle Zugleistung."

Für das Jahr 1929 war dieses Wagnis von dem Fortschrittsglauben der Schiffahrttreibenden durchdrungen, der Schleppschiffahrt zum endgültigen Durchbruch zu verhelfen. Noch nie zuvor war versucht worden, einen schnellaufenden Dieselmotor mit der langsam laufenden Schaufelradwelle in Einklang zu bringen. Die Dampfmaschinen und die anfälligen Kesselanlagen wurden immer unwirtschaftlicher, und neue Möglichkeiten waren das Ziel findiger Köpfe in den Konstruktionsbüros. Zurück zum Jahr 1885: Damals hatte die Gutehoffnungshütte AG. die "Haniel I" erbaut, und zwar noch auf der alten Ruhrorter Werft, die übrigens genau dort gelegen hat, wo sich heute das Tausend-Fenster-Haus erhebt. In den zwanziger Jahren wurde die "Haniel I" außer Dienst gestellt, war dann aber dazu ausersehen, Versuchsmodell zu werden.

In den 'Technischen Blättern' vom 25. November 1928 wurden die Schrauben-Dieselschlepper "Otto Krawehl" (im Volksmund Otto Krakehl genannt) und "Jakob Haßlacher" von je 550 PS erwähnt. Sie waren nur 28 m lang, 6,30 m breit und für die Gebirgsfahrt bestens geeignet. Sie gingen mit Brennstoff für eine Mannheimer Reise an der Hacke 1,70 m und am Schiffskörper 1,55 m tief. Nach Verbrauch des Brennstoffes von Ruhrort bis zum Gebirge lagen sie noch flotter. Zwei dieser Schlepper beförderten soviel wie ein schwerer Raddampfschlepper, nämlich 112000 Zentner und stellten sich im Baupreis um etwa 200.000 Reichsmark billiger als ein gleich starkes Räderboot.

Diese beiden Dieselschlepper haben seit Indienststellung die Rheingebirgsstrecke durchfahren und auch bei Pegeln in Kaub, die nahe an 1 m kamen, nicht versagt. Zwei weitere Schlepper dieses Typs waren um 1928 in Auftrag gegeben worden. In den letzten Jahren (vor 1928) lagen die Kauber und Binger Wasserstände nur an insgesamt 19 Tagen unter 1 m Pegel. Dies zeigt, daß die Dieselschlepper mit 1,70 m Tiefgang im Wettbewerb mit dem Radschlepper auch in der Rheingebirgsstrecke eingesetzt werden konnten.

Der "Haniel I" als Radschlepper wurden bei der Umrüstung zwei MAN-

Motoren mit einer Leistung von je 500 effektiven Pferdekräften bei 300 Umdrehungen in der Minute eingebaut. Diese 1000 PS Gesamtleistung konnte vorübergehend noch um 20 % gesteigert werden. Es handelte sich um kompressorlose Viertakt-Dieselmotoren, die als Einheitstyp bereits weitgehend in der Binnenschiffahrt eingeführt waren. Die Motoren standen im rechten Winkel zu der Radachse und waren durch Preßluftkupplungen, die das Zu- und Abschalten der Motoren auf die Radwelle gestatteten, über ein Stirnradgetriebe mit entsprechender Untersetzung ins Langsame mit der Radwelle (30 Umdr./min.) verbunden. Eine zentralisierte Schmierung, übersichtliche Treibölversorgung und Kühlwasserführung sowie günstige Anordnung der erforderlichen Pumpen erleichterten die Handhabung der Maschinen.

Da die Dieselmotoren im rechten Winkel zur Radwelle aufgestellt waren, mußte durch das Getriebe nicht nur eine Drehzahlverminderung, sondern gleichzeitig auch eine Richtungsänderung der zu übertragenden Kräfte vorgenommen werden. An der Antriebsseite des Motors wurden die Kräfte durch zwei Kegelräderpaare übernommen und auf ein Stirnräderpaar weitergeleitet. Das Getriebe war also ein kombiniertes Kegelradstirngetriebe. Mit den Radwellen war das Getriebe, das keinerlei Wartung benötigte, durch Spezial-Kupplungen, die die Stöße der einzelnen Schaufeln aufnahmen, verbunden. Zwischen den Motoren und dem Zahnradgetriebe befanden sich, für jeden Motor getrennt, kombinierte Lamellenkupplungen, die die wichtige Aufgabe zu erfüllen hatten, die Stöße des Dieselmotors aufzufangen, damit diese nicht auf das eigentliche Getriebe weitergeleitet wurden. Durch die Kupplungen konnten die Motoren jederzeit, auch bei Vollast, ein- und ausgeschaltet werden. Es war also möglich, beide Motoren laufen zu lassen, ohne daß die Radwelle sich drehte. Auch konnte nur mit einem Motor gefahren werden, während der andere durch die Kupplung ausgeschaltet blieb. Dadurch wurde ein höherer Sicherheitsgrad der Gesamtanlage erreicht.

Die "Haniel I" hatte vor dem Umbau eine 4000-t-Zugleistung. Durch die Dieselmotoren wurde diese auf 5000 t gesteigert. Mit vollen Bunkern, also mit 150 t Kohlen, betrug der Tiefgang nur 1,50 m. Er konnte nach dem Umbau auf 1,30 m verringert werden. Bei dieser Tauchung hatten die Räder den günstigsten Wirkungsgrad und damit den größten Nutzeffekt. Die "Haniel I" als Dieselschlepper benötigte für eine Mannheimer Reise nur 18 t Brennstoff, so daß der Tauchungsunterschied nur etwa 4 cm betrug. Durch Füllung eines Wasserballast-Tanks im ehemaligen Kesselraum konnte dieser Tauchungsunterschied, so gering er auch war, völlig ausgeschaltet werden. Dadurch tauchten die Schaufelräder während der ganzen Reise immer gleichmäßig tief ein und behielten ihren höchsten Nutzeffekt.

Hierzu sollte nicht unerwähnt bleiben, daß die Russen bereits im Jahre 1903 eine Flotte von 20 Radschleppern mit Dieselmotoren auf der Wolga in Betrieb hatten. Aber der Umbau der "Haniel I" nach russischem Vorbild war aus lokaltechnischen Gründen nicht möglich. Statt dessen kam man auf die Idee, einen Schneckenantrieb zu verwenden. Auch das mußte verworfen werden. Erst das Auffinden eines hochwertigen Zahnradgetriebes bei der Düsseldorfer Firma 'Hohenzollern' erwies sich als brauchbar. Anstelle der früheren Dampfkessel stellte man jetzt Gasöltanks auf.

Und so berichtete der 'Groß-Duisburger Anzeiger' unter dem 13. August 1929: „Was dieser neue Schiffstyp für die Rheinschiffahrt bedeutet, ist noch gar nicht abzusehen. Am Samstag fand die erste Probefahrt statt, die nach Düsseldorf führte und bei den geladenen Gästen, die sich lediglich aus interessierten Persönlichkeiten rekrutierten, helle Begeisterung auslöste. Es braucht wohl nicht betont zu werden, daß der neue, schornsteinlose Schiffstyp auf dem Rheinstrom in Fachkreisen außerordentliches Aufsehen erregte und der Erbauer dieses Typs, Oberingenieur Zilcher von der Firma Haniel, mit Anfragen bestürmt wurde, seit der Umbau bekannt geworden ist. Damit kann unsere rheinische Schiffsbaukunst einen Triumpf für sich buchen, der in der europäischen Binnenschiffahrt einzig dasteht, denn "Haniel I" ist in der Tat der erste Schlepper mit Schaufelrädern und Dieselmotor. So wurde aus der 'Großmutter' eine 'Jungfrau'." -

Und an anderer Stelle: "Millionenkapital, das bisher im Becken C verrostete oder verschrottet wurde, würde damit wieder nutzbar gemacht... Interessant ist bei der Betrachtung dieses neuen epochemachenden Schiffstyps noch die Tatsache, daß im Jahre 1922 bereits ein Haniel-Schleppdampfer umgebaut und mit einem Dieselmotor versehen wurde. Es handelte sich damals um den Schlepper "Haniel XXVIII", der in Schifferkreisen unter dem Namen 'Großvater' bekannt ist. Er ist allerdings nicht mit Schaufelrädern, sondern mit einer Doppelschraube versehen... Es sollte aber heute, da ein zweiter, besserer Typ herausgebracht worden ist, nicht vergessen werden, daß jener 'Großvater' zum Bahnbrecher für die Dieselmotorschleppschiffahrt auf dem Rhein geworden ist. Erstklassige Firmen haben an der Vollendung dieses neuen Typs gearbeitet, denn man wird ihn nicht nur bewundern, sondern auch kritisch betrachten, besonders jetzt, da der Rhein international geworden ist."

Die Bergfahrten am Mittelrhein waren durch die besonderen Schwierigkeiten bei St. Goar und anderswo gekennzeichnet, wo der Strom seine Tücken beibehielt und die Fahrrinne sich stark verengte. Mit der Schlepptätigkeit entstand auch ein neuer Beruf: der der Lotsen, auch Steuerleute genannt. Die gefährlichen Bankstrudel, die Strömung des Reißlochs, dies ist eine Ausbuchtung des Stromes nordwestlich der 'Lurlei' gegenüber am linken Ufer, an den sieben Jungfrauen vorbei, machten es notwendig, einen Lotsen für Schlepper und Anhangschiff an Bord zu nehmen.

An der Bank schoß das Wasser in früheren Zeiten 150 m weit über die Felsen hinweg und glich einem Wasserfall. Bei Niedrigwasser kamen die Steine heraus und glichen einer Bank. 1764 ließen die hessischen Landgrafen diese Barriere bereits fortschaffen. Um 1825 herum wurden weitere Sprengungen vorgenommen, um das Eis besser abscherbeln zu lassen. Als man um 1875 eine Buhne baute, die von der Bank zum Lützelstein, der Lurlei gegenüber, führte, wurde das Fahrwasser für die Schiffe im sogenannten Reißloch entschieden besser.

Die Gefahr, die Bank zu durchfahren, war in früheren Zeiten so groß, daß nach Peter Knab "die Schiffer vorher Frauen und Kinder ans Land setzten, damit sie zu Fuß, später auch mit der Bahn, sicher an dieser Stelle vorüberkämen; sie gingen wieder an Bord entweder zu Oberwesel oder, wenn das Schiff dort 'festmachte', an der 'Goldgrube' unterhalb des Bettecks beim Salmenfang Klodt. Enkele (einzelfahrende) Schiffe, besonders die großen Schraubenlastdampfer, mußten mit Dampfboot-Vorspann oder mit Zuhilfenahme von Menschenkräften durch diese gefahrvollen Stromschnellen gebracht werden."

Etwa um die Jahrhundertwende wurde die Fahrrinne bis St. Goar auf 2,50 m vertieft, von da an aufwärts auf 2 m Tiefe gebracht, gleichzeitig mit den Arbeiten an der gefährlichen Bank. 1977 wurden weitere Gefahrenpunkte beseitigt. Vor all diesen Verbesserungen wurde, bevor die Bank zu passieren war, dreimal die Schiffsglocke angeschlagen. Sie rief zu einem Gebet für gute Fahrt durch die gefährliche Strecke. "Alle Männer", berichtet Peter Knab in seinem rheinischen Heimatbuch "St. Goar", "auf den Schiffen des Zuges nahmen die Mützen ab und befolgten still die ernste Mahnung. Erst wenn der Schiffer durch Bedecken des Hauptes das Zeichen dazu gab, begann die Tätigkeit wieder und der Lotse wünschte 'Gute Reise und Gesundheit'. Dieser Brauch wird auch gegenwärtig noch viel beobachtet (1925), wenngleich die Gefahr zum großen Teil beseitigt ist, so daß nun ein Schleppzug mit 3 großen eisernen Schleppkähnen durch den wildesten und engsten Teil des Rheintals seinen Weg nehmen kann, während vordem meist nur ein Anhänger hindurchgebracht werden konnte. Wenn ein Schiff aus der Fahrbahn kam, waren die Männer an Bord oft nicht mehr in der Lage, das Ruder zu meistern, das dann wohl brach, wodurch das Schiff auf die Felsen auflief."

Viele interessante Details wären noch von St. Goar und dem wilden Gefährt zu berichten: vom Pulverschiff, den Taucherglocken der Sprenger, den Halfern und den Wassermühlen, den Flößern und dem Schiffszirkus; allein, es würde den Rahmen der Abhandlung sprengen. Verweisen wir noch auf den eingerichteten, 'Wahrschauerdienst' an den linksrheinischen Ecken der scharfen Krümmungen oberhalb von St. Goar. Waren es früher Warnboten, die den Schleppern vorausliefen, später Radfahrer, so sind es heute Wahrschauposten in festen Häuschen, die mit Sprechanlagen und Flaggensignalen den Schiffen Hilfestellung geben, um Zusammenstöße zu vermeiden. Gegen Ende 1920 befuhren den Rheinstrom 2015 Dampfschiffe, 10878 Segelschiffe und Schleppkähne.

Noch lange Zeit bestanden die drei Antriebssysteme Kolbendampfmaschine, Turbine und Dieselmotor nebeneinander. Viele Möglichkeiten der Verbesserung lagen noch lange Zeit in den drei Systemen verborgen, denn allein die spätere "erfolgreiche Einführung des Höchstdruckdampfes bis zu 35 Atm." gab der Kolbendampfmaschine noch einmal einen Auftrieb.

In Verbindung mit allen Entwicklungen im Schiffahrtswesen müssen auch parallel laufende Bestrebungen gesehen werden, ohne die die Schiffe nicht lebens- und leistungsfähig geblieben wären. Hier waren es an erster Stelle die vielen Werften längs des Rheins, die entgegen ihren Vorgängern aus der Zeit der Holzbauweise viele technische Neuerungen erfolgreich anwandten. Da war einmal das elektrische Schweißverfahren, um Kesselreparaturen durchzuführen. Denn, und das leuchtet auch dem Laien ein, die Kessel waren stets hohen Temperaturschwankungen ausgesetzt und demnach sehr anfällig für Risse. Und dies besonders in den heißen Zonen, den sogenannten Feuerbüchsen. Hinzu kam die Kesselsteinablagerung, und, was die eigentliche Dampfmaschine betrifft, eine gewisse Materialermüdung. Mitten im Schleppvorgang in gefährlicher Strömung brachen häufig die Pleuelstangen und Verbindungsbolzen, was gefährliche Havarien zur Folge haben konnte.

Ein besonderes Handicap war lange Zeit die Vielzahl der Einzelteile, die an vielen Stellen produziert wurden und für eine Hochleistungs-Dampfmaschine bereitgehalten werden mußten. Hierauf verweist bereits R. Zilcher, indem er sagt: "Hat eine Reederei fünfzig Kähne, so hat sie sicher fünfzig nicht einheitlich gebaute Winden. Die Zollverschlüsse sind gleichfalls verschieden. Es ist daher lebhaft zu begrüßen, daß die deutsche Normenkommission sich des Gebietes der Binnenschiffahrt angenommen hat, um einheitliche Typen z. B. der Zahnräder, Kupplungen, Zollverschlüsse, Speigatts, Bullaugen usw. auszuarbeiten. Hinsichtlich ganzer Schlepperanlagen läßt sich natürlich kein Schema aufstellen." Bis zum Kriegsausbruch 1939 hatte die Technik einen hohen Stand erreicht. Als der Krieg 1945 beendet war, war die Schiffahrt auf dem Rhein ein einziger Trümmerhaufen. Die Brücken waren gesprengt, viele Schiffe versenkt und viele beschädigt. Taucher und Sprengkommandos befreiten den Strom von Trümmern, Blindgängern und Wracks. An einen Schiffsverkehr war vorerst nicht zu denken.

### Zusammenfassung des VIII. Hauptkapitels

Bis zum Jahre 1840 wurde der hölzerne Schiffbau betrieben. 1841 baute man den ersten eisernen Schleppkahn. Er trug 250 t. Beide Arten bestanden noch ziemlich lange nebeneinander und ergänzten sich. Ein eiserner 100-t-Kahn konnte jetzt in zweieinhalb Monaten erbaut werden. 100000 Nieten mußten hierzu geschlagen werden. Baute man ab 1850 noch 400 t-Schiffe, so faßten diese bereits nach 1925 = 4000 t und waren von 60 m Länge auf 115 m Länge angewachsen. Für die Kanalfahrten entwickelte man besondere Typen, die etwa 1350 t trugen. Um 1910 galt ein 1800-t-Kahn als wirtschaftlich und rentabel. Das staatlich anerkannte Rheinschiffer-Patent wurde die Grundlage für die Ausübung des Berufes. Für eine bessere Steuerung der Kähne wurde die liegende Ruderhaspel eingeführt. Die Schleppfahrten wurden länger und die Schifferfrauen kamen weniger an Land. Fahrende Kolonialwarenläden, sogenannte Proviantboote, fuhren an die Schiffe heran und versorgten die Besatzungen mit allem Notwendigen. Wir unterscheiden jetzt Partikuliere und Setzschiffer.

Der Beginn des 19. Jahrhunderts brachte der Rheinschiffahrt die große Umwälzung. 1816 wurde das erste Dampfschiff auf dem Strom gesichtet, die "Prinz von Oranien". Ihr folgten nach und nach weitere, und es wurden die ersten Schleppversuche gemacht. Am 28. Juli 1832 landete das erste Dampfschiff in Basel. Es war die "Stadt Frankfurt". Damit war auch rheinauf der Weg geebnet. Vorerst stand die Personendampfschiffahrt an erster Stelle. Dann beförderten diese Schiffe auch bereits Güter. Aber ihre Kapazität reichte nicht aus. Darum baute man gegen Ende des 19. Jahrhunderts in Holland Eilgüterboote, die den Stückgutdienst übernahmen. Sie wurden ergänzt durch die Rhein-See-Schiffe, die die Küsten befuhren und den Weg rheinauf nahmen.

Für die vielen Segelschiffe, die auf ihren Bergfahrten von Pferden gezogen wurden, baute man jetzt eigens dafür geeignete Schleppdampfer. Die "Hercules" war 1821 einer der ersten Schleppdampfer. Eine 200 PS-Dampfmaschine zeigte gute Schlepperfolge. Aber es gab noch genügend andere Schwierigkeiten, die teils mit den Holzschiffen zusammenhingen. Als man 1841 eiserne Schiffe baute, hatten die Schleppversuche bessere Ergebnisse. Ein 400 PS-Dampfer war nicht in der Lage, acht hölzerne Segelschiffe mit insgesamt 1000 t Ladung zu ziehen. Hingegen schaffte er spielend zwei eiserne Frachtkähne mit ebenfalls 1000 t Ladung.

Nach Gründung der "Kölnischen Dampfschlepp-Schiffahrts-Gesellschaft" im Jahre 1841 ging es mit der Schiffahrt verstärkt voran. Andere Unternehmen zogen nach, so 1842 die "Alte Mannheimer Beurt". 1842 wurde auf der Werft Jacobi, Haniel & Huyssen in Ruhrort der Radschlepper "Die Ruhr" gebaut und mit einer 500 PS-Dampfmaschine ausgerüstet. Technische Verbesserungen brachten die Dampfschiffahrt tüchtig voran. Von 1873 bis 1905 versuchte man auf dem Nieder- und Mittelrhein die Tauerei in den Schleppdienst zu stellen. Die eigens hierfür gebauten Dampfer zogen sich außer mit Hilfe ihrer Maschinenkraft an dicken Drahtseilen mit ihrem Schleppanhang rheinauf und verbrauchten auf diese Weise weniger Kohlen. Aber die vielen Handicaps dieses Vorspanns wirkten sich unrentabel aus, und man ging von dieser Art zu schleppen schnell wieder ab.

Die Schlepp- und Schraubendampfer kamen neben den Radschleppdampfern auf. Sie hatten geringen Tiefgang und waren im Unterhalt billiger. So baute man 1905 Schlepper mit Tunnelschrauben. Franz Haniel baute 1882 den ersten Doppelschrauben-Dampfschlepper "Franz Haniel II". Andere Firmen zogen nach und so entstand neben den Raddampfern auch eine ansehnliche Schrauben-

Schlepper-Flotte. Natürlich benutzten sie in der ersten Zeit noch den Dampf. Stein- und Braunkohlen wurden zum 'Stochen' der Kessel verwendet. Als dann die Dampfturbine erfunden war, veränderte sich auch die Ausstattung der Schlepper. Der erste Einbau einer solchen Dampfturbine unter Zwischenschaltung eines Rädergetriebes wurde 1923 für die Schweizer Schleppschiffsgenossenschaft in Basel vorgenommen. 1925 folgten weitere Firmen. Die Versuche zeigten eindeutig die Überlegenheit der Turbinenanlage über die Kolbenmaschine. Als dann nach den Sauggasschleppern die Dieselmotoren ihren Weg nahmen, wurden die Schlepper hierauf umgerüstet und damit erst ihre eigentliche Wirtschaftlichkeit gesichert.

1924 waren die Eilgüterboote bereits mit Dieselmotoren ausgestattet. 1925 ließen die Holländer weitere Eilfrachter in Mainz-Kastel bauen. Franz Haniel gab einen schweren Doppelschrauben-Streckenschlepper der Walsumer Rheinwerft in Auftrag. Man garantierte 110 000 Zentner Schleppleistung bei 1600 PS-Motorkraft. Damit hatte der Rhein-Schleppdienst den für damalige Verhältnisse modernsten Stand erreicht. So ging die Rheinschiffahrt in die dreißiger Jahre.

# IX.
# VOM TRÜMMERSTROM ZUR WASSERSCHNELLSTRASSE (1945-1980)

## Die Schleppschiffe werden zu Selbstfahrern

Nach der Währungsreform 1948 begann sich die Wirtschaft an Rhein und Ruhr langsam zu erholen. Bis in die fünfziger Jahre hinein hatte man vollauf damit zu tun, die Trümmer von Brücken und Schiffen aus dem Rheinbett zu entfernen, um den Strom wieder befahrbar zu machen. Da, wo die Brücken zerstört waren, hatten sich wie in früheren Zeiten Fähren angeboten, um die Menschen über den Strom zu setzen. Solchen Fährdienst versah der Verfasser im Jahre 1949 als Matrose auf einem kleinen Fährboot der Firma Maas & Fleck an der Rheinstelle Duisburg-Neuenkamp und Homberg-Essenberg. Dabei lernte er die Schwierigkeiten des Neubeginns der Schiffahrt nach dem gewaltigen Zusammenbruch gründlich kennen.

Um 1949 setzte die Schiffahrt trotz alliierter Kontrollen und Vorbehalte langsam wieder ein. Die Werften sahen sich ihrer Einrichtungen und Fachkräfte beraubt. Taucher, Sprengmeister und Schrotthändler waren gesuchte Leute und voll damit ausgelastet, Bomben, Mienen, Wracks und Brücken zu beseitigen. Der Niederrhein bei Xanten zeigte sich noch beschaulich und ruhig, und selbst die Lachse begannen im Jahre 1949 wieder zu steigen. Salmwippen und Aalschokker, die altvertrauten Bilder der Vorkriegszeit, wurden wieder lebendig.

So wurde erst in den fünfziger Jahren die Rheinschiffahrt langsam wieder in Gang gebracht. Zunächst wurde diese noch im alten traditionellen Vorkriegsstil des Schleppens betrieben. Die letzten Räderboote machte man wieder flott und setzte sie unter Dampf. Die in den Hafenbecken noch schwimmenden Rümpfe wurden hergerichtet. Kohle mußte vordringlich gefördert und per Schiff in die Seehäfen Rotterdam und Antwerpen geschafft werden, um die Siegermächte damit zu beliefern. Der Bergmannsberuf stand wieder in hohem Ansehen. Auch die noch verfügbaren Schleppboote, die teils aus den neunziger Jahren des vergangenen Jahrhunderts stammten und bereits zum Verschrotten ausrangiert waren, stochten noch einmal die Kessel, bis dann die Werften nach und nach wieder ihre Arbeit aufnahmen und die Wracks reparierten. Die ersten Neubauten ließen noch lange auf sich warten und waren von den Besatzern genehmigungspflichtig.

Bereits gegen Ende des 19. Jahrhunderts versuchte man, Frachtschiffen durch den Einbau von Motoren Eigenantrieb zu geben. In den Niederlanden und in Belgien unternahm man diese ersten Versuche. Das genaue Erscheinungsjahr des ersten selbstfahrenden Frachtschiffes ist nicht bekannt. Aber man vermutet, daß ab 1891 Schleppkähne zu Selbstfahrern umgerüstet worden sind.

Eine Notiz vom Juli 1907 sagt aus, "daß ab 1893 mehrere hundert Petroleummotore in Größen bis zu 60 PS von Deutz nach Holland geliefert wurden zum Einbau in 'Frachtboote der Binnenschiffahrt'. Ergänzend hierzu sagt Goldbeck in seinem Buch 'Kraft für die Welt' (Deutz) 'Von 1901 bis 1904 gingen 150 Bootsmotore für Lastschiffe und Fischereifahrzeuge in die Niederlande'." (H. Weber)

Dies bezieht sich nur auf Deutz. Da es damals jedoch schon eine ganze Reihe von Motorenbauern gab, wird die Zahl der nach Holland und Belgien verschickten Bootsmotoren weitaus höher liegen. Um die Jahrhundertwende kamen dann im Zuge vieler Verbesserungen Sauggasmaschinen auf den Markt. Der Einfuhrzoll für Petroleum nach Deutschland war so hoch, daß der Einbau des 60 PS-Petroleummotors bei uns keine große Bedeutung erlangte. Anders die Sauggasmotoren: hier gewann man das Gas aus Koks, Stein- und Braunkohle (siehe auch Hauptkapitel VIII).

"Deutz nahm mit der Firma Haldy, Saarbrücken", so berichtet H. Weber, "die ein Kanalschiff betrieb, dessen schnellaufender Benzinmotor nicht befriedigte, Verbindung auf mit dem Ergebnis, daß in dieses Schiff eine Sauggasanlage eingebaut wurde. Unter Kapitän Bamberg erschien dieses erste, mit einer Sauggasanlage ausgerüstete Schiff der Welt 1901 auf der Gewerbeausstellung in Düsseldorf und wurde den Teilnehmern des gleichzeitig dort tagenden Schiffahrtskongresses mit vollem Erfolg vorgeführt."

Im Jahre 1907 brachte die Westfälische Transport AG. (WTAG) im westdeutschen Kanalgebiet die "WTAG 58" motorisiert in Fahrt. Das Schiff, 67 m lang und 8,20 m breit, faßte 904 t und wurde von einem 60 PS-Motor angetrieben.

Ebenfalls 1907 sah man den ersten schleppenden Selbstfahrer. Es war die "Hoffnung", Eigner Gebr. Väth aus Lengfurt am Main. Das Schiff, 1905 in Bommel gebaut, fuhr am 23.6.1907 von Offenbach mit 450 t Zement und zwei Mainkähnen im Schlepp nach Antwerpen. Die beiden Anhangschiffe trugen je 400 t Ladung für Dordrecht.

Aber es sollte doch noch lange dauern, bis die selbstfahrenden Frachtschiffe den Durchbruch erzielten. So gab es vereinzelte Selbstfahrer bereits während des Zweiten Weltkrieges auf dem Rhein. Ein Beispiel ist hier der 1940 zum Selbstfahrer umgebaute Frachtkahn "Mathias Stinnes 110" mit einer Maschine von 400 PS und einer Tragfähigkeit von 484 t.

Die fünfziger Jahre waren geprägt von dem neuzeitlichen Drang der Rationalisierung. Es wurde Mode, den Schleppbetrieb zu reduzieren und aus den ehemaligen Schleppschiffen Selbstfahrer zu machen. Viele Schiffer nahmen Kredite auf, um ihre Schiffe zu modernisieren und mit eigenem Motor auszurüsten. Mit einem Mal waren die Werften voll ausgelastet. Schiffsneubauten erreichten höhere Tonnagen und wurden bis zu 1250 t gebaut. Serien von Spezialschiffen, vor allen Dingen Tanker, sah man auf dem Rhein, und der Aufstieg und die Ankurbelung der Wirtschaft waren förmlich zu spüren. Der nach dem Krieg wie ausgestorben daliegende Rheinstrom war zu neuem Leben erweckt. Das Schlagwort "Rheinschiene" wurde geprägt und verriet vieles von dem neuen Geist, der die Menschen an diesem Strom beseelte. Ein neues Wirtschaftszeitalter hatte begonnen. Für das Heben schwerer Trümmerstücke und Brückenteile oder Wracks hatte man Spezialhebeböcke entwickelt, die 200 t packen konnten. Um die Fahrrinne wieder richtig zu säubern und breiter zu bekommen, entwickelte und baute man hydraulische Eimerkettenbagger, die 120 cbm pro Stunde bewältigten. Für das Verlegen von Rohren unter Wasser entstanden Spezial-Rohrverleger-Schiffe. Die Rheinufer gewannen das alte Format und wurden an vielen Stellen von den Wasserbauämtern mit Basaltsteinen befestigt. In den Basaltverladestellen herrschte Hochbetrieb, fast so wie in römischer Zeit. Sogar Hydroklappschuten wurden in Straßburg gebaut, um die erbaggerten Rückstände schnell und sicher wieder als Füllmaterial anderenorts zu verwenden. Neue Brücken entstanden, ohne die Schiffahrt zu behindern, in freischwebenden und selbsttragenden Arbeitsgängen.

In diesen fünfziger Jahren wurde nahezu die gesamte Schlepp-Rheinflotte zu Selbstfahrern umgebaut. Aber etliche strenge Winter und das folgende Treibeis setzten der Schiffahrt stets noch ein natürliches Hindernis entgegen. Eine Neuerung besonderer Art war die Einführung des Radars, um im dichten Nebel und bei diesigem Wetter dem wachsenden Verkehr und den Überholmanövern besser gewachsen zu sein. Trotzdem blieben Havarien und Zusammenstöße nicht aus. Spezial-Feuerlöschboote lagen für Schiffsbrände bereit. Auch die Zollboote hatten nach wie vor Einsätze zu fahren, da trotz europäischer Wirtschaftsverschmelzungen die Zollschranken noch nicht gefallen waren.

Selbst Dänemark ließ wieder Seefähren auf Rheinwerften bauen, und das Ausbrennen der großen Fähre "Tina Scarlett" bei Emmerich 1960 nach einem Tankerzusammenstoß brachte alle in Duisburg stationierten Feuerlöschboote zum Einsatz. Nach diesem größten Schiffsunglück auf dem Rhein nach dem Kriege baute man ein Schwesterschiff, die "Linda Scarlett", die nun gut gesichert von einem Schubboot und einem Schlepper nach Rotterdam gebracht wurde.

Jetzt liefen die einstigen Schleppschiffe direkt als fertige Selbstfahrer von der Helling. Die letzten Radschlepper, noch einmal auf Heizöl umgestellt, hatten ausgedient, waren Veteranen geworden und gingen für immer vor Anker, um verschrottet zu werden. Einzig die "Oscar Huber" konnte diesem Schicksal entgehen. Als schwimmendes Museum liegt sie seit 1974 vor der Ruhrorter Schifferbörse und verkörpert ein Stück alter, aufwärtsstrebender Schiffahrtsgeschichte.

Aber auch die schweren Schlepper wurden in den fünfziger Jahren immer seltener, weil der Eigenantrieb sich durchzusetzen begann und die begehrteste Methode schien, sich von langen Liegezeiten und hohen Schleppkosten zu befreien. Der Schiffer, Partukulier oder Setzschiffer, gewann mehr Bewegungsraum und konnte entschieden schneller nach der Beladung die Kaimauer freimachen, um anderen Schiffen Platz zu bieten. Die Fahrzeiten wurden kürzer, die Liegezeiten durch verbesserte Lademethoden ebenfalls.

Der ehemalige Schiffer F.J.M. Banning kann sich noch an viele Streckenschlepper erinnern, die mit starken Dieselmotoren den Rhein befuhren. So unterhielt die Reederei Camco das Boot "Sund 10" mit 2500 PS, weiter die "Alexander von Engelberg" mit 2500 PS. Aus der Schweiz kam die "Unterwalden" mit 4000 PS, sowie die "Uri" und die "Schwijz" mit je 3000 PS. Die Steenkohlenreederei besaß verschiedene Boote, unter anderem die "Odin" mit 800 PS, die "Triton" und die "Njord" mit je 1500 PS. Ferner sechs Boote mit je 600 PS, wovon sich eine "Frigga" nannte. Aus Frankreich erinnert sich Schiffer Banning aus Essen an die "Tempete" und die "Bouraque" mit je 600 PS, ferner die "Bale" und die "Paul Vidal" mit je 2500 PS. Von Vulcaan aus Rotterdam gab es das Streckenboot "Prinses Irene" mit 2000 PS. Die Reederei van Ommeren aus Rotterdam besaß zwei Schleppboote, die zugleich Ladung mitnehmen konnten. Sie hießen "Intritas 1 und 2".

Ferner gab es noch Schleppboote bei folgenden Reedereien: Braunkohle, Winschermann, Stinnes und Mannesmann. Außerdem erinnert sich Schiffer Banning an mehrere Dampfschleppboote, die in den Jahren 1950 bis 1970 einen Dieselmotor von 400-800 PS eingebaut bekamen.

So sahen die Strombewohner gar bald schon eine Flotte von selbstfahrenden Schiffen auf dem Rhein, die nichts mehr verrieten von erst kürzlich erlebtem Elend, Hunger, Not und toter Wirtschaft. Es ging entschieden aufwärts.

## Zusammensetzung der internationalen Rheinflotte
### am 31. Dezember 1954 bzw. 1955.

| Land | | Kähne | | Selbstfahrer | | | Schleppboote | | Zusammen | | |
|---|---|---|---|---|---|---|---|---|---|---|---|
| | | Anzahl | Tragfähigkeit t | Anzahl | Tragfähigkeit t | PS | Anzahl | PS | Anzahl | Tragfähigkeit t | PS |
| Bundesrepublik Deutschland | 1954 | 1 752 | 1 625 075 | 791 | 486 816 | 271 247 | 377 | 181 355 | 2 920 | 2 111 891 | 452 602 |
| | 1955 | 1 746 | 1 629 180 | 941 | 589 324 | 338 348 | 403 | 191 232 | 3 090 | 2 218 504 | 529 580 |
| Niederlande | 1954 | 2 856 | 2 398 301 | 1996 | 767 034 | 316 499 | 734 | 207 360 | 5 586 | 3 165 335 | 523 859 |
| | 1955 | 2 683 | 2 293 759 | 2368 | 929 326 | 390 584 | 734 | 207 360³⁾ | 5 785 | 3 223 085 | 597 944 |
| Schweiz | 1954 | 65 | 63 991 | 275 | 201 393 | 119 519 | 19 | 24 800 | 359 | 265 384 | 144 319 |
| | 1955 | 64 | 63 636 | 274 | 203 896 | 121 577 | 19 | 24 800 | 357 | 267 532 | 146 377 |
| Frankreich | 1954 | 256 | 274 739 | 299 | 172 965 | 87 145 | 63 | 49 855 | 618 | 447 704 | 137 000 |
| | 1955 | 282 | 289 288 | 356 | 193 535 | 96 075 | 67 | 52 055 | 705 | 482 823 | 148 130 |
| Belgien | 1954 | 1 003 | 687 206 | 545 | 226 010 | 56 193 | 18 | 2 850 | 1 566 | 913 216 | 59 043 |
| | 1955 | 1 024 | 698 330 | 589 | 247 417 | 61 011 | 18 | 2 850 | 1 631 | 945 747 | 63 861 |
| Zusammen | 1954 | 5 932 | 5 049 312 | 3906 | 1 854 218 | 850 603 | 1 211 | 466 220 | 11 049 | 6 903 530 | 1 316 823 |
| | 1955 | 5 799 | 4 974 193 | 4528 | 2 163 498 | 1 007 595 | 1 241 | 478 297 | 11 568 | 7 137 691 | 1 485 892 |

Und dennoch sprach man 1965 von einem Ausverkauf auf dem Rhein. Die deutschen Reeder wollten 30 % ihrer Schiffe absetzen. In den Schifferkneipen konnte man in jenen Tagen hören: "Die Großen schrumpfen sich gesund und die Kleinen machen Pleite." Bis 1957 fielen die einzelnen Verkäufe nicht ins Gewicht. Danach war eine ansteigende Tendenz festzustellen. Eine Tabelle gibt Auskunft über die Verkäufe jener Jahre:

| Jahr | Motorschiffe Anzahl/Tonnage | | Schleppkähne Anzahl/Tonnage | | Schlepper Anzahl/ | PS |
|---|---|---|---|---|---|---|
| 1953 | 6 | 1482 | 4 | 2635 | 2 | 1815 |
| 1954 | 8 | 5644 | 4 | 3738 | 1 | 997 |
| 1955 | - | - | - | - | 3 | 2400 |
| 1956 | 8 | 2881 | 1 | 1481 | 10 | 7295 |
| 1957 | 5 | 2151 | - | - | 9 | 12225 |
| 1958 | 14 | 11415 | 4 | 2740 | 5 | 2095 |
| 1959 | 11 | 6739 | 9 | 6959 | 12 | 8305 |
| 1960 | 23 | 14519 | 27 | 30993 | 11 | 5740 |
| 1961 | 12 | 6565 | 42 | 46498 | 7 | 3395 |
| 1962 | 20 | 8688 | 52 | 52999 | 21 | 8795 |
| 1963 | 27 | 16014 | 56 | 59491 | 16 | 6383 |
| 1964 | 42 | 27000 | 100 | 102000 | 35 | 10000 |

Damit dürfte die wirtschaftliche Situation der damaligen Binnenschiffahrt gekennzeichnet sein. Motorschiffe fuhren natürlich noch halbwegs rentabel, während die Schleppschiffe zu einem Verlustgeschäft wurden. Dies hatte Rückwirkungen auf die Schlepper: die Motorschiffe hatten keine Bugsierdienste mehr nötig und die kleinen Schlepperfirmen gerieten in die Kreide. Auch die Tankerflotte, zunächst als "Wirtschafts-Wunderkind" auf dem Rhein bezeichnet, mußte Rückschläge hinnehmen. Hierzu sagte damals ein Schiffssachverständiger aus Duisburg: "Es sind vor einigen Jahren sinnlos viele Tanker gebaut worden. Sogar Leute, die sich nie in der Schiffahrt betätigt hatten, glaubten damals, das große Geschäft gewittert zu haben und bauten Tankschiffe. Durch die Konkurrenz der Pipelines müssen diese Schiffe jetzt zwischen zwei Reisen vielfach lange Wartezeiten in Kauf nehmen. Außerdem sind die beim Bau aufgenommenen Hypotheken noch nicht gelöscht. Die Folge: Man versucht, schnell noch zu verkaufen, ehe das Geschäft zusammenbricht. - Ein älterer 1350-Tonnen-Kahn brachte, wenn er gut erhalten war, Ende 1961 noch seine 260 000 Mark. Ende 1964 war er vielleicht noch 200 000 Mark wert. Heute (1965) kann man froh sein, wenn man für 150 000 Mark einen Käufer findet."

Hauptaufkäufer waren in jenen Jahren die Niederländer. Sie bekamen vom

Staat billige Gelder. So kam es, daß die niederländischen Schiffer Mitte der sechziger Jahre mehr als 50% aller auf dem Rhein fahrenden Schiffe in ihrem Besitz hatten. Nur noch jedes vierte Schiff war ein deutsches. Der Rest verteilte sich auf Schweizer, Belgier und Franzosen. Was steckte dahinter? Nun, die niederländischen Schiffer konnten in jenen Jahren wirtschaftlicher fahren. Der Schiffer dort zahlte weniger Steuern als ein deutscher Schiffer. Die Löhne waren niedriger und der Treibstoff erheblich billiger. Rundum gerechnet waren die allgemeinen Kosten in den Niederlanden ca. 21% niedriger als vergleichsweise bei uns.

Noch einmal der Schiffsfachmann aus Duisburg: "Ein Rheinschiff von 1500 Tonnen Tragfähigkeit, das also noch die Kanäle befahren kann, ist heute fast kaum noch zu verkaufen (1965). Da kann man mit dem Preis sogar heruntergehen bis auf 40 000 Mark - es kauft einfach niemand." - Am Ende wird so ein Schiff abgewrackt und für notfalls 15 000 Mark in den Hochofen geschickt. Natürlich hat das niederländische Monopol Rückwirkungen auf die deutschen Schiffer. Die Niederländer unterbieten die Frachten und fahren zu Sätzen, für die ein deutscher Kollege nicht mehr fahren kann. So sah man Befürchtungen heraufdämmern, die Niederländer könnten eines Tages die Frachten im innerdeutschen Schiffsverkehr diktieren, weil die Industrie auf sie angewiesen sei. Der "Verein zur Wahrung der Rheinschiffahrtsinteressen" wandte sich seinerzeit mit einem Hilferuf an die Bundesregierung. Der Verkauf ins Ausland solle unterbleiben, dafür solle es eine Verschrottungsprämie geben.

Wir haben anhand dieser Einblendungen gesehen, wie selbst die im Aufschwung begriffene Neuzeit vor völlig neuen Problemen steht, die es zu lösen gilt. Trotz allem vergrößerten sich die Tonnagen, die Schiffe wuchsen zu kleinen Giganten heran, die mit ihrem erheblichen Tiefgang oft am niedrigen Wasser scheiterten.

Dann kam die Zeit der kleinen niederländischen und belgischen Partikuliere, die im Familienbetrieb arbeiteten und mit mehreren kleinen Schiffen volle Ladung zu Berg brachten. Sie waren und bleiben Lückenbüßer zu besonderen Gelegenheiten, und sind doch ein wichtiges Bindeglied in dem Reigen der großen "Pötte".

Im April 1975 war Europas zweitgrößtes Binnenschiff, das Motorschiff "Bison", im Duisburger Hafen. Schiffsführer Peter Arnold machte zu der Zeit gerade seine Jungfernfahrt mit diesem 4252 t "Pott". Das Schwesterschiff "Star" ist noch 20 t größer. Es wurde auf der Werft in Haren an der Ems auf Kiel gelegt, obwohl diese flachbodigen Schiffe eigentlich keinen Kiel im herkömmlichen Sinne mehr besitzen. So gesehen haben sie sich immer noch im traditionellen Kölner-Aaken-Stil erhalten. Die "Bison" ist 110 m lang, 11,4 m breit. Bequeme Kajüteneinrichtungen und Flußradar gehören zur Standardausrüstung.

## Vom Schleppen zum Drücken: Schubboote und Schubleichter erobern den Rhein

Ein weiteres großes Ereignis der fünfziger Jahre war die Einführung der Schubschiffahrt auf dem Rhein nach amerikanischem Mississippi-Vorbild. Das Prinzip "Drücken statt Ziehen" war ebenso revolutionierend wie das einstige Aufkommen der Dampfschiffe vor hundert Jahren. Die Romantik der Schiffahrt im herkömmlichen Sinne (wenn es je so etwas in den Augen der Schiffer selbst gegeben hat) war endgültig vorbei, ein neues Zeitalter brach an. Das erste Schubschiff, das im Oktober 1957 auf dem Rhein eingesetzt wurde, hieß "Wasserbüffel". Zu ihm gehörten die vier Leichter "Rheinschub 1 bis 4". Diese Einheit war zunächst auf Niederrheinfahrt eingesetzt. Später wurden Versuchsfahrten bis zum Oberrhein durchgeführt. Inzwischen sind die Kinderkrankheiten überwunden.

Wir unterscheiden einmal in Schubboot, Schubleichter oder Schubschiff und sodann den ganzen gekoppelten Schubschiffverband, der aus dem achtern drückenden Schubboot und den zu drückenden Schubeinheiten besteht, die beliebig, zwei neben zwei, nach vorn verländert werden können, soweit es die Sicherheit und der zu befahrende Strom erlauben. Eine andere Art sind Selbstfahrer mit Schubleichter als Koppelverband. Dafür wurde den alten Selbstfahrern mit spitzem Bug eine Schubbühne vorgebaut. Selbstfahrer neuerer Bauart tragen einen stumpfen Schubbühnenbug. Ein Schubboot mit vier Leichtern bildet den klassischen Schubverband. Auf der Talfahrt, also leer, formiert man sich zur Schwalbenschwanzformation, das heißt, das Schubboot drückt nur zwei Leichter und nimmt die Leichter 3 und 4 Backbord und Steuerbord neben sich. So steuert es sich leichter. Dann kennen wir noch die Pfeilformation. Hierbei drückt das Schubboot jeweils drei zu drei Leichter. Drückt ein Schubboot nur zwei Leichter voreinandergesetzt, so ist das die Spargelformation.

Doch zuvor sollten wir uns mit der Vorgeschichte der Schubschiffahrt befassen. Auf dem Mississippi, der ähnliche Verhältnisse wie der Rhein aufweist, drückte man mittels Heckschaufelraddampfern bereits seit der Jahrhundertwende. Erfunden hat das Schubsystem der Kapitän J.J. Vandergrift; der Name läßt auf einen Niederländer schließen.

So schob der Heckrad-Schubdampfer "A.R. Budd" um die Jahrhundertwende auf dem Ohio bereits 13 schwerbeladene Bargen in der Anordnung 2x5 und hinten 3. Der Raum vor dem Schuber blieb frei. Man nannte die Wasserfläche 'duckpond', Entenrteich. Davon erhielt dieses Schubsystem den Namen 'duckpond tow'. In den Bargen wurden in der Hauptsache Massengüter, wie Kohle, transportiert. Die Heckrad-Schubschiffe hatten die alte Dampferform beibehalten und wurden verstärkt auf das Drücken ausgerichtet und später geradezu spezialisiert. Die beiden vorn vor dem Steuerhaus stehenden Schornsteine konnten für die Brückendurchfahrt geknickt werden.

Da gab es beispielsweise die "Sprague" mit 83 m Länge und 18,3 m Breite; sie war der größte jemals gebaute Heckrad-Schubdampfer und fuhr von 1901 bis 1948. Sie war aus massivem Holz gebaut und in höchstem Grade elastisch, was sich bei Auffahr-Havarien auf Sandbänke und sonstige Untiefen bewährte. Auf dem Mississippi wurden sogar lange Flöße einmal gedrückt und zum anderen vorn von einem Boot gesteuert. Das war bei Brückendurchfahrten sehr wichtig, ebenso in Stromkrümmungen. Diese Heckrad-Schuber trugen Namen wie "Northstar", "Fairplay" und "Jim Wood".

Inzwischen hat sich die Schubschiffahrt auf den großen Flüssen Amerikas durchgesetzt und ist technisch auf neuestem Stand. In erster Linie wird sie auf dem Mississippi betrieben, wo sich im Jahre 1955 auch die deutschen und niederländischen Reeder umsahen, als sie nach Möglichkeiten für den Rhein suchten. Auf dem Mississippi beispielsweise drückt der Schuber "United States" mit einer Maschinenleistung von 8000 PS ganze 40 Frachtkähne mit zusammen 40 000 t Ladung. Bald mußte man erkennen, daß diese Verhältnisse schon aus rein nautischen Gründen auf dem Rhein nicht zu verwirklichen waren. Da es den Massengutverkehr unter neuen Methoden künftig zu bewältigen galt, studierte man die Verhältnisse in den USA gründlich.

Die Frage nach einer neuen Transportart stellte sich 1956 zwangsläufig. Die niederrheinischen Hüttenwerke hatten sich bis 1960 auf eine Erzbeförderung von 15 Mill. t einzurichten. Das Volumen betrug um 1955 erst 9 Mill. t. Da die vorhandene Tonnage der Rheinschiffahrt zu dieser Zeit voll ausgelastet war, befürchtete man für die Zukunft einen Mangel an Frachtraum. Das Verdienst, diesen möglicherweise entstehenden Engpaß bewältigt und überbrückt zu haben, gebührt einem Vierer-Konsortium der internationalen Rheinschiffahrt. Zu diesem Konsortium schlossen sich die Firmen Raab-Karcher, Duisburg; Fendel, Mannheim; NRV und Vulcaan, Rotterdam zusammen. Ihre Fachleute studierten gründlich das amerikanische Schubsystem. Reedereidirektor Curt Noel war der Initiator.

Es ist immer schwer, ein alteingefahrenes System zu durchbrechen und Neues einzuführen. Radschlepper und Dampfschraubenboote bis zu 200 PS leisteten als Schlepper bislang gute Arbeit. Da sie sich bewährten, blieb man weiter dabei. Der Neubeginn nach dem Zweiten Weltkrieg verlangte nach neuen Möglichkeiten.

Als man 1957 die Schubschiffahrt einführte, war dies ein gewaltiger Strukturwandel, den es erst zu verkraften galt. Nun sollte nicht mehr geschleppt, vielmehr gedrückt werden. Man konnte jetzt Transportgefäße bauen, die Zigarrenkisten glichen und keines großen Aufwandes bedurften. Das Steuern besorgte das Schubboot, und auch Personal konnte eingespart werden. Wirtschaftliche Belange standen im Vordergrund. Bedenken wir: die Schiffahrt war durch den Krieg lahmgelegt, fahrbereites Material mußte an die Sieger, vornehmlich an Frankreich, abgeliefert werden. Neubauten waren vorerst nicht möglich.

Erst zu Beginn der 50er Jahre wurden Motorgüter- und Motortankschiffe wieder auf Helling gelegt. Ältere Schlepper machte man fahrtüchtig. Als dann nach 1949 die Industrie in Schwung kam und das Transportvolumen sich steigerte, fehlte es plötzlich an Laderaum, dies insbesondere im Massengütertransport. Obwohl die Transporte stiegen, kam keine rechte Kostendeckung bei den erzielten Frachterlösen zustande. Die Binnenschiffahrt sah sich gezwungen, eine Rationalisierung anzustreben, wollte sie einen Aufwärtstrend erleben. Ebenso war eine totale Modernisierung notwendig, um eine Kostensenkung im Reedereibetrieb zu erreichen. Erschwerend war die Tatsache, daß die Industrie immer bessere Arbeitsbedingungen bot, weniger Stunden in der Woche und später die 5-Tage-Woche. Immer mehr fahrendes Personal wanderte ab und ging der Schiffahrt verloren, die diese günstigen Bedingungen nicht zu bieten hatte. Diese Gegebenheiten veranlaßten die deutschen Reeder, in den USA nach neuen Möglichkeiten zu suchen.

Hierzu Curt Noel: "Aus dieser Erkenntnis heraus erklärt sich auch die Tatsache, daß sich zunächst die am Massengutverkehr auf dem Niederrhein maßgeblich beteiligten Reedereien entschlossen, eine für die Belange des Rheinstromverkehrs geeignete Schubschiffahrt zu entwickeln. - Die im November 1957 als erste echte, durch eine Gemeinschaft von holländischen und deutschen Reedereien unter dem Namen "Wasserbüffel" in Betrieb genommene Schubeinheit war das Ergebnis einer intensiven Zusammenarbeit von erfahrenen Schiffahrtspraktikern, Binnenschiffahrtskonstrukteuren und neuen Ideen zugänglichen Fahrensleuten.

Die mit der Schubeinheit "Wasserbüffel" erzielten Betriebserfahrungen haben nicht nur den Beweis dafür erbracht, daß Schubschiffahrt auf dem Rheinstrom ohne Behinderung der vorhandenen Schiffahrt reibungslos möglich ist, sondern darüber hinaus gezeigt, daß die für die Konstruktion dieser Einheit angestellten Überlegungen und Erwartungen zutreffend waren. Der Name "Wasserbüffel" ist daher für die ganze Entwicklung der Schubschiffahrt auf dem Rhein zu einem echten Typenbegriff geworden."

So also war es schon ein ganz besonderes Ereignis, als am 3. November 1957 die Schubeinheit "Wasserbüffel" mit vier Leichtern die erste Reise antrat. Die Menschen standen ebenso staunend an den Ufern wie zu jener Zeit des 19. Jahrhunderts, als das erste dampfgetriebene Schiff auf sich allein gestellt gegen die harte Strömung ansteuerte.

Erbaut wurde das Schubboot "Wasserbüffel" auf der Werft Christof Ruthof GmbH. in Mainz-Kastel. In Betrieb genommen hat es die Reedereigemeinschaft der Raab-Karcher Reederei GmbH., Fendel-Schiffahrts-AG., Nederlandse Rijnvaart-Vereeniging und N.V. Handels- en Transport Mij. "Vulcaan". Die Länge betrug 36,04 m, die Breite 8,36 m, und der Tiefgang war 1,95 m. Die Maschinenstärke betrug 1260 PSi.

Geladen hatte die erste Schubeinheit 5000 t Wabana- und Venezuela-Erze. Die Reise ging von Rotterdam bis in den Hafen Schwelgern, und die Fahrt verlief reibungslos. Die Länge der Gesamteinheit betrug 144 m und die Breite über die Leichter 19 m. Mit einer Geschwindigkeit von 10 km/St. fuhr der Verband zu Berg.

Nach vierjähriger Betriebserfahrung wurden die Ergebnisse über die erzielten Vorteile 1962 von Curt Noel in drei entscheidende Gruppen unterteilt: 1. Personaleinsparung, 2. Herstellungskosten- bzw. Investionseinsparung, 3. betriebliche Einsparung. Zu 1. Das Schubboot "Wasserbüffel" hat samt den vier Leichtern ein Fassungsvermögen von 6000 t. Die Besatzung beträgt 7 Mann. Nach althergebrachter Schlepptätigkeit waren neben dem Schleppboot drei Frachtkähne erforderlich und eine vorgeschriebene Mindestbesatzung von 18 Mann fahrendes Personal. Oder verteilte man die 6000 t auf zwei moderne Selbstfahrer, die je einen Kahn dazu schleppen würden, so hätte man 15 Mann fahrendes Personal benötigt.

Zu Punkt 2 sagt Curt Noel: "Für die Selbstkosten-Kalkulation der Binnenschiffahrt stellen die Herstellungs- bzw. Investitionskosten einen recht erheblichen Faktor dar. Die für den Bau einer Schubeinheit Typ "Wasserbüffel" aufzubringenden Herstellungskosten liegen eindeutig um 30-35% unter dem Anschaffungspreis tonnagemäßig gleichwertiger herkömmlicher Schiffseinheiten."

Zu Punkt 3 läßt sich sagen: Hier spielte der Zeitgewinn eine große Rolle, der durch das Laden und Löschen zu erzielen war. Auch die Durchschnitts-Fahrgeschwindigkeiten lagen höher als bei herkömmlichen Schleppzügen. Da die Unterkünfte fortfielen, war mehr Laderaum gewonnen. Sodann konnte das Be- und Entladen infolge des nur durch wenige Schotten getrennten größeren Raumes leichter erfolgen, zumal ja auch die Kräne moderner und größer wurden und Bandanlagen hinzukamen.

Der Einheit "Wasserbüffel" folgten bald schon die weiteren Schubeinheiten "Nashorn" und "Nijlpaard" (Nilpferd). Dies waren die drei ersten Schubschiffeinheiten auf dem Rhein. Daneben haben sich auch die schiebenden Selbstfahrer bestens bewährt. Durch zusätzliches Anbringen einer Schubbühne am Bug ist der Selbstfahrer in der Lage, einen Leichter zu drücken. Diese Möglichkeit wird von kleineren Reedereien viel genutzt. So gibt Curt Noel 1962 noch ein sehr gutes Beispiel: "Eine Schubschiffeinheit in der jetzt üblichen Zusammensetzung von 4 Schubleichtern mit einem Schubboot ergibt bei einer Gesamtladefähigkeit von ca. 6200 tons eine Gesamtlänge von 176 m und eine Gesamtbreite von 19 m. Ein Schleppzug mit herkömmlichen Schiffseinheiten für die gleiche Ladefähigkeit besteht zum mindesten aus einem Schleppboot mit 3 2000-tons-Kähnen. Ein derartiger Schleppzug benötigt eine Länge von 800 bis 900 m mit einer Breite bis zu 11,50 m."

Hier liegen die Vorteile der Verkürzung durch das Drücken klar auf der Hand. Die Manövrierfähigkeit ist wirkungsvoller und die Übersicht weiter. Gefahrenstellen im Strom können besser umfahren werden. Auch hatten die alten Schleppkähne bis zu 11 Laderäume. Sie bildeten ein Hindernis für moderne Bandanlagen beim Be- und Entladen. Um das richtig zu erfassen, muß man wissen, daß um 1962 in Rotterdam bereits innerhalb einer Stunde 800 bis 1000 t Erz umgeschlagen wurden. Die in den Beneluxländern eintreffenden Erzschiffe von Übersee faßten in den 30er Jahren schon 5000 bis 10 000 tons. Heute sind 50.000 tons und mehr keine Seltenheit. Nur mit den Schubleichtern ist die Binnenschiffahrt heute in der Lage, diese Leistungssteigerungen der Seeschiffahrt und der Umschlagsbetriebe auch zu bewältigen. Was die Unfälle betrifft, so gab es im Kalenderjahr 1960 beispielsweise zwischen Bonn und Emmerich 899 Havarien. Daran waren nur 5 Schubverbände beteiligt, und das bei der Verkehrsdichte des unteren Niederrheins.

Allerdings bezieht Curt Noel auch den Menschen in die Überlegungen ein. Mit Recht ist er der Ansicht, daß die Bindungen des Schiffers und seiner Familie an das betreffende Schiff oder die Firma früher größer waren, weil die ganze Familie auf dem Schiff wohnte und die Kinder teils darauf groß wurden. Hierdurch war die Liebe zu diesem Beruf früh geweckt. So kam es vor, daß Männer in der sechsten Generation einer Reederei treu geblieben waren.

Heute hingegen wandern immer mehr junge Leute in die Industrie ab, weil sie glauben, ihnen ginge zu viel Freizeit verloren. Einheitliche Regelungen sind in der Schiffahrt schlecht durchzuführen. Die unbemannten Transportgefäße, eben jene Leichter, tragen möglicherweise auch zu dieser Abwanderung bei. Die Besatzung ist jetzt auf dem Schubboot untergebracht. Hier können keine Familien mehr an Bord genommen werden. Dafür waren in der Frühzeit zwei Besatzungen im ständigen Wechseldienst tätig, da der Schuber immer im Einsatz zu sein hatte. Nach zwanzig Tagen Fahrt bekam die Mannschaft zehn freie Tage an Land. Dies als ein Beispiel von vielen Variationen, die Arbeitsbedingungen denen an Land anzupassen. "Der als freier Mann auf dem eigenen oder ihm anvertrauten Schiff Tätige wird" nach Curt Noel "jedenfalls bei der Umstellung auf den reinen Schubbetrieb zum 'Eisenbahner der Wasserstraße'."

Durch das Ablösersystem ist besonders den jüngeren Leuten in der Rheinschiffahrt eine Möglichkeit gegeben, vermehrt Freizeit in Anspruch zu nehmen und zu nutzen. Dies hat nicht erst die Schubschiffahrt eingeleitet; vielmehr waren derartige Überlegungen schon bei Reedereien im Gespräch, bevor die Schubschiffahrt bei uns einsetzte.

"So wie vor mehr als 100 Jahren eine mit Wind-, und sogar Menschenkraft betriebene herkömmliche Schiffahrt mit aus Holz gebauten Schiffen durch aufgekommene Dampfkraft und damit parallel laufenden Eisenbau verdrängt wurde", bemerkte 1962 Curt Noel, "so wird die aufkommende Schubschiffahrt mit ihren

Vorteilen jetzt eine grundlegende Änderung des ganzen Binnenschiffahrtsbetriebes herbeiführen."

So sind denn aus den 300 Leichtern von 1962 bis zum Jahre 1974 = 1.400 geworden. War die Tonnage 1962 noch 350 000 t, so war sie bis 1974 auf 1,5 Mill. t angestiegen.

## Versuche mit Lastrohrflößen als Zwischenlösung

Bereits 1957 hatte man Versuche angestellt, eine amphibische Landeanlage und Lastrohrflöße zu entwickeln. Die Krupp-Reederei ließ ein solches Lastrohrfloß bauen. Man schweißte zwei Schlepper zusammen und erhielt so ein Schubboot, um das Lastrohrfloß zu drücken. Noch handelte es sich bei dieser Transportart um ein Übergangsstadium, "denn die mit diesen Einheiten angestellten Versuche bzw. erzielten Betriebsergebnisse haben ", nach Curt Noel, "eindeutig erkennen lassen, daß mit derartigen, zum Schieben umgebauten Einheiten kein Vergleich zu echten Schubeinheiten angestellt werden kann. Darüber hinaus hat der Einsatz dieser für den Schubverkehr umgebauten Einheiten Veranlassung zu wirklich unberechtigten Vorwürfen und falscher Beurteilung der Schubschiffahrt gegeben."

Das Lastrohrfloß zählte zu den amphibischen Fahrzeugen, bei denen der Schiffsraum nach Art der alten Flöße sich aus mehreren Behältern zusammensetzte. Durch Neben- und Hintereinanderkoppeln solcher Lastrohre entstand ein elastischer Hälterverband von beliebiger, den jeweiligen Stromgebieten anzupassender Länge und Breite.

Diese gekoppelten Hohlkörper, auch Flöße genannt, wurden je zu drei und drei gekoppelt und von dem Schubboot gedrückt. Diese Formationen konnten auch Schleusen durchfahren. Gleichermaßen in Streckenfahrt wie auch in Häfen hatte das Lastrohrfloß seine günstige Manövrierfähigkeit unter Beweis gestellt. Sie wurde besonders dadurch erreicht, daß der Floßverband einen Bug- und einen Heckantrieb hatte. Das vorgespannte Bugboot übernahm die Steuer- und Lenkfunktion, damit der Verband nicht ausscheren konnte. Vorwärtsbewegt wurde er durch Drücken. Auf diese Weise konnte ein langer Verband, ähnlich wie in den USA um die Jahrhundertwende die Holzflöße, jede Schleife und Kurve voll ausfahren, da die Flöße untereinander elastisch vertäut waren wie Glieder, die nach links und rechts schwenken. Das eigentliche Lastrohr, das Einzelelement, war ein zylinderförmig aus einfachen Bauteilen (Rumpf, Schotten und Schwimmer) zusammengesetzter Behälter.

## Die Schubschiffahrt der siebziger Jahre

Aus diesen frühen Versuchen haben sich dann die Schubeinheiten herausgebildet, die ein Höchstmaß an Sicherheit garantierten. So wurde 1969 das Schubboot "Leverkusen" der Firma Lehnkering AG in Dienst gestellt. Das Boot schiebt vier Spezialleichter vor sich her, die insgesamt 8 800 t Säure transportieren, und zwar Abfallprodukte der Chemie, bis nach Rotterdam. In die Leichter sind besonders ausgekleidete Tröge eingelassen, speziell für den Säuretransport.

Um die Schubboote voll auslasten zu können, ist ein fester Fahrplan einzuhalten, ähnlich wie bei der Börtschiffahrt des Mittelalters. Als die beiden holländischen Schubboote "Dolfijn" (Delphin) und "Walrus" (Walroß) in Dienst gestellt wurden, sagte in Rotterdam der ATH-Direktor Prof. Dr. Walter Cordes: "Wir stehen erst in den Anfängen einer programmierten Planfahrt. Wir werden weitere große Fortschritte erzielen, wenn wir zur Fahrt in Sechserverbänden übergehen, und wenn zur Vermeidung unnötiger Wartezeiten in den Lade- und Löschhäfen der Austausch von leeren und beladenen Leichtern möglich ist, das heißt, wenn auch die Transportgefäße in den Lade- als auch in den Löschhäfen frei austauschbar gemacht werden."

Wenn man die inzwischen in Rotterdam gebauten hochmodernen Erzumschlaganlagen mit den komplizierten technischen Einrichtungen sieht, dann ist die genannte Forderung eines wechselseitigen Transportes mit beliebigem Leichteraustausch dringend geboten. Nur so kann das auf Halde liegende Erz schnellstens zu den Duisburger Hochöfen befördert werden.

Bis 1973 wurden Tag für Tag über 20.000 t. Erz für die Hochöfen der ATH (August Thyssen Hütte) im Hafen Schwelgern gelöscht. Auch hier hatte man die Verladeanlagen ausgebaut. Radaranlagen für einen beschleunigten Schiffsumlauf gehören heute zur Standardausrüstung der Schubboote für die Nacht- und Nebelfahrt. So sind aus zwei bestehenden bereits drei Besatzungen je Schubboot geworden, so daß jeweils eine davon frei haben kann.

Der freundliche, helle Maschinenraum der Schubboote ist mit zwei MWM-Dieselmotoren von je 1100 PS ausgerüstet. Die äußerst ruhige Fahrweise kommt dadurch zustande, daß der gesamte Wohnungsaufbau einschließlich Steuerhaus auf Schwingmetall gelagert ist. Besonders isoliert sind die Schlafräume, die mit Klimaanlagen ausgestattet sind. Diese Schubboote haben kein Steuerrad im herkömmlichen Sinne mehr. Zwei kleine Hebel genügen, den Schubboot-Giganten spielend zu dirigieren. Automatische Störanzeiger auf den Armaturen zeigen Fehlerquellen im Maschinenraum an. Die neunköpfige Besatzung hat Wohn- und Aufenthaltsräume, wie sie sich auf modernen Fahrgastschiffen befinden.

Eine niederländische Schubeinheit, "Credo", ist 108 m lang, 15 m breit, hat 3,80 m Tiefgang und faßt 4200 t Kohlengemisch. Sie war schon 1969 im Einsatz. Ein

Vierer-Schubverband kann 10.000 t Erz transportieren, wozu 400 Eisenbahnwaggons nötig wären. Rotterdam-Europoort ist der große Erz-Umschlagplatz, den die Schubverbände anlaufen. Man nennt die Leichtertröge "die häßlichsten, aber auch die praktischsten Transportgefäße, die der Rhein je geschaukelt hat." (Dieter Vogt).

Ein solcher Vierer-Schubverband kann 185 m lang und 23 m breit sein. Die neuesten Modelle des Jahrgangs 1975, wie beispielsweise die "Herkules IV" von Krupp, sind mit drei Motoren von je 2000 PS ausgestattet. Sie besitzen drei Schrauben und fünf Ruder. Diesem Umstand verdanken sie ihre besondere Wendigkeit auf engstem Raum. Mit gekoppelter Last sind sie in der Lage, seitliche Manöver durchzuführen und selbst auf der Stelle (natürlich ohne Leichter) zu wenden.

Die technische Perfektion geht soweit, daß es gut eingefahrenen Schiffsführern möglich ist, in die engsten Schläuche der Hafenbecken und in die schlechtesten Liegestellen hineinzuschieben, ohne anzuecken. Man nennt die Schiffsführer im Volksmund 'Schmalspurnautiker'. Damit ist die große Wende umrissen, die die Schiffahrt erlebt hat und mit der sie sich auseinandersetzen muß.

Der Rhein als Wasserschnellstraße ist zwischen Duisburg und Rotterdam zu einer Rennstrecke geworden, auf der mit einer Erzladung von 10.000 t und einer Verantwortung für 25 Millionen Mark kein romantischer Landblick mehr bleibt.

Die Maschinenstärken sind inzwischen auf 6000 PSi angestiegen: Das Schubboot "Hercules III" ist mit 6000 PSi zur Zeit das stärkste Schubboot auf dem Rhein. Es wurde 1972 auf der Ruhrorter Schiffswerft erbaut und gehört der Reederei Friedrich Krupp GmbH. Die Länge beträgt 37 m, die Breite 13,05 m und der Tiefgang 1,70 m. Die Tragfähigkeit einer Vierer-Leichter-Einheit liegt bei 11.000 t. Mosel und Main werden von diesen Schiffen ebenfalls befahren, jedoch mit kleineren Typen. Das neueste Schubschiff auf dem Rhein heißt "J.C. van Neck" ("EWT 106"), und gehört der 'Europese Waterweg-Transporten BV'. Die Maschinen sind insgesamt 5400 PSi stark, und sie können mittels sechs Leichtern 16.000 t Ladung transportieren.

Waren es 1960 gerade erst 4 Schubboote mit 29 Leichtern, so war die Flotte 1975 auf 101 Schubboote mit 315 Leichtern angewachsen, die zusammen eine halbe Million Tonnen transportieren können.

Bei aller Weiterentwicklung: die Binnenschiffahrtsflotte befindet sich im Schrumpfungsprozeß. Konstant geblieben ist lediglich bis 1977 die Anzahl der Schubschiffe. Im Jahre 1979 verkehrten, allerdings ohne die belgischen Stückzahlen, 252 Schubboote auf dem Rhein mit einer PS-Zahl von 291.109. Bis zu 649 t waren es 58 Schubleichter mit insgesamt 27 470 t, und 831 Schubleichter mit je 650 und mehr t, die insgesamt 1 653 872 t trugen. Die Entwicklung auf diesem Gebiet geht sicherlich weiter. Die tägliche Praxis führt zu immer neuen Verbesserungen, die in Versuchsreihen und im Schiffsneubau berücksichtigt werden. So wird ein hohes Leistungsvermögen erreicht. Bei ausreichend großer Nachfrage nach Transportleistungen auf der Niederrheinstrecke kann das Schubboot in einem Jahr über 200 Reisen zwischen Rotterdam und Duisburg durchführen. Bei günstigen Wasserständen wird dann eine Transportleistung von über 2 Mio. Tonnen erreicht. Noch vor wenigen Jahren wurde eine solch hohe spezifische Transportleistung eines modernen Schubverbandes selbst noch von Praktikern bezweifelt.

Vor allen Dingen wird man das Rheinbett tiefer baggern müssen, wenn größere Einheiten mit noch mehr Tiefgang mehr Last befördern wollen. Anstrengungen, die eine Kostenfrage sind und nur durch das Zusammenwirken aller am Rheinverkehr beteiligten Staaten zu bewältigen sein werden. Die Reinhaltung des Wassers ist ein weiteres Problem. Die gelbe Flotte der Bilgenentölerboote erfüllt dabei viele Aufgaben, von denen anschließend berichtet werden soll.

### Die gelbe Flotte der Bilgenentölerboote (Bibos)

Im Zuge der Sauberhaltung des Wassers hat sich in den letzten 19 Jahren eine Flotte kleiner Schiffe bewährt, die eine verantwortungsvolle Aufgabe zu erfüllen hat: die gelbe Flotte der Bilgenentölerboote, kurz 'Bibos' genannt. Sie leisten einen wichtigen Beitrag zum Umweltschutz, indem sie bei den Motorschiffen das Bilgen- oder Altöl auspumpen.

Bereits 1961 hat der Verein für Binnenschiffahrt und Wasserstraßen e. V. (früher 'Verein zur Wahrung der Rheinschiffahrtsinteressen') in enger Zusammenarbeit mit der Arbeitsgemeinschaft der Rhein-Wasserwerke den "Bilgenentwässerungsverband" gegründet und gleichzeitig damit das erste Entölungsboot in Dienst gestellt. Es ist die "Bibo 1" mit einem Fassungsvermögen von 18 t.

Nach ersten Bewährungsproben wurden immer mehr dieser Schiffe gebaut, so daß bis 1979 insgesamt eine Flotte von acht deutschen und einem Schweizer Boot diese Aufgabe wahrnehmen kann. Auf diese Weise werden jährlich 10.000 t Altöl übernommen. Die Wasserschutzpolizei kontrolliert bei ihren Einsätzen die Öltagebücher der Motorschiffe, durch Hubschraubereinsätze werden verdächtige Ölspuren im Strom verfolgt und die Übeltäter gestellt.

Der Vorstand des Bilgenentwässerungsverbandes, Senator Günther Kopf, machte auf die Wirtschaftlichkeit der Bilgenentölung aufmerksam. Nach seinen Ausführungen entspricht die Jahresleistung der Boote der Abwässerbeseitigung einer Stadt von einer Million Menschen. Um das zu erreichen, wären jährlich Betriebs- und Kapitalkosten für Kläranlagen in Höhe von 19 Mill. DM aufzuwenden. Die Bilgenentölungs GmbH mit Sitz in Duisburg-Homberg betreibt die Entölung im Auftrage des Entwässerungsverbandes und wendet anstelle der genannten 19. Mill. DM nur 2,5 Mill. DM auf. Durch den Verkauf des Altöls kann 1 Mill. DM abgedeckt werden. Das Öl wird den Raffinerien zugeleitet und dort in Schmieröl und in Gas- bzw. Heizöl umgewandelt und somit der Wiederverwendung zugeführt.

Die "Bibos" haben auch noch die Aktion 'saubere Ufer' in ihr Programm aufgenommen. Angeschwemmte Ölfässer, von den Motorschiffen über Bord geworfen, werden von den Ufern geholt; über 40.000 Fässer sind inzwischen auf diese Weise geborgen worden. In den Niederlanden sind diese Maßnahmen noch nicht in diesem Sinne wirksam geworden. Hier äußerte sich Senator Kopf weniger zufrieden. Durch das Ausstellen von sogenannten Gefälligkeitsbescheinigungen beim Frischöleinkauf würden die Maßnahmen nur zur Hälfte wirksam. Hingegen wies der Landwirtschaftsminister von Nordrhein-Westfalen, Hans-Otto Bäumer, gerade auf die große Bedeutung dieser Bilgenentölung hin, da aus dem Rheinwasser für 8,5 Millionen Menschen das Trinkwasser gewonnen würde. Zu der Rheinwassergesundung tragen die "Bibos" ganz entschieden bei.

Die Flotte der gelben Schiffe hat ihren Operationsraum inzwischen auf den Main, den Neckar und die westdeutschen Kanäle ausgedehnt und insgesamt rund 100.000 t Altöl eingebracht. Sie haben damit nach H.O. Bäumer "bewiesen, daß jeder durch Initiative und Kooperation wirksam zum Umweltschutz beitragen kann."

Dazu muß man wissen, daß die Ölrückstände von der gelben Flotte kostenlos aus den Schiffsbilgen gepumpt werden. Dem Laien sei erklärt, daß jedes Schiff, das einen eingebauten Motor besitzt, auch eine 'Bilge' hat. Die Bilge ist der Raum zwischen Maschinenraumboden, auch als 'Flurplatten' zu bezeichnen, und dem Schiffsboden. Hier kommen verschiedene Rückstände als Sammelgut zusammen: einmal das Leckwasser aus der Schraubenwelle und die dazugehörigen Stopfbuchsen und Ventile, sowie das Lecköl aus den Treibstoff- und Schmierölkreisen. Weiteres Öl und Wasser gelangen bei Motorwartungsarbeiten in die Bilge. Natürlich trägt der Bilgeninhalt etwas zum Ballast bei. Aber zwischenzeitlich muß die Flüssigkeit, die sich dort unten sammelt, gelenzt, d.h., herausgepumpt werden. Früher lenzte man prompt in den Strom. Seit 1963 ist das gesetzlich verboten. Trockene Bilgen verringern zudem die Brandgefahr im Maschinenraum. Auch bei Havarien wirkte sich früher das Leerlaufen der Bilge immer verheerend aus. Die Rheinschiffahrt rechnet mit einer Größenordnung von insgesamt 16.000 Schiffen. Obwohl längst nicht alle Schiffe erfaßt werden können, sammeln die acht deutschen "Bibos" immerhin jährlich gegen 10 Millionen Liter Öl aus den Bilgen.

Die "Bibos" werden per Funk von den Schiffsführern angefordert. In den Häfen kommen sie längsseits und pumpen das Altöl über in ihre Tanks. Das ist eine Arbeit von eineinhalb bis zwei Stunden pro Schiff. Würde das Leerpumpen nicht kostenlos sein, würden wahrscheinlich die meisten Schiffe das Altöl während der Fahrt im Strom ablassen. Drei dieser "Bibos" mit 90 t Fassungsvermögen sind allein im Raum Duisburg im Einsatz. 51 % der Entölung gehen über ihre Tanks.

Heute hat der größte "Bibo" ein Fassungsvermögen von 231 t. Der kleinste mit nur 12 t ist im Duisburger Hafen eingesetzt. Die übrigen versehen ihren Dienst zwischen Emmerich und Karlsruhe-Mannheim.

So hat die Wasserschutzpolizei im Jahre 1971 beispielsweise 9170 Schiffe überprüft und mußte 103 Anzeigen erstatten und 340 Verwarnungen geben. 1978 hingegen wurden im nordrhein-westfälischen Raum 15045 Kontrollen vorgenommen, 155 Verwarnungen gegeben und nur 27 Anzeigen erstattet. Das zeigt deutlich, daß die Schiffe das Angebot annehmen.

## Ein "Bibo" für die Schweiz

Im März 1978 wurde das neunte Boot dieser Art in Dienst gestellt. Die "Regio" wurde von der Schweiz in Auftrag gegeben. Man wertete die Inbetriebnahme des neuen Bilgenentölungsbootes als "einen neuen Meilenstein auf dem Wege der Reinhaltung des Rheins."

So berichtete die ZÜRCHER ZEITUNG in der Nr. 62 vom 15. März 1978: "IM GELEITZUG ZU BERG": "Als sich die 'Regio' am Dienstag (14.3.78) dem Dreiländereck im Rheinhafen Kleinhüningen unter Böllerschüssen näherte, flogen ihr als ein glückliches Omen zwei Schwäne voraus. Behörden, Vertreter der Schiffahrt und der Bauwerft fuhren darauf in einem kleinen Geleitzug zu Berg. Die Spitze bildete das Basler Feuerlöschboot, aus allen Rohren Wasser werfend; es folgten der gefeierte Neubau, ein Passagierschiff und das Hafenboot.

Als Marschmusik auf dem Weg durch die Stadt ertönten die Dreiklanghörner, sonst nur bei Radarfahrt erlaubt. Oberhalb der Schleuse Birsfelden führte das Baselbieter Löschboot den Konvoi an. Beim anschließenden Empfang brachten die Regierungsräte Dr. Edmund Wyss (Basel-Stadt) und Paul Manz (Basel-Landschaft) die Genugtuung über die gute Zusammenarbeit der beiden Kantone auf dem Wasser zum Ausdruck, für welche die 'Regio' ein neuer Beweis ist."

Immerhin laufen jährlich 12000 Schiffe die Häfen beider Basel an, so daß ein solches Bibo-Schiff dringend benötigt wurde. Betrieben wird es von der Rheinschiffahrtsdirektion Basel. So kann es auch unter staatlicher Regie als Ölwehrboot eingesetzt werden, d.h., bei einer Havarie kommt es zusammen mit einem Feuerlöschboot zum Einsatz und kann auf dem Strom treibendes Öl mittels Treibschläuchen einkreisen und absaugen. Der 1,9 Mill.-Franken-Neubau verteilt sich kostenmäßig auf den Bund mit 330.000 Franken aufgrund des Gewässerschutzgesetzes; auf den Kanton Aargau mit 83000 Franken im Hinblick auf seinen schiffbaren Hochrheinabschnitt Kaiseraugst-Rheinfelden. Auch wird vom Aargau jährlich ein kleinerer Betrag für den Betrieb dieses "Bibo" beigesteuert. Als drittes sind die beiden Hafenkantone mit etwa 500.000 Franken jährlich an den Unterhaltungskosten der "Regio" beteiligt.

Zur Arbeitsweise kann man sagen, daß die "Regio" das Bilgenwasser der Motorschiffe übernimmt, während diese im Hafen beladen und gelöscht werden. Auf dem Boot wird mittels eines Separators Wasser von Öl getrennt. Das reine Wasser fließt in den Hafen zurück. Das separierte Öl gelangt zunächst in Tanks unter Deck, wird später an der Löschstelle des Fernheizkraftwerkes in einen Stehtank gepumpt und verbrannt. Jährlich werden der Fernheizung dadurch 1200 t. Heizöl erspart. Also auch hier wieder eine sinnvolle Verwendung eines Abfallproduktes, das sonst ungenutzt und dazu noch verunreinigend in den Rhein gelangt.

Die "Regio" wurde bei der Meidericher Schiffswerft in Duisburg, Hafenbecken A, auf Kiel gelegt. Die Konzeption erarbeitete A. Vogel in der Schiffahrtsdirektion Basel. Das Schiff ist 30 m lang und 6 m breit. Es ist ein Ein-Schrauben-Schiff aus Stahl mit ausfallendem Plattensteven und Kreuzerheck. Wasserdichte Schotten unterteilen das Fahrzeug in Vorpiek, Separatorraum, 4 Ladetanks, Separatortank, Ölwehr-Geräteraum, Maschinenraum, Leerzelle und Achterpiek. Die Decksaufbauten umfassen den Separatorraum, 5 Expansionsluken, das Steuerhaus, den Maschinenraumeingang und die Wohnung. Die Plattenstärken liegen zwischen 6 und 10 mm am Rumpf und zwischen 5 und 8 mm im übrigen Schiff. Rundum läuft eine Bergplatte von 250 × 20 mm. Die Verschanzungen sind eingezogen und oben nach innen geneigt. Alle Umschlagsleitungen sind unter Deck verlegt. An Deck wurde ausschließlich Tränenblech verwendet und die Luke zum Ölwehrraum deckeben eingebaut.

Die Seitenhöhe mittschiffs beträgt 2,25 m, Tiefgang beladen ca. 1,70 m, Leerfesthöhe ca. 5,50 m, Ladefähigkeit ca. 15 m$^3$ Bilgenwasser und ca. 75 m$^3$ separiertes Bilgenöl, Motorleistung 1 × 204 PS bei 1400 Umdrehungen per Minute, Propeller 1 × 4flüglig, Durchmesser 1,30 m, Geschwindigkeit bis 16,0 km/h in stillem Wasser von 3,50 m Tiefe. Ein Energieaggregat von 55 kW Leistung versorgt alle Geräte mit eigenem Strom. Zur Betätigung des Doppelruders dient das normale Steuerrad und bei Schnellmanövern eine Hebelsteuerung. Zudem gibt es noch ein Notsteuer. Funk und Radar gehören zur Standardausrüstung.

Da die "Regio" auch Schiffe mit feuergefährlicher Ladung anlaufen muß, sind besondere Sicherheitsvorkehrungen eingebaut. Alle Räume lassen sich gasdicht verschließen und unter Überdruck setzen. Sollte das Gas-Luft-Gemisch an Deck den Gefahrenmoment überschreiten, wird automatisch Alarm ausgelöst. Dies besorgt ein Explosimeter. Um Treiböl einzukreisen, ist eine 150 m lange 'schwimmende Sperre' an Bord. Die vollautomatische Ausrüstung erlaubt eine zwei-Mann-Besatzung: Schiffsführer und Matrose-Motorwart. Sie wohnen an Land, versorgen sich jedoch an Bord in einer modern eingerichteten Wohnküche. Auch eine Duschkabine ist vorhanden. Es sind noch etliche Sicherheitsvorkehrungen eingebaut, damit beim Lenzen der Bilgenöle die "Regio" nicht selbst zum Verschmutzer werden kann. So gibt es beispielsweise einen hydraulischen Atlaskran, eine hydraulisch ausfahrbare, drehbare Halogen-Flutlichtanlage, eine Wasser-Schnellangriffseinrichtung, eine hydraulisch betätigte Glattdeckluke, eine 150 m Ölschlängelanlage, ein Ölabsauggerät, einen 3-Stufen-Separator.

Nachdem in den frühen 60er Jahren die Verölung des Rheins bedrohliche Formen angenommen hatte, versuchte man an Land den Schiffen das Öl abzunehmen. Das jedoch hätte den Schiffen Liegezeiten aufgezwungen und sie veranlaßt, einen oder mehrere bestimmte Pumpliegeplätze anzulaufen. Diesen Zwang hätten sicher nicht viele Schiffer auf sich genommen. Die gelben Schiffe hingegen fahren den Motorschiffen nach, suchen die Häfen auf oder lassen sich per Funk Order geben. Sie betreiben Kundendienst im weitesten Sinne.

Die jährlich 12000 Schiffe in den Rheinhäfen beider Basel bringen einen Güterumschlag von 8 Mio Tonnen, damit befindet sich dort der fünftgrößte Umschlagsplatz am Rhein. Als Kopfstation oder Endpunkt befinden sich in diesen Rheinhäfen Werften, Service für Reparatur und Schiffsbedarf. Die Werftfachleute setzen eine trockene und saubere Bilge voraus, bevor sie dort ihre Reparaturarbeiten aufnehmen. Insofern ist eine Bilgenentölung dringend erforderlich und hat einen erhöhten Stellenwert im Basler Raum. Hier werden jährlich über 4 Mio Tonnen flüssige Treib- und Brennstoffe umgeschlagen. Die festen Land-Lager umfasen über 1,2 Mio m$^3$ Tankraum.

Bereits seit 1973 waren Feldversuche im Gange, um Ölsperren und Ölabsauggeräte zu entwickeln, die einer Ölwehr gerecht würden. Die Schweiz hat hier mit deutschen Dienststellen zusammengearbeitet. Nachdem man 1973 zwei Großfeuerlöschboote in Dienst gestellt hatte, folgte nun zur Verstärkung die "Bibo Regio" als Ölwehrboot. Um einen wirkungsvollen Einsatz zu garantieren, muß man zur Basler Hafensituation folgendes sagen: Die Rheinhäfen Basel-Stadt und Basel-Landschaft (Rheinhäfen beider Basel) sind durch die Schleuse Birsfelden und eine Stromstrecke von rund 8 km voneinander getrennt. Soll Hilfe bei Brand geleistet werden, geht viel Zeit verloren, bis die Schiffe an Ort und Stelle sind. Deshalb hat man ein Löschboot oberhalb und eines unterhalb der Schleuse stationiert. Dies ist bei einer Brandkatastrophe die beste Lösung. Anders bei einem Ölunfall: Eine Vorwarnzeit ist gegeben, weil das Öl auf dem Strom nur mit einer bestimmten Geschwindigkeit treibt. Zum anderen muß eine Ölsperre zunächst eine gewisse Menge an Öl aufgefangen haben, bevor der Absauger eingesetzt werden kann.

So ist das Einsatzgebiet des "Bibo Regio" zwischen Rheinfelden (Rhein-km 149) und der Schleuse Kembs (Rhein-km 179). Die Bilgenentölung findet aber hauptsächlich zwischen den Häfen Au (Schweiz)/Grenzach (BRD) und Weil (BRD)/Huningue (Frankreich) statt. Ölwehr-Einsätze unterhalb Kembs können bewilligt werden, wenn besondere Umstände vorliegen.

Damit haben wir einen Überblick gewonnen über die wichtigen Aufgaben, die dieser gelben Flotte zugeteilt worden sind. Sie ist aus der modernen Motorschiffahrt einfach nicht mehr wegzudenken.

**Die Küsten-Motor-Schiffe der Nachkriegszeit (Kümos)**

Im Jahre 1949 setzte der Rhein-See-Verkehr ein mit einer Transportleistung von 117000 t. Dies geschah mit veralteten Schiffen, da ein Teil des wertvollen Schiffsraums als Reparationen an die Siegermächte ausgeliefert werden mußte. Nach Aufhebung der alliierten Schiffbaubeschränkungen hatten deutsche Werften bis 1951 bereits wieder 39 Seeschiffe und 19 Küstenmotorschiffe (abgekürzt Kümos genannt) gebaut. Sie wurden die ersten wichtigen Verkehrsträger nach den gewaltigen Zerstörungen.

Auf der weitgestreckten GHH-Rheinwerft Walsum am Niederrhein wurde 1951 das erste deutsche nach dem Krieg in Auftrag gegebene Rhein-See-Schiff getauft. Die "Ruhrort" war damals mit 1036 BRT und einer Länge von 86 m das größte Schiff, das bis dahin jemals in Nordrhein-Westfalen gebaut worden war. Sie erreichte eine Geschwindigkeit von 14,5 Knoten. Schon 1936 hatte es eine "Ruhrort" als Rhein-See-Gütermotorschiff gegeben, von dem bereits im Hauptkapitel VIII berichtet wurde.

Die Kümos, die das Rhein-Ruhr-Gebiet anliefen, nahmen auf dem Rückweg Kohle zu den Nordseehäfen mit. Ihr Aktionsradius erweiterte sich in den fünfziger Jahren. Aus Skandinavien brachten sie Grubenholz zu den Zechenhäfen des Ruhrgebietes. Auch hier war es der Initiative zahlreicher Partikulier-Reeder zu danken, daß sich die Tonnage zu erhöhen begann. So gehörte 1955 ein 400-t-Kümo zu den größten Rhein-See-Schiffen. Hingegen liegen die Größenverhältnisse im Jahre 1980 zwischen 750 und 1600 tons. Duisburg und Köln können immer angelaufen werden, Mannheim und Basel nur dann, wenn extrem 'gutes Wasser' vorhanden ist. Noch im April 1977 fuhr ein 1000-t-Kümo eine Ladung Zucker von England den Rhein herauf direkt bis nach Basel.

Der größte Teil der Kümo-Ladungen geht allerdings nach Duisburg. Die Duisburger Häfen sind mit 40 % an diesen Geschäften beteiligt. Trotz niedrigen Wassers im Jahre 1976 liefen 1512 Kümos die Duisburger Häfen an. Selbst bei Ebbe gelingt es ihnen aufgrund geringen Tiefgangs, die Seehäfen anzulaufen. Das verschafft ihnen eine gewisse Überlegenheit gegenüber den eigentlichen Seeschiffen, die ja erst in diesen Seehäfen ihre Ladung umschlagen müssen. Dieses Umschlagen auf Binnenschiffe nennt man den "gebrochenen Güterverkehr". Wertvolle Stückgutfrachten, Stahl- und Walzwerkprodukte, sperrige Ladungen, Container, Baumstämme aus wertvollen afrikanischen Edelhölzern für die Möbelindustrie sind die häufigsten Ladungen.

Nach neuesten Bestrebungen will man die See- und Binnenschiffahrt miteinander verschmelzen, um den Güterverkehr leistungsfähiger und kostensparender werden zu lassen. Auch gilt es, die Konkurrenz derjenigen Staaten auszuschalten, die nicht Stromanlieger sind. Diese "billig-Flaggen"-Unternehmen machen den hiesigen Reedereien sehr zu schaffen und sorgen für Preisstürze im Frachtgutverkehr.

Aus diesen Erwägungen heraus ist man dabei, modernste Spezialschiffe zu bauen. Da gibt es die Freidecker-Typen "Raffelberg", die auf der Ruhrorter Schiffswerft gebaut werden. Sodann die Volldecker der "Cargo-Line", die bis nach Berlin fahren können. Mit 67 m und 80 m Länge gelingt es ihnen, alle verfügbaren Kanäle zu befahren, wie beispielsweise den Rhein-Herne-Elbe-Seitenkanal, den Main-Donau-Kanal und den Mittellandkanal.

So fassen die "Raffelberg"-Typen 725 t bei 2,50 m Tiefgang, und die "Cargo-Liner" 970 t bei 2,50 m Tiefgang. Sieben bis neun Fachkräfte bilden die Besatzung. Spezialkühlanlagen gehören heute zur Standardausrüstung dieser Kümos. Ihre Abmessungen befähigen sie, die Binnenhäfen vieler Nationen anzulaufen. Gegenüber den Schiffen im direkten Rhein-See-Verkehr, die sehr hohe festmontierte Aufbauten besitzen, können die Kümos beim Durchfahren vieler Brücken und Schleusentore unterschiedlichster Höhen ihr Steuerhaus und die Back hydraulisch senken oder heben. Diese Vorteile besitzen die Typen "Cargo-Liner", "Rhone-Liner" und "Ems-Liner".

Die Tragfähigkeit von 1600 tons ist inzwischen schon überholt. So gibt es einen "Rhone-Liner" von 2800 tons bei 4 m Tiefgang, und dasselbe Schiff kann bei 3 m Tiefgang 1700 tons fassen, und bei nur 2,30 m Tiefgang immer noch 1000 tons laden. Bei Kümos mit einer Tragfähigkeit von 1300 tons spricht man von einem Seeschiff mit "Großer Klassifikation".

### Die Rhein-See-Schiffe in neuester Zeit

Im Jahre 1965 wurde auf der GHH-Rheinwerft Walsum für die Reederei Schepers-Rhein-See-Linie das Rhein-See-Gütermotorschiff "Maas" auf Kiel gelegt. Die Länge betrug 65,30 m, die Breite 10,30 m, der Tiefgang als Schutzdecker 3,46 m, als Volldecker 4,94 m, die Tragfähigkeit 1015 t, und die Maschinenstärke 1000 PS.

Im gleichen Jahr hatte der Rhein-See-Verkehr bereits 1.227000 t Gütermengen befördert. Das steigerte sich bis 1975 auf 1.300 000 t. Die Gesamt-Tonnage des Rhein-See-Verkehrs erreichte 1977 ingesamt 700 000 BRT (Brutto-Register-Tonnen), wobei die Schiffe im Durchschnitt etwa 350 BRT laden können, die Größten davon 1400 BRT. Ein neuer Schiffstyp ist hier der "Cargo-Liner" mit 80 m Länge, 9 m Breite und einer Tragfähigkeit von 1250 t. Eine große Ladeluke erlaubt das Einbringen sperriger Güter.

Diese Schiffstypen verkehren einmal im Skandinaviendienst, laufen die einzelnen Ostseehäfen an, fahren entlang der französischen Atlantikküste und bis nach Portugal, Spanien, Nordafrika und zu den Kanarischen Inseln, ferner nach England und Irland. "Sie unterscheiden sich", nach K. Dütemeyer, "durch diesen ausgedehnten Einsatzbereich wesentlich von den Kümos, die im Regelfall nur an der Küste lang zwischen Seehäfen bzw. über Binnenwasserstraßen zwischen Seehäfen und binnenländischen Lade- und Löschplätzen fahren."

Besondere Schwerpunkte im Rhein-See-Verkehr sind Stückgut- und Containertransporte. Sie werden von etlichen Reedereien als Spezialtransporte durchgeführt. Die Schiffe fahren je nach günstigem Wasserstand überwiegend bis Köln. Bis zum Mittel- und Oberrhein gelangen sie nur bei extrem günstigen Wasserständen mit weniger Gütern. Die Vorteile dieser Art des Güteraustausches gleicht einem Haus-zu-Haus-Verkehr, also von einem Binnenhafen direkt in den anderen Binnenhafen, ohne den früheren Warenumschlag in den Seehäfen. Trotzdem beträgt dieser Rhein-See-Verkehr im Vergleich zur Binnenschiffahrt nur 2-3 % des Gesamtumschlages. In diesem Zusammenhang sollten auch die See-Fluß-Schiffe erwähnt werden, welche die größeren Flußmündungen, z. B. die der Rhone, Maas oder Themse, hinauffahren. Sie sind einmal vollwertige Seeschiffe, aber gleichzeitig in ihren Maßen so gehalten, daß sie in alle größeren Flußmündungen einlaufen können. Bewegen sie sich im Rhein, so sind ihre hohen Aufbauten beim Passieren der Brücken nicht hinderlich, da sie hydraulisch absenkbar sind. Die Besatzungen müssen gleichermaßen die nautischen Kenntnisse der See wie die der Binnenschiffahrt beherrschen. Der Liniendienst im Rhein-See-Verkehr wird zur Zeit mit nahezu 200 Schiffen der im Rhein-Ruhr-Gebiet ansässigen Industrie betrieben.

"Die heute in Westeuropa eingesetzten hochwertigen See-Fluß-Schiffe", so berichtet Heinrich Stomberg, "bilden innerhalb der Transportgestaltung eine besondere Variante, die ihren Ursprung in dem Wunsch des Reeders hat, die Transportkette für den für ihn interessanten Ladungsstrom möglichst lange in der Hand zu behalten, um somit eine ausreichende Rendite zu erzielen und gleichzeitig ein konkurrenzfähiges Transportangebot abgeben zu können."

Handelt es sich um besonders empfindliche Transportgüter, so ist der Verlader oftmals gerne bereit, die Frachtrate für diesen Direktweg zu erhöhen, als den Weg des sogenannten "gebrochenen Verkehrs" mit niedrigerer Frachtrate zu wählen, also Umschlag im Seehafen und Verladen in Binnenschiffe.

Die Baukosten eines solchen Spezialschiffes sind mitunter höher als bei einem normalen Seeschiff, da, um den Sonderaufgaben gerecht zu werden, viele Extras erforderlich sind. Auch die Ausgewogenheit des Tiefganges unter Berücksichtigung der Eigenart der Flüsse ist hier einzukalkulieren. Andererseits ist eine Stabilität bei Seegang in rauhem Wetter und die Betriebssicherheit in diesen Fahrzonen oberstes Gebot. Spezialluken haben eine absolute Abdichtung zu gewährleisten, um die Ware unverdorben an den Endpunkt zu bringen.

"Heutzutage kostet beispielsweise", nach H. Stomberg, "ein 1600-tons-Rhein-See-Schiff ca. 6 Mill. DM. Zieht man von diesem Preis staatliche oder andere Subventionen ab, so kommt man auf einen Mittelwert von ca 5. Mill. DM.

Schreibt man dieses Schiff, welches auf See natürlicherweise einem weitaus stärkeren Verschleiß ausgesetzt ist als ein Schiff, welches nur auf Binnengewässern fährt, linear auf 14 Jahre ab, so ergibt sich bei einer 6 %igen Verzinsung pro

Jahr ein Satz von pro Tag und Tonne Ladefähigkeit von ca. 2,21 DM für Kapitaldienst und Schiffsbetriebskosten excl. Treibstoffe, Hafenkosten etc. Diesem Satz steht z. B. gemäß den innerdeutschen Tarifen für ein Binnenschiff gleicher Größe ein solcher von max. -,85 DM pro Tag und Tonne gegenüber.

Diese erhöhten Betriebskosten bedingen eine ständige Einsatzbereitschaft des Fahrzeuges. So können zwischenzeitliche Transportleistungen von Seehafen zu Seehafen ebenso wahrgenommen werden und zu einer Rentabilität beitragen. So nennt H. Stomberg als Beispiel, daß "ein aus Finnland von einer Ladung aus Duisburg frachtfrei werdendes See-Fluß-Schiff Waldprodukte von Finnland nach England transportieren und in England wiederum eine Ladung nach Duisburg übernehmen" kann.

Derlei Kombinationen gibt es zahlreiche, und sie schaffen den Reedern wie den Besatzungen einen größeren Aktionsradius, als den der normalen Binnenschiffahrt. Der Binnen-See-Verkehr zwischen den Rheinhäfen und Skandinavien ist sehr bedeutend. Zu uns gelangen Zeitungsdruckpapier, Holz und Zelluose. In die skandinavischen Länder werden vorwiegend Stückgüter, Stahl und Düngemittel transportiert, aber auch sehr sperrige Montageteile, was durch die großen Lukenöffnungen der Rhein-See-Schiffe möglich ist.

Eine der führenden Firmen in Duisburg, die "Rhein-Maas- und Seeschiffahrtskontor GmbH.", hat im März 1978 einen Schiffsneubau mit einer Tragfähigkeit von 2800 t vorgestellt, welcher der Niederrhein- und Küstenfahrt neue Maßstäbe setzen wird. Das neue Schiff ist nahezu 100 m lang. Angetrieben wird es von einer 1320 PS-Langsam-Läufer-Maschine. Sie gibt dem Schiff eine Geschwindigkeit von 10-13 Knoten, das entspricht 18,5 bis 24 km pro Stunde. Als Ladung befördert es Stahl, Dünger, Chemikalien und Mühlenprodukte in viele Mittelmeerhäfen und zum Südatlantik bis nach Dakar in Westafrika.

Die Hauptkunden sind Großunternehmer der chemischen und der stahlerzeugenden Industrie. Eine Kooperation erfolgte zwischen der RMS (Rhein-Maas-Seeschiffahrts-Kontor-GmbH) und der LCA (Lignes centafricaines = Zentralafrikanische Linie).

Acht langfristig eingesetzte Schiffe und zwanzig kurzfristig verfügbare Charterschiffe fahren unter der Flagge der LCA. Seit dem Februar 1979 sind 6 weitere Rhein-See-Schiffe mit einem Gesamtwert von 90 Mill. DM von den beiden Firmen RMS und LCA der Howaldtswerke Kiel und Hamburg in Auftrag gegeben worden. Die Entwicklung wird auf diesem Sektor des Rhein-See-Verkehrs weiter gehen.

Zu den erhöhten Frachteinnahmen sagt H. Stomberg, Geschäftsführer und Kaufmännischer Direktor der Rhein-, Maas- und Seeschiffahrtskontor GmbH. in Duisburg-Ruhrort: "Durch die im Vergleich zum sogenannten gebrochenen Verkehr eingesparten Umschlags- und Vortransportkosten verfügt der See-Fluß-Reeder über eine gewisse Flexibilität in der Frachtgestaltung. Eine höhere Frachteinnahme ist allerdings auch notwendig, da das im Vergleich zum Binnenschiff kostspieligere Seeschiff auf den Binnengewässern in Konkurrenz zu den Binnenschiffen fahren muß. Außerdem muß es auf See in Konkurrenz zu evtl. kostengünstigeren Seeschiffen fahren."

Auch das Fahren an Sonn- und Feiertagen zu Lade- und Löschplätzen ist von einkalkulierter Wichtigkeit. Gleichzeitig mit diesen Bestrebungen laufen die Überlegungen einher, die Tonnage zu erhöhen. Aber dies würde wieder andere Abmessungen der Schiffe nach sich ziehen und somit ihre Einsatzfähigkeit in den Binnengewässern beeinträchtigen. Will man den Tiefgang verringern, geht das auf Kosten der Schiffsbreite. Das wiederum erfordert eine höhere Maschinenleistung, da der zu überwindende Widerstand sich vergrößert. Daraus entstehen höhere Energiekosten. Höhere Ladekapazität wirkt sich auf die Brutto-Register-Tonnen (BRT) aus, weil eine höhere Vermessung erforderlich ist. Die Liegekosten in den Häfen wie auch die Lohnkosten für die Besatzungen müßten sich zwangsläufig steigern.

Solche und andere Probleme zwingen die See-Fluß-Reeder zu einer einheitlichen Linie im Bau ihrer Schiffe, wenn sie einigermaßen kostengünstig das Frachtgeschäft betreiben wollen. Das bedeutet auch eine genau kalkulierte Spezialisierung der zu befördernden Frachten und Güter.

"Beispielsweise versucht der Reeder" nach H. Stomberg "beim Bau eines Schiffes zu berücksichtigen, daß die normalerweise anfallenden Eskalationen für die Umschlagskosten im Lade- und Löschhafen so gering wie möglich gehalten werden. So wird häufig der Laderaum sehr groß gestaltet. Die großen Lukenabmessungen gestatten die Be- und Entladung auch für sehr sperrige Güter, wobei wiederum die Staukosten durch Vermeidung von Unterstau günstig beeinflußt werden. Die Laderäume sind oft übersichtlich wie Zigarrenkisten - sie sind, wie es in der Fachsprache heißt, 'box shaped'."

Wichtig ist hierbei das eigene Ladegeschirr des Schiffes, das für Brückendurchfahrten 'klappbar' sein muß. Neuere Fluß-See-Schiffe haben eine ein- und ausklappbare Seiten- oder Heckrampe, eine sogenannte RoRo-Rampe, über die Fässer, Papierrollen oder Container in die Laderäume verbracht werden können. Das ist das Roll-on-Roll-off-Verfahren. Viele der modernen See-Fluß-Schiffe verfügen auch über Fahrstuhlvorrichtungen mit bordeigenen Gabelstaplern, die die Stückgüter beim Be- und Entladen befördern. Solche Spezialeinrichtungen verursachen naturgemäß erhöhte Baukosten.

Die Ro/Ro-Containerdienste werden von der Rhein-Maas-See-Schiffahrtskontor GmbH. in Duisburg-Ruhrort betrieben. Die RMS bietet heute regelmäßige Reeder- und Liniendienste zwischen den Benelux-Häfen, England und norddeutschen Seehäfen an. In Hamburg liegt auch die Agentur für Vollcontainer-Liniendienste nach Nigeria und zum Mittleren Osten. Außerdem betreibt die RMS von dort das Container-Leasing-Geschäft, also das Container-Miet-Geschäft.

Für diese Ro/Ro-Containerdienste ist ein Spezialschiff ganz besonderer Art entwickelt worden, welches sich für alle festen Transportgüter anbietet. Dieser Typ besitzt alle Konstruktionsmerkmale eines Frachters, der auf hoher See ebenso aktionsfähig ist wie in Mündungen von Flußläufen. Hier die technischen Daten dieses Schiffstyps mit auslegbarer Heckklappe, also einer Rampe, über die ganze Transportautos in den Schiffsbauch hineinfahren können:

Tragfähigkeit ca. 2700 tdwat - 3500 tdwat. 260 Container-Stellplätze (20') mit Anschluß für Kühlcontainer. Länge über alles ca. 93,20 m; Breite ca. 18 m; Tiefgang beladen ca. 3,65 m; Geschwindigkeit ca. 12,5 kn.; Maschinenleistung 2 × 1620 PS (1200 kW); Laderauminhalt ca. 200.000 cbft.; 1 große Luke 68,26 × 15 m; 1 Ro/Ro-Rampe Länge ca. 10 m + 1,50 m Uferauflage; Fahrbahnbreite ca. 7,65 m.

Ein solcher Riese, das größte Motorschiff, das Ruhrort je gesehen hat, ist die "Helene Husmann". Sie lag im April 1979 im Duisburger Außenhafen und war zu besichtigen. Eigner und Schiffsführer zugleich ist der 47jährige Franz Husmann, der aus alter Schifferfamilie stammt. Er fährt als Partikulier im Dienst der RMS. Ob im Maschinenraum oder auf der Brücke, überall blitzt es vor Sauberkeit. Die Brücke zeigt ein verwirrendes System von technischen Raffinessen. Ein Elektronengehirn hilft dem Kapitän, seine Entscheidungen zu treffen.

Die Brücke wurde bei diesem Schiffstyp entgegen allen alten Gepflogenheiten nach vorn gleich hinter den Bug gesetzt. Dadurch kann das Fahrwasser nach vorn besser überblickt werden, und der eigentliche Laderaum wird nicht behindert. Selbst bei zwei Lagen Containern auf Deck ist noch ein Blick nach achtern gewährleistet. Die 1978 in Kiel gebaute "Helene Husmann" ist 91 m lang, 18 m breit und kann 400 t Brennstoff bunkern. Damit hat sie einen Aktionsradius von 10.000 Seemeilen und eine Ladekapazität von 2700 tons. Die große Breite garantiert einen sehr geringen Tiefgang. Dadurch kann sie mittels auslegbarer Heckpforte für das Roll on/Roll off-System sogar an ganz flachen Uferböschungen be- und entladen werden. Damit ist Duisburg auch zum Seehafen geworden.

Da ein Großteil der See-Fluß-Flotte von Partikulier-Reedern mitgetragen wird, sind die stetigen Kostensparfaktoren ein Problem dieser Frachtbeförderung. Hierbei haben die Partikulier-Reeder mit oftmals weniger Frachtraum einen sehr schweren Stand. Hinzu kommt, daß die erwirtschafteten Gewinne in den meisten Fällen wieder in Schiffsneubauten fließen. Auf diese Weise bringen die Rhein-See-Reeder den Werften neue Aufträge ins Haus.

Die Duisburger Rhein-See-Reedereien und Partikulier-Reeder sind mit etwa 150-180 Schiffseinheiten an der Gesamtflotte einschließlich der sogenannten "Billig-Flaggen-Fahrer" beteiligt. Dabei handelt es sich, und das sollte herausgestellt werden, "ausnahmslos um deutsche Schiffe unter deutscher Flagge."

So schreibt 'Die deutsche Schiffahrtszeitung' in Hamburg am 5. Mai 1977 in Ausgabe Nr. 104: "Einige Schiffe ausländischer Reeder, zumeist englische, fahren unter der Flagge von Singapur. Wenn man insgesamt annimmt, daß etwa 180

Rhein-See-Schiffe auf dem Rhein verkehren, so kann man feststellen, daß hiervon allein 150 Schiffe unter deutscher Flagge beschäftigt werden."

Natürlich spricht man gerne in diesem Zusammenhang von einer enormen Konkurrenz für den 'gebrochenen Verkehr', und das nicht nur auf die Binnenschiffahrt bezogen, vielmehr auch im Hinblick auf Schiene, Straße und Seehafen. Neben den Duisburger Häfen steuern die Rhein-See-Schiffe auch zwischen Emmerich und Basel eine Reihe kleinerer Hafenanlagen wie Krefeld-Uerdingen, Düsseldorf, Dortmund, Neuß, Köln und andere an, die dadurch an Bedeutung gewinnen. Zwischen verschiedenen Ländern hat sich ein fester Linienverkehr entwickelt, bei dem Duisburg der zentrale Mittelpunkt ist.

Doch bei aller Konkurrenz hat sich zwischen den vielen Transportmöglichkeiten ein Zusammenspiel herauskristallisiert, das letzten Endes darauf abzielt, Absender und Empfänger, gleichwie über Schiene, Straße oder zu Wasser, schnell, sicher und kostensparend zu bedienen. Insofern ist die Rhein-See-Schiffahrt als ein ergänzender Faktor in diesem Spiel zu betrachten. "Sie zieht", nach H. Stomberg, "durch Mischkalkulationen Ladungsströme auf sich, von denen ein Teil der Binnenschiffahrt zugute kommt. So können Verlader in der Kombination See-Fluß-Schiffahrt (Direktverkehr) mit der Kette Binnenschiff/ Seeschiff eine insgesamt günstige Ausgangsbasis für eine Preisgestaltung finden, wodurch eine Erhöhung von Ex- und Importen erreicht werden kann."

Damit haben wir den Weg von den Eil-Güterbooten über die Kümos bis zu den heutigen modernsten Rhein-See-Schiffen nachgezeichnet und gesehen, welche Wandlungen diese Transportsparte durchgemacht hat, um dem heutigen strengen Wettbewerb der Wirtschaft gerecht zu werden.

**Englische Abkürzungen aus der Fachsprache der Rhein-See-Schiffahrt:**

tdw = tonnage deadweight. Damit bezeichnet man die Ladefähigkeit des Schiffes. - tdwat = all told. Dieses bedeutet die gesamte Ladefähigkeit des Schiffes incl. Trinkwasser, Gasöl und Ausrüstung. - tdwcc = cargo capacity. Das bedeutet die reine Tragfähigkeit für die Ladung.

## Die Lash-, Seabee-, Bacat- und Barge-Container-Transport-Systeme

Neben der See-Fluß-Schiffahrt haben sich noch andere Transport-Systeme herausgebildet, die einen gewissen Stellenwert im neuesten Wassertransportwesen einnehmen.

Da gibt es die Lash-Schiffe, die Seabee- und die Bacat-Schiffe sowie das Barge-Container-System, die allesamt miteinander verwandt, im Grunde aber verschiedene Erscheinungsformen der Lash-Schiffahrt sind. Beginnen wir mit der Lash-Schiffahrt als 'Haus-zu-Haus-Verkehr'.

Wenn wir "Vom Schleppen zum Drücken" als umwälzende Neuheit auf dem Rhein bezeichneten, so ist das nur bedingt richtig. Die in den fünfziger Jahren durchgeführten Versuche mit amphibischen Lastrohrflößen und Landeanlagen (siehe Hauptkapitel IX, Versuche mit Lastrohrflößen als Zwischenlösung) haben, über längere Jahre gesehen, einen Erfolg gezeitigt, der lediglich in eine etwas andere Zielrichtung verlief. Das Ergebnis dieser frühen Versuche sind die oben genannten Systeme, die sich zum Ende der sechziger Jahre als brauchbar und entwicklungsfähig herausstellten.

Das Wort Lash bedeutet Lighter Aboard Ship (Trägerschiffsleichter) und ist eine Mischung von Seeschiff und Binnenschiff in Form von einzelnen Leichtern (also schwimmenden Containern). Lash-Schiffe befördern Ladung in Leichtern über See. Man kann sie aus diesem Grunde als Mutterschiffe für diese vielen einzelnen Leichter bezeichnen. Herausragendes Merkmal dieser Transportart ist die Verkürzung der Hafenliegezeiten der aufwendigen Trägerschiffe. Dies wird dadurch erreicht, daß die Trägerschiffe in den Anlaufhäfen lediglich die beladenen Leichter absetzen, also über das 'Schwalbenschwanz-Heck' ins Wasser lassen, sogleich wieder neu beladene Leichter an Bord nehmen und die Reise fortsetzen.

Auf diese Weise können nach Überqueren des Ozeans die Binnengewässer sofort von diesen Leichtern zum Weitertransport genutzt werden. Die Firmen, die zu beliefern sind und ihren Standort an den wichtigsten Häfen des Binnenlandes haben, profitieren von diesem direkten Haus-zu-Haus-Verkehr und werden ohne Zweitumschlag direkt beliefert. Durch Zusammenkoppeln vieler solcher Leichter entsteht eine Koppeleinheit, die von Schubbooten beliebig gedrückt werden kann.

Hierzu K. Dütemeyer: "Die Rheinschiffahrt hat nicht, wie fälschlicherweise manchmal behauptet wird, diese technische Neuerung im Prinzip angegriffen, sondern lediglich den Standpunkt vertreten, daß es sich bei den nunmehr offiziell als Trägerschiffsleichter bezeichneten Einheiten um Binnenschiffe handelt, die ebenso wie jedes andere Binnenschiff in rechtlicher, technischer und verkehrspolitischer Beziehung angesehen und behandelt werden müssen. Diese sich aus der Art und Zweckbestimmung eines Trägerschiffsleichters ergebende Konsequenz führt zwangsläufig dazu, daß dieser Typ nicht der Seeschiffahrt, sondern ausschließlich der Binnenschiffahrt zuzurechnen ist."

Bis zum Jahre 1977 war in deutschen Registern eine Trägerschiffsleichter-Tonnage von 76 724 t registriert. Das Leichtergewicht ist mit 370 t angegeben. Die Leichter-Länge beträgt 18,75 m, die Leichter-Breite dagegen 9,60 m. Diese schwimmenden Container haben an den Seiten Ablademarkierungen in Form von weißen Strichen wie alle normalen Schiffe auch.

Hören wir noch einmal K. Dütemeyer hierzu: "Es herrscht der Eindruck vor, daß nach der ersten, geradezu explosiven Entwicklung des Lashsystems in den

Jahren 1970-1974 eine deutliche Abschwächung des Interesses, jedenfalls noch keine epochemachende Zunahme dieses Systems festzustellen ist. Es sollte allerdings nicht die Möglichkeit ausgeschlossen werden, daß diese Reserviertheit mindestens teilweise auf die weltweite Rezession und die auf den westeuropäischen Wasserstraßen festzustellende Überkapazität an Binnenschiffsraum zurückzuführen ist."

Uns allen näher bekannt geworden ist diese Art des Transportes durch die am 12. Dezember 1978 in Seenot geratene MS "München". Die Besatzungen vieler Schiffe und Flugzeuge (Schiffe von 18 Nationen und Flugzeuge von 4 Nationen) suchten lange nach dem Schiff. Es war gesunken. 25 Männer und 3 Frauen blieben auf See. Einige schwimmende Leichter wurden später gesichtet; ebenso leere Rettungsinseln.

Die MS "München" war das einzige Lash-Schiff unter deutscher Flagge. Es gehörte der Hapag-Lloyd AG in Hamburg/Bremen. Die "München" war gemeinsam mit dem holländischen Schwesterschiff "Bilderdyk" im Rahmen der COMBI-LINE im Verkehr zwischen Nordkontinent/UK und der US-Südatlantik-Golfküste eingesetzt. Die "München" befand sich auf ihrer 62. Reise. Im Seegebiet um die Azoren herrschten zur fraglichen Zeit schwere See und orkanartige Stürme. Das Schiff war mit einer Ladung, die unter anderem aus Kranteilen, Werkzeugmaschinen, Eisen und Kaffee in 83 Leichtern bestand, auf dem Wege von Bremerhaven nach Savannah (USA).

Eine weitere Erscheinungsform ist das Prinzip Seabee (Seebiene). Diese Leichter besitzen ein maximales Gewicht von 1000 t. Die Elevatoreinrichtung am Heck, mit 2000 t Tragkraft besonders stark, hievt die Leichter an Bord.

Dann kennen wir das System BACAT=Barge-Catamaran. Das Trägerschiff ist doppelrümpfig, also wie ein Catamaran gebaut. Diese Leichter haben ein maximales Gewicht von 200 t. Das System hat eine britisch-dänische Gruppe entwickelt.

Hingegen beruht das neue Barge-Container-System (Baco-Liner) auf dem sogenannten Schwimmdock-Prinzip. Diese Barges haben im Moment noch eine Tragfähigkeit von 800 t. Gegenüber den anderen Systemen sind sie nicht von den Hebevorrichtungen der sie über See transportierenden Schiffe abhängig.

"Die Leichter für ein solches System können" nach H. Stomberg "praktisch die Abmessungen der heute in Westeuropa eingesetzten Binnenleichter haben, wobei allerdings die Breite auf 9,50 m begrenzt ist."

Dieses neue Transportsystem ohne Hafenwartezeiten bringt die Waren auch 'from door to door', also als geschlossene Kette 'von Haus zu Haus'. Der erste Carrier wurde im Juni 1979 in Dienst gestellt. Diese Transportart ist also noch relativ jung, basiert aber auf langjährigen Erfahrungen in ähnlichen Beförderungsarten.

Die zu befördernden Barges machen den Carrier weitgehend hafenunabhängig.

Ein Dockmanöver dauert nur wenige Stunden, dann kann der Baco-Liner bereits wieder seine Rückreise antreten. Ein eigenes Schubboot garantiert ständig die Möglichkeit des Ein- und Ausschwimmens der Barges, die auch auf Binnenwasserstraßen und in Mündungsgebieten von Flüssen bewegt werden können. Die Verpackungsprobleme entfallen fast ganz, die Anfälligkeit gegen Beschädigungen ist weitgehend ausgeschaltet, daher vermindertes Transportrisiko für alle Beteiligten. Bei entsprechender Disposition stehen die Barges bis zur Rückkehr des Carriers zur Verfügung des Empfängers, denn von drei Sätzen befindet sich je ein Satz im Ladehafen, ein Satz an Bord und ein Satz im Löschhafen.

Um die Barges in das Schiff einschwimmen zu können, wird der Carrier entsprechend geflutet. Dabei öffnen sich die Bugpforten, so daß die Barges beidseits hineinbugsiert werden können. Danach setzt der Entflutungsprozeß ein, und die Barges stehen trocken im Laderaum des Mutterschiffes.

Die Reederei ist die Baco-Liner GmbH & Co. KG in Emden. Die Bereederung und Befrachtung geschieht durch die Rhein-Maas- und See-Schiffahrtskontor GmbH in Duisburg-Ruhrort. Hier die Abmessungen des Carriers: Länge über alles 205 m, Breite 28,5 m (!), Tiefgang 6,65 m, Geschwindigkeit 15 kn, Maschinenleistung 7880 kw = 10700 PS.

Hier die technischen Daten der Barges: Länge 24 m, Breite 9,50 m, Tiefgang beladen ca. 4,10 m, Rauminhalt 43000 cbft, Lukenabmessung 21 x 8 m, verschließbare Lukendeckel, bis zu zwölffache Ventilation.

Die Tragfähigkeit des Carriers beträgt ca. 21000 tdwat, davon 9600 to in 12 Barges à 800 to. 500 Container-Stellplätze (20') mit Anschluß für Kühlcontainer. Dazu ein bordeigener Gantry-Kran von 40 to. Tragfähigkeit.

Diese obengenannten Systeme erreichen sowohl für den See- als auch für den Binnentransport beachtliche Ladekapazitäten bei gleichzeitig bedeutender Ausdehnung der Transportkette.

Eine weitere Neuheit der See-Fluß-Schiffahrt sind die See-Schub- oder Schleppzüge. Ein solcher Verband kann seine Leichter weitestgehend den Gegebenheiten der Binnenschiffahrt anpassen, besonders was die Abmessungen betrifft. Hier werden die Leichter nicht von einem Trägerschiff über See gebracht, sondern von einem Antriebsschiff. Die Leichter-Stückzahl ist dabei allerdings begrenzt. Auch dürfen sie maximal die Tragfähigkeit der Binnenschiffe aufweisen, und so sind sie einer Limitierung unterworfen. Auch haben wir hierbei zu bedenken, daß es schwieriger sein wird, den Weg mit diesen schwimmenden Leichtern über See anzutreten, egal ob man sie schleppt oder drückt. Hier sind dem System also Grenzen gesetzt.

Die oben genannten Systeme, eine Kombination zwischen Trägerschiff und Containern, sollen dazu beitragen, die Hafenliegezeiten der Mutterschiffe, z. B. der "Carrier" zu verkürzen. Insofern stellen sie alle eine gewisse Ergänzungsform des Fluß-See-Verkehrs dar, wenn sie auch nicht in der Lage sein werden, die weiter vorn abgehandelten Rhein-See-Schiffe zu verdrängen, "da sich", nach H. Stomberg, "letztere auf Ladungsströme konzentrieren, die von ihren technischen Erfordernissen und von ihrem Volumen aus für diese Spezialfahrzeuge zugeschnitten sind. Derartige Ladungsströme sind für die oben genannten Systeme in den meisten Fällen wegen ihres zu geringen Volumens und - besonders in Westeuropa - wegen der Vielzahl der Lade- und Löschhäfen nicht geeignet."

Eine ganz andere Frage ist jedoch, inwieweit die Barge-Carrier-Systeme auf der einen, und die See-Schub-/Schleppzüge auf der anderen Seite der reinen Binnenschiffahrt eine Konkurrenz sind oder werden können. Dies könnte durch die Kostengestaltung dieser Systeme möglich sein. Die Möglichkeit einer Konkurrenz wird von den Fachleuten nicht ausgeschlossen. H. Stomberg sieht es so: "Die selbstfahrenden See-Fluß-Schiffe... haben wegen der vielen Sachzwänge ihre Begrenzungen im Einsatzbereich. Für den Verkehr Binnenstation/Binnenstation scheidet die See-Fluß-Schiffahrt als Konkurrent aus. Für den gebrochenen Verkehr ist natürlich die See-Fluß-Schiffahrt im Prinzip ein Konkurrent, und zwar sowohl von Schiene, Straße, Seehäfen und Binnenschiffahrt."

Damit haben wir den neuesten Stand dessen abgehandelt, was der Rhein im Moment an Transportmöglichkeiten zu bieten hat. Wir haben jedoch gleichzeitig erkannt, wie sich die Binnenschiffahrt seit 1945 aus dem totalen Zusammenbruch wieder erhoben und grundlegend gewandelt hat, so daß sie gut gerüstet das Jahr 2000 anzusteuern vermag. Daß damit die Entwicklung noch lange nicht abgeschlossen ist, dürfen wir voraussetzen. Die einzelnen Reedereien jedoch sind spezialisiert und fahren ihre bestimmten Schiffstypen für bestimmte Transportaufgaben.

Anders die Werften: hier erkennen wir, welche und wieviele verschiedene Schiffstypen gebaut werden, und welche Spezialschiffe neben den eigentlichen Frachtschiffen von Stapel laufen, um im Rahmen einer einwandfreien Transportabwicklung auf dem Rhein Sonderaufgaben zu erfüllen.

## Das Werftwesen des Rheins

Werften am Rhein sind bis in die Römerzeit nachzuweisen. So bauten die Römer ihre Schiffe beispielsweise in Mainz, wie auch in Vetera beim heutigen Xanten. Hier allerdings dienten sie in der Frühzeit kriegerischen Unternehmungen, wie bei Tacitus nachzulesen ist. Auch die Flotte in Köln-Alteburg wird Werften betrieben haben. Sie aufzuspüren, bleibt zumeist archäologischen Zufallsfunden vorbehalten. Gerade jetzt gräbt man in Köln im römischen Hafengebiet.

Ähnlich verhält es sich mit den Werften des Mittelalters. Auf der Kölner Sandinsel wurden um 1531 Oberländerschiffe gebaut und repariert, wie uns der Woensam-Prospekt zeigt. Dann waren es die Dorstener Werften, deren Schiffe berühmt und gefragt waren. Die alten Namen wie Joh. Scepmecker (1479), Jan Schepmeeker (1605), Ambros. Schiffmächer (1621) erinnern noch stark an diese ehemalige Schiffszimmerer-Zunft, die sich in Dorsten 1748 von den Zimmerleuten trennten und selbständig auftraten. Im Jahre 1794 hat es bereits 80 selbständige Schiffbaumeister in Dorsten gegeben, wie wir im Hauptkapitel VII über "Die Dorstensche Aak als Schrittmacher rheinauf" erfahren haben. Zwischen 1825 und 1840 erreichte hier die Schiffszimmermannskunst ihren Höhepunkt.

## Die Ruhrorter Werft der Hüttengewerkschaft und Handlung Jacobi, Haniel & Huyssen (GHH)

In diese frühe Zeit fallen auch die Bestrebungen im Raume Duisburg, eigene Schiffe auf Helling zu legen. In Ruhrort war das Handelshaus Haniel ansässig. Im Hauptkapitel VII, "Ruhrort und Franz Haniel" haben wir dargestellt, wie weit vorausschauend dieses Handelshaus plante und wie Franz Haniel mit seinen Partnern Jacobi und Huyssen 1828/29 in Übereinkunft mit dem Freiherrn von Vincke auf der damaligen Insel im Ruhrorter Hafen eine große Schiffsbauhalle mit Werkstätten und einer soliden Schiffshelling erbaute.

Die Anregung gaben die Niederländer, die 1823 die 'Nederlandsche Stoomboot Maatschappij' gründeten und bereits mit eigenen Dampfschiffen zu Berg fuhren. Nicht lange danach, 1826, wurde in Köln die 'Preußisch-Rheinische Dampfschiffahrts-Gesellschaft' ins Leben gerufen. Sie setzte niederländische Dampfschiffe ein, die durch englische Dampfmaschinen angetrieben wurden. Diese Tatbestände ließen einen Mann mit Unternehmungsgeist wie Franz Haniel nicht ruhen, eigene Schiffe in heimischer Umgebung zu bauen, um die Transportkosten des eigenen Handelsunternehmens niedrig zu halten und die Transporte auszuweiten. So entstand 1828 die große Halle als zentraler Mittelpunkt der geplanten Werft. 1829 kamen die Hellinge dazu. Ein großer hölzerner Dreibock wurde aufgestellt, um die schweren und großen Dampfkessel ins Schiffsinnere bringen zu können.

Es war schon ein großes Ereignis der damaligen Zeit, als 1829 der erste deutsche Rheindampfer auf Kiel gelegt wurde und nach neunmonatiger Bauzeit am 7. Mai 1830 auf eben dieser Ruhrorter Werft unter dem Namen "Stadt Mainz" zu Wasser ging. Mit dieser mutigen Tat war für den Rhein ein neues Zeitalter angebrochen. Im Jahre 1832 wurde die "Stadt Mainz" auf Niederdruck-Dampfmaschine umgerüstet, die inzwischen von Wilhelm Kesten auf der Gutehoffnungshütte konstruiert worden war und sich wesentlich zuverlässiger als das alte Antriebssystem zeigte.

Nun war das Schiffbaufieber ausgebrochen und Jacobi, Haniel & Huyssen gingen daran, weitere Dampfer zu bauen. Der nächste war die "Stadt Coblenz". Schon am 15. September 1835 konnten die "Kronprinz von Preußen" und im

Sommer 1836 die "Prinz Wilhelm von Preußen" zu Wasser gelassen werden.

"Die Techniker sind begeistert von der neuen Verbundmaschine mit schwingenden, sogenannten oszillierenden Zylindern. 432 mm Durchmesser hat der Hochdruck-, und 838 mm Durchmesser der Niederdruckzylinder. Beide haben einen Hub von 762 mm", lesen wir in der Festschrift '150 Jahre Schiffbau, 100 Jahre Dockbau' der GHH Sterkrade.

Am 11. August 1837 verließ auf der Ruhrorter Werft das erste auf einer deutschen Werft erbaute Dampfschiff mit eisernem Gerippe die Helling. Der Siegeszug der Dampfschiffahrt wurde fortgesetzt. Wohlgemerkt: nur das Gerippe der "Großherzog Leopold" war aus Eisen. Alles andere weiterhin aus Holz. Aber der Erfindergeist machte an diesem Punkte nicht halt. Wie man um diese Zeit bereits daran dachte, eiserne Schleppkähne zu bauen, so begann man auch mit dem Bau des ersten ganz aus Eisen errichteten Dampfers. Die "Graf von Paris" wurde am 5. Oktober 1838 in Dienst gestellt und von der Preußisch-Rheinischen-Schiffahrtsgesellschaft übernommen. Bei diesen Schiffen waren nur noch das Verdeck und die Deckplanken aus Holz.

Der erste Deutsche Schleppdampfer, für die Aufgabe konstruiert, Frachtkähne zu ziehen, baute diese Werft 1844. Es war "Die Ruhr", als Typ 'Remorqueur' gebaut. Sie war in der Lage, acht eiserne Frachtkähne zu schleppen, die ebenfalls der eigenen Ruhrorter Werft entstammten. Mit dieser Pionierleistung auf dem Wasser ist eine völlig neue Art der Lastenbeförderung geboren worden. Das Fortschrittsdenken einiger weniger Männer hatte sich ausgezahlt.

Neben dem Rhein-See-Schiff "Die Hoffnung", 1845 in Dienst gestellt, wurde schon früh der Weg aus der Rheinmündung hinaus und über das Meer gewiesen, so, wie es die Fluß-See-Schiffe heute unter modernsten Gesichtspunkten weiterbetreiben. Die Brigg "Die Hoffnung" war der erste eiserne deutsche Rah-Segler.

Bis zum Jahre 1899 hatte diese Ruhrorter Werft Bestand. In dieser Zeit verließen noch viele Passagierschiffe, Schlepper, Schleppkähne und auch Güterboote die Hellinge, um der Schiffahrt an Rhein und Ruhr neuen Aufschwung zu bringen. Aber auch auf Spezialausführungen legte man großen Wert. Neben den frühen Rhein-See-Schiffen baute man Rheintauer und Trajektschiffe, wie sie zwischen Homberg und Ruhrort verkehrten und auch für die Eisenbahn eingesetzt wurden. Der heutige Homberger Hebeturm zeugt noch hiervon (siehe Hauptkapitel X, Die Fähren).

Auch mußten normale Flußfähren gebaut werden, um die Ufer miteinander zu verbinden, da Brücken noch eine kostspielige Angelegenheit waren.

## Die Rheinwerft Walsum der GHH als Nachfolgerin der Ruhrorter Werft

Inzwischen waren die holländischen Werften ebenfalls groß ins Geschäft gekommen. Sie waren in der Lage, kostengünstiger zu bauen, weil die Löhne niedrig und die Rohstoffe billiger waren. Die alte Ruhrorter Werft hatte die Baunummer 202 erreicht, als das Jahr 1899 diesem Unternehmen ein jähes Ende setzte.

Als man in Walsum, also unterhalb Duisburg, einen neuen Hafen ausbaggerte, lag die Möglichkeit nahe, auch hier wieder eine neue Werft anzulegen. Diese wurde 1921 von der Gutehoffnungshütte südlich ihres neuen Verladehafens in Betrieb genommen. Die Tradition der alten Ruhrorter Werft wurde damit fortgesetzt.

Die noch junge Werft bekam sogleich eine schwierige Aufgabe. Unter der Baunummer 203 wurde als erstes Schiff ein Schleppkahn auf Kiel gelegt, der als Fahrzeug einer ganzen Serie von 1350-t-Typschiffen die Hellinge verließ und "Oberhausen" getauft wurde. Die Schiffbauteile kamen jetzt im Fertigzustand aus den Werkstätten in Sterkrade. Die Montage nahmen die Werftfachleute vor. Dadurch wurde das gesamte Bauprogramm weitgehend rationalisiert und kostendämpfend angelegt.

Aber die Schwierigkeitsgrade sollten sich steigern. Es wurde für die Reederei Franz Haniel ein Motorschlepper gebaut, die "Franz Haniel XXVIII". Da Rudolf Diesel bis 1896 seine Versuche mit dem Dieselmotor im Werk Augsburg der späteren M.A.N. erfolgreich abgeschlossen hatte, wurde ein solcher Dieselmotor dem neuen Streckenschlepper eingebaut. Dieser war ein 54 m langer, 8,60 m breiter Doppelschrauben-Motorschlepper mit einem Tiefgang von 2,25 m. Die beiden eingebauten Diesel-Motoren brachten eine Leistung von 1600 PS. Als er 1922 die Helling verließ, war es der erste vollelektrifizierte Dieselmotorschlepper Deutschlands auf dem Rhein. Weitere Hanielschlepper sollten noch folgen. Eine neue Ära der Schleppschiffahrt war damit eingeleitet, "und seitdem gehört", so schreibt die Festschrift '150 Jahre Schiffbau der GHH' sehr treffend, "das Tuckern von schweren Dieselmotoren zum unverwechselbaren Klangbild des größten europäischen Stromes."

Auch die neuerbauten sogenannten Typschiffe, nach einem entwickelten Plan einheitlich in Serie erstellt, wurden weiterhin gebaut und gut verkauft. Von diesen 80 m langen Strom- und Kanalschiffen mit 1350 t, die später auf 1800 t stiegen, wurden fünfzig Exemplare abgesetzt. Im Jahre 1924 überraschten die Werftleute der Rheinwerft Walsum der GHH mit einem von ihnen entworfenen Eil-Güterboot mit Dieselmotorantrieb, das dem beschleunigten Güter- und Personenverkehr diente (siehe Hauptkapitel VIII).

Mit weiterhin erbauten Schuten, Pontons, Kranschiffen und Schleppern konnten bis 1925 rund 170 Einheiten nachgewiesen werden. Damit setzte an dieser Niederrheinwerft ein Aufschwung ein, der nur durch den Zweiten Weltkrieg unterbrochen wurde. Durch Auslandsaufträge blieb der internationale Ruf nicht aus, ja sogar bis nach Fernost konnte geliefert werden. Fahrgastschiffe, Hafenschlepper, Spezialfahrzeuge, wie beispielsweise einen Schwefelsäure-Transportkahn und Flußschaufelradschiffe für Kolumbien standen auf dem Bauprogramm.

Im Jahre 1927 gründete die GHH eine Tochterwerft in Barranquilla/Kolumbien, sozusagen als Vorposten deutscher Schiffbautechnik. Hier wurden die sogenannten Lloydradschlepper montiert, die man als eine Kombination von Heckradschiff und Seitenradschiff ansehen konnte. Auch die dazugehörigen Leichter wurden mit in Walsum vorgefertigten Bauelementen in Kolumbien zur Endmontage gebracht.

Die 300 m lange Wasserfront bietet 14 Hellinge für den Bau von 110 m langen Schiffen. Dazu befindet sich eine "Hellinganlage mit Querschleppe", die es ermöglicht, jedes fertige Schiff aus der Arbeitshelling herauszuziehen und gesondert zu Wasser zu lassen.

Bereits 1934 gingen die Walsumer Schiffbauer an die seegängigen Typen. Noch im gleichen Jahr lieferten sie das Küstenmotorschiff (Kümo) "Ems" ab. Der Erfolg blieb nicht aus. Es folgten weitere Modelle auf Rechnung der Reederei Franz Haniel & Cie.; es waren dies die "Duisburg", die "Homberg" und die "Oberhausen". Sie zeigten erfolgreich ihre Flaggen auf See und demonstrierten somit die Fortsetzung der frühen Bemühungen Franz Haniels, den Rhein-See-Verkehr zu forcieren und voranzubringen. Sie überlebten den Zweiten Weltkrieg und gingen als Reparationsleistungen nach Rußland, wo sie nach 1945 weiter unter der Flagge der UdSSR fuhren.

Bis zum Jahre 1948, der Währungsreform, waren 885 Baunummern von Stapel gelaufen. Die mühsame Arbeit des Nietens war dem Schweißen gewichen. Die Schweißkunst wurde zu einer Wissenschaft im Schiffbau. Hinzu kam die Zeit der Tanker, also der Spezialschiffe für den Rohöltransport, Tank-Pénischen, Motortanker, Schiffe für den Öl- und Benzintransport. Alle diese neuen Aufgaben hatten die Techniker vorzuplanen und die Werftleute zu verwirklichen. Die moderne Nachkriegszeit stellte abermals neue Aufgaben: Motortanker, Erztransporter, Schwimmkran-Pontons, Schwimmbagger, Säuretanker, Chemikalientanker und Zementtransporter werden als Spezialausführungen dem Schiffahrtswesen übergeben. Dazu kommen noch Hafen- und Hochsee-Schlepper, Küstenmotorschiffe und Schubboote nebst Leichtern, wobei letztere eine völlig neue Konzeption erforderten, da das Drücken eine andere Bauweise verlangte.

Seit 1973 wurden auch Röhrentransporter in das Programm aufgenommen, die die Bohrinseln zu versorgen hatten. Ferner baute man einen Eimerketten-Kies-Sortierbagger, einen Rammponton für Murmansk und sogar ein Kirchenschiff für Indonesien. Die Baunummer 1135 im Jahre 1978 war ein Pumpenponton für Bagdad.

Damit ist natürlich nicht das ganze Programm und die gesamte Baupalette umrissen, die diese Werft heute unter modernsten Gesichtspunkten bewältigt. Flüssiggas-Tanker, Zement/Öl-Transportschiffe, Hydroklapp-Schuten, Mineralöltanker, seegehende Auto- und Personenfähren, Gütermotorschiffe, Bunkerboote und selbstfahrende M.A.N.-Schwimmkräne sind die Bauten der Neuzeit. Genannt werden soll noch die Bau-Nummer 1136, die 1979 an die Firma Lehnkering AG. in Duisburg abgeliefert wurde. Es handelt sich um die KTMS "Vesta" (KTMS = Küsten-Tank-Motor-Schiff), den weltweit ersten Neubau eines Chemikalien-Verbrennungsschiffes für die Küstenfahrt mit einem Ladevolumen von 1400 t flüssiger Chemieabfälle. (Das Schiff wird abgebildet vorgestellt und weiter hinten beschrieben).

Die frühen Bemühungen Franz Haniels und seiner Geschäftspartner haben mit Sicherheit viel dazu beigetragen, dem Schiffbau an Rhein und Ruhr sowie in der Welt zum Durchbruch zu verhelfen und ihn heute in eine Spitzenposition zu bringen.

## Die Meidericher Schiffswerft

Für den Duisburger Raum ist die Meidericher Schiffswerft ein Begriff. Diese Werft wurde 1898 von dem Duisburger Bankier Alwin Hilger sen. gegründet. Sie hatte eine Vorgängerin in der Firma Thomas & Co. in Meiderich. Ehemals im Kaiserhafen ansässig, siedelte das Unternehmen 1908 in das neu errichtete Hafenbecken A um. Die Hafenbecken A, B und C waren 1904/05 ausgebaggert und fertiggestellt worden.

Will man einen Überblick gewinnen, was eine Werft im Zentrum der Binnenschiffahrt alles baut, so sind alte Werbeanzeigen hierfür ein geeignetes Mittel. Eine Anzeige aus dem Jahre 1922 in "Die Wasserwirtschaft und ihre Aufgaben" trägt diese Schlagzeilen: Elektrischer Schiffsaufzug für Fahrzeuge bis 105 m Länge, Slips für Schiffsschraubenwechsel, Schiffbauhalle, Mechanische Werkstätte, Schmiedewerkstätte, Mechanische Schreinerei, Elektrische Schweißanlage. - Arbeitsprogramm der Werft: Reparatur von Binnenschiffen jeder Art, insbesondere Maschinen- und Kesselreparaturen. Spezialität: Schiffsschrauben, Steuervorrichtungen für Kähne, Ankerwinden, Motorboote. - Neubauten: Baggermaschinen, Baggergeräte, Rhein- und Kanalkähne, Landungsbrücken, Pontons. - Neu aufgenommen: Neubau von Schrauben-Schleppdampfern größter Leistung und erstklassiger, modernster Konstruktion.

1923 baute man erstmals einen 1400-t-Kahn nach dem Längsspantensystem. 1926 wurde der Dieselschlepper "Rudolf Diesel" in Dienst gestellt, ausgerüstet mit einem 200 PS-Deutz-Dieselmotor. Zwischen 1928 und 1931 wurden mehrere flachgehende Zwei- und Dreischraubenschlepper für die Weser und den Oberrhein gebaut: Der Doppelschrauben-Dieselmotorschlepper "Breisach" und die Schwesterschiffe "Basel" und "Freiburg" für den Oberrhein mit nur 0,83 m Tiefgang, sowie der 3-Schraubenschlepper "Hameln" für die Weser mit nur 0,78 m Tiefgang.

Um die heimischen Brennstoffe Kohle und Koks besser und kostensparender verwenden zu können, machte die Meidericher Werft Gaskraftanlagen für die Schiffahrt nutzbar, indem der Gasgeneratorschlepper entwickelt wurde. Die "Harpen I" war 1935 das erste Schiff dieser Art. Bis 1938 wurden bereits 12 Gasschiffe mit 4800 PSe in Dienst gestellt oder befanden sich im Bau.

So wurden in einer Anzeige von 1938 als Firmenspezialitäten Gasschlepper, Dieselschlepper bis zu den größten Leistungen, Gasmotorfrachtschiffe, Dieselmotorfrachtschiffe für Lang- und Stückgut, Tankmotorschiffe jeder Größe, Schiffsschrauben und Steuerapparate, Anker-Trossen- und Verholwinden, Trossenklemmen und Schlepphaken, Kessel- und Maschinenreparaturen, Baggergeräte, Elektroschweißerei angepriesen.

1933 lieferte die Werft die Rhein-Motorfähre "Stadt Rüdesheim" mit einer Länge von 30 m, einer Breite von 8,50 m und einer Seitenhöhe von 2 m. Sie besaß auslegbare Landeklappen und 2 Dieselmotoren von je 90 PSe, die unter der Fahrbahn lagen.

Bis zu Beginn der vierziger Jahre wurde im Binnenschiffbau ausnahmslos die Nietbauweise angewendet. Hierbei hatten sich die verbauten Platten zu überlappen und führten zu Übergewichten, die einen Tragfähigkeitsverlust bewirkten. Auch die Herstellung dauerte länger. Die Nietlöcher mußten vorgezeichnet, gebohrt und versenkt werden. Die Bauelemente mußte man bei jeder Wetterlage zusammenschrauben. Die Vorbereitung zum Nieten begann mit dem Aufreiben der Löcher. Nach dem Nieten mußten die Nähte und die Stöße der einzelnen Bauteile noch verstemmt werden. Besondere Sorgfalt mußte bei Tankschiffen angewendet werden. Hier entstand im Bereich der Tank-Laderäume doppelte Arbeit, da nach dem Aufreiben alle Schraubverbindungen wieder gelöst, die Bohrspäne herausgeblasen und die Bauteile anschließend wieder verschraubt werden mußten. Danach erst konnte das Nieten erfolgen.

Ebenfalls zu Beginn der vierziger Jahre, also während des Zweiten Weltkrieges, setzte auch die Elektroschweißung im Binnenschiffbau ein. Beide Systeme existierten vorerst noch nebeneinander. Dann setzte sich das Schweißen durch. Nun können ganze Sektionen in festen Hallen vorgefertigt werden. Auch die Hallenkrane kann man das ganze Jahr über einsetzen. Auf diese Weise können auch die Unter-Pulver- und Schutzgas-Schweißautomaten wettergeschützt eingesetzt werden. Draußen auf der Helling werden sodann die vorgefertigten Schiffssektionen zusammengesetzt.

In den Jahren 1930 bis 1932 baute die Meidericher Schiffswerft für die W.B.D. Köln, bzw. W.B.A. (Wasserbau-Direktion bzw. Wasserbau-Amt) Duisburg zwei Bereisungsboote, "Lahn" und "Mosel", die im Winter auch mehrfach als Eisbrecher eingesetzt wurden. So war die "Lahn" 30 m lang, 5,10 m breit, hatte eine Seitenhöhe von 2,60 m und eine Motorleistung von 300 PS. Das Arbeitsgebiet der Eisbrecher war zumeist die Mittelrheinstrecke bei St. Goar und der Loreley.

## Spezialaufgabe: Einfahren von Brückenteilen

Nach dem Krieg waren viele Brücken gesprengt. Ihre Trümmer mußten beseitigt und neue Brücken mußten gebaut werden. Die Meidericher Werft arbeitete 1946 noch unter der Kontrolle der englischen Besatzungsmacht. Sie erhielt den Auftrag, Berechnungen, Zeichnungen und Kalkulationen für ein Schiffsfloß vorzulegen, "welches" nach Alwin Hilger jun. "in der Lage sein sollte, die Brückenspanne für eine neu zu erstellende Kölner 'Dauerbehelfsbrücke' einzuschwimmen. Es handelte sich um eine Straßenbrücke, die Köln mit Deutz verbinden sollte. Die Brücke sollte aus einem SKR 6-Mittelteil und den beiden Uferteilen, aus Baileykonstruktionsteilen zusammengesetzt, bestehen. Die komplette Brückenspanne, welche eine Länge von 73,15 m aufwies und ein Gewicht von 400 t besaß, sollte durch Einschwimmen auf die Pfeiler gesetzt werden."

Das Floß sollte aus Rheinkähnen bestehen. Auf vier Schiffen war ein Turmgerüst aus Bailey-Konstruktionsteilen zu erstellen. Darauf sollte das einzufahrende Brückenteil montiert werden. Nach Fertigstellung der Brückenspanne sollten die Floßschiffe zwischen die Pfeiler eingefahren werden. Durch Absenken der Schiffe würde sich das Brückenteil auflegen, also im sogenannten Huckepacksystem.

Das setzte viele Planungen und Berechnungen voraus. Schiffe in den Abmessungen mit Länge 67 m, Breite 8,20 m und Höhe 2,50 m mußten hierfür gesucht werden, was nicht ganz einfach war, weil die meisten Schiffe zerstört waren. Die Meidericher Werft erhielt diesen Auftrag. Nach längerem Suchen mietete man von drei verschiedenen Firmen die "WTAG 86", die "Haniel 121", die "Lehnkering 20" und die "Lehnkering 5". Die Frachtkähne mußten natürlich für diese Sonderaufgabe umgebaut werden. Die Verbindungen und Versteifungen wurden gemeinsam von der Demag Duisburg und der GHH Sterkrade durchgeführt. Die Leitung dieses Sonderunternehmens lag in den Händen von Paul Drewes, Direktor der Meidericher Schiffswerft.

Schon im Februar 1946 waren die vier Kähne den Erfordernissen entsprechend umgerüstet. Im Köln-Mülheimer Hafen wurden das Turmgerüst errichtet und die Brückenspanne montiert. Die Meidericher Werft besorgte die Errichtung des Turmgerüstes, und die Firma Hein Lehmann & Co. AG in Düsseldorf als Brückenbaufirma errichtete auf dem Turmgerüst die 73 m lange SKR-Spanne. Schon am 7. Mai war das Schiffsfloß zum Einschwimmen klargemacht. Die Brückenlast würde im Mittelteil der vier Schiffe liegen. Um ein Durchbrechen der Kähne zu vermeiden, erhielten sie vorn und achtern je Schiff 100 t Kiesballast. Auf den Schiffen waren Pumpen installiert, die Wasser in die Räume pumpten und dadurch das Absenken des Pontons erreichten. Nur so konnte der Brückenteil sanft aufgelegt werden.

Zwei kräftige Schleppboote fuhren am 9. Mai das Schiffsfloß aus dem Köln-Mülheimer Hafen heraus. Zwei achterliche Schlepper korrigierten die seitliche

Drift. Das Floß mit dem Brückenteil obenauf wurde genau zwischen den Pfeilern vor Anker gelegt. Nachdem man die genaue Position fixiert hatte, dauerte das Absenken des Brückenmittelteils lediglich zwei Stunden. Wetter und Wasserstand waren günstig. Schon am 12. Juni 1946 konnte die Brücke dem Verkehr übergeben werden. Eine Eisenkonstruktion von 260 t Gewicht war für die Floßvorbereitung nötig gewesen. Die Verwirklichung dieser Pläne hatte fünf Monate gedauert.

Zwei weitere Brücken-Einschwimm-Aktionen mit dem gleichen Floß der Meidericher Werft folgten. 1946 bei der Brücke Koblenz-Pfaffendorf, sowie 1948 bei der Rheinbrücke Neuwied-Weißenturm. Hier waren die Umstände schwieriger, und es mußten neue Festigkeitsberechnungen vorgenommen werden. Den Schiffen mußten neue Horizontalverbände und zusätzliche Flutventile eingebaut werden. Die Montagestelle war am Neuwieder Rheinufer. Auch hier war die Firma Hein Lehmann wieder mit im Einsatz, während die Brückenspannmontage von der Firma Dortmunder Union durchgeführt wurde. Am 1. November 1948 war das Floß einschwimmklar, und am 5. November konnte das Einschwimmen der Brücke erfolgen. Hier wurden drei Schleppboote als Vorspann genommen und eines für alle Fälle in Reserve gehalten. Die Navigation hierzu besorgte Herr Schwarz aus St. Goar. Die Durchführung gelang auch hier präzise und genau.

A. Hilger jun.: "Nachdem das Floß an der Brückenbaustelle angelangt war, wurde es mit Vor- und Seitenleinen, die alle an festen Punkten wie Ufer und Rammbojen angebracht waren, in die richtige Lage gebracht. Die Absenkpressen auf dem Absatzkragarm und dem Pfeiler wurden in Tätigkeit gesetzt, und dauerte der eigentliche Absenkvorgang ca. 3 Stunden. Infolge des günstigen Wasserstandes war ein zusätzliches Fluten und Lenzen der Schiffe nicht mehr erforderlich. Es wurde gleich mit der Befestigung der Brückenspanne mit dem vorhandenen Brückenteil begonnen, so daß das Floß erst nach Verbindung der beiden Brückenteile am anderen Tage zum Liegeplatz unter Strom abgeschleppt werden konnte.

Erwähnenswert ist noch, daß die vier Schiffe neben der Brückenspanne mit einem Gewicht von 750 t noch folgende Belastungen aufwiesen: für die Türme 340 t, für die Plattform 250 t, für Einbauten der Kähne 260 t und Ballast 1080 t, insgesamt 2680 t.

Nachdem die Meidericher Schiffswerft auch diese 3. Aufgabe zur vollsten Zufriedenheit durchgeführt hatte, zog sie sich aus diesem Arbeitsgebiet wieder zurück, da inzwischen größere schiffbauliche Aufträge ihrer Erledigung harrten.

Die vier Kähne wurden Anfang 1949 wieder ihrem alten Zwecke zugeführt, nachdem die Einbauten sowie sonstige Veränderungen am Schiffskörper beseitigt waren."

Diese Werft- und Ingenieur-Leistungen der Nachkriegszeit waren imponierend.

## Das Werftprogramm der Neuzeit

Inzwischen waren auch die alliierten Vorbehalte aufgehoben, und die Schiffsneubauten konnten vorangetrieben werden. So lieferte die Meidericher Schiffswerft 1953 bereits wieder ein modernes 1000-t-Motorgüterschiff als den 250. Neubau seit Firmenbestehen ab. In den darauffolgenden zwanzig Jahren wurden über 110 Schiffe aller Art gebaut. Aber daneben ist es ein besonderes Anliegen der Firmenleitung, den Schiffern einen Service zu bieten, d. h., Reparaturen schnell und sauber durchzuführen.

So stellten die ab 1957 eingeführten Schubschiffe völlig neue Anforderungen an die Rheinwerften. Auch die Meidericher Werft stellte sich darauf um und baute 1959/60 einen großen Schubverband, der aus dem Schubboot "Nijlpaard" (Nilpferd) mit einer Motorleistung von 1260 PS und den vier Schubleichtern "Rijnduw 9-12" (Rheinstoß) mit einer Tragfähigkeit von insgesamt 6000 t bestand. Dieser Verband gehörte zu den ersten drei Schubverbänden auf dem Rhein.

Die sechziger Jahre waren geprägt durch den Bau von weiteren Schubschiffen, wie das Schubboot "Bison", das im Rotterdamer Hafen Bugsierdienste leistet; ferner das Schub-Schlepp-Bugsierboot "Thyssen I", ausgerüstet mit 2 Voith-Schneider-Propellern mit 920 PS-Motorkraft, sowie das Schlepp-Bugsierboot "Peter II", ausgerüstet mit Schottel-Ruder-Propellern.

"Die rasche Entwicklung der Binnenschiffahrt", so ist im Firmenprospekt zu lesen, "vom Schleppzug und Motorschiff zum Schub- und Koppelverband spiegelt sich bei der Meidericher Schiffswerft nicht nur in dem richtungsweisenden Tankschiff-Koppelverband "BP Essen"/"BP Ruhr" und dem neuesten Güterschiff-Koppelverband "Interlaken"/"Natdam 1" wider, sondern auch in einer Reihe von zu Schubleichtern umgebauten Schleppkähnen, Schubleichter-Neubauten und durchgeführter Umrüstung vieler Schiffe zum schiebenden Großraumschiff mit Schiebelukendach, modernen schallisolierten Wohnräumen, entsprechend geänderter Ruder- und Maschinenanlage, angebauter Schubeinrichtung (sogenannte Schubbühne), Zurrwinden usw."

Eine Firmenanzeige des Jahres 1978 nennt denn auch all jene Fahrzeuge, die Spezialaufgaben zu erfüllen haben und für die Schiffahrt der Neuzeit kennzeichnend sind: Gütermotorschiffe, Spezialtanker, Schubboote, Schub- und Tankleichter, Koppelverbände, Fahrgastschiffe, Automatik-Saugbagger, Motorhydroklappschiffe, zerlegbare Baggerpontons, Eimerkettenbagger, Schwimmgreifer, Bunkerboote, Bilgenentöler-/Ölwehrboote, Eisbrecher, Peilboote, Kreiselbelüfter, Anlegesteiger, Arbeitsschiffe aller Art, Küstenmotorschiffe, Seeleichter und absenkbare Hochseetransport-Pontone bis 10.000 t Tragfähigkeit.

Damit sind runde 80 Jahre Werftprogramm am Rhein umrissen, im Raume Duisburg, im Herzen der Binnenschiffahrt, für die Binnen- und Rhein-See-Schiffahrt, für die Gesamtwirtschaft, für den Kreislauf des Güterumschlages an

Rhein und Ruhr und für die Verbindung nach Übersee. Werften sind moderne Wegweiser des Wasserstraßenverkehrs. Sie setzen neue Maßstäbe und sind zukunftweisend.

**Die Schiffswerft Germersheim**

Als Beispiel für den Schiffbau am Oberrhein soll hier die zwischen Mannheim und Karlsruhe gelegene Werft Germersheim genannt werden. Die Tradition dieser Werft geht auf das Jahr 1835 zurück. In dieser frühen Zeit wurde sie von dem Schiffbauer Michael Spatz betrieben. Hölzerne Rheinfähren, Brückenpontons für die damaligen Schiffsbrücken Germersheim und Maximiliansau und kleinere Fahrzeuge für die Rheinbau-Behörden gehörten zu dem Programm der Frühzeit.

So hat beispielsweise im Jahre 1868 der Bau einer Hähe aus bestem Eichenholz, also einer Fähre, für die Gemeinde Rheinsheim, 2195 Gulden gekostet.

Nach dem Ersten Weltkrieg kam es zur Einstellung des Schiffbaus, da die starke Geldentwertung sich auf alle Wirtschaftszweige stark negativ auswirkte. Erst im Jahre 1927 kam es zu einem Aufschwung. Die Gebrüder Spatz gründeten die Eisenschiffbauwerft "Oberrheinische Schiffswerft Gebr. Spatz Germersheim". Eine Beteiligung der Duisburger Reederei Reichel & Co. erfolgte 1953. Es kam zur Umfirmierung in "Schiffswerft Germersheim GmbH." Gezielter Ausbau und Modernisierung erfolgten danach.

Neben den üblichen Reparaturen stand der Schiffsneubau nach dem Zweiten Weltkrieg im Vordergrund. So wurden bereits in den fünfziger Jahren Motorgüterschiffe gebaut und nach Goa/Indien exportiert, um dort für den Transport von Erzen eingesetzt zu werden. Dieser Auftrag setzte sich zusammen aus 8 Motorgüterschiffen für Erzfrachten, 2 Hopperbarges, 1 Motorschlepper und 4 Schleppleichtern für Erzfracht. Die Schiffsneubauten wurden durch Richtmeister der Herstellerwerft an Ort und Stelle in Goa in Betrieb genommen.

Die 1960 erstellte neue Helling mußte 1975 erweitert und verstärkt werden. Auf 12 Gleisbahnen mit Betonfundamenten und Schienen und 12 schweren Hellingswagen können Schiffe bis zu einer Länge von 115 m und einer Breite von 15 m bei einem Tiefgang bis zu 2 m bei jedem Wasserstand und einer Wagenbelastung von 80 t/Wagen an Land gebracht werden.

Der Liebheer-Kran für Lasten bis zu 7,5 t und einer Auslage von 22 m wurde noch unterstützt durch einen Peiner-Turm-Drehkran für Lasten bis zu 20 t und einer Ausladung von 35 m. Beide Kräne können die Hellinganlage und die Hallen bedienen. Ein Schwergutbaum mit Fundament und Arbeitsplattform mit Winden und Ausleger, Treppen- und Festmachereinrichtung mit ca. 20 t Tragfähigkeit gehörten ebenfalls zur Gesamtausrüstung. Moderne Fabrikationshallen und ab 1973 ein neues Verwaltungsgebäude brachten die Werft auf den neuesten Stand und schufen so die Grundlage für heutigen modernen Schiffbau, an den erhöhte Anforderungen gestellt werden.

Rund 80 Schiffsneubauten seit 1953 sind das Ergebnis eines schwungvollen Neubeginns, und es handelte sich um Motorfracht- und Tankschiffe, Schlepper, Fähren und Spezialboote. Ein Großteil dieser Neubauten waren Auftragsarbeiten für europäische und außereuropäische Länder. Aber auch ständige Umbauten und Modernisierungen stehen auf dem Germersheimer Werftprogramm. So wird die Werft jährlich von rund 400 Fahrzeugen angelaufen, deren Besitzer Instandsetzungsarbeiten durchführen lassen.

Ein Team von Ingenieuren, Zeichnern und Fachkräften aller Art wickeln dieses moderne Programm ab.

## Die Versuchsanstalt für Binnenschiffbau

Wichtige Vorarbeiten für den Binnenschiffbau leistet ein Institut in Duisburg, dessen Titel bereits den Aufgabenbereich umfaßt: Versuchsanstalt für Binnenschiffbau Duisburg e.V. Diese Anstalt wurde 1954 als Forschungs- und Prüfungs-Institut gegründet. Sie bearbeitet alle den Schiffbau und die Schiffahrt betreffenden Probleme, vornehmlich die der Hydrodynamik.

Viele schiffahrttreibende Länder der Welt unterhalten ein solches Institut. So gibt es mehr als 30 solcher Schiffbau-Versuchsanstalten in aller Welt. Die Duisburger Forscher nehmen eine Sonderstellung ein, denn sie haben sich auf dem Gebiet der Schiffshydrodynamik des flachen und des allseitig begrenzten Wassers spezialisiert. Als Hauptarbeitsgebiete können genannt werden: Widerstand und Vortrieb, Ruderwirkung und Manövrieren, Schwimmverhalten und Stabilität, gegenseitige Fahrtbeeinflussung sowie Untersuchungen zum Verhalten von Schiffen und meerestechnischen Bauwerken im Flachwasserseegang.

Das Institut berät Ingenieure, Werften und Reeder bei Entwürfen und Planungen. Dies bringt Zeiteinsparungen und Baukostenminderung mit sich, garantiert eine optimale Wirtschaftlichkeit und beeinflußt Schiff- und Wasserstraßenbau günstig und zeitgemäß.

Mit einem großen und einem kleinen Schleppwagen können Schiffsmodelle Überhol- und Beggenungsmanöver fahren. Zusätzlich kann in beiden Tanks Strömung erzeugt werden. Die Konstruktion und Herstellung von Modellen in Holz oder glasfaserverstärktem Kunststoff erfolgen in eigener Werkstatt. Propeller-Düsen, Ruder und sonstige Anhänge werden ebenfalls selbst gefertigt. Die mechanische Werkstatt baut Modellpropeller und Teile der Antriebsanlagen sowie Meßvorrichtungen aller Art. Im Manöverteich gibt es ein Rundlaufgerät mit schwenkbarem Arm von 10 m Radius. Ein Freifahrtmeßgerät dient zur Untersuchung von Propellern und Düsen.

Für die Sicherheit im Verkehr werden im Bedarfsfall in Versuchen maßstabgetreue Modelle von Schiffseinheiten und Schubverbänden durch nachgebildete Flußkrümmungen gesteuert. Dies geschieht freifahrend wahlweise mit einem Mann achtern im Modell, der die Einheit steuert, oder es werden funkferngesteuerte Modelle eingesetzt. In gleicher Weise wird die Schleuseneinfahrt oder ein Stapellauf im Manövrierbecken getestet. Da auch im Manövrierteich die Wassertiefe von 0 bis 1,0m variabel ist, kann das Manövrierverhalten der Schiffe in Abhängigkeit von der Wassertiefe genauer festgestellt werden. Dies ist für die Sicherheit des Schiffsverkehrs auf Flüssen und an den Küstengewässern mit unterschiedlicher Tiefe sehr wichtig. Auch werden auf dem Duisburger Wedau-See mit größeren Schiffsmodellen Tiefwasser-Manövrierversuche vorgenommen.

So werden die künftig zu bauenden Schiffe zunächst als maßstabgerechtes, verkleinertes Modell erstellt und im Propulsionsversuch mit dem großen Schleppwagen getestet. Sie fahren entweder frei oder werden geschleppt. Nach den Versuchsergebnissen wird dann das Schiff auf der Werft gebaut. So wurden in den zurückliegenden Jahrzehnten Fahrgastschiffe, Feuerlösch- und andere Schnellboote, Schubverbände, Motorschiffe und auch Katamaran-Modelle in dieser Versuchsanstalt in allen Einzelheiten geprüft. Das institutseigene Forschungsschiff "Fritz Horn" begleitet später die fertiggestellten Schiffseinheiten auf den ersten Probefahrten und wird für naturgroße Untersuchungen auf den Binnengewässern verwendet.

Mit diesem kleinen Abstecher in das Gebiet der Planung und Vorarbeit haben wir einen Ein- und Überblick gewinnen können in die vielfältigen Möglichkeiten, die sich heute in technischer Hinsicht bieten, der Binnenschiffahrt zu einem reibungslosen Entwicklungs- und Arbeitsablauf zu verhelfen.

## Stand der Rheinflotte im Juni 1979 (international)

Im Rahmen des Marktbeobachtungssystems werden von Seiten der Rheinzentralkommission in Zusammenarbeit mit den Rheinanliegerstaaten auch Angaben über die Rheinflotte zusammengestellt. Die seit vielen Jahren hauptsächlich auf Schätzungen beruhenden Angaben über die Rheinflotte sind nunmehr erstmalig auf die amtliche Schiffsnumerierung abgestellt worden. Dabei werden die amtlichen Schiffsnummern nur für solche Schiffe vergeben, die über ein Rheinschiffsattest verfügen und somit zum Befahren des Rheins berechtigt sind.

Nach Schiffstypen aufgegliedert setzt sich die internationale Rheinflotte wie folgt zusammen:

| Güterschiffe | Anzahl | Tonnage bzw. PS |
|---|---|---|
| Motorschiffe | | |
| bis 649 t | 7974 | 3 292 516 |
| 650 t und mehr | 5546 | 6 069 084 |
| Schubleichter | | |
| bis 649 t | 58 | 27 470 |
| 650 t und mehr | 831 | 1 653 872 |
| Schleppkähne | | |
| bis 649 t | 538 | 276 444 |
| 650 t und mehr | 1140 | 1 476 802 |
| Schlepper [1]) | 2470 | 521 304 |
| Schubboote [1]) | 252 | 291 109 |

[1]) = Ohne belgische Flotte, für die keine Angaben vorliegen.

Eine Aufteilung der Güterschiffe nach Trockenladungsschiffen und Tankern ist nicht angegeben. Dennoch kann gesagt werden, daß die Tanker, gemessen an der Tonnage, einen Anteil von gut 14% haben. Die strukturelle Überkapazität wird bei den Trockenladungsschiffen mit rd. 20%, bei den Tankschiffen sogar mit rd. 30% beziffert.

Zu bemerken sei noch, daß neben den Schiffseignern der Rheinanliegerstaaten auch denen anderer Länder auf Antrag eine amtliche Schiffsnummer zugeteilt worden ist; sie können somit zu jeder Zeit den Rhein befahren. Besonders zu nennen wären hier vor allem Schiffe aus Polen, der DDR und der UdSSR. (Aus: Zeitschrift für Binnenschiffahrt und Wasserstraßen, Heft 6/79, S. 247)

**Die niederländische Binnenschiffahrtsflotte**

Die niederländische Binnenschiffahrtsflotte zählte am 1. Januar 1978 = 7028 betriebsbereite Einheiten. Davon waren 6310 Frachtschiffe (Selbstfahrer, Schleppkähne und Schubleichter), 559 Tankschiffe und 159 Spezialschiffe.

Ladefähigkeit: die Klasse 400-650t ist mit rund 1800 Einheiten die größte; in der Klasse 250-400t wurden ungefähr 1750 Schiffe gezählt, während die Klasse 650-1000t über 1400 Einheiten umfaßte.

Der Altersaufbau ist auch interessant: Fast 1500 Fahrzeuge stammen noch aus der Zeit 1920-1929. Am 1. Januar 1972 waren es jedoch noch gut 2200, d. h. die Zahl der Einheiten von vor 1920 wurde in wenigen Jahren fast halbiert.

Am 1. Januar 1978 waren über 5200 niederländische Binnenschiffe im grenzüberschreitenden und gut 5400 im Inlandsverkehr eingesetzt. Dazu ist jedoch zu bemerken, daß beide Kategorien Fahrzeuge umfaßten, die sowohl am internationalen als auch am innerniederländischen Verkehr teilnahmen.
(Aus: Rotterdam Europoort Delta, 79/4, S. 26)

## Das Labor- und Bereisungsschiff "Max Prüss"

Mit der Zunahme des Schiffsverkehrs und durch die vermehrte Verschmutzung des Rheins durch abgelassenes Bilgenöl und andere Abfälle wurde es dringend notwendig, ein Laborschiff einzusetzen, um durch die Auswertung von Wasserproben dafür zu sorgen, daß die Übeltäter gefaßt und der Verunreinigung des Wassers Einhalt geboten wurde.

Ein solches Labor- und Forschungsschiff wurde 1963 als Neubau Nr. 178 der Rheinwerft Mainz-Mombach zu Wasser gelassen. Der neueingestellte Schiffsführer, Alfred Oehmig, sah im Januar 1964 zum ersten Mal sein neues Schiff. Hinzu kamen der Maschinist Dammer und der Matrose Hüsgen. Im April 1964 waren die Innenarbeiten beendet, so daß die ersten Werftprobefahrten einsetzen konnten, die nach Aussage von Schiffsführer Oehmig "ahnen ließen, welche Kraft in diesem formschönen Schiff steckte, und diese Kraft konnte es in den folgenden 15 Jahren auch bestens beweisen."

Der Taufakt wurde am 6. Mai 1964 in Bad Honnef an der Wasserschutz-Polizeistation Grafenwerth durch Frau Lotte Prüss, der Gattin des kurz zuvor verstorbenen Wasserwirtschaftlers Max Prüss, vorgenommen, dessen Namen das Laborschiff erhielt. Max Prüss war ehemaliger Direktor des Ruhrverbandes und des Ruhrtalsperrenverbandes. Am 1.1.69 übernahm die neu gegründete Landesanstalt für Gewässerkunde und Gewässerschutz das Schiff.

Mit einer Länge von 28,30 m, einer Breite von 5,05 m, einem Tiefgang von nur ca. 1 m, einer Motorleistung von 680 PS und einer Geschwindigkeit von 25 km/h besitzt es eine ausgezeichnete Manövrierfähigkeit und kann jederzeit selbst in seichten Gewässern operieren. Dies besonders unter Zuhilfenahme der Echolotanlage. Da es zudem fernmündlich erreicht werden kann, weil seine Telefonanlage dem Rheinfunk angeschlossen ist, ist es in unserer umweltbewußten Gegenwart zu einem stets einsatzbereiten Partner und Mittler zwischen Binnenschiffahrt und Gewässerschutz geworden und für die Zukunft aus den hiesigen Gewässern nicht mehr fortzudenken.

Das ist auch aus den jährlich gefahrenen nahezu 200 Einsätzen zu ersehen, die keinen 8-Stunden-Tag und kein geregeltes Wochenende erlauben. Die Besatzung ist rund um die Uhr einsatzbereit und abrufbar, denn es gilt nicht nur die Wasserbeschaffenheit und Wassergüte des Rheins im Bereich von Nordrhein-Westfalen zu testen und zu analysieren; auch die schiffbaren Nebenflüsse, wie die Weser, die Ruhr und das westdeutsche Kanalnetz stehen in regelmäßigen Abständen auf dem Untersuchungsprogramm. Aus diesem Grunde sind die Abmessungen und die niedrigen Aufbauten so gehalten, daß alle Schleusen und die Brückendurchfahrten der Kanäle passierbar sind. Ein motorgetriebenes Aluminium-Beiboot, über Heck zu Wasser gelassen, kann extrem flache Gewässerstellen erreichen, um Proben zu entnehmen.

Im schiffseigenen Labor können chemische, physikalische und biologische Untersuchungen von Fluß- und Abwässern aller Art vorgenommen werden. Mit einer selbsttätigen Meß- und Registrierstation ist man in der Lage, während der Fahrt Wassertemperatur, Trübung, Salzgehalt, pH-Wert und Sauerstoffgehalt des Wassers aufzuzeichnen. Größere Abwasseransammlungen, etwa abgelassenes Bilgenöl, können sofort erfaßt werden.

Hierzu Schiffsführer Oehmig: "Die eine Seite des praktischen Umweltschutzes, nämlich die Bevölkerung durch gezielte Öffentlichkeitsarbeit auf die Notwendigkeit zur Reinhaltung unserer Gewässer hinzuweisen, zeigte bald Erfolg. So sorgten die Besatzungen der Schiffe, die die Flüsse und Kanäle unseres Landes befahren, dafür, daß Abfälle und Öllachen von den Gewässern fast völlig verschwanden. Auf der anderen Seite erweckten die Bemühungen zum Schutz unserer Umwelt die Aufmerksamkeit fachinteressierter Kreise auch in anderen Bundesländern und im Ausland."

Am 5. Juni eines jeden Jahres, zum "Tag der Umwelt", wird die interessierte Bevölkerung eingeladen, das Schiff zu besichtigen und sich durch gezielte Fragen zu unterrichten.

Auch bei dem Massenfischsterben des Juni 1969 war die "Max Prüss" im Auftrage des Landesamtes für Gewässerschutz in Duisburg im Großeinsatz. Von Wesel fuhr das Schiff rheinauf, um ständig Wasserproben zu entnehmen. Man verfolgte den Weg der toten Fische.

Auch die Einmündungen der Nebenflüsse sind in den Aufgabenbereich einbezogen. Hauptaufgaben sind Schlammuntersuchungen, Erforschung des biologischen Lebens im Rhein, Analyse der Wasserbeschaffenheit von Querprofilen, Überwachung der radioaktiven Wasserbelastung und manches andere.

So wird der Rhein-Herne-Kanal vierteljährlich befahren, ebenso der Wesel-Datteln-Kanal und der Datteln-Hamm-Kanal. Die ermittelten Ergebnisse werden den Wasserwirtschaftsämtern übergeben. Hauptsächlich um die Trinkwasserversorgung des Ruhrgebietes zu gewährleisten, sind diese Gewässerkontrollen in den genannten Kanalbereichen erforderlich. Die Rheinhäfen werden zweimal jährlich kontrolliert. Die Ruhr wird dreimal jährlich in ihrem schiffbaren Teil befahren und untersucht. Jährlich werden drei- bis viermal zu unterschiedlichen Jahreszeiten im Rhein Längsprofile der Wasserqualität aufgenommen. Hierbei erhält man Aufschluß über die "Selbstreinigungskraft unter den verschiedenen Witterungs- und Abflußbedingungen."

Auch die Weser ist in diese Untersuchungen einbezogen. In Zusammenarbeit mit der 'Arbeitsgemeinschaft der Länder zur Reinhaltung der Weser' (ARGE Weser) wird der Fluß alle fünf Jahre bereist und das Wasser untersucht.

Selbst die Warmwassereinleitungen, wie sie bei Kernkraftwerken erfolgen, werden vom Schiff aus kontrolliert. Dadurch können Wärmelastpläne aufgestellt werden. Eine neuere Methode sind infrarot-photometrische Wassertemperaturmessungen vom Flugzeug aus. Um diese Ergebnisse zu eichen, werden dabei vom Laborschiff aus die Wassertemperaturen gemessen. Gleichzeitig dient das Schiff den Wasserwirtschaftlern als Bereisungsschiff.

Hierzu Alfred Oehmig: "Auch außerhalb der Grenzen Nordrhein-Westfalens gelangte die "Max Prüss" zum Einsatz. Zusammen mit Wasserfachleuten machten wir einige weitere Reisen: für die ARGE Rhein von Würzburg nach Mainz, von Stuttgart nach Mannheim, von Karlsruhe nach Wesel und für die ARGE Weser von Bremerhaven nach Kassel. Eine andere Untersuchungsfahrt führte uns gemeinsam mit den Laborschiffen des Landes Hessen, "Argus", "Oskar" des Landes Rheinland-Pfalz sowie einem niederländischen Schiff von Breisach bis Rotterdam. Waren diese Reisen auch für uns mit erheblicher Mehrarbeit verbunden, so waren sie doch äußerst interessant und erweiterten unsere Kenntnisse."

Immerhin umfaßt das Fahrgebiet der "Max Prüss" 830 km schiffbare Flüsse und Kanäle. Innerhalb dieses Fahrgebietes wurden in 15 Jahren jährlich ca. 9200 Wasserproben gezogen. Die Laboratorien der 'Landesanstalt für Wasser und Abfall NW' besorgten aus diesen Wasserproben etwa 113 400 Einzelanalysen. Hinzu kommen für die Besatzung, die seit 16 Jahren die gleiche ist, Kontrollfahrten, Bereisungen, Pressefahrten, Ölkatastrophen- und Giftunfalleinsätze. Außerdem wurden vier Leichen geborgen und zwei Selbstmorde verhindert.

Wir erkennen hieraus die vielseitigen Aufgabenbereiche, die Schiff und Besatzung zu bewältigen haben, und die Maßnahmen, die im Zuge des technischen und chemischen Fortschritts zur Überwachung der Wasserbeschaffenheit unerläßlich geworden sind. Denn dort, wo Luft und Wasser nicht mehr sauber sind, kann auch der Mensch kein gesundes Leben führen. So tragen das Laborschiff "Max Prüss" sowie die anderen Forschungsschiffe zur Gesunderhaltung unserer Umwelt bei und stehen im Dienste der Schiffahrt und des Stromes.

**Das Chemikalien-Verbrennungsschiff KTMS "Vesta"**

Mit der Reinhaltung von Luft, Wasser und Umwelt hat auch das Chemikalien-Verbrennungsschiff zu tun, das als Baunummer 1136 im Jahre 1979 bei der Rheinwerft Walsum vom Stapel lief und eine Spezialaufgabe zu erfüllen hat. Die

Reederei Lehnkering AG, Duisburg, stellte am 21. Mai 1979 in Rotterdam den weltweit ersten Neubau eines Verbrennungsschiffes mit dem Namen "Vesta" in Dienst. In dem achtern eingebauten Spezialofen dieses Küsten-Tank-Motor-Schiffes (KTMS) werden flüssige Chemieabfälle umweltgerecht auf hoher See beseitigt, so daß die Abfälle zu mindestens 99,9% verbrannt werden. Das Schiff wurde unter der Aufsicht des "Germanischen Lloyd" in Walsum erbaut.

Die Zulassung erfolgte erst nach gründlicher Erprobung auf hoher See und nach genauester Kontrolle, wie z. B. durch die Klassifikationsgesellschaft Germanischer Lloyd, die See-Berufsgenossenschaft, das Amt für Arbeitsschutz und durch die niederländische Aufsichtsbehörde Rijkswaterstaat. Letztere Stelle deswegen, weil das Schiff künftig Rotterdam als Umschlaghafen für die Chemikalien-Übernahme anlaufen wird. Die Verbrennungsanlage wurde nach neuesten technischen Erkenntnissen konstruiert und ausgeführt.

Diesem Ofen waren umfangreiche Landerprobungen an einer großen Modellanlage vorausgegangen. Diese Probeverbrennungen wurden vor Vertretern internationaler Behörden durchgeführt und zeigten gute Ergebnisse bezüglich des Wirkungsgrades. Ein umfangreiches System von Kontrollinstrumenten, das die deutschen und niederländischen Behörden vorgeschrieben haben, garantiert im Betrieb und auf See die Einhaltung der Verbrennungsqualität, die auf internationaler Ebene festgelegt ist. Es sind dies die "Richtlinien für den Bau und die Ausrüstung von Schiffen, die größere Mengen gefährlicher Chemikalien transportieren". Die Verbrennung selbst erfolgt jeweils in einem von den Behörden zugewiesenen Gebiet in der Nordsee, das über 100 Seemeilen von den Küsten der Anliegerstaaten entfernt ist.

Wenn chlorhaltige Rückstände verbrannt werden, entsteht Salzsäure, die beim Auswaschen aus dem Rauchgas und beim Neutralisieren Kochsalz bildet, das eine weitere Salzbelastung der Flüsse, z. B. des Rheins, ergeben würde. Deshalb werden solche Abfälle nach Zulassung und unter Aufsicht der zuständigen Küstenstaaten dort verbrannt, wo das umgebende Wasser sowieso schon salzhaltig ist, eben auf hoher See.

Das neue Verbrennungsschiff ist ein Küsten-Tanker mit 999 BRT, 72 m lang, 11 m breit und 5,25 m hoch; es hat eine Antriebskraft von 1.200 PS (883 KW) und kann in seinen Tanks bis zu 1 400 t flüssige Chemieabfälle aufnehmen, die einzeln oder auch als Gemisch zu mindestens 99,9% vernichtet werden. Die Verbrennungsanlage verarbeitet stündlich bis zu 12 t Abfälle bei Temperaturen über 1000 Grad Celsius. Die Chemikalien können das Schiff nur über die Verbrennungsanlage verlassen, so daß ein Ablassen ins Meer technisch unmöglich ist. Alle wesentlichen Daten der Tank- und Verbrennungsanlage sowie Kurs und Position des Schiffes werden während der Fahrt kontinuierlich registriert. So ist eine lückenlose Dokumentation gesichert.

Die Behälter für die Abfallstoffe sind als Drucktanks ausgelegt, wobei eine

Gaspendelleitung für den Abbau eines möglichen Überdrucks sorgt. Meßuhren, Füllstandanzeiger und Überfüllungs-Sicherheitskontakte an jedem der neun Vorratstanks sorgen dafür, daß auch beim Füllen kein unbeabsichtigtes Austreten der Abfallflüssigkeiten möglich ist.

Die Verbrennungsanlage besteht aus einer 150t schweren Spezial-Brennkammer und ist mit 3 Drehzerstäubern als Brenner ausgerüstet. Hierbei waren außerordentlich strenge Vorschriften der Aufsichtsbehörden zu beachten, wie sie im obengenannten 'Code' enthalten sind. Bei einem technisch derart modernen Schiff sind auch die neuesten Erkenntnisse im Bereich des Brandschutzes und der Sicherheitsausrüstungen berücksichtigt. Das gilt in gleichem Maße für die Unterbringung und Versorgung der 10 Mann starken Besatzung in modernen und wohnlich eingerichteten Kammern auf dem Vorschiff. Der Motor und die Maschine liegen achtern; davor der Ofen. Den Mittelteil nehmen die Tanks ein. Vorn steht hochaufragend die Kommandobrücke. Über die Tanks verläuft eine geländereingefaßte Brücke als Verbindung zwischen Vor- und Achterschiff. (Die Angaben und technischen Daten nach Lehnkering AG., Duisburg)

### Die "Mannheimer Schiffahrtsakte von 1868" und ihre Bedeutung für die heutige Zeit

Der Wiener Kongreß von 1815 rief die Zentralkommission für die Rheinschiffahrt ins Leben. Sie setzte sich aus Vertretern der Rheinuferstaaten Baden, Bayern, Frankreich, Hessen, Nassau, Niederlande und Preußen zusammen und trat 1816 erstmals in Mainz zusammen.

Aber es sollten noch ganze 16 Jahre vergehen, ehe die Schiffahrtsakte im Text ausgearbeitet war. Am 31. März 1831 wurde sie dann von den sieben Staaten unterzeichnet. Jedoch die darauffolgende wirtschaftliche und politische Entwicklung machte immer wieder Änderungen erforderlich, so daß daraus eine völlige Erneuerung der Rhein-Rechtsordnung entstand. Bis 1831 bestanden noch die altüberlieferten Zoll- und Stapelrechte, welche die durchgehende Schiffahrt behinderten. Das sollte durch die Arbeit der Zentralkommission geändert werden. Die politischen Schwierigkeiten zwischen Frankreich und Deutschland führten zu einer Verlegung des Kommissionssitzes 1860 nach Mannheim. Erst im Jahre 1868 konnten die Verhandlungen über die revidierte Rheinschiffahrtsakte zu Ende gebracht werden. Die Vertragsunterzeichnung erfolgte für diese Änderungsakte am 17. Oktober 1868. Sie wurde allgemein unter dem Namen "Mannheimer Akte" bekannt und hatte volle Gültigkeit bis 1979.

Infolge des Versailler Vertrages erhielt die Zentralkommission nach 1918 ihren Sitz in Straßburg. Die heutigen Mitglieder sind die Schweiz, Frankreich, Deutschland, die Niederlande, Belgien und Großbritannien. Zwei Punkte sind es, die aus dieser Akte herausragen und von besonderer Wichtigkeit sind:

1. Nach Artikel 1 ist die Schiffahrt auf dem Rhein den Fahrzeugen aller Nationen zum Transport von Waren und Personen gestattet. Das ist die Schiffahrtsfreiheit.

2. Nach Artikel 3 darf auf dem Rhein eine Abgabe, die sich lediglich auf die Tatsache der Beschiffung gründet, nicht erhoben werden. Das ist die Abgabenfreiheit.

Solange die Rheinanliegerstaaten unter sich waren, behielt die Mannheimer Akte ihre Gültigkeit. Indes beginnen sich die Schwergewichte durch den Bau des Rhein-Main-Donau-Kanals zu verlagern. 1985 wird das letzte Teilstück zwischen Nürnberg und der Donau fertig sein und damit Donau und Rhein eine Direktverbindung erhalten. Der Ostblockschiffahrt wird damit ein Tor zum Westen geöffnet. Völlig neue Situationen werden dadurch entstehen. Schon melden sich Ostblockreeder zu Wort, die ab 1985 nach K.H. Kühl "nicht nur Wechselverkehr zwischen diesen beiden Stromgebieten betreiben wollen, sondern auch innerhalb des Rheinstromgebietes - und damit im Beschäftigungsstammgebiet der internationalen Rheinschiffahrt - ihre Flotten zur Devisenerwirtschaftung einsetzen wollen. Sie berufen sich dabei auf die durch die Mannheimer Akte vom 17. Oktober 1868 garantierte Schiffahrtsfreiheit auf dem Rhein."

Die westlichen Reeder spüren bereits seit Beginn der siebziger Jahre eine verschärfte Konkurrenz der Ostblockstaaten. So ist die UdSSR schon in den Linienverkehr der westlichen Reeder eingedrungen.

"Auf Bundeswasserstraßen wurden", nach K.H. Kühl, "im Jahre 1978 insgesamt 246 Mill. t Güter transportiert. Hiervon beförderten Ostblockschiffe 6,7 Mill. t, also noch keine 3%. Der größte Teil dieser 6,7 Mill. t entfiel auf Verkehre über das nordwestdeutsche Wasserstraßennetz von Schiffen der DDR (4,0 Mill. t), der Tschechoslowakei (1,0 Mill. t), und Polens (0,8 Mill. t); nicht ganz 1 Mill. t wurden auf dem deutschen Donauabschnitt befördert von den Flotten Rumäniens, Ungarns, Jugoslawiens, der Sowjetunion und Bulgariens."

Die Zentralkommission ist seit 1975 dabei, den sich anbahnenden Gegebenheiten Rechnung zu tragen und eine neue Lösung anzustreben. Zwei Punkte sind es, die einer Neuerung bedürfen und die K.H. Kühl so erläutert:

"Einmal sollte klargestellt werden, daß auf dem Rhein nur Schiffe unter der Flagge eines Unterzeichnerstaates fahren dürfen. Zum anderen wurde eine Regelung angestrebt, die ein Unterlaufen der Flaggenbestimmungen der Niederlassungsfreiheit in Westeuropa durch den Ostblock verhindern sollte. Die Zentralkommission für die Rheinschiffahrt wollte das Führen der Flagge eines Vertragsstaates noch von zusätzlichen Bedingungen abhängig machen."

Der zweite Punkt, die Abgabenfreiheit betreffend, wurde Streitpunkt mit der Europäischen Gemeinschaft in Brüssel. Nach längerem Hin und Her über die Niederlassungsfreiheit kam es dann doch am 17. Oktober 1979 (wie sich Tag und Monat zu 1868 gleichen!) in Straßburg zur Unterzeichnung "eines sogenannten Zeichnungsprotokolls."

Zum Zusatzprotokoll: Die Zentralkommission für die Rheinschiffahrt legt die Bedingungen fest, unter denen Schiffe, die nicht den Vertragsstaaten angehören, Transporte zwischen zwei Rheinhäfen durchführen können.

Zum Zeichnungsprotokoll und Zusatzprotokoll: Danach "soll ein Schiff nur dann eine Urkunde erhalten, die es zur Führung der Flagge eines der Vertragsstaaten berechtigt, wenn für das Schiff eine echte Bindung mit diesem Staat besteht, deren Merkmale im einzelnen festgelegt werden." Hier geht es also um die Niederlassungsfreiheit, bei der man Mißbrauch durch Ostblockstaaten zu verhindern sucht.

Es wird damit klargestellt, daß nur unter bestimmten Voraussetzungen künftig die Teilnahme am Rheinverkehr stattfinden kann. Wenn dieses neue Zusatzprotokoll von den sechs Parlamenten der in der Zentralkommission für die Rheinschiffahrt vertretenen Staaten ratifiziert worden ist, können die westlichen Reeder mit einer gewissen Absicherung der Rhein-Donau-Kanalisierung entgegensehen. (Aus: Mitteilungsblatt der Industrie- und Handelskammer in Duisburg, Nr. 2/80)

## Rotterdam - Nieuwe Maas - Nieuwe Waterweg - Europoort: das Tor zur Welt

Die Geschichte und die Entwicklung der Rheinschiffahrt zu schreiben, bliebe ein Fragment, wollte man nicht den Anfangs- oder Ausgangspunkt der Binnenschiffahrt mit einbeziehen: Rotterdam und der inzwischen zu einem Mammutunternehmen ausgebaute Nieuwe Waterweg bis hin zu Hoek van Holland: EUROPOORT, das Tor zur Welt.

Wie alles in der Geschichte einmal sehr klein angefangen hat, so auch in Rotterdam. In dem Örtchen an dem Fluß Rotte, über den man im 13. Jahrhundert einen Damm baute, also den 'Rotter Damm', und danach den Ort benannte, betrieb man seit etwa 1270 erstmals Schiffahrt. Wer hat eigentlich in den niederen Landen noch keine Schiffahrt betrieben? Sie liegt den Niederländern einfach im Blut, ist ein in die Wiege gelegter Wesenszug ihres Selbstbehauptungswillens, da sie seit altersher gegen die See und das Wasser im eigenen Lande anzukämpfen hatten, da ihr Land tiefer als der Meeresspiegel liegt.

Die Rotte wiederum mündete in die heute als Nieuwe Maas bekannte Wasserstraße. Dieser Wasserweg ist die Hauptschlagader des Rhein-Maas-Deltas und der Lebensnerv der Stadt Rotterdam. Natürlich waren die Anfänge der Schiffahrt ohne wirtschaftliche Bedeutung. Erst in der 2. Hälfte des 16. Jahrhunderts entstanden die ersten brauchbaren Häfen und damit ein geordneter Aufschwung mit dem Ziel nach Übersee. Bis in das Jahr 1620 hinein wurde ständig an diesem Hafen gebaut. Das Ebbe- und Flutspiel im Delta trug ständig zu Verlandungen und Verschlämmungen bei, die mit den Mitteln der damaligen Zeit nicht zu bewältigen waren. Gleichzeitig wurde aber auch die Schiffskapazität erweitert.

Die Schiffe wurden größer, bauchiger, schwerfälliger und die Tiefgänge im beladenen Zustand waren so, daß sie gerade bei auflaufender Flut mit der nötigen 'Handbreit Wasser unter dem Kiel' in Rotterdam einlaufen konnten.

Eine vorübergehende Erleichterung brachte 1930 der Kanal, den man quer durch die Insel Voorne trieb. Der 'Voorn'sche kanaal' reicht von der Oude Maas bis nach Hellevoetsluis. Er konnte aber nur als vorübergehende Lösung betrachtet werden. Schon 1863 machten sich die Wasserbauexperten Gedanken darüber, wie man dem Rotterdamer Hafen als Seehafen einen gesicherten Zugang schaffen könne. Holländische Wasserbau-Ingenieure sind in der ganzen Welt geschätzt, und so konnte es nicht ausbleiben, daß man Mittel und Wege fand, eine gesicherte Lösung anzustreben. Ein Parlamentsbeschluß gab das Startzeichen für den Ausbau des Nieuwe Waterweg, des neuen Wasserweges.

Initiator dieses gewaltigen Planes war der Ingenieur Pieter Caland, ein Hydraulikspezialist. Seine Vorstellung war es, einen direkten Zugang zur Nordsee zu schaffen. Dazu mußte nach guten Vorstudien durch die sandige flache Erhöhung, die aus jahrhunderte alten angeschwemmten Seesanden bestand, hindurchgebaggert werden, so daß ein schleusenfreier und direkt zu befahrender Zugang entstand. So gut der Plan zunächst aussah, so galt es viele Schwierigkeiten zu überwinden. Aber im Kampf mit dem Wasser waren die Niederländer immer ein zähes Volk, und so schafften sie auch diesen Plan. Als dann endlich am 9. März 1872 der erste Dampfer, die "SS Richard Young", den Nieuwe Waterweg passierte und Rotterdam erreichte, brachen die Menschen in Jubel aus, und die Rotterdamer Zeitungen brachten die Schlagzeilen: "Der Nieuwe Waterweg ist kein Traum, er ist eine Tatsache. Das Schiff bewegte sich gleichermaßen auf einer Überfülle von Wasser vorwärts." Darin drückte sich die Freude aus, ein Wasserwerk von größter Bedeutung für die aufstrebende Hafenstadt Rotterdam geschaffen zu haben.

Diese Pioniertat sprach sich schnell in Übersee herum, und so passierten noch im gleichen Jahre ganze 873 Dampf- sowie Segelschiffe diesen Seeweg. Damit hatte, ohne daß man sich dessen zunächst bewußt geworden wäre, der Aufstieg Rotterdams zum größten Hafen der Welt begonnen. Prägen wir uns das Jahr 1872 ein. Neben dem Nieuwe Waterweg spielten noch weitere Faktoren eine Rolle: die Segelschiffe starben aus, die Dampfer eroberten die Meere, die Schiffsneubauten nahmen größere Dimensionen an, damit auch die Tiefgänge dieser Schiffe, und schon war der Zeitpunkt abzulesen, an dem das einst so gepriesene Werk wieder brachliegen würde, weil der Wasserstand zu niedrig, die Zugänge verlandet und eingespült waren vom ewigen Kreislaufspiel Ebbe und Flut.

Inzwischen hatte man auch neue Saugbaggertechniken entwickelt, so daß man abermals daranging, den Nieuwen Waterweg zu vertiefen und zu verbreitern. Jetzt endlich war man wieder in der Lage, die neue Schiffsgeneration aufzunehmen und einfahren zu lassen. In dieser Zeit erlebte das Ruhrgebiet gerade seinen ersten industriellen Aufschwung. Die revidierte Rheinschiffahrtsakte, die sogenannte 'Mannheimer Akte' vom 17. Oktober 1868, den Rheinanliegerstaaten freie Schiffahrt auf dem Rhein und den Nebenflüssen bescheinigend, begann sich in der Praxis auszuwirken und brachte auch den Seehafen Rotterdam weiter voran auf dem Weg des Aufstiegs. Damit wurde Rotterdam ein wichtiger Transithafen für das europäische Festland, der die Waren von Übersee aufnahm und als Mittler und Weiterbeförderer ins westeuropäische Industrie-Hinterland auftrat. Und da auch Großbritannien eine große Industrienation war und seine Einflüsse nach Preußen geltend machte, war Rotterdam der geeignete Mittler zwischen Ex- und Import.

**Wie die Rotterdamer Häfen sich ausdehnten**

Bereits um 1870 wurden auf dem südlichen Ufer Rotterdams die ersten direkten Hafenbecken angelegt. Der Binnenhaven und der Entrepothaven sowie der Spoorweghaven (Eisenbahnhafen) mit dem dazugehörigen Zufahrtsgelände waren 1878/79 fertiggestellt. Dieser Eisenbahnhafen wurde nach dem Aufkommen der Eisenbahn so benannt, an die die Häfen damals angeschlossen wurden. Sie liegen bei dem scharfen Knick, den die Nieuwe Maas bei Kralingen macht. Aber schon bis 1882 wurde ein neuer Hafenkomplex in Feijenoord von den Städtischen Handelseinrichtungen in Betrieb genommen. Hieraus wurde der Niederlassungsort für Stückgutbetriebe und für Liniendienst-Reedereien der kleinen Fahrt.

Der Koningshaven bei der Willemsbrücke wurde 1871 angelegt. Die Brückenteile waren beweglich gehalten und "sollte denjenigen Schiffen Durchgang gewähren, die die unbeweglichen Brücken über die Nieuwe Maas nicht passieren konnten." Hingegen waren Persoons- und Nassauhaven der Rhein- und Binnenschiffahrt vorbehalten. Hier haben sich bereits verschiedene Industrieunternehmen angesiedelt.

In den Jahren 1887 bis 1894 wurde dann der Bau des Rijnhavens vorangetrieben. Der Maashaven folgte zwischen 1898 und 1905. Bei diesen Häfen standen die Überlegungen im Vordergrund, den vielen See- und Binnenschiffen des Massengutverkehrs unmittelbar 'im Strom' bessere Liegeplätze zu bieten. Diese Häfen liegen noch unmittelbar Rotterdam gegenüber, sind somit heute der südliche Stadtteil. Während im Rijnhaven überwiegend Papier und Grubenholz umgeschlagen wird, ist der Maashaven für die Getreideverladung eingerichtet, wo schwimmende Elevatoren an den Bojen liegen und die Schiffe bedienen. Südlich des Hafens stehen die vielen Getreidesilos.

Heute allerdings wird in dem Maashaven, der angrenzenden Wilhelminakade und den weiter westlich gelegenen Häfen von Katendrecht neben Getreide auch Stückgut verladen. Der größeren Tiefgänge wegen und der zunehmenden Größe der modernen Getreideschiffe "werden diese zur Zeit oft in den tieferen Häfen (Waalhaven, Botlek und Beneluxhaven) abgefertigt. Rijn- und Maashaven sind darum heute vor allem Stückguthäfen.

Zwischen 1907 und 1931 entstand in mehreren Etappen der Waalhaven. Er dient dem Massenguttransport und wird z. Z. den Bedürfnissen der Neuzeit angepaßt und besitzt eine Tiefe von 13,50 m Normal Amsterdamer Pegel (NAP). Auch westlich des Waalhavens werden Massengüter umgeschlagen, die von Schiffen bis zu 60.000 dwt. (tonnage deadweight=die allgemeine Ladefähigkeit des Schiffes) transportiert werden. In der Praxis gibt es noch die Bezeichnung tdwat (all told). Dieses bedeutet die gesamte Ladefähigkeit des Schiffes einschließlich Trinkwasser, Gasöl und Ausrüstung. Eine weitere Bezeichnung ist tdwcc (cargo capacity) und bezeichnet die reine Tragfähigkeit für die Ladung. Pier 7 hat man zu einem Container-Terminal (Endpunkt) umgebaut. Bei Pier 2 dient ein neuer Terminal der Beförderung von schwerem Stückgut und Containern. An den Bojen sieht man viele Getreideschiffe, die auf Abfertigung warten, und östlich des Waalhavens, bei Pier 3, der Rheinfahrt-Landungsbrücke, sieht man die großen Bojen, an denen die Lash-Schiffe anlegen (Lash=Lighter Aboard Ship=Trägerschiffsleichter), wie sie weiter vorn beschrieben wurden. Sie unterhalten einen regelmäßigen Liniendienst nach New Orleans in den USA. An dieser Südwestseite des Waalhafens ist auch das große Elektrizitätswerk errichtet, das die neuen Häfen im Botlek und in Europoort zusätzlich mit Strom versorgt. Hier sind auch drei Schwimmwerften zu sehen, deren Schwimmdocks mit einem Hebevermögen von 2000 bis 54000 t ausgestattet sind. Hier sind auch die Hafen- und Transportschulen, in denen junge Leute ab 12 Jahre für die vielfältigen Hafenberufe ausgebildet werden. Eine dritte Schule bildet erwachsene Hafenarbeiter aus und macht sie mit allen technischen Neuerungen vertraut.

Zwischen 1890 und 1909 hat man am nördlichen Ufer die Stückguthäfen Parkhaven, St. Jakobshaven und Schiehaven ausgebaut. Hier ist der Städtische Hafen- und Lotsendienst zu Hause. Beim Parkhaven steht auch der Euromast. Durch die Parkschleuse gelangen Binnenschiffe in den Coolhaven. Ab hier gehen Wasserverbindungen nach Amsterdam.

Der Ijsselhaven, Lekhaven und der Keilehaven wurden zwischen 1910 und 1915 gebaut. Dies sind kleinere Stückgut- und Industriehäfen. Auf dem rechten Maasufer ist der von 1923 bis 1932 gebaggerte Mervehaven der größte Stückguthafen Rotterdams. Hier gibt es einen hochmodernen Obst-Terminal, und an der Westseite eine Schiffswerft für Spezialaufgaben.

Während des Zweiten Weltkrieges baute man schon am ersten Eemhaven. Dabei liegt der Prins Johan Friso-Haven. Hier gibt es ein Verteiler-Terminal für japanische Autos, ebenso Werften und Fabriken. Kleinere Seeschiffe können hier festmachen. Da der Stückgutverkehr zunahm, errichtete man zwischen 1962 bis 1965 den Prinses Beatrixhaven und ab 1963 den Margriethaven. Dazu gehört noch der Prins Willem Alexanderhaven, und diese Hafengruppe bildet ein Zentrum für die meisten modernen Umschlag- und Transportmethoden im Stückgutverkehr, wie z. B. Bananenumschlag, Container, gebündeltes Holz, Zelluloseprodukte und Zeitungspapier. Größte Frachter können hier anlegen.

In der Gemeinde Schiedam sind längs des Nieuwe Waterweg etliche Schiffswerften angesiedelt, u. a. auch ein Baudock für 16000 t-Schiffe, sowie drei Liegeplätze eines Unternehmens für Öltanker-Reinigung. Bei der Gemeinde Vlaardingen legte man 1913 den Vulcaanhaven an. Es ist ein Privathafen für trockenes Massengut. Werften finden wir wieder im Koningin Wilhelminahaven.

## Die Entwicklung der Petroleumhäfen bis Europoort

In Rotterdam und längs des Nieuwe Waterweg befinden sich insgesamt 8 Petroleumhäfen: ein sicheres Zeichen für die Entwicklung und Beförderung dieses heute so wichtigen Rohstoffes.

Bereits 1929 begann man mit dem ersten Spatenstich für den Eerste Petroleumhaven. Dort wurde 1936 die erste Ölraffinerie errichtet. Diese entwickelte sich zur größten der Welt "und ist heute von zahlreichen Unternehmen der Petrochemie und von Tankparks umgeben, die sich bis zum Tweede Petroleumhaven ausdehnen."

1950 errichtete man am Hafeneingang eine zweite Ölraffinerie nebst einem Forschungslaboratorium. Das ganze Gebiet nennt man Pernis. Hier werden viele chemische Produkte hergestellt: synthetischer Gummi, Kunststoffe, Äthylen, Ureum, Schwefelsäure, Phosphatsäure. In diese Hafenbecken gelangen Tanker bis zu 50.000 dwt. Zwei große Rohrleitungen führen von hier aus in das deutsche Hinterland bis nach Frankfurt/Main. Kamine von 213 m Höhe halten die Luftverschmutzung weitgehend niedrig.

Der sogenannte Botlek-Plan, 1947 vom Rotterdamer Stadtrat genehmigt, sah den Derde Petroleumhaven (also den 3. Petroleumhafen) vor. Die Baggerarbeiten hierzu setzten 1954 ein. 1955 schlug man die Botlekbrücke über die Oude Maas. Damit wurde der Zugang zu dem neu zu erschließenden Hafengebiet gesichert. An diesem Hafen errichtete man 1960 eine dritte Raffinerie, die "darüberhinaus auch ein wichtiger petrochemischer Industriebetrieb ist." Botlek ist der Haupthafen dieses Gebietes. Es war dies ein früherer Flußarm der Nieuwe Maas. An Botlek zweigen links und rechts wie Arme der St. Laurenshaven und der Chemiehaven ab. Hier werden Erze, Schwefel, Phosphate und anderes trockenes Massengut umgeschlagen. Auch chemische Fabriken sind dort angesiedelt. Botlek hat ein Getreide-Terminal mit einem Silo, der 60.000 t fassen kann. Dieser Silo steht "mit einem für Derivate (Ableitungen) bestimmten Löschsteiger im Chemiehafen" in Verbindung. Westlich der Hafenzufahrt befindet sich noch eine Werft. Sie verfügt neben Schwimmdocks auch über ein Baudock für Schiffe von 500.000 dwt, das sogar vergrößert werden kann. Am östlichen Botlekende ist noch der Geulhaven, der als Schlepperhafen dient. Schiffe mit ca. 80.000 dwt können die Botlekhäfen befahren.

Mit der Beschreibung dieser Hafenanlagen haben wir uns bereits weit vom eigentlichen Rotterdam nach Westen entfernt, bis hinter Vlaardingen-Maassluis (Maas-Schleuse). Aber die rasante Entwicklung der letzten Jahrzehnte machte weitere Überlegungen notwendig, die Hafenanlagen zu erweitern. Uns allen bekannt ist das neue Schlagwort Europoort, also die europäische Pforte oder das Tor Europas. Der Ausbau von Europoort verlief zwangsläufig durch die immer höher werdende Tanker-Tonnage. 1957 wurde dieser Plan vom Stadtrat genehmigt. Im Juni 1958 setzten die ersten Baggerarbeiten zum Vierde Petroleumhaven (4. Petroleumhafen) ein. Da man inzwischen neben dem Nieuwe Waterweg eine behelfsmäßige Verbindung zum Caland-Kanal geschaffen hatte, konnte bereits 1960 das erste Schiff diesen neuen Hafen erreichen. An diesem später voll ausgebauten Caland-Kanal (benannt nach Ingenieur Pieter Caland) liegen dann auch der Vijfde und der Zevende Petroleumhaven (also der 5. und der 7. Petroleumhafen), dazu eine vierte Ölraffinerie und ein Stickstoff-Bindungsbetrieb wie eine Fabrik für organische Säuren. Diese Häfen sind heute mit Tankern bis zu 250.000 dwt und einem Tiefgang von 68 Fuß (1 preußischer Fuß = 12 Zoll = 144 Linien = 0,313 m) erreichbar, während künftig sogar Tanker bis zu 72 Fuß Tiefgang einlaufen werden. Am Beerkanal, weit unten in Seenähe des Deltas, ist der Zesde Petroleumhaven (6. Petroleumhafen) eingerichtet sowie die 5. Ölraffinerie.

Die eigentliche Zufahrt zum gewaltigen Europoortgebiet ist bis in die Nordsee hinein durch eine 23 m tiefe und 12 km lange Fahrrinne zu erreichen. Die Breite beginnt bei 400 m und weitet sich trichterförmig auf 1000 m fort. Fährt man den Caland-Kanal herauf, um zu den neueren Petrolhäfen zu gelangen, so endet hier der Britanniehaven, in dem im Roll on/Roll off-Verfahren be- und entladen werden kann. Auch ein Containerdienst für die Englandfahrt ist hier stationiert. Eine spezielle Abfertigung für Seabee-Schiffe (Seebiene-Schiffe, siehe auch Hauptkapitel IX, 'Die Lash-, Seabee-, Bacat- und Barge-Container-Transport-Systeme') finden wir im Caland-Kanal, der von See her bis zu dem Ort Rozenburg verläuft. Hier sind vielerlei Chemieunternehmen angesiedelt. Der Hartelkanal führt westlich, also wieder seewärts, in den Dintelhaven, der nur der Binnenschiffahrt vorbehalten ist. Der östlich gelegene Seinehaven ist durch die 305 m lange und 24 m breite und mit einer Schwellentiefe von 6,50 m versehene Rozenburgschleuse, am Britanniehaven einsetzend, mit dem Seinehaven verbunden. Hier können Schubeinheiten passieren. Vom Seinehaven führt der Hartelkanal weiter östlich durch die 280 m lange Hartelschleuse in die Oude Mass.

Der Hartelkanal liegt bereits auf der südlichsten Seite der Wasserwege und wird noch einmal durch das Brielse-Meer von der Halbinsel Voorne getrennt, wo der romantische alte Ort Brielle festungsartig im Grünen liegt. Hier, am Hartelkanal, finden wir auch neben der norwegischen Kapelle das internationale Seemannszentrum "De Beer", versehen mit Sportplätzen, einem Restaurant und Passantenzimmern, so z. B. für die Wechselschicht der Großen Öltanker, die den Europoorthaven anlaufen. Diese Grünzone trennt das nördliche Industriezentrum von der Erholungszone.

Beim Dintelhaven im Westen befindet sich noch der Beneluxhafen, der aber vom Calandkanal aus anzulaufen ist. An dessen Ende sind zwei Roll on/Roll off-Terminals, die dem Englanddienst zur Verfügung stehen. Auch sind hier Anlagen für die Lagerung und den Umschlag von Getreide aller Art. So hat beispielsweise ein Silokomplex ein Fassungsvermögen von 65 000 t und wird in Kürze fertiggestellt. Gleich daneben ist der Vierde Petroleumhaven, (4. Petroleumhafen) für Tanker bis zu 300.000 dwt. Sie können ihr Öl direkt an einem Steiger löschen.

Am Calandkanal, gleich nördlich des Dintelhafens, befindet sich ein Erz-Terminal für die größten aus Norwegen kommenden Erzschiffe. Diese Erze werden mittels Förderband-System durch den Dintelhafen per Binnenschiffe und Schubeinheiten abtransportiert.

In der großen, äußerst seewärts gelegenen letzten 'Blase', der Maasvlakte, liegt der Achte Petroleumhaven, den man wohl als den größten seiner Art ansehen darf. Dieses Gebiet der Maasebene ist noch ausbaufähig und längst noch nicht voll belegt. Man begann es ab 1965 neu anzulegen. Es wurde weit in die Nordsee hinaus mit ausgebaggerten Sanden angespült, also künstlich gewonnen und ist 2400 ha groß. Hier liegt im nördlichen Teil der 8. Petrolhafen für übergroße Supertanker. Auch Öllagerung und Lagerung feuergefährlicher Stoffe sind hier zu finden. Westlich der Maasvlakte hat man eine große Elektrizitätszentrale eingerichtet, und an der Südseite, im Mississippi-Haven einen Erzumschlagbetrieb für die größten Erzschiffe aus Übersee. Die Schubeinheiten werden hier für das Binnenland mit Erz versorgt. Zu diesem Zweck wurde der Hertelkanal verlängert und verläuft parallel mit dem Mississippihafen. Hier lagern auch die feinen Seesande aus der erbaggerten Hauptfahrrinne für diverse Verwendungen bei Deichbauten und anderen Befestigungsmaßnahmen.

**Rotterdam - das Tor zur Welt**

Allein in den letzten Jahren haben 32000 Schiffe die Rotterdamer Häfen angelaufen. Öl, Erze für unsere Hochöfen, Kohlen, Phosphate, Getreide und Schrott sind Massenumschlagsgüter dieses Raumes. So ist denn Rotterdam zum wichtigsten Transithafen Europas geworden, der die westeuropäischen Industrien zu bedienen hat. Den eigentlichen Fluß, die Nieuwe Maas - Het Scheur - Nieuwe

Waterweg hat Rotterdam sozusagen überspringen müssen, um an den südlich gelegenen Uferpartien diese Mammutanlagen von Häfen aller Art überhaupt errichten zu können.

Als man im Jahre 1947 diesen Plan für die zukünftige Entwicklung aufstellte, konnte man nicht ahnen, wie schnell sich alles ins Gigantische steigern würde. Das Ziel war bekannt: "Die Schaffung eines stabilen Arbeitsmarktes und die Stimulierung des Hafenverkehrs durch die Einfuhr von Rohmaterialien die - in bearbeiteter Form - wieder ausgeführt werden konnten. Auf den sehr erfolgreichen Botlek-Plan folgten später noch großzügigere Ausbaupläne wie Europoort und das gigantische Maasebene-Projekt in den Küstengewässern der Nordsee." (Zitate nach Jahrbuch Rotterdam-Eurooport, Information 1980)

Mit dieser Betrachtung über die Entwicklung Rotterdams, während des Zweiten Weltkrieges von deutschen Bombern zerschlagen und zertrümmert, danach wieder auferstanden wie ein Phönix aus der Asche und dank dem zähen Willen eines tüchtigen kleinen Volkes, das dazu noch den Kampf mit dem Meer ums blanke Überleben führt, denken wir an die gewaltige Flutkatastrophe des Jahres 1953 im Süden Hollands, haben wir erst richtig erkannt, wie man aus der Not eine Tugend macht und dazu einen Zukunftsplan entwickelt, der die gigantischen Dimensionen des Jahres 2000 bereits vorwegzunehmen scheint. Rotterdam ist zu einer Drehscheibe nicht nur Europas, sondern für die ganze Welt geworden.

Der Name spricht es aus: Europoort, die europäische Pforte, das Tor der Welt zum westeuropäischen Hinterland.

# X.
# ANHANG A, B, C, und D: ANKER, FLOSS, FÄHRE, SCHIFFSFUNDE

## ANHANG A:
### Die Entwicklung des Ankers

Der Anker ist das Symbol der Schiffahrt; sie ist ohne den Anker nicht denkbar. So haben die Menschen bereits sehr früh versucht, ihre Boote entweder am Ufer zu befestigen, oder, falls sie in der Strömung liegen bleiben mußten, einen Halt gegen den Strom auf dem Flußgrund zu finden.

Die Einbäume konnten noch auf das flache Ufer gezogen werden. Als die Schiffe größer wurden, war dies nicht mehr möglich. Zwar zog man sie in der Frühzeit an Holz- und Seilwinden zu gewissen Zeiten an Land, um sie zu reparieren oder im Winter in einem Bootsschuppen trocken zu stellen, wie die Funde von Harrebjerg, Nordjütland, zeigen, sonst aber mußten sie im Wasser liegend gesichert werden. Als einfachste Möglichkeit den Schiffen Halt zu geben, boten sich Steine an. So gilt der bei Byblos gefundene phönizische Steinanker als der älteste Anker der Welt. Auch im Mittelmeer bei Albenga fand man in einem Wrack eines antiken Frachters neben anderen Dingen einen steinernen Scheibenanker. Von der Steingröße kann man auf die Schiffsgröße schließen. In seichten Wassern wurden durchbohrte Steine ausgelegt, an die die Schiffer die Leinen binden konnten. Kleinere Steine werden bei kleineren Schiffen ähnliche Dienste versehen haben.

Erst die Römer haben einen Anker erfunden, der durch seine zugespitzten Arme und seinen balancierenden Querriegel (Ankerstock) in den Flußgrund eindrang, sofern er auf Zug beansprucht wurde und dadurch nicht seitlich kippen konnte, wenn die Strömung drückte.

Es war dies der sogenannte 'Admiralitätsanker'. Ein Ankerstock mit der Inschrift L V (Legio V?) aus Eisen wurde im Rhein bei Homberg gefunden. Schon bevor es seinen genauen Liegeplatz erreicht hatte, bremste dieser Anker das Schiff ab, indem er über den Boden schleifte. Erst dann fiel der eine Arm voll auf den Grund und zog sich fest. Die oberen Bleistücke dieses Ankers, 8,8 und 7,9 kg schwer, fand man 1953 und 1954 beim Kiesbaggern auf der Bislicher Insel bei Xanten. Die 5. Legion lag bis 69/70 n. Chr. auf dem Fürstenberg bei Xanten im Lager Vetera I.

Im Jahre 1881 fand man im Rhein bei Mainz ebenfalls einen Ankerstock mit dem Zeichen LEG XVI, also der 16. Legion. So wird auch der zwischen Duisburg und Homberg gefundene Ankerstock mit dem Zeichen L V der Rheinflotte gehört haben. Aus diesen drei Teilen ist ein Rekonstruktionsversuch erfolgt. Das Original befindet sich im Rheinischen Landesmuseum Bonn, eine Nachbildung im Museum der deutschen Binnenschiffahrt in Duisburg-Ruhrort. Noch erhaltene winzige Holzreste in den Öffnungen der oberen Bleiklammern sind von Fachleuten als Eichenholz ermittelt worden. Hierzu Wilhelm Piepers: "Die Bleiteile 1 und 2 unseres Ankers sorgten in erster Linie dafür, das hölzerne Ankerkreuz, Schaft und Arme, gegen den Auftrieb im Wasser ausreichend zu beschweren, um sich in den Meeres- oder Flußboden hineinarbeiten zu können. Sie hatten ferner die Aufgabe, das Ankerkreuz zu festigen und gegen Verwindungen zu schützen. Die Beschuhung der Ankerarme mit eisernen Spitzen ist zwar archäologisch gesichert, es kommen jedoch auch Anker vor, bei denen diese Ausstattung fehlt."

Weitere Ankerteile sind aus Porto Conte, Sardinien bekannt. Das Funddatum fehlt. Da haben wir einmal ein Schulterstück, durch das die Ankerarme hindurchgeführt wurden, um sich im oberen Winkel mit dem Hauptschaft zu verbinden, sodann zwei Ankerstöcke aus Eisen.

Als Cäsar seine Britannien-Invasion unternahm, konnte er nach seinen eigenen Angaben feststellen, daß die Veneter im nordischen Gallien bereits Ketten für ihre Anker verwendeten. Aber erst um 1829 wurden in der Schiffahrt für die Anker wieder Ketten verwendet, woran wir sehen, wie etwas schon Dagewesenes verloren gehen kann, um erst nach langer Zeit wiederentdeckt zu werden. Ebenfalls aus Porto Conte, Sardinien, stammt ein Ringanker, den wir als Treibanker ansehen dürfen. Alle vorgestellten Stücke stammen aus der Antike. Der Anker aus dem Nemisee, Italien, wurde 1939 mit einem größeren antiken Schiff der Römerzeit geborgen. Er ist aus Holz, während die sichtbaren Einkerbungen schwere Eisenbeschläge faßten, um als Beschwerung zu dienen. Der Stock ist aus Blei. Der Anker stammt aus dem 1. Jahrhundert vor Chr.

Hierzu sagt Linoel Casson in seinem Buch "Die Seefahrer der Antike": "Dieser Typus besaß einen verstellbaren Stock, so daß er bei Nichtgebrauch flach auf dem Deck liegen konnte. Ähnlich wie im Falle der Rumpfverkleidung verschwand auch diese Vorrichtung mit dem Untergang der antiken Welt, und die Schiffahrt mußte ohne sie auskommen, bis die Holländer im 18. Jahrhundert diesen Ankertyp zum zweitenmal erfanden.

Die antiken Schiffe verfügten über mehrere Anker. So wurden fünf Stück im Wrack von Mahdia gefunden und nicht weniger als elf im oben erwähnten Wrack aus dem 7. Jahrhundert n. Chr. Wie zu erwarten, finden sich unter den antiken Ankern die verschiedensten Typen, angefangen von kleinen Ankersteinen bis zu wahren Riesenankern aus Holz oder Blei. Tatsächlich wissen wir über den Anker der Antike besser Bescheid als über irgend einen anderen Bereich ihrer Schiffahrt. Die meisten Anker, gleich welcher Größe, bestanden vorwiegend aus Holz, vor allem an Stöcken und Flunken, während das nötige Schwergewicht vom Schaft beigesteuert wurde, der mit Blei ummantelt war. Gewichte von 350 bis 400

Kilogramm sind keine Ausnahmen, und das Wrack von Mahdia barg einen Riesenanker, dessen zweieinhalb Meter langer Schaft über 1500 Pfund wog. Billigere Typen besaßen steinerne Ankergeschäfte. Aber auch eiserne Anker hat es gegeben. So war der 'Admiralitätsanker' vom Nemi-See aus Eisen geschmiedet und durch eine Holzverkleidung vor dem Wasser gegen Rost geschützt."

Im Jahre 1838 fand man im Pyräus atheniensische Seeurkunden. Die Texte wurden auf Marmortafeln eingraviert, alljährlich von den Werftbehörden als eine Art Rechenschaftsbericht für das Volk aufgestellt. Diese Urkunden stammen aus dem Jahre 322 vor Chr. Darin ist zu lesen, daß zur Grundausrüstung der 360 Dreireihen-Ruderschiffe (Triremen), die Athen damals im Besitz hatte, je Schiff vier Eisenanker gehörten.

Aus diesem Holz-Eisen-Anker hat sich dann später der allseits brauchbare Stock- oder Buganker entwickelt, der, an einem Buggalgen oder dem Bugspriet aufgehängt und von zwei Ketten geführt, sich bis in unsere Zeit gehalten und bewährt hat. Hingegen kannte das Mittelalter verschiedene Variationen: Einmal den klobigen hölzernen Ankerstock, und zum anderen den leichteren Buganker ohne Ankerstock (aus dem Rhein bei Rees, 1956). Der normale Rheinanker besteht aus dem Ankerschaft, auch Ankerhelm genannt. Den Übergang in die beiden geschwungenen Arme nennt man Kreuz. An jedem Armende ist eine Hand angebracht, auch Klaue, Pfote oder Schaufel genannt. Am anderen Ende geht die Ankerachse (Ankerstock) durch den Ankerschaft (Ankerhelm).

Vor Einführung der Motorwinden mußten kräftige Matrosenhände noch die Anker per Muskelkraft heben. Die Handwinde wurde von der dampfgetriebenen und später von der Maschinenwinde abgelöst, um den Anker auf Grund zu bringen oder zu lichten. Zu den Winden sagt man auch Lieren. Eine solche Hand-Ankerwinde finden wir noch im Rheinmuseum Koblenz.

Den normalen Rheinanker nennt man auch Bug-, Haupt- oder Stockanker. Er kann nur mittels vorkragendem Bugspriet wirkungsvoll an Ober- und Unterkette gehandhabt werden. Später benutzte man eiserne Buggalgen, auch Ankerdavit genannt. Die Ketten gehen von zwei Ankerspills aus. Vorn am Bugspriet hängt der Oehringsblock. Darüber läuft die Oehringskette zur Ankerschulter und hält den Anker am Oehring oder am Ankerring, am Schäkel oder am Wirbel. Die untere Kette ist die Kabelkette. Sie geht vom Ankerspill durch eine Kabelbüchse oder Klüse nach draußen und hält den Buganker in der Senkrechten. Soll der Anker fallen, fieren beide Lieren gleichmäßig die Kette ab. Wird der Anker gehoben oder gelichtet, so zieht sich das Schiff oder Boot zunächst gegen den Strom an den Anker heran, bis es fast darüber steht. Erst dann wird die Oehringskette betätigt, um den eingegrabenen Arm freizubekommen. Dann ziehen beide Ketten gleichzeitig an, bis der Anker seine alte Schwebeposition unter dem Bugspriet wieder erreicht hat.

Zusätzlich führen die meisten Schiffe noch einen Notanker. Er ist in der Regel leichter und hängt etwas seitlich und versetzt an einem Kranbalken, aber nicht weit vom Buganker entfernt. Auch am Hinterschiff ist noch an einem Davit ein Heckanker für alle Fälle angebracht.

In der Schiffahrt gebräuchlich ist auch der Fahranker. Er ist kleiner gehalten und dient zur Unterstützung des Bugankers in besonderen Situationen. In der Flößerei wurden leichte Buganker verwendet, deren Ankerstock aus grobem Holz mit Eisenklammern versehen war. Da gab es den Hundanker, der mittels Ketten an den Floßlängsseiten befestigt war. Der Lochanker wurde auch an Ketten in der Floßmitte bereitgehalten. Der Kopfanker, ebenfalls an Ketten, war am Floßheck angebracht.

Erst in der Neuzeit der Schiffahrtsgeschichte wurde der Klippanker oder Halls-Anker erfunden. Es ist dies ein stockloser Anker mit umlegbaren Armen. Er wird mit dem ganzen Schaft in die Kabelbüchse oder Klüse gezogen und legt sich mit den Schenkeln an die Bordwand an. Viele Schiffe führen heute neben einem Buganker auch einen Klippanker. Im Jahre 1969 waren am Homberger Hafen 19 Anker verschiedener Größen und Gattung abgelegt, die man noch lange nach dem Kriege aus dem Rhein geborgen hat. Darunter war ein Klippanker von 600 kg. Wie schon zur Römerzeit, so trug auch er ein Zeichen, AE 20533. Klippanker werden in der Duisburger Industrie gebaut und mit ihnen die kräftigen Ankerketten, die stets einem Zugtest unterworfen werden.

Neben diesen beiden Standard-Ankertypen kennen wir in der Rheinschiffahrt noch den Draggen (Dreggte). Dies ist ein Vierarmanker ohne Stock, wie er von kleineren Schiffen, vornehmlich holländischen, gerne gebraucht wird. Wir sehen ein solches Modell vor dem Schiffahrtsmuseum in Emmerich. Die verkleinerte Form hiervon ist der Wolf, auch Suchanker oder Grundeisen genannt. Er wird verwendet bei der Suche verlorener großer Anker oder für die Grundaufnahme von Schlepptauen oder anderen Leinen. Er kann drei oder vier Arme haben. Sodann gibt es noch den Wallanker oder Landanker. Mit ihm werden Schiffe am Ufer festgelegt. Auch die niederrheinischen Fischer benutzten solche Wallanker mit nur einer Schulter, um ihre Korbleinen festzulegen.

Bei den Sportschiffen auf dem Rhein kennen wir noch als kleine Ankertypen: Pflugscharanker, Plattenanker, Heuss-Spezial-Jachtanker, Pilotanker, Falt- oder Schirmanker sowie den traditionellen Stockanker mit beiklappbarem Stock und klappbaren Flunken.

So ist der Anker für die Schiffe des Rheins und natürlich überall da, wo starke Strömung die Schiffe abtreiben läßt, ein unentbehrliches Hilfsmittel zur Bewältigung schiffstechnischer Probleme. Sei es im sicheren Hafen, sei es auf Reede im freien Strom, an den Verladeplätzen und wo immer sonst noch. "Das Schiff liegt vor Anker" ist ein uns allen gebräuchlicher Standardsatz. Es sollte selbst für den Laien vorausgesetzt werden dürfen, daß der Schiffsbug dabei stets gegen den Strom gerichtet ist, damit der gesetzte Anker auch auf Zug beansprucht wird und das Schiff seine ruhige Lage behält. Manchmal ist es üblich, in unruhigem Wasser auch den Heckanker zu setzen.

Eine Sammlung von Ankern und Ankerketten in den Schiffsmuseen Koblenz und Emmerich verdeutlicht die Wichtigkeit dieses Schiffszubehörteils.

## ANHANG B:

### Flöße auf dem Rhein

Als Floß bezeichnet man die Zusammenfassung vieler Baumstämme zu einem langen, rechteckigen schwimmenden Gebilde, das durch Gelenke elastisch und steuerungsfähig gehalten wird. Auf diese Weise ist man in der Lage, große Mengen von Stämmen in einem Arbeitsgang zum Bestimmungsort zu schaffen, ohne sie auf Schiffe verladen zu müssen. Flöße können "auf sich" treiben, wenn es talwärts geht, oder sie können geschleppt werden, wenn die Stämme zu Berg müssen. Die Stämme werden mit Zengel und Wieden verbunden.

In der Zeit, als alle Schiffe noch aus Holz gebaut wurden, war die Flößerei talwärts bis nach Holland hinein auf dem Rhein an der Tagesordnung, denn der Hauptlieferant des Holzes war der Schwarzwald.

Wir kennen die Flößerei bereits aus der Römerzeit sowie aus der Wikingerzeit. Die Rheinflößerei hat es bereits um 900 gegeben. Von den Nebenflüssen wurden überwiegend Weißtannen, Fichten, Kiefern und Eichen herangeflößt. Bei Mainz, Mannheim und Koblenz wurden die Stämme zu großen Flößen zusammengebaut. Das Hauptziel der Flöße war Dordrecht. Daher erhielten die Flöße den Namen "Holländerfloß". Die Reise betrug 8 bis 10 Tage. Um 1800 herum waren noch zwanzig Zollstellen zu passieren.

Vor 500 Jahren gab es Riesenflöße von 500 000 Kubikfuß. Das Holz dieser Flöße hatte einen Wert von etwa 600 000 Mark. Es wurde von 500 Ruderknechten zu Tal gebracht. Solche Flöße waren etwa 517 m lang und 76 m breit. In der Mitte stand der Steuerstuhl, ein turmähnliches Gerüst. Hier kommandierte der Floßmeister oder Obersteuermann mit der Signalflagge.

Ein mittleres Floß umfaßte ca. 125000 cbm Holz. Hier war man vom Wasserstand abhängig. Das "Hauptstück" hatte etwa 2 m Tiefgang. Ein Großteil des Floßholzes erhielt die niederrheinische Sägeindustrie. Auch auf der Lippe wurde die Flößerei betrieben. Nach 1660 baute man die Flöße kleiner. Die Flößerei ging zurück, weil zu Zeiten des hölzernen Schiffbaues Raubbau am Holz getrieben wurde, zum anderen durch Zunahme der Schiffahrt. Im Jahre 1895 wurden noch Flöße im Umfange von 520 000 cbm Holz auf dem Rhein befördert.

Auf diesen großen Flößen mußte den Knechten in einem Dutzend Hütten Wohnung und Unterkunft geschaffen werden. Für die 300 bis 500 Menschen wurden vier oder auch sechs lebende Ochsen an Bord genommen, um in einem eigenen Schlacht- und Küchenhaus für die Besatzung frisches Fleisch zubereiten zu können. 50 000 Pfund Brot und bis zu 20 000 Pfund gesalzenes und geräuchertes Fleisch, 10 000 Pfund Butter, 5000 Ohm Bier und einige Stückfaß Wein wurden von einer solchen Flößerkolonne auf einer Reise bis nach Holland verzehrt; für die heutige Zeit unvorstellbar. Dabei waren Frischgemüse und andere notwendige Dinge noch nicht einmal gerechnet. Eine Herrenhütte war dem Floßmeister vorbehalten. Als die Zölle noch erhoben wurden, also vor 1831, hatte ein solches Riesenfloß noch 30 000 Gulden Zoll zu entrichten, bevor es seinen Bestimmungsort erreichte. Ein Steuermann erhielt 1000 Gulden, ein Flößerknecht 150 Gulden. Ein altes Sprichwort besagte: "Zu einem Floß gehören mindestens 300 000 Gulden. Davon stecken 100 000 im Wald, 100 000 im Wasser und ebensoviel in den Unkosten."

Im Schwarzwald bestand vor 1886 eine sogenannte "Schiffergesellschaft", eine Handelsverbindung, die ganze Waldungen besaß. Die Gesellschaft hatte Floßrechte und Sägemühlen, ja, sie hatte sogar Förster angestellt. Sie verfrachtete auch das ganze Holz. Ein Sprichwort der Kasteler Mütter an ihre Töchter besagte: "Heirate keinen Flößer, da hast du dein Not. Im Sommer keinen Mann und im Winter kein Brot."

Natürlich waren unter den angeheuerten Floßknechten auch Tagediebe und lichtscheues Gesindel, die sich, einmal auf einem Floß, für lange Zeit vor Nachstellungen sicher glaubten. So war in den sechziger Jahren unseres Jahrhunderts auf dem Nonnenwerth bei Rolandseck noch eine Tafel aufgestellt, auf der man lesen konnte: "Betreten für Flößer und Landstreicher strengstens verboten". Diese wilde Truppe, als "Kosaken" allgemein bekannt und in den Rheinorten sehr gefürchtet wegen ihrer Rauf- und Sauflust, wollte niemand in seinen Mauern haben. An den gefährlichen Stromwindungen, wie an der Loreley, ging manches Floß zu Bruch und viele Menschen ertranken in den Fluten.

Die Abfahrt eines Floßes war mit sehr vielen Umständen verbunden. Tags zuvor setzte sich der Wahrschaunachen in Bewegung, um entlang des Stromes zu warnen. Seine aufgesetzte Flagge mit 16 rot-weißen Feldern besagte, daß sich in Kürze ein größeres Floß nähern würde. Damit warnte er die Schiffahrt und veranlaßte das zeitige Öffnen der Schiffsbrücken. Hierzu Arnold Böckling aus Wiesbaden-Kastel:

"Nachdem alles zur Abfahrt bereit war, unternahm der Obermeisterknecht, oft ein Hüne von Gestalt, eine letzte Musterung des gemeinen Volkes der Ruderknechte. Dabei hielt er mit markanter Stimme und energiegeladen eine zünftige Rede und forderte Ordnung und gute Manneszucht während der Reise. - Drakonische Strafen wurden für die in Aussicht gestellt, die sich gegen die Gesetze an Bord des Floßes vergehen würden. Der Obersteuermann stieg sodann auf die Kanzel oder den Steuerstuhl, der 6 bis 8 m Höhe hatte und die Möglichkeit bot, das gesamte Floß mit seinen Hüttenaufbauten zu übersehen, nahm seinen Hut ab und sprach laut: 'Betet aberall (überall)!', worauf alle das Haupt entblößten und Gott um eine glückliche Reise und gute Heimkehr baten."

Seit Jahrhunderten war in der Flößerei das Rhein-Main-Dreieck Mainz-Kostheim-Kastel ein wichtiger Umschlagplatz. Bis hierher gelangten als kleinere Einzelflöße die Holzmassen vom Schwarzwald, vom Neckar und vom Obermain. Die gesamte Mainmündung war oft von nackten Stämmen bedeckt.

Ein solch schwerfälliges Gebilde, wie es ein Floß darstellt, gefahrlos bis nach Holland zu bugsieren, es dazu unbeschädigt an Sandbänken, Inseln, Klippen und Schiffsmühlen und schroffen Krümmungen vorbeizusteuern, erforderte neben Mut auch eine gute Stromkenntnis. Nur kerngesunde und muskelstarke Männer waren zu gebrauchen. In der hohen Zeit der Floßschiffahrt wurden alljährlich ca. 5 Millionen Festmeter Holz von Bayern durch die letze Mainschleuse Kostheim verfrachtet. Holz aus dem Steigerwald, Frankenwald und Odenwald war geschätzt und wurde hoch bewertet. Steigerwald-Kiefern waren sehr begehrt. Nach Arnold Böckling wurden von Kastel aus zwanzig Meter lange Baumstämme nach Holland gebracht, um dort als Rammpfähle verwendet zu werden. Der Haus- und Schiffbau liebte geflößtes Holz, da es durch die übermäßig lange Wasserung frei von Schädlingen war. Noch im Jahre 1900 gingen von Kastel 700 große Rheinflöße Richtung Holland. Durch den zunehmenden Schiffsverkehr wurden sie jetzt von einem Boot geschleppt. Allein das Fundament des Amsterdamer Bahnhofs schluckte etwa 5 Millionen Holzstämme in Form von Rammpfählen. Floßrammen wurden schon von den Römern benutzt (siehe Hauptkapitel II). So stand die östliche Stadtmauer der Colonia Ulpia Traiana bei Xanten, da sie dicht an einem Nebenarm des Rheins erbaut wurde, auf einem dichten Pfahlrost.

Interessant ist zu lesen, was Arnold Böckling über die Flößerei nach dem letzten Weltkrieg berichtet:

"Nach dem zweiten Weltkrieg verließen im Sommer 1950 noch 53 Rheinflöße Kastel. Im Jahre 1959 waren es noch 14 und die beiden letzten gingen 1964 vom Kasteler Floßhafen aus auf die lange Reise. Ob künftig überhaupt noch einmal ein Holzfloß auf dem Rhein schwimmen wird, ist unwahrscheinlich. Seit das Holz gleich am Ort des Schlagens in Sägewerken geschnitten und in modernen Transportmitteln verfrachtet wird, seit Holland zur Landgewinnung und bei Fundamentfertigungen immer mehr Zement anstelle von Holzpfählen verwendet, seit die Holzverarbeitung im Haus- und Schiffbau immer weiter zugunsten anderer Baustoffe zurückgeht, hat die Flößerei auf dem Rhein keine Zukunft mehr. Das romantische Bild der Floßschiffahrt auf dem Rhein gehört für immer der Vergangenheit an.

Der wohl letzte rheinische 'Flootbaas', Mathias Wagner aus Kastel, dessen Vorfahren schon vor 350 Jahren die Flößerei auf dem Rhein betrieben haben, lebt nicht mehr. Er hat die Tradition der letzten Rheinflößer und die Geschichte eines 500 Jahre alten Gewerbes mit ins Grab genommen. Die Nachkommen der Kasteler Flößer und der Floßknechte stehen heute an den Steuerrädern moderner Motorschiffe und sind somit dem Rhein treu geblieben."

Um 1886 hatten nur zwanzig Personen das Patent zur Flößerei auf deutschem Gebiet. In Kostheim und Gustavsburg bei Mainz, in Neuendorf bei Koblenz lebten damals noch ganze Familien von der Flößerei. Ein besonderes Kommando auf den Flößen war nicht "Rechts", nicht "Links", sondern der Steuermann brüllte: "Hessenland!" - "Frankreich!". Es wurde nicht zum Essen gerufen, sondern wenn 'alles klar' war, hieß es "Packholz überall!". Der Abfahrtsbefehl hieß: "Auf überall!"

Glücklicherweise können wir uns im Rheinmuseum Koblenz und im Schiffahrtsmuseum Emmerich noch an gutgebauten Floßmodellen informieren. Während in Koblenz noch zusätzlich eine Grundrißzeichnung angebracht ist, sind in Emmerich die einzelnen wichtigen Funktionen und Dinge beschriftet. Hier eine Aufstellung:

Am Floß vorn: Ruder, Riemen, sog. Streichen. Von je 7 Mann zu bedienen. Besondere Floßmerkmale sind:

Flügel: Dies sind Floßteile von 220 m Länge und 9 m Breite. Darin sind etwa 400 Stämme enthalten. Der Flügel besteht aus zwei Mainflößen (auch Mainstücke genannt). Sieben Flügel bilden ein größtzulässiges Rheinfloß von 220 m Länge und 63 m Breite.

Holländerfloß: Ein Holländerfloß ist nicht länger als 90 m und nicht breiter als 11 m. So wird auf dem Main ein Floß genannt, das hartes Holz enthält.

Weißfloß: Es ist nicht länger als 130 m und nicht breiter als 11 m. So heißt auf dem Main jedes Floß aus weichem Holz.

Weißfloß mit Oberlast: So nennt man auf dem Main jedes Floß, aus weichem Holz, das mit losen Stämmen oberlästig beladen ist.

Schollen: Dies sind kleinere Flöße auf der Strecke von Basel bis Mannheim.

Boden: Ein Boden besteht aus 7 bis 10 nebeneinander genagelter Tannenstämme von 10 bis 20 cm Durchmesser. Etwa 30 solcher mit Wied zusammengebundener Böden ergeben ein Bodenstück.

Eichenkoppel: eine Eichenkoppel ist etwa 20 m lang und 8 m breit. Sie enthält 16 bis 20 beschlagene oder runde Eichen, zwischen zwei Tragtannen eingespannt.

Flott sind schwimmende, senk sind im Wasser untergehende oder unter Wasser schwimmende Eichenstämme.

## ANHANG C:
### Fähren auf dem Rhein

Abschließend befassen wir uns noch mit den Fähren auf dem Rhein, die schon in sehr früher Zeit den Menschen wichtige Dienste leisteten. Die ersten Fähren waren im Grunde auch Flöße. Außer zur Holzbeförderung wurden Flöße vor allem in der Römerzeit zum Transport von schweren Teilen, wie von Bausteinen, Grauwacke, Trachyt, Tuff, Schiefer und Basalt aus dem mittelrheinischen Raum und der Eifel benutzt. Sie fuhren nach Niedergermanien, wo das Material zum Bau der großen Städte gebraucht wurde.

Die Flöße selbst konnten sodann an Ort und Stelle, wie beim Bau der Colonia Ulpia Traiana bei Xanten, als Nutzholz verwendet werden. Auch hat man Flöße als Plattformen auf dem Waser benutzt, z. B. zum Einrammen von Pfählen bei der Anlage von Schiffsländen bei Xanten und bei Straßburg-Königshofen. Auch beim Brückenschlag und bei Reparaturen größerer Schiffe waren kleine Arbeitsflöße wichtig. Aus diesen kleineren Flößen entwickelten sich nach und nach die Fähren, wie bereits in der Vorgeschichte praktiziert.

Hierzu D. Ellmers: "Zwei schwedische Ausgrabungen haben den kompletten Fahrzeugpark vor- und frühgeschichtlicher Fährstationen ans Licht gebracht: einen Einbaum zum Übersetzen von Personen und ein Floß zum Übersetzen von Wagen und Großvieh. Ganz entsprechend haben auch heutige Fährstationen außer der großen Pontonfähre für Wagen noch ein Boot zum Übersetzen von Personen. Man darf sich die vorgeschichtlichen und mittelalterlichen Flöße nur nicht zu groß vorstellen. Sie bestanden nur aus wenigen Stämmen (3 bis 9) von geringer Länge (3-14 m bei den bisher ausgegrabenen Beispielen)."

Bereits vor Chr. Geb. hat man Baumstämme einer Floßfähre ausgehöhlt, um die Tragkraft zu steigern. Diese 'Schwimmer' wurden nun mit verbindenden Querriegeln und einer Plattform versehen. So entstanden die ersten Fähren, um einen Fluß zu überqueren. Zwei hölzerne Hohlkörper trugen also die Plattform. Um ein Auseinanderdriften zu verhindern, war ein Galgengerüst gebaut, das wieder mit Riegeln in sich über Kreuz verschränkt war. Diese Fähren datierten in das 4. bis 3. Jahrhundert vor Chr. Sie waren dort unter der Bezeichnung "Ponte" bekannt. Bis in die neuere Zeit hinein waren sie noch auf Rhein und Mosel in Betrieb. Diese waagerechten Plattform-Fähren, über zwei Schiffe oder Hohlkörper erbaut, nannte man "Fliegende Brücken". Erst die eisernen Pontenfähren haben diese alte Tradition der Doppelrumpfboote verdrängt.

In neuerer Zeit gibt es die verschiedensten Möglichkeiten, Personen und Güter von einem Ufer an das andere zu bringen. Die einfachste Art, überzusetzen, geschah und geschieht auch heute noch mit dem Nachen, den man rudert, also durch Roien. Eine weitere Entwicklung der Rheinfähren zeigt uns das Schiffahrtsmuseum Emmerich: Da haben wir einmal eine Fuhrwerksponte aus der Mitte des 17. Jahrhunderts. Die Überfahrt bei Emmerich dauerte normal 15 Minuten, bei schlechtem Wetter länger. Die Ponte konnte neben zwei doppelspännigen Fuhrwerken noch ca. 15 Personen tragen und wurde mittels Ruderblatt und langen Stakstangen vorwärtsbewegt. Die Fähre über den Rhein bei Rüthi vor 1876 war eine Seilfähre, an der man sich an das andere Ufer zog und mittels Stakstangen nachhelfen konnte. Ein kürzeres Kopftau war mit dem langen Stromseil verbunden, um ein Abtreiben zu verhindern, falls die Menschenkraft nicht ausreichte. Auch in Emmerich gab es im 17. Jahrhundert eine Personenponte, die gerudert werden mußte. Sie besaß eine Auslegerlandeplattform, war 10 m lang und 3 m breit.

Zu Beginn des 18. Jahrhunderts hat man am Niederrhein Segelfähren eingeführt, die ein doppelspänniges Fuhrwerk und noch 20 Personen tragen konnten. Je nach Strömung und Wind dauerte die Überfahrt etwa eine halbe Stunde. Diese Fähren waren etwa 13 m lang und 4 m breit. Aber auch am Oberrhein, wie beispielsweise bei Bacharach, waren diese Segelfähren in Gebrauch.

Ebenfalls im 18. Jahrhundert kamen dann die "Gierponten" oder "Gierfähren" zum Einsatz. Sie hielten sich bis in das 19. Jahrhundert hinein und sind heute noch in den Niederlanden (z. B. Ijssel) und in Norddeutschland (auf der Stör) und auf kleineren Flüssen in Betrieb. Die Emmericher Gierfähre existierte von 1821 bis 1884. An 691 m langer, im Strom verankerter Kette hängend, wurde sie von der Strömung angetrieben. Sie "gierte", wie der Fachausdruck lautet. Die Kette wurde von zwölf sogenannten "Buchtnachen" getragen, damit sie nicht über den Grund schleifte. Um die Fähre zu stabilisieren, während sie "gierte", also in Schrägstellung zur Strömung herübertrieb, hatte sie vier Schwerter an jeder Seite. Bei guten Strömungsverhältnissen dauerte die Überfahrt 10 bis 15 Minuten. Die zwischen zwei Nachen durchhängende Kette bildete eine Bucht. Daher die Bezeichnung "Buchtnachen". Aber auch auf der Mosel und anderen Flüssen waren diese Gierponten in Gebrauch. Selbst in den zwanziger Jahren dieses Jahrhunderts gab es diese Gierfähren noch an vielen Orten, so bei Honnef und bei Rees.

Das Fährboot St. Goarshausen-St. Goar war vor 1902 noch ein Dampfboot. Aber selbst 1949, nach dem 2. Weltkrieg, als alle Brücken gesprengt waren und der Verkehr nur durch Fährdienste aufrecht erhalten werden konnte, fuhr der Verfasser noch auf einem einfachen 'Bötchen' als Matrose zwischen Duisburg-Neuenkamp und Homberg-Essenberg (bei der heutigen neuen Brücke) im Fährdienst.

Außerdem gab es eine Emmericher Hafenponte, eine Seilfähre mit Handantrieb. Sie war sogar bis in das Kriegsjahr 1944 im Einsatz.

In der Wormser Gegend ist die "N ä h e" als Fähre ein Begriff. Dieses Fährschiff ist 20-25 m lang und 4-8 m breit. Die Vorder- und Hinterkaffe sind so zusammengezogen, daß ein Fuhrwerk gerade noch herauffahren kann. Unterschieden werden die "Rudernähe", die von Menschen gerudert wird und die "Giernähe" oder "fliegende Nähe", die wie die Emmericher Fähre an Seilen oder Ketten hinübertreibt.

Ferner gab es bereits eine kombinierte Fährenart: Ein Dampfboot, für Personen gedacht, hat ein Prahme oder Schalde neben sich vertäut. Diese Art der Fähren waren vielerorts um 1910 in Gebrauch. In Emmerich sieht man ein solches Modell: Das Dampf-Fährboot "Johann" mit daran vertäuter Schalde. Eine "Schalde" ist eine Prahme oder eine Prahmfähre, also ein flaches, viereckiges

Fahrzeug, überwiegend für den Fuhrwerksverkehr. Es kann nur durch seitliche Koppelung an ein Dampfboot übersetzen. Eine solche Prahmfähre oder auch "Schalte" genannt, fuhr noch 1928 in Ruhrort, als die Rheinbrücke schon existierte. Dazu gab es ein Bretterhäuschen als Fährhaus, wo man außer der Fahrkarte auch ein Bier bekommen konnte. Das Emmericher Dampfboot "Johann" war direkt auf die Personenbeförderung zugeschnitten. Unter dem Bootsdeck lagen vorn die Passagierräume 1. Klasse. Dort waren die Bänke rot gepolstert. Achtern lag die 2. Klasse. Dort gab es nur Holzbänke. Dieses Dampfboot mit Schalte oder Schalde löste 1884 die Emmericher Gierponte oder fliegende Brücke ab.

Hingegen waren Eisenbahntrajekte Fähren mit Dampfantrieb zur Beförderung von einzelnen Eisenbahnwagen und ganzen Zügen. Sie wurden im 19. Jahrhundert eingesetzt. Das Heben und Senken geschah mittels Hebetürmen. Solche Hebetürme gab es in Ruhrort und Homberg. Als einziger steht noch der Homberger Hebeturm, der heute als Jugendherberge dient. Dort hinein fuhren früher die Waggons, um mittels Hebebühne auf die Landebene befördert zu werden.

Bleiben als Letztes noch die modernen Motorfähren, wie sie nach 1960 zum Einsatz gekommen sind, z. B. die Autofähre "Gernsheim" (Länge 45 m), die sogar mit Radar ausgerüstet ist.

Dieselbe Motor-Auto-Fähre war auch in Emmerich als letzte große moderne Fähre ab 1961 im Betrieb. Sie hatte eine Tragfähigkeit von 120 t, d.h. sie beförderte 600 Personen oder 21 PKW mit Insassen und hieß "Christopherus". Die Dauer der Überfahrt ohne Schiffshindernisse betrug zwei und eine halbe Minute. Als die neue Emmericher Hängebrücke fertiggestellt war, machte diese Fähre am 3. September 1965 ihre letzte Fahrt.

Zu erwähnen sind noch die modernen Autofähren. Das sind die in Bingen-Rüdesheim, die an zwei Hohlkörper, wie sie einst aus den Einbäumen entstanden sind, erinnert; dann die Fähre "Peter" in Kaiserswerth-Langst, die modernen Transportfähren der Bundeswehr-Pioniere und die Personenfähre bei Koblenz, an jener Stelle, wo in den zwanziger Jahren die Schiffsbrücke über den Rhein geschlagen war.

Wir sehen also, daß die Fähren selbst im Zeitalter des modernen Brückenschlages ihre wichtige Bedeutung noch nicht ganz verloren haben. Der "Verband der Fähren in der Bundesrepublik" glaubt, daß es in zwanzig Jahren keine Fähren mehr geben wird. So hat die bekannte "Mondorfer Fähre" nach einer Tradition von 1250 Jahren Anfang April 1977 ihre letzte Fahrt gemacht.

"Vor nämlich 1250 Jahren rettete ein Mondorfer Fischer den Sohn eines reichen Landesherrn aus dem Strom", schreibt Horst Zimmermann. "Der Fürst revanchierte sich, indem er dem Fischer das vererbbare Fährrecht verlieh. Bis ins vorige Jahrhundert blieb die Fähre in Familienbesitz. Erst als die Motorfähren aufkamen, konnte ein Privatmann allein die Investitionen nicht mehr aufbringen.

- Eine moderne Auto-Fähre kostet heute immerhin ca. 750 000 DM."

Der altvertraute Ruf "Fährmann hol über!" ist für immer verstummt. Ein letztes Stück Rhein-Romantik ist tot.

## ANHANG D:

### Schiffsfunde aus dem Rhein vom Bodensee bis nach Holland

1858: Mainau, Kr. Konstanz, Baden-Württemberg: Ein gut erhaltenes Schiff aus Eiche mit doppelten Wänden. L 14 m, B 4,50 m. Wohl mittelalterlich.

1882: oder davor: Sipplingen, Kr. Überlingen, Baden-Württemberg: Trümmer eines roh gebauten Schiffes. Teile nicht genagelt, sondern mit Kupferdraht befestigt. Zeitstellung unbekannt.

? a) Straßburg-Königshofen, Dep. Bas-Rhin.: Ein Schiff lag 2,50 m unter der Oberfläche. In der Nähe Zimmermannsbeile. Datierung in römische Zeit möglich, aber ungesichert.

1938/39: b) Beim Kanalbau Reste römischer Hafenanlagen. Dabei zwei Flöße. Datierung 2. Jhdt. n. Chr.

Vor 1911: Wanzenau, Dep. Bas-Rhin.: Mehrere Schiffsteile. Datierung 3. Jhdt. n. Chr.

1886: Hockenheim, Kr. Mannheim, Baden-Württemberg: Unterhalb Speyer ein größeres Stück eines Einbaumes. L 6 m, B 70 cm. Keine Altersangabe.

Vor 1880: Mainz, Rheinland-Pfalz: Balkenkopfbeschlag eines römischen Schiffes aus Bronze mit Eberkopf. Keine genaue Datierung.

1877: Koblenz, Rheinland-Pfalz, in der Mosel: Reste eines römischen Schiffes.

1848: Köln-Deutz, Nordrhein-Westfalen: Balkenkopfbeschlag eines römischen Schiffes aus Bronze mit Darstellung eines geflügelten Phallus. Keine genaue Datierung.

1937: Krefeld-Gellep, Nordrhein-Westfalen: Reste eines Schiffes. Flacher, kielloser Boden.

1941: Hünxe, Kr. Dinslaken, Nordrhein-Westfalen: am südlichen Lippeufer der hintere Teil eines Bootes, 3,50 m unter der Oberfläche. Die 3 m Länge waren evtl. die Hälfte des Bootes. Zwei geklinkerte Seitenwände, 5 Spanten. Datierung: mittelalterlich oder jünger.

1956: a) Lüttingen, Kr. Moers (jetzt Wesel), Nordrhein-Westfalen: aus dem Rhein der Balkenkopfbeschlag eines römischen Schiffes aus Kupferlegierung mit Minervabüste. Datierung etwa 170 n. Chr.

1957: b) Lüttingen: Holzteile "von einem größeren Schiff". Dazu Mayener Kugeltöpfe des 9. Jhdts. und Mayener Basaltlava-Mühlsteine als Ladungsreste.

1893: Büderich bei Wesel, Nordrhein-Westfalen: bei der Erweiterung des Büdericher Kanals im Juni: Holzreste eines spanischen Kriegsschiffes.

1964: Salmorth, Kr. Kleve, Nordrhein-Westfalen: Aus 5 - 12 m Tiefe Holzteile von dicken, breiten Eichenplanken. Dazu ein Stockanker. Datierung wohl frühmittelalterlich.
1968: Kapel Avezaath, Gem. Zoelen bei Tiel, Prov. Gelderland: Ein Schiffsboden, wohl über 30 m lang. Datierung: etwa 150 n. Chr., keltische Schiffbautradition.
1830: Wijk bij Durstede (=Dorestad), Prov. Utrecht: Ein hölzernes Schiff. Keine genauen Angaben.
1892: Vechten, Prov. Utrecht: Bei den Ausgrabungen des augusteischen Lagers wurde ein Schiff gefunden, und zwar in 6 m tiefem Moor. Es wurde auf 9 m freigelegt, Gesamtlänge wohl 12 m und 3 m breit, Höhe 1,50 m, auf eichenem Kiel gebaut. Römerzeitlich.
1930: Utrecht: Ein Schiff bei Bauarbeiten des Van-Hoorne-Kais. Angaben unterschiedlich. Etwa 790 n. Chr. Auf einem Einbaum aufgebaut, auf den ein Plankengang in Klinkertechnik (mit Holznägeln aus Weide) aufgesetzt ist.
1964: Velsen-Z, Prov. Nord-Holland: Verschiedene Schiffe. Datierung durch Keramik: um oder kurz vor die Mitte des 1. Jhdts. n. Chr.
1972: Aus der westlichen Erweiterung der frühmittelalterlichen Niederungsburg "Haus Meer", Stadt Meerbusch-Büderich, Kreis Neuss: 4 Boote aus Eichenholz. Davon waren drei Einbäume: 6,50 m lang, 6,35 m und 3,65 m lang. Ein prahmartiges Boot, 12 m lang, in Spantenbauweise. Konservierung und Verbleib 1978: Rheinisches Landesmuseum Bonn, Dauerausstellung. Datierung: 12. Jahrhundert.
1978: Baggersee bei Vynen/Niederrhein, Strom-km 830, römisches Siegesdenkmal der Legio VI aus dem Jahre 73 n. Chr., mit Holzresten eines Schiffes und Schädelresten. Es floß hier einst ein Nebenarm des Rheins. "Aus ungeklärten Gründen ist der Inschriftenblock von Xanten beim Schiffstransport stromab" nach H.-H. Wegner "östlich der heutigen Ortschaft Vynen gesunken und dort bis zu seiner Bergung liegengeblieben." - Verbleib: Rhein. Landesmuseum Bonn. Der Stein mißt 0,90 m x 1,60 m und hat 10 Zeilen Text, der noch durch 5 Zeilen nach oben zu ergänzen ist (s. Bonner Jahrbücher, Bd. 179, 1979, S. 187-200).
1978: Bei Niedrigwasser und Ausgrabungsarbeiten am linksrheinischen Ufer nördlich von Mönchenwerth, Strom-km 749, ein hölzernes Rheinfrachtschiff (Aaktyp). Länge 35 m, Breite 7 m. Geschätztes Alter: 150-200 Jahre. Lag unter einer 1,5 m dicken Kies- und Sandschicht, seit drei Jahren bekannt. Bergeleitung: Niederrheinisches Museum Duisburg.
1980, März: Bei den Kölner Ausgrabungen im römischen Rheingebiet hat es den Anschein, als habe man alte Hafenanlagen angeschnitten. Dabei kamen auch Schiffsteile ans Licht der Neuzeit, die darauf schließen lassen, daß es sich um einen auseinandergeschnittenen Einbaum mit Bodenplanken han-

delt. Dieser müßte dann auch in Spantenbauweise errichtet worden sein.

Der Schiffsarchäologe Dr. Detlev Ellmers vom Deutschen Schiffahrtsmuseum in Bremerhaven gab nach genauer Untersuchung des Fundes die Auskunft, daß die entdeckten hölzernen Teile "einem 2000 Jahre alten frührömischen oder spätkeltischen Einbaum angehören könnten." Hinzugezogen war auch der Volkskundler Hans-Walter Keveloh. Dieser Fund müßte demnach "das älteste Schiff sein, das je in Deutschland gefunden wurde."
(Quelle: Frankfurter Allgemeine Zeitung, Nr. 76 vom 29.3.1980)

Obige Aufstellung erfolgte in verkürzter Form, aus D. Ellmers, Katalog der Schiffsfunde, nur auf den Rhein bezogen, in: Frühmittelalterliche Handelsschiffahrt in Mittel- und Nordeuropa, Neumünster, 1972. Mit freundlicher Genehmigung des Karl Wachholtz-Verlages. Ergänzt vom Verfasser.

# Ausklang

In diesem Buche haben wir vieles erfahren über die frühen Versuche, den Rhein zu befahren, und wir haben an diesem Entwicklungsprozeß mehrerer Jahrtausende teilgenommen. Die Leistungen der Frühzeit, aus einem Baumstamm ein Wasserfahrzeug zu machen, waren ebenso genial wie die der modernen Schiffahrt.

Die technischen Möglichkeiten unserer Zeit, mögen sie auch noch so modern aussehen, können morgen schon veraltet sein. Wann der Atomantrieb Eingang in die Binnenschiffahrt findet, ist eine Frage der Zeit, der Rentabilität und der Sicherheit. Dem Menschen ist es eingegeben, seine Umwelt nach seinen Vorstellungen zu formen. Er erfindet und setzt es in die Tat um, er produziert Technik und nennt es Fortschritt. Auch der Rheinstrom hat den menschlichen Geist mobilisiert und in immer neue Bahnen gelenkt.

Aus dem Stamm wurde ein schwimmender Hohlkörper; aus dem geteilten Hohlkörper ein breiteres schwimmendes Gebilde. Nach dem Zerschneiden des Stammes zu Brettern wurden die einzelnen Planken zu größeren Hohlkörpern zusammengefügt. Aus kastenförmigen plumpen Gebilden wurden schlanke oder bauchige Schwimmkörper, die größere Lasten trugen und sich auf dem Wasser fortbewegten. Ein aufrecht gesetzter dünner Baum als Mast schuf die Voraussetzung des Segelns mit dem Wind. Durch das Staken, Paddeln, Roien und Ziehen dieser Hohlkörper, Schiffe genannt, konnten die Menschen am Rhein zu anderen Siedlungsplätzen gelangen. Aus Siedlungen entstanden Orte, Handelsplätze, Städte. Die Menschen bauten größere Schiffe. Erst als sie den Dampf in ihre Dienste stellen konnten, nahmen ihre Schiffe gewaltige Ausmaße an. Das Pferd, zeitweise als Zugkraft unentbehrlich, war ebenfalls überflüssig geworden. Der Mensch hatte es verstanden, die Technik der Flußschiffahrt auf ein Höchstmaß zu bringen. Die modernen Schiffe fahren heute Tag und Nacht auf dem Rhein. Er ist die meist befahrene Wasserstraße der Welt. Der Rhein kennt das Geheimnis all der vielen Jahrhunderte, in denen Menschen an und auf ihm lebten und sich seiner bedienten. Er fließt talwärts, Schiffe tragend, um sich mit dem gewaltigen Meer zu verbinden.

# Literatur- und Quellenverzeichnis

Apicius, Das Kochbuch der Römer, Zürich/Stuttgart, 1973
Aubin, Hermann, Der Rheinhandel in römischer Zeit, in:
    Bonner Jahrbuch 130, 1925, S. 1-37
Ausonius, Das Mosellied (Übersetzung von M.W. Besser), in:
    Große römische Erzähler, Wiesbaden/Berlin, o.J.
Averdunk, Heinrich, Die Duisburger Börtschiffahrt, Duisburg, 1905
Behn, Friedrich, Kultur und Urzeit, Band II, Die älteren
    Metallkulturen, Sammlung Göschen, Bd. 565, Berlin, 1950
Bloch, Leo, Römische Altertumskunde, Sammlung Göschen, S. 84-86,
    Leipzig, 1911
Bogaers, J.E. und Rüger, Ch.B., Der niedergermanische Limes, Materialien zu
    seiner Geschichte, S. 49-52, Köln, 1974
Binsfeld, Wolfgang, Moselschiffe, in: Festschrift für Walter Haberey, Mainz, 1976
Böcking, Werner, Die Rachefeldzüge des Germanicus, in: Die Römer am Niederrhein und in Norddeutschland, S. 66 ff, Frankfurt, 1974
ders. Schiffe auf dem Rhein in drei Jahrtausenden, Die Geschichte der Rheinschiffahrt, Bildband, Moers, 1979
Böckling, Arnold, Floßfahrt - ein Stück Geschichte, in:
    Polizei, Technik, Verkehr, Heft 2, 1971
Breitenmoser, Albin, Die Ankunft des ersten Schleppzuges in Basel am 2.Juni 1904,
    in: Strom und See, Zeitschrift für Schiffahrt und Weltverkehr, Jg. 59,
    Nr. 7/8, Basel, 1964, S. 228-234
Casson, Lionel, Die Seefahrer der Antike, München, 1979
Connolly, Peter, Die Flotte, in: Die römische Armee, Hamburg, 1976
Christensen jr., Arne Emil, Führer für die Wikingerschiffe, 1976 Oslo/Norwegen,
    1970
Diebäcker, Jürgen, Ausverkauf auf dem Rhein, in: Rheinische Post,
    An Rhein und Ruhr, Nr. 194 vom 21.8.1965
Dunkelberg, Karl, Rheinschiffahrts-Lexikon, Duisburg, 1921
Duisburg-Ruhrorter Häfen AG., Duisburger Häfen, Hafenprospekt, 1973
Ellmers, Detlev, Frühmittelalterliche Handelsschiffahrt in Mittel- und Nordeuropa, Neumünster, 1972
ders. Keltischer Schiffbau, in: Jahrbuch des Römisch-Germanischen Zentralmuseums 16, S. 73-122, Mainz, 1969
ders. u. Pirling, Renate, Ein mittelalterliches Schiff aus dem Rhein, in: die Heimat,
    Jg. 43, Krefeld, 1972
ders. Rheinschiffe der Römerzeit, in: Beiträge zur Rheinkunde, 25. Heft,
    Koblenz, 1973

ders. Kogge, Kahn und Kunststoffboot, 10 000 Jahre Boote in Deutschland, Führer des Deutschen Schiffahrtsmuseums Nr. 7, Bremerhaven, 1976
ders. Vom Einbaum zur Kogge, in: Museum, Deutsches Schiffahrtsmuseum Bremerhaven, Braunschweig, 1977
Gutehoffnungshütte Sterkrade AG. Wiege der Ruhrindustrie: St.-Antony-Hütte, Nachdruck des Sonderdruckes von 1958
dass. Blick ins Werk, 23. Jg., Nr. 3, 1960
GHH Sterkrade, 150 Jahre Schiffbau, in: Festschrift Die GHH Sterkrade, ihre Schiffe, ihre Docks, o.J.
Hassel, Franz Josef, Der Rhein in römischer Zeit, nach dem auf der Jahreshauptversammlung 1964 in Bingen gehaltenen Vortrag "Römisches Leben am Rhein", in: Beiträge zur Rheinkunde, 17. Heft, Koblenz, 1965
Herzog, Bodo, Franz Haniel, Kaufmann-Unternehmer-Industriepionier, in: Franz Haniel, 1779-1868, S. 133 ff.
Hey'l, Ferdinand, Die Schiffahrt auf dem Rhein, in: Die Gartenlaube, 1886
Hinz, Hermann, Einige niederrheinische Fundstellen mit mittelalterlicher Keramik, Lüttingen, Kreis Moers, in: Bonner Jahrbücher, Bd. 162, Kevelaer/Köln/Graz, 1962, S. 235 ff
ders. Jahresbericht 1964, Salmorth, Kreis Kleve, in: Bonner Jahrbücher, Bd. 166, Kevelaer/Köln/Granz, 1966, S. 609
Hilger, Alwin, Das Einschwimmen von Brückenspannen, in: HANSA, Zentralorgan für Schiffahrt, Schiffbau, Hafen, Nr. 7/8, 88. Jg. vom 17.2.1951, Hamburg, 1951
Hölscher, Georg, Das Buch vom Rhein, Köln, 1925
Jahrbuch Kreis Dinslaken 1974, Wasserbüffel war der erste, in: Stadt und Hafen, Heft 5/73, Duisburg, 1973
Kirchgässer, Johann, Die Fahrt des ersten Schleppzuges nach Basel 1904, handgeschriebener Brief, Seite 4, in: Strom und See, 74. Jg. Nr. 3, April/Mai 1979, Basel
Knapp, G. Goldgrund, General, Geusen, Dbg.-Ruhrort, 1956, S. 43 ff
Koelner, Paul, Die Basler Rheinschiffahrt vom Mittelalter bis zur Neuzeit, in: Schriftenreihe der Basler Vereinigung für Schweizerische Schiffahrt, Bd. I, Basel, 1954
Kretzschmer, Fritz, Bilddokumente römischer Technik, Düsseldorf, 1967
Kühl, Karl Heinz, Die Änderung der Mannheimer Akte vom 17. Oktober 1979, in: Binnenschiffahrts-Nachrichten, Nr. 7, 10. März 1980
Künzl, Ernst, Römische Steindenkmäler, in: Kleine Museumshefte 2, Stein 10, Düsseldorf, 1967
Ledroit, Johann, Die römische Schiffahrt im Stromgebiet des Rheines, in: Kulturgeschichtliche Wegweiser durch das Römisch-Germanische-Zentralmuseum, Nr. 12, Mainz, 1930

Lickfeld, Adolph Benz-Frans, Rotterdam/Europoort, Information 1980, Jahrbuch, Rotterdam, 1979, 19. Ausgabe.
ders. Rotterdam/Europoort, Ausrüstung, Karten und Beschreibung des Hafens, o.J.
Looz-Corswaren, Otto Graf von, Die Moselschiffahrt in alter Zeit, in: Beiträge zur Rheinkunde, 19. Heft, Koblenz, 1967
Müller, Walter, 20 Jahre Schweizerische Rheinschiffahrtspolitik, in: Strom und See, Zeitschrift für Schiffahrt und Weltverkehr, Jg. 59, Nr. 7/8, Basel, 1964 S. 235 ff
Noel, Curt, Die Schubschiffahrt, in: Beiträge zur Rheinkunde, Zweite Folge, 13. Heft, Koblenz, 1962
Panzel, Wilhelm, Drei Wochen Fahrtbehinderungen, in: Beiträge zur Rheinkunde, 8. Heft, Koblenz, 1956, S. 27/28
Piepers, Wilhelm, Teile römischer Schiffsanker vom Niederrhein, in: Das rheinische Landesmuseum Bonn, Heft 4, 1974
Pörtner, Rudolf, Die Wikinger Saga, Düsseldorf/Wien, 1971
Prospekt der Rheinschiffahrtsdirektion Basel, Die Rheinhäfen beider Basel, o.J.
Prospekt der Rhein-Maas und See, Duisburg
Prospekt der Meidericher Schiffswerft, 1978
Prospekt der Schiffswerft Germersheim, 1980
Prospekt der Versuchsanstalt für Binnenschiffbau Duisburg e.V., Duisburg, o.J.
Real, Gustav, Kümo-Riese lief Innenhafen an, in: Rheinische Post, Duisburger Stadtpost, Nr. 58, 9.3.1979
Rheinische Post, darin: Technik und Verkehr, Nr. 142, 22.6.1957
Roden, Günter v., Die Entwicklung der Duisburger Häfen bis zum größten Binnenhafen der Welt, in: Museum der deutschen Binnenschiffahrt, Duisburg-Ruhrort, Heft 1, Duisburg, 1978
Rüger, Christoph Bernhard, Der römische Rheinhafen der Colonia Ulpia Traiana, in: Beiträge zur Rheinkunde, 25. Heft, S. 42-48, Koblenz, 1973
ders. Ein Siegesdenkmal der legio VI victrix mit Beiträgen von H.-H. Wegner und G. Precht, in: Bonner Jahrbücher, Band 179, S. 187-200, Köln/Bonn/Kevelaer/Wien, 1979
Rühling, Hans-Bernd, Der Lippeschiffahrt Glanz und Ende, in: Heimatkalender Kreis Dinslaken, 1959
Schindler, Reinhard, Landesmuseum Trier, Führer durch die vorgeschichtliche und römische Abteilung, S. 43, Trier, 1970
Schmid, Renate und Armin, Buntes Hafenleben, in: Die Römer an Rhein und Main, S. 80-83, Frankfurt, 1972
Schmitz, Walter (Hsg.), 50 Jahre Rhein-Verkehrs-Politik. Darin: Reinh. Zilcher, Oberingenieur, Dritter Abschnitt: Die Betriebsmittel/Die Beförderungsmittel, Duisburg, 1927
Sopers, P.J.V.M., Schepen die verdwijnen, Amsterdam, 1947

Spethmann, Hans, 3. Die Initiative für die Schiffahrt auf dem Rhein und zur See, in: Franz Haniel, sein Leben und seine Werke, Duisburg-Ruhrort, 1956

Stampfuß, Rudolf, 3. Der Einbaum von Gartrop-Bühl, in: Bonner Jahrbücher 161, S. 300 ff., Kevelaer/Köln/Graz, 1961

Stadtgeschichtliches Museum Düsseldorf, Schiffahrtsmuseum Düsseldorf, Katalog, Düsseldorf, 1965

Stadtarchiv Duisburg, Ruhrorter Daten, in: 600 Jahre Ruhrort, Duisburg, 1971

Stomberg, Heinrich, See-Fluß-Verkehre, in: Zeitschrift für Binnenschiffahrt und Wasserstraßen, Nr. 6/79, S. 244 ff

Schwarz, Kurt, Die Typenentwicklung des Rheinschiffs bis zum 19. Jahrhundert, Köln, 1928

Ternes, Charles-Marie, Die Römer an Rhein und Mosel, S. 208/209, Stuttgart, 1975

Trendel, Guy, Ein römisches Heiligtum des "Vaters Rhein" in Straßburg entdeckt, in: Beiträge zur Rheinkunde, 24. Heft der zweiten Folge, Koblenz, 1972

Viereck, H.D.L., Die römische Flotte, Classis Romana, Herford, 1975

Vogt, Dieter, Die Wasserbüffel machen sich breit, in: Frankfurter Allgemeine Zeitung, Nr. 289 vom 13.12.1975

Weber, Heinz, Die Anfänge der Motorschiffahrt im Rheingebiet, Kleine Binnenschiffahrtsbücherei, Band 1, Historische Reihe, Duisburg-Ruhrort 1978

Werner, R., Das Buch von der norddeutschen Flotte, Bielefeld & Leipzig, 1869

Wüstenfeld, Gustav Adolf, Die Ruhrschiffahrt von 1780 bis 1890, Monographie zur Geschichte des Ruhrgebietes, Schrift 2, Wetter/Wengern, 1978

Westdeutsche Allgemeine Zeitung, Koloß läßt sich durch winzige Hebel dirigieren, Nr. 37 vom 13.2.1969

ders. Laarer Junge steuert Europas Superschiff, 22.4.1975

Zilcher, Reinh. Oberingenieur, Dritter Abschnitt: Die Betriebsmittel/ Die Beförderungsmittel, in: 50 Jahre Rhein-Verkehrs-Politik, Duisburg 1927

ders. Die Rheinschiffahrt, in: Zeitschrift des Vereins deutscher Ingenieure, Band 69, Nr. 32, 8. August 1925, S. 1070

Zimmermann, Horst, Immer mehr Rheinfähren geraten in den Strudel der roten Zahlen, in: Westdeutsche Allgemeine Zeitung (WAZ), Nr. 75 vom 30.3.1977

# Bildnachweis

1. Einbaum mit zwei Technikern. Foto: Walter Niebergall
2. Rasiermesser mit Wikingerschiff. Foto: Adolf Dransfeld
3. Een Sammoreus, Stich von Reinier Zeemann 1655.
   Foto: Vereeniging Ned. Hist. Scheepvaart Museum, Amsterdam
4. Samoreuse um 1830 (Großformat).
   Foto: Vereeniging Ned. Hist. Scheepvaart Museum, Amsterdam
5. Basel 1904: Schleppzug erreicht Basel.
   Foto: Schweizerische Schiffahrtsvereinigung
6. Luftbild Hafen Kleinhüningen, Becken 1. Foto: Rheinschiffahrtsamt Basel
7. Luftbild Basel Hafen Birsfelden Auhafen. Foto: Rheinschiffahrtsamt Basel
8. Binger Loch, Gemälde. Foto: Hermann Jung
9. Kahn ,,Gottvertrauen" quer im Binger Loch. Foto: Archiv W. Böcking
10. Radarbild in Karte übertragen, Binger Loch.
    Foto: Versuchsanstalt für Binnenschiffbau e. V. Duisburg
11. Le Coy, 1812 Karte Ruhrort-Duisburg. Foto: G. A. Wüstenfeld
12. Ruhraake segelnd. Foto: G. A. Wüstenfeld
13. Oscar Huber mit Schleppzug. Foto: Harald Hückstädt
14. Oscar Huber von hinten mit Brücke. Foto: Harald Hückstädt
15. Raddampfer Braunkohle XV mit geknicktem Schornstein.
    Foto: Harald Hückstädt
16. Rheintauer. Foto: Harald Hückstädt
17. Heckraddampfer Braunkohle XIV.
    Foto: Reederei ,,Braunkohle" GmbH, Köln
18. Schlepper Wilhelm, 1963. Foto: Harald Hückstädt
19. Schlepper Valentin, 1963. Foto: Harald Hückstädt
20. Schlepper Raab Karcher VIII, 1963. Foto: Harald Hückstädt
21. Schlepper Rudolf Gelpcke, 1969. Foto: Harald Hückstädt
22. Schlepper Alexander von Engelbert, 1964. Foto: Harald Hückstädt
23. Schlepper Schweiz, 60er Jahre. Foto: Harald Hückstädt
24. Taucherglockenschiff Krokodil, 1978. Foto: Harald Hückstädt
25. Holzschiff. Foto: Harald Hückstädt
26. Bagger Meyer, Köln. Foto: Harald Hückstädt
27. Kahn Anna. Foto: Harald Hückstädt
28. Schuber Gertges I. Foto: Harald Hückstädt
29. Moselschuber Harpen I. Foto: Harald Hückstädt

30 Kahn bei Leverkusen, 1977. Foto: Harald Hückstädt
31 Kohlenkahn Musigny, Frankreich. Foto: Harald Hückstädt
32 MS Franziska. Foto: Südwestfunk, Baden-Baden
33 Schubverband Gefo-Hamburg.
   Foto: M.A.N. Unternehmensbereich GHH Sterkrade
34 Kümo Spree von achtern. Foto: Harald Hückstädt
35 Kümo Spree von vorn. Foto: Harald Hückstädt
36 Kümo Paloma. Foto: Harald Hückstädt
37 Rhein-See Schelde. Foto: Harald Hückstädt
38 Rhein-See Neckar. Foto: Harald Hückstädt
39 Tanker Tarpenbek auf Helling. Foto: Harald Hückstädt
40 Bergungshilfsschiff. Foto: Harald Hückstädt
41 Schubschiff Etna mit Tankverband. Foto: Harald Hückstädt
42 Tankmotorschiff Aventurin. Foto: Harald Hückstädt
43 Tankschleppkahn Padella. Foto: Harald Hückstädt
44 MS Cargo-Liner IV.
   Foto: Rhein-Maas- und See-Schiffahrtskontor GmbH, Duisburg
45 MS Navigare. Foto: Rhein-Maas-See, Duisburg
46 MS Hansa. Foto: Rhein-Maas-See, Duisburg
47 MS Echo. Foto: Rhein-Maas-See, Duisburg
48 MS Stella Maris. Foto: Rhein-Maas-See, Duisburg
49 MS Stephan J. Foto: Rhein-Maas-See, Duisburg
50 MS Kanso. Foto: Rhein-Maas-See, Duisburg
51 Rhone-Liner in Schleuse. Foto: Rhein-Maas-See, Duisburg
52 Helling Werft Germersheim. Foto: Schiffswerft Germersheim GmbH
53 Motorgüterschiff Kaiserdom. Foto: Schiffswerft Germersheim
54 Feuerlöschboot I, Köln. Foto: Harald Hückstädt
55 Modell-Gelenk-Verband.
   Foto: Versuchsanstalt für Binnenschiffbau e. V., Duisburg
56 Versuch großer Schleppwagen.
   Foto: Versuchsanstalt für Binnenschiffbau e. V., Duisburg
57 Fahrgastschiff im Modell.
   Foto: Versuchsanstalt für Binnenschiffbau e. V., Duisburg
58 Kabinen-Luxus-Liner KD.
   Foto: Versuchsanstalt für Binnenschiffbau e. V., Duisburg
59 Alte Ruhrorter Werft, 1828.
   Foto: M.A.N. Unternehmensbereich GHH Sterkrade

60 Rheinwerft Walsum, Hellinge.
   Foto: M.A.N. Unternehmensbereich GHH Sterkrade
61 Kahn Oberhausen, 1922. Foto: M.A.N. Unternehmensbereich GHH Sterkrade
62 Luftaufnahme der Hafengruppe Ruhrort.
   Foto: Duisburg-Ruhrorter Häfen AG
63 Massengut-Umschlagplatz am Hafenmund.
   Foto: Duisburg-Ruhrorter Häfen AG
64 Schrottinsel mit Shredderanlage in Ruhrort.
   Foto: Duisburg-Ruhrorter Häfen AG
65 Ruhrorter Nordhafen. Foto: Duisburg-Ruhrorter Häfen AG
66 Hafenbecken B, Duisburg-Ruhrort. Foto: Duisburg-Ruhrorter Häfen AG
67 Eimerketten-Kiessortiermaschine.
   Foto: M.A.N. Unternehmensbereich GHH Sterkrade
68 M.A.N. Schwimmkran. Foto: M.A.N. Unternehmensbereich GHH Sterkrade
69 Rammponton. Foto: M.A.N. Unternehmensbereich GHH Sterkrade
70 Chemikalientransporter. Foto: M.A.N. Unternehmensbereich GHH Sterkrade
71 Chemikalien-Verbrennungsschiff Vesta Lehnkering.
   Foto: Lehnkering AG, Duisburg
72 Chemikalien-Verbrennungsschiff.
   Foto: M.A.N. Unternehmensbereich GHH Sterkrade
73 Laborschiff Max Prüss. Foto: Alfred Oehmig
74 Steuerstand Max Prüss. Foto: Alfred Oehmig
75 Blick ins Labor der Prüss. Foto: Alfred Oehmig
76 Karte der Rotterdamer Häfen. Zeichnung: Port of Rotterdam
77 Rheinkahn und asiatischer Seefrachter. Foto: Port of Rotterdam
78 Erzumschlag, Getreide-Terminal. Foto: Port of Rotterdam
79 Im Maashafen Rotterdam. Foto: Port of Rotterdam
80 Containerumschlag in Binnenschiff. Foto: Port of Rotterdam
81 Kohlenverladung in Binnenschiff/Seeschiff. Foto: Port of Rotterdam
82 Schubverband Rotterdam. Foto: Port of Rotterdam
83 5. Petroleumhafen. Foto: Gemeentwerken Rotterdam
84 Schwimm-Container, Combi-Liner.
   Foto: Havenbedrijf der Gemeente Rotterdam
85 Europoort, Caland-Kanaal. Foto: Port of Rotterdam
86 Luftfoto Rotterdam. Foto: Aero Camera Bart Hofmeester, Rotterdam

# MEIN DANK GILT:

Für die Hilfe bei der Arbeit an diesem Werk dankt der Verfasser vielen Instituten, Museen, Firmen, Verlagen und Freunden:

Vereeniging Nederlandsch Historisch Scheepvaart Museum, Amsterdam,
Rijksdienst voor de Ijsselmeerpolders, Lelystad,
Mijnheer Dr. M.D. de Weerd im Institut voor Prae- en
　Protohistorie in Amsterdam,
Mijnheer Dr. P. Stuart im Rijksmuseum van Oudheden in Leiden,
Herr Stadtarchivar Herbert Kleipaß vom Stadtarchiv und
　Rheinmuseum, Emmerich,
Herr Gritzan und Fiege vom Stadtarchiv der Stadt Dorsten,
Herr Drecker vom Heimatmuseum der Stadt Dorsten,
Herr Dr. Detlev Ellmers, Stiftung Deutsches Schiffahrtsmuseum,
　Bremerhaven,
Herr Kardel vom Karl Wacholtz-Verlag, Neumünster,
Herr Arvid Göttlicher vom Arbeitskreis Historischer Schiffbau,
　e.V., Bremervörde
Frau Monika Strohmeier, Stadtbibliothek der Stadt Duisburg,
Niederrheinisches Museum der Stadt Duisburg,
Museum der deutschen Binnenschiffahrt, Duisburg-Ruhrort,
Herr Bernd Brüggemann von der Rhein-Maas-See, Duisburg-Ruhrort,
Herr Karl Dlugos, Archivleiter des Haniel-Museums, Duisburg-
　Ruhrort,
Herr Dr. Karl Heinz Kühl, Vorstandsvorsitzender der Stinnes
　Reederei AG., Duisburg Ruhrort,
Herr Gorny vom Binnenschiffahrts-Verlag GmbH., Duisburg-
　Ruhrort
Herr Hans-Jürgen Walzer von der Meidericher Schiffswerft,
　Duisburg
Herr Dr. Klaus Weber, Archivleiter der GHH Sterkrade, Ober-
　hausen,
Frau Dr. Klara van Eyll im Rheinisch-Westfälischen Wirt-
　schaftsarchiv zu Köln e.V. in Köln,
Herr Dr. Paul Naredi-Rainer im Rheinischen Bildarchiv der
　Stadt Köln,
Köln-Düsseldorfer Deutsche Rheinschiffahrt Aktiengesellschaft,
　Köln,
Herr Dr. Martin Eckoldt, Geschäftsführer des Rhein-Museum e.V.,
　Koblenz-Ehrenbreitstein,

Herr Dr. W. Binsfeld im Rheinischen Landesmuseum Trier,
Herr Dr. F.J. Hassel im Römisch-Germanischen Zentralmuseum, Mainz,
Herr Rudershausen, Archivar der Stinnes-Reederei AG in Mannheim,
Schiffswerft Germersheim, Germersheim a/Rhein,
Verlag Schiffahrt und Weltverkehr AG., Basel,
Herr Albin Breitenmoser, Basel,
Rheinschiffahrtsdirektion Basel,
Ferner: Leo Jaszczerski, Duisburg; Christian Wendt, Duisburg; Alfred Kurek, Duisburg; Hermann Jung, Gemünden/Main; Heinz Rausch, Mülheim/Ruhr; Dr. Harald Hückstädt, Leverkusen; Karl Marquardt, Schiffmodellbauer, Oldenburg (†); Harm Paulsen, Schleswig; M. Kamphaus von der Lehnkering AG., Duisburg; Versuchsanstalt für Binnenschiffbau e. V., Duisburg; Herrn Jeucken von der HAFAG, Duisburg-Ruhrorter Häfen AG.; Hans Walgenbach, Vynen; Mijnheer Th. Jönsthövel vom Port Rotterdam in Rotterdam.

# Personen-, Orts- und Sachregister

## A

Aalblasserdam 140
Aalschokker 134, 248, 271
Aalsmeer-Muiden 134
Aamose/Dänemark 19
Aak 125, 149
Aak, holl. 158
Aak Gute Hoffnung 146
Aaken 162
Aakentyp 154
Aaktypen 158
Aaktjalk 130, 141
Ableitungen 324
Abgabenfreiheit 319
Absenkpressen 308
Abtei Essen 162
Abtei Prüm 169
Abtei Werden 162
Abfallprodukte der Chemie 283
Achen, oberländ. 135
Acta Ruhrschiffahrtsange-
legenheiten 175
achterronder 138, 140, 142
Achtersteven 53
Achterspiegel 30
Achterfock 133
Admiralitätsanker 329, 331
Admiralschiff 51
Adler des Oberrheins 90
AG f. Transporte u.
Schleppschiffahrt, vorm.
Joh. Knipscheer 100, 102
Agrippina 48
Am Bört 170
Amsterdam 125, 131, 134, 152, 156, 170, 250
Amsterdamer Samoreuse 114, 131, 132
Amt für Arbeitsschutz 317
amphibische Landeanlage 282
amphibische Lastrohrflöße 297
Amphorenstempel 66
Andernach 27
Andersen, Magnus, Kapitän 73

Annalen, Buch II 49
Annales Xantenses 72
Andernach 66, 191
Anker 48, 64, 329
Ankerachse 331
Anker d. Antike 330
Ankerdavit 331
Ankerhelm 331
Ankerketten 332, 333
Ankerschaft 331
Ankerschulter 331
Ankersteine 330
Ankerstock 331
Ankerteile 330
Ankerspill 331
Ankerzeichen 332
Ankerwindenmotor 188
Angelsachsen 20
Angeln und Sachsen 68
Angelhaken 43
Ansicht von Speyer 110
Antejus 49
Antikenhandel 39
Antoninus Pius 66
Antius, Gajus 49
Antike Schiffstypen 62
Anthrazit 261
Antwerpen 16, 90, 107, 142, 250, 272
Antwerpen-Austruweel 30
Antwerpenschiff 32
Ahsen 181
Albaner Berge 56
Altar 47
Albenga 329
Alemannen 46
Altsteinzeit 11
Alpenvorland 15
Alteburg/Köln 40
Alte Mannheimer Beurt 245, 269
alte Mannheimer Schiffahrts-
akte 105
alte Ruhrorter Werft 303
Alter Ruhrorter Hafen 178

353

all told 323
Altsteinzeit 34
alliierte Vorbehalte 309
Aliso, Lippe-Kastell 48
Alphen aan de Rijn 33, 157
Apostata 52
Arbeitsgemeinschaft der Länder zur Reinhaltung der Weser 316
Arbeitsgemeinschaft der Rhein-Wasserwerke 285
Archäologen 29, 72
Archäologischer Park 44
Argus 316
ARGE Weser 316
Argentorate/Straßburg 41, 47
Arnheim 196
Arentsburg 40
Arminius 49
Arnold, Peter 276
Arnhem 132
Arntzen, Gebrüder 181
Altrheinarm 15
Asberg/Moers 125
Asciburgium 125
Aschaffenburg 111
Asmussen, Dieter 35
ATH 283
Au 105, 106
augustisch-germanische Flotte 49
Augustus 48
August-Thyssen-Hütte (ATH) 283
Auenheimer Fischerordnung 116
Ausleger 146
Ausonius 43, 46
Ausonius-Text 45
Austruweel/Antwerpen 16
Autofähren 339, 340
Auto- u. Personenfähren, seegehende 305
Antwerpen 107
Auswanderer 152
Augusta Treverorum 45
Aurich 138
Außenhafen Duisburg 295
Averdunk, H. 169, 170
Axer- Wurffeuerung 259

**B**

BACAT=Barge-Catamaran 298
Barge-Container-System 298
Bacat-Schiffe 296, 325
Bacharach 110, 338
Bacharacher Zollkonferenz 113
Backbord 88
Baco-Liner 289, 299
Baco-Liner GmbH & Co. KG. 299
Bad Honnef 314
Bad Kreuznach 53
Baden 96, 97, 318
Bagdad 304
Bailey-Konstruktion 307
Bamberg 79, 248
Banning, F.J.M. 274
Bargen 277
Barranquilla 304
Barge 138, 139
Barken 64
Barges 298, 299
Barge-Carrier-Systeme 300
Barge-Container-Transport-Systeme 325
Bataver 49, 51, 64
Basel 79, 81, 82, 84, 85, 89, 90, 91, 94, 97, 98
101, 105, 106, 173, 195, 252, 262, 269, 270, 290
Basalt 42
Basaltlava 27, 40
Basler Bürgerrecht 89
Basler Feuerlöschboot 287
Basler Fischer- u. Fischerhandwerk 86
Basler Kaufleute 85, 95
Basler Kaufmannschaft 96
Basler Lände 95
Baselbieter Löschboot 287
Basler Rheinschiffe 84
Basler Schiffe 89
Basler Schiffer 85, 93
Baseler Schiffahrt 82, 90, 153
Basler Schifferzunft 97
Basler Schiffleute 97
Basel-Straßburg 87
Basel-St. Johann 101
Basler Totentanz 101

Basler Wochenschrift
Der Samstag 103
Baseler Zollakten 82
Bank zum Lützelstein 267
Bankstrudel 266
Barge-Container-System 296
Barnum 181
Bataveraufstand 50, 63
Bauart Berninghaus 250
Bauart Ruthof 250
Baudock 325
Baumringdatierung 36, 63
Baumschiff 12
Baumstamm 12
Bauform, alpenl.-rheinisch 28
Bautradition 25
Bayeux/Normandie 76
Bauweise, einheimisch 23
Bayern 96, 318, 335
Beerkanal 325
Beckinghausen 182
Behn F. 11
Besansegel 131, 133, 159
Besansmast 115, 133
Besatzungsmacht, englische 307
Besegelung 52
Beste, Carl 181
beitelaken 154
Bergbau 162
Belgien 271, 272, 318
Belgier 25, 276
Bergfahrten 266
Berghaus, 1792, 65
Berghölzer 157
Berlin 254
Bereisungen 316
Bereisungsboote 306
Berzelius 178
Bender, Wilhelm 100, 101
Benelux-Häfen 294
Beneluxhaven 323, 326
Benninghausen 14, 182
Benitheversen & Bell 190
Benzinmotor 272
Beitelschiff 145
Berkum b. Oberwinter 42
Bern 89
Beurtschiffahrt 169

Beurtfahrten 131
Beurtsompen 145
Bettecks beim Salmenfang Klodt 267
Beyerschiff 135
Bieler See/Möhringen 28
Bilgenwasser 287
Bilgenöl 314
Billig-Flaggen-Unternehmen 290
Billig-Flaggen-Fahrer 295
Bilgenentölungsboot Regio 287
Bilgen- ode Altöl 285
Bilgenentölungs GmbH Duisburg-Homberg 285
Bilgenentölung 285
Bilgenentölerboote 285
Bilgenentwässerungsverband 285
Bibo Regio 289
Bibos 285
Biesbosch 159
Bingen 121, 247, 248
Binger Wasserstände 264
Binger Pegel 122
Binger Loch 82, 120, 121, 122, 123, 161, 189, 249
Binnenkoggen, holl. 125
Binnenhäfen 291, 292
Binnenhaven 322
Binnenschiffahrt 263, 264, 322, 275
Binnenschiffbau 306, 311
Binnenschiff, Europas zweitgrößtes 276
Binnenschiff 249, 297
Binnenschiffahrtsflotte, niederl. 313
Binnenwasserstraßen 291
Binnenfahrzeug 149
Bilderdyk 298
Birboum, M.L. 129
biremi 65
Biremen 59, 57, 68
Binsfeld W. 60, 61
Birsfelden 105, 106
Bischof Johann Senn 86
Bischof Otto v. Utrecht 79
Bischof Heddo von Straßburg 71
Bischof Siegfried von Mainz 121
Bislicher Insel/Xanten 329
Blackfriars 53
Blackfriars-Schiff 24, 52

Blackfriars-Typ 55
Blase 326
blaues Glasschiff 46
Bleiplatten 56
Block 127, 156
Blöcke 130
Blussus 33, 68
Blussus-Stein 31
Blussus Schiff 26, 30, 32
Boden 336
Bodensee 340
Boisserée, Bernhard 193
Boisserée, Melchior 192
Boisserée, Sulpiz 192
Bojer 126, 127, 128
Bonn 110, 196, 254, 281
Bonna/Bonn 41
Bonner Jahrbuch 161/1961, 13
Bonner Münster 44
Bommel 272
Boot, schalenartig 20
Bootsschuppen 57
Botlek 323
Botlekhaven 324
Botlek-Plan 324
Borbetomagus/Worms 41
Boskoop 140
Bossmann, Gebrüder 90
Bootshaken 48
Boulogne-sur-Mer 43
Bovenmaas'sche Baggeraak 159
Bönder 114, 115, 116, 121, 153, 158
Böcker, J.A. 94
Böcking, Albert 189
Böcking, Georg 188
Böcking, Georg Albert 188
Böckling, Arnold 334, 335
Börtschiff 169
Börtschiffe 170
Börtschiffahrt 169, 283
Börtvertrag 170
Brabant 125
Brabanter Schuit 144
Brabanter Typen 144
Bretagne 25
Brefock 156
Bremer Hansekogge 32
Brandkatastrophe 289

Brasseleinen 156
Breisach 87, 90, 97, 316
Breitenmoser, Albin 90, 102
Braun 129
Braun, Georg 110
Braun-Hogenberg 127
Braunkohlenbriketts 259, 262
Braunkohlen 270, 274
Brefock 155, 157
Brielle 169
Brielse-Meer 326
Brigg 19
Brigg/England 22
Brigg/Die Hoffnung 302
Brigg Gute Hoffnung 175
Brigg Hoffnung 254
Briefpost Basel-Straßburg 92
Britannien 23, 47, 50, 67, 79, 82
Britannienfeldzüge 63
Britannenfahrt 55
Britanniehaven 325
Bremerhaven 298, 316
Britannien-Invasion 330
Brohl- u. Nettetal 42
Brohltal 41
Bronzezeit 12, 17, 19, 21, 22, 35
Bronzenägel 22
Bronzebeil 12, 22
Bronzezeit, mittlere 17
Brown, Boveri & Cie. AG, Mannheim 259
BRT 294
Brücken 273, 307
Brücke Neuwied-Weißenturm 308
Brücken-Einschwimm-Aktion 308
Brücke Koblenz-Pfaffendorf 308
Brüssel 319
Buganker 331
Bugspriet 138
Buchtnachen 338
Buchau/Federsee 22
Buer 173
Bugsierboote 188
Bugsierdienste 275
Bugsierunternehmen 262
Bugkaffe 16, 30, 32
Burgberg 169
Bugsteuer 26
Bug-Steuerruder 26

Bugspriet 133, 156
Bugpforte 28
Burg Schwanau 85
Bunkerkohle 245
Burtschiffahrt 181
Bunkerboote 304
Bugspanten 32
Bugsteuer 30
Bug- u. Heckwände 30
Brohl 66
Brutto-Register-Tonnen 294
Büdericher Kanal 184
Büderich b/Wesel 340
Bündelgefährt 83
Bürgin, Gebrüder 101
Byblos 329


## C

C 14-Methode 63
CCAA/Köln 40, 41
CUT/Xanten 40, 41, 43
Caesar 17, 18, 24, 25
Caesar, Julius 39
Caland, Pieter 321
Caland-Kanal 325, 326
Casson, Linoel 330
Catamaran 298
Caledonia 191
Carlo-Liner 291
Caligula 57
Capitaine, Emil 261
cargo capacity 323
Carrier 298, 299
Cargo-Liner 291
Cäcina 49
Cäsar 64, 330
Cäsar, Gaius Julius 52, 53, 54, 63
Central-Aktien-Gesellschaft 247
f. Tauerei u. Schleppschiffahrt
Cerialis 51
Cugerner 42
Chikago 73
Chemieabfälle 305
Chemikalien-Verbrennungsschiff 305, 316

Chemikalienübernahme 317
Chemiehaven 324
Chemieabfälle, flüssige 317
Chemikalientanker 304
Chaumont, Dep. Haute-Marne 16
Cicero 64
Civilis 50, 51, 63, 64
Classis Augusta Germanica 49
Classis Germanica 51, 65
Coolhaven 323
Corbulo, Domitius 50
Corbulokanal 40
Coblenz 188
Colonia Ulpia Traiana 66, 72, 335, 337
Cordes, Prof. Dr. Walter 283
Concordia 193
Constantius Chlorus 60
Container 294, 295
Containerbetrieb 29
Container-Mietgeschäft 294
Container-Leasing-Geschäft 294
Container-Terminal 323
Containertransporte 292
COMBI-LINE 298
Compoundmaschine 247
County Hall, London 63
Confluentes/Koblenz 41
Cöllner 83


## D

Dakar 293
Damco-Reederei 274
Dammer, Maschinist 314
Damlooper 128, 129, 135, 136, 141
Datteln-Hamm-Kanal 315
Dampfboot 338, 339
Dampfmaschine 245, 261, 264, 268
Dampfmaschinenerfinder 191
Dampfmaschinenschraube 260
Dampfturbine 259, 270
Dampfer Stadt Mainz 174
Dampfer Mülheim 183
Dampfschiff Caledonia 174
Dampfschiff The Defiabce 174

Dampfschiff 190, 183, 269
Dampfschiffahrt 192, 193
Dampfschleppschiff 253
Dampfschleppschiffe 252
Dampfschleppschiffahrt 245, 247
Dampfschraubenboote 278
Dampfschleppboote 274
Dampfschiffahrts-Gesellsch.
f. d. Nieder- u. Mittelrhein 194
Dampfschiffahrtsgesellschaft 252, 254
Dampf-Güterboote 250
Danziger Siegel 69
Dänemark 273
Der Rhein 193
Die Ruhr 175, 302
Die deutsche Schiffahrtszeitung 295
deadweight 323
Deichbauarbeiten 33, 326
Deckleisten 27
Den Bosch 156
De Beer 326
De Noord 142
de Zeeuw 192, 193
Dehnen , Schiffszimmermann 174
Delta 161, 325
Demag Duisburg 307
Dendrochronologie 36
Derivat 324
Deut. Schiff. Mus. Bremerhaven 17, 20, 21, 31,
32, 33, 70, 76. 342
Deutschland 249, 318
Deutsche Reeder 275
Deutsche Orden 79
Deutz-Sauggasmaschinen 262
Deutz 272
Deutz- Viertaktmotor 250
Deutzer Gasmotorenfabrik 262
Deutzer kompressorlose
Viertaktmotoren 262
Dep. Vaucluse 27
Dichtungsmasse 32
Disch, H.A. 247
Diesel, Rudolf 303
Dieselmaschinen 262
Dieselschaufelschlepper 263
Dieselmotoren 195, 251, 259, 262, 263, 264,

267, 270, 274, 303
Dieselmotorfrachtschiffe 306
Diesel-Motor-Schlepper
Franz Haniel XXVIII 250
Dieselschlepper Rudolf Diesel 305
Dieselschlepper 306
Dieselschleppboote 264
Diligencen 147, 148
Direktor des Ruhrverbandes und des
Ruhrtalsperrenverbandes 314
Dintelhaven 326
Direktschiffer 94
Direktverkehr 296
Dithmarschen 34
dition 24
Doorn 70
Docks 323
Dockmanöver 299
Dolabrarii, Spitzhackenschmiede 66
Dollbord 32, 57
Dollen 28, 58
Dolphe 112
Donau 71, 319
Dordrecht 131, 140, 170, 272, 333
Dortmund 296
Dortmund-Ems-Kanal-Kahn 187
Domitian 51
Doppelschelch 112
Dorf Kuden 36
Dortscher Koolhaelder 129, 131, 149
Dorestad/Prov. Utrecht 70
Dorsten 125, 145, 153, 154, 181, 184, 301
Dorstener Modelle 156
Dorsten'sche Aak 131, 154, 155, 157, 158
Dorstener Schiffbau 155
Dorstener Schiffe 146, 156, 184
Dorstener Werften 300
Doppelschrauben 250
Doppelrumpfboote 337
Doppelschrauben-Motorschiff 256
Doppelschrauben-Eilgüterboot 250
Doppelschrauben-Güterboot 249
Doppelschraubendampfer 247
Doppelschraubenschleppdampfer Franz
Haniel II 258, 259, 269
Doppelschraubenschiff 251
Doppelschrauben-Motorschiffe 196
Doppelschraubenschlepper 264

Doppelschrauben-Motorschlepper 303
Doppelschrauben-Dieselmotorschlepper
Breisach 305
Doppelschrauben-Streckenschlepper
Franz Haniel XXVIII 263
Doppelschrauben-Streckenschlepper 270
DDR 313
Drachenfels 40, 42
Drachenfels-Trachyt 43
Drachenkopf 11
Drahtschiffe 248
Draggen 332
Dreggte 332
Draai-over-boord 135, 137, 138, 140, 141, 148, 152
Dreh-über-Bord 130, 133
Drewes, Paul 307
Dreiruder (Triremis) 49, 58, 59, 62
Dreiflächenruder 257
Dreischraubenschlepper Hameln 305
Dreireiher 47
Dreireihen-Ruderschiffe 331
Dreiklanghörner 287
Dreizylindermaschine 195
Driburg 181
Drittes Reich 105
Driporte 112
Drobbert 135
Druten 114
Dr. Louwe-Kooijmans, Leiden 62
Drusus d. Ä. 40,
Drusus 48, 49
Drususkanal 40, 49
Drususplan 50
Drücken 297
Duurstede 71
Du Hamel du Monceau 149
Duchten 28
duckpond/Ententeich 277
duckpond tow 277
Duluth/USA 179
Duisburg 71, 132, 140, 169, 170, 178, 179, 185, 196, 249, 254, 255, 278, 284, 285, 288, 290, 293, 295, 296, 301, 303, 305, 309, 329, 332
Duisburg-Ruhrort 163, 189, 293, 294
Dbg.-Ruhrorter Binnenhäfen 168, 172, 176, 178, 179, 183, 286, 290

Duisburg-Hamm 183
Duisburger Kaufleute 169
Duisburg-Neuenkamp 271, 338
Duisburger Schiffe 169
Duisburger Schiffer 169
Duisburger Reederei Reichel & Co. 310
Dübel 32
Dübeltechnik 22
Dürrnberg 15
Dürrnberg-Boot 29, 30, 43
Dürrnberg-Nachen 28
Dürrnberg-Grabmodell 29
Dürrnberg/Österreich 28
Dürrnberger Salzbergwerk 28
Dütemeyer, K. 291, 297
Düsseldorf 142, 145, 152, 176, 193, 194, 254, 272, 296, 307
Düsseldorf, Reede 193
Düsseldorf-Reisholz 261
Dschunken 54

E

Eberbachschiff 80
Eichenholz 63
Eichenkoppel 336
Eichenwälder 183
Eigenschiffer 190
Eilfrachter 270
Eilgüterboote 250, 269, 270
Eifel 41
Eigenantrieb 271
Eimerkettenbagger, hydraulische 273
Eimerketten-Sortierkiesbagger 304
Einbaum-Fund 15
Einbäume 12, 13, 14, 16, 17, 19, 20, 32, 33, 34
Einbaum, ältester 18
Einbaumenles 18
Einbäume, als Fischereifahrzeuge
Einbaum-Fragmente 16
Einbaumfragmente 12
Einbäume des Federseeriedes 13
Einbaum, gespreizt 20
Einbaum-Frachtkahn 30

Einbaum, halbiert 29
Einbäume, jungsteinzeitl. 19
Einbaum, kastenförmig 29
Einbäume, mittelsteinzeitlich 35
Einbäume, rinnenförmig 19
Einbaum, stammrund 18, 19
Einbaum Stipelse 21
Einbaum, trapezförmig 29
Einbäume m. Wechselspanten 30
Einreiher 47
Einspännige Schiffe 114
Eisbrecher 306
Eisbergen/Rinteln 49
Eisenbeil 22
Eisenbahn, Minden 183
Eisenbahn Köln 183
Eisenbahn 178
Eisenbahnhafen Ruhrort 178
Eisenbahnhafen 322
Eisenbahnstrecke, erste 176
Eisenbahntrajekte 339
Eisennägel 25
Eisennägel 32
Eisenschaufeln 247
Eisenschiffbau 153, 158
Eisenschiffbauwerft 310
Eisenkähne 245
Eisenzeit, vorröm. 21
Eiserner Kasten 157
Eisennieten 23
Eisenzeit, vorröm. 12, 16, 19, 30, 35
Elbe 258
Elberfeld 194
Eilfrachter 262
Eilgüterboote 262, 303
Elektroschweißung 306
Ellmers, Dr. Detlev, 12, 15, 16, 17, 18, 20, 21, 22, 23, 24, 26, 27, 31, 32, 35, 36, 53, 54, 56, 57, 60, 61, 63, 69, 70, 76, 337, 342
Elevatoreinrichtung 298
Ems 48, 304
Emden 299
Eemhaven 323
Ems-Kanal-Kahn 187
Ems-Liner 291
Emmerich 132, 142, 145, 153, 281, 286
Emsmündung 49, 50
England 98, 255, 290, 291, 293, 294

Englandhandel 43
Englandfahrer 161
Englische Abkürzungen 296
englische Kuff 138
Enterbrücke 58
Entrepothaven 322
Entölungsboot 285
Entwässerungsgraben 44
Erzbischof Heinrich III. 79
Erzbischof Konrad von Hochstaden 83
Erzbischof von Köln 173
Erzstift Köln 181
Erztransporte 187
Erztransporter 304
Erzfracht 310
Erzschiffe 326
Erzumschlag 283, 284, 326
Erzbeförderung 278
Erzladung 284
Essen 274
Essenberg/Homberg 249
Escher, Wyß & Cie. 259
Essex 43
Ettlingen 44
Europa 327
Europoort 320, 325, 327
Europäische Gemeinschaft 319
Europese Waterweg-Transporten BV 284 (EWT)
EWT 284
Expansionsmaschine, dreifache 258

**F**

Fabri, Felix 85
fabrica 46
Fahranker 332
Fahrgastschiffe 303
Fahnenträger 66
Fahrsegel 115
Fahrschelch 112
II. Fahrwasser 122, 123
Fahrwasserverbreiterung 122
Faltanker 332
Fastenvorschriften 43

Fähr 169
Fähren 271, 310, 311, 336
Fähre Tina Scarlett 273
Fähre Linda Scarlett 273
Fährkahn 16
Fährponten 16
Fährschiff 169
Fährenform 18
Färöern 76
Federsee/Württemberg 18
Ferdinandshof/Pommern 22
Feijenoord 322
Fellboote 17
Fellboot 33
Felszeichnungen 11,12
Fendel-Schiffahrts-AG., 250, 258, 278, 279
Fernheizkraftwerk 288
Festung Rheinfels 193
Festschrift 303
Feuerlöschboote 273
Fischer 332
Fischerboot-Einbäume 16
Fischerboote 64
Fischerdorf Lüttingen 60
Fischereifahrzeug 134
Fischfang 43
Finnland 293
Firma Dortmunder Union 308
Firma Haldy, Saarbrücken 272
Firma Franz Haniel 263, 266
Firma Hein Lehmann & Co. AG. 307, 308
Firma Hohenzollern, D'dorf 266
Firma Maas & Fleck 271
Firma Thomas & Co., Meiderich 305
Firma Lehnkering AG 305
Flaschenzüge 127, 130
Flettnerruder 189
Flevosee 40
Flevomeer 44
Fliegende Brücken 337, 339
fliegende Nähe 338
Flootbaas 335
Flotteneinheit 40
Flottenmannschaften 66
Flotte, augustisch-germanische 47
Floßknechte 334, 335
Floßkommandos 336

Floßmodelle 336
Floßrammen, römerzeitl. 335
Floßverband 282
Floßhafen 335
Floßmeister 333
Floßmerkmale 336
Floßrechte 334
Floßschiffe 307
Floßstachel 17
Floßverproviantierung 333, 334
Flöße 11, 17, 33, 180, 282, 308, 333, 335, 337
Flößer 181
Flößerei 332
Floßbindungen 17
Flöße, mittelalterl. 337
Flöße auf dem Rhein 333
Flößerei auf Lippe 333
Flößergilde bei Ettlingen 66
Flunken 330
Flußboote 24
Flußgöttin Nehalennia 66
Flußradar 276
Fluß-See-Verkehr 299
Flußnachen 26
Flußmühle 181
Flußschaufelradschiffe 304
Flußpolizeischiffe 67
Flußpolizei 48
Fluß Rotte 320
Flügel 336
Flüssiggas-Tanker 304
Fock 131
Focksegel 127
Fockfall 156
Forck 181
Forum der CUT 44, 66
Fossa Corbulonis 50
Fossa Drusinae 40
Forschungsschiff Fritz Horn 312
Frachten 276
Frachtboote der Binnenschiffahrt 272
Frachtkahn 29
Frachtschiff 169, 271
Franken 46
Frankensau 112
Frankenwald 335
Frankenschelch 112

361

Frankenschiff 112, 113, 114, 119, 121, 152, 153, 158
Frankenzeit 31
Frankreich 25, 97, 274, 278, 318
Franzosen 276
Frankfurt 79, 84, 94, 176, 249
Frankfurter Allgemeine Zeitung 342
Frankfurter Messen 82, 83
Frankfurter Handelshaus von Stockum 122
Frankfurter Schiff 112
Frankeneinfälle 46
Frauenkirche Oberwesel 110
franz. Douane-Gesetze 95
Franz Haniel & Cie. GmbH. 177, 245
Franz Haniel XXVIII 303
fränkische Epoche 15
Freiburg i. U. 89
Freiheit der Schiffahrt des Rheinstroms 255
Freidecker-Typen Raffelberg 291
Fresko zu Worms 80
Friedr. Krupp Hüttenwerke 178
Friedr. der Große 162, 172, 175
Friedrich Wilhelm III. 96
Friderikstad 73
Friesen 69, 76
Friesland 125, 135, 137, 149
friesische Schiffe 149
Friesenkoggen 70
Frösche/kikkers 156
Früh-Latènezeit 21, 28
Frühmittelalter 169
Fusternberg 182
Fünfbändige Achen 112
Fünfreiher 47
Fürstenberg/Xanten 48, 329
Fürstäbtissin Maria Cunegunda 173
Fürstentum Münster 181
Fünfruderer 58

# G

Gaffel 133
Gaffelaar 141
Gaffel/Rahe 156
Gaffelsegel 115, 127
Gaffeltakelung 158, 160
Gaffeltjalken 142
Gahlen 181
Galeeren 57, 58, 64, 71
Gall, J. Le 45
Gallien 23, 39, 49, 51, 330
Ganzes Rotauge 112
Ganz großes Schiff 112
Gas- bzw. Heizöl 285
Gasmaschine 261
Gasmotorenfabrik Deutz 261
Gasschlepper 306
Gasmotorenfabrik Actien-Gesellschaft Köln-Ehrenfeld, 261 vorm. Carl Schnitz
Gasmotorfrachtschiffe 306
Gaskraftanlage 306
Gasöl 260
Gasöltanks 266
Gartrop-Bühl 12, 181
Gebirgsfahrten 189, 264
Gebrochener Verkehr 293
gedübelt 82
Gelderland 134
Gelderse Kaegh 134
gelenzt 286
Gelbe Flotte 286, 285, 289
Gelpke, Rudolf, 90, 91, 101, 103, 102, 104
Gelinsky, P. 122
Gerbereien 182
Gasgeneratorschlepper 306
Geitau 156
Germania, Kapitel 9 62
Germanen 14, 23, 48, 50, 67
Germanicus 48, 49, 50, 62
germanische Flotte 51
Germanischer Lloyd 257, 317
germanische Ruderboote 68
Germanenübergriffe 51
Germersheim 310
Gemeinde Rheinsheim 310
Gesellsch.z.Förder. d.Mus.d.Deutschen

362

Binnenschiffahrt Dbg.-Ruhrort eV. 180
Gesellsch. v. Rhein u. Main 194
General-Landesarchiv
zu Karlsruhe 80. 152
Geulhaven 325
GHH 174
GHH-Konferenz 177
GHH Oberhausen 250
GHH-Rheinwerft Walsum 290, 291
GHH Sterkrade 302, 307
GHH Werft Ruhrort 175
Giegbaum 115, 133
Giepen 156
Gierponten 338
Gierfähre Emmerich 338, 339
Giernähe 338
Giftunfalleinsätze 316
Gladbach 254
Gladiator d. Rheinflotte 66
Glarner Schiffe 82
Glarner Händler 92
Glimm- u. Glühvorgang 20
Glastonburry, Somerset 16
Goa/Indien 310
Gott des Rhenus 48
Godesberg 248
Goldbeck 272
Goldgrube 267
Gorkum 172
Gokstadschiffkopie 73
Gokstadschiff 72, 73, 74
Göttin Diana Nemorensis 56
Götterklasse 251
Götterdreiheit Neptunus,
Ozeanus, Rhenus 66
Götterklasse-Typen 250
Grabmal als Doppelschiff 60
Grabstein-Modell 30
Grabstein Jünkerath 54
Graf von Paris 175, 302
Grafschaft Dortmund 181
Grafschaft Mark 181
Grans=Schnabel 15
Grauwackesteine 42
Gregor von Tours 17, 18
Groeben, von der 254
Groningen 125, 135, 137, 141, 149
Groninger Tjalk 141

Großbritannien 318
Großhändler 43
Großherzog Leopold 302
Großherzog Leopold 175
Großsegel 131, 156, 159
Großschiffahrt 177
Großschiffe mittelmeeri-
scher Prägung 67
Großfeuerlöschboot 289
Großsteingräber 19, 20
große Fahrten 107
Großes Frankenschiff 112
Große Jagd 112
Große Klassifikation 291
Große Schiffahrt 94
größter Binnenhafen-
verkehr der Welt 178
größter Binnenhafen Europas, 178, 179
Grubenholz 290
Grundeisen 332
Grundform 108
Grundform fries. 136
Grundruhr 85
Gubernator 59, 64
Guerhelling 145
Gustavsburg 336
Gute Hoffnung 172
Gutehoffnungshütte 178, 255, 263, 264,
301 304
Gutehoffnungshütte Aktienverein
f. Bergbau u. Hüttenbetriebe (GHH) 177
Gutehoffnungshütte Aktienverein
(GHH-Konzern) 173
Güterboot 249
Güterboote, dampfgetriebene 263
Gütermotorschiffe 249, 250, 305
Güterschiffe 313
Güterverkehr 252
Güterverkehr, gebrochener 290

# H

Haag 50
Haarlemermeer 134
Hafen 22
Hafen Au/Schweiz 289

Hafen Grenzach/BRD 289
Hafenanlagen 14, 66, 296
Hafenarbeiter 45
Hafenbecken A, B, C, 178, 305
Hafenbecken I 105
Hafenbecken II 105
Hafenbecken A 288
Hafenschlepper 303/304
Hafenkantone 287
Hafenordnung Wesel 134, 135
Hafenponte 338
Hafen Freistett 95
Hafen Huningue/Frankreich 289
Hafen Kleinhüningen 105
Hafen Köln-Mülheim 307
Hafen Mülheim 307
Hafen Rotterdam 321
Hafen St. Johann 105
Hafen Schwelgern 280
Hafen- u. Transportschulen 323
Hafen Vetera 48
Hafen Weil/BRD 289
Hagenar 146, 156
Haithabu/Schleswig 76
Halls-Anker 332
Hallstadter Zollrollen 116
Halbsalondampfer 195
Halbspanten 57
Halbes Rotauge 112
Halde 283
Halfen 148, 196
Haltern 14, 180, 181
Hamm 14, 182, 183
Hamburg 249, 259, 294
Hammerstein 249
Handankerwinde 331
Handwerker 152
Handelsschiff 44, 53, 64
Handelshaus Haniel 301
Handlung Jacobi, Haniel & Huyssen 174
Haniel I 264, 266
Haniel XXVVIII 266
Haniel, Franz 158, 121, 172, 173, 174, 175, 176
252, 253, 254, 255, 256, 258, 269, 270, 301, 304, 305, 307
Haniel-Museum 172, 174, 180
Handelsbeziehungen 161

Hanse 169
Hansebund 255
Hansezeit 255
Hapag-Lloyd AG, Hamburg/Bremen 298
Harrebjerg/Nordjütland 329
Hardinxveld/NL 251
Hartelkanal 325
Harkort, Friedrich 253
Haspel, liegende 189
Hausbau 22
Haus-zu-Haus-Verkehr 292, 297
Hauptstück 333
Hauptfahrrinne 326
Hauptstapelplätze 161
Havarie Emmerich 273
Havarie 123
Harvey, Nicholas Oliver 174
Hayle Foundry, Cornwall 174
Häfen beider Basel 287
Häfen Dbg.-Ruhrort 149
Häfen u. Verladeanlagen Rheinhausen 178
Heilige Ursula 85
Heinrich V. 79
Heizer 260
Heizöl 273
Heißdampf-Zweizylinder-
maschinen 250
Heeßen 182
Helene Husmann 295
Het Scheur 326
Helling 125, 146, 254, 279, 310
Hellinganlage mit
Querschleppe 304
Hellingswagen 310
Hellevoetsluis 321
Henneberg, B. von 107
Hermans 132
Herna 145
Hernakähne 158, 159
Hernaschiff 117
Herna-Typen 146
Hertalkanal 326
Hercules Saxanus, Felsgott 66
Herkuleswald 49
Herzog, Bodo 162, 174, 175, 176, 177
Herzog von der Mark und Kleve 162
Herzogtum Cleve 172

Herrschaft Broich in
Mülheim/Ruhr 162
Heck 19, 30
Heckanker 332
Heckrampe 294
Heck-Rahsegel 55
Heckruder 119, 126, 149, 159
Heckruder, holl. 114
Heckschott 18
Hecksteuer 81
Hecksteuerung 31, 113, 125, 129
Heckrad-Schubdampfer 277, 278
Hessen 316, 319
Hessen-Darmstadt 173
Heuss-Spezial-Jachtanker 332
Heven 28, 154
Hexen 247, 248, 257
Hexenburg b. St. Goar 248
Hilger, Alwin, jun. 307, 308
Hindenlang, Jakob 96
Hintersteven 64, 136
His 96, 97
Historien 50
Historien, III. Buch 62
Historien, Buch IV 51
Historien, Buch V 51
Histor. Museum D'dorf 14
Histor. Mus. Köln 110
Hitzlerruder 257
Hjortspring/Jütland 11, 12, 22
Hoek van Holland 320
Hogenberg, Franz 110, 129
Hohlkörper 282
Hollar, Wenzel 83, 110, 111, 128, 129
Hockenheim 340
Holken 69, 70
Holland 81, 92, 118, 127, 154, 183, 184, 333, 335, 340
Holl. Aak 156, 158
Holandsch Diep 159
Holländer 83
Holländerfloß 182, 333, 336
Hochsee-Schlepper 304
Hochrheinabschnitt, schiffbarer 287
Hochfelder Hafen 178
Hochöfen Duisburg 283
Homberg 302, 329, 339
Homberg-Essenberg 271, 338

Homberger Firmen 178
Hoorn 128
Holzdübel 22, 57
Holz-Erde-Lager 48
Holz-Eisen-Kombination 185
Holzhandel 181
Holzschiffbau 145, 185
Holzschiff, oberrh. 158
Holzzapfen 56, 82
Holzfloß 335
Holzprahmen 80
Hopperbarges 310
Howaldtswerke Kiel/Hamburg 293
Hölscher, G. 192, 193, 194, 248
Hubschraubereinsätze 285
Hulk 125
Humpelnachen 112, 116
Hundanker 332
Hungersteine 120
Husmann, Franz 295
Huyssen, Heinrich 173
Hüde am Dümmer 20
Hümpelschelche 112
Hüningen 194
Hüninger Schiffbrücke 102
Hünxe 340
Hüsgen, Matrose 314
Hütte Gute Hoffnung 173
Hütte Neu-Essen 173
Hüttenaufbauten 334
Hüttengewerkschaft 174, 254
Hüttengewerkschaft GHH 175
Hüttengewerkschaft u. Handlung
Jacobi, Haniel & Huyssen 173, 253
Hüttenwerke, niederrhein. 278
Hüninger Kanal 90
Hydrodynamik 311
Hydroklappschuten 273, 304


I

Ijssel 338, 114
Ijsselhaven 323
Ijsselmeer 40, 135, 182
Ijsselmeer-Polder 67
Ijsselmeerschiffe 67

Igeler Säule 27, 45
Illernachen 119
in situ 11, 37
Indistaviso 49
Indonesien 304
indizieren 247
indizierte Pferdestärken 260
Industriezeitalter 98
Industrialisierung 185
Intermediärschiffer 94
Insel der Bataver 49
Insel im Ruhrorter Hafen 301
Insel im Ruhrorter Hafen 175
Insel Seeland 19
Insel Voorne 321
Inselwerft Ruhrort 253
Inflation 249
Irland 291
Iserne Kast 157
Isselmonde 140
Italien 42
Italien-Invasion 56
Isteiner Stromschwelle 101


## J

Jacobi, Gottlob 173
Jacobi, Haniel & Huyssen 245, 252, 301
Jager 131
Jahrbuch Rotterdam-Europoort 327
Janssen W. 30
Johanniterbrücke 101
Jung, Hermann 70
Jungsteinzeit 18, 19, 20, 23, 35
Justitia 90, 91
Jurakalk 45
Jünkerath-Rahsegel 54
Jünkerath-Relief 81

## K

Kaag 134
Kapelkette 331
Kabinen-Luxus-Schiffe 196
Kaegschuit 134, 135
Kaerius, P. 129
Kaffen 131, 133
Kaffe/Kajüte 108
Kahn Christine 101, 102
Kahn nach Längsspantensystem 305
Kaianlagen 40, 42
Kähne 189
Kaianlage aus Pfählen 33
Kaiser Barbarossa 169
Kaiser Claudius 50
Kaiser Cavausius 45
Kaiser Maximinian 45
Kaiser Probus 51
Kaiserthermen 61
Kaiseraugst-Rheinfelden 287
Kaiserswerth-Langst 339
Kalfaterung 25, 67, 70, 75
Kalfaterklammern 32
Kalk aus Iversheim 42
Kalkstein aus Metz 45
kammer 43
Kampfdeck 60
Kampfschiff 11
Kanal 50, 187
Kanalschiffe 187, 303
Kanalisierung 162
Kanalisierung Lippe 181
Kanalschifftypen 187
Kanäle, westdeutsche 286
Kanal von der Rezat
zur Altmühl 71
Kanarische Inseln 291
Kanton Basel 105
Kanton Aargau 287
Kanton Basel-Landschaft 105, 106
Kanzel 334
Kajüte 64
Kapel Avezaath 25, 52, 62, 341
Kapitän 47
Kapitän Bamberg 272
Karl der IV. 83
Karl der Große 71

Karl Wachholtz-Verlag 342
Karlsruhe 286, 310, 316
Karthagerschiff 56
karolingische Kirche 71
Karvehlbau 125, 128, 129, 136, 137, 141, 149
Kastel 334, 335
Kastell Altripp 41
Kassel 316
Kauffahrteiflottenregister 125
Kauber Wasserstände 264
Keenaak 159
Kegelradstirngetriebe 265
Kehlheim/Donau 41
Kehrein, J. 111
Keilehaven 323
Keilschelch 112
Keleustes 64
Kelten 28, 45
keltisch-einheimische Bauweise 67
keltisch-röm. Zeit 27
keltische Bauweise 29, 81
keltische Schiffe 67
Keltische Zeit 36
keltischer Schiffbau 19
keltische Zimmermannstechnik 56
keltischer Schiffstyp 17
keltisches Großschiff 24
Kernkraftwerke 316
Kesten, Friedrich 254
Kesten, Wilhelm 301
Kesselanlagen 264
Kesseler 182
Kette Binnenschiff/Seeschiff 296
Ketten 330
Keulsze Aek 129, 149, 154
Keveloh, Hans-Walter 342
Kiel 11, 20, 64
Kielboote 21
Kimm, runde 137
Kirchgässer, Christine 101
Kirchgässer, Johann 101, 102
Kirchenschiff 304
Kirche St. Kastor, Koblenz 32
Klampen 73
Klappenrad 248
Klappentrommel 248

Klapphekken 158
Klassifikationsgesellschaft 317
Germanischer Lloyd
Klaue 331
Kleve 255
Kleinbasel 84, 86
Kleinhüninger Rheinhafen 90
Kleinhüningen 106
Kleine Jagd 112
kleiner Oberländer 107
kleinere Schiffe 188
kleine Schiffahrt 94
Klinker 136
Klinkerbauweise 27, 128, 129, 131
Klinkertechnik 19, 23, 24, 70
Klippanker 332
Kloos, Lorenz 249
Klöster 81
Kloster Eberbach 79
Kloster Klingental 84
Kloster Lorsch 79
Kluisgat 157
Klumbt, Christoph 181
Klüffock 133, 136
Klüse 332
Klüver 131, 133
Klybeckquai 105
Knab, Peter 267
Knapp, G. 162, 169, 178
Knechte 91, 162
knieförmige Spanten 32
Knipscheer IX 100
Knipscheer, Johann 262
Knipscheer, Johann, Reederei 261
Kochs, Gisbert 132
Koblenz 110, 147, 148, 157, 159, 190, 191, 196, 333, 339, 340
Koblenz-Lützel 149
Koblenzer Zollordnung 79, 84
Koekkoek, B.C. 154
Koelner, P. 82, 87, 88, 89, 90, 91, 92, 97
Koenen, Hans 193, 245
Kofftjalk 141
Kogge 22, 70, 71, 125, 160
Kohle 162, 177, 306
Kohlenaak 146
Kohlen, engl. 256
Kohlenkähne 163

Kohlenschleppdampfer 248
Kohlenhandel 162
Kohlebunker 245
Kohleschiffe 185, 245
Koks 306
Kolb 193
Kolbenmaschine 259, 260, 263, 267, 268
Kolumbien 304
Kongreß zu Rastatt 94
Koningshaven 322
Konigin Wilhelminahaven 324
Konijnenburg, E. van 71, 155, 157
Konrad II 162
konstantinisches Kastell 58/59
Kopfanker 332
Kopf, Günther, Senator 285, 286
Koppeleinheit 297
Koppelverband 277
Kosaken 334
Kostheim 335, 336
Köln-Alteburg 68, 300,
Köln-Deutz 60, 193, 340
Köln 64, 66, 79, 82, 83, 84, 85, 86, 90, 94, 96, 107, 110
111, 118, 125, 129, 131, 149, 151, 158, 161, 182, 191, 192
194, 196, 245, 250, 252, 253, 255, 290
Köln-D'dorfer Deutsche Rheinschiffahrt AG, Köln 196
Köln-Ehrenfeld 261
Köln-Mülheim 250
Köln, röm. Rheinufer 341
Köln-Panorama 128
Kölner Aaken 83, 127, 130, 131, 154
Kölner Handelskammer 193
Kölner Stapel 117
Kölner Sandinsel 300
Kölner Schiffe 79
Kölner Stiche 110
Kölnische Dampfschlepp-schiffahrts-Ges. 245, 247, 269
Königsberg 256
König.Preuß.Regierung 175
Königreich Preußen 172, 181
König Albrecht 85
König Ruprecht 85
König Fried.Wilhelm IV 254
König von Preußen 182

König Wenzel 85
Klöster, mittelrhein. 79
Kranbalken 332
Kralingen 322
Kranschiffe 303
Kraweeltechnik 24, 27, 67
Krefeld 254
Krefeld-Gellep 340
Krefeld-Uerdingen 296
Krefelder Frachtkahn 29
Krefelder Flußschiff 80
Krefelder Oberländer 33
Krefelder Schiff 107
Kreis Daun/Eifel 54
Kreis Durlach 26
Kreismuseum Heide 12, 34
Kreuzer 52
Kreuznach 43
Kreuznacher Mosaik 53, 55
Krimkrieg 254
Kriegsschiffe, römische 47, 49, 53, 61, 64
Krieg, 30jähriger 181
Kriegshafenbeamte 66
Kriegshafen Mainz 66
Kriegs- u. Handelsflotte 66
Kriegsgerättransporter 64
Kriegskanu 20
Kronprinz von Preußen 175
Kromme Rijn 40, 70
Krummhölzer 156
Krummholz 32
Krummholzstücke 21
Krudenberg 14, 181, 182, 184
Krupp-Reederei 282
Kruppsches Pfeilrädergetriebe 260
KTMS 317
KTMS=Küsten-Tank-Motor-Schiff 305
KTMS Vesta 305
Kubikfuß 333
Kudensee 36
Kuff 137
Kufftypen 138
Kuhhaar 75
Kultschiffe 11
Kupferhütte 178
Kurfürst Joh. Wilh. von der Pfalz 147, 162
Kurfürst Wolfgang 107
Kühl, Dr. K.H. 319

368

Kümo Duisburg 304
Kümo Homberg 304
Kümo Oberhausen 304
Kümo 290, 291, 304
Küste 291
Küstenfahrt 293, 305
Küstenfahrer 127
Küstenfahrzeuge 149, 153, 161
Küsten-Motor-Schiffe 290, 304
Küsten-Tank-Motorschiff 317
Küsten-Tanker 317
Küstenschiff 74
Küstenschiffahrt 149
Küstenmuseum Juist 140
Küstensegler 24


L

LCA 293
L V (Legio V?) 329
LEG XVI 329
Labor, schiffseigen 315
Laborschiff 314, 316
Laborschiff, niederl. 316
La Comte 135
Lade 108
Ladefähigkeit, allgemeine 323
Ladebäume 188
Ladepforte 29
Lachs 43, 46, 248
Lachsgrenze 74
Lahn 252
Lahnaak 159
Lahnschnecke 116
Lager Vetera/Xanten 180
Laibach/Ljubljana 19, 22
Laibacher Schiff 23
Lang, Josef Gregor 191
Langflöße 17
Landanker 332
Landgraf von Hessen-Darmstadt 162
Landesamt für Gewässerschutz,
in Duisburg 315
Landesanstalt für Wasser
und Abfall NW 316

Landeanlagen 297
Lappen 23, 28, 30, 89, 108, 116
Lappen-Steuerung 31
Lash 297
Lash=Lighter Aboard Ship 323
Lash-Schiff 296, 297, 298, 323, 325
Lashsystem Römerzeit 300
Last 170
Lastschiffe 191
Lastsegler 52, 63
Lastrohrflöße 282
Lastkahn von Austruweel 107
Latènezeit 15, 23, 27
Latènezeit, frühe 16
Latènezeit, mittel- u. spät- 16
Latènezeit, späte 17
Latènezeit, mittlere 18
Lauertanne 117, 118, 120, 121, 159
Lauffen 248
Laufenburg 89, 90
Laufenknechte 90
Längsprofile 316
Längsspantenbauart 189
Le Comte 137
Leemoen 114
Ledersegel 23, 53, 54, 55
Ledroit J. 62, 65
Legat Saturninus 51
Legionäre 64
Legionslager Straßburg 48
Lehnkering 5, 20, 307, 283
Leibjacht d. Kurfürsten
Clemens Wenzeslaus v. Trier 147
Leichter 304
Leibjacht 147
Leiden 50, 136
Leinenpfade 40, 148, 172
Leinensegel 54, 55
Leningrad 249
Lengfurt/Main 272
Lek 40, 49, 70, 142
Lekhaven 323
Liburnen 49, 62, 63, 64
liburnische Schiffe 51
Liebheer-Kran 310
Liegezeiten 273
Lieven, Hermann 155, 156
Lighter Aboard Ship 297

Lichter 141
Limes 41
Limeskastell Weißenburg 20
Lincoln Park 73
Linienschiff 62
Linzhausen 249
Lippack 135
Lippe 14, 48, 153, 154, 181, 333
Lippebett 14
Lippaaken 154
Lippe-Einbaum 14
Lippeflößerei 333
Lippekähne 154
Lippemündung 184
Lipperegulierung 182
Lippe-Südufer 13
Lippeschiffer 183
Lippeschiffahrt 180, 183, 184
Lippstadt 181, 182, 184
Lippewälder 180
Lippe-Ysselbett 40
Lloydschlepper 257
Lloyd-Propulsionssystem 257
Loon, van 143
Lobith 172
Lochsteine 121
Lohr 111
London-Blackfriars 24
Loreley 306, 334
Lorch 41
Lotsen 266
Lotsenrecht 90
Lotsenwesen 153
Lothringen 43
Löffelbohrer 22
Löffelbug 18, 19, 20
Löschboot 289
Lörrach 101
Ludwig der Deutsche 79
Lueg, Wilhelm 173, 174
Luken 156
Lurlei 266, 267
Luwen, Gebr. 196
Luzern 89
Lünen 181
Lütticher Gruben 162
Lüttingen 44, 340

# M

M.A.N. 303
M.A.N.-Motoren 263, 264, 265, 250, 283
MAN-Schwimmkräne, selbstfahrende 305
Maas 50, 51, 149, 159, 292
Maasebene-Projekt 327
Maashaven 322, 323
Maas-Schleuse 325
Maasschiff 117
Maaspont 145
Maasvlakte 326
Maidstone/Kent 24
Maifischschwärme 248
Main 71, 111, 248, 261, 284, 286
Mainau 340
Main-Donau-Kanal 291
Main-Schelch 109
Mainschiff 112
Mainschleuse Kostheim 335
Mainz 31, 40, 42, 60, 67, 68, 71, 79, 82, 83, 84, 90, 96, 97, 107, 110, 111, 138, 158, 159, 161, 176, 191, 194, 196, 245, 247, 300, 316, 318, 333, 335, 340
Mainz-Kastel 250, 262, 270, 279
Mainz-Köln 158
Mainzer Lade 31
Mainzer Bootsfund 31
Mainzer Stapel 117
Mainzer Schiffergilde 107
Manching 25, 28
Manz, Paul/Basel-Landschaft 287
Mannheimer Schiffbauer 152
Mannheim 90, 176, 194, 195, 250, 251, 256, 258, 286, 290, 310, 316, 318, 333
Mannheimer Akte 318, 319, 322
Mannheim-Lindenhof 36
Mannheimer Reise 264, 265
Mannheimer Schiffs- u. Maschinenbauanstalt 258
Mannheimer Schiffahrtsakte 318
Mannesmannhafen 178
Mannschaftsschiff 61
Mannesmann 274
Marbach 44
Marcellinus, Ammianus 51, 52
Margriethaven 323
Mark 255

Markgrafschaft Baden 116
Marktschiff 148, 181
Marktschiffahrt 79
Marsal 43
Marsden P. 24
Marsaille 46
Marquardt, K. 145
Mast 64, 24, 156
Mastschuh 29
Mastschuh-Spant 52
Mastkoker 156
Massenfischsterben 1969, 315
Maschinenfabrik Augsburg-Nürnberg 262
Maschinenfabrik Augsburg-Nürnberg (MAN) 257
Maschke, Erich 177
Mittelrhein 266
Max Prüss, Laborschiff 316
Maybach, Wilhelm 261
Mäuseturminsel 122
Medway/England 24
Meer 189
Meerbusch-Büderich 30, 341
Meidericher Schiffswerft 189, 306, 307, 308, 262, 288, 305, 306
Meiler 18
Meinzer Zunft 84
Mechelen-Nekkerspoel 16
Mercator, Arnold 83
Merianstich Wesel 127, 136
Merowingerreich 46
Merkens, Heinrich 193
Merkens, Firma 183
Merkelingen 156
Metallgewinnung 22
Metalltechniken 23
Metallverarbeitung 21
Metallverflüssigung 22
Metz, 42, 44, 45
Metzer Nachen 116
Meulen, S.V. 130
Millingen 114
Mineralöltanker 305
Minerva, Kampf-Schutzgöttin 60
Mississippi 278
Mississippi-Haven 326
Mississippivorbild 277
Mittlerer Osten 294

Mittleres Schiff 112
Mittelalter 17, 79
Mittelrhein 41, 15, 83, 153, 158, 196, 159, 269
Mittelrheinschiff niederrh. Bauart 158
Mittelrheinstrecke 306
Mittelrheinschiffe 129
Mittellandkanal 291
mittelmeerische Schiffe 55
Mittelsteinzeit 18, 34
Mittelstagfock 138
Mogontiacum/Mainz 40, 41
Moldau 112
Mondorf 114
Mondorfer Fähre 339
Mondorfer Fischer 339
Moneren 64
Moos 32
Moos zum Dichten 67, 70
Mosaikboden 53
Mosel 44, 45, 46, 47, 65, 79, 59, 189, 251, 284, 338
Moselladichtung 45, 43
Moselkain 117
Moseltäler 45
Moselschiffe 60
Moselkaine 159
Moselkanalisierung 45
Mosel-Saône-Kanal 46
Moselschiffahrt 44
Motorenbauer 272
Motorfähren 339
Motortankschiff 279, 304
Motorgüterschiff 279, 310
Motorschiffahrt 261, 275, 287, 311, 335
Motorschlepper 310
Motorwinden 331
Mönchenwerth 341
Muiden/Ijsselmeer 40, 55
Murmansk 304
Museum Bruck 17
Mus. d. Deutsch. Binnenschiffahrt Dbg.-Ruhrort 180, 330
Museum Hamm 14
Museumsschiff 273
Museum Straßburg 48
Mülheim/Ruhr 162
MS München 298

Münster am Stein 43
Mühlsteine 27, 40, 42
Mülheimer Aak 159
Müssing 100

# N

Nadelholz-Planken 56
Nahegrund 121
Nachen 27, 83
Napoleon I 95
Naßdampf-Dreizylindermaschinen 250
Nassauhaven 322
Nassau 96, 318
Naturalis Historia 25
Nauarchen 64
nautische Gründe 278
Naves longae 49
navisch 22
Nähe (Fähre) 338
Nebenflüsse des Rheins 188
Nederlandse Rijnvaart-Vereeniging 279
Nederlandsche Stoomboot-Naatschappij 192, 245, 301
Nef 125
Negativform 61
Neckar 44, 248, 286
Neckaraak 158
Neckarmündung 41
Neckarschiffe 152
Nehalennia 43
Nemisee/Italien 56, 330, 331
Nemiseeschiffe 57
Nero 50
Neolithikum 18
Netzsenker 43
Neuhaus 182
Neu-Essen 172
Neuß 296  Köln 296
Neumagenschiff, gallo-röm. 59
Neumagen/Mosel 58
Neumagener Moselschiffe 61
Neumagener Weinschiff 58, 60, 64, 68
Neumagener Weingroßhändler 68
Neumünster 342

Neuenburger Brücken 100
Neuendorf b. Koblenz 336
Neuwieder Rheinufer 308
New Guy's House/London 24
New Orleans, USA 323
Niederdruckkessel 245
Niederländer 28, 83, 97, 132, 275, 276, 301
Niederlande 129, 286, 156, 271, 272, 318, 338
Niederrhein 14, 83, 84, 125, 129, 134, 140, 149, 151, 154, 158, 159, 160, 161, 172, 187, 196, 258, 269, 271, 279, 290, 293, 338
Niederrheinfahrt 131, 277
Niederrheinfahrzeug 149
Niederrheinwerft 303
niederrhein. Schiff 83, 125, 167
Niederrheinschiffahrt 172
Niederrheinstrecke 285
Niederrheintypen 135
Niederrh. Dampfschleppschiff. Gesellsch. D'dorf 170
Niederrh. Hütte 178
Niederl. Dampfschiff-Reederei 196
Niederl. Aufsichtsbehörde Rijkswaterstraat 317
Niedermendig 27
Niedergermanien 41, 43, 50, 51, 337
Niederländerschiffe 83
Niederwasserschiffer 89
Niederungsburg 30
Nigeria 294
Nieten 186, 268
Nigrum-Pullum 33
Nietbauweise 306
Nietlöcher 306
Nieuwe Maas 320, 322, 324, 326
Nijmegenplan 127, 129
Nijmegen 132, 156, 169, 196
Nieuwe Merwede 159
Nieuwe Waterweg 320, 321, 327, 324
Nieuwe Rijnvaart Maatschappij 250
Noel, Curt 278, 279, 280, 281, 282
Noordfluß 114
Noot, Jan Willem 172
Nordafrika 291
Norddeutschland 338
Nordmänner 168
Nordsee 49, 50, 317, 327, 79

Nordseekanal 138
Nordseehäfen 290
Nordgermanische Schiffe 68
Nordsee-Germanen 68
Nord-Ost-See-Kanal 36
Normandie 72, 76
Normal Amsterdamer Pegel 323
Normalruder 189
Normannen 72, 168
Normannenplünderungen 71
North-Ferriby 19, 22
Norwegen 74
norwegisches Totenschiff 74
Notanker 331
Notschakel 17
Noviomagus/Speyer 41
Novaesium/Neuß 41
New Guy's House-Boot 52
NRV 278
N.V. Handels- en Transport Mij. Vulcaan 279
Nürnberg 319
Nydam/Dänemark 68
Nydamfund 39

# O

Obergermanien 41
Oberaden 14
Oberhausen 173, 183
Oberijssel 125, 129, 144
Oberländer, kleiner 31
Oberländer-Frachtschiff 33
Oberländer 28, 31, 80, 83, 107, 108, 109, 113, 120, 300
Oberländer in Übergangsform 110
Obermain 335
Obermeisterknecht 334
Oberrhein 151, 153, 158, 159, 161, 187, 196, 247, 250, 305
oberrhein. Schiff 83, 84, 129
Oberrheinische Schiffswerft Gebr. Spatz
Obersteuermann 333, 334
Oberwesel 102, 267
Octroi 253

Ockhart's Geschichtl. Darstellung, Mainz 1818, 71
Odenwald 335
Odysseus 26, 27
Oehmig, Alfred 314, 316
Oehringskette 331
Offenbach 272
Oldenburg 138
Oldenburg-Portugiesische Dampfschiffahrts-Reederei 177, 255
Ölabsauggeräte 289
Öland 75
Ölkatastropheneinsätze 316
Ölsperren 289
Ölwehrboot 287, 289
Oppida 21, 23
Ordinaria-Diligencen 93
Ordinäres Frankenschiff 112
Oscar Huber 273
Osebergschiff 72, 73
Oselvere 72
Oskar 316
Osterfeld 173
Ostblockschiffe 319
Ostfriesland 137
Ostseehäfen 255, 256, 291
Oswald, Gebrüder 98
Otter 141, 144
Ottmans 139
Oude Maas 321, 325
Overbeck F. 13


# P

Paddel 28
Packhaus 172
Paläolithikum 11
Palisadenbau 22
Panzel, W. 123
Parallelhafen 177
Paret O. 13
Parten-Reederei des D. Oldenburg 255
Parkhaven 323
Partikuliere 149, 189, 190, 269, 273, 295
Partikuliere, niederl. 187

Partikulier-Reeder 290, 295
Patent zur Flößerei 336
Paulsen, Harm 34
Peberrende 74
Pedersen, Ole Crumlin 77
Peerdsburen 148, 162, 196
Pegel 252
Pegel Kaub 264
Peggen 129, 144
Personenfähre 29
Persoonshaven 322
1. Personendampfschiff Basel 98
Personentransport 160, 196, 252, 337, 338, 339
Pesse/Niederl. 18
Petroleummotore 271/272, 249
Petroleumhäfen 1-8, 324, 325, 326
Petrolhäfen, neuere 325
Pfäffikoner See 16
Pfeilformation 277
Pferdevorspann 196
Pfote 331
Pflugscharanker 332
Philostrat 45
Phönizier 47, 57
Piek 156
Piepers, Wilhelm 330
Pighius, Stephan 48
Pilotanker 332
Pipelines 275
Piratenflotte 71
Plaisierbötchen 196
Planken 22, 31
Plankenboote 16, 23
Plankengang, aufgesetzt 32
Plankennähte 32
Plankenschiffe 15
Plattbodenschiffbau 184
Plattform 17
Plattform-Fähren 337
Plattenanker 332
Pleit, kurze 144
Pleit 141, 144
Plinius 25
Polen 313
Pollenanalyse 13
Polybios 58
Polyglykol 74

Ponten 18, 135, 337
Pontons 303
Poon 137, 140, 141
Pörtner Rudolf 75
Porto Conte 330
Portugal 291
portus 43
Potten 129, 144
Porzellanschiff 159
Praam, fries. 142
Prag 112
Prahme 338
Prahmfähre 338, 339
Prenger, Heinrich 145, 153
Pressefahrten 316
preußische Zechen 162
preußische Verwaltung 122, 181
Preussen 96, 173, 253, 254, 318
Preuß. Rhein. Dampfschiff. Gesellschaft 176, 193, 301, 302
Prinses Beatrixhaven 323
Prinz Carl 194
Prinz von Bayern 254
Prinz von Oranien 190
Prins Willem Alexanderhaven 324
Prinz Wilhelm von Preußen 175, 302
Prins Johan Friso-Haven 323
Proreta 64
Propulsionsversuch 312
Provinz Friesland 141
Prov. Südholland 140
Proviantboote 190, 269
Prüss, Max 314
Prüss, Lotte 314
Pumpenponton 304
Pujen 129, 144
Püttner-Stich 193
Pyräus 331

Q

Quadrireme 57
Quarzitrippe 121
Quellwirkung 32
Querschnitt, stammrund 19
Querschott 19
Quinquereme 57

# R

Raa 130
Rah, kleine 136
Raab Karcher-Reederei GmbH 278, 279
Raben 58
Radar 273
Radaranlagen 283
Raddampfer 194, 245, 254
Raddampfer Oskar Huber 180
Raddampferentwicklung 259
Raddiesel 263
Radschlepper 257, 258, 264, 269, 273, 278
Radschlepper m. Dieselmotoren 265
Radiokarbon-Untersuchung 13
Rahsegel 64, 71, 81, 109, 111, 133, 149
Rah-Segler 302
Rachefeldzüge 50
Rammpfähle 335
Ramsdonkveer/NL 251
Rammponton 304
Rammsporn 47, 59, 60
Rammspornbeschlag 60
Rang- oder Reihenschiffahrt 169, 181
Raseneisenerz 173
Rasiermesserzeichnungen 12
Raubbau Holz 333
Rheinbett tiefer 285
Räderboot 264, 271
Reedereien 263, 292
Reederei Franz Haniel & Cie. 263, 303, 304
Reederei Fendel 102
Reederei Lehnkering AG, Duisburg 317
Reederei N.V. Reederij vh.
I.H. Koenigsfeld 250, 251, 262
Reederei van Ommeren 274
Reederei Friedr. Krupp GmbH 284
Reederei Schepers-Rhein-See-Linie 291
Reedereiverbände in Ostia 61
Reedereigemeinschaft 279
Rees 138
Reeser Schanz 138
Regensburg 79
Regio 287
Regnitz/Bamberg 29
Reichel & Co. Reederei 310
Reichsdeputationshauptschluß 94

Reichsstift Essen 173
Reihenruderer 47
Reihenschiffahrt 181
Reimann, R. 145
Reiß-Museum, Mannheim 36
Reißloch 266, 267
remes/Riemen 58
Remchinger Hof 26
Remorqueur 302
Rentenmark 249
Reparatur 289
Reparationen 290
Reusch, Paul 177
Rhein 46, 47, 50, 59, 65, 71, 79, 172, 177, 4, 189, 248, 251, 272, 278, 290, 292, 300, 305, 310, 319, 336
Rheinarm Lek 51
Rheinanliegerstaaten 313, 319, 322
Rheinanker 331
Rheinaak Gute Hoffnung 174
Rheinauhafen Köln 109
Rhein bei Homberg 329
Rheinbergerschiff 112, 118, 119, 120, 121, 152, 153
Rheinbrohl 41
Rheinbrücke 339
Rheindampfschiffahrt 193
Rheindelta 52, 66, 71
Rheinebene 18
Rheinfelden 105, 289
Rheinflotte, röm. 48, 50, 51, 64, 65, 329
Rheinfahrzeuge 64
Rheinfähren 67, 337
Rheinflößerei 333, 335
Rheinfunk 314
Rheingebirgsstrecke 264
Rheinhandel 71
Rheinhafen Basel-Stadt 289
Rheinhafen Basel-Landschaft 289
Rheinhäfen beider Basel 102, 105, 106, 289
Rheinhafen Kleinhüningen 287
Rheinhafen Krefeld 31
Reinhold 139
Rheinkanal 177
Rheinklipper 139
Rheinkult der Römer 48
Rhein-Motorfähre Stadt Rüdesheim 306

375

Rhein-Mosel-Gebiet 55
Rheinkonvention 94
Rheinmündung 135
Rheinmuseum Koblenz 100, 110, 115, 331, 336
Rh. Landesmus. Trier 59
Rh. Landesmuseum Bonn 44, 330
Rheinnachen 20
Rheinpreußen 175
Rhein-Rechtsordnung 318
RheinRuhrGebiet 290
Rhein-Segelschiff 174
Rheinschleppdienst 270
Rheinschiffe 156
Rheinschiffahrt 255, 263, 271, 286
Rheinschiffahrt AG vorm. Fendel 259
Rheinschiffahrtsamt Basel 105, 287
Rheinschiffahrts-Convention 83
Rheinschiffahrtsgericht Lörrach 102, 101
Rheinschiffahrtsgesellschaft 191
Rhein- u. Lippeschleppschiffahrtsgesellschaft 183
Rheinschiffahrtszentralkommission 96
Rheinschiffahrtsreglement 98
Rheinschiffahrtsordnung, international 85
Rheinschiffer-Patent 269
Rheinschub 1 bis 4, 277
Rheinverlagerung 169
Rheinwerft Mainz-Mombach 314
Rheinverkehr 320
Rheinwerft Walsum der Gutehoffnungshütte (GHH) 250, 263, 264, 270, 302, 303, 316
Rheinzentralkommission 105
Rheinzölle, 85, 252
Rheinquai 105
rheinischer Städtebund 84
Rhein- u. Seeschiffahrtsgesellschaft 250
Rhein-See-Schiff Ruhrort 290
RheinSeeGütermotorschiffe 290
Rhein-See-Schiffahrt 125, 249, 252, 253, 254, 255, 256, 269, 290, 296
Rhein- u. Seeschiffahrtsgesellschaft Köln 251
Rh.SeeReedereigesellsch. 254, 255
Rheinseeschiff, erstes eisernes 256
Rhein-See-Schiff Die Hoffnung 302

Rhein-See-Barg 139
Rhein-See-Handel 79, 81
Rhein-See-Verkehr 82, 252, 254, 255, 257, 290, 291, 292, 304
Rhein-See-Gütermotorschiff Maas 291
Rhein-Main-Donau-Kanal 319, 320
Rhein-Donau-Grenze 41
Rhein-Maas- u. See-Schiffahrtskontor GmbH Dbg.-Ruhrort 299, 294
Rhein-Herne-Kanal-Kahn 187, 315
Rhein-Marne-Kanal 16
Rhein-Maas-Delta 320
Rhein-Main-Dreieck 335
Rhein-Herne-Elbe-Seitenkanal 291
rh.-britis. Handelskammer 42
Rhone 292
Rhone-Liner 291
Rhone-Kanal 103
Rheydt 254
Richtmeister 310
Riese, Alex. 65
Riesenflöße 333
Riemenöffnungen 64
Rindenboote 12
Ringanker 330
Ringel, Jean, Lotse 101
Rippen 64
Rijnhaven 322, 323
RMS 293, 294, 295
Reyersberg, Johann 128
Robenhausen 16
Roden, G.v. 178
Roef/Wohnung 111, 113, 119, 133, 137, 156, 188
Roeder 184
Roentgen, Gerhard Moritz 245
Roentgen, Kapitän 192
Rohbock 193
Rolandseck 334
Roje-Technik 30
Roien 337
Rolvsoy 73
Roll on/Roll off-Terminal 326
Roll-on-Roll-off-Verfahren 294, 295, 325
Ro/Ro-Containerdienste 295
RoRo-Rampe 294
Roskilde-Fjord 72, 73, 74, 77
Roßlau 259

376

Rotter Damm 320
Rotterdam 50, 81, 131, 136, 142, 152, 170, 72, 187, 192, 193, 194, 195, 196, 245, 250, 251, 253, 256, 258, 273, 274, 280, 283, 285, 317, 320, 321, 324, 326, 327
Rotterdamer Hafen 309, 322, 326
Rotterdam-Europoort 284
Rotterdamer Samoreuse 114, 131, 132
Rozenburg 325
Rozenburgschleuse 325
Röhrentransporter 304
Röntgen, Schiffbauer 185
Römer am Rhein, 14, 23, 57
Römerflöße 17
Römerlager Vechten/Utrecht 56
Römersegel 67
Römerstadt bei Xanten 44
Römerzeit 161, 330, 332, 336
römische Expansion 14
römische Villa 53
röm. Rheinbett 33
röm. Rheinbrücke 48
röm. Flotte Köln 51
Ruderblatt 27, 58, 158, 189
Ruderbänke, innere 64
Ruderer 64
Ruderhaspel, stehende 189
Ruderhaspel, liegende 269
Ruderhalterung 15
Rudermeister 64
Rudernähe 338
Ruderpinne 30
Ruder/Remen 31
Ruder/Riemen 57
Ruderschelch 111, 112, 119
Ruhr 154, 162, 172, 177, 184, 187, 305, 310, 315
Ruhraak 131, 135, 146, 159, 162, 163
Ruhrgebiet 290
Ruhrkohle 173, 256
Ruhrkohlenschiff 159
Ruhrkanal 177
Ruhrmündung 169, 170
Ruhrschiffahrt 162, 163
Ruhrort 146, 162, 177, 193, 245, 247, 253, 254, 255, 258, 261, 264, 269, 295, 301, 302, 339
Ruhrortansicht 128

Ruhrorter Castell 172
Ruhrorter Häfen 142, 176, 178, 179, 180
Ruhrorter Hebeturm 139
Ruhrorter Rheinbrücke 261
Ruhrorter Werft 256, 301
Ruhrorter Werft Jacobi, Haniel & Huyssen 253, 255, 256, 264, 284, 291, 302, 303
Ruhrorter Schifferbörse 273
Ruhrtal-Museum Schwerte 14
Russen 265
Rußland 304
Rüdesheim 110
Rüger, Ch. B. 42, 43
Rühling, Hans-Bernd 180, 181, 182, 183, 184
Rüngsdorf 248
Rünthe-Werne 14


S

Sachtleben-Reede 249
Salme/Lachse 248
Salmwippen 271
Salmorth 341
Salinen 180
Salinensalz 182
Salz 180
Salztransport 183
Salzgewinnung 43
Salzuflen 180
Samoreusen 114, 115, 116, 131, 132, 133, 154, 158
Samerös 135
Saôneschiffer 44
Sardinien 330
Sarpsborg 73
SS Richard Young 321
Sassendorf 180
Sauggasmotoren 262, 272
Sauggasmaschinen 272
Sauggasschlepper 261, 262, 270
Säure 283
Säuretanker 304

377

Säuretransport 283
Savannah, USA 298
Scepmecker, Johann 154
Seabeeschiffe 296, 298, 325
See-Berufsgenossenschaft 257, 317
See- u. Binnenschiffahrt 290
See-Einflüsse 153
See-Fluß-Reeder 293, 294
See-Fluß-Flotte 295
Seehafen 290, 291, 292, 295,
See-Fluß-Schiffe 292, 293, 294, 296, 299, 3000
Seefähren 273
Seeländer, der 192, 193
Seeräuber 76
Seesande 326
See-Salzhandel 43
Seesoldaten 58
Seeschiffahrt 52, 128, 152, 179, 281, 290, 292, 323
Seeschiffbau 125, 149
Seeschiffahrtskontor GmbH 293, 294
See-Schub- oder Schleppzüge 299
See-Schub/Schleppzüge 300
Seeurkunden, atheniensische 331
Segel 64, 156
Segelmacher 66
Segelfähren 338
Segelschiffe, hölzerne 245
Segelschiffe 189, 193, 245, 269
Seidlitz, Firma 183
Seil 248
Seilfähre 337
Seilscheiben 247
Seinehaven 325
Seitenhebel/Balanciers 245
Seitenschwerter 125, 129
Selbstfahrer, erster schleppender 272
Selbstfahrer 271, 272, 273
Seltz 48
Sendelbach 111
Senkruder 31, 81, 116, 119, 126, 159
Service général de Navigation 103, 194
Setzbordboote 35
Setzschiffer 269, 273
s'Gravenmoer 158, 159
SKR-Spanne 307
Sieben Jungfrauen 266

Siegel von Elbing 126
Siegschnecke 116
Signalflagge 333
Sigillata-Reibschüssel 61
Silius 49
Silo 324
Singapur 295
Sippen 18
Sipplingen 340
Skandinavien 12, 19, 22, 24, 76, 290
Skuldelev 73
Sliedrecht 159
Slikkerveer/NL 262
Sloepen 128
Smalschip 135, 136, 137, 139
Soldat, miles 66
Solothurn 89
Sompen 129, 144
Sondernheim/Rhein 16
Sonnensymbole 11
Sopers, P.J.V.M. 154, 155, 156, 157
Südatlantik 293
Suchanker 332
Sunicius Faustus G. 66
Süddeutschland 25
Südengland 25
Südholland 137, 155
System Emil Capitaine, Gasmaschine vom 261
Schaffhausen 89
Schalde 338
Schalten 82, 339
Schalenbauweise 24
Schanzdeck 57
Schaufelräder 245, 331
Schaufelradschlepper ohne Schornstein 263
Scheerbäume 156
Schelde 71
Schelch 110, 111, 112, 119, 120, 121
Schellig 111
Schepmeeker, Jan 154
Schiehaven 323
Schietschuit 134, 135
Schietzel, Kurt 77
Schirmanker 332
Schiffbau, 67, 152, 186
Schiffbauer, bretonisch 128

Schiffbauer, oberrh. 158
Schiffbau, hölzerner 268, 333
Schiffbauer 67, 89, 112, 152, 161, 184
Schiffbaugrenze 74
Schiffbau der GHH 303
Schiffbauhalle 175
Schiffbauhandwerk 153, 154
Schiffbau, holl. 149, 161
Schiffbau keltisch 33
Schiffbaubeschränkungen, alliierte 290
Schiffbaumeister 111, 154
Schiffbauergilde 154
Schiffbau Dorsten 154
Schiffbaufamilien Pohl, Korn, Strooth, Köln 109
Schiffbautradition, gallisch-britannisch 63
Schiffmächer, Ambros. 154, 301
Schiffsarchäologe 342
Schiffsbaken 252
Schiffsbedarf 289
Schiffsbilgen 286
Schiffsbrücke 339
Schiffsfunde aus d. Rhein 340
Schiffsgrößen 186
Schiffsgasmaschinenfabrik Düsseldorf-Reisholz 261
Schiffshelling 175, 301
Schiffshydrodynamik 311
Schiffslände 42
Schiffleutenzunft 102, 107
Schiffsmodelle 311
Schiffswerft 175, 323
Schiffahrts-Mus. D'dorf 17
Schiffsmus. Ketelhaven 70
Schiffsmus. Koblenz 333
Schiffsmus. Duisburg 115
Schiffahrtsmuseum Emmerich 12, 115, 134, 139, 145, 146, 263, 332, 333, 336, 337
Schiffsneubauten 309
Schiffsrecht zu Speyer 80
Schiffsreste 52
Schiffs-Sauggas-Maschinen 261
Schiffsschrauben 247
Schiffsschreiber 66
Schiffswerft Germersheim GmbH. 310
Schiffswerften Vetera 48
Schiffswürmer 24

Schiffszimmermann 66, 149, 151, 154
Schiffszimmerleute 73
Schiffahrtdirektion Basel 288
Schiffahrtsfreiheit 319
Schiffahrtsvereinigung Köln-Düsseldorfer 195
1. Schiff in Basel 105
Schiffe, gallisch-rheinisch 26, 28
Schiffe friesische 135
Schiff Eugen Lorenz 249
Schiffer zu Basel 93
Schifferbörse 100, 142, 169, 180, 189
Schiffer Blussus 30
Schiffer, deutsche 276
Schifferfrauen 269
Schiffergesellschaft 334
Schiffergemeinde, niederrhein. 84
Schiffergilde 45, 84, 181, 193
Schiffergildenrolle Wesel 131, 134
Schiffergemeinde, niederrheinische 107
Schiff.Ges.Der Adler des Oberrheins 195
Schiffe n. amerik. Vorbild 195
Schiffe, niederrh. 127, 18
Schiffer, niederl. 276
Schifferpatent 188
Schifferstadt Wesel 180
Schifferzunft, oberrhein. 84, 107, 112
Scepmecker, Joh. 301
Schepmeeker, Jan 301
Schleppbetrieb 272
Schlepp-Bugsierboot 309
Schleppboote 271, 280, 308
Schleppdampfer 253, 269
Schleppen 297
Schlepper 259, 273, 303, 311
Schleppkosten 273
Schleppleichter 310
Schlepp-Rheinflotte 273
Schleppschiffahrt 151, 248, 264
Schleppschiffe 157, 188, 190, 253, 268
Schleppversuche 269
Schleppwagen, großer 311, 312
Schleppzüge 190, 280
Schleuse Birsfelden 287, 289
Schleuse Kembs 289
Schleusen 282
Schleusenfahrzeug 136
Schleusenunterschiede 132

Schlechtaak 158
Schleswig-Holstein 20, 34
Schleswig-Holstein.Landesmuseum, Gottorp 77
Schloß Brühl 254
Schmacken 128, 129, 136, 137, 138, 147
Schmalschiff 129
Schmidt'sche Heißdampfüberhitzer 258
Schmieröl 285
Schnellbrigg Rhein 253
schnelle Fahrzeuge 52
Schnieken 118, 119, 120, 121, 135
Schnürtechniken 19, 23
Schnürtechnik, donauländ. 19
Schobersegel 115, 133
Schollen 336
Schote 156
Schraubendampfer 269
Schraubenschlepper 247, 259, 262
Schraubenboote 257, 258
Schraubenwelle 286
Schrumpfungsprozeß 284
Schuiten 128, 137, 140, 141, 144
Schuten 303
Schubeinheit 279, 283, 326
Schubboote 273, 277, 278, 280, 282, 283, 284, 285, 304
Schubbühne 277, 280
Schubleichter 277, 280, 281, 284
Schubschiffahrt 277, 278, 283
Schubschiffe 309
Schubverband, klassischer 277, 309
Schüler, Peter 145
Schwalbenschwanzformation 277
Schwarz, Herr, St. Goar, 308
Schwarzwald 182, 333, 334, 335
Schwarz, K. 109
Schweberuder 117, 153, 157, 158, 159, 174, 193
Schwerter 128, 156
Schweiz 90, 91, 274, 287, 289
Schweizer Juraseen 22
Schweizer 276
Schweizer Schleppschiffahrts-Genossenschaft Basel 259, 270
Schwesterschiffe Basel u. Freiburg 305
Schwimmer/Einbäume 17
Schwimmbagger 304

Schwimmdocks 325
Schwimmkran-Pontons 304
Schwimmwerften 323
Schwefelsäure-Transportkahn 304
Schweißverfahren, elektrische 268
St. Aldegund 46
St.-Antony-Hütte 172, 173
St. Goar 121, 169, 188, 193, 248, 266, 267, 306, 338
St. Goarshausen 338
St. Jakobshaven 323
St. Johann 106
St. Kastor-Kirche, Koblenz 80, 109
St. Laurenshaven 324
St. Ludwig 194
St.-Lorenzstrom 179
St. Paulskirche, Worms 80
St. Petersburg 249
Staatsarchiv D'dorf 135
Stampfuß, R. 12, 13, 14
Stand der Rheinflotte 1979: 312
Stangenrepper 133, 137
Staken 27, 61
Stakfock 133, 136, 159
Stakruder 82
Stapelrecht 83, 151, 161
Stapelgerechtigkeit 94
Stapelhäuser 43
Statie 135, 136, 140
Statiepaviljoen 140
Stadt Basel 195
Stadt Coblenz 301
Stadt Duisburg 180
Stadt Frankfurt, Dampfschiff 194
Stadt Hamm 184
Stadt Mainz, Dampfer 193
Stadt Mainz 301
Stadt Neuenburg 85
Stadt Straßburg 195
Stadt Wesel 184
Stadtgesch.Mus.D'dorf 147, 148
Städtepläne, niederl. 128
Stauwehr von Kembs 105
Stecher Braun 128
Stecher Hogenberg 128
Stechpaddel 60, 61,
Steenkohlenreederei 274
Steinanker, phönizischer 329

Steinhuder Meer 49
Steinkohlen 270
Steinreliefs 52
Steintransporte 45, 336
Steinwerkzeuge 22
Steinzeit 12, 21
Stevenschiff, eisernes 157
Stevenschiff 11, 155, 156, 157
Steigerwald 335
Sterkrade 173
Steuerriemen 64
Steuerruder 152
Steuermann 30, 47, 64, 91, 138
Steuerräder 335
Steuerbord 88
Steuermannskajüte 59
Stift Essen 172
Stinnes, Hugo 163
Stinnes, Mathias 162, 163, 176
Stinnes-Reederei AG 163
Stomberg, Heinrich 292, 293, 294, 296, 298, 300
Stockanker 331, 332
Stockum 182
Stoßruder 28
Stöcke 330
Stör 46
Stör, Fluß 338
Strangbruch 248
Straßburg/Elsaß 27, 40, 42, 71, 79, 82, 84, 85, 90, 91, 92, 93, 95, 97, 100, 105, 107, 161, 189, 194, 252, 273, 318
Strasbourger Bahn 103
Straßburger Bergfahrtverbot 118
Straßburg-Königshofen 337, 340
Straßburger Zunftordnung 118, 120
Straudielen 186
Streckenschlepper 274, 303
Streichruder 81, 116, 119
Streichschelch 111, 112
Stromschiffe 303
Strom-Lastschiff 52
Strom und See 102
Strombefahrungen 252
Stromnachen, gallischer 27
Stuttgart 316
Stückgutverkehr 249
Spanten 19, 22

Spatz, Gebrüder 310
Spatz, Michael, Schiffbauer 310
Spargelformation 277
Spanischer Erbfolgekrieg 93
Spanien 42, 291
Spantenbiegung 27
Späherschiffe 64
Speigatts 137
Speiser, Paul 103
Spethmann, Hans 253
Spezialboote 311
Spezialhebeböcke 273
Spezialkühlanlagen 291
Spezialleichter 283
Spezialofen 317
Spezial-Rohrverlegerschiffe 273
Spezialschiffe 272, 295, 304, 309
Speyer 15, 79, 84, 111
Speyer-Einbaum 15
Spitzschiffe 98
Spleißen 248
Spoorwehhaven 322
Sportschiffe 332
Spriet 115, 137
Sprietsegel 113, 114, 115, 118, 126, 127, 129, 133, 136, 139, 149, 159, 160
Sprengmeister 271
Sprengnachen 112
Sprengwerk 18


T

Tabelle 139, 141, 143, 186, 259, 274, 275, 313
Tacitus 30, 49, 50, 51, 62, 63, 64, 300
Tag der Umwelt 315
Talfahrt 112, 152
Takelwerk 64, 125, 129, 136, 152, 156
Tankerflotte 275
Tank-Pénischen 304
Tanker-Tonnage 325
Tanker 272, 275, 306, 311, 313, 326,
Tauer-Dampfmaschinen 248
Tauerei 247, 248, 257, 269
Tauerschlepper 247, 248

381

Taucher 271
Tauchungsunterschied 265
Tausendfensterhaus 264
Terra-Sigillata 63
Ternes, Charles-Marie 45
Technik, britische 19
Teubert, Oskar 261
Teubert, C. 261
Themse 292
Themsemündung 24
Thyssenhafen Schwelgern 178
Tiber 45
Tiberius 50
Timmermann, Th. 181
Timmermann, G. 12, 69
Tjalksteven 157
Tjalk, Groninger 135
Tjalk, friesische 129, 135, 137, 138, 141, 142, 144, 149, 156
Tochterwerft 304
Tongern 44
Tonscherben 29
Topsegel 131, 133, 136
topplastig 58
Tor zur Welt 327
Toussin-Altzenbach 128, 129
Töpferviertel Trier-Süd 61
Traben-Trarbach 250
Trajanssäule 62
Trajektschiffe 302
Traubert 116
Trachyt 42
Trägerschiffsleichter 297, 299, 323
Treibanker 330
Treiberknechte 162
Treibschläuche 287
Treiböl 288
Treideln 40
Treidelleinen 27, 30, 109
Treidelmast 31
Treidelknechte 30
Treidelschiffer 253
Treidelzwecke 30
Trierarchen 62, 64
Trier 45, 61, 79
Triere 62
Triremen 57, 59, 65, 331
Trendel, Guy 48

Trechtlingshausen 249
Trockenladungsschiffe 313
Truppentransporter 64
Tuchsegel 54
Tuch-Rah-Segel 53
Tuff 42
Tune 73
Tunnelschrauben 257, 258, 269
Tunnel Thornykroftscher Bauart 258
Turbine 259, 267
Turbinenanlage 260, 270
Turbinenpropeller 257
Turfijkers 158
Typen 187
Typen, Brabanter 149
Typen, oberijsselsche 149
Typ Remorkör 245, 253
Typenbewegung 152
Typenbegriff 279
Typentrennung 151
Typenverschmelzung 151, 161
Typenverschiebung 153, 154
Typschiff Oberhausen 303
Thyssen/Niederrhein 178


U

Ubier 39
UdSSR 313, 319
Ufersiedlungen 18
Ulpia Noviomagus/Nijmegen 41
Untersberger Moor 12
Unterelbe 12
ungehinderte Schiffahrt 98
Utrecht 40, 69, 341
Überwattfahrer, holl. 126
Üntrop 182


V

Vaaler Moor 20
Valentinian 41
Vandergrift, Kapitän J.J. 277

Van Yk 128, 185, 136
Van Hoorne-Kai in Utrecht/NL 69
Vater Rhein 47
Väth, Gebrüder 272
Vecht 40
Vechten, 44, 57, 66, 341
Vechtenboot 56, 57
Velsen-Z. 341
Veneter 55
Venezuela-Erze 280
Ventjäger 135
Ventilmaschine 195
Vertrag zu Mainz 98
Vertrag zu Wien 98
Vertrag zu Mannheim 98
Verteiler-Terminal 323
Versailler Vertrag 249, 318
Verbundmaschinen 250, 258, 302
Verbrennungsanlage 317, 318
Verschnürungen 19
Verschnürung, skandinavisch 19
Verschrottungsprämie 276
Verölung des Rheins 289
Verkürzung d. Drücken 281
Vest Recklinghausen 172
Vetera/Birten b. Xanten 41, 66, 300, 329
Versuchsanstalt für Binnenschiffbau Duisburg e.V. 190, 311
Vereinigte Stahlwerke 178
Verein f. Binnenschiffahrt u. Wasserstraßen e.V. 285
Verein.Frankf.Reedereien 177
Vereinigte Stinnes-Rheinreedereien GmbH, Dbg.-Ruhrort 163
Vereinigungsgesellschaft rhein. Braunkohlenbergwerke Köln 258, 259
Verein z. Wahrg. d. Rheinschiffahrtsinteressen e.V. 140, 276, 285
Verein z. Schiffbarmachung der Lippe 184
Verein f. d. Schiffahrt a.d. Oberrhein 102
Verwaltg. d. Dbg.-Ruhrorter Häfen 178
Vierarmanker 332
Vierer-Schubverband 284
Vier-Kaiser-Jahr 50
Viersen 254
Vierspännige Schiffe 114
Viertakt-Dieselmotoren 265

Viktor 72
Vilzbach 107
Vitellius, Publius 49
Vindonissa/Schweiz 17
Vincke-Denkmal 254
Vincke, Freiherr von 301
Vincke, Freiherr Ludwig v. 178
Vlaardingen-Maassluis 325
Vlaardingen 324
Vliet 50
Vogel, A. 288
Vogelsang 181, 182
Voith-Schneider-Propeller 309
Vogt, Dieter 284
Vollcontainer-Liniendienste 294
Volldecker Cargo-Line 291
Vollenhove/Zuidersee 134
Voorne, Halbinsel 326
Vor Anker liegen 332
Voreifel 42
Vordersteven 53, 64, 136
Vorpolder 156
Votivboot 28
Völkerwanderung 68
Vriessche Kaegh 134
Vulcaanhaven 324
Vulcaan, Rotterdam 274, 278
Vynen/Xanten 341


# W

Waal 49, 142
Waalhaven 323
Wabana-Erze 280
Wagner, Mathias 335
Wagner, William 174, 190
Wageningen 132
Wahrschaustationen 190, 267, 334,
Waidling 116
Waidschelche 112
Wallanker 332
Wallenstadter Schiffe 82
Wallraf-Richartz-Mus. 126
Walsum 255, 303, 317
Walsumer Schiffbauer 304

Walsumer Hafenanlagen 178, 263, 270
Walter, Karl Josef 251
Wanzenau 27, 48, 340
Wanzenauboot 27
Watt, James jr. 191
Wasserburg 22
Wasserbüffel 277, 279
Wasser-Diligencen 92, 147, 191
Wasserbau-Direktion bzw.
Wasserbauamt Duisburg 306
Wassertemperaturmessungen, infrarot-photometrische 136
Wasserschutz-Polizeistation Grafenwerth 314
Wasserschutzpolizei 285, 287
Wasserschnellstraße 284
Wasser-Warenverkehr 151
Währungsreform 271, 304
Weber, H. 250, 251, 261, 272
Weber, Th. 193
Weerd M. de 21
Wegeringen 156
Weidlinge 83
Weidlingsbauer 89
Weidlingsfahrten 92
Wein 42
Weinschiff 59
Weißfloß 336
Welker, Johann 90, 177, 255
Wendegetriebe 250, 263
Wenge zu Dieck, Ferdinand Freiherr von der 173
Werbeanzeigen, alte 305
Werl 181
Werne 182
Wernerruder 112
Wernerschelsch 112, 159
Wertheim 111
Werthauser Fähre 254
Werk Augsburg 303
Weser 49, 305
Wesel 85, 154, 169, 181, 182, 184, 254, 316
Wesel-Datteln-Kanal 184, 315
Weseler Kaufleute 183
Weseler Schiffer 180, 181
Westafrika 293
Westfalen 255
Westfälischer Friede 93

Westfälische Transport AG 272
Westfranzien 71
Westfrankreich 71
Wettstein, Joh. Rudolf 85
Wechselspantentechnik 32
Werftbehörden 331
Werftbetrieb 40
Werftleute 304
Werften 66, 153, 271, 272, 289, 300, 325
Werften, holl. 125, 147, 154, 156, 302
Werft Berninghaus 250
Werft Berendsen 156
Werften Beuel/Bonn 109
Werft Christof Ruthof 250, 279
Werften in Caub 112
Werften, deutsche 290
Werft Goede, Hendrik de, Duisburg 156
Werft Germersheim 310, 311
Werft der GHH Ruhrort 174, 256
Werft Hüningen
Werft der Hüttengewerkschaft 174
Werft in Haren/Ems 276
Werft Jacobi, Haniel & Huyssen 146, 193, 258, 269
Werft Koers/Arnheim 156
Werft Lier, Jakob van, Millingen 156
Werften, kleine 153
Werften des Mittelalters 300
Werften in Mainz-Vilzbach 112, 109
Werften Niederrhein 152
Werften am Rhein 300, 309
Werft auf der Rheinau-Insel bei Köln 109
Werft Ruhrort
Werft Schaubach & Graemer 249
Werft van Boot 157
Werft Verheul, Arie, Papendrecht 156
Whalemajol/Mijole 145
Whalepont 145
Wien 112
Wieden 333
Wiener Akte 96, 255
Wiener Kongreß 318
Wiesbaden-Kastel 334
Wikinger 71, 76, 168
Wikinger-Saga 75
Wikingerzeit 73, 333
Wikingerschiffe 19, 20, 68, 71, 72
Wikingerwerft 75

384

wikingisches Langschiff 74
wikingische Schiffbauweise 76
Willemsbrücke 322
Wilhelminakade 322
Willemstad 140
wildes Gefährt 267
Winschermann 274
Witten 162
Witsen 128, 130, 134, 135, 136, 144
Wijdschiff 135, 136, 137, 139
Wijk bei Duurstede 69, 70, 341
Woerden-Alphen aan de Rijn 33
Woensamprospekt 83, 108, 109, 110, 118, 127, 128, 129, 130, 300
Wohnung/Roef 133, 188
Wolf 332
Wolga 265
Woltersdorf, Graf von 252
Worms 79, 84
Wörth 111
Wrack von Mahdia 330, 331
Wracks 271
WTAG 86, 272, 307
Wurfmaschinen 49
Wüsler, Schiffer 101
Würzburg 316
Wyss, Dr. Edmund/Basel-Stadt 287
W.B.D. 306


# Y

Yssel 40


# Z

Zahlmeister 66
Zechenhäfen 290
Zeeland 125, 194
Zeemanns, Reinier 128, 134, 144
Zement/Öl-Transportschiffe 304
Zementtransporter 304
Zengel 333
Zentralafrikanische Linie 293
Zentralkommission f. d. Rheinschiffahrt 97, 98, 318, 319, 320
Zeittafel Ruhrschiffahrt 163, 164, 165, 166, 167, 168
Ziegel 42
Ziegelstempel 65
Zierikzee/NL 128
Zilcher, R. 185, 189, 190, 196, 245, 247, 251, 258, 259, 260, 266, 268
Zimmerleute 22, 67, 107, 301
Zimmermann, Horst 339
Zimmermann, keltischer 32
Zimmermannstechnik 63
Zoll 161
Zollakten Basels 82, 93
Zollfreiheit 93, 169
Zollstelle Lobith 169
Zoll- u. Stapelrechte 318
Zollverein 173
Zugnetzfischerei 248
Zugseil 248
Zuidersee 135
Zunft 161
Zunftordnung 88
Zunftordnung, neue 92
Zunft der Moselschiffer 45
Zusatzprotokoll 320
Zürich 79, 89
Zürcher Zeitung 287
Zwammerdamm/NL 21, 33, 57
Zweimast-Klipper 155
Zweimast-Stevenschiff
Zweimastschonerbrigg 254
Zweireiher 47, 62
Zweispännige Schiffe 114
Zwiporte 112

385

## Vom gleichen Autor:

Das umfassendste Bildwerk zur
Geschichte der Rheinschiffahrt

Werner Böcking

## SCHIFFE AUF DEM RHEIN IN DREI JAHRTAUSENDEN

Die Entwicklung der Schiffstypen vom Einbaum bis zum Schubschiff aus
kulturhistorischer Sicht.
Großformat mit nahezu 600 Fotos, Plänen und Zeichnungen
im August Steiger-Verlag, Moers, 1979

Werner Böcking

## DIE RÖMER AM NIEDERRHEIN

Die Ausgrabungen in Xanten, Westfalen
und Niedersachsen

Bearbeitete und erweiterte Neuauflage 1978, mit 8 farbigen und
36 einfarbigen Tafelbildern, 1 Plandarstellung und 55 Textabbildungen

Societäts-Verlag, Frankfurt, 1978

Werner Böcking

## NACHEN UND NETZE AM NIEDERRHEIN

Volkskundliche Studie der alten Flußfischerei des Niederrheins
mit 180 einfarbigen Fotos, (teils vor und nach der Jahrhundertwende),
Zeichnungen, Plänen und einer Falttafel.
Leinen, im Rheinland-Verlag, Köln, 1980

Werner Böcking

## FÄHRE IM NEBEL

und andere niederrheinische Erzählungen

126 Seiten, gebunden mit Zeichnungen von Heinz Rausch
Gesthuysen Druckerei und Verlag, Inh. Friedhelm Labs,
Xanten, 1980